国资国企改革经验案例丛书

奋楫笃行

地方国有企业改革深化提升行动案例集（上）

本书编写组　编

机械工业出版社
CHINA MACHINE PRESS

2023 年以来，全国地方国资国企坚决贯彻落实党中央、国务院关于实施国有企业改革深化提升行动的决策部署，全面纵深推进各项重点改革举措，形成了很多可复制、可推广的宝贵经验，我们从中择优汇总，编印成书。本书分上、下两册，以 234 篇案例系统地总结并展现地方国资国企在国有企业改革深化提升行动中的经验做法、取得的成效，其中"功能使命类"改革案例 108 篇、"体制机制类"改革案例 89 篇、"综合类"改革案例 37 篇，力求将地方国资国企优秀经验推而广之，为更多企业提供有益借鉴，营造浓厚改革氛围和良好环境。本书值得政府领导、国有企业管理者和相关工作人员及国资国企改革研究人员等阅读。

图书在版编目（CIP）数据

奋楫笃行：地方国有企业改革深化提升行动案例集.
上／本书编写组编. -- 北京：机械工业出版社，2025.
5. -- ISBN 978-7-111-78290-2

Ⅰ. F279.241

中国国家版本馆 CIP 数据核字第 202552UZ10 号

机械工业出版社（北京市百万庄大街 22 号　邮政编码 100037）
策划编辑：陈　倩　　　　责任编辑：陈　倩
责任校对：潘　蕊　陈　越　　责任印制：张　博
北京铭成印刷有限公司印刷
2025 年 6 月第 1 版第 1 次印刷
170mm×242mm · 28.25 印张 · 358 千字
标准书号：ISBN 978-7-111-78290-2
定价：298.00 元（上、下）

电话服务　　　　　　　　网络服务
客服电话：010-88361066　　机　工　官　网：www.cmpbook.com
　　　　　010-88379833　　机　工　官　博：weibo.com/cmp1952
　　　　　010-68326294　　金　书　网：www.golden-book.com
封底无防伪标均为盗版　机工教育服务网：www.cmpedu.com

编 委 会

前　言

习近平总书记高度重视国资国企改革，党的二十届三中全会对深化国资国企改革进一步作出重大部署，把深化国资国企改革纳入全面深化改革战略全局，鲜明标定了国资国企在新征程上深化改革的方位、前行的节奏和工作的重点。当前，深入贯彻落实党的二十届三中全会精神，进一步学习贯彻习近平总书记关于国有企业改革发展和党的建设重要论述，要深入实施国有企业改革深化提升行动，增强国有企业核心功能、提升核心竞争力，推动国有资本和国有企业不断做强做优做大，切实发挥国有经济战略支撑作用。

国有企业改革深化提升行动实施以来，国务院国资委不断完善工作机制，强化指导把关，推动各地高标准落实各项改革任务。各地、各国有企业普遍把国有企业改革深化提升行动作为"一把手"工程，坚持问题导向、目标导向、结果导向，抓紧抓牢实施方案和工作台账，不断深化功能使命类和体制机制类任务，推动改革进一步走深走实，使国有企业在落实国家重大战略、推动经济社会发展、保障和改善民生等方面发挥重要作用。

习近平总书记指出，要善于抓典型，让典型引路和发挥示范作用。贯彻落实习近平总书记重要指示精神，进一步深化国资国企改革，啃硬骨头、涉险滩，要充分发挥改革典型的引领带动作用。为此，本书编写组对地方国资国企在改革实践中形成的好经验、好做法进行了梳理总结，形成本案例集，共包括案例 234 篇，其中"功能使命类"案例 108 篇、"体制机制类"案例 89 篇、"综合类"案例 37 篇。这些典型案例是国有企业改革深化提升行动的重要成果，是广大国有企业用足用好改革关键一招的集中体现，是以高质量改革促进高质量发展的生动见证，也是总结新时代新征程国有企业改革普遍规律的有益探索，对各地、各企业结合自身实际深化改革具有重要的借鉴意义。

改革深化，奋楫笃行！希望本案例集能够促进国资国企相互学习借鉴、比学赶超，真正用好用足改革关键一招，推动国有企业实现高质量发展，更好地发挥科技创新、产业控制和安全支撑作用，为以中国式现代化全面推进强国建设、民族复兴伟业作出新的更大贡献。

目　录

功能使命篇

1

坚持先行先试　强化数字赋能
发挥数据要素乘数效应　加速打造新质生产力

北京市人民政府国有资产监督管理委员会

一、基本情况

近年来，北京市人民政府国有资产监督管理委员会（以下简称"北京市国资委"）紧抓国有企业改革深化提升行动有利契机，认真贯彻落实国务院国资委《国有企业数字化转型行动计划》和北京市有关建设全球数字经济标杆城市的决策部署，将发展数字经济作为引领未来高质量发展的重要战略，推动市管企业率先落实《中共中央　国务院关于构建数据基础制度更好发挥数据要素作用的意见》（以下简称"数据二十条"），加快先行先试、抢抓数字经济发展机遇，打造了一批先行先试示范样板和数据基础制度创新应用场景，数据要素资产化、价值化工作取得了一系列创新成果。

二、经验做法

（一）围绕顶层设计，健全完善政策供给推动数据资源化、资产化和资本化

一是加强政策引导。对标"数据二十条"，北京市国资委发布《关于

市管企业主动融入先行区建设　加快发展数字经济的通知》，把释放数据要素价值作为北京减量发展条件下经济持续增长的新动力，引导企业主动参与数据基础制度先行先试，充分激活数据要素潜能。

二是坚持分批推进。短期在数据资产登记、数据产品交易、数据分级分类、数字素养提升 4 个方面实现"率先突破"，中期在数据资产入表、数字金融创新、数据跨境流通、应用场景示范 4 个方面"重点推进"，长期在顶层制度设计、交易市场建设、数字产业培育、支持激励政策、数字人才培养 5 个方面建立长效机制，有序推进工作落地见效。

三是加强考核引导。北京市国资委对企业的数据首登记、首挂牌、首交易、首开放等数据要素市场创新，在企业负责人任期经营业绩考核中给予加分，激发企业创新活力。

（二）围绕试点先行，发挥示范作用打造国有企业数据基础制度创新"试验田"

一是开展国企数据要素试点。2022 年"数据二十条"出台后，北京市国资委率先启动国企数据要素试点工作，明确了数据资产登记、交易、入表等 8 项试点内容，筛选确定了两批共 31 家试点企业，探索开展数据基础制度创新。

二是"一企一策"形成工作方案。北京市国资委结合企业特点确定试点内容，个性化推进试点工作。支持企业开展数据资源普查，优先数据资源丰富、数据治理体系较为完备的企业，选择二级、三级及以下子企业先行开展数据资产登记、交易试点。创新国有企业数据开发运营新模式，对于数据应用过程中涉及其他企业信息和个人信息的，探索数据分类分级确权授权机制。支持市属金融机构在风险可控的前提下，探索开展面向个人或企业的数据资产质押融资、证券化等金融创新服务试点。优先数字科技型子企业，试点开展数据资产质量和价值评估，先行探索数据资产模拟入表，与现有资产负债表并行，不改变现行财务规则，逐步推动数据生产要素资本化核算。

三是逐步推动试点工作扩围增量。在总结第一批试点经验的基础上，北京市国资委 2024 年持续推动试点深化扩围。在数据交易方面，推动在京企业数据交易进场，通过国企进场带动更多市场主体参与北京数据要素市场建设。在数据资产入表方面，推动每家市管企业选取 1 家子企业开展试点，逐步实现试点全覆盖。在全流程试点方面，选取试点企业率先探索数据资产登记、交易、应用的全链条业务闭环，为全面推进国有企业数据资产价值化率先探索有效路径、积累实践经验。

（三）围绕机制保障，加大引导支持力度激发数据要素开发利用活力

一是支持数据先行区入驻企业"一企一策"完善市场化机制，指导首信公司制定改革发展方案。

二是支持企业加强数据人才培养，探索设立首席数据官。

三是支持先行区入驻企业将研发投入视同利润全额加回，进一步激发企业创新活力、激活数据要素潜能。

四是加大资金支持力度，支持企业参与设立数据服务产业基金，加大对数据要素型企业的投入力度。引导国资系统创投基金、产业投资基金等，加大对数据先行区数据服务产业的投资力度，加大国资预算资金对数据技术创新的支持力度。

（四）围绕生态建设，加强宣传培训树牢企业数字意识

一是围绕数据要素价值挖掘、数据资产入表、数据成熟度评估等专题，邀请行业专家开展全系统培训授课。

二是加强典型宣贯，每年组织市管企业领导参加全球数字经济大会主论坛，支持北京国际大数据交易所、集智未来公司等积极承办数据要素高层论坛、人工智能论坛专题论坛，搭建交流合作的良好平台。

三是举办"央企·京企应用场景发布会"，并邀请华为、京东等行业领军企业和中国科学院过程工程研究所等科研机构提供百项技术解决方案，促进科技创新和数字技术成果在京落地转移转化。

四是培育壮大数据产业生态，引导企业加大在算力供给、网络传输、系统运营、产业生态等数字基础设施建设方面的布局力度，推动北京电控、京能集团加快建设北京数字经济算力中心、北京人工智能公共算力中心项目，主动融入北京市人工智能产业发展生态，加快数据要素型企业培育。

三、改革成效

2023 年以来，北京国企数据要素试点工作取得一系列阶段性成果，已累计完成 18 家（项）试点，形成了一批先行先试示范样板，使市管企业在数据基础制度创新方面走在全国前列。

一是数据资产登记方面，完成 30 家企业数据资产登记工作，取得数据资产登记凭证 39 张。

二是数据交易方面，达成北京国资系统内首笔数据交易。

三是数据分级分类方面，积极探索道路交通领域数据分级分类、确权授权试点。

四是数据资产金融创新方面，发放北京市首笔数据知识产权质押贷款，在先行区建设数据资产抵质押中心。

五是数据资产入表方面，北京建院、金融大数据公司等 13 家企业完成数据资产入表。

六是数据新业态培育方面，北京数智先行科技有限公司、北京北方算力智联科技有限责任公司、北控数字科技有限公司、首实安保科技有限责任公司等首批数据要素企业已率先入驻北京数据先行区，加快打造数字经济新的增长极。

2

服务国家战略 深化改革创新
以芯屏生态建设助力培育新质生产力

北京电子控股有限责任公司

一、基本情况

北京电子控股有限责任公司（以下简称"北京电控"）是北京市属以电子信息产业为主导的高科技产业集团，直接管理二级企业 16 家（含京东方、北方华创、燕东微和电子城高科 4 家上市公司）、事业单位 2 家。近年来，北京电控深入实施国有企业改革深化提升行动，聚焦服务国家战略需要，持续深化改革创新，构建形成以半导体显示和集成电路装备及制造为核心的产业生态（以下简称"芯屏产业生态"），助力培育新质生产力，为我国高水平科技自立自强和北京国际科技创新中心建设作出重要贡献。

二、经验做法

（一）坚持战略引领，夯实"屏"实力打造"芯"未来

北京电控始终牢记产业报国的初心使命，胸怀"国之大者"，保持战略定力，着力解决我国"缺芯少屏"难题。

一是以实施重大产业化项目为抓手，巩固半导体显示"屏"产业领先

优势。北京电控推动所属京东方投资建设国内首条、全球首批 8.6 代有源矩阵有机发光二极体（AMOLED）生产线项目，引领全球显示产业发展，在半导体显示 LCD 领域产品出货量、出货面积稳居全球第一，在 AMOLED 领域产品出货量位居全球第二。

二是以推动资源整合和成果转化为突破，聚力培育发展"芯"产业动能。北京电控加大集成电路装备产业并购重组、自主研发、海外布局力度，不断扩大国内领先优势，所属北方华创进入全球集成电路装备企业前八；加快北京硅光产业生态和 12 英寸集成电路生产线建设，所属燕东微连续八年获评"中国半导体功率器件十强企业"。

三是以芯屏产业布局优势和龙头企业为支撑，"增芯强屏"发力战略性新兴产业新赛道。北京电控着力强链补链延链，加快布局膜材、流量计、射频电源等上游业务；聚焦新型显示、新型智算中心等前沿领域，落地实施北京数字经济算力中心、北方算力互联互通等项目，抢占未来产业发展制高点。

（二）坚持创新驱动，培育发展新动能塑造竞争新优势

北京电控坚持把科技创新作为引领产业高质量发展的第一动力，不断提升具有核心技术底色的产业竞争力。

一是强化核心技术攻关。北京电控围绕半导体显示、集成电路装备产业打造原创技术策源地，积极承担国家和北京市重大专项任务，集中突破十字双向折叠 OLED 等一批关键核心技术，努力实现对下一代技术的战略卡位。

二是持续加大创新资源投入力度。北京电控积极构建以企业投入为主、各类主体共同参与的研发资金投入体系，支持具备条件的企业保持一定比例的应用基础研究投入，进一步构筑全球科技竞争优势。2024 年研发投入约 190 亿元，研发投入强度约 8%，其中应用基础研究投入占比超

10%；新增专利申请超 9000 件，其中发明专利占比超 80%。

三是加强科技人才队伍建设。北京电控积极争取高端人才引进配套政策支持，集聚引领产业变革、技术创新的高层次科技领军人才，提升理工科专业应届毕业生引进比例，整体研发人员占比超过 20%；试点实施对作出科技创新突出贡献的个人给予股权奖励，重点企业核心员工离职率由15% 以上降至 2% 以下，为吸引聚集优秀科技人才提供机制保障。

（三）坚持问题导向，以深化改革破局开路抢抓机遇

北京电控立足企业实际分步骤、分领域、分层次深化改革，推动企业真正按照市场化机制运营。

一是深化综合改革。北京电控在做精做深所属北方华创"双百行动"、燕东微和大华公司"科改行动"的基础上，坚持"走出去"向优秀企业学习先进经验，积极探索业绩奖金股票绑定关键人才等新模式；在国有企业改革深化提升行动中，创新开展所属企业"一企一策"专项改革，推动改革上下贯通、精准施策。

二是推进机制创新。北京电控持续深化三项制度改革，结合战略规划中期评估和全面预算调整，落实考核激励弹性调整机制，确保责权利对等；创新对原创技术策源地建设和承担重大科技任务企业的考核激励机制，采用签订专项契约或纳入年度/任期考核激励契约的方式，达到中长周期激励效果；以科技型企业为试点，优化所属企业工资总额工效联动机制，推动符合条件的企业实施周期制、备案制管理；深入总结评估已开展的中长期激励计划，持续丰富激励工具组合，探索实施虚拟股权、事业合伙人机制等新型激励机制。

三是优化平台建设。北京电控坚持突出主业、聚焦实业，以做强做专为目标，推进内部企业专业化整合，持续提升资源配置质效。2023 年以来通过新设、划转、并购、转让等方式完成调整保障平台重组、文创科技平台搭建、资产经营平台设立等 24 宗专业化整合项目，形成了功能定位更加明确、主责主业更加聚焦、核心能力更加突出的产业发展新格局。

三、改革成效

通过持续深化改革创新，北京电控的综合实力、行业影响力、核心竞争力、发展活力显著提升，服务国家重大战略和北京市重点工作的能力水平持续提升，为实现世界一流电子信息产业集团的战略目标奠定坚实基础。

一是综合实力显著提升。北京电控 2021—2024 年连续四年营收规模超 2000 亿元，2024 年营业收入同比增长超 9%，利润总额同比增长近 31%，规模效益位居北京市属国企前列。

二是行业影响力显著提升。北京电控半导体显示产业出货量稳居全球第一，集成电路装备产业稳居国内第一、进入全球前八，基于国产装备的集成电路制造产业实现快速发展，国家战略支撑作用更加凸显。

三是核心竞争力显著提升。北京电控近三年研发投入约 554 亿元，研发投入强度约 8%，累计申请专利超 11 万件、拥有有效专利超 5 万件（其中 PCT 专利超 2 万件），加快成为国家战略科技力量。

3

全力开展研发投入"三年上、五年强"专项行动 推动企业转型升级高质量发展

河北省人民政府国有资产监督管理委员会

一、基本情况

党的二十大报告指出,要"强化企业科技创新主体地位""推动创新链产业链资金链人才链深度融合"。河北省人民政府国有资产监督管理委员会(以下简称"河北省国资委")坚决贯彻落实党中央、国务院和河北省委、省政府决策部署,深入实施国有企业改革深化提升行动,按照河北省委关于省属国有企业带头加大研发投入力度的指示要求,于2022年6月在监管企业深入开展研发投入"三年上、五年强"专项行动,按照"六高原则"(高站位部署、高起点开局、高标准推动、高质量实施、高精准施策、高协同助力),以刚性考核为"指挥棒",以八大机制为"动力源",以强化激励为"助推器",推动监管企业研发经费投入持续刚性增长,研发活动实现全覆盖。

二、经验做法

(一)突出研发投入刚性增长,持续优化创新环境

河北省国资委坚决把科技创新摆在核心位置,强力抓好企业"一把手

工程"，发挥考核"指挥棒"作用，制定实施了强化企业科技创新主体地位、打造原创技术策源地等一系列政策文件，指导各企业制定了 260 余项配套措施，形成高效的组织实施体系，营造良好内部环境。同时，积极与科技、工信、税务、发改等部门密切联系，共同推进科研项目立项、科技型创新型企业培育、研发平台建设、研发费用加计扣除等工作，全面构建共同促进科技创新的良好外部环境。

（二）突出产学研用深度融合，激发企业科技创新活力

河北省国资委指导监管企业联合高校院所、协同上下游企业提出需求、凝练科学问题，加速整合优势创新力量，形成创新合力。截至目前，累计组建省级及以上研发平台 174 个，培育高新技术企业 175 家，创建专精特新中小企业 49 家，引育高层次人才 1258 名。例如，冀中能源华药与清华大学、苏州大学合作，共同承担重组抗体药物研制国家重点实验室建设；河钢、开滦、冀中能源、交投、三友承担或参与省钢铁、化工、交通重点实验室建设。

（三）突出关键核心技术攻关，加快实现科技自立自强

河北省国资委加快原创技术策源地建设，从技术创新、研发生产、人才队伍等全方位发力攻克原创性、颠覆性技术，取得了一系列重大标志性科研成果。同时，指导监管企业打造开放创新应用场景，凝练具有行业代表性和前瞻性的技术需求。近两年与河北省科技厅联合发布了 18 项前沿技术和 22 项先进算力创新应用场景。监管企业获得授权专利 3976 件，制定或参与制定标准 331 项，2022 年、2023 年分别荣获河北省科学技术奖 29 项。例如，河钢《规定温度性能的非合金钢和合金钢》成为国际标准；河北港口研发的国内首台（套）穿越式双小车岸桥达到国际领先水平；开滦研发的煤与瓦斯突出危险性预测新技术达到国际领先水平；河北高速国内首次应用卫星遥感技术搭建地质灾害多维网络化监测预警平台。

（四）突出标志性科研项目建设，加快布局新领域新赛道

监管企业作为全省科技创新的"主力军"和产业发展的"领头羊"，在新能源、新材料、生物医药、现代交通、空天信息、绿色化工等领域谋划布局重大标志性研发项目，以科技创新推动产业创新，加快塑造发展新动能新优势。"三年上、五年强"专项行动开展以来，河北省国资委组织监管企业自主谋划实施重大科研项目391项，主导或参与国家级科研项目40项、省级科研项目106项。例如，河钢张宣高科全球首例120万吨氢冶金示范工程项目顺利投运；建投沽源风电制氢站成为全球首个装机容量突破万千瓦级的绿色氢能项目；交投成功发射3颗低轨物联网卫星，搭建起交通运输行业首个卫星物联网星座；三友建设40万吨电池级碳酸钠项目，将形成钠电池产业集群。

三、改革成效

河北省国资委深化研发投入"三年上、五年强"专项行动，以加大研发投入力度为根本目标，以提升创新效能为根本任务，以优化创新环境为根本保障，进一步强化企业科技创新主体地位，加快培育形成新质生产力，更好激发企业内生动力，切实发挥监管企业科技创新在建设现代化产业体系、构建新发展格局中的战略支撑作用，研发投入强度由行动之初的1.0%提升至2024年底的3.15%，监管企业科技创新实现了具有重大质变的跨越和赶超。

4

当好能源保供"压舱石"
支撑国家能源战略安全

河北港口集团有限公司

一、基本情况

河北港口集团有限公司（以下简称"河港集团"）港口主要布局在秦皇岛港、京唐港、曹妃甸港和黄骅港综合港区，现有生产泊位 142 个，年设计通过能力 6.3 亿吨，是世界最大的干散货港口集团、全球最大的煤炭下水港、我国重要的铁矿石接卸港。河港集团旗下秦皇岛港、唐山港是我国"北煤南运"的主要枢纽港，肩负着南方地区"八省一市"煤炭尤其是电力煤的运输任务，是国家重要的"煤炭价格稳定器"和"北煤南运蓄水池"。长期以来，河港集团深入学习和贯彻习近平总书记关于国有企业改革发展和党的建设的重要论述精神，深入落实国有企业改革深化提升行动中功能使命性任务，助力筑牢国家能源运输安全"压舱石"。

二、经验做法

（一）落实"四预"，主动作为，打造能源保通保畅硬实力

河港集团坚决贯彻落实国家发展改革委保供稳价和交通运输部保通保畅要求，严格落实集团《煤炭运输保障应急预案》，做到常态情况供得足、

供得好、供得稳，极端条件顶得上、顶得住、顶得久。

一是加强"预警"。河港集团密切关注港口区域、铁路沿线、煤炭产地及下游用煤地区天气变化，准确掌握天气预警和冻煤冻车状态，为及时、精准应对创造条件。

二是做好"预判"。河港集团根据天气预警，提前预判恶劣天气影响，及时启动生产、设备有关预案；根据下游港口和用煤终端存煤、日耗等信息，预判供热和电力用煤需求，实现快速反应、精准供应。

三是完善"预案"。河港集团针对季节特点，关注冻粘煤情况和设备重点部位、薄弱环节，针对性做好接卸准备，及时调整生产方案，加强设备管用养修，确保生产安全平稳有序；针对恶劣天气，与海事、引航等部门加强沟通协作，利用封航前后时间窗口合理安排船舶重点抢运和集中走靠，将封航影响降到最低。

四是抓好"预演"。河港集团加强生产组织推演，科学编排装卸计划，确保车、船、货衔接，加速港口周转。2024 年，所属煤炭装卸生产单位"四率"均达到历史较高水平。其中，秦皇岛港煤炭装卸设备完好率99.25%，煤炭周转率9.6 万吨/平方米，专场合同兑现率达到99.4%。

（二）当好"四器"，强化协同，守牢能源保供稳价主阵地

河港集团强化协同联动、放大组合效应，全力释放港口资源整合效能，在守护国家能源安全中展现更大担当。

一是当好国家经济运行的"显示器"。河港集团旗下秦港股份作为世界最大的大宗干散货公众码头运营商，2024 年长协煤比例达到81.8%，按日向国家发展改革委上报秦皇岛港锚地煤炭船舶数量、煤炭场存变动、装卸情况等，为国家能源供需的宏观决策和微观政策调整提供有力支撑。

二是当好煤炭市场供需的"监视器"。河港集团每日对上游煤矿生产情况、下游电厂消耗情况进行监测、统计、分析，在区域性、时段性、结构性供应紧张情况下，做好重点煤种的进车监控、煤炭船舶的优先靠泊。

三是当好煤炭价格异动的"预警器"。河港集团子公司海运煤炭交易市场定期发布的环渤海动力煤价格指数（BSPI），反映了环渤海港口动力煤离岸平仓价格水平及价格变动情况，连续多年成为我国煤炭年度中长协定价的浮动参考依据，是市场煤炭现货交易的定价依据和沿海市场国际煤炭贸易定价的重要参考。

四是当好国家宏观调控的"刹车器"。河港集团牵头环渤海6家专业化煤炭港口企业共同签署《环渤海能源运输保通保畅港口联盟战略合作框架协议》，凝聚能源保供强大合力。在煤炭价格处于高位时，河港集团积极落实好中长协和保供煤的铁路菜单、港口垛位、来车接卸、装船作业"四个优先"措施，协调客户和铁路部门增加进车数量，切实发挥港口蓄水、缓冲、衔接作用。

（三）做实"四提"，多措并举，夯实能源保供软实力

河港集团坚持用新发展理念引领港口高质量发展，加快智慧、绿色、高效、平安的"四型"港口建设，打造具有河港特色的新质生产力。

一是智慧提级。河港集团实施装卸设备智能化改造，加快推进大宗散货数字堆场和数字码头建设，以大数据和智慧化赋能港口生产，开启港口智慧作业新模式。例如，秦港股份九公司完成全部大型装卸设备智能化改造，曹妃甸煤炭港务公司初步实现"翻堆取装"全流程自动化作业，通过提升干散货码头科技创新水平引领行业发展。

二是绿色提质。河港集团推进绿色港口建设，各港区以"绿创"为抓手，以打造绿色生态强港为目标，推动煤炭码头全面绿色转型升级，展现煤炭运输新气象。秦皇岛港东港区煤三、四、五期码头成为全国首家五星级绿色港区，曹妃甸煤炭港务公司等4家子企业先后通过四星级绿色港口评审。

三是改造提效。河港集团加快老旧设备更新改造，持续优化港口作业集控、自动化系统功能，实现重点设备远程操控，用新技术驱动设备管理再上新台阶。持续推进港口网上营业厅建设，实现业务全流程信息化。

四是品牌提档。河港集团牢固树立品牌意识，强化精准营销和定制服务，强化货物数量、质量管理，确保货物质量安全。秦港股份成功申报国家级"港口服务标准化试点"，成为全国首家获批国家级标准化试点项目的干散货港口企业。突出服务模式创新，为客户提供配煤、专场、专泊等定制化、个性化服务，做到搭平台、促贸易、强物流。在京唐港区创新开展进口煤与内贸煤混配装船业务，是环渤海主要煤炭下水港口中唯一一家开展此项业务的港口企业。

三、改革成效

一是服务国家能源战略安全能力有效提升。通过实施一系列改革举措，河港集团对内构建了"三港四区"联动的煤炭运输保障体系，对外与"口岸单位＋上下游伙伴"建立了有协议、有分工、有机制、有措施、有流程的全程供应链协同保障体系。2024 年，煤炭下水量 2.56 亿吨，在环渤海十大主要港口中占比达到 36.4%。发起设立环渤海煤炭运输港口联盟，与周边港口共同打造世界一流能源枢纽"港口群"。

二是企业经济效益实现稳步增长。通过做强做优煤炭装卸运输主责主业，在进口煤不断冲击的大背景下，河港集团经济效益持续稳步增长。2023 年，河港集团完成货物吞吐量 7.95 亿吨，同比增长 8.5%，在全国沿海港口中排第三位；实现利润总额 42.1 亿元，同比增长 20.36%。2024 年，河港集团累计完成货物吞吐量 8.42 亿吨，同比增长 6.0%；实现利润总额 46.5 亿元、同比增长 10.46%。

5

科技创新塑造新兴产业发展新动能

山西交通科学研究院集团有限公司

一、基本情况

山西交通科学研究院集团有限公司（以下简称"交科集团"）成立于 2019 年 1 月，是山西交通控股集团有限公司（以下简称"交控集团"）所属一类科技型全资子公司，注册资本 10 亿元。交科集团主营业务涉及公路、市政、建筑、城市轨道、电力、环保等行业，业务范围包括投资决策、规划咨询、科技研发、勘察设计、项目管理、工程监测检测、运维养护、新材料新技术推广、特种施工等，是国内交通行业领先的综合型科技企业。交科集团以实施国有企业改革深化提升行动为契机，紧抓创新生态建设，以科技引擎驱动新质生产力发展。自成立以来，交科集团荣获省部级科学技术奖 75 项（其中一等奖 15 项），承担国家级、省部级等各类科研项目 406 项，总经费超 8.3 亿元。

二、经验做法

（一）聚焦发展方式"绿色化"，加快低碳材料产业布局

依托新型道路材料国家地方联合工程实验室，交科集团成立了由 51 人组成的研发与产业化团队（其中博士 13 人、硕士 36 人），目前已获得国

家发明专利 65 件，形成了沥青基、水泥基、功能性材料、特钢材料、固废材料五大类特色优质产品，其中一项极具代表性的新兴产业就是超高性能混凝土护栏（UHPC 护栏）。

一是在研发阶段，交科集团通过市场化选聘方式引进太原理工大学博士成立研发团队，并配套 150 万元人才专项资金开展合作研究，先后攻克了 UHPC 材料设计与制备、原材料本土化、预混料制备与品控等一系列难题，成功研制出 UHPC 护栏。与传统产品相比，UHPC 护栏的使用寿命延长 5~8 年，综合成本降低 10%~25%。

二是在成果转化阶段，交科集团通过内部研发单位与成果转化单位的协同，实现了 UHPC 护栏批量化生产，形成了科技创新与产业创新的深度融合。针对 UHPC 护栏产品的设计施工、检测评价等全产业链体系尚不完善的问题，编制了 UHPC 护栏地方标准，持续推进相关标准规范的申报与编制工作，积极完善全产业链的标准体系。

三是在产品升级迭代阶段，交科集团持续加强研发单位与成果转化单位的深度合作，实现材料产品的快速迭代升级，不断推进道路材料产业向价值链中高端跃升。其他典型产品还有低碳耐久型不锈钢护栏、胶粉改性沥青等。

（二）聚焦交通领域"数智化"，大力发展智慧软件、智能装备

一是依托智慧交通山西省实验室，围绕交通基础设施数字化、交通基础设施智慧建养、交通安全与智能装备、智慧出行与车路协同、基础设施绿色低碳技术五大研究方向，持续提升自主创新水平和产业发展能力。邀请 3 名院士、16 名知名专家组成学术委员会，为科研目标、研究方向、技术路线等把关定向。持续加大研发投入力度，每年投入科研经费 4000 万元以上。

二是以西安异地研发中心为"桥头堡"，实现软件开发从委托开发到合作开发再到自主开发的跨越式发展，推出了健康监测、智慧运营综合平台等一系列应用前景广阔的优质产品并获得市场认可。其中，健康监测历经十几年的技术沉淀和匠心打磨，产品性能和服务得到极大提升，已在67座桥梁、6座隧道、33处边坡实现了应用，新承担了交通强国建设健康监测试点任务"桥梁结构监测数据与养护管理的融合应用"，技术实力再获肯定。智慧运营综合平台在交控集团实现应用，汇聚整合了超过1.9亿条运营数据，涵盖高速公路运营所涉及的全部业务板块，实现了山西省5862公里高速公路运营的全产业、全维度、数字化、智慧化管理。其他典型产品还有大件运输可通过性评估系统、AI稽核大数据分析平台等。

三是积极抢占智能装备市场高地。加大智能装备领域的研发投入和人才引进培育力度，ETC智能检测系统入选山西省发展改革委《2023年山西省创新产品和服务推荐清单》，积极探索研究机器视觉与深度学习等前沿技术，深入一线了解高速公路运营管理需求，创新研发了视频交通事件检测器。隧道检测车、ETC检测车继续在四川、河南开展检测服务，在省外赢得了良好口碑。

（三）铺筑产业发展"快车道"，全力推动科技成果落地生金

交科集团从资源、业务、推广和市场4个维度，积极破解科技成果转化难题。

一是从资源上全力支持科技成果转化。交科集团科学评估新科技成果应用前景，分类进行项目化或公司化运作，为成果转化搭建好平台。加强在新型材料领域的布局，对新成立的山西路安交通科技有限公司和山西交科新材料科技有限公司从人才、资金等方面予以全力支持，大力发展新型材料产业，形成以智慧软件、智能装备和绿色低碳材料为支撑的新兴产业体系。

二是从业务上全力支持科技成果转化。在交控集团的大力支持下，交科集团积极推动科技成果落地应用。2023 年以来，推动 UHPC 半装配混凝土护栏、低碳耐久型不锈钢护栏、胶粉改性沥青等在交控集团内进行应用，实现科技成果顺利转化。

三是从推广上全力支持科技成果转化。交科集团积极对接科技、交通等行业主管部门和协会，推动优秀成果进入各级科技成果推广目录。其中，ETC 智能检测车、山西省大件运输可通过性评估系统、危化品车辆过隧道跟踪辨识技术 3 项成果入选 2023 年度中国公路学会科技成果转化库，"山西能源革命综合改革试点区汾石高速交能融合技术集成应用科技示范工程"项目入选交通运输部科技示范工程，ETC 智能检测系统入选山西省发展改革委《2023 年山西省创新产品和服务推荐清单》和山西省科技厅《2024 年度山西省科技成果转化引导专项》。

四是从市场上全力支持科技成果转化。交科集团充分发挥覆盖全国六大区域经营中心作用，深耕省外市场。自研的等距变位式桥梁伸缩缝、防松脱多向变位梳齿板伸缩缝成功应用于省外多个项目。自主研发的桥隧智慧管控平台和"桥易检" App 成功应用于上海市浦东新区农村道路桥梁检测项目。承担了"高速公路桥梁结构监测数据与养护管理的融合应用"交通强国试点项目。低碳耐久型不锈钢护栏进入广西市场。

三、改革成效

交科集团通过构建创新链、产业链、支撑链三位一体的产业发展矩阵体系，运用"需求—研发—中试—应用—产业化"的产业培育模式，厚植以人才、技术标准、技术迭代为支撑的成长沃土，不断催生新产业、新模式、新动能，从而实现新兴产业的孕育、成长与加速发展。通过产业化成功经验的推广复制，低碳材料产业整体呈现迅猛发展态势，2023 年实现营收 2.54 亿元、同比增长 236%，2024 年实现营收 2.63 亿元，同比增长

3.54%。通过在交通智慧软件、智能装备领域的大力布局，智慧软件、智能装备产业稳步发展，2023年营收达1.66亿元、同比增长43.3%，2024年实现营收1.83亿元，同比增长10.2%。

一是建立了全要素协同的"创新链"，提升创新供给能力。交科集团充分发挥省级实验室等创新平台的资源汇聚作用，实现"产、学、研、用、政、金"等多方优势资源协同，全力支持科技创新；围绕重大科研项目，组建跨单位"特战队"，充分发挥协同创新优势，构建"基础研究—技术攻关—标准构建—成果落地"全过程协同创新生态链条。

二是建立了以市场为导向的"产业链"，提升科技成果产业化效能。交科集团坚持市场需求导向，在内部形成了产业单位提需求、科研单位做研发中试、产业单位进行成果转化和产业化的分工明确的产业培育体系，让供给与需求精准对接，有效推动优质科技成果落地转化，形成新产业。以市场前景广阔的产业为龙头，深挖产业优势，不断拓展上下游产业链，逐步"聚链成群"，推动新产业做强做大。

三是建立了与科研和产业相匹配的"支撑链"，塑造新发展优势。交科集团强化人才支撑，市场化选聘科研领军人物，实施柔性引才用才，破除人才分布的地域限制，实现了在新兴、薄弱领域研究实力的快速提升。强化标准支撑，围绕科技创新和产业应用，积极承担国家和地方各级标准编制任务，有力支撑新兴产业发展。强化技术支撑，持续推进已有产品、技术的迭代升级，保持产品、技术竞争优势，让科技创新"关键变量"转化为新质生产力"最大增量"。

6

坚持创新驱动　做强做精主业
"四路并进"做好"加减法"

呼和浩特市国有资产监督管理委员会

一、基本情况

呼和浩特市国有资产监督管理委员会（以下简称"呼和浩特市国资委"）于 2014 年 11 月设立，内设 6 个科室和 1 个正科级事业单位，对 10 家市属国有企业履行出资人职责，专司国资监管职责，指导国有企业党的建设工作。国有企业改革深化提升行动实施以来，呼和浩特市国资委围绕优化资本布局结构、提升资源配置效率，通过"精准核定主业、稳固发展基业、壮大新兴产业、剥离清退副业"四步走，推进国有企业实现服务保障功能和经济效益"双提升"目标。

二、经验做法

（一）开展"主强辅优"专项行动，构建主业突出结构清晰的业务格局

呼和浩特市国资委制定"主强辅优"工作方案和主业动态管理工作规则，推动市属国有企业进一步厘清所属各级子企业主辅界限，夯实"聚焦主业，做强做精一业"发展基础。

一是按照出资关系和管理实际，研究确定主业核定范围，原则上除因

特殊目的设立、待划转、合并、转让或注销等企业，全部纳入本次主业核定范围。

二是组织纳入主业核定范围的各级子企业梳理现有经营业务，统计近三年营业收入、营业成本及业务占比等，分析各业务对增强核心功能、提升核心竞争力的贡献率及未来发展形势。对照市属国有企业集团公司主业，结合经营发展状况，按程序精准核定主业，同时提出拟剥离清退非主业或子企业。

（二）坚持做强做优做大，着力推动国有企业稳固发展基业

呼和浩特市国资委注重优化国资监管指导服务方式，充分调动国有企业积极性，主动走出去拓展市场、发展业务。

一是健全和完善国有企业投资事项监督管理配套制度，建立投资事项信息填报系统，明确主业类投资和非主业类投资事项审批决策程序，提出按照商业竞争类、特定功能类、公益类企业分类分户核定非主业投资比例要求，引导市属国有企业扩大主业类投资比重。

二是市属国有企业全员推动业务提质增量，领导班子带头引领，抓业务、稳增长。例如，呼和浩特市城市交通投资建设集团有限公司积极推进光伏发电项目并网装机、工程项目验收检测、全过程咨询业务等；内蒙古青城国有资本运营有限公司通过设立基金、股权投资等方式，加速布局绿色农畜产品等产业，推动乳业交易中心开市交易，累计交易额突破3亿元。

（三）优化国有资本布局投向，积极培育壮大战略性新兴产业

呼和浩特市国资委推动市属国有企业立足资源禀赋，不断优化资本投向，提升战略性新兴产业布局比重。

一是立足内蒙古自治区八大产业集群、首府六大产业集群，鼓励支持市属国有企业投资布局逐步向光伏发电、信息技术、绿色环保等战略性新兴产业倾斜，2024年累计投入11.2亿元。

二是充分发挥国有企业投资、运营两类公司作用，通过设立基金、股权投资等方式，积极培育发展地区特色优势产业。例如，内蒙古大数据产业发展集团有限公司围绕绿色算力、数据要素，积极发展布局数据采集、加工、交易等全产业链业务。

（四）深入开展"两非""两资"清退，全面剥离清退副业

呼和浩特市国资委指导企业开展"两非""两资"出清，激发企业创新活力和市场活力，促进国有企业产业转型升级。

一是总结推广"两非""两资"出清工作经验做法，建立由呼和浩特市国资委、财政局、自然资源局、行政审批局、税务局、中级人民法院六部门组成的"两非""两资"协调联动工作机制，形成工作合力，为市属国有企业资产处置、企业清算、注销等提供指导，破解"两非""两资"出清工作中的难题。

二是坚持法人户数有序增减、动态调整，通过合并、转让、划转、注销等多种方式，逐步剥离清退非主业、非优势子企业，对新投资设立子企业提前做好审核把关，注重对集团公司的支撑、与主业的关联性、投资收益等，严控新设特殊目的、项目公司等。

三、改革成效

一是国有企业经营效益稳步攀升。2024 年上半年，市属国有企业营业总收入同比增长 10.5%，利润总额同比增长 75.1%，资产负债率下降 4.1%，全员劳动生产率同比增长 95.2%，财务费用、管理费用分别同比下降 19.8%、9.8%，达到近五年最大降幅。

二是国有资本布局结构持续优化。市属国有企业聚焦"六大产业集群"，在光伏发电、再生水、清洁能源等领域投资 11.2 亿元，剥离清退非主业、非优势子企业 38 家，基本形成与企业发展协调同步、与业务发展相适应的管理格局和业务格局。

三是国有企业市场拓展迈出坚实步伐。例如，呼和浩特市城市交通投资建设集团有限公司在公路勘察设计、咨询、监理等业务板块签订合同816份，争取养护经费8500余万元，努力推进呼包鄂地区城际铁路规划建设，完善绿电交易数据库，拓展绿电绿证交易服务等。

7

深入推进国有资本投资公司改革
有效发挥资本和产业联动调整作用

辽宁省交通建设投资集团有限责任公司

一、基本情况

辽宁省交通建设投资集团有限责任公司（以下简称"辽宁交投集团"）成立于 2016 年 1 月，注册资本 366.5 亿元，为辽宁省国资委监管的一级企业集团，是辽宁省交通基础设施投融资主平台和建设主力军，主营业务涵盖基础设施投资、工程咨询、路域产业开发、信息科技、金融服务、商贸物流等板块。自 2019 年改组为辽宁省首家国有资本投资公司后，辽宁交投集团持续深化综合改革，探索构建符合国有资本投资公司运营特点的体制机制和运行模式，为全省经济发展发挥支撑和保障作用。

二、经验做法

（一）明晰功能定位，积极推进国有资本投资公司改革

辽宁省国资委率先为辽宁交投集团派驻 5 名外部董事，实现外部董事占多数，并将发展战略、投资决策、产权管理、财务管理等十五大类共 18 项职权授放到集团董事会。在辽宁省国资委的指导下，辽宁交投集团全面推进授权经营体制改革。

一是做好顶层设计。辽宁交投集团深刻认识辽宁省委、省政府新赋予集团的战略任务，围绕服务国家和辽宁战略、盘活巨量资产、放大国有资本的影响力、优化国有资本布局、提升产业竞争力，研究建立健全适应国有资本投资公司运作的体制机制改革方案，系统编制中长期发展规划。

二是加强董事会规范运作。辽宁交投集团修订完善董事会议事规则，在董事会下组建投资决策、薪酬与考核、审计、提名4个专门委员会，提升董事会决策能力。建立有效发挥外部董事作用的保障机制，2名外部董事不同意的议案原则上不能通过。完善党委会与董事会的沟通机制，细化经理层向董事会报告制度。

三是有效承接授权事项。辽宁交投集团依据辽宁省国资委的授权放权文件，研究制定承接授权清单，逐项落实授权后的辽宁省国资委与集团董事会的工作界面划分，修订完善集团公司章程，针对性地调整完善企业投资、工资总额管理等一系列内部管理制度，确保辽宁省国资委授权放权事项全面落地。

（二）调整组织架构，构建"资本层—资产层—生产层"三级管控体系

一是明晰各层级定位和管控模式。辽宁交投集团作为"资本层"，负责整体发展战略、重大投融资、资本运营、财务监管、风险管控、绩效评价和党组织建设等事项，资产经营权和管理权全部授权放权下属企业，对二级公司采用战略管控模式。二级公司作为"资产层"，是专业化经营平台，负责运营业务的日常管理和专业化管理水平提升，对三级公司采用运营管控模式。三级公司作为"生产层"，是业务运营单位，负责具体业务的直接经营管理，不具有任何对外投资权。

二是调整总部组织架构。辽宁交投集团聚焦突出国有资本投资公司总部党的建设、战略决策、资源配置、资本运作、监督评价五大核心职能，对总部职能部门实施改组，全部重新核定职能、定岗定员，严格控制总部人数。

三是完成内部产业整合重组。辽宁交投集团聚焦增强核心功能、提升核心竞争力，进一步推进资源配置精准化、集约化，着力构建"一企一业、一业一企"的业务格局，完成对从事工程养护、试验检测、科技研发、工程监理等同质化业务企业的整合重组，打造定位清晰、主业突出、协同高效、运转有序的专业化产业平台。

（三）增强发展动力，为加快产业转型升级步伐提供要素支撑

一是实施"交通＋"发展战略。辽宁交投集团充分发挥国有资本投资公司平台作用，打造前瞻性战略性新兴产业"孵化器"，重点推进现代化交通基础设施网与运输服务网、信息网、能源网进一步融合发展，不断拓展新领域，抢占新赛道，塑造发展新动能新优势，提升前瞻性战略性新兴产业营业收入占比。

二是提升自主创新能力。辽宁交投集团积极构建研发新体系，组建成立集团研发中心。制定科技发展规划，明确科研方向、目标和重点任务，与国家材料中心、哈尔滨工业大学等科研机构、高等院校建立产研深度融合的创新联合体，重点加大对高性能环保型路面材料、再生技术等"四新"技术的研究力度。优化科技资金投入机制，将科研投入纳入预算并保持刚性增长。

三是推进集团数字化转型。辽宁交投集团与华为合作完成集团数字化转型顶层规划设计，成立集团数字化管理中心，完成数字化转型一期工程建设，构建面向集团全量数据的标准体系，建设基于 BIM 的工程管理和以用路人为中心的高速通 App 等应用平台，加快数据资源开发利用和价值挖掘，推动产业与新一代信息技术深度融合，实现数字化转型升级。

（四）完善内控体系，形成监督工作常态化和闭环管理机制

一是优化管控模式。辽宁交投集团以资本、股权、派出董事为基础，推进子公司董事会建设，加强规范运作。建立外部董事人才库，由总部统一委派，实现外部董事占多数，完善治理型管控体系。

二是补齐管控短板。辽宁交投集团健全内控管理体系，制定内控评价管理办法及工作流程、员工行为规范，以及关键岗位定期岗位轮换、不相容岗位清单等一系列制度规范，强化重点环节监管。搭建纳税基础信息数据库和经营数据监控分析系统，提升规范化运营水平。

三是完善监督体系。辽宁交投集团建立综合监督体系，统筹审计资源，建立协调工作机制，常态化开展审计。建立尽职合规免责清单，鼓励干部员工大胆创新、主动作为。

三、改革成效

辽宁交投集团以"担当改革发展龙头，致力辽宁经济振兴"为企业使命，通过改组国有资本投资公司，推进了一系列改革举措，2019 年至今营业收入、利润总额年均复合增长率分别达到 4.3%、31.3%。

一是辽宁重大交通项目建设任务圆满完成。全面落实"交通强国"和辽宁综合交通体系项目建设要求，截至 2024 年底，辽宁交投集团累计完成高速公路、铁路等建设投资 786 亿元，所辖高速公路通车里程达 4409 公里，进一步完善辽宁省陆路交通网。

二是产业链水平进一步提升。物资贸易板块年营收规模突破 20 亿元。工程咨询业务范围拓展至 29 个省份，集团外营收达到 15.9 亿元。环卫、物业板块营收达到亿元规模。大通公司公路工程施工总承包一级资质成功获批。

三是科技创新推进力度不断加大。改组以来，辽宁交投集团累计科研投入 6.3 亿元，获得省部级科技进步奖 30 余项，制/修订国家标准 1 项、行业标准 2 项、地方标准 20 余项；"沥青路面固废资源化高效循环再生利用成套技术与装备研发"研究成果被中国公路学会评价为"国际领先"，科技创新动能充分释放。

8

服务国家航空战略　壮大地方航空经济
推动航空产业链聚集升级

沈阳航空产业集团有限公司

一、基本情况

沈阳航空产业集团有限公司（以下简称"航产集团"）作为沈阳市航空产业国有一级平台公司，肩负"服务国家航空战略、壮大地方航空经济"重要使命，是推动沈阳建设世界级航空航天产业集群的牵头单位和重要实施主体。航产集团以建设"全国一流的航空航天产业国有投资运营管理平台"和"全国领先的先进技术成果转移与转化平台"两个平台为目标，充分发挥"央企、国企、民企的衔接通道"和"创新链、科技链、资本链、政策链的贯穿通道"两个通道作用。国有企业改革深化提升行动实施以来，航产集团通过深化央地协同合作、打造产业集聚高地、促进科技成果转化、引入多路金融活水等工作进一步优化体制机制，在推动军机发展的同时，在民机、通航等领域全面推进航空产业延链补链强链等工作。

二、经验做法

（一）以"头部企业＋配套园区"发展模式，打造产业集聚新高地

航产集团与中国航发黎明共建沈阳航空动力产业园。

一是依托头部企业需求精准招商。中国航发黎明开放订单、管理、人才等产业要素资源，聚焦上下游紧密协同的产业链供应链开展招商，向引入的战略供应商输出管理和技术等方面的人才，助力其完善经营管理体系。

二是三级政府强化政策资金支持。省、市、区三级政府提供人才补贴、土地款补贴、专项资金等支持政策。对园区招商引资的配套企业市以下税收，连续三年全额留存园区所在区，用于支持企业发展和园区建设。给予中国航发黎明高端人才输出一次性补贴，并配套子女就学等政策。开辟绿色通道，专班专人对接，随时解决问题。

三是地方国企撬动优质资本投入园区建设。航产集团做产业、做基地、做基金、做服务，将补贴资金补给入园企业，以"零利润"搭建生态载体，解决共享中心服务能力，投资优质航空产业；采用"F＋EPC"（融资＋工程总包）模式招募央企战略投资者，以相对较少的财政投入引入中铁十九局集团投入园区建设，以 1.1 亿元的自有资金撬动 11 亿元的建安投资，极大地提升了国有资本配置效率和社会资本的使用效率。

（二）以央地厂所协同打造"产创融合"新模式，激发高质量发展驱动力

航产集团与航空工业 601 所、中国航发 606 所、航空工业沈飞公司、沈阳航空航天大学等单位共建科技成果转移与转化平台，开展科技创新、股权合作和人才双向交流，引导社会资本集聚，为新技术成熟化和产业化提供资本支持，全力推动航空领域科技成果落地沈阳。

一是与航空工业 601 所围绕无人机项目展开合作，推进航空工业飞行器机体快速研制中试验证平台落户沈阳，加强人才双向交流。

二是与中国航发 606 所围绕商用和无人机用小推力发动机和发动机传感器研发等项目展开合作，参与中国航发 606 所子公司航发科技股权多元化改革，从而实现相关产业的本地化集聚。

三是与沈阳航空航天大学合作开发1吨级固定翼无人机"他机试飞"验证平台，建设科技成果转化中试基地。

（三）以金融活水赋能打造"产投融合"新模式，筑牢高质量发展蓄水池

航产集团持续深化与央字号、国字号金融机构合作，构建沈阳市航空产业基金服务体系，积极发挥金融服务实体经济的助推作用。

一是与国开行建立战略合作，领衔组建"银团"，降低融资成本，为航空产业载体建设、航空装备更新等提供金融支持。

二是整合多种要素资源，发挥"以投促引、以投促产"带动效应，联合省、市、区三级政府投资平台及社会资本合作方共建总规模为5亿元的辽沈航空产业基金。

三是联合央企及社会资本，牵头组建规模为2亿元的沈飞民机专项航空产业基金，推动民用大飞机产业发展。

三、改革成效

一是创新产业园区开发模式，大幅提升头部企业本地配套率。沈阳航空动力产业园项目创新政府、央企、国企协同联动新模式，极大提升了国有资本配置效率和社会资本使用效率，仅用一年多时间，即实现"开工一年项目满园、一年半将全面投产"的良好效果。成功引进沈阳华秦等航空动力领域8家实力雄厚公司落户，带动发动机叶片等8个项目落地，现已实现满园运行；沈阳航空主机厂的多种核心项目本地配套率预计由10%提高至50%。

二是联合"两所一校"深入开展战略合作，全力推动航空领域科技成果在沈落地。航产集团分别与航空工业601所、中国航发606所、沈阳航空航天大学签署了战略合作协议。与航空工业 601 所围绕全球领先的可倾转混合动力 eVTOL 飞行器、某型无人机项目展开合作，并实现人才双向挂职；投资 1050 万元支持王向明院士团队开展飞行器未来技术研发。与中国航发 606 所围绕商用和无人机用小推力发动机和发动机传感器研发等项目展开合作。与沈阳航空航天大学合作开展"他机试飞"中试平台项目，现已进入投产阶段，填补了沈阳市中大型无人机领域的空白。

三是组建多只航空产业基金，赋能助推全市航空产业发展提速提效。推动辽沈航空产业基金（一期 2.5 亿元）组建工作；完成 5 亿元（2 亿元专项基金 + 3 亿元直投）沈飞民机项目增资，支持大飞机生产能力建设；完成总规模为 5000 万元的沈阳低空经济产业基金组建，抢占低空经济产业发展赛道。为园区企业量身定制金融产品，引导航空零部件配套企业落地沈阳。

9

智改数转　科技赋能　引领交通新篇章

吉林省高速公路集团有限公司

一、基本情况

吉林省高速公路集团有限公司（以下简称"吉高集团"）是吉林省重要的交通基础设施建设和运营企业，承担省内高速公路等基础设施项目投融资、建设、运营管理职能。吉高集团深入实施国有企业改革深化提升行动，将智能化改造和数字化转型（以下简称"智改数转"）作为推动企业高质量发展的核心战略，以数字化转型为主线，通过强化顶层设计、优化管理机制、提升技术应用等措施，显著提升公路运营效能和服务水平，为吉林省经济社会发展提供有力支撑。

二、经验做法

（一）强化顶层设计，明确转型目标

吉高集团明确智改数转的总体思路和目标，制定详细转型规划，组织专家团队对国内外高速公路行业数字化转型的成功案例进行深入研究，制定《信息化发展"十四五"规划》《科技创新（2023—2025 年）发展规划》。确立"以数字化转型为主线、以科技创新为引领、以信息化建设为支撑"的发展路径，明确了"提效率、提效益、提质量，控风险，强创

新，增服务"的转型目标，形成"一中心、三网络、三平台"的发展格局，即建设一个综合数据中心，构建通信网、监控网和应急指挥网三大网络，打造收费管理、运营管理和信息服务三大平台。

（二）优化管理机制，保障转型顺利推进

一是成立专项组织。吉高集团成立数字化转型领导小组，由董事长亲自挂帅，确保转型工作的领导力和执行力。

二是建立管理体系。吉高集团编制10项信息化、网络安全、数据相关制度。通过建立闭环管理机制，促进数字化转型战略架构完善。

三是强化人才保障。吉高集团注重数字化人才的引进和培养，建立体系完善、人才专业结构合理的数字化创新团队。通过业务技术双推进和标志性成果牵引，有效激发团队创新活力。

（三）加强技术应用，推动系统升级

一是夯实基础保障，提升智慧大脑处理能力。吉高集团完成覆盖全省高速公路488个节点2800余公里的骨干通信网络，初步建成吉林省高速公路"数字大脑"，完成系统本地部署和自有数据本地归集，实现万路视频统一接入。主营业务系统上云率达90%，为数据处理和智能分析奠定基础。

二是深化协同办公，提升管理效率。吉高集团建成综合行政办公平台，整合OA、人事、资产、财务等业务数据，实现跨部门、跨地域、跨系统、跨层级的协同无纸化办公模式，显著提升办公效率，年业务流程处理量超过10万条。

三是优化收费系统，提升通行效率。吉高集团聚焦收费关键指标，省界门架数据汇总成功率提升至99.99%，MTC兜底计费使用率降至0.5%，ETC兜底计费使用率降至0.1%以下，确保通行费应收尽收；完成100余项收费相关业务指标监控，问题发现及时性由小时级提升到分钟级；建成

吉林省高速公路稽核取证平台，智能构建证据链，实现精准稽核。

四是加强智慧管控，提升管养能力。吉高集团建成运行监测平台、机电运维管理系统，实现了高速公路实时监测与预警、故障诊断与快速响应。运行监测平台接入监控设备超过 1.1 万台，日均处理数据量达 35GB。

五是聚力智慧运营，打造一体化服务。吉高集团建成高速出行一站式服务 App（小程序）"吉行高速"，实现 ETC 预约办理、电子发票开具、"路旅融合"等功能，有效发挥引流增收作用，推进运营管理模式创新。其中，"阳光救援"和"随手查"两项交通运输贴近民生实事项目落地，实现了"一键呼救"功能和施救服务"三公开"（公开救援服务电话、救援服务点、收费标准），救援渠道查询更加便捷，施救服务收费更加透明，救援选择更加自主，服务监督更加规范。

六是推动数据共享，激发数据价值。吉高集团建立 46 个数据库、76495 张数据表，总数据量达 13.47PB。通过数据中台开展大数据分析应用，提升智能决策水平。积极探索数据资源市场化路径，通过 DCMM 三级认证，完成 3 个数据产品登记确权，推动数据资产入表。

三、改革成效

一是运营效率显著提升。吉高集团通过一系列智改数转举措，收费系统关键指标全国排名提升 4 ~ 5 名。智慧管控系统投入使用后，日均车流量同比增长 7.97%，万车事故数降幅达 44.07%，通行能力、道路承载能力和安全通行保障能力显著提升。

二是服务质量持续优化。吉高集团通过构建一站式服务 App（小程序）"吉行高速"和智能语音客服系统，以智改数转实现对司乘人员的快速响应和优质服务，累计服务用户超百万。一键呼救、智能导航等功能的应用，使得人员出行更加便捷和安全。

三是社会效益与经济效益双丰收。吉高集团通过精准收费和智能运维，降低运营成本和维护成本；通过数据资源的有效利用，开拓新的业务领域和收入来源；通过优化服务质量和提升用户体验，进一步提升社会形象。

四是推动行业进步。吉高集团的智改数转实践不仅促进了企业自身的发展，还为吉林省乃至全国的整个高速公路行业树立了标杆。吉高集团的智慧高速公路建设模式被多地借鉴和推广，为我国智慧交通的发展贡献了重要力量。

10

人才引领科技创新　构建新质生产力

吉林化纤集团有限责任公司

一、基本情况

吉林化纤集团有限责任公司（以下简称"吉林化纤集团"）是吉林省吉林市所属国有企业，成立于 1959 年，下辖吉林化纤股份有限公司（A 股上市代码：00420）、吉林碳谷碳纤维股份有限公司（北交所上市代码：836077）等 40 家企业。吉林化纤集团主要研发生产人造丝、腈纶纤维、竹纤维、碳纤维 4 种纤维材料，是全球最优质的人造丝生产企业、全球最大的竹纤维生产企业、全球最大的腈纶纤维生产企业，全球第二、全国最大、牌号最全、产业链最完整的碳纤维生产企业，2018 年入选国务院国资委首批"双百企业"名单，2023 年被国务院国资委确定为创建世界一流专精特新示范企业。

二、经验做法

吉林化纤集团深入开展国有企业改革深化提升行动，坚持以人才引领科技创新，推进传统产业转型升级、战略性新兴产业融合集群发展、未来产业培育壮大，构建新质生产力。

（一）坚持机制改革，促进人才赋能

一是建立柔性引才机制。吉林化纤集团通过与高校、科研院所实行产才对接，组建科技产业人才联合体，对碳纤维战略性新兴产业板块采用"一人一策""长租短借""兼职兼薪"等方式，柔性引进 3 个博士团队、17 名高端人才、9 名科研人员。

二是完善系统育才机制。吉林化纤集团深入实施项目带动、攻关推动、论坛互动、自学主动、统学促动"五动"人才培养计划，高质量培育一批专业领军人才、专业技术人才及一线管理骨干人才。

三是创新激励留才机制。吉林化纤集团对研发团队实行科技创新成果奖励，按创效金额的 1% 连续奖励三年，实施科技成果转化利益分享机制，对 T800 级碳纤维技术创新成果探索职务科技成果赋权改革试点，试行科技人员项目工资、年薪制等灵活的分配方式，推动科研成果转化。

四是拓展精准用才机制。吉林化纤集团畅通管理、科研、技术、技能多序列人才成长通道，选聘研究员 38 名、主任工程师 3 名、副主任工程师 30 名，为企业科技创新提供充足的智力保障。

（二）坚持平台引领，完善科技创新体系

吉林化纤集团健全完善三层次创新平台，着力推动应用性、基础性和开发性研究，强化企业创新主体地位，围绕企业创新主攻方向促进人才发展、科技创新和产业升级深度融合。

一是建设自主创新平台，加强应用性研发。吉林化纤集团依托吉林化纤富博研究院、9 家专业研究所，2024 年确定研究课题 69 个、"揭榜挂帅"课题 19 个、重大创新课题 18 个，研究所现已完成课题 117 项。立足东北，辐射京津冀、长三角和珠三角，成立 4 个碳纤维应用研发中心及复材研发中心，引技术、引项目、引人才，强化新产品研发、产业链对接和市场推广。

二是与高校、科研院所共建产学研创新平台。吉林化纤集团在纤维特性、绿色化工原料、树脂等方面深入开展基础性研究，寻求技术突破，促进传统产业优化升级、战略性新兴产业创新发展。

三是建设产业链上下游联合开发平台。吉林化纤集团与行业领军企业合作开展碳纤维应用领域开发性研究，通过科技成果转化做大碳纤维复材及制品板块。目前，碳纤维层压板从无到有，月均销量突破15吨，无人机结构件国内市场份额达到50%。

（三）坚持正向激励，激发全员创新活力

吉林化纤集团以激励机制创新，引领技术创新。

一是核心技术骨干突出创新成果转化激励。吉林化纤集团每两年召开一次创新大会重奖创新成果，对于持续创效的重大创新成果，按创效金额实行连续三年奖励制度，单项最高奖励100万元。

二是一线岗位和劳模工匠突出岗位增值激励。吉林化纤集团层层分解指标，进行月、季、年度定期考核，根据岗位贡献实行阶梯式差异薪酬分配模式，鼓励一线职工立足岗位创新创效。

三、改革成效

吉林化纤集团坚持科技兴企、人才强企，进一步激发了企业发展活力和创新潜力，四大主导品种在全球细分领域均处于领先地位。

一是运营效率显著提升。吉林化纤集团通过创新成果转化，人造丝、腈纶纤维产能分别达到全球的30%、40%，自主专利产品竹纤维进入国际知名品牌供应商名录，碳纤维国内市场占有率达到40%以上，在风电拉挤领域的市场占有率达到90%。2024年，企业销售收入同比增长16.3%，劳动生产率提高2.87%，经营质效显著提升。

二是科技创新能力明显增强。国有企业改革深化提升行动实施以来，

吉林化纤集团新增发明专利 49 件，占公司专利总数的 32%。碳纤维湿法产品质量稳定在 T700 级，处于国内行业领先水平，并被应用于 2024 巴黎奥运会中国自行车队参赛用车的生产；干法碳纤维生产线于 2024 年投产后实现稳定运行。

三是员工科技创新活力持续增强。吉林化纤集团一线技术人员做到人人有创新课题，2023 年以来完成研究所课题 117 项，2024 年各层级创新课题立项 205 项，研发费用投入同比增加 84.21%，创新驱动高质量发展活力持续迸发。

11

加速推进数字化转型
赋能企业可持续高质量发展

黑龙江省建工集团有限责任公司

一、基本情况

黑龙江省建工集团有限责任公司（以下简称"建工集团"）是黑龙江省建设投资集团有限公司所属的二级子企业，资产规模近 250 亿元，拥有房屋建筑工程施工总承包特级资质，业务覆盖国内 25 个省份及境外多个国家和地区，连续十三年实现主营业务收入和新签合同收入双超百亿元，多次荣获"全国用户满意企业""建设质量管理先进企业""科技进步和技术创新企业"等称号，承建项目 10 次获鲁班奖、12 次获国家优质工程奖，获国家专利授权近 300 项。

二、经验做法

（一）优化转型战略，锚定数字化建设新航向

一是战略引领顶层设计。建工集团坚持把数字化转型作为企业发展的核心战略，以信息化建设为基础，加快推进数字化转型。对标学习中国二十冶集团、陕西建工集团、中亿丰建设集团等企业，制定集团"3459"数字化战略，发布《数字化转型规划纲要》，明确集团数字化转型发展目标、

总体思路和重点任务，全面提升企业可持续发展能力。

二是筑牢数字化转型发展根基。建工集团围绕"1155"中长期发展战略，以自有数字化研发团队为主力，建立信息化组织体系，通过业务引领、以数字化技术为支撑点转型升级，以数字化赋能新时代基础建设供给侧结构性改革，实现"集团管控集约化、业务管理高效化、资源配置智能化、产业生态系统化"的"四化"目标。

（二）强化智慧赋能，拓展数字化转型新路径

一是研发具有完全自主知识产权的项目级智慧工地平台。建工集团项目级 BIM＋智慧工地平台通过人工智能、大数据、物联网等技术与项目现场智能硬件的结合，构建数字化平台，聚焦"人、机、料、法、环"等关键要素的数字化，实现工程现场全面感知和实时互联，在哈医大、中日友好医院、哈工程 FXX 水池、哈市旧改等 24 个项目开展应用，实现项目管理数字化、系统化、智能化。

二是基于数据治理成果建设智能成本分析决策平台。建工集团强化项目端成本管理条线数据治理，搭建建工集团数据中台，制定数据管理制度体系，推动实现数据可视化，通过接入项目管理系统数据，将业务过程数据抽取成指标，进行跨管理层级、跨业务条线的多维度、灵活、直观的分析和成果展示。决策层实时掌握集团、公司、项目成本情况，横向对比各组织机构的项目利润，及时督促落后组织机构进行整改；纵向拉通检视超支成本科目，及时显示亏损项目和超支项目，方便进行过程检视和跟踪。

（三）构筑项企一体化，推进数字化发展新优势

一是搭建企业端智慧指挥中心。建工集团通过项目层数据与企业层数据的互联互通，基本实现对项目的整体监控。建立线上联合检查机制，实时了解、掌握工地现场的施工进度，及时发现工地现场的各类问题和突发情况，促进数字技术与项目施工管理深度融合，切实提升精细化管控能力

和工程施工质量。

二是构建一体化合同管理系统。建工集团企业端数字化合同管理系统搭建完成并稳定运行，从业务流程中梳理数据需求，合同管理系统完成非建设类合同签订、付款等功能流程 700 余条，为集团项目高效审批及变更合同管理等方面提供服务，保障合同管理的可靠性、便捷性、合规性。

三是实现业务财务双轨管控。建工集团建设的"业财一体化平台"，以"打通业务与财务数据双向流转，实现流程与数据的有效融合"为工作目标，打破数据壁垒，实现财务系统与各业务系统互联互通，在核算自动化、全面预算分析等方面发生了巨大的提升和转变。目前，"业财一体化平台"已在亚冬会场馆、巴洛克、医科大学等 22 个项目稳定运行。

四是打造强大自主研发能力。建工集团以科技创新为导向，深挖内部人力资源潜力，打造高素质数字化研发团队，目前团队共有成员 8 人。该团队围绕集团 BIM 轻量化、事业部数字化管理等研发出 6 个信息系统，为企业高质量发展提供技术支撑。

三、改革成效

一是聚焦创新自立，加强原创技术创新。建工集团联合哈尔滨工业大学、黑龙江省寒地建科院等高等院校和科研机构，组建黑龙江省唯一的智能建造产业技术创新联盟，打造涵盖科研、设计、生产、施工、运营等全产业链融合一体的智能建造产业体系，全面引领黑龙江省建筑产业发展。深度参与中俄寒地中心科研工作，全力打造寒地工程原创技术策源地。

二是聚焦主责主业促进新旧动能转换。建工集团全面打造国家级建筑业现代化产业园区，布局风能、光伏、装配式、绿色建造和超低能耗建筑等新基建领域。重组 4 家专业化公司，快速切入动能强劲的全新优势产业，运用"BIM 钢构云"搭建数字车间和生产项目一体化协同管理平台，优化企业管理流程，夯实了做强做优做大的基础。

三是加快 BIM 技术应用，赋能项目全过程。建工集团以 BIM 技术为乐安小区、建工校实训基地、巴洛克、哈尔滨机场二期扩建、中日友好医院等项目提供全过程支持，荣获"东北三省一区 2023 年建设工程 BIM 技术应用大赛"一等奖 7 项、二等奖 2 项、三等奖 6 项、优秀奖 3 项。

12

深化改革引领　创新驱动未来

哈尔滨电碳厂有限责任公司

一、基本情况

哈尔滨电碳厂有限责任公司（以下简称"哈碳公司"）是哈尔滨工业投资集团有限公司所属的二级子企业，于 1958 年 6 月建成投产，是国家"一五"期间苏联援建的 156 项重点工程之一，是国家航天航空用石墨材料、航空电机用电刷等设计、开发、研制和生产的定点单位，相继入选国家级高新技术企业、国家级专精特新"小巨人"企业、国务院国资委"科改企业"等名单。近年来，哈碳公司认真贯彻落实党中央、国务院决策部署，深入实施国有企业改革深化提升行动，始终坚持"两个一以贯之"，坚持科技创新，完善创新体制，更好实现高水平科技自立自强，推动企业走向高质量发展道路。

二、经验做法

（一）加强顶层设计，明确科技创新战略

哈碳公司通过党委、董事会、经理层把"科技兴企"战略逐级贯彻到公司的各个角落，在企业发展战略的顶层设计上、在企业决策层的内心里把科技创新工作真正置于重中之重的位置，使公司上下在理念层面形成充

分的共识和强大的合力，确保公司抓住新一轮科技革命和产业变革的重大战略机遇，在市场竞争中抢占先机、赢得主动。

（二）聚焦关键领域，突破核心技术

哈碳公司高度重视新产品研制开发，紧紧围绕关键核心技术攻关，不断开发具有高附加值的新产品。在保证原有主导产品市场地位和份额的基础上，全力开拓市场，尤其注重在新领域、新应用、新功能等增量市场上做文章。不断提升的技术能力让哈碳公司在市场拓展上更具优势。目前，除在航天、航空、舰船等军工领域关键碳石墨材料更新换代方面不断取得突破，在民用领域的"国和一号""华龙一号"核电主泵石墨轴承、大船主轴石墨密封精环 600 兆瓦以上火电机组发电机电刷、风力发电机长寿命电刷等重要国产化攻关项目上，或已经批量供货，或已经装机试验取得实质性进展。在德国采埃孚公司新能源车防静电系统新型石墨材料配套项目中，哈碳公司提供的样品综合性能优于同时送样的国际知名公司英国摩根和德国西格里。

（三）增加研发投入，提升创新能力

哈碳公司持续加大研发投入力度，落实研发投入增长机制，通过合理配置研发资源，将更多的资金投入关键核心技术攻关，使科技创新的针对性和实效性得到提升。2023 年，哈碳公司研发经费投入 1673.3 万元，占营业收入的 9.5%。2024 年，研发经费投入 1390.2 万元，占营业收入的 9.18%。哈碳公司积极申请承担国家科技计划，不断完善公司内部科研项目立项机制。随着高性能航空航天石墨技术能力提升项目上马，碳纤维碳/碳头锥材料、高端石墨密封材料等一系列技术升级及产品成功研发，夯实了企业原创技术策源地定位，为公司插上了起飞的翅膀。

（四）推动产学研深度融合，激发创新活力

哈碳公司与湖南大学、中南大学、哈尔滨工业大学、哈尔滨理工大学

等高校和科研院所已有多年的深度合作，产学研用实现共赢发展。先后与国家电投集团、哈电集团、深交所楚江新材、北交所东方碳素、湖南大学、哈尔滨理工大学及一批军方用户签约碳石墨新技术、新材料的研发合作协议，累计创收近 4000 万元，技术创新的投入与产出逐步形成良性循环。与平顶山东方碳素股份有限公司、哈尔滨电器动力装备有限公司、湖南顶立科技股份有限公司等签订合作协议，通过强化优势互补、深化互利共赢，实现拓展市场、提高竞争力、效益共赢的合作经营目标，共同在务实合作中实现高质量发展。

（五）强化人才培养，打造创新队伍

哈碳公司坚持"内部培养为主、外部引进为辅"的人才使用策略，着力打造一支老中青相结合、理论水平与实践经验相结合的科研队伍。针对短期内难以批量招募到满足哈碳实际需求的技术人才这一现状，于2021年初在公司内部突破部门、学历、专业、年龄的限制，创新性成立"科研创新后备团队"，并参照国内高校培养研究生模式，由公司技术带头人亲自对后备团队成员进行分组、分课题、分项目的培养和锻炼，形成特有的人才梯队建设机制。截至目前，核心技术团队从原来的 16 人增加到 30 人，公司工程技术人员从原来的 43 人增加到 75 人，实现了企业创新能力不断提升。

（六）推进科研创新激励机制

哈碳公司针对短期内急需获得突破的若干重大关键技术攻关型项目、重要技术研发型项目，制定实施《哈碳项目制科改激励方案》。入选该方案的重大关键技术攻关项目、重要技术研发项目按计划时间结题并经过公司技术评审委员会评审后，根据评委会提交的项目进展、意义、收益、项目组成员贡献度等评审结论，按方案条款对项目组进行分级激励且不占用企业工资总额。截至目前，采用该方案对 4 个验收结题的科研项目组进行奖励，累计发放奖金45万元，显著激发了技术团队的工作热情。同时，制定推行"科研创新容错机制"，显著提升了科研工作的效率和效能。目前，哈碳公司的科研项目平均结题周期从5年前的15个月缩短至现在的9个月，助力一些关键项目在竞争中及时抓住短暂而宝贵的时间窗口期，成功中标。

三、改革成效

目前，哈碳公司已经拥有10个大类、28个系列、140余个品种产品，先后有20多项产品获得国家级、省部级等奖项。拥有全部自主知识产权，创造了众多"中国第一"，突破多项关键技术，实现了多种石墨材料"国产化"替代，核心产品达到国际同类产品水平或国内领先水平，在技术水平、企业核心竞争力上领先于主要竞争对手。

13

扎实培育林区新质生产力
谱写高质量发展新篇章

黑龙江伊春森工集团有限责任公司

一、基本情况

黑龙江伊春森工集团有限责任公司（以下简称"伊春森工"）成立于2018年10月，是黑龙江省政府出资的公益类国有独资企业，实行"省属市管"体制。伊春森工施业区总面积351.25万公顷（1公顷＝10000平方米），森林总蓄积3.56亿立方米，是全国"五大森工"之一；总部现有内设部门29个，下辖公益类林业局公司17家、商业类子公司10家，在职职工1.99万人；主要经营范围包括造林和更新，林木育种、育苗，森林经营、管护和改培，林产品采集，牲畜饲养，以及旅游景区管理服务等。

二、经验做法

（一）坚守森林经营保护主责主业，筑牢培育新质生产力和高质量发展的生态根基

一是全面守护森林资源安全。伊春森工坚持以林长制为引领，不断加强林地监测和保护管理，科学开展林业有害生物防治，全面提升森林资源管护质量。扎实推进小兴安岭林区森林防灭火一体化试点建设，推动大型察打一体无人机、便携式地面卫星接收站等先进装备应用，强化"天空地一体化"火险火情监测和现代指挥体系，全面提高"打早、打小、打了"能力。

二是着力加强林木种苗培育。伊春森工强化 2 处国家级良种基地、2 处国家级种质资源库建设，探索尝试遗传育种、航天育种、杂交育种等先进技术，不断丰富树种资源。积极推进 33 个苗圃标准化改造升级，全面普及推广轻基质网袋育苗造林技术，打造多功能、现代化苗圃集群。在满足自身造林需求的基础上，重点抓好红松果材嫁接苗和刺五加、五味子等商品苗、经济苗和绿化苗培育，为林业发展提供种苗保障。

三是扎实推进可持续经营试点。伊春森工持续加强与中国林科院合作，深入总结美溪局公司红松人工林质量精准提升技术示范项目、10 家局公司 20 万亩（1 亩≈666.7 平方米）森林可持续经营试点等经验，进一步完善经营类型和技术模式，推动编制（或修订）新一轮森林经营方案，推动森林可持续经营常态化。

（二）加快林业产业转型升级，做强培育新质生产力和高质量发展的产业载体

一是创新林下空间利用，做大第一产业。伊春森工整合 160 万亩林区耕地资源，扩大高产高效作物种植面积，提高土地产出水平。抓好畜牧养殖项目，加快菌草、林下草等配方饲料研发，推进湖羊产业健康发展。坚持"采山""种山"相结合，探索打造规模化、集约化、立体化林粮、林果、林菜、林药等林下改培基地，配套建设管护用房、冷藏保鲜、冷链运输等必备设施，提升商品化处理和服务带动能力。

二是创新林产品精深加工，做优第二产业。伊春森工投资 1.08 亿元组建生物科技公司，兴建全国最大规模的前处理生产线，推动产品提质升级。与武夷山桃渊茗红茶研究所共同研制"新松林"生态茶，在哈尔滨建成首个"伊春森林大厨房"，将林区"九珍十八品"端上城市餐桌。结合森林可持续经营，邀请中国工程院院士、国际木材科学院院士作指导，深度谋划林木及剩余物精深加工，逐步再现林区"木字号"产业辉煌。

三是创新森林景观环境利用，做强第三产业。伊春森工积极推进"10＋N"民宿试点林场建设，不断提升接待能力和服务质量。持续发挥"林都号"旅游列车辐射带动作用，进一步优化地接服务，叫响"森林里的家"品牌。超前规划冬季旅游新项目新业态，重点推进与万达集团合作打造国内唯一的城市冰雪运动基地和冰雪旅游度假区，加快补齐冬季旅游短板。

（三）全面推进科技兴企和人才强企，激发培育新质生产力和高质量发展的内在活力

一是不断完善产学研合作机制。伊春森工与中国林科院等院校密切合作，共建院士工作站、博士后流动站、研究生实习基地等合作平台，与东北林业大学合作申报桦树汁资源保护与利用省级工程技术研究中心项目，与多个院士团队合作菌草种植加工、林下草资源利用、森林经营剩余物加工等项目，让更多优秀科技成果转化为企业现实生产力。

二是不断加强企业人才队伍建设。伊春森工推进黑龙江中医药大学"助学引才"和东北林业大学"支林计划"，拓宽招才引智渠道。开展北京大学、哈尔滨工业大学、东北林业大学等优质研修班次，分批选派中高层管理人员和优秀年轻干部进行培训。聚焦森林经营、生态种养、木业加工等专业领域，与职业院校合作推进技能人才委培，壮大基层一线专技人才队伍。

三是不断强化科技兴企保障机制。伊春森工多元化加大研发投入力度，明确经营业绩考核中的研发投入要求，激发企业创新活力和研发投入积极性。

三、改革成效

2024年，伊春森工全口径产业总产值实现110亿元，其中集团企业53.6亿元，各项工作均取得显著进展。

一是生态家底更加殷实。伊春森工培育红松轻基质网袋容器苗2200万株，完成小兴安岭森林湿地保护修复综合治理16.85万亩、林业有害生物防治137.08万亩，森林覆盖率达到88.53%，实现连续二十一年无重特大森林火灾。

二是现代林业产业体系逐步完善。伊春森工种植粮食作物155万亩，种植老山芹、山葱等山野菜6.5万亩，改培种植刺五加等中药材规模达76万亩。养殖冷水鱼3000亩，湖羊养殖规模达5.5万余只。桦树汁产业在全国首次采用膜浓缩＋双效蒸发工艺，并获得3项专利授权。"伊春森林大厨房"在上甘岭溪水公园、新青松林小镇、铁力透龙山3个景区挂牌。"林韵秋木耳"礼盒设计荣膺伦敦国际设计奖最高荣誉铂金大奖。"伊春号"成功开行并圆满完成服务亚冬会任务，"林都号""伊春号"先后荣获全国"2024年冰雪文化十佳案例""第二批交通运输与旅游融合发展示范案例""天然氧吧专列"等荣誉。2024年主要景区接待游客195.4万人，实现旅游收入7600万元。入股海南国际碳排放中心并筹划共建伊春国际绿碳服务中心，2个林场分别入选全国、全省森林碳汇试点。

14

进一步明晰国有资本投资运营公司功能定位
赋能国资国企改革发展

上海市国有资产监督管理委员会

一、基本情况

推进国有资本投资运营公司改革是深化国资国企改革的重要内容，是推动国有经济布局结构调整的重要途径，是提高国有资本运营效率的重要手段，是落实以管资本为主优化国资监管的重要举措。上海市制定了关于进一步深化国有资本投资运营公司改革的工作方案，构建了定位清晰、错位发展、高效运转的国有资本投资运营公司运作体系。

二、经验做法

（一）明确国有资本投资运营公司功能定位

在明确整体功能定位上，国有资本投资运营公司是上海市国有资本投资运营专业平台，兼具投资和运营功能。在明确整体功能定位的基础上，推动国有资本投资运营公司围绕产业投资、资本运营、助力国资监管等维度开展运作，承担服务国资国企改革、优化国有资本布局、提升国有资本运营效率、实现国有资产保值增值、助力国资监管等责任。

（二）加强对国有资本投资运营公司授权赋能

强化国有资本投资运营公司战略规划编制，加强主业精细化规范化管理。授权国有资本投资运营公司对战略性持股企业履行规划投资、财务管理、国有资产股权管理、资产评估核准备案等股东权责，实现授权的全覆盖。推动国有资本投资运营公司参与战略性持股企业法定代表人任期考核工作，赋予30%权重。在明确国有资本投资运营公司整体功能定位的基础上，根据国家和上海重大产业投资发展的总体战略部署，以及上海国资国企改革实际，结合国有资本投资运营公司前期运作实践基础和优势，进一步明晰国有资本投资运营公司细分功能，推动国有资本投资运营公司围绕主责主业开展运作，实现错位发展。

（三）优化国有资本投资运营公司管理机制

优化国有资本投资运营公司决策委工作机制，明确决策委在国有资本投资运营公司总体谋划、重大决策、资源配置等方面发挥更大作用，国有资本投资运营公司在具体项目运作上发挥主体作用，决策委办公室做好日常指导、协调、联系工作，定期开展总结评估。发挥考核指挥棒作用，进一步优化对国有资本投资运营公司的考核评价机制，重点强化对国有资本投资运营公司协助国资监管、服务国企发展情况的考核。发挥正向激励引导作用，进一步激发国有资本投资运营公司开展资本运作及存量盘活的积极性。

三、改革成效

通过深化国有资本投资运营公司改革，进一步明确国有资本投资运营公司功能定位，实现错位发展，推动国有资本投资运营公司在优化国资布局、强化科技创新、促进产业发展、提高运营效率、助力国资监管等方面进一步发挥作用，有力促进国资国企更好履行功能使命，实现高质量发展。

一是上海国际集团围绕"金融控股＋市值管理"核心功能，制定改革深化提升行动工作方案暨国有资本投资运营公司改革方案，持续跟踪金控公司申设的最新政策要求和监管动向，做好各项申设准备，积极争取申设工作获得批准并加快推进实施。落实控股股东责任，强化对金融机构支持赋能，持续提升金融控股核心能力，积极发挥金融控股平台功能。强化市值管理研究，制定差异化的市值管理策略，分阶段开展试点并逐步常态化运作。

二是上海国盛集团围绕"存量运营＋产业直投"核心功能，制定改革深化提升行动工作方案暨国有资本投资运营公司改革方案，加快建立国有存量资产库、存量资产快速接收平台和以"资金""股权""实物"为交付物的3个专业化资产盘活处置平台，形成存量运营配套保障体系，积极开展存量运营工作。根据上海市委、市政府统一部署，积极开展产业直投，落实好交办任务，发挥好"长期资本、耐心资本、战略资本"作用。

三是上海国投公司围绕"基金管理＋创新孵化"核心功能，制定改革深化提升行动工作方案暨国有资本投资运营公司改革方案，加快构建科创孵化体系，发挥科创策源服务功能，打造投资"生态圈"，研究金融服务科创路径，推动投研一体联动融合。优化基金管理布局，放大国有资本引领作用，成立集成电路、生物医药、人工智能三大先导产业母基金，稳步开展存量基金增资扩募，筹建未来产业基金，探索并购基金，助力科技创新和产业升级。

15

运用"国资基金 + 产业集团"投资方式
培育发展新质生产力

上海市国有资产监督管理委员会

一、基本情况

根据上海市国有资产监督管理委员会（以下简称"上海市国资委"）《关于推动国有资本投资运营公司和国资基金联动改革方案》，将上海国投公司打造成专司"基金管理 + 创新孵化"的平台公司，聚焦三大先导产业和未来产业，专注"投早、投小、投硬科技"，做强服务政府重大战略的引导基金、投资类型齐全的功能性基金、品牌影响力大的市场化基金，成为资源要素配置能力强的直接投资者。

二、经验做法

（一）牵头组建上海三大先导产业母基金

2024 年上半年，上海市国资委指导上海国投公司牵头组建上海三大先导产业母基金，总规模 1000 亿元，包括集成电路产业、生物医药产业、人工智能产业母基金及未来产业基金。集成电路产业母基金重点投向集成电路设计、制造和封测、装备材料和零部件等领域。生物医药产业母基金重点投向创新药物及高端制剂、高端医疗器械、生物技术、高端制药装备等领域。人工智能产业母基金重点投向智能芯片、智能软件、自动驾驶、智能机器人等领域。上海三大先导产业母基金按照"政府指导、市场运作、专业管理"的原则运行，遴选专业投资团队，通过子基金投资、直投、生态运营等运作方式，发挥"投早、投小、投硬科技"、产业培育、并购整合、补链强链功能。母基金推进政府资源与社会资本协同联动，以市场化方式链接创新资源，支持原始创新和成果转化，优化产业生态，推动上海加快催生具有全球竞争力的创新型企业，打造世界级产业集群。

（二）实施上海国投公司与上海科创集团联合重组，并实施存量基金优化整合

为落实国有企业改革深化提升行动方案要求，进一步深化上海市平台公司改革，实施上海国投公司与上海科创集团联合重组。重组后，有助于打造功能突出、运作专业、能力卓越的基金投资公司，为促进科技产业金融高水平循环贡献国资基金公司力量。上海国投公司与上海科创集团在投资阶段上有序衔接，重组后融合双方已有和储备投资项目。此外，为聚焦国家战略发展要求和上海市产业发展需求，实施了存量基金品牌整合、管理调整、清算退出、整改处置"四个一批"专项行动。在对存量基金进行全面梳理的基础上，研究明确了各类企业基金业务定位，形成国资存量基金优化整合方案，通过政府引导、市场化推进方式，发挥政府引导功能，制定优化整合战略，指导企业按照市场化方式，采取符合基金行业特点的优化整合方式。加强统筹推进，明确国资基金优化整合的总体方向、目标任务、操作路径、工作机制，分步实施，成熟一批，推进一批。对功能性投资机构、金融机构、产业集团进行分类管理、分类施策。根据企业集团实际，按照"一企一策""一基金一方案"的方式形成具体方案。

（三）推进央地合作，优化创新资源生态

为深化上海市政府与中央企业的战略合作，2024 年 7 月 26 日，在上海三大先导产业母基金发布现场，上海市国资委与国家开发银行、中国工商银行、中国银行、中国建设银行、交通银行、国寿资产、新华保险、中国诚通、中国国新9家央企签署《助力上海三大先导产业发展专项战略合作协议》，聚焦三大先导产业发展，加强项目投融资、综合金融服务、科技创新、产业培育等领域合作。此前，国寿资产成功探索了保险资金与国资基金"S"份额转让的接力合作模式；国家开发银行与上海市国资国企密切合作，围绕服务完善上海市现代产业体系，制定《关于支持上海市3+6产业发展工作方案》，组合运用各类专项贷款，加大中长期资金投放力度；中国诚通、中国国新与上海国投公司在2022年发起设立上海综改基金，服务上海国资国企改革创新发展和产业转型升级，重点投资上海三大先导产业。

三、改革成效

一是有效提升了国资基金投资能级。通过上海国投公司与上海科创集团的整合，产生管理规模近1000亿元的基金投资公司，结合已成立的上海市三大先导产业母基金，基金管理规模已超过2000亿元，成为全国头部基金投资公司，有利于进一步增强承接政府功能性基金管理任务的能力，充分发挥国有资本在创新资本中的杠杆和引导作用。

二是有效优化了基金管理效能。通过平台改革重组和基金优化整合等措施，预计上海国资基金管理人平均管理规模将在三年内翻一番，有效提升基金管理效能。

三是有效拓展了创新孵化生态圈。通过进一步加强央地合作，上海国资系统与央企建立多领域、多层次、全方位的战略合作关系，在前期良好合作基础上，共同落实国家战略，推动完善上海"五个中心"建设，支持上海三大先导产业发展，助力上海构建新发展格局。

16

助力科技创新策源
打造"早、小、硬"投资生态圈

上海国际集团有限公司

一、基本情况

上海国际集团有限公司（以下简称"国际集团"）成立于 2000 年，是上海市属国有资本投资运营平台，围绕金融控股、国有资本运营、投资与资产管理主责主业，不断增强核心功能、提升核心竞争力。国际集团 85% 以上的资产为金融资产，占市属金融机构国有权益总量的 60% 以上。国际集团围绕重大战略任务，主动创设金浦、科创、国方、赛领、国和五大基金管理品牌，累计管理资产规模超 1400 亿元。充分发挥市场化母基金的资源集聚优势，推动各类要素和资源向上海科创领域集中。

二、经验做法

（一）发挥国有资本引领示范效应，围绕产业链推动科创企业发展

一是加大链主企业投资力度。近年来，国际集团围绕国家重大战略和上海重点产业，加强对链主企业投资，强化链主企业辐射带动作用。完成上海新能源汽车领军企业智己汽车、集成电路制造领先企业华虹公司、金融信创龙头企业中电金信等重点投资项目。

二是发挥链主企业聚合带动的"头雁"效应。国际集团聚焦集成电路、生物医药、人工智能三大先导产业，依托链主企业深入挖掘和培育具有高爆发潜力、高成长价值的早期和成长期公司。与华虹集团、石药集团等链主企业共同设立产业链直投基金，开展产业链上下游布局，促进产业链、资金链深度融合。

三是支持重点区域高端产业发展。国际集团围绕上海"五大新城"建设和重点产业集聚区，推动临港新片区长电汽车电子、松江新城超硅半导体、嘉定新城傲世控、青浦新城川土微等重点项目落地，为区域重点产业发展提供支持。加强集团系统内基金联动合作，通过主动投资落地、招商引入、反投引入等形式支持上海科创中心承载区发展。

（二）发挥科创母基金引领带动优势，打造创投生态圈

一是以市场化运作构建各类资本服务科创企业发展的新平台。国际集团坚持"金融资本引导、产业资本参与、市场机制运行"的运作模式，联合上海地方国资、金融机构、社会资本共同发起设立上海科创中心股权投资基金（以下简称"科创母基金"）。目前该基金管理资产规模140亿元，目标资产规模300亿元。在基金运作过程中，科创母基金坚持资金募集市场化、项目来源市场化、评价标准市场化、投资决策市场化、考核激励约束机制市场化，推动全国优秀早期项目和前沿技术加速聚集。

二是以一体化建设凝聚资本服务科创企业发展合力。国际集团发挥科创母基金战略引领作用，聚集了一批在硬科技领域深耕多年、对产业链有深刻理解、产融资源丰富的子基金管理人，共同开展三大先导产业和未来产业投资。集聚金控、银行、证券、保险等金融机构、五省市国有资本、引导基金发起设立上海国资体系第一只创投类S基金，形成培育科创产业的资本接力机制，促进金融与产业资本畅通循环。

三是以生态化赋能提升科创企业发展动能。国际集团与上海证券交易所建立科创板对接会机制，搭建创投机构、科创企业与资本市场沟通桥梁，帮助科创企业更好把握科创板改革机遇。实施"创新领航行动计划"，举办"创新领航"硬科技投资沙龙，与各类机构加强战略合作，围绕被投项目开展交流互鉴、行研分享、协同尽调和投后赋能。借助创投生态，推动底层项目在产业链上下游建立业务合作，助力新技术、新产品、新业态更广泛落地应用，增强产业链的韧性和竞争力。

（三）强化"早、小、硬"布局，发起设立早期硬科技基金

一是立足"投早、投小、投硬科技"开展前瞻性布局。国际集团发起设立上海国资体系内第一只"投早、投小、投硬科技"的直投基金——上海国际集团创领一期基金（以下简称"创领一期"），目标资产规模10亿元，加强对原始创新、科技成果转化等创新型项目投资。投资阶段上，聚焦创新创业企业的首两轮外部融资；投资规模上，单项目的平均投资规模一般为千万元级别；投资赛道上，重点投资三大先导产业中的关键核心技术领域，以及底层技术变革、前沿科技突破、交叉领域创新等新赛道。

二是精准发力培育未来科技和前沿技术"核爆点"。国际集团重点围绕具备创新性、突破性和稀缺性的技术路径，通过专家咨询、GP交流、产业链上下游验证等方式，更加精准高效地筛选出具有颠覆性和创新性的项目，重点发力支持高精尖突破。截至2024年底，创领一期已累计形成优质储备项目60余个，完成生物医药、集成电路等细分领域6个项目的投资决策。

三是探索建立适应"早、小、硬"投资的"四专"运作机制。国际集团设立投资专岗，落实早期细分赛道的研究、储备、投资相关工作；组建专家智囊团，形成以基金合伙人、知名项目创始人为主体的行业专家团队；制定专属激励约束机制，实施差异化的强制跟投、创新容错等制度；建立专属制度和工作流程，确保合规、稳健、高效。

三、改革成效

一是形成全阶段、全链条科创金融服务能力。国际集团依托金融控股集团的综合金融服务优势，加强与各类金融机构合作，通过科创母基金、创领一期基金、S基金与直接投资协同联动，满足各类科创企业的发展需求。

二是培育了一批具有核心技术和领先产品的优质科创企业。国际集团聚焦集成电路、生物医药、人工智能三大先导产业，培育国家级专精特新"小巨人"企业300家、独角兽企业55家、科创板上市企业70家。

三是推动各类资本要素向科创领域聚集。国际集团充分发挥国资引领示范作用，推动金融机构、省市区国资、各类社会资本向上海科创领域聚集，发起设立的科创母基金协同合作子基金投向上海地区的总金额超过330亿元。

17

发挥平台公司作用　当好长期耐心资本
加快培育和发展新质生产力

上海国有资本投资有限公司

一、基本情况

上海国有资本投资有限公司（以下简称"上海国投公司"）是上海市三家国有资本投资运营平台之一。上海国投公司紧紧围绕服务国家战略和上海"五个中心"建设，牢牢立足上海市委、市政府赋予的新定位、新使命、新任务，全力当好服务上海科技创新和策源孵化的主力军、促进三大先导产业和未来产业发展的主引擎、落实国资布局优化和结构调整的主平台，努力为服务国资国企改革、培育壮大新质生产力、打造世界级产业集群作出特殊贡献。

二、经验做法

作为国资平台，上海国投公司致力于把有效市场与有为政府的优势结合起来，更好发挥政府投资基金和长期耐心资本作用，兼顾好战略投资者、资源撬动者、赛道引领者、生态构建者四重角色，成为畅通科技—产业—金融循环的枢纽节点和战略链接，助力上海构建创新链、产业链、资金链、人才链深度融合的协同创新生态，促进科技创新与产业发展。

（一）充分发挥国有资本"压舱石"作用，助力科技创新与产业发展

一是构建"上海国投系"基金矩阵。上海国投公司始终坚持市场化、专业化、品牌化原则，着力打造全生命周期、全产品线基金矩阵。投资领域上，既有专注集成电路、生物医药、人工智能产业的行业类基金，又有综合类基金，协同布局相关重点产业；投资周期上，既有专注布局"1～10"成果转化阶段并向"0～1"基础研究阶段延伸的"早、小"基金，又有能够在"10～100"产业化阶段帮助创新产品走向市场的基金集群；投资阶段上，通过延长基金存续期、发起设立 S 基金、合作设立并购基金等方式，从投资、接续、退出等方面全方位引导长期资本、耐心资本"投早、投小、投硬科技"，陪伴企业跨越周期。

二是打造"上海国投"投资品牌。上海国投公司立足"上海国投系"基金矩阵，加快打造"国投先导""国投未来"等基金管理品牌，遴选市场化、专业化、国际化基金管理团队，打造一批行动敏捷、专业过硬、风控严格、业内认可的基金管理公司。联合优质合作伙伴高质量办好大型投资论坛活动，积极参与世界人工智能大会、浦江创新论坛等，承办"上海国投杯""海聚英才"全球创新创业大赛，不断提升在科创投资界和生态圈的影响力、权威性。

（二）聚焦科创策源，积极培育新兴产业

一是精准捕捉"科创信号源"。上海国投公司一手抓科创源头，加强与大院、大所、大企、大家（科学家）、大赛协同联动，精准捕捉"0～1"科创信号源，系统布局"1～10"转化孵化，接续投资"10～100"商业化和产业化；另一手抓孵化，加强与地方政府、园区及链主企业战略协同、力量协同、资源协同，共同建设一批高质量"科创孵化器"，加速成果转化与孵化。

二是大力培育"科创核爆点"。上海国投公司加快推动上海未来产业

基金筹设，充分借鉴国际先进模式，进一步健全颠覆性技术发现和投资孵化机制，探索建立与市级科研经费深度联动机制，重点投向处于概念验证和中试等早期阶段的硬科技领域和未来产业，引领颠覆性技术和前沿技术催生新产业、新模式、新动能，培育科技创新"核爆点"。

（三）强化资源整合能力，着力打造全链条科创产业赋能服务

一是打造科创产业赋能平台，强化投落服一体。上海国投公司设立国投赋能公司，与上海市区两级政府、产业园区等协同联动，着力打造"投资＋金融增值服务、技术＋成果转化服务、产业＋生态链接服务、人才＋吸引保障服务、综合赋能服务"五位一体增值服务体系，强化投后赋能管理，通过触达不同行业龙头链主企业，深度挖掘产业链上下游合作机遇，点面结合培育高成长科创企业落地上海，助力本市先导产业链的集聚落地和未来产业集群式发展，推动科创产业生态加速建设和经济高质量发展。

二是构建高品质科创金融服务体系，强化投贷服一体。上海国投公司与优质金融机构联动，通过开设"金融超市"、发放"金融服务手册"等，为被投企业量身定制一系列投贷联动产品，打造"投、贷、服"一体化科创金融平台，为科技企业提供全方位金融支持。

三、改革成效

一是构建"上海国投系"千亿元级基金矩阵，全力支持培育新质生产力。"上海国投系"千亿元级基金矩阵以上海集成电路、生物医药、人工智能三大先导产业母基金，上海未来产业基金为主干，以引导基金、产业子基金、链长制基金、市场化 VC/PE、并购基金、天使基金、S 基金等基金群为枝叶，实现全产品线、全功能形式、全生命周期覆盖。目前，旗下基金管理人在管基金 13 只，管理规模 1700 亿元。大力布局科创投资，已投硬科技企业近 2000 家，上市 132 家（其中科创板 74 家）。其中，三大先导产业占比超过 90%，投资金额近 1000 亿元；"投早、投小"项目超过 1600 个。

二是建立科创策源信号捕捉体系，为硬科技走向产业化提供关键支持。上海国投公司已与清华大学、上海交通大学、复旦大学、中国科学院药物所、中国科学院脑智中心、临港南大园、大零号湾海联智谷、浦江实验室、奇绩创坛等知名高校、科研院所、重点园区、新型研发机构、高质量孵化器建立了战略合作关系。其中，与北京清华工研院合作发起设立"上海合成生物学创新中心"，建立"一个中心＋三个转化平台＋一只产业基金"新型孵化模式；与上海交通大学合作设立"上海交大-大零号湾科技创新基金"，与复旦大学合作发起复旦科创母基金。目前，上海国投公司储备 VC 子基金 80 多只、高校科研成果转化项目近 70 个。

三是打造全方位科创服务生态体系，更好促进科技产业金融高水平循环。科产赋能方面，上海国投公司正积极推进与临港集团、张江集团、宝山区和普陀区等重要承载区设立合资公司，围绕企业选址落地需求，联动全市各重要承载区，为拟投或被投企业精准匹配全套赋能服务。科创金融方面，已合作发起上海科创金融研究院、上海天使会，集聚引导天使投资人发现早期优质科创项目。同时，与五大国有银行、部分股份制商业银行，以及 3 家市属银行合作，发布《金融服务手册》，为不同阶段被投企业提供全生命周期金融支持，满足科创企业多元化产品需求。

18

发挥"投资-投行-投研"联动优势
更好服务科技创新和新质生产力发展

国泰君安证券股份有限公司

一、基本情况

国泰君安证券股份有限公司（以下简称"国泰君安"）是国内历史最悠久、牌照最齐全、规模最大的综合类券商之一，于 2015 年 6 月 A 股上市，2017 年 4 月 H 股上市，实现了"A＋H"股国际化资本架构，已形成涵盖证券及期货经纪、投行、自营、权益及 FICC 交易、信用、资产管理、公募基金管理、私募股权投资、另类投资、国际业务等诸多业务领域的综合金融服务体系。国泰君安直接控股 6 家境内子公司，在境内设有 37 家证券分公司、346 家证券营业部和 27 家期货分公司；直接控股香港子公司国泰君安金控，间接控股国泰君安国际，在美国、英国、新加坡、越南、中国澳门等地设有机构。

二、经验做法

国泰君安坚持把"功能性"放在首要位置，主动响应、积极贯彻国家战略和上海市相关工作部署，深化落实公司改革深化提升行动方案提出的"聚焦服务战略性新兴产业和未来产业，助推新质生产力加快形成"任务举措，在 2023—2025 年战略规划中将"培育科创金融特色优势"作为公司"五大金融"战略举措之首，制定实施《国泰君安服务上海科创中心建设行动方案（2023—2025 年)》，充分发挥"投资-投行-投研"联动优势，全力锻造覆盖科创企业全生命周期的全业务链专业能力，助力培育形成新质生产力，推动实现高水平科技自立自强。

（一）创新股权投资服务模式，加大早期科创企业支持力度

一是积极探索"投孵联动"模式。国泰君安另类投资子公司证裕公司参与发起设立上海创新专业化天使投资平台"天使会"，投资上海股权托管交易中心，探索联合上市优质孵化器平台与天使会形成多方战略合作，促成创业企业前期融资、成长期投资接力，择优推荐优质科技企业至上海股交中心"专精特新板"等多层次资本市场挂牌上市，形成对科技创新的服务生态联动。

二是着力打造科创旗舰基金集群。国泰君安私募股权投资子公司创新投公司聚焦上海"3＋6"产业体系，先后设立首期 80 亿元国泰君安母基金、80 亿元临港科技前沿基金、41 亿元浦东引领区科创基金等一批基金，构建累计规模超 300 亿元的"母基金＋产业基金"科创主题基金矩阵。聚焦"投早、投小、投硬科技"，国泰君安先后投资 CPU 龙头上海兆芯、全球微纳尺度非金属 3D 打印领军企业魔方精密、AI 芯片独角兽燧原科技等优秀企业，打造了鲜明的"科技投资"标签。

（二）坚定打造"产业投行"，有力服务科创企业直接融资

一是深入推进以产业为导向的组织架构转型。国泰君安持续深化投资银行事业部制改革，目前已在投资银行部成立半导体与集成电路、先进制造、新能源等 8 个行业二级部，强化产业深耕，储备并完成了一批优质投行项目。

二是持续发挥投资银行专业服务优势。国泰君安不断强化专业能力、探索创新融资方式，为科创企业提供股债融资、财务顾问等多元化资本市场服务，2023年以来先后服务落地首单科创板上市公司科创债（沪硅产业）、首单A股软件企业分拆科创板上市项目（用友科技）、A股年度最大规模IPO项目（华虹半导体）等多个标杆案例。2024年以来，积极抢抓新"国九条"后资本市场"1+N"政策机遇，助力凯普林成为"科创板八条"后首家注册通过企业，助力普源精电成为科创板年内首单获批并购重组企业。

（三）整合提升产业研究能力，把握产业发展底层逻辑

一是输出卖方产业研究成果。国泰君安研究所从二级市场产业投研视角，持续开展覆盖新科技、新能源、新制造等重点产业领域的深度研究，积极搭建主题私享汇、产业论坛等交流平台，输出产业观点，促进信息与资源共享。

二是强化买方产业研究赋能。国泰君安投资银行、股权投资等单位深刻把握科技创新的底层逻辑和发展规律，从一级市场产业投研视角，深入开展前沿产业专题研究，分析全产业链增长机会和竞争格局，助力科技创新和产业发展。

（四）构建开放金融生态，实现功能互补、联动服务

国泰君安积极联合商业银行、保险公司等金融机构及产业资本，推动形成多元化、接力式科技金融联动生态。2024年7月，与"五大行"上海分行共同签署《"5+3"科创金融核心联盟战略合作协议》，加强"商行+投行"科技金融协同赋能，深化在股权债权联动、创新综合科技金融服务等领域的合作，共建科技金融生态共享平台。

三、改革成效

国泰君安积极落实上海国资国企持续深化改革相关要求，加快布局战略性新兴产业和未来产业，不断增强科技金融体系化服务能力，有力促进了资本、科技和产业高水平循环。

一是以股权投资业务积极助力培育发展新质生产力。截至 2024 年底，国泰君安累计直接投资超过 150 家科创企业、母基金穿透带动超过 1000 家科创企业。

二是以投行业务高效满足科创企业直接融资需求。国泰君安 2023 年以来助力 6 家企业登陆科创板，科创板 IPO 承销规模 174 亿元，排名行业前五；承销科创类债券 278 只，规模 1101 亿元，排名行业前三。2024 年，完成 A 股 IPO 项目 9 家，排名行业前三。

三是以财务顾问业务助力科创企业做大做强。国泰君安 2024 年以来完成一批行业标杆项目，担任财务顾问成功撮合上汽旗下智己汽车及卫星制造商上海垣信等企业大额融资、助力中车时代半导体引入战略投资，持续提升企业综合竞争力。

19

加快培育新质生产力
大力发展交通行业战略性新兴产业

江苏通行宝智慧交通科技股份有限公司

一、基本情况

江苏通行宝智慧交通科技股份有限公司（以下简称"通行宝"）成立于 2016 年 11 月，是江苏交通控股有限公司所属科技型公司。通行宝 2021 年入选全国首批"科改企业"，2022 年 9 月成为全国首家 ETC 发行服务行业上市企业（股票代码：301339.SZ）。通行宝主营智慧交通电子收费、智慧交通运营管理系统和智慧交通衍生业务，拥有江苏交控数字交通研究院有限公司、南京感动科技有限公司、深圳宝溢交通科技有限公司 3 家子公司。2022—2023 年，通行宝连续两年获评"科改企业"专项评估全国"标杆企业"。

二、经验做法

（一）持续加强科技创新，大力发展新质生产力

一是完善科技协同创新机制，打造数字交通产业链生态圈。通行宝构建"通行宝 + 研究院 + 感动科技 + N 个社会产学研机构"智慧生态联盟；携手知名高校共建"软件实验室""研究生工作站"；携手腾讯、华为、青

云等头部科技企业共建联合实验室，打造数字交通科研协作生态体系，破解各类"卡脖子"行业技术难题。

二是加强原创性引领性技术攻关，锻造科技创新能力。通行宝聚焦通用智能、虚拟现实、类人机器人等前沿产业，运用 AI、V2X、区块链、数字孪生等先进技术，开展视频 AI 分析、"AI + ChatGPT"数字收费员、"交通守望者"车路协同模式等关键技术研究，发展立足科技前沿的新质生产力。

三是持续加大科技研发投入力度，核心技术自主可控。通行宝建立研发投入动态增长机制，2022—2024 年研发投入累计 1.60 亿元、研发投入强度平均超 7%，推出一批"引领行业方向、推动交通变革、颠覆传统模式"的科技创新成果，实现核心技术"以我为主、自主可控"，改变长期以来科技研发依赖引进、依靠外协的历史。

（二）不断优化产业结构，提升产品核心竞争力

一是开展强链补链延链计划，打造全产业链竞争优势。通行宝打造智能产品生产线，研发制造家族化智能收费产品、车路协同智能产品、城市交通智能产品，填补智能制造产业空白。从传统单一的 ETC 发行业务，转变为智能硬件制造、软件开发及智慧交通整体解决方案、为终端用户提供技术服务，覆盖上中下游产业链，建成行业内领先的全产业链竞争优势。

二是发挥战略协同资源优势，加快科技成果落地转化。通行宝发挥江苏路网丰富的应用场景和多元化的产业协同能力，提升科技成果应用转化能力。以江苏路网孵化的"AI 视频分析云控平台"产品，通过对试点高速路段交通流量、车路协同、智能网联车等大数据模型算法训练，部分路段实现平均预警时间提前 13 分钟、检出率达 97.5%、准确率 95.8% 以上，赋予科技成果商业化转化能力。

三是加强数字产品省外拓展，向全国输出"江苏方案"。通过在行业内首创互联网发行模式，实现 ETC 业务全国布局，并与 16 家主机厂建立前装业务合作，已发展 ETC 用户超 2600 万，位列全国第二。打造"畅行交通、品质交通、智慧交通"三大服务主题，"调度、收费、养护、服务、综管、数智"六大产品体系，10 余个具有国内领先水平的智慧交通云服务产品，在 20 个省（区、市）的高速公路及城市交通中实现应用，覆盖全国公路网超 7 万公里。

（三）完善科技创新机制，激发企业内生驱动力

一是完善管理创新机制，搭建人才成长"大舞台"。通行宝实行"项目化管理""揭榜挂帅""赛马制"等创新组织机制，以科研项目聚人才，让年轻骨干"挑大梁"；建立"导师带徒"机制，分类分层分岗开展导学，提升整体专业化水平；打造"智行大讲堂"培训品牌，以讲促学，提升团队知识水平和业务能力；与江苏省内高校、优秀合作方发挥乘数效应联合培养人才。

二是构建双向选择机制，打破工作岗位"硬板凳"。通行宝以岗位需求为核心、岗位胜任力为依据、三年为周期，构建部门负责人竞争上岗与员工岗位双向选择机制，将竞争压力层层传导至每名员工，同时强化员工多岗位复合锻炼能力，提升员工工作积极性和投入度，人才培养成效提升明显。

三是实施中长期激励机制，激发员工争当"主人翁"。通行宝在江苏省国资委及江苏交控支持下，建立股权激励机制。首批限制性股票授予对象 124 人、授予数量 752.38 万股，重点强化对科技创新人才和核心技术骨干的激励，最大限度激发核心团队干事创业内生动力，凝心聚力共谋发展。

三、改革成效

一是战略性新兴产业规模显著提升。通行宝主营业务属于战略性新兴产业，2024 年实现营业收入 8.96 亿元、同比增长 20.75%，利润总额 2.61 亿元、同比增长 10.59%。截至 2024 年 12 月底，通行宝总资产 55.25 亿元、净资产 28.03 亿元。业务结构持续优化，智慧交通运营管理系统业务从无到有，2024 年营收占比近 52%，2022—2024 年营收复合增长率达 28%。

二是科技创新成果亮点纷呈。通行宝自主研发 11 项核心技术，参与交通运输部 7 项相关规程与规则编制及中国公路学会 1 项团标编制，主导江苏省 2 项地方标准编制。累计取得知识产权 360 项，多项成果在行业内处于领先水平，部分成果达到世界先进水平。

三是数字化产品行业领先。"调度云"产品为全国首款基于公有云服务的 SaaS 创新平台，支持"一路三方"跨部门、跨层级、跨行业协同指挥调度，每年处理突发事件超 15 万件，大幅提高高速公路数字化管理水平。"收费机器人"解决了收费道口设备繁多、维护量大的行业痛点，试点地区计费准确率 100%，新建车道可节省 60% 以上的人力成本。

20

向"新"提"质"
为增强能源保障注入新动能

江苏省国信集团有限公司

一、基本情况

江苏省国信集团有限公司（以下简称"国信集团"）是 2001 年 8 月经江苏省政府批准组建的大型国有独资企业集团，以能源、金融和新兴产业投资为主业，是江苏省最大的综合能源集团、重要的金融投资运营平台及新兴产业投资平台，也是江苏省唯一一家省级国有资本投资运营公司。截至 2024 年底，国信集团总资产 2408 亿元，净资产 1219 亿元，资产负债率 49.37%。2024 年，实现营业收入 512 亿元、利润总额 116 亿元，同比分别增长 6.63%、67.72%。在国务院国资委对全国地方"双百企业"专项评估中，国信集团连续两年获评"标杆企业"，连续三年荣获省属企业综合考核第一等次，2023 年被江苏省委、省政府评为"江苏省优秀企业"。

二、经验做法

（一）以科技创新为核心要素，加快发展新质生产力

国信集团充分利用产业应用优势，致力于打造"前瞻技术研究、关键技术研发、创新成果示范应用"一体贯通的产业科技创新体系。

一是加强前瞻技术方向研究。国信集团高标准组建国信研究院，与南京大学、东南大学深化产学研合作，共建双碳技术研究中心、智慧能源与电力系统技术中心和联合研发中心。

二是深化关键技术协同研发。国信集团与南瑞集团等领军企业共建高能级协同创新平台，加快攻克一批关键核心技术。

三是推动创新成果示范应用。国信集团依托重大项目，加速科技创新成果转化和产业化进程，建成投产多个"首台（套）""首突破"项目，全国储能容量最大、转换效率最高的盐穴压缩空气储能项目正在加快建设中。

（二）以低碳转型为重点举措，推动传统产业转型升级

国信集团大力推动传统能源低碳转型，强化绿色发展兜底保障，推动存量机组绿色低碳升级改造，更好地融入新型能源体系。

一是加速清洁高效煤电项目扩量提质。加快推进6台百万千瓦清洁高效煤电机组建设，滨海港、沙洲、靖江3个支撑性电源项目建设不断刷新"进度条"，全部投产后可显著降低国信集团机组煤耗和排放强度。

二是全面实施存量煤电机组节能降碳改造和灵活性改造。加大绿色低碳技术研发和推广应用力度，努力实现主力机组能效和可靠性指标达到全国先进水平。

三是开展煤电机组灵活性改造，推动煤电由常规主力电源向基础保障性和系统调节性电源并重转型。

（三）以绿色能源为主要方向，积极优化能源产业布局

国信集团以抓好新能源项目为重中之重，以推进抽水蓄能和新型储能项目为重点突破，以发展天然气产业链体系为重要增量，不断扩大绿色能源供应规模。

一是大力发展新能源业务。国信集团全面加强与省属、市属国企合作，组建省属新能源项目开发投资平台。投资超百亿元的大丰85万千瓦海上风电项目"蹄疾步稳"；常州武进前黄镇65万千瓦渔光一体项目稳步推进开发建设；省内整县市分布式光伏项目有序推进。

二是加快抽水蓄能和新型储能项目建设。安徽宁国龙潭抽水蓄能项目跑出"加速度"，连云港抽水蓄能电站2025年开工建设；推进淮安压缩空气储能项目顺利开工，在盐城、常州等地建设一批电化学储能项目。

三是天然气产业链建设提速、一体化运营突破。国信集团加快建设沿海输气管道和如东液化天然气（LNG）项目，与苏南管网一体贯通、燃机电厂协同联动，与国家管网互联互通，并向LNG资源采购、天然气销售及终端开发环节延伸。

（四）以人才集聚为制胜法宝，打造高素质专业团队

国信集团坚持系统谋划、统筹推进，努力培养造就一批科技领军人才、高水平创新团队、卓越工程师和高技能人才。

一是加大高端人才引进力度。国信集团研究制定出台一系列配套制度，专门建立引才绿色通道，对高端人才、名校优生给予政策倾斜，常态化开展清华大学、北京大学专场招聘和海外引才工作，灵活运用多种方式，为企业创新发展涵养"一池春水"。

二是优化创新人才培养模式。国信集团坚持"源头培养＋自主培养"，与东南大学共建国家卓越工程师学院，以工学交替、校企双师方式，从源头培养更加契合产业发展、创新需求的专业人才，把重大项目、生产经营一线作为科技人才的"练兵场"，安排青年创新人才担纲领衔重大创新项目。

三是完善人才发展支持措施。国信集团构建以创新价值、能力、贡献为导向的科技人才评价体系，推行重大创新项目"揭榜挂帅"、科技创新容错纠错等工作机制。建立与职务序列并行的科技人才职级序列，打通科技人才晋升通道，让人尽其才、各展其能的氛围愈发浓厚。

三、改革成效

一是科技创新与产业创新深度融合。国信集团建成投产全球首个煤电耦合熔盐储热示范项目、全球首台 66 万千瓦超临界循环流化床锅炉等多个"首台（套）""首突破"项目；近五年荣获国家优质工程金奖和省部级以上科技进步奖等 34 项，获得发明专利等创新成果 148 项。

二是低碳转型升级不断加速。国信集团 2023 年以来投产及建设 800 万千瓦清洁高效燃煤发电机组，存量火电机组全面完成超低排放改造，2024 年火电机组供电煤耗同比下降 1.6 克/千瓦时。

三是绿色能源发展提质增量。国信集团运营及在建新能源装机超 400 万千瓦；运营及在建天然气管道超 1000 公里，省内天然气输气量市场占有率超 16%。

四是高端人才队伍焕发活力。国信集团近年来累计引进高层次人才 80 多名，5 名高技能人才获得"江苏大工匠""江苏省卓越技师"等称号。精准运用股权激励、项目分红等创新激励手段，充分调动人才创新创造积极性。

21

聚焦"四力"建设
加快培育和发展环保新质生产力

江苏省环保集团有限公司

一、基本情况

江苏省环保集团有限公司（以下简称"环保集团"）是经江苏省委、省政府批准，于 2019 年成立的省属大型战略性环保产业集团，注册资本 59.79 亿元。作为江苏全省重点环境基础设施建设项目的省级投资主体、统筹全省环境治理工作的重要抓手、引导省市国有资本联动发展环保产业的主要力量，以及全省环境治理技术研发和数据集成的重要平台，环保集团深入实施国有企业改革深化提升行动，不断强化科技创新主体地位，大力提升高水平咨询服务能力、生态环境领域战略投资能力、技术研发及成果转化能力，在引领全省环保产业发展、关键技术攻关、环境综合治理等方面发挥了重要作用。

二、经验做法

（一）建立健全科技研发体系"增强内力"

一是高位推进科技创新战略。环保集团加强党对科技创新工作的领导，连续四年以党委 1 号文出台推进科技创新及人才发展实施意见，在省属企业率先印发科技创新发展规划和人才专项规划。

二是健全科技组织体系。环保集团成立科技创新工作领导小组，董事会增设科技创新专业委员会，提升重大科研事项科学决策和管理水平。创新建设"三院两中心"，依托全新组织架构，培育14个科技创新团队。成立"双碳、太湖、环境基础设施"3个技术专班，形成全职研发与成果转化团队矩阵。

三是统筹研发方向布局。环保集团开展技术产品谱系规划，围绕集团八大业务板块分析市场需求、竞业情况及核心产品，形成集团技术产品谱系及型谱对标和技术体系表，优化研发方向布局及资源配置。

四是提升信息化管理效能。环保集团建设科技创新管理信息系统，实现研发项目全过程全要素的云端管理，申报"无纸化""低碳化"，线上审查全记录、可追溯，减轻数据多头统计、重复填报工作量。

（二）构建开放创新生态体系"延展外力"

一是搭建高能级创新平台。环保集团打造产业政策研究、创新技术评估、技术研发集成、产业投资孵化、成果转化服务五大创新平台，组建由高校、科研院所、龙头企业、创新机构共28家单位的省生态环境科研联盟，推动建立以企业为主体的、从基础研究到产业应用全链条贯通式的新型科研组织模式。

二是深化产学研合作。环保集团与南京大学、东南大学、南京工业大学等20余所高校、科研院所围绕研发项目、平台建设、人才培养开展全方位合作，累计合作项目近百项，产出一批高水平成果。

三是积极融入全球创新网络。环保集团先后与丹麦、荷兰、德国、澳大利亚、新加坡等多个国家和地区在土壤、创新水技术、固废处置及资源化等方面开展合作，中丹合作土壤与地下水污染治理国际示范项目获央视专题报道，与国际水创新顶尖平台欧洲卓越水技术可持续发展中心签订合作谅解备忘录。

四是推动产业创新发展。环保集团加快推动江苏省节能环保战略性新兴产业基金组建，按照"投硬、投新、投成长"原则，选择具有核心技术能力和成长潜力的节能环保企业，通过产业、科技赋能，打造分工协作、优势互补、高效运转的产业生态。围绕节能环保重点领域强链补链延链，助力关键核心技术攻关，促进创新链与产业链精准对接，不断做优做精、做大做强江苏省节能环保产业。

（三）改革科技创新体制机制"激发活力"

一是实施分类考核，避免"一刀切"。环保集团针对所属公司战略发展定位、科技属性和竞争特点，采取差异化考核评分方式，加大重点科技型企业考核权重，对于取得重大创新成果的额外给予加分奖励。

二是推行视同利润管理机制，鼓励增加研发投入。环保集团对下属公司试行研发投入视同利润管理机制，针对集团战略技术、前瞻性技术及共性技术，经认定后给予相应等级视同利润，极大激发了子公司自主投入的积极性。

三是强化人才引培，储备科技创新人才。环保集团实施"领军50人""环保英才"和"未来人才"三大人才工程，印发高层次人才引进、导师制人才培养实施方案，打造科技创新人才高地。

（四）完善奖励激励保障措施"提升动力"

一是出台科技创新激励保障"十五条"。环保集团从工资总额、专项奖励、成果转化收益、中长期激励及柔性激励等方面，引导科技人员潜心研发。

二是印发科技创新奖励办法。环保集团对于取得重大创新成果及成果转化的团队给予专项奖励，所需工资总额集团专项保障。

三是落实中长期激励。环保集团下属工程技术公司作为国务院国资委

"科改企业"，分两批对 95 名核心科研骨干开展股权激励，激发科研人员活力动力。

三、改革成效

一是服务国家战略需求有新作为。环保集团累计承接省部级以上科技项目 70 项，牵头承担国家重点研发计划"长三角精细化工园区场地复合污染协同修复技术集成及示范"项目。这是该重点专项设立以来唯一由地方企业牵头的项目。强化科技赋能，有力支撑治污攻坚和生态保护，在太湖综合治理等方面发挥了重要作用。

二是科研技术攻关有新突破。环保集团加强关键核心技术攻关，实现水、气、土多要素和环境数据运用等多点突破，建成省级以上科技创新平台 19 个，获高层次人才称号 38 人次。先后获得江苏省科学技术奖一等奖 2 项，二、三等奖各 1 项，生态环境部环境保护科学技术奖一等奖 1 项、二等奖 3 项。

三是企业发展质效有新提升。2024 年，环保集团资产总额、营业收入、利润总额较 2020 年末分别增长 3.2 倍、6.2 倍、4.4 倍，研发投入强度位居省属企业第一，累计培育 12 家高新技术企业、2 家省级专精特新企业、2 家瞪羚企业。

22

科技创新引领　产业创新融合
双促双强推动企业高质量发展

南京新工投资集团有限责任公司

一、基本情况

南京新工投资集团有限责任公司（以下简称"南京新工集团"）组建于 2012 年，直接投资包括 3 家上市公司在内的 31 家重点控股公司，以及 36 家重点参股公司，布局形成新医药与生命健康、高端装备制造、新材料三大核心产业，以及黄金珠宝、生产性服务业、未来新兴产业 3 项培育产业的"3 + 3"产业体系。南京新工集团 2019 年入选江苏省国有资本投资公司改革试点，2023 年入选国务院国资委"双百企业"，在专项评估中被评为"标杆企业"。

二、经验做法

（一）构建开放式创新体系，集聚产业创新资源

一是构建"1 + 2 + 3 + N"开放式创新体系。南京新工集团党委会、董事会直接下设"1"家中央研究院，高位整合导入创新资源；出台定向扶持政策对标对表创建"2"家国家级企业技术中心；策应紫金山实验室、国家第三代半导体技术创新中心、国家高性能膜材料创新中心"3"个国

家重大创新平台发展；开展数控机床、复合新材料创新联合体、生物医药核心关键技术攻关等"N"个战略科技资源项目。

二是通过资产盘整、资本赋能，将资源优势转化为产业发展优势。利用老旧厂房以"6（细分产业、核心企业、共性平台、产业基金、科创载体、科技企业）+1（组合政策）"模式打造多元化科创载体，联合高校院所搭建行业共性技术平台，导入院士领衔的科研专家团队，为入园企业提供精准产业化服务，塑造国资园区品牌，推动科技型企业和创新型产业集聚集群。

（二）深化科技体制机制改革，推动产业创新转型

一是建立母子公司"4+6"战略协同机制。母公司侧重科技政策、科创载体、科技企业、科技资源的统筹规划和统一调度；子公司侧重产品线规划、科技项目、创新平台、科技人才团队、科技模式创新、科技政策的具体实施和前端应用，形成上下联动的良好创新生态。

二是强化创新激励。设立总规模约 5 亿元的创新激励基金，围绕新产品研发、核心技术攻关、前沿基础研究等面向社会实施"挂牌揭榜"项目22 项。旗下南京工艺装备制造股份有限公司面向国家重大科技专项，开展"卡脖子"技术攻关，成功实现关键零部件进口替代。

三是全面实施数字化战略升级。组建新工数科公司，打造集团管控"数字驾驶舱"，建设"新工云"数据中心，创建江苏省智能制造示范车间，建设医药产业互联网平台，发展 B2C、O2O 医药新零售体系，数字医药产业同比提升 20%。

（三）推动贯通式科技成果转化，塑造产业发展新动能

一是打好"优势产业+公司载体+科研院所+基金投资+专业团队"组合拳。南京新工集团组建集团领导领衔的多领域科技成果转化专班，立足生物医药等优势产业，联合知名高校、医院设立产业科创共同体，开拓高端医疗器械、基因细胞等前沿领域。

二是加快建设一流的科技创新产业化平台。构建紫金山实验室"技术策源地"、紫金山科技城"资源集聚区"、紫金山科技产业发展集团"资本蓄水池"三方协同、赋能增效的"紫金山三次方"科技成果转化模式，推动未来网络产业布局发展。

三是引进专业化团队募集管理"新工基金"，打造概念验证基金、拨投结合资金池、天使基金、VC/PE基金、强链并购基金等基金链。

四是引进培养技术经理人团队支持科学家孵化公司，建设6G网络等小试、中试概念验证中心，联合中国联通等头部企业拓展市场应用场景，整合资源要素全链条全周期服务科技成果转化，加快推动产业化进程。

三、改革成效

一是经营质效持续提升。南京新工集团作为重要的市属产业发展平台，近年来营收、利润复合增长率均超10%。在南京市国资系统中，用7.5%的资产创造了48%的营收，贡献了16%的利润。成功打造了制造业单项冠军1家、国家级专精特新"小巨人"2家。2024年1—8月，营业收入、利润总额较2022年同期分别增长16.65%、39.61%。

二是科创能力持续提升。南京新工集团近年来研发投入复合增长率35%，承担国家科技攻关项目10项，牵头或参与制定国家、行业标准19项，新增发明专利52项，2023年新产品产值同比提升185%，出色完成"北斗"卫星、"神舟"飞船、"嫦娥"探月器等重大工程核心部件研制任务。

三是产业创新生态持续优化。南京新工集团围绕产业布局方向，打造15个科创载体，引进市场主体1000余家，集聚高新技术企业63家，国家级专精特新"小巨人"10家。2023年以来，投资创新药、半导体芯片等硬科技企业25家。

23

提升自主创新能力
加快"卡脖子"技术攻关

南京工艺装备制造股份有限公司

一、基本情况

南京工艺装备制造股份有限公司(以下简称"南京工艺")创建于1952年,现为南京新工投资集团控股子企业,主要产品是以滚珠丝杠副、滚动导轨副为代表的滚动功能部件。产品广泛应用于高端数控机床、人工智能、3C自动化等领域,是工业母机的核心零部件。南京工艺被列为国家火炬计划重点高新技术企业、制造业单项冠军示范企业,以及"高端数控机床创新联盟""集成电路零部件创新联盟"成员,先后荣获"2021年度全国质量标杆"称号、2023年江苏省省长质量奖提名奖。2020年以来,南京工艺连续3次在地方"科改企业"专项评估中获评优秀等级。国有企业改革深化提升行动实施以来,南京工艺着力以改革推动企业发展,2023年营业收入和利润总额再创历史新高,连续十二年保持国内行业龙头地位。

二、经验做法

(一)聚焦国家重大项目攻关,加快提升自主创新能力

一是面向国家科技重大专项,开展关键技术攻关。南京工艺依托科技

重大专项平台加快自主研发，建成"滚动功能部件全性能实验室"，高质量完成主持的5项、参与的37项国家科技重大专项课题。项目产品与国际一流品牌同台竞争，为五联动加工中心实现国产零部件批量配套，获得通用技术集团、科德数控等国内高端数控机床企业高度认可，性能达到国际先进水平。成功破解高精度核心部件开发、热稳定性影响、高精度磨削工艺等系列难题，在突破国外技术封锁、提升重点领域安全能力建设中发挥重要作用。

二是对标世界一流水平，加快关键领域国产替代。南京工艺聚焦战略性新兴产业，对标世界一流企业拓展产品型谱，2023年以来成功开发20多种新产品。针对"工业母机""集成电路"等关键领域的"卡脖子"问题，主动介入用户设计选型，持续优化内部产销衔接。为半导体行业开发微型超精级滚动导轨实现进口替代，订单同比增长1倍以上。

三是拥抱产业技术变革，推动数实融合发展。南京工艺利用5G物联网、大数据、云平台等数字技术，赋能传统制造向智能制造转型升级，建成集无人作业、在线检测功能于一体的"5G＋智能滑块生产线"。该项目入选2023年全国智慧企业建设创新案例，通过省级智能制造示范车间评价。

（二）聚焦科技创新人才培育，充分激发科技创新活力

一是完善人才梯队建设，培育科技领军人才。南京工艺创新设置"首席主任工程师""首席技师"岗位，启用2名"80后"科技骨干担任项目"首席"，并赋予"点将"权，打造由首席主任工程师、首席技师、青年技术骨干、高级技师、技师组成的多支研发攻坚团队。

二是推进校企深度融合，培育专业技能人才。南京工艺开启校企合作"后订单"模式，在高校内开设"智能机床""工业机器人"等专业性课程，安排技术骨干担任讲师，从就业端实施针对性引导。企业获得技能等

级自主认定资质，85 名员工通过"车工""钳工"等工种高级技能认定。

三是强化创新人才激励，调动创新干事热情。南京工艺大力弘扬劳模精神、工匠精神，采用项目研发"挂牌揭榜"制，鼓励技术、技能人员踊跃"揭榜"，对完成的 100 余项揭榜项目实施奖励，单人最高奖励达 20 万元。开展中长期激励，经营业绩连续三年达到超额利润分享条件，累计对 534 人次实施分享兑现，共计 1873.3 万元。其中，对荣获市级以上技术奖励、劳模称号等高水平人员，设立 0.5 ~ 2 不等的增量分配系数。

（三）聚焦开放创新生态建设，持续优化创新要素配置

一是深化战略合作，发挥协同创新效应。南京工艺作为唯一市属国企，成为通用技术集团组建的数控机床产业技术创新联合体成员。参与中国机械工业联合会机械工业创新中心建设。会同季华实验室共建技术创新平台，在不断拓展央地合作中，持续提升自身创新能力。

二是产学研用深度融合，加速科技成果转化。南京工艺充分发挥高校技术研发优势，与东南大学、南京理工大学等高校签订协议，开展共性技术产学研合作。与中国机械总院集团、济南二机、重庆机床等业内骨干企业开展创新项目合作，2023 年创新成果转化实现新增订单 2400 余万元。

三是依托党建联盟平台，推动融合协同发展。南京工艺主动融入由 27 家成员单位组成的南京新工高端装备制造党建联盟，担任轮值理事长单位。面向长三角一体化区域承办"工业母机"研发费用加计扣除政策宣讲会，着力构建"党建搭桥、业务相融、优势互补、合作共赢"的创新生态。

三、改革成效

一是关键性技术攻关取得新突破。2023 年以来，南京工艺主持国家科技重大专项课题 4 项、参与 5 项，成功申报工业和信息化部数控机床"一条龙"应用示范项目，参与 2 项工业和信息化部高质量发展课题。累计获得专利授权 21 项，其中发明专利 10 项。获得省级机械工业科技进步特等奖和机械设计与产品创新一等奖，省级企业技术中心获评优秀等级。成功为世界顶级机床德玛吉公司提供产品批量配套。

二是高水平人才培育取得新成效。2023 年以来，南京工艺有 1 人入选享受国务院政府特殊津贴名单，2 名技术专家成功入库国家科技专家库，2 名技术带头人入选江苏省"333 工程"人才培养计划，1 人荣获"卓越机械工程师"称号，首席技师被评为第六批"南京工匠"，工作室获评"南京市劳模创新工作室"。

三是产业链自主可控取得新进展。南京工艺参与并出色完成"北斗"卫星、"神舟"飞船、"天问"二号等国家重大工程项目研制任务，高质量完成航空航天高端机床用超高精度空心丝杠、导轨产业化等攻关项目，推出的部分新品带动境外同类产品价格下调超 30%。

24

加快建设白马湖实验室
探索产学研融合的校企协同创新模式

浙江省能源集团有限公司

一、基本情况

近年来，浙江省能源集团有限公司（以下简称"浙能集团"）深入实施国有企业改革深化提升行动，以体制机制改革赋能高质量发展，联合浙江大学、西湖大学共建能源与碳中和浙江省实验室（以下简称"白马湖实验室"），充分发挥高校学科优势与企业产业优势，以产业需求为导向开展有组织科研，探索产学研融合的校企协同创新模式，聚焦海陆协同新型能源体系建设，围绕太阳能、氢能、能源清洁低碳利用三大领域，快速组建20支科研团队，承担37项省级以上重点项目。

二、经验做法

（一）变革实验室管理体制，探索新型研发机构新模式

白马湖实验室将企业治理与科研管理充分融合，以体制机制创新赋能科技创新，打造"亦研亦企"省实验室建设新模式。

一是在顶层治理体系上，成立由浙能集团、浙江大学、西湖大学和地方政府组成的建设领导小组，负责保障落实建设资源和条件；设立主任-经

理班子，负责日常经营和科研管理工作；组建由 12 名院士领衔的战略与学术委员会，指导把握发展战略与科研布局，实现专家引领与企业治理的有机统一。

二是在管控保障模式上，出台《白马湖实验室管控方案》，厘清浙能集团与共建高校的权责边界，实现科研体系、公司体系分类管理，赋予白马湖实验室在科研立项、成果转化、薪酬激励等方面更大的自主决策权，实现充分保障、充分授权、充分融合。

三是在科研管理机制上，建立"党政研"负责、"红黄绿"预警、"里程碑"考核等机制，实现精细化企业治理融入科研管理全过程；通过组建联合实验室、联合攻关团队等方式，汇聚来自科研院所、产业公司的科研技术人员千余名，共同参与重大任务攻关，实现"大兵团、大协同、大攻关"有组织科研。

（二）聚焦教科人一体贯通，塑造人才引领发展新动能

白马湖实验室以"教育科技人才一体化"创新深化试点创建为契机，联合相关高校组建科研团队，为核心技术攻关提供人才强支撑。

一是在引才方面，移聘浙能集团科研骨干，双聘浙江大学、西湖大学等知名院校高层次科研人才；成建制引进复旦大学等科研团队，推动基础研究成果产业化转化；绘制全球引才地图，在牛津大学、曼彻斯特大学和柏林大学等海外知名高校设立海外人才工作联络站，招揽海外高层次人才。

二是在育才方面，与浙江工业大学设立能源和碳中和科教融合学院，培养能源创新青年人才；设立人才自主评审机制，授权开展人才自主评聘；获批设立国家级博士后工作站，加快科研人才自主培养。

三是在用才方面，设立区域联合基金"揭榜挂帅"，招揽来自 20 余家科研院所的 40 多名青年科学家开展前沿基础研究；设置工程师、研究员、管理人员等多序列管理体系，打通人才多元化发展路径。

（三）聚焦产学研深度融合，打造科技成果转化新样板

白马湖实验室充分融合浙能集团能源全产业链优势和共建高校学科优势，形成以白马湖实验室为牵引、高校和企业研究院为支撑、产业公司为落地的上下游衔接的科技创新生态体系。

一是发力成果转化"最初一公里"。挂牌成立杭州市白马湖低碳节能技术概念验证中心，参与发起专项科创基金和孵化器，赋能固态储能电池、高浓度 CO_2 催化制备 α-烯烃等科技成果的中试验证，加速科研成果从高校的"书架"走向企业的"货架"。

二是打通成果转化"最后一公里"。创新以产业需求为导向的科研范式，形成自主孵化、专利授权、先研后股、示范验证、成果作价入股等多元转化模式。其中，固态电池技术以先研后股模式，实现了科技研发与成果转化同步规划；首套国产吨级氢液化系统以自主孵化方式投入示范运行，助力打造我国首个大型综合氢能测试研究基地。

三、改革成效

白马湖实验室成立以来，坚持科技创新、体制创新"双轮驱动"，着力打造能源原创技术策源地、体制机制创新试验田，产学研协同创新模式入选国务院国资委区域性国资国企综合改革试验标志性成果，"亦研亦企"实验室新模式获评浙江省改革突破奖，改革创新取得了阶段性成效。

一是快速领办重大科研项目。白马湖实验室承接了多项重大攻关任务，其中"动力电池梯次利用"等国家重点研发计划 6 项，牵头领建工业和信息化部新型节能低碳材料生产应用示范平台，谋划布局"深远海风电""氢能与绿色燃料""新型工业储能"等浙江省新能源领域重大科技专项，牵头浙江省能源局"浙江省海上能源岛规划研究"。

二是快速引育高层次人才。白马湖实验室汇聚创新人才 280 余人，其中博士研究生学历 149 人；白马湖实验室 C 类及以上高层次人才 40 人，国家级高层次人才 22 人。依托白马湖实验室平台申报各级人才计划 44 人次，自主培育国家级领军人才等高层次人才 8 人。博士后在站人数 22 人。

三是快速转化科技成果。绿色甲醇燃料技术应用于杭州亚运会主火炬，"船舶清洁低碳关键技术及应用"入选 2023 年度中国生态环境十大科技进展，培育 1 家企业成为国家级专精特新"小巨人"企业，宽流道自洁板式换热器获中国创新创业大赛节能环保领域第一名，光伏增效、镍氢储能电池等一批成果实现产业化应用。

25

深化国资运营公司改革
强化服务科技创新功能

浙江省国有资本运营有限公司

一、基本情况

浙江省国有资本运营有限公司（以下简称"省国资运营公司"）组建成立于 2017 年 2 月，注册资本金 100 亿元，并表 3 家省属一级企业，直属 10 家实际控制的全资及控股子公司，试点改革工作得到国务院和浙江省委、省政府肯定。2023 年以来，省国资运营公司着力打造省级国资运营平台升级版，塑造强化"战略投资、资本运作、资源配置、科创引领、智库支持"五大功能，加快建设一流国资运营平台。2024 年，省国资运营公司实现营业收入 6843.34 亿元，净利润 69.85 亿元，资产总额达到 3400.16 亿元（快报数据）。

二、经验做法

浙江省推动省国资运营公司围绕服务科技创新深化改革，积极整合资源、创新机制，探索投资、服务、孵化一体化运营模式，助力新质生产力培育。

（一）推进专业平台改革，更好服务现代化产业体系建设

一是聚焦增强核心功能、提升平台能级，推进"两平台、一智库"建

设。省国资运营公司以所属浙江富浙资本管理有限公司为基础，改组成立浙江省产投集团有限公司，引进 5 家具有产业资源的省属企业作为战略股东，打造省级产业投资平台。推动浙江省创投集团有限公司股权结构和管理机制优化，升格打造科创投资平台。联合 14 家省属企业组建浙江省国资国企研究院有限公司，打造服务全省国资国企改革发展的智库平台。

二是强化资源协同、投研驱动、智库支持，试点推行项目跟投机制。省国资运营公司加大前瞻性战略性产业投资力度，战略投资中控技术股份有限公司、杭州中欣晶圆半导体股份有限公司、芯联集成电路制造股份有限公司、新疆钵施然智能农机股份有限公司、杭州萤石网络股份有限公司等一批龙头链主企业。其中，集成电路领域投资金额超 70 亿元，率先形成从晶圆制造、芯片设计、半导体材料、半导体设备到封装测试的完整链式投资布局。

（二）构建一体化科创模式，培育孵化科创类企业

一是省国资运营公司先后发起设立新兴产业基金、科创基金、成果转化基金、创业投资基金等特色基金，2024 年成功遴选浙江省集成电路产业基金、新能源汽车和高端装备产业基金两只浙江省"4 + 1"基金（总规模100 亿元），助推浙江"三大科创高地"建设和"415X"先进制造业集群培育。坚持"投早、投小、投硬科技"，累计投放战新科创类项目超 200个，其中投资国家级专精特新"小巨人"企业 68 家、浙江省专精特新中小企业 17 家。

二是省国资运营公司统筹整合省科技厅划转企业，打造综合科创服务平台，运营 22 家科技大市场，担任浙江网上技术市场平台技术交易服务商，2024 年实现技术合同登记交易额 359.7 亿元。承办中国创新挑战赛（浙江）、浙江国资国企创新大赛等重大赛事活动，2024 年中国创新挑战赛（浙江）促成 34 项共 1.41 亿元意向签约。运营青山湖科创孵化器，引入浙江大学创新创业学院双创基地等，并与中国科学院大学、桐庐县等合作运营园区。着力构建科创投资、科技服务、园区孵化联动发展模式。

（三）深化央地和省市县联动，助力地方产业升级

一是深化央地联动。省国资运营公司代表省方牵头出资 100 亿元参与国同基金，牵头省市国资组盘 150 亿元参与国家集成电路基金二期，两家基金累计返投浙江超 140 亿元。

二是深化省市县联动。省国资运营公司发起成立省市国资运营联盟，打造省市县三级国资运营企业信息交流、资源共享、业务合作、党建联建平台，深化"省级国资 + 地方国资 + 产业头部企业"联动模式，推进产业链、价值链、创新链多链融合和区域共富共享共发展，累计落地省市县合作项目近 20 个，金额约 100 亿元。其中，芯联集成三期 12 英寸集成电路数模混合芯片制造项目总投资金额 180 亿元，是浙江省 2023 年度新落地单体投资最大制造业项目。

三是深化省属企业联动。省国资运营公司参与组建浙江省种业集团有限公司、浙江省健康养老集团有限公司，参与浙江省军工集团股份有限公司、浙江数智交院科技股份有限公司、浙江亚通新材料股份有限公司等公司的 8 个项目，积极助力省属企业新质生产力培育。

三、改革成效

一是初步探索了国资运营平台服务科技创新模式。省国资运营公司认真贯彻落实党的二十届三中全会关于"健全国有企业推进原始创新制度安排"要求，通过整合相关资源，汇聚融合省域创新要素，初步探索形成了科创投资、科技服务、园区孵化等一体化联动发展模式。

二是促进了国有资本布局优化和新质生产力培育。2023 年以来，省国资运营公司新增投资 249 亿元，年投资额较 2022 年同比翻倍，其中支持战

略性新兴产业项目 110 余个，投资金额占股权投资比例超 60%。在集成电路领域率先形成链式投资布局，在高端设备制造、新材料、新能源、生物医药等领域逐步形成一定影响力和带动力。

三是形成助力共同富裕的联动机制。省国资运营公司以资本引领、产业导入为重点，强化省市县联动，引导半导体、新材料等领域链主企业在山区海岛县落地一批标杆项目。例如，3 轮领投共撬动社会资本约 100 亿元投资的丽水市莲都区中欣晶圆外延片、抛光片项目，以及金华市武义县润优新材项目，均入选 2024 年浙江省重大产业项目名单。

加快打造原创技术策源地　培育新质生产力

巨化集团有限公司

一、基本情况

巨化集团有限公司（以下简称"巨化集团"）创建于 1958 年，是全国特大型化工联合企业、氟化工先进制造业基地、浙江省雄鹰企业（产业领航型），化工主业涵盖氟化工、氯碱化工、石化材料、电子化学材料、精细化工等，参股建设舟山 4000 万吨/年绿色石化项目。巨化集团拥有研发人员 1500 余人、国家级创新平台 2 个、省级研发平台 31 个、国家级高新技术企业 24 家，高新技术产品占比达 50% 以上，研发投入近三年年均增长 25%，入选国务院国资委创建世界一流专业领军示范企业名单。2024年，巨化集团累计实现营业收入 433.78 亿元，利税 42.34 亿元，净利润 28.89 亿元，资产总额 600.61 亿元。

二、经验做法

巨化集团深入贯彻习近平总书记关于科技创新的重要论述精神，以增强核心功能、提升核心竞争力为重点，将"强创新"作为推进新一轮功能性改革攻坚的首要任务，聚焦化工新材料、新能源等核心产业领域，实施打造巨化高端新材料原创技术策源地行动，以科技创新引领产业创新，构筑数智改革体系，培育新质生产力。

（一）拓宽拓深开放合作，增强企业原创活力

巨化集团坚持自主创新和开放创新相结合、人才引育和人才合作相结合，构建企业主导的产学研深度融合创新体系。在全球布局人才基地和工作站，外引内育"高精尖缺"人才，获批省级领军型创新团队 2 个，先后聘任院士 18 人、首席人才 34 人，形成了由院士领衔，以领军型创新团队、硕博人才为支撑的高端科技人才集群。与清华大学等 7 所高校签订联合培养协议，开展新材料领域急需高层次人才的联合培养。与北京化工大学等联合揭榜国家重点研发项目"数据中心热管理材料研发与应用示范"，建成数据中心用浸没式冷却液产业化生产装置和应用示范，成立超重力技术服务公司，加大超重力新技术研究及推广应用力度。联合浙江大学衢州研究院创建浙江省首批技术创新中心——浙江省高端化学品技术创新中心，由企业出题并提供应用场景，强化原创性与颠覆性技术研发。

（二）改革创新激励机制，激发主体内生动力

巨化集团不断完善技术创新奖励、董事会特别嘉奖机制。提高科技型企业中长期激励精准度，"一企一策"制定激励方案。重点制造类科改企业实施员工持股、利润分红激励，科研类企业实施科技成果转化分红激励，科技成果转化收益与科研团队共享，近三年累计发放技术创新成果奖励 2940 万元、分红激励 4122 万元，充分激发企业经营层、科研骨干开展创新工作的内生动力。5 家企业成功入围国家专精特新"小巨人"企业；单项浸没式冷却液入选国内首批次新材料；培育中巨芯 1 家上市公司和华江科技、锦华新材 2 家新三板企业。

（三）对标优化创新管理，提升成果转化能力

巨化集团对标世界一流企业 IPD 最佳产品开发管理体系，设计企业创新任务书，明晰年度研发目标和重点任务；建立战略性研发项目资金池，

保障战略性、前瞻性研发项目实施；构建科研项目门径管理标准、流程，不同阶段强化战略符合性、市场前景、产品成熟度、项目经济性及风险性多维度评审，把研发质量融入门径管控。强调跨部门协作和市场驱动，构建以市场为引领、科研与工程化团队共同参与、供应链保障为支撑的多专业协同创新工作机制，构建并不断提升创新管理组织能力，消除成果转化"死亡之谷"，提升成果转化能力，2023—2024 年成果转化 10 项以上。

（四）强化数智技术赋能，建强组织级运营能力

巨化集团围绕打造化工行业新质生产力目标，实施数智化"三零"（零手动、零备机、零距离）工程，强化数智化技术应用，构建数字化车间和智能工厂。目前已完成 148 套化工装置"零手动"改造、137 套化工装置"零备机"改造，核心装置自动化率 100%，优化"卡脖子"工艺 80 余种，试点装置数字化巡检率 99.56%，员工劳动强度下降 70%，装置安全环保本质水平和节能减排降碳指标成为行业标杆。企业入选"国家级智能制造示范工厂"、国务院国资委"国有企业数字化转型试点企业"。推进数字化营销、数字化采购、数字化财务、数字化工厂等"零距离"数智化大平台建设，实施"AI＋"赋能行动，在智慧化工领域积极推进 24 个项目"AI＋"应用示范、e 人扩面。

三、改革成效

一是支撑了企业高质量发展。巨化集团锻造了含氟制冷剂、PVDC 等一批单项隐形冠军，7 种产品市场占有率位居全球第一，19 种产品市场占有率位居全球前列。培育了一批新兴产业，完成了氟制冷剂迭代、氟聚合物扩能、电子化学材料补链、石化板块往新材料方向突破、精细化学材料往高端化方向拉长产业链做大规模，2024 年巨化集团战略性新兴产业投资项目占比 62%，比 2022 年提高 30%。

二是助力了国家产业链安全。巨化集团承接了一批国家"揭榜挂帅"和浙江省"尖兵""领雁"项目，攻克了巨芯冷却液、全氟磺酸树脂、高性能含氟压电树脂、PVDC 水性涂料等多个领域的"卡脖子"技术，填补多项国内空白，为实现我国关键技术自主可控作出积极贡献。近三年承担省级以上重大科技攻关项目 27 项，获省部级以上科学进步奖 10 项，新增 11 家省级创新平台。

三是推动了区域跨越式发展。巨化集团充分发挥链主企业主导作用和规模资源优势，以创新为纽带促进地企联动、产城融合。依托巨化的产业链、创新链辐射带动，吸引了上下游 100 多家企业落户衢州，助力衢州建成国内唯一氟、硅、钴、锂四链齐全的国家高新园区和产业集群。巨化集团与衢州市域企业的产业直接关联度达 73%、间接关联度达 92%，有力提升了区域的产业基础能力，营造了开放融合、良性循环的产业发展生态。

27

克难攻坚 为国筑梦
坚定不移助力国产大飞机翱翔蓝天

浙江华瑞航空制造有限公司

一、基本情况

浙江华瑞航空制造有限公司（以下简称"华瑞公司"）于 2019 年 11 月成立，业务涵盖航空复合材料大型结构件的设计、研发、制造等，是中国商飞国产 C929 飞机中机身工作包供应商。C929 飞机中机身项目是浙江省参与国产大飞机战略、打造航空航天"万亩千亿"新产业平台的旗舰项目，也是浙江省与中国商飞战略合作框架协议下的重点项目。为解决 C929 飞机中机身研制过程中的技术难题，浙江省政府于 2023 年 1 月批准依托浙江省机电集团、华瑞公司建设浙江省飞机复合材料技术创新中心（以下简称"中心"）。中心成立以来，重点围绕高能级科创平台建设、关键核心技术攻关、创新人才引育等方面突破创先。

二、经验做法

（一）完善科技创新体制，更好实现高水平科技自立自强

一是完成中心"四梁八柱"搭建，构建产业链上下协同的创新生态。中心以 C929 飞机中机身工作包为牵引，以服务国家战略任务为目标，凝

聚各方创新合力。通过"一个中心，多个基地"网络组织架构，充分发挥产业链上下游各创新主体的优势，构建技术自主创新、成果转化和推广、科技服务、人才培养"四位一体"的飞机复合材料领域技术创新协同服务平台。

二是组建高层次创新团队，打造高端复合材料人才汇集地。中心按照"开放、流动、竞争、协同"的用人机制，探索与国内外高校、科研院所和企业广泛开展人才合作，以市场化、"双聘"等多元化模式大力招引领军人才、高端人才。中心建立柔性引才机制，非全职流动科研人员依据需要，名额不限，合同管理，随时聘任，聘期可长可短。通过新设海内外研究机构或者利用现有依托单位海内外合作关系，面向全球选聘优秀技术创新人才和成果转化人才。

三是积极探索协同创新模式，统筹高校、科研院所、企业创新资源。围绕 C929 飞机中机身工作包生产制造过程所涉及的关键共性技术开展联合攻关，探索跨学科、跨主题、跨区域合作的协同攻关模式，培养一批特色鲜明、优势突出的创新型产业集群，创建应用基础研究、工程研发、技术推广应用相结合的人才队伍结构。与高能级平台以项目合作交流、人才联合培养等形式，实现智力共享、合作共赢。

（二）强化重点领域保障，更好支撑国家战略安全

一是加快条件能力建设。华瑞公司按照国际一流航空复合材料制造和装配厂房标准，推进厂房建设。积极克服出口管制等限制，加快设备和原材料采购。同时，开展信息化建设的规划和实施，与中国商飞合作开展 5G 智能化工厂整体方案规划，推动数字化工厂和智慧园区建设。

二是聚力人员队伍建设。华瑞公司创新拓宽引才思路，强化多元保障要素，做好人才落地全链条服务。立足实际情况，创新运用职业经理人运行机制，提炼人才匹配要素，精准寻觅领军人物，并引进曾在大型飞机制

造和航空公司等从事相关工作人才百余人，搭建起了中坚层管理团队和创新型技术团队。积极搭建校企合作平台，与国内知名高校和科研院所通过校园招聘、科研项目创新等多形式开展紧密合作，精准对接航空制造专业顶尖高校、导师，挖掘高潜力人才。

三是开展关键技术攻关。针对大型复合材料制造及装配，华瑞公司开展芯模成型技术、成型模具在模机加技术、热模压预成型技术、帽型长桁加筋壁板无损检测技术、大尺寸变厚度帽型长桁加筋壁板变形控制技术等一系列制造装配关键工艺技术攻关。在高性能碳纤维复合材料原材料方面，开展了耐高温、高韧复合材料预浸料研究；在大尺寸复合材料构件制造装配工艺方面，目标解决 C929 型号项目需求，实现大尺寸复合材料结构件制造技术能力自主可控；在大尺寸复合材料产品专用装备方面，主攻复合材料结构件自动铺放等技术，目标实现自动化铺放设备的国产化替代、打破国外垄断。

三、改革成效

一是型号研制实现新突破。华瑞公司技术攻关方面向深水区前进，技术体系规范逐步系统化。一次性成功试制出无任何质量缺陷的首件 M3 级平板试验件，并于 2024 年 8 月下旬启动 M4、M5 级制造验证工作。高性能碳纤维复合材料原材料方面，目前已完成树脂基体配方设计和小批量试制，性能测试结果达到国际先进水平。

二是条件能力迈上新台阶。华瑞公司厂房建设主体竣工。克服出口管制等不利因素，保证了原材料和关键重大设备的采购，且 20 余套关键设备已完成安装验收，为生产提供了可靠的设备保障。2024 年中心新布局项目 7 个，其中政府类项目 4 个、自研项目 3 个，涵盖原材料、复合材料制造、复材轻量化结构设计、无损检测、模拟仿真、能力验证 6 个方面。

三是质量适航提升新水平。华瑞公司于 2023 年 9 月获得 AS/EN 9100 航空业质量管理体系认证，未来还计划开展取得实验室认可、复合材料特种工艺的 NADCAP 认证（美国航空航天和国防工业对航空航天工业的特殊产品和工艺的认证）工作，进一步为型号研制和产品交付提供保障。

28

汇聚"新"合力　迈向"新"未来
奋力书写国有企业改革深化提升新篇章

杭州钢铁集团有限公司

一、基本情况

杭州钢铁集团有限公司（以下简称"杭钢集团"）创建于 1957 年，是浙江省第一家现代化钢铁企业，拥有全资及控股一级企业 36 家，其中上市公司 2 家。杭钢集团先后经历了 3 次创业，现已发展成为一家以节能环保、数字科技为战略性新兴产业，以钢铁智造、现代流通为战略性优势产业的"2＋2"产业格局的大型现代企业集团，走出了一条传统城市钢厂全面实现转型升级的发展之路。

二、经验做法

（一）聚焦调结构优布局，构建协调发展的"新格局"

一是培育壮大战略性新兴产业。杭钢集团坚持以有效投资增强产业发展动能，2023 年以来，在战略性新兴产业领域累计新增投资额 89.31 亿元，占比达 66.45％。节能环保产业持续完善全产业链布局，进军绿色能源领域，落地计划总投资超 160 亿元的庆元、青田 2 个抽水蓄能项目；以"平台＋基地"模式在再生资源领域打造城市矿山产业园，截至 2024 年底，在全国布点 19 个。数字科技产业不断拓展新应用场景，"浙江云""杭钢云" 2 个超大型数据中心底座逐步向 AI 智算中心迭代升级，基本建成以"信创云""国资云""健康云""气象云"等为核心的公共服务行业云集群，完成浙江省属企业首笔数据资产入表，成功探索出数据价值化应用路径。

二是转型升级战略性优势产业。杭钢集团钢铁智造产业积极向绿色化、智能化、高端化转型发展，延伸拓展钢铁新材料领域，完成与振石集团东方特钢战略重组。现代流通产业逐步向智慧供应链集成服务升级，拓展"两业融合"市场，落地计划总投资额 35 亿元的杭钢（玉环）汽摩配智能智造中心项目；大力发展数字贸易，2023 年以来，数字贸易平台销售额超 140 亿元。

三是积极布局未来产业。杭钢集团着眼于国家战略需求、科技发展趋势和产业升级需要，拓展智能算力上下游产业链，推进算力装备制造、算力基础设施建设、多元算力应用场景等项目建设，打造集基础设施、高端制造、场景应用于一体的产业链集群。

（二）立足科技自立自强，构建创新发展的"新动能"

一是优化科技创新体系架构。杭钢集团健全以杭钢中央研究院为核心的三级科创体系，完善科创考核、激励、管理等制度体系，营造敢于创新的良好氛围。2023 年以来，累计培育了 17 个省级及以上高能级创新平台、60 家省级及以上创新领军企业、9 个各级共同体（创新联合体）等一批创新主体。

二是提升科技成果转化水平。杭钢集团强化产业链与创新链深度融合，打通"政产学研用金"重要环节，推动科技成果及知识产权的培育、申请、转化及保护。2023 年以来，新增授权专利 644 件，主持或参与制/修订标准（发布）共计 143 项。

三是加强科技创新战略人才力量。杭钢集团构建具有自身特色的人才引育模式，综合运用考核评价、岗位薪酬、股权分红等各类激励手段，健全科技创新激励保障体系。2023年以来，引进紧缺型领军人才2人、核心技术攻关型专业人才5人，引育高层次专业技术人才62人、高水平技能人才77人。截至2024年底，重点制造与创新型企业研发人员占从业人员比例超10%。

（三）发挥市场主体优势，构建融合发展的"新活力"

一是促进多种所有制协调发展。杭钢集团通过引入战略投资者、与民营资本整合重组、资产证券化等路径，实现一批战略性新兴产业子企业股权多元化。针对混合所有制企业，建立授权清单、实施差异化管控、出台后评价管理制度，切实推进"混股权"和"改机制"的紧密结合。

二是创新多维合作模式。杭钢集团加强政企合作，构建"合作项目化、项目清单化、清单责任化"的协作机制，近年来累计与20个区域政府签订战略合作协议，涉及合作金额超200亿元。加强国企民企协同发展，在科技创新、延链补链、市场拓展等方面实现优势互补。

三是推动上市公司高质量发展。杭钢集团出台上市公司高质量发展实施方案，下属菲达环保发挥上市公司平台优势，成功发行规模为2亿元的浙江省首单国有上市公司"绿色＋科创"双标票据，有效引导市场资本流向科技、绿色等重点领域。

三、改革成效

国有企业改革深化提升行动实施以来，杭钢集团在增强核心功能、提升核心竞争力上做出了不懈努力，领导在产业结构调整和改革创新方面成效明显。

一是战略功能不断强化。杭钢集团聚焦国企使命责任，服务国家及浙江省重大战略和发展大局。2023 年以来，在共同富裕示范区建设、护航亚运、供应链安全、数据可靠服务等方面落地重大项目 20 个，战略支撑托底功能得到有效发挥。

二是发展质量稳步提升。在严峻的市场形势下，2024 年，杭钢集团实现营业收入 2769.01 亿元、利润总额 15.21 亿元，保持了高质量稳定发展态势。

三是布局结构调整成效明显。梯队式发展的现代化产业架构基本定型，战略性新兴产业发展后劲十足。2024 年，战略性新兴产业实现营业收入 436.89 亿元，占整体营业收入的 15.78%，比上一轮改革末提高了 7%。

四是综合实力持续增强。杭钢集团高能级平台、高水平人才、高质量生态圈协同发展，创新策源能力持续增强，改革成果多点开花。2023 年成功入选浙江省第一批雄鹰企业（产业领航型），数字产业"健康云"案例获浙江省改革突破奖，下属 2 家企业在国务院国资委"科改行动"年度专项考核中获评"科改企业"标杆。

29

协同推进科技创新和人才激励
全面塑造高质量发展新动能

杭氧集团股份有限公司

一、基本情况

杭氧集团股份有限公司（以下简称"杭氧集团"）深入学习贯彻习近平总书记关于国有企业改革发展和党的建设的重要论述精神，全面贯彻落实党的二十届三中全会精神，充分发挥"中国气体产业的开拓者和引领者"作用，聚焦市场化约束激励机制创新，激发内生增长动力，保障深低温和气体分离领域重大装备供应链安全，服务国家能源变革和绿色低碳发展。2024年，杭氧集团实现营业收入137.16亿元，归属于上市公司股东的净利润9.32亿元，资产总额达到240.70亿元。

二、经验做法

（一）坚持上下一盘棋，夯实科技创新力量

一是加强科技创新顶层设计。杭氧集团成立由集团党委书记、董事长担任主任的技术委员会，构建由党委统一领导、以技术委员会为支撑的科技创新顶层治理结构。创建以国家级企业技术中心为统领，"基础理论研究-核心技术攻关-产品研发-应用场景研究"四位一体的科研体系。

二是高效配置创新资源。杭氧集团依托母公司杭州市国有资本投资运营有限公司"科技-产业-金融"深度融合的科创生态服务体系，近三年研发投入稳步提升，开辟发展新领域新赛道，塑造发展新动能新优势。科研资源集中管理、集中调度、集中运用，将科研经费都用在"刀刃"上。2024 年研发投入 4.49 亿元，科技投入产出比超 1:9。

三是推进一流科创平台建设。杭氧集团建强行业唯一的国家级企业技术中心，以及浙江省特种气体工程研究中心、浙江省空分设备重点企业研究院、省级重点实验室等 11 家国家级、省部级创新平台，在专上深耕、在精上打磨、在特上见长、在新上发力，培育单项冠军企业 1 家、国家级专精特新"小巨人"企业 5 家、省级专精特新"小巨人"企业 6 家。

四是深化产学研协同创新。杭氧集团持续推进新型校企联合实验室建设，整合校企科技力量攻关产业技术难题，加速科技成果落地。与浙江大学共建液氢装备实验室、智能空分联合研发中心、特种气体联合研发中心 3 个校企联合实验室，助力在氢领域、智能装备领域、工业气体领域解决"卡脖子"难题，形成新质生产力。与浙江大学青山湖能源研究基地签订战略合作框架协议，围绕能源环保、气体应用、技术服务等开展深度合作。与同济大学合作攻关"十四五"国家重点研发计划"氢能技术"重点专项，陆续打通我国氢能"制—取—输—运—用"产业链关键环节。

（二）全面推行市场化改革，打造科技创新尖兵

一是深化市场化用人机制改革，破除科技传统体制束缚。杭氧集团以创新创业团队为试点，按照"市场化选聘、契约化管理、差异化薪酬、市场化退出"原则运作，引进职业经理人 4 名，形成了拥有 38 人的市场化、职业化、专业化人才队伍。有效激发公司创新活力，已在 CCUS、能量综合利用新兴产业领域实现新突破。

二是深化激励机制改革，保障科技人才"名利双收"。杭氧集团每两年召开科技创新大会，设定 4 个层级科技成果现金奖励，激发科技人才的荣誉感、获得感。启动首批限制性股票激励计划，486 名核心骨干、科研人员享受激励红利，占比达 73.5%，科研人员积极性、主动性、创造性得到进一步激发。

三是立足企业发展需要，引才育才激发创新活力。杭氧集团 2024 年新招聘应届大学毕业生 61 人，其中硕士研究生 30 人、博士研究生 3 人、"双一流"院校应届本科毕业生 24 人。新招聘英国籍技术专家 1 名，与 1 名马来西亚科学院院士达成初步技术合作意向。制定发布师带徒、人才内部推荐、项目经理队伍建设等实施方案，组织专项培训、认证，专业技能及综合素质培训覆盖全员。在西安交通大学、浙江大学、华中科技大学设立"杭氧奖学金"，与华中科技大学签署能源动力专业学位研究生培养合作协议。

三、改革成效

一是高水平科技成果不断涌现，高质量发展动能不断增强。近三年，杭氧集团斩获国家科技进步一等奖 2 项、浙江省标准创新重大贡献奖 1 项、国际首台（套）1 项、国内首台（套）1 项、浙江省国际科学技术合作奖 1 项，主持、参与国家标准 9 项，国家、省部级科研项目立项 4 项，新授权发明专利 49 项，国际专利 3 项。

二是全力攻坚关键核心技术，实现高水平科技自立自强。杭氧集团研发的承托式滑动型径向流纯化装置获得国际首台（套）产品，解决了国际上行业技术难点；开发的全球最高压力等级的板式换热器，解决了新能源产业链核心部件断供问题；开发的全球最长截面的换热器，保障了国家重大战略项目实施；研制成功的 40ft 液氦罐，完成国产液氦罐首次满载入境，打破国际垄断，解决了战略特种气体高度依赖进口的"卡脖子"难题；正在研发的 11 万等级特大型空分设备是国内单体最大空分设备，配套内蒙古宝丰绿氢与煤化工耦合碳减排创新示范项目。

三是发力攻关战略性新兴产业，塑造高质量发展硬核能力。杭氧集团近几年积极储备新能源技术，探索新型商业模式，不断推动多个示范项目落地，助力社会绿色低碳转型。目前建成全国实际运行加注规模最大且稳定盈利的加氢站，正在建设全球加氢能力最大的集加氢、充电、加气功能于一体的"氢电气"一体化综合能源岛。为全国首个 CCUS 技术与煤电全流程耦合项目提供设备支撑和技术服务。国内首个利用特大型空分装置储能项目在中煤榆林正式落地等。

30

迈步走稳"产城融合"发展之路

杭州市城市建设投资集团有限公司

一、基本情况

杭州市城市建设投资集团有限公司（以下简称"杭州城投"）成立于2003年，是由杭州市政府出资，并授权经营国有资产的杭州市属国有全资公司。杭州城投的定位为"以城市公共基础设施投资运营和产城融合发展为主的国有企业"，经过二十余年的发展，现已成为一家业务范围涵盖水务、公交、能源、安居、产城、城建、置业、投资等领域的大型国有企业。

截至2024年底，杭州城投系统内全资控股企业共有员工超3万人，资产总额超3000亿元，净资产超1300亿元，公司信用评级为AAA级。2022—2024年连续三年入选中国企业500强，并成功当选全国城投公司协作联络会第八届理事长单位。

二、经验做法

杭州城投坚持以习近平新时代中国特色社会主义思想为指导，以增强核心功能、提升核心竞争力为目标，以战略性重组和专业化整合为手段，走出了一条具有杭州特色的"产城融合"转型发展新路径。

（一）优化国有经济布局，更好促进现代产业体系建设

一是实施战略重组增强服务城市功能。杭州城投深化开展国企改革，与杭州市钱江新城投资集团有限公司战略重组，并重新组建杭州市能源集团有限公司、杭州市安居集团有限公司等4家副局级产业集团，从而构建了由集团本级、4家副局级产业集团和其他专业化集团组成的新城投"1＋4＋X"发展格局，形成集开发、建设、运营、服务于一体的城市服务全产业链运营主体。

二是推进产城融合助力未来产业培育。杭州城投加快传统产业升级、加快新兴产业培育，实现两业发力、融合共生、协同发展。一方面，构建产业生态。充分发挥融资能力与应用场景优势，加强"政、校、企"在城市更新、产业投资等方面的合作，成立"城投大产业基金"，围绕杭州加快建设五大产业生态圈，重点推进新能源、新材料、新基建、数字经济及其他相关战略性新兴产业的拓展。另一方面，打造产业高地。加快打造三大产业高地，城投未来之星、钱江新城二期五堡总部超核（一期）、石塘特别合作园三大产业高地突出特色，聚焦土地招商、总部经济、特色产业，在产业投资、产业园建设等方面持续发力。

（二）强化重点领域保障，更好支撑城市战略安全发展

一是打造公共服务一体化供给新模式。杭州城投坚持围绕人民群众关心、关注、关切，围绕重点领域保障，完善构建一体化的保障服务运营体系。在杭州市委、市政府的领导下，以区域融合、机制完善、资源整合、设施统筹为重点，通过市区两级加强互动、合力开展公交、水务、燃气的一体化改革，理顺市、区、县（市）公共服务领域投融资体制，形成全市13个区、县（市）公共服务规划、运营、标准、价格、质量"五统一"的一体化高效运营体系，解决公共服务供给不平衡的一系列难题。

二是构建更有温度的民生服务体系。杭州城投实施二次供水改造与老旧小区供水设施改造、老旧污水管网有机更新，努力让市民百姓用上放心水、品质水。强化地铁接驳，优化重复、低效线路，开设公交线路定制服务，聚焦重点群体与区域做好出行保障，努力让公共出行更便捷、更舒心。加快开发区（园区）综合能源建设，推出小公建和"瓶改管"用户报装费用阶段性优惠方案，努力让能源供应安全、稳价、服务更优。全力推进"三房"工作，努力让新老市民、来杭人员"住有所居、住有宜居、居有所安"。

（三）聚焦机制创新，坚决落实全面从严治党要求

一是集采管理金名片越擦越亮。2021年，杭州城投下属公交集团率先成立集采中心，近四年（2021—2024年）新公交车招标采购节支6.93亿元，下降比例达29.44%。2024年1—12月，集团规定限额以上采购项目在城投采购平台完成实施共计359个，总预算金额21.79亿元，中标金额18.16亿元，节支金额3.63亿元，节支率16.65%；15个集团系统集中采购项目，总预算金额10.32亿元，中标金额6.07亿元，节支金额4.25亿元，节支率41.15%；以上项目合计总预算金额32.11亿元，中标金额24.23亿元，节支金额7.88亿元，节支率24.53%。

二是内部巡查工作机制逐步成熟。发挥退二线中层干部专业作用，重点聚焦杭州市委、市政府重大决策部署和廉政风险集中领域开展巡查督查，2023年完成4家单位的内部巡查及亚运保障等专项督查，发现并推动整改问题90个。

三、改革成效

一是"1+4+X"协同发展的格局更加稳健。自实施战略重组与专业化整合以来，杭州城投企业规模、经济效益与运行质量稳步提升。2023年位列中国企业500强第358位。截至2024年底，实现合并营业收入642.31

亿元，利润总额 30.74 亿元，完成杭州市国资委年度考核目标的 89.09%；期末总资产 3026.34 亿元，净资产 1324.48 亿元；资产负债率 56.23%。（以上为未审数）

二是产城融合发展新样板逐步形成。杭州城投大产业基金已落地元素驱动、新微科技、合肥倍豪等一批优质项目。三大产业高地发力产业招引，以城投未来之星项目为例，2024 年已有 102 家企业入驻（包括虚拟注册），其中浙江省专精特新企业 5 家、国家高新技术企业 7 家，引进 A 类人才 2 名、B 类人才 3 名、C 类人才 3 名、D 类人才 9 名、E 类人才 24 名，推动形成以科技产业拓展反哺服务城市的新发展模式。

三是对杭州城市的服务支撑作用不断强化。杭州城投公交、水务、燃气一体化改革克难推进，不断满足人民群众享受更加优质的公共服务供给的需求。在提升重点领域保障能力的同时加快公共服务等传统产业转型升级，布局新能源、光伏等战略性新兴产业，2024 年累计供水 8.83 亿吨、公交客运量 5.6 亿人次、销售燃气量 17.07 亿立方米。"花满杭城""空中花廊"等更是展示了杭州美好的城市形象。

31

实施公用事业一体化改革
构建公用事业发展新格局

温州市公用事业发展集团有限公司

一、基本情况

温州市深入学习贯彻习近平总书记关于国有企业改革的重要指示批示精神，全面贯彻落实党的二十届三中全会精神，充分发挥市级国有企业在全市的带动引领作用，加强基本公共服务供给模式创新，以温州市公用事业发展集团有限公司（以下简称"温州市公用集团"）为主体实施公用事业一体化改革，整合全市水务、燃气、环保等公用事业资源，实现全市"一个平台"统筹运营管理。温州市公用集团服务范围从 4 个区拓展到全市 12 个县（市、区），全面担起全市城市保障和民生关键领域的"大梁"。截至 2024 年底，温州市公用集团资产总额 672.49 亿元，同比增长 4.79%；全年营收突破 82 亿元。

二、经验做法

（一）强化顶层设计，凝聚市域改革合力

一是以政府协同推动市县公用事业改革。在温州市委、市政府的主导下，温州市本级与各县（市、区）统一思想，以政府层面高度协同为基

础，破除市县行政区域经营壁垒，于 2022 年 11 月正式实施全市域公用事业一体化改革。市县两级经多轮对接，确定划转涉及人、财、物调整的具体事项，半年内实现涉改资产平稳划转，涉及资产总额超 300 亿元。

二是以国资整合实现分类有序一体化。以温州市公用集团作为实施主体，以水务板块的全市国有资产整合为总切入口，实现水务板块国有主体的经营权和人事权同步划转，先行完成一体化；燃气、环保板块以市场化方式有序推进与民营主体和外部资本主体的整合。

三是以等价置换降低公用资产收购压力。将县（市、区）公用事业国有资产以账面价值或评估价值注入温州市公用集团，将县（市、区）政府或属地国有主体持有的公用资产等价置换为温州市公用集团股权。温州市公用集团由原来市级国资 100% 持股转变为市级国资控股、县级国资参股的股权结构，最大限度减轻资金收购压力。

（二）系统谋篇布局，发挥整体功能效应

一是形成全市公用事业统筹布局。温州市公用集团统筹规划全市公用基础投资建设，编制完成全市水务、燃气、环保"三年建设计划"，总投资超 500 亿元，规划建设项目 160 余项，实现公共基础设施集约布局、共建共享。全面实施全市原水、供水、排水、中水回用"一张网"，管道燃气、瓶装液化气"一张网"，固废及水、土、气治理"一张网"的"三张网"建设，降低建设成本、提高运行效能，形成大公用服务圈。

二是增强企业核心产业发展动能。结合温州新一轮市属国企布局优化和结构调整，温州市公用集团聚焦主责主业，形成水务、燃气、环保等核心产业布局，资产规模和企业实力迅速壮大。截至 2024 年 7 月，温州市公用集团资产总额 565.79 亿元，日供水能力上升到全国第 12 位，为培育千亿级国企奠定坚实基础。

三是厘清公用基础投资政企边界。各县域公用事业运营主体脱离属地政府管理，更加聚焦公共服务功能，并逐步推进建立健全公用事业全行业特许经营、政府购买服务机制，进一步明晰属地政府与当地公用运营主体的责权边界，出台市政公用设施建设维养和成本规制机制。

（三）统筹资源力量，强化公用保障能力

一是统一资本运作，增强集团投融资能力。温州市公用集团创新成立会计核算中心，统一归集各县（市、区）企业 120 余个银行账户资金，统一开展投融资。通过强化预算和成本管控、创新融资模式等，构建适应一体化发展的资本结构。2023 年，温州市公用集团成功取得 AAA 主体信用评级，融资利率屡创新低，大幅置换原各县（市、区）企业高成本融资，节约全周期财务成本约 7.28 亿元。

二是统一运营管理，提升资源保供能力。温州市公用集团统一全市公用资源的运营、调度、管理，形成资源互联互通、同城服务普惠共享、日常供给充足有序、应急保障高效有力的大公用服务体系。全市 8 座水库互联成网，水源互为备用，原水实现跨区域多源互济，极大增强应急保供能力。

三是统一服务标准，提高群众生活便利度。温州市公用集团推进全市域便民服务体系建设，建成水气跨区域业务受理平台，实现"一张脸"面对企业和群众，24 小时服务热线全市域覆盖"一号接听"，全市 36 项水气业务可在线上"两号"（公众号、热线号）和线下"一窗"跨区域受理通办，用水用气评价成为全省营商环境"标杆指标"。

三、改革成效

一是产业控制能力大幅增强。温州市公用事业由各县（市、区）"单打独斗"迈向全市域"抱团发展"的一体化新模式，温州市公用集团围绕核心产业布局探索开发公用事业上下游产业链，构建了涵盖供排水、固废

资源化利用、市政基础设施建设、燃气供应等多元化发展的产业版图。

二是安全支撑能力大幅强化。温州市公用集团全市域水务、燃气、环保等板块整体控制力增强，形成跨区域多源互济、多通道联供的供水大环网，多种气源互补、区域互联互保的共济体系，以及"园区化、协同化、链条化、产业化"的生态设施体系。城市水气管道得到更新改造，低小散钢瓶液化气运营主体实现整合，存量生活垃圾场整治清零，安全管理水平得到全面提升。

三是民生保障能力大幅提升。温州市公用集团一体化改革充分发挥资源集中优势，1个月建成平苍引水北山泵站应急工程，80天完成瓯江南北联网保供水乐清片应急工程，实现互联互保，有效提升温州瓯江两岸地区旱情应急保障能力。温州市第一个离岛鹿西乡引调水工程通水，海岛村民彻底告别"千年靠天吃水"的历史。

32

坚持创新驱动　强化改革赋能
探索发展新质生产力的国资国企实践

安徽省人民政府国有资产监督管理委员会

一、基本情况

国有企业改革深化提升行动实施以来，安徽国资国企坚持创新驱动、强化改革赋能，以科技创新引领战略性新兴产业发展壮大、促进传统产业转型升级，推动科技创新和产业创新融合发展，积极探索国资国企加快培育发展新质生产力的安徽实践。

二、经验做法

（一）勇担使命促进科技创新

安徽国资将科技创新作为"栽树工程"，尊重创新规律，秉持长期主义，当好长期资本、耐心资本、战略资本。

一是坚持央地融合打造"国之重器"。积极争取央企战略投资，共同推进紧凑型聚变能实验装置项目建设，加快可控核聚变工程化攻关和商业化应用。安徽国资出资20多亿元服务保障深空探测实验室建设，2024年3月天都一号、二号环月卫星成功发射运行。支持淮河能源全国重点实验室争取井下超大体量原位实验平台，可为全国开采深度为 1000~1200 米的煤矿深部开采安全提供原创技术储备。

二是聚焦重点领域加力攻关。组织 16 家企业围绕新材料、高端装备等 49 个领域开展 106 个项目攻关，皖维集团攻克国外长期垄断的 TFT 级 PVA 光学薄膜 "卡脖子" 难题，国内进口价格下降 60%，每年可为国内偏光片行业降低成本 30 多亿元。

三是培育打造科技创新 "孵化器"。服务 "科大硅谷" 建设，推动省属企业投资运营中安创谷科技园，按照 "基地 + 基金 + 科创服务" 模式，构建 "全要素" "全周期" 科创孵化平台，累计孵化 155 家瞪羚、独角兽企业，集聚高成长性创新主体约 1000 家。

四是出台支持创新政策 3.0 版。从考核评价、研发投入、股权激励、成果转化、服务保障 5 个方面制定 17 条措施，如对应用基础研究的研发投入加回比例提高至 150%，科技成果转让或许可净收入 70% 以上可用于奖励骨干研发人员。

（二）创新打法发展战略性新兴产业

安徽国资坚持服务 "国之所需"，紧紧围绕国家和地方产业发展规划，因地制宜、因企制宜开辟战略性新兴产业新赛道，实现精准布局、差异化发展。

一是编制 "产业链 + 国有资本功能" 双图谱。梳理现有产业卡点和未来发展重点，指导企业布局 "非布不可、必须进入" 的战略领域和关键节点，实现延链补链强链，如推动合力叉车进入智能物流装备和智能网联业务领域，支持埃夫特工业机器人核心零部件、整机、高端系统集成全产业链协同发展。

二是全力服务安徽 "首位产业"。实施省属企业新能源汽车产业发展行动，一体推进整车、零部件、后市场发展，力争 2025 年营收突破千亿元。深化江汽与大众合作，大众全球第二研发中心落户合肥。江汽与华为深度合作先进智能工厂建成投产，首款车型"尊界"正式亮相。

三是优化战略性新兴产业投资模式。坚持"一个产业、一个专班、一个产业基金、一个规划方案"，构建"国资引领—项目落地—股权退出—循环发展"模式。2023 年以来投资了阳光新能源、长飞半导体、启科量子等重大项目。

四是强化"两类公司"功能作用。2023 年以来投资新兴产业 607.5 亿元，占省属企业新兴产业投资总额的 59.6%，开辟商业航天等新赛道，布局卫星制造、火箭制造、卫星运营和数据运用项目 21 个。2024 年组建注册资本 100 亿元的省科创投资公司，省级国有资本经营预算分五年每年注入 10 亿元，打造专业化投资平台。

（三）优化机制激活发展动能

安徽国资着力推动国资监管适应新质生产力发展要求，秉持专业、理性、务实的监管理念，在加强穿透式和专业化监管的同时，充分尊重企业的市场主体地位，让企业敢干、敢投、敢闯。

一是实施"优才工程"。组建省人力资源公司，打造省级市场化、专业化引才平台。设立 1 亿元专项资金，用于企业人才奖补的费用性支出。实行"科改企业"及其研发机构工资总额单列，惠及 5400 人，对科技型企业 290 余人进行中长期激励。

二是完善考核评价。与省属工业企业签订创新使命责任书，按不低于 15% 权重纳入业绩考核体系，对开展基础研究、前沿颠覆性技术攻关的企业实行中长周期考核，对取得重大突破的给予晋级奖励；对符合战略性新兴产业方向的科技型企业给予 3~5 年培育期。

三是建立容错机制。积极争取安徽省委审计办、省审计厅制定《关于在国有资本投资科创企业审计中建立容错机制的实施意见（试行）》，明确"募、投、管、退"4 个环节的容错情形，营造支持国有资本发展战略性新兴产业的良好氛围。

三、改革成效

一是新兴产业发展壮大。2023 年，省属企业新兴产业营收 1713.5 亿元、增长 11.3%，比总体营收增速高 6.9%；新兴产业营收在总体营收中占比 16.1%，高于全国省级平均水平 3.2%。2024 年继续保持较快增长，其中新兴产业营收占比达 17.5%。

二是投资结构持续优化。2023 年，省属企业完成工业投资 1202.5 亿元、增长 30.8%，占总投资额的 51.7%；新兴产业投资 536.5 亿元、增长 33.2%，占工业投资额的 45%。2024 年新兴产业投资 561.5 亿元，占工业投资额比例提升至 47.6%。

三是研发投入快速增长。2023 年，省属企业研发经费投入 220.2 亿元、增长 23.9%，研发投入强度高于全国省级平均水平 0.39%。2024 年研发经费投入增长 19.5%，工业企业研发投入强度达 2.95%，位居全国省级监管企业前列。

33

创新赋能　多元支撑
因地制宜培育新质生产力

安徽省交通控股集团有限公司

一、基本情况

安徽省交通控股集团有限公司（以下简称"安徽交控"）成立于2014年底，是安徽全省统一的高速公路投资运营管理平台，下辖21家直属单位，控股"皖通公司""设计总院"2家上市公司，在岗职工22000余人。安徽交控资产规模在省属企业中排名第一，资产负债率在全国省级交通企业中处于最优水平，营运高速公路里程5386公里，占全省的89%。

二、经验做法

（一）以路为主加快布局智慧交通产业

一是探索数字化转型。安徽交控与交通运输部路网中心、安徽省交通运输厅共建智慧高速实验室，同步接入泛长三角8省市16种数据，联合开展车路协同、联网收费系统升级和运营服务提升等领域关键技术的自主研发及创新应用。建成"皖美高速数字营运大脑"，形成路网监测、协同调度、决策辅助和出行服务一体化运营管理平台。

二是推进智能化改造。2023年12月，安徽交控完成安徽省首个"交通强国"智慧高速试点项目——G4211 江苏南京至安徽芜湖高速公路建设任务。建成工业化率达到 92% 的德州至上饶高速公路合肥至枞阳段，被列为交通运输部智能制造示范工程和 BIM 建造示范工程。

三是丰富智慧化应用。安徽交控积极打造 ETC 平台经济，拓展的 ETC 智慧停车场达到 278 个，推广智慧加油站 99 座，实现 ETC 停车、加油等多场景应用。推进合芜高速智能驾驶测试路线改造，加快探索车路协同与自动驾驶等前沿技术在高速公路的落地应用。

四是突出绿色化发展。安徽交控将绿色发展理念融入基础设施建设全生命周期，实现工程工业化建造、数字化管理、绿色化施工，建成了一批绿色公路示范工程，其中上海至武汉高速公路无为至岳西段为交通运输部第一批绿色公路建设典型示范工程。

（二）创新赋能加速打造新业态新模式

一是大力拓展"交通 + 新能源"。安徽交控围绕支撑安徽省汽车"首位产业"发展，利用高速公路及周边存量土地、地上建筑物等，建设光伏电站、充换电等设施，打造高速公路"新能源廊道"示范工程，累计装机容量超 216 兆瓦，建成服务区充电桩超 2660 个、换电站 66 座。

二是积极推进"交通 + 信息化"。安徽交控全面上线自主研发的新一代准自由流收费系统，相继建成运营宣城西、郎溪东、黟县、方兴大道、青草等 15 个智慧收费站，正在升级改造 12 个，打造了"匝道自由流与收费车道、云值守联动"的收费新模式，改造后车辆通行效率将提升 85% 以上。

三是深度融合"交通 + 矿产资源"。安徽交控设立运作交控资源公司并竞得 3 个砂石矿山项目，补齐高速公路产业链上游重要环节，通过采后复垦，变矿山为良田，实现"绿色矿山"颜值与价值双赢。

四是协同推动"交通 + 旅游"。安徽交控围绕支撑安徽省加快建设高品质旅游强省战略，积极响应"建设大黄山世界级休闲度假旅游目的地"目标，打造以呈坎"开放式"服务区为代表的交旅融合服务区。

（三）资本助力持续推动新兴产业发展

一是发挥基金投资引导作用。安徽交控所属"交控系"基金群围绕安徽省十大新兴产业，明确细分赛道，积极开展项目投拓，累计投资长鑫科技、芯动联科、奇瑞汽车等战略性新兴产业项目83个、66.14亿元。牵头发起设立规模50亿元的安徽省新型基础设施投资母基金，并相继落地5只子基金，形成规模超100亿元的母子基金体系，引导整合更多社会资本投向省内新基建项目。

二是发挥资本纽带和资源链接功能优势。安徽交控与中国科技大学先进技术研究院合作建设"科大硅谷·皖通智慧交通产业园"，发挥资本纽带和资源链接功能，推进智慧交通领域研发和成果转化。

（四）完善机制有力增强发展内生动力

一是优化完善科技创新体制机制。安徽交控发挥产业链和应用场景优势，加快科技成果转化和推广应用，在工业化建造、智能化运营、绿色低碳养护等领域逐步形成自主技术体系，所属智能建造领域工业化建造公司累计实现营收28.9亿元。

二是深化市场化经营机制改革。安徽交控开展组织机构优化调整，按照国有资本投资公司"强总部，大产业"的导向，持续优化总部管控模式，加大向子公司授权放权力度，激发企业活力效率。进一步提升经理层成员任期制和契约化管理工作质量，强化契约目标的科学性、挑战性和契约的刚性考核、兑现。

三是打造新型劳动者队伍。安徽交控加强人才培养和引进，实体化运作人才发展研究院，搭建培育发展新质生产力的人才培养开发平台，聚焦集团转型、业务发展，开展前瞻性的人才识别、人才引进、人才培育及激励。

三、改革成效

一是智慧交通亮点纷呈。安徽交控建成"皖美高速数字营运大脑"，形成路网监测、协同调度、决策辅助和出行服务一体化运营管理平台，江苏南京至安徽芜湖高速公路基本实现主动式安全预警、伴随式信息服务、准全天候安全通行、可视化智能管控等功能。

二是新业态新模式涌现。安徽交控高速公路"新能源廊道"示范工程累计装机容量超 216 兆瓦，建成服务区充电桩超 2660 个、换电站 66 座。"匝道自由流与收费车道、云值守联动"的收费新模式将车辆通行效率提升 85% 以上。

三是经营业绩稳健增长。2024 年，安徽交控集团实现营业收入 715 亿元，同比增长 4.7%。累计完成 5386 公里高速公路新建及近 600 公里的高速公路改扩建任务，取得了明显的社会效益和经济效益。

34

产业为基　资本为用
为培育发展新兴产业筑势赋能

安徽省高新技术产业投资有限公司

一、基本情况

安徽省高新技术产业投资有限公司（以下简称"高新投公司"）由安徽省投资集团（安徽首家国有资本投资运营公司改革试点企业）发起设立，是服务安徽产业发展的重要战略投资工具和资源整合平台，自成立以来不断做优做强基金管理、战略直投、科创投资、科创孵化业务体系，连续多年在"清科""母基金研究中心"等各大榜单中位列第一方阵。

二、经验做法

（一）运营管理产业基金，服务新兴产业发展

一是选机构。高新投公司通过公开对外招募等方式，打造错位发展、优势互补、互相协作的外部机构、独资机构、合资机构3支投资团队。外部机构主要发挥全国性资金和资源优势，招商引资、招才引智。独资机构聚焦政策性重大项目及前沿科技项目开展投资。合资机构创谷资本是安徽省首家混合所有制政府产业基金管理机构，重点赋能省内传统产业升级项目，布局前沿技术成果转化项目。

二是建体系。截至 2024 年 12 月底，高新投公司在管产业基金 104 只，认缴总规模 1723 亿元，实缴到位 1344 亿元，其中省级财政投入 191 亿元，撬动比例约 1 : 6。基金覆盖天使基金、VC、PE、并购基金及海外招引基金等类型，形成匹配企业全生命周期的基金集群组合。

三是投产业。高新投公司布局全省 16 个地市和十大战略性新兴产业，产业基金累计投资 718 亿元，投资项目 1364 个。所投企业中战新企业 1012 家、投资金额 663 亿元，专精特新企业 236 家、投资金额 131 亿元，高新技术企业 565 家、投资金额 326 亿元。

四是强赋能。高新投公司赴北上广深走访对接各类基金管理机构超 200 家，推介宣传安徽产业政策。召开年度基金工作会，向合作机构推荐安徽"科创 100"和上市公司储备项目。举办资本项目园区对接会，搭起资本与产业、园区之间的沟通桥梁，以资本"活水"浇灌产业未来。

（二）开展战略直投，服务新兴产业发展

高新投公司充分发挥国有资本战略支撑作用，打造"长期资本"和"耐心资本"，以"母基金直投 + 战略直投"方式投资一批重大产业项目和拥有硬核科技的早期项目。

一是推动战略性新兴产业持续发展。高新投公司投资蔚来汽车 18 亿元，成功推动该项目落户合肥，助力合肥打造新能源汽车产业集群；投资 50 亿元支持长鑫存储项目建设，助力国产半导体实现重大突破；投资 4.5 亿元支持晶合集成成为手机显示器驱动 IC 代工全球第一。

二是推进传统产业转型升级。高新投公司战略控股上市公司九华旅游，通过资源嫁接助力整合皖南文旅资源；推动淮矿股份重组雷鸣科化，实现淮北矿业整体上市；控股铜化集团，推动企业降本增效、延伸产业链。

三是加快未来产业培育。高新投公司投资飞渡航天复合材料，解决了新型导弹武器发展"卡脖子"问题，精准扶持科技创新企业。

（三）落实人才招引政策，服务新兴产业发展

高新投公司以股权投资、债权投入方式替代传统的财政"奖补"，规范财政资金投放，提高资金使用效率。"人才团队＋科技成果＋政府参股＋股权激励"模式被国务院列为第二批"全创改"举措向全国推广。截至2024年底，签约拨款项目269个，签约投放资金14.87亿元，其中省级财政投入扶持资金14.06亿元。扶持企业中有244家企业被认定为高新技术企业，本源量子等7家企业入选"（潜在）独角兽企业"；40家企业获批国家级专精特新"小巨人"企业；芯碁微装、恒烁股份、芯动联科3家团队创业企业已实现科创板上市，吸引16个院士团队在皖创新创业，引育硕士研究生及以上学历人才超过3000人。

（四）培育创新生态，构建科创孵化体系

高新投公司设立中安创谷公司，打造"基地＋基金＋科创服务"特色孵化服务体系。

一是办大赛。高新投公司自2017年开始连续八年承办"创响中国"安徽省创新创业大赛，累计吸引近1.3万个项目报名参赛，招引101个省外项目、108个海外项目落户安徽，累计促成融资超78亿元。

二是建园区。高新投公司建设运营规划总面积约1500亩、总投资约200亿元的中安创谷科技园，构建智慧园区运营服务体系，提供物业服务、社区服务、商务服务和企业服务四大模块服务。

三是引机构。截至2024年底，高新投公司园区累计引入上市公司及其子公司35家，雏鹰、瞪羚、独角兽等各类高成长企业155家，研发平台和科技孵化载体28家，科技金融和科技服务机构198家。

四是育种苗。高新投公司建立融资、人才、产业、政策、辅导、综合、品牌七大科创孵化服务体系。运营的欧美同学会长三角海创中心是我

国第一家全国性留学生双创平台，专注于服务孵化留学人员回国创新创业。

三、改革成效

一是招引国家级大基金和产业资源成效突出。高新投公司省级母基金出资 7.6 亿元，撬动 110 亿元省外资金在皖设立中建材基金。联合中国国有企业结构调整基金二期设立 30 亿元华舆高新基金落户芜湖。

二是助推战略性新兴产业在安徽加速集聚。高新投公司累计招引 200 余个省外战略性新兴产业项目，中联重科将桩机业务整体迁建马鞍山，打造功能总部；引入星恒电源、天力锂能、丰元化学在皖建立生产基地，提升动力电池产业链发展水平。

三是支持皖企加快登陆资本市场。高新投公司所投企业累计上市过会企业 77 家，占全省上市企业总量的 26%，其中安徽省内 46 家。所投企业IPO 在审 11 家，上市辅导 71 家，形成"上市一批、储备一批、招引一批"的梯次发展格局。

四是科创生态体系不断健全完善。截至 2024 年底，中安创谷科技园已集聚高成长性创新主体约 1000 家，实现亩均产值超 7000 万元、亩均税收超 200 万元，为城市集聚创新资源、提升功能品质注入强劲动能。

35

当好长期资本、耐心资本、战略资本
助力新质生产力加快发展

安徽省国有资本运营控股集团有限公司

一、基本情况

安徽省国有资本运营控股集团有限公司（以下简称"安徽国控集团"）于 2018 年 2 月被确定为安徽省国有资本运营公司改革试点企业，注册资本金 100 亿元。安徽国控集团主要承担国有资产运营处置、国有股权管理、国有资本投融资三大战略任务，主导或参与设立多只基金，基本形成以省混合所有制改革基金、省战略投资基金、省属企业改革发展基金、省科技成果转化引导基金、国控增动能投资基金为基础的"5＋N"国控基金群；聚力打造"3＋X"平台，即国有资本投融资、国有股权管理、国有资产管理三大战略性平台和科创孵化、金融和类金融综合服务、产权交易、规划设计、人力资源、智库研究等专业化平台。

二、经验做法

（一）支持加快科技创新策源地打造

一是服务高能级深空探测创新平台建设。为支撑我国深空探测发展战略规划实施，加快航天强国和科技强国建设步伐，根据安徽省委、省政府决策部署，安徽国控集团投资 12 亿元支持深空探测实验室建设。

二是支持推动新一代信息技术自主可控。安徽国控集团投资 32 亿元支持某存储芯片企业加快关键核心技术、"卡脖子"技术攻关，实现关键战略性元器件的自主生产，推动我国在 DRAM 高端芯片产业逐步实现独立自主，服务保障国家信息安全。

三是助力企业抢占未来能源战略制高点。安徽国控集团投资 25.3 亿元支持某未来能源项目建设，推动该领域技术由科学实验阶段迈向工程应用和商业应用水平阶段，助力企业抢占世界核科技竞争的战略制高点，为推进能源革命、保障能源安全、落实碳达峰碳中和战略目标贡献力量。

（二）打造"投早、投小、投科技"风向标

一是聚焦重点领域，助力成果转化。安徽国控集团受托运营的省科转基金以"投早、投小、投科技"为主要投资范围，基金转承方案规定"投早、投小、投科技"比例不低于 50%，并对"早""小""科技"作出界定，包括年度研发投入占营业收入比例 3% 以上、企业设立时间不超过五年、职工总数不超过 300 人、年销售收入或资产总额不超过 5000 万元。

二是发挥引领作用，撬动多方资源。安徽国控集团受托运营的省科转基金积极与龙头企业、产业链链主企业或具备产业资源的基金管理机构合作，参股组建子基金，发挥引领带动作用。一方面，深耕地市，与地方国资平台合作；另一方面，积极对接国家基金和专业投资机构，截至 2024 年底已设立 16 只子基金，覆盖全省大部分地市，形成"1 + 16"科转基金群架构，总规模达到 58.70 亿元，实缴规模 30.86 亿元。

（三）支持新能源汽车产业集群发展

一是支持全省新能源汽车产业延链补链。安徽国控集团增动能基金联合江淮汽车组建规模 5 亿元的国江未来产业基金，推动江淮汽车新能源汽车产业电动化、智能化、网联化、共享化发展。投资支持其子公司钇威汽车科技有限公司开展员工持股、战投引进工作，推动其完成 1.5 亿元的融资，有效发挥国有资本引导作用。

二是招引新能源造车新势力落户安徽。安徽国控集团联合蔚来汽车组建规模 30.8 亿元的国控蔚来基金，重点围绕人机交互、自动驾驶等方向开展投资。协同主管基金管理人，与地方政府一同招引哪吒汽车在安庆桐城、淮南凤台等地市开展电驱系统、域控制器、智能座舱等项目建设，总投资 36 亿元，预计建成后总产值达 170 亿元。

三是加速新能源汽车产业集群建设。安徽国控集团积极对接投资生态圈、朋友圈各类项目资源，在动力电池、电控系统、整车轻量化等方向上，积极引导"5＋N"国控基金群各类子基金加大新能源汽车产业链投资力度，在投资新能源汽车产业的同时积极招引链上企业落户安徽。

三、改革成效

一是有力支持高水平科技自立自强。2023 年，安徽国控集团投资的国内芯片企业推出国内首款自主研发的存储芯片，标志着中国在动态随机存储器技术领域取得了新突破；2024 年，深空探测实验室探月工程四期的通导技术试验星天都一号、天都二号如期完成工程研制并成功发射升空，将为月球通导技术提供先期验证；投资的合肥海图微电子，打破国外精密仪器缩影高速摄像机技术垄断；投资的未来能源项目，加快商业化进程，与国外保持齐头并进态势。

二是有力支持新质生产力加快发展。安徽国控集团聚焦投资安徽重点发展的战略性新兴产业和未来产业，服务新质生产力培育，新能源汽车和智能网联汽车产业、新一代信息技术产业、新材料产业、高端装备制造产业等新兴产业占投资项目总数的 96%，已投项目获得高新技术企业资质290 家，投资的华晟新能源、本源量子等一批未来产业企业成为"独角兽"

企业，培育的会通股份、威尔高等企业成功上市。

三是强力赋能首位产业集聚发展。安徽国控集团以"5＋N"国控基金群组建和投资为主抓手，持续加大对新能源汽车和智能网联汽车投资力度。截至2024年底，集团旗下新能源汽车基金数量达5只，规模53亿元。累计围绕新能源汽车产业链上下游投资项目101个，投资金额44.31亿元，吸引中创新航、方晶半导体、航宇制造等项目落户安徽，助力安徽打造世界级汽车产业集群。

36

加快发展新质生产力　积蓄新兴产业新动能

铜陵有色金属集团控股有限公司

一、基本情况

铜陵有色金属集团控股有限公司（以下简称"铜陵有色集团"）的主产业为有色金属及非金属采选、冶炼、加工和以金融贸易为核心的现代服务业，拥有有色金属采选、冶炼、加工全产业链，铜冶炼产能位居世界前列。近年来，铜陵有色集团加快发展新产业新赛道，持续加大在新兴产业领域的投资力度，新兴产业投资增速高于总体投资增速，战略性新兴产业呈现蓬勃发展态势。

二、经验做法

（一）立足提升全产业链优势，筑牢发展新兴产业基石

一是争当产业链链主。铜陵有色集团打造集矿产资源采选、冶炼、加工于一体的全流程产业链，强化矿产资源获取与开发，提升资源自给率水平，实施铜冶炼产能提升新建扩建项目，打造世界第一阴极铜供应商。

二是提升产业链韧性和安全水平。铜陵有色集团深入落实国内新一轮找矿突破战略行动，立足"一带一路"沿线积极参与海外优质矿产资源并购开发，强化铜等关键矿产资源供给保障。

三是突出专精特新发展方向。铜陵有色集团加强自主创新能力建设，精耕细作所在产业链环节，积极打造细分领域产业竞争优势。已培育 1 家国家级专精特新"小巨人"，9 家省级、1 家市级专精特新企业。

（二）瞄准新质生产力，多点协同培育壮大新兴产业

一是围绕新能源新材料，做大以铜基新材料为主的高端材料。铜陵有色集团先后开发了一批高精尖产品，5G 通信用 RTF 反转铜箔和 HVLP 高频超低轮廓铜箔达到国际先进水平，解决国内 5G 铜箔材料"卡脖子"难题；高抗拉强度极薄电子铜箔、漆包异形线等产品成功进入国内外新能源汽车头部企业供应链。

二是围绕数智赋能，打造样板智能矿山、工厂。铜陵有色集团部署开展"机械化换人、自动化减人"专项行动，持续加大在智能制造领域投资布局力度，近三年累计完成投资 3.8 亿元。建成国内首个井下铲运机＋矿卡无人驾驶系统作业机制智能协同系统，打造全球第一条"铜精矿冶炼-电铜打包出售"全流程智能化生产线。"有色智联工业互联网平台"入选工业和信息化部新一代信息技术与制造业融合发展示范名单。

三是围绕绿色低碳，推动资源减量化资源化再利用。铜陵有色集团建成 12 个光伏发电绿色新能源项目，总装机投运容量达 15.8 兆瓦，累计发电 1841.3 万千瓦时。提高天然气等清洁能源使用比例，主产品阴极铜综合能耗、硫酸电单耗较"十三五"时期分别下降 18.18%、8.48%。深耕资源循环利用，2024 年铜冶炼渣资源综合利用项目回收铜金属 6.33 万吨，资源量相当于一座中型铜矿山规模。拥有 5 家国家级、4 家省级绿色工厂，1 家国家级绿色设计示范企业，4 类产品入选工业和信息化部绿色设计产品。

（三）发挥三大引擎支撑作用，赋能新兴产业更好更快发展

一是打造高效能创新引擎。铜陵有色集团成立铜冠产业技术研究院，打造综合性创新平台。组建并运营安徽省有色金属新材料研究院，开展新材料产业前沿引领技术和共性关键性技术研发。加速 5G 通信用 RTF3 型电子铜箔、IC 封装用载体铜箔、高温烧结陶瓷覆铜板用铜带等新产品研发。

二是借力资本市场引擎。"双百企业"铜冠铜箔公司通过实施铜箔产业专业化整合，在产交所挂牌交易引入战略投资者，推动股权多元化改革，在深交所创业板成功挂牌上市，实现安徽省分拆上市企业零的突破。铜冠矿建北交所 IPO 顺利过会，股票首发获通过。

三是用好投资基金引擎。铜陵有色集团以"母基金＋产业基金（直投）"方式围绕集团公司产业链上下游项目进行投资，通过基金业务深入发掘战新领域优质项目信息。依托铜冠投资（上海）公司成功参股奇瑞汽车、广东先导稀材等新能源、新材料、智能制造等新兴产业，目前参与基金规模 18.34 亿元。通过安徽省战略投资基金前瞻性投资布局深空探测实验室、动态存储芯片等未来产业项目。

三、改革成效

一是战略性新兴产业规模不断扩大。2024 年，铜陵有色集团新增战略性新兴产业投资 25.82 亿元，同比增长 20.82%，占新增投资总额的 61.67%；战略性新兴产业营业收入 267.57 亿元，占总营业收入的 10.49%。

二是新能源、新材料先进产能加速形成。铜陵有色集团以铜箔、铜线杆、铜板带为代表的铜基新材料产品年生产能力达 41 万吨，高端铜箔总产能提升至 8 万吨。2024 年 8 月，首批 HVLP2 等级铜箔顺利出口，成功将高端铜箔产品推向国际市场。

三是行业地位持续提升。2023 年，铜陵有色集团实现营业收入 2486 亿元，利润总额首次突破 50 亿元大关。2024 年，营业收入、利润总额同比增长，再创历史新高。预计"十四五"时期末铜冶炼产能超过 250 万吨，迈向世界第一。

37

深化改革提质效　创新发展增活力

江西省江铜铜箔科技股份有限公司

一、基本情况

江西省江铜铜箔科技股份有限公司（以下简称"江铜铜箔"）是一家集研发、生产、销售电解铜箔于一体的国家高新技术企业，隶属江西铜业集团有限公司。江铜铜箔于 2003 年 6 月由江西铜业集团公司与美国耶兹铜箔有限公司合资组建，于 2022 年 3 月完成公司股份制改造。江铜铜箔秉持"用未来思考今天"的核心理念，致力于打造铜箔行业具有广泛影响力的高端电解铜箔研发与制造企业，现有各类电解铜箔年产能 7.4 万吨，其中常规电子电路用铜箔 3.2 万吨、锂电池用电解铜箔 4.2 万吨。

二、经验做法

（一）完善科技创新体制机制，充分释放创新创造活力

一是构建全面的研发体系，形成完善的项目研究开发流程，建立全面的研发管理体制。为规范新产品、新工艺的研究开发流程，江铜铜箔明确开发过程中各节点的主要职责，制定了从项目立项、过程管理、经费管理、结题评审到成果转化的全流程制度，并根据公司的发展情况不断对其进行更新调整。

二是充分利用各类科研平台资源，激发科研创新活力。江铜铜箔依托"南昌市高频高速用电解铜箔工程技术研究中心""江西省电解铜箔绿色技术开发与应用工程研究中心"平台资源，不断深化科技与改革创新，加强生产工艺改进、新产品研发。

三是加强产学研协同发展。江铜铜箔积极开展与高等院校、科研院所合作，深入推进"复杂镀液组分浓度检测与铜箔性能评价技术研究""6μm超薄电解铜箔技术的开发及产业化""复合铜箔制备技术研究"等一批省市级重点科研项目，促进研发项目成果早日转化落地。

（二）加快实现高水平科技自立自强，加大关键核心技术攻关力度

一是加速推进新产品的市场推广。江铜铜箔实现 4.5μm、5μm 锂电铜箔稳定生产，与行业头部客户建立批量供货关系，向头部企业提供高抗拉锂电铜箔测试评估，积极开发电子屏蔽胶带用 VLP 铜箔，高粗化高频铜箔产品顺利通过上海南亚华为联合测试并被纳入华为材料库。

二是改进持续生产工艺，稳步提升产品质量。江铜铜箔重点攻关电子电路铜箔厚规格边部黑点及锂电铜箔软皱问题，着力提升产品质量和技术指标，不断提升产品性能。截至2024年四季度，锂电铜箔产品合格率同比提升2.19%。

三是夯实研发基础实验室建设，引进先进设备满足科研所需。江铜铜箔陆续引进电化学工作站、CVS 分析仪、智能金属箔电阻率测量仪、可编程双向电源等科研设备，探索搭建铜箔性能加速测试实验系统，对铜箔各类特性进行研究，为现场生产实践提供指导。

（三）创新人才培养方式，造就高水平创新型人才队伍

一是建立研发人员职级体系，打通研发人员晋升新渠道。江铜铜箔新修订《研发员评级管理办法》，设立 5 个层级晋升机制。通过设置评分指标体系，对研发人员评分，将其个人业绩情况转化为相应的分值，套入相

应的岗位职级，享受相应的岗位待遇。

二是搭建专业平台，加大专业化人才引进力度。江铜铜箔于 2024 年成立了研发中心，下设研发部、技术部、实验室、测控中心 4 个板块，引进硕士研究生及以上学历专业人才 23 名，组建了一支 74 人的自主研发团队。

三是积极探索担任主要研发项目人员的培养方式。江铜铜箔通过将研发人员培养与科研项目开展相结合，让新进研发人员有目的、有针对性地学习研究。组织研发人员开展创新互助活动，打破交流沟通壁垒，推进新工艺、新产品、新设备的研究与应用。

四是帮助研发人员开拓视野、增长见识。江铜铜箔组织研发人员参加国家科技项目管理暨省部级以上奖励申报培训、铜基新材料产业集群发展论坛暨鹰潭铜产业供需对接大会、铜加工专题交流研讨会及中国铜产业科技创新大会等一系列的专业培训与行业交流活动，以加深研发人员对行业的认识和理解。

三、改革成效

一是行业地位进一步巩固。2024 年，江铜铜箔连续 5 届获"中国电子材料行业前 50"及"电子铜箔材料专业前 10"两项荣誉，获江西省制造业单项冠军、南昌市"2024 年度制造业重点产业链优强企业"荣誉称号。根据中国电子材料行业协会电子铜箔材料分会统计，2023 年江铜铜箔在国内电子铜箔细分市场占有率为 13.9%，市场排名第三。

二是创新能力稳步提升。2024 年，江铜铜箔全年共申请专利 17 项，获得授权专利 14 项。获评国务院国资委"科改企业"优秀企业，并入选国家级专精特新"小巨人"企业。

三是市场开拓取得新进展。在锂电铜箔业务方面，江铜铜箔成功开拓了宁德时代、厦门海辰、赣锋锂电、远景动力 4 家客户，与行业前 10 中的

7 家实现了批量交易；向比亚迪、瑞浦兰钧、蜂巢等新能源动力电池龙头企业实现稳定供货，2024 年全年销量 38083 吨，创历史新高。在电子电路铜箔业务方面，成功开拓海外市场，与印度 HBL 实现外销首单，日本 PPES 即将实现批量购买，韩国 LG、印度 RAIL、日本松下等客户正积极开发和测试。2024 年，综合高附加值产品占比 40.3%，对高端覆铜板客户销量创历史新高。

38

突出科技创新　强化产业联动
加快培育发展新质生产力

山东省人民政府国有资产监督管理委员会

一、基本情况

山东国资国企深入学习贯彻习近平总书记关于新质生产力重要论述及视察山东重要讲话重要指示精神，认真贯彻落实全省国有企业高质量发展大会精神，紧抓国有企业改革深化提升行动有利契机，以创新驱动为牵引，以布局战略性新兴产业和升级传统产业为两翼，以深化改革为动力，努力做好"培优、育新、提旧"，加快培育壮大新质生产力，构建新型生产关系，塑造高质量发展新优势。

二、经验做法

（一）立足"培优"，加快实现科技自立自强

坚持把科技创新作为推动企业高质量发展的核心动能，不断提升企业自主创新能力。

一是强投入。完善研发投入刚性增长机制，将研发投入、研发和应用推广"三首"装备和产品纳入企业负责人考核体系。指导企业健全研发投入管理机制，建立投向精准、使用合理、归集到位的研发投入管理体系。

对省属企业 18 项国家、省重点研发计划的研发费用，分别按 2 倍、1.5 倍视同利润加回，共计加回 1.45 亿元。

二是强激励。制定创新领域的项目跟投试行意见，健全中长期激励制度体系，打造打通科技创新激励链条。推荐 2 项科技成果参与职务科技成果赋权改革试点。出台考核分配实施意见，指导企业将工资总额增量优先用于科技人才激励，对承担国家重大科技项目的科研团队工资总额实行单列，对关键人才实行"一人一议"，协议开放薪酬，上不封顶。山东重工连续多年召开科技创新奖励大会，2024 年拿出 1.1 亿元重奖领先科技成果和杰出创新人才。

三是强协同。加强与国内外顶尖高校、大院大所对接合作，实施"卡脖子"技术、关键共性技术攻关。2024 年，共对接交流 2000 余次，初步达成合作意向近 1000 项。充分发挥 8 个"山东国资科创基地"的作用，打造具有山东国资特色的创新生态圈。浪潮集团服务器高效虚拟化等 3 项技术性能评测均刷新世界纪录，达到国际领先水平；山东重工 2024 年 4 月发布全球首款本体热效率 53.09% 柴油机，连续 4 次打破世界纪录；发布全球首款固体氧化物燃料电池，热电联产效率达 92.55%，创全球最高纪录。

（二）立足"育新"，加快布局战略性新兴产业

深刻把握产业变革趋势要求，推动省属企业立足主责主业，抢抓战略性新兴产业发展主动权。

一是强化政策引领。印发《山东省人民政府关于加快实施"十大工程"推动新一代信息技术产业高质量发展的指导意见》《山东省工业母机产业高质量发展行动计划（2023—2027 年）》《山东省人工智能"赋智"工程实施方案（2023—2025 年）》等文件，大力支持企业发展战略性新兴产业，对相关企业给予政策供给、金融服务。制定财政奖补资金管理及实

施细则，2024 年省财政对集成电路产业、工业互联网平台等落实奖补资金 9700 万元。

二是强化龙头引领。基于国家有需要、市场有前景、山东有基础三项原则，全省优选整合新一代信息技术、高端装备、高端化工等 11 条标志性产业链，分别由省领导牵头担任"链长"，13 家省属企业成为链主企业，带动形成了一批特色产业集群。

三是强化投资引领。山东省政府办公厅出台《山东省省属企业主责主业管理办法》，鼓励企业通过拟培育主业加快布局战略性新兴产业，将新增投资向战略性新兴产业集中。在国务院国资委大力支持下高质量承办中国企业论坛，搭建起山东国企与央企、知名民企合作平台，在 2023 年第六届中国企业论坛期间现场签约项目 63 个、合同金额 1897 亿元，涉及战略性新兴产业项目金额 1211 亿元、占比达 63.8%。2024 年，省属企业在战略性新兴产业领域投资 735 亿元、占比达 23.14%，战略性新兴产业营收占比 18.88%、较 2023 年底增长 3.2%，为未来发展积蓄了新动能。

（三）立足"提旧"，加快推动传统产业数字化转型

围绕"不会转""不能转""不敢转"等问题，坚持"多管齐下"，推动传统产业数字化转型升级。

一是提素养。落实山东省委对推进国企数字化转型的批示要求，举办省属企业正职数字化转型专题培训班，压紧压实数字化转型"一把手"责任。打造"数字国资云课堂"品牌，邀请行业专家开展线上培训。组织开展省属企业数字化转型素质提升活动，邀请国务院国资委科创局、中国一汽、海康威视等专家学者授课，持续提升企业全员数字素养和技能水平。

二是塑场景。山东省国资委举办省属企业数字场景典型应用大赛，遴选 60 个典型应用场景。在国务院国资委首届国企数字场景创新专业赛中，山东省属企业 29 个场景获奖，居全国前列。

三是重应用。山东省工业和信息化厅等七部门印发《山东省制造业数字化转型提标行动方案（2023—2025 年）》，实施转型路径优化、基础设施强化、服务供给深化"三化"专项行动。山东省国资委发布实施全国首个数字化转型地方标准，印发《省属企业数字化转型实施意见》，为全省国有企业数字化转型工作提供指导。2024 年，省属企业在数字化转型方面的投入超 467 亿元。

三、改革成效

山东省深入落实国有企业改革深化提升行动决策部署，大力实施创新驱动发展战略，勇当重要战略科技力量的"排头兵""主力军"。

一是创新投入不断增加。建立研发投入刚性约束机制，分层分类设置考核目标，推动企业研发投入高速增长。"十四五"以来，省属企业研发投入由 2020 年的 255.7 亿元增长到 2024 年的 529.1 亿元，年均复合增长率高达 20%；2024 年，省属企业研发投入达 529.1 亿元，同比增长 8.73%。

二是创新企业集聚成群。深入开展国有重点企业科技创新能力提升专项行动，培育壮大创新型企业。13 家"科改企业"在国务院国资委"双百企业""科改企业"2023 年专项评估中获评标杆、优秀等次。截至 2024 年底，省属企业拥有高新技术企业 458 家、专精特新"小巨人"企业 234 家、专精特新中小企业 286 家、科技型中小企业 381 家、制造业"单项冠军"企业 29 家、瞪羚企业 101 家。

三是创新平台能级跃升。实施创新平台"扩面提质"行动，推动省属规模以上工业企业设立研发机构，已达到"应设尽设"全覆盖。指导省属企业加快建设高能级创新平台，截至 2024 年底，省属企业拥有国家级科研平台 76 个、省部级科研平台 589 个。组织浪潮集团联合中国电子、山东科创、乾云信息共同发起成立省属企业应用创新实验室，为企业应用创新提供全链条综合保障服务。

四是创新政策持续赋能。制定落实研发费用分类视同利润加回机制，省属企业 2023 年研发费用全额视同利润予以加回。实施科技创新突出成绩企业加分机制，对 2023 年荣获省级科技进步特等奖和科技进步一、二等奖的山东重工等 7 家企业，分别在经营业绩考核中予以加分奖励。优化科技创新考核指标，2024 年，绩效考核中将科技创新指标所占权重由原来的 12.5% 提高至 30%。

39

聚焦数字化智能化绿色化转型升级
聚力推进世界级港口群建设

山东省港口集团有限公司

一、基本情况

山东省港口集团有限公司（以下简称"山东港口"）成立于 2019 年 8 月，是山东省属国有重要骨干企业。组建以来，山东港口牢记习近平总书记建设世界级海洋港口群的殷殷嘱托，纵深推进国有企业改革深化提升行动，大力实施创新驱动发展战略，坚持科技创新与机制创新双轮驱动，加强关键核心技术攻关，打造原创技术"策源地"，不断塑造发展新动能新优势，加快建设国际领先的智慧绿色港。2024 年 5 月 22 日，习近平总书记在山东考察时，肯定了山东港口日照港通过传统产业改造升级发展新质生产力的经验。

二、经验做法

（一）按下数字化转型"快进键"，"云领"数字之变

一是构建数字化转型发展体系。山东港口按照"机械化换人、自动化减人、智慧化无人"思路，抢抓数字经济发展"黄金窗口期"，编制数字化转型总体规划，布局建设"两地三中心"的数据中心，建成横跨 7 市、

总长 1500 公里的骨干网络，搭建起计算资源"一朵云"、信息传输"一张网"和统一的信息安全体系，不断提升港口服务能级。

二是构建生产数字化应用场景。山东港口不断拓展数字化技术应用，采取集中控制、远程管控、无人值守、机器人等技术手段，对程序化、流程化、重复性高的业务进行替代，最大限度实现资源要素的优化配置和流程工序的高效作业。2024 年，大型集装箱专业泊位自动化、半自动化率提高 41%，大型专业干散货泊位自动化、半自动化率提高 51%，大型设备自动化率提高 16%，集泊位、堆场、倒运于一体的全流程自动化运营逐步实现。

三是打造港口物流"产业大脑"。山东港口依托港口物流产业和对外开放服务的优势，以大数据能力平台为基础，融合港口物流链上下游数据资源，打造山东港口物流领域企业—行业—产业链—政府等多级协同互补的产业大脑体系，推进业务与数字化深度融合，完善数据链条，建立可信物流服务平台，为客户提供全方位、全流程服务。2024 年，"产业大脑"已链接物流车辆 95 万辆，服务上下游企业 9.3 万家。

（二）跑出智能化转型"加速度"，"慧聚"智能之力

一是系统强化科技创新顶层设计。山东港口在全国率先发布"十四五"科技创新专项规划，围绕港口应用场景布局十大重点研发方向，成立由 5 名院士领衔的专家委员会，每年设立 1 亿元科技创新专项基金，组织实施十大重点科技工程。2024 年，累计建设 23 个省级以上研发平台，承担 10 项省级以上重点研发计划建设，创新型企业达 24 家。

二是奋力攻坚关键核心技术。山东港口以高质量实施交通强国"智慧港口"建设试点为契机，坚持以高水平科技自立自强支撑引领高质量发展，首创"1＋N"开放共享共建策略，采用"揭榜挂帅""定向委托"方式，与 30 余家科研院所、企业围绕港口领域关键核心技术开展攻关，连续两年获得山东省科技进步一等奖，连续三年在港口协会科学技术奖的获奖数量层次居领先地位。2024 年，研发投入达 6.55 亿元，同比增长 32%。

三是聚力推动成果转化推广。山东港口积极构建以企业为主体、市场为导向、产学研深度融合的科技成果转化体系，加强自主知识产权管理，将成果转化收益分配给成果完成单位、业务专营单位和主要完成人，持续激发广大科技人员的积极性。2024 年，成果转化及收益价值分享体系稳固成型，举办科技成果交流现场会 6 场，首批签约项目带动 60 余项成果落地转化，转化金额达 4000 多万元。

（三）开启绿色化转型"新征程"，"碳索"绿色之路

一是系统谋划绿色低碳发展蓝图。山东港口发布绿色低碳港口"十四五"规划及"智慧绿色港"综合能源规划，将企业实践与国际标准接轨，形成全国首部《零碳港区建设技术指南》，提出零碳港区建设原则、要求和碳排放核算、减排措施、评价改进等标准规范，填补了港口行业"零碳"标准空白。2024 年，山东港口累计万吨吞吐量能耗消耗同比下降 3.67%。

二是着力构筑港口清洁用能体系。坚持供给侧和消耗侧同步发力，持续加大港区风电、光伏等清洁能源布局开发力度，大力推进设备设施电动化、清洁化替代，提前完成万吨级以上油品装船码头油气回收改造和自有国 I 排放的非道路移动机械清零。2024 年，山东港口分布式光伏面积达到 70 万平方米，绿电发电能力达到 1.5 亿千瓦时/年，更换投用新能源（氢能）设备设施 800 余台（套）。

三是扛牢"降碳"社会责任担当。锚定港口重点领域，实施精准减污降碳，编发港口移动源大气污染物和温室气体排放清单，系统建立大气环境在线监测系统，实现雨污混流动态清零，深入打好污染防治攻坚战，颗粒物指标改善 20% 以上。截至目前，山东港口先后有 15 个码头获得"亚太绿色港口""中国绿色港口"荣誉称号,青岛港自动化码头获评全国首个"智慧+绿色"双五星级码头,绿色低碳发展经验入选国务院国资委《国资国企社会责任蓝皮书(2022)》。

三、改革成效

组建五年来,山东港口科技创新体制机制持续完善,关键核心技术不断突破,形成了一大批原创性、标志性科技创新成果,科技创新综合实力稳步攀升,"园林式港口"初具雏形,为世界级海洋港口群建设提供了有力支撑。

一是永攀智慧港口行业一流。山东港口突破关键核心技术22项,建成全国首个全国产全自主自动化码头、全球首个顺岸开放式自动化码头,实现业态散货、干散货、件杂货等智慧作业全覆盖,高分通过"交通强国智慧港口建设试点"验收。2023年3月23日国务院国资委在山东港口所属青岛港召开"对标世界一流提升智能管理水平现场推进会"。

二是领立数字化转型趋势潮头。山东港口打造形成行业首个港口大模型基础服务平台,构建港口领域首个AI赋能中心,建设全场景呈现的山东港口数字孪生"一张图"系统,数字化赋能达到行业领先水平,为自动化码头自主研发的A-TOS系统打破国外技术垄断,装卸效率12次刷新世界纪录。

三是打造绿色港口典型示范。山东港口加快新能源替代步伐,推进"风光储氢"一体化,落地"氢进万家"示范项目,建成全国首个"零碳港区",清洁用能占比五年提高13.5%,达到63%,绿色集疏运体系持续完善。实施日照港海龙湾、烟台港芝罘湾等老港区退港还城,开展"园林式港口"建设,为全国港口智慧绿色可持续发展探索出一套具有山东港口特色的路径方案和案例借鉴。

40

把握变革趋势　抢抓发展机遇
加快布局发展战略性新兴产业

华鲁控股集团有限公司

一、基本情况

华鲁控股集团有限公司（以下简称"华鲁集团"）是山东省委管理的重要骨干企业，于1985年在香港成立，是山东省驻港澳联系公司和国有资本投资公司。华鲁集团聚焦高端化工、生物医药、生态环保三大主业，是全球最大的新能源汽车锂电池电解液溶剂生产基地，全球重要的解热镇痛类药物和抗感染、心脑血管类药物生产基地。近年来，华鲁集团以国有企业改革深化提升行动为重要契机，立足三大主业，着力培育壮大新能源、新材料、新医药、新环保四大战略性新兴产业板块，提升发展的含金量、含新量、含绿量。

二、经验做法

（一）围绕集团主业，布局发展战略性新兴产业

华鲁集团始终坚持心无旁骛攻主业，项目投资100%集中主业，优质资产100%装入主业，科研投入100%用于主业，不另起炉灶，坚决围绕主业延链补链强链，布局发展战略性新兴产业。

一是化工板块加快向新能源新材料延伸。华鲁集团充分发挥自身柔性多联产技术优势，在与产业耦合相近的、具有广阔市场前景的高端精细化工和化工新材料、新能源材料等领域加速发力，大力发展可降解塑料等绿色低碳、附加值高的化工新产品。

二是医药板块加速向特色原料药和重磅新药延伸。华鲁集团持续巩固原料药、中间体、药品一体化优势，下大力气解决了异丁基苯中间体等"卡脖子"问题，打破了印度对布洛芬中间体的垄断。

三是环保板块向高附加值业务延伸。华鲁集团以"水生态治理与修复业务"为突破点，加强新技术研发运用，成功破解了湿地治理的高原高寒难题，累计在黄河上游修复源头生态面积 6700 余亩，日均水处理规模超 240 万立方米，成为典型样板。

（二）围绕国家重大战略，布局发展战略性新兴产业

一是围绕"健康中国"战略，加快发展新医药产业。华鲁集团积极布局老年人用药、儿童用药及高端保健品，结合市场需求加快研发转化。布洛芬儿童混悬液一经推向市场便成为"爆款"，供不应求；抗阿尔茨海默病药物即将进入二期临床，有望成为全球首个在此靶点突破的新药；心脑血管保健品鱼油产品质量达到医用级，在电商平台的销量连年增长。

二是围绕"黄河流域生态保护和高质量发展"战略，加快发展新材料产业。华鲁集团不断延伸拓展己内酰胺产业链条，进一步增强在工程塑料等绿色新材料领域竞争力，对于山东省打造"苯—聚酰胺—尼龙新材料—纺织和工程材料"产业链条具有重要意义。

三是围绕"双碳"战略，加快发展新环保产业。华鲁集团积极布局"碳规划、碳普惠、碳资产、碳减排、碳核查、碳评价"业务，构建了"以碳为链、多维布局、产业创新、协同降碳"的产业发展路线，牵头对省内多家重点企业开展了碳排放核算核查，先后为 20 余家钢铁、焦化、水

泥等行业龙头企业实施了超低排放改造，全部超越了国家标准。

（三）围绕行业发展趋势，布局发展战略性新兴产业

一是顺应新能源发展趋势，布局碳酯系列产品。华鲁集团在 2021 年前后自主研发出新型工艺和新型催化剂技术，快速完成小试中试和工程放大，形成 30 万吨碳酸二甲酯产能，2024 年市场占有率超过 60%，跃居行业首位。随后新增 30 万吨碳酸二甲酯、30 万吨碳酸甲乙酯和 5 万吨碳酸二乙酯产能，进一步提升了锂电池电解液一站式供应能力。当前，中国马路上每增加 10 辆锂电新能源汽车，就有 6 辆使用华鲁集团碳酯产品配成的电解液，"龙头"地位愈发稳固。

二是顺应生物合成技术发展趋势，布局反式乌头酸。华鲁集团牢牢把握第三次生物科技革命的重大机遇，首创反式乌头酸微生物绿色制造技术，建立国际首条生产示范线，规模化生产后可在生物农药和新型材料领域得到广泛运用。

三是顺应绿色新材料发展趋势，布局可降解塑料。华鲁集团正投资 50 亿元布局可降解塑料领域，可年产 3 万吨 PBAT 生物可降解材料，加快进入新型化学品赛道。

三、改革成效

一是经济效益明显提升。截至 2024 年底，华鲁集团资产总额 735.61 亿元，同比增长 5.87%；实现营业收入 525.16 亿元，同比增长 10.54%，均创历史新高；实现利润总额 60.06 亿元，同比增长 17.2%；实现经营性现金流（含票据）79.41 亿元，同比增长 54.65%。华鲁集团保持了营收增长高于资产增长、利润增长高于营收增长、现金流增长高于利润增长的良好发展态势。

二是行业排名更进一步。市场占有率上，华鲁集团 11 种产品全球第

一，40种产品全国第一。2024年前三季度，山东华鲁恒升股份有限公司在360多家化工行业上市公司中营业收入和利润总额分别位列第6位和第5位，较2023年同期分别前进7位、1位，收入、利润均创历史最好位次。在2024年9月发布的《2023年度中国医药工业百强系列榜单》中，华鲁集团的两家医药企业分列第40位和第48位，较2023年分别提升11位、11位。

三是发展空间更加广阔。截至2024年底，华鲁集团战略性新兴产业营收占比达到51.03%。化工板块成功构筑起以锂电化学品为矩阵的新能源集群、以尼龙高端材料为主线的新材料集群。新能源新材料营收、利润占比均已超过50%，占据半壁江山。医药板块布局60种高端仿制药和10种国家一类创新药，阿卡波糖、碳酸司维拉姆等10余种新药陆续投入市场。2024年，医药板块新药的毛利占比由2023年同期的46.9%提升至50.4%。未来三年，还将投入200亿元发展新能源、新材料、新医药、新环保，助力高质量发展再上新台阶。

41

加强校企协同　促进产教融合
大力培育新质生产力　驱动企业高质量发展

济南轨道交通集团有限公司

一、基本情况

济南轨道交通集团有限公司（以下简称"济南轨道交通集团"）作为济南市属一级竞争类平台企业，现有职工 1 万余人，资产总额超 2600 亿元，业务涉及轨道交通融资、建设、管理、运营和城市开发等多个领域，初步形成工程建设、投融资、地铁运营、资源开发与经营、地铁产业等多个业务板块。近年来，济南轨道交通集团紧抓国有企业改革深化提升行动有利契机，深入实施创新驱动战略，打造"企业＋高校"创新联合体，深化"产学研用"高质量发展，突破泉城轨道交通建设的世界级难题，取得新质生产力驱动企业高质量发展新突破，被评选为山东省科技领军企业、全员创新企业、技术创新示范企业。

二、经验做法

（一）整合校企优势资源，技术融合助推企业创新发展

一是以需求驱动科技链与产业链深度融合。济南轨道交通集团坚持对标一流，围绕增强企业治理、价值创造能力，构建国有企业科技创新体

系、深入行业领域、权属企业开展产业发展现状调研，挖掘分析产业发展遇到的问题，系统梳理轨道交通产业链条技术需求、发展前景，合理规划布局科技攻关方向。与山东大学、中国矿业大学等单位签订战略合作协议，打造山东轨道交通研究院、济南泉脉保护技术研究中心、人工智能研究中心等创新协同发展平台，为轨道交通高质量发展蓄势赋能。

二是以项目引领创新研发与成果转化高效衔接。在校企合作的有力支撑下，济南轨道交通集团先后承担 8 项山东省重大科技创新工程项目，组织实施企业"揭榜挂帅"项目，共同研发基坑降水回灌装备、四维地质平台、车站导流关键技术、预制叠合结构、盾构机智能搭载装备、隧道结构检测机器人等一大批新技术、新材料、新装备成果，自主生产盾构机累计下线 140 余台，全球在建工程最大直径 17.5 米级泥水平衡盾构机成功下线。

三是以场景引导供给侧与需求侧精准对接。济南轨道交通集团搭建校企开放共享型现场试验基地，梳理出 100 余个试验资源，开拓打造济南市"低空＋轨道"典型示范应用场景，面向核心技术拥有者无偿开放，吸引太赫兹智慧安检、无人机巡检等一批创新成果中试，有效促进科技成果与企业需求的精准对接，加速推动优质科研成果转化应用，被山东省科学技术协会评选为改革品牌项目，并被山东省政协采用为反映社情民意创新做法。

（二）创新校企合作载体，产教协作打造创新实践基地

一是共建研发中心，强化校企创新联合体建设。济南轨道交通集团积极参与创新联合体建设，联合高校成功创建院士工作站、国家企业技术中心、山东省工程研究中心等产教融合创新平台，集聚技术"蓄水池"，为科技研发提供坚实载体支撑，实现了校企共享模式下科研资源的高效利用与协同互补。

二是搭建交流平台，服务领域产业高质量发展。济南轨道交通集团联合山东大学、中车四方等单位共同发起成立山东轨道交通学会，打造了山东省轨道交通领域唯一的省级学术组织，先后举办中国城市轨道交通关键技术论坛、黄河流域轨道交通高质量发展论坛等 10 余场次交流活动，组织轨道交通科技进步奖、省交通工程创新创业大赛等省级赛事，对省内外科技创新与产业发展发挥了积极作用。

三是创建科普教育基地，广泛普及科学技术知识，拓展产教融合的渠道。济南轨道交通集团通过共建山东省、济南市科普教育基地，积极打造泉水保护、轨道交通建造、智慧运营等主题教育场景，面向公众普及轨道交通"新基建"科学技术知识，组织社会民众、高等院校学生积极参观学习科普教育，寻找校企合作更多契合点。

（三）突出校企合作实效，促进人才链创新链有机衔接

一是以校企合作为抓手，加强技能人才实训和创新人才培养。济南轨道交通集团深入实施企业新型学徒制，与济南二机床高级技工学校合作，选拔 134 名电工、焊工实行企校双师带徒、工学交替培养，通过理论学习和实践操作提升一线生产岗位职工的技能水平。加强订单培养，自 2017 年起共开展 5 批地铁运营一线订单生的招聘工作，先后接收合作院校订单毕业生 3497 人。

二是以产教融合为契机，校企联合助推企业技术人员学历提升。济南轨道交通集团整合优势资源，与山东大学、同济大学、哈尔滨工业大学等10 余家高校联合培养高层次人才，着力造就更多一流科技领军人才及具有行业竞争力的青年科技人才后备军。

三是搭建人才成长平台，选拔技能人才。济南轨道交通集团联合山东职业学院等协办 2023 年全国行业职业技能竞赛——第十四届全国交通运输行业城市轨道交通行车调度员职业技能大赛全国总决赛，累计举办 4 次山东省"技能兴鲁"职业技能竞赛，选拔选手备战参赛，培育造就了一批高技能人才。通过职业技能竞赛，不断提高技能人才的创新精神和工匠精神，展现出济南地铁人昂扬向上、争当行业"排头兵"的精神风貌。

三、改革成效

一是培育创新引领发展新动能。济南轨道交通集团通过构建产学研用融合模式，先后承担国家级、省部级科技计划项目 160 项，获得授权专利 1460 余项，主/参编国家、行业标准 17 项，荣获山东省科技进步一等奖等省部级科技奖 40 项，济南轨道交通 1 号线工程获中国土木工程詹天佑奖、国家优质工程奖，济南轨道交通 3 号线工程获国家优质工程奖。

二是塑造平台支撑发展新优势。济南轨道交通集团成功创建 40 个产教融合创新平台，博士后科研工作站连续三年考核优秀，成为独立招收博士后的济南首家市属国企。先后培育子公司成长为高新技术企业 12 家、专精特新企业 11 家、瞪羚企业 6 家、创新型中小企业 10 家、科技型中小企业 10 家。

三是构建一流人才发展新生态。济南轨道交通集团着力创新人才引育留用机制，打造新时代人才集聚高地。累计引进院士 3 人，引进博士后 26 人，自主培养享受政府特殊津贴 2 人、泰山产业领军人才 6 人，荣获全国交通技术能手 4 人、山东省五一劳动奖章 3 人、山东省技术能手 5 人，培养专业技术拔尖人才、泉城特聘专家等 100 余人，各类专业技术人才突破 4000 人，高技能人才达 5600 人。

42

闯新路　创新局　聚力发展战新产业

泰和新材集团股份有限公司

一、基本情况

国有企业改革深化提升行动实施以来，泰和新材集团股份有限公司（以下简称"泰和新材"）以科技创新为引领，以发展前瞻性战略性新兴产业为目标，先后突破高性能纤维领域多项"卡脖子"技术，填补 4 项国内空白，在全球首创 Litme 发光纤维、纤维锂电池、ECODY 绿色印染等多项技术，实现从跟跑、并跑到领跑的跨越，多次荣获国家科技进步奖，拥有国家工程技术研究中心、国家级企业技术中心等 32 个创新平台，是"国家创新型试点企业"和国务院国资委"科改企业"。

二、经验做法

（一）聚"材"强企：聚合创新资源增动力

泰和新材在聚焦高新技术材料主业的基础上，确定了新能源汽车、智能穿戴、绿色制造、生物基材料、信息通信、绿色化工六大新业务发展方向，着力打造同心多元的业务布局。

一是推动技术攻关。泰和新材大力开展原创技术攻关，在全球首创 Ecody 绿色印染技术，对棉、麻、丝、毛、皮及粘胶等材料进行涂覆改性，大量减少染色过程中高盐废水的排放，比传统印染工艺节水 80%、节电 30%、节蒸汽 50%、降碳 60%。莱特美智能发光纤维实现全球首创的产业化生产。高性能纤维材料成功通过耐高低温、防月球尘埃等物理实验，成为制作月球表面动态展示五星红旗的主要材料，助力我国在月球表面实现国旗"独立展示"。

二是布局战新产业。泰和新材通过关键技术突破、工程技术迭代，实施"高度相关多元化"的产业布局，形成高性能纤维、功能膜材料、高端无纺布、工程塑料、复合材料 5 条材料产业链和芳烃-芳纶、甲醇-氨纶、无机盐 3 条化工产业链，加快构建与新质生产力相适应的产业新体系。2023 年 3 月，芳纶隔膜产线全线贯通，正式投入自主生产；2023 年 4 月，推出 4 款型号 16 种规格的高性能 SAFEBM 芳纶隔膜，成为全球第二条通过芳纶材料涂覆隔膜的产业化生产线，产品已通过多家电池客户的审核。芳纶隔膜产业化生产线将于 2025 年投产。

三是完善创新体系。泰和新材高标准推进烟台泰和新材高分子新材料研究院有限公司建设，将研发机构从公司分离出来，成为具有独立法人实体的新型研发机构，启动研究院主体建设，完备研发基础设施建设。研究院实施 1 家烟台研究院、1 家宁夏研发中心、N 个联合实验室的整体创新布局，搭建集基础科学研究、工程技术研究、应用技术研究于一体的研发创新组织体系。

（二）聚"才"兴企：聚集高端人才添活力

泰和新材将人才作为引领驱动创新的最关键资源，高度重视人才的引进、培育和留用工作。

一是筑巢引凤。泰和新材通过"事业留人"，汇聚行业尖端技术人才，整合创新资源要素，建设化工合成、材料研制、应用验证、分析检测四大技术平台，构建"单体—聚合物—材料成型—制件加工—性能评价"一体化研发体系。同时，为员工打造富有竞争力的薪酬体系和系统的培育成长机制，培育"工程师文化"，对创新人才配套以包括项目奖励、项目跟投、无息购房借款在内的多重激励政策，打造新型"国有企业事业合伙人机制"。

二是柔性引才。泰和新材通过与高内知名高校、科研院所共建联合实验室，按照"不求所有，但求所用"的原则，柔性引进 10 名以上包括院士、万人计划领军人才等在内的高水平专家学者，加强在项目开发、人才团队引进方面的合作，先后与复旦大学、中国科学院兰化所、大连理工大学等共建智能纤维材料校企联合实验室、纤维界面调控与先进复合材料联合实验室、化工过程分析与开发联合实验室等 9 个联合实验室，借力创新发展。

三是产研合作。泰和新材坚持产学研用思路，与高校、科研院所实行积极的合作共享机制，高校做 0 到 1，企业做 1 到 10，充分发挥高校在基础研究方面的深厚底蕴及在产业化和应用研究领域的丰富经验。采取"走出去，请进来"的合作模式，围绕产业链部署创新链，联合开展基础研究、工程化技术开发和应用技术研究。采用高层次人才引进、产学研项目合作、联合实验室共建、联合培养基地共享等多种方式，构筑从基础研究、工程化技术开发到产业化应用的一体化创新模式和全创新链。在智能穿戴领域，与复旦大学合作智能纤维项目；在新能源汽车领域，与中国科学院合作锂离子电池用芳纶涂覆隔膜项目；在氢能源领域，与天津工业大学合作开发碱性电解水复合隔膜项目，实现企业、高校创新能力的有效结合。

（三）聚"财"助企：聚焦资本赋能壮实力

一是实施整体上市。2020 年，通过烟台泰和新材股份有限公司反向吸收合并烟台泰和新材集团有限公司实现整体上市，资产证券化率达到

100%，为山东省内"第二例"整体上市项目。经过上市重组，获得配套融资 5 亿元，精简了企业管理层级，有效减少了内部关联交易。以此为契机，泰和新材纵深推进企业改革，完成从市管企业向市直大企业转变，全面实施中长期激励约束机制，有效激发企业活力动力。公司持续规范运作，不断加强市值管理，适时开展股份回购。2024 年回购 8824123 股，回购股份未来择机用于股权激励或员工持股计划。

二是非公开发行股票募集资金。2021 年，泰和新材制定了"三轮倍增"的战略规划。按照该战略规划，芳纶业务需实现从国内龙头向国际龙头的跨越。为有效募集资金，制定了发行不超过已发行股份 30%比例的非公开发行方案，并于 2023 年初成功完成募资，最终满额募集 29.87 亿元，为实施战略目标提供了充足的财力支持。目前募集资金管理规范，2024 年支付募集资金用于对位芳纶产业化项目、间位芳纶高效集成产业化项目及创新创业中心建设等。2024 年 6 月，国际创智中心项目主体封顶。

三是培育上市后备企业。在资产证券化率 100%的背景下，泰和新材着力实施优质资产"二次证券化"。2023 年 4 月 25 日，烟台民士达特种纸业股份有限公司在北交所上市，为山东省内首家采用"准分拆"路径实现北交所上市的企业。2023 年 5 月 8 日，烟台泰和兴材料科技股份有限公司在全国中小企业股份转让系统（新三板）完成挂牌，并于当年 8 月底晋级创新层。2023 年 11 月，民士达入选北证 50 成份指数，50 成份股中排名第三，2024 年荣获上海证券报"金质量奖小巨人奖"、经济观察报"卓越品牌力百强企业"荣誉称号，上市以来建立和完善了现代企业的治理结构和组织结构。

三、改革成效

唯改革者进，唯创新者强。通过改革，泰和新材建立了适应自身发展的中国特色现代企业制度。

一是技术创新成果实现多元化突破。泰和新材以原创技术研发不断筑牢新质生产力根基，相比于整体上市前，国际领先产品数量明显增加，主营产品体系中实现 4 个"国内首家"、2 个"全球首创"，行业领先地位持续巩固。芳纶纤维产能超过 2 万吨，芳纶纸产能超过 3000 吨，分别位居全球第二、国内第一。

二是人才发展活力实现创新性激发。泰和新材通过实施多重激励措施，有效激发了管理层和骨干员工干事创业的积极性，构建起符合市场规律的"中长期激励约束体系"，打造了新型"国有企业事业合伙人机制"。

三是资本市场体系实现立体化发展。泰和新材通过系列资本运作，目前旗下拥有 2 家上市公司、1 家非上市公众公司，有力推进了泰和新材资本市场品牌影响力，推动"泰和星系"上市集群初具雏形。

43

育新能　开新源　"链"出转型发展新航道

济宁能源发展集团有限公司

一、基本情况

济宁能源发展集团有限公司（以下简称"济宁能源"）是济宁市国资委监管重点企业，成立于 2008 年 5 月，主营煤电（新能源）、港航物流、大宗商品贸易、高端制造等业务，拥有全资、控股、参股公司 100 余家，员工 1.6 万人，居中国企业 500 强第 322 位、中国煤炭企业 50 强第 32 位、中国物流企业 50 强第 18 位，入选国务院国资委"双百企业"。

二、经验做法

近年来，济宁能源聚焦"双碳"大背景，以国有企业改革深化提升行动为牵引，坚决破除"装卸思维""井筒思维""车间思维"，提升传统煤炭产业"育新能"，壮大新兴产业"开新源"，推动产业链、供应链、创新链"三链"协同发展，蹚出了一条资源型企业转型发展新路子。

（一）坚决破除"装卸思维"，加速产业链向现代化攀升

济宁能源破除只知道简单装装卸卸、不会拓展延伸思考问题的"装卸思维"，牢固树立"链式思维"，通过"上拓下延""左拉右拽"拉长加粗产业链条，开拓企业发展新空间。

一是高标准顶层设计。济宁市国资委牵头抓总成立现代港航物流发展指挥部，以济宁能源为主体，组建济宁港航发展集团，战略性重组 8 家内河港口，依托"丰"字形物流大通道，建设大港口，发展大物流，培育大产业，打造立足京杭运河、辐射长三角、影响全国、联通世界的千亿级大型物产集团。

二是高水平创新模式。济宁能源实施"物贸引领 + 物流进江、联海、向陆"战略，由挖煤向买卖煤再向买卖"焦钢粮铁矿石"拓展，通过港港联动、港贸联动、港船联动、港金联动，协同上下游，贯通产供需，形成"港贸船产建融"全产业链服务模式。

三是高质量融合发展。济宁能源以港产城融合为引领，以京杭运河为轴线，提速建设"六大临港百亿园区"，梁山港煤钢物流园入选全国物流业制造业融合创新发展典型案例，全国首个标准化内河新能源船舶制造基地建成投产，"以港聚产、以产兴城、港产融合"的局面正逐渐形成。

（二）坚决破除"井筒思维"，加速供应链向集成化转型

济宁能源破除看问题眼界低思维窄、坐井观天夜郎自大的"井筒思维"，牢固树立"开放思维"，整合资源、整合流程、整合服务，把集团公司打造成智慧大宗商品供应链集成服务商。

一是加快贸易数字化平台运营。济宁能源成立鲸航科技公司，上线运行云端贸易、智慧港口和数字物流"三位一体"融汇数易平台，提供大宗商品一站式、一单制端到端的数字供应链服务，实现传统模式到新兴业态的转变。

二是探索发展供应链金融。济宁能源积极打造供应链金融平台，将融资租赁、商业保理等嵌入应用，实现金融与贸易物流深度融合、协同赋能，落地山东省首笔内河港口电子仓单质押融资业务。

三是赋能企业降物流成本。济宁能源创新推出一单制、一箱制等物流服务，推进区域大宗商品运输"公转水""铁转水""散改集"，发展"钟摆式"货物运输，开辟出一条畅通南北的"水上高速"，为本土企业"一企一策"提供物流运输方案，近两年来为企业节约物流成本 2 亿余元。

（三）坚决破除"车间思维"，加速创新链向高端化突破

济宁能源破除小富即安、自我满足、不想做强做大的"车间思维"，牢固树立"创新思维"，完善管理体系，加大科技投入力度，加强招才引智，加快培育新质生产力。

一是构建"三大机制"。济宁能源构建项目等级管理机制，对重大项目、重点项目、一般项目实行等级管理。构建研发流程管理机制，串联研发过程 12 个环节。构建创新容错纠错机制，鼓励科研人员大胆探索创新。

二是实施"三大工程"。济宁能源借脑借智借力，提升科技研发的精度、高度、深度。"院校合作工程"，每家企业至少与 1 家科研院所或高校开展长期合作，与北京交通大学、武汉理工大学等高校合作，搭建技术研究中心，建立 2 家实验室。"领军创新工程"，每家企业至少联系 1 名科研领军人物或团队，智能流体控制阀等产品实现国产化替代进口。"科技副总工程"，每家企业至少招引或柔性引进 1 名专家兼任科技副总，共聘请 20 余名专家兼职。

三是推行"三三"工作法。研发投入侧重"三个点"：煤矿企业注重灾害治理、采煤工艺提升，济宁能源获评安全高效集团，权属 9 家煤矿全部入围安全高效矿井；港口企业注重智慧化、数字化建设，龙拱港获第六届"绽放杯"全国一等奖；制造企业注重新产品研发、产品迭代升级，5 项入选山东省首台（套）技术装备及关键核心零部件生产企业及产品名单，建成山东省"晨星工厂"5 家。科技成果攻坚"三个面"：聚焦发明专利方面、可推广的技术成果方面、政府类科技进步奖方面突破，近五年共取得省级以上奖励成果 377 项、专利 608 项、科技鉴定成果 183 项。累

计建成智能化采煤工作面49个、智能化港口泊位20个，主要岗位机台和大型设备实现无人值守，减少人工操作岗位1500余个，生产方式由机械化生产迈入智能化生产新时代。

三、改革成效

一是经营业绩改善。济宁能源累计开通集装箱航线26条，物贸网络覆盖20个省份152个城市，拓展至19个国家和地区，为畅通国内国际双循环构建新支点。非煤产业营业收入占比达86.3%，实现从"一煤独大"到"多业并举"的转型升级、从"能源依赖"到"绿色崛起"的华丽转身。2024年，实现营业收入913亿元，利税59.6亿元。

二是科创能力增强。济宁能源近三年科技研发投入10亿元，年均保持15%以上增幅，培育国家级高新技术企业6家、国家专精特新"小巨人"企业2家、省级科技创新平台12家。2家企业入选山东省科改专项行动。

三是活力效率提升。济宁能源加快数实融合，融汇数易平台已在贸易、物流和港口企业全面上线，实现港口周度吞吐量100万吨、周度发运量160万吨、汇聚船舶资源4000多艘。

44

创新强科技　提质促发展
多措并举加快产业转型升级

恒润重工股份有限公司

一、基本情况

恒润重工股份有限公司（以下简称"恒润股份"）成立于 2003 年，是济宁市国资委监管重点企业济宁城投控股集团有限公司风电领域权属上市公司，产品涵盖风电法兰、风电轴承、燃气轮机部件、核电部件、半导体设备、压力容器、海上油气装备等，是一家为客户提供设计、锻造、精加工一站式服务的精密机械制造商。恒润股份 2023 年营业收入 18.49 亿元，2024 年营业收入 17.26 亿元。截至 2024 年底，恒润股份总资产 45.97 亿元，员工总计 1402 人。

二、经验做法

恒润股份深入贯彻落实国有企业改革深化提升行动部署要求，不断创新与发展，通过提升产品研发能力、引进先进制造设备、构建灵活高效的生产体系，实现产业转型升级，提高了市场竞争力，促进了企业高质量发展。

（一）强内功，挖优势，围绕产业链深耕主业

一是深耕风电新能源主责主业。恒润股份紧紧围绕长期战略目标，深

耕风电产业链，重点部署大兆瓦风电塔筒法兰、风电轴承的研发与试制工作，成功研发适用于不同兆瓦级风力发电机的塔筒法兰制造工艺，在全球同行业同类产品中处于领先地位。

二是打造风电轴承新产业链。恒润股份积极拓展风电轴承产业链，以子公司恒润传动作为核心运作平台，为国内外风力发电主机厂商提供偏航、变桨轴承及主轴轴承在内的多种精密机械零部件。投资7.63亿元建设年产4000套大型风电轴承项目，成功取得无软带淬火工艺创新成果，增强轴承的承载力和耐用性。主轴轴承产品有望打破外资品牌在此领域的长期主导地位，为实现我国碳达峰碳中和目标作出贡献。

（二）多投入，强研发，加快促进科技成果转化

一是增加投入攻克难关。恒润股份高度重视产品创新，不断加大研发投入力度，2023年投入7719.26万元，2024年投入6734.33万元，产品由"静态"锻件向"动态"轴承深加工转换，截至目前共获得专利180余项。独立变桨轴承是风机叶片实现转动的核心部件，对提升风能捕获效率有着至关重要的作用。目前主轴轴承国产替代率不足三成，恒润股份不畏艰难，努力攻克"卡脖子"技术，向进口垄断发起挑战，自主研发的主轴轴承在2024年完成台架试验，进入批量生产阶段。

二是生产设备提档升级。恒润股份持续加大投入力度，近三年固定资产投资18亿元，引入德国、美国、西班牙等地世界顶级加工中心及车铣复合等高端精密设备与检测仪器，运用多种精密机械零部件深加工技术，掌握了中大型环锻件锻造、碾环与热处理等成熟工艺，具备生产能力覆盖直径达12米以下的各种环形锻件。

三是建立"产学研"创新合作机制。恒润股份聘请江南大学教授作为企业董事参与经营管理，并与高校建立长期合作关系，借助高校先进的科研设备和优秀科研人才，推动企业自身研发能力提高，与知名大学共建

"省工程技术中心""省企业技术中心"等研发机构，先后获得江阴市科技进步奖、无锡市专利金奖等荣誉称号。全资子公司恒润环锻获批设立"江阴市博士（后）工作站"，充分发挥高端人才引领和技术研发方面的优势，助力公司技术创新，于2023年被认定为"省专精特新中小企业"。2024年12月，权属企业恒润传动获评高新技术企业。2024年12月，恒润股份荣获钛媒体 EDGE AWARDS 创新评选"最具成长潜力上市公司"。

（三）信息化，数字化，推动传统制造业数字融合

一是建设智能化数字化工厂。恒润股份为稳步推行数字化应用，实现智能制造，提升企业生产服务的质量和效益，实现可持续发展，在轴承项目建厂伊始，同步设计智慧工厂数字化项目（MOM 系统），实现子企业恒润传动在工业与信息化深度融合，在数字化、网络化、智能化方向迈上更高台阶。

二是前瞻布局算力赛道。恒润股份为顺应数字经济浪潮，步入数字能源算力融合新赛道，与上海六尺共同出资设立上海润六尺科技公司，收购芜湖六尺公司100%股权，参与建设东数西算芜湖集群（润六尺）智算中心，完成首期1000P算力交付，成为安徽省首个正式交付并实际投入使用的千P级算力集群。上海润六尺科技公司计划在上海、福州、济宁等地建立算力中心，积极"拥抱"数字经济，抢抓机遇乘势而上。

三、改革成效

一是融合赋能富有成效。恒润股份引入国有控股股东，充分发挥国有优势，做大做强相关产业，总结前期锻造法兰制造优势、客户优势、人才优势，拓展相关产业板块，已成为能够提供高品质、高性能辗制环形锻件、锻制法兰及其他自由锻件的锻造企业。目前已成为海上风电塔筒法兰的重要供应商，也是目前全球较少能制造12MW及以上海上风电塔筒法兰

的企业之一。先后获得西门子、GE、艾默生、中核二三建设等众多公司"优秀供应商"的荣誉称号。

二是研发赋能喜结硕果。恒润股份自成立以来一直重视研发体系建设，充分利用公司内外部资源，通过多种渠道提升公司研发实力。成功研发适用于不同兆瓦级风力发电机的塔筒法兰制造工艺，获得专利170余项。三排圆柱滚子轴承技术，未来可能受益于独立变桨的趋势，抢占更高的市场份额。主轴轴承产品进展顺利，助力国产替代。

三是数字赋能再获提升。恒润股份通过利用大数据技术，搭建ERP、MOM系统平台，优化供应链管理及生产排程、实时监控生产过程、实时产品质量检测和精确控制物料使用，降低物料消耗。对设备远程监控与故障预警，显著减少维护成本和停机时间。算力板块业务有序推进，完成首期1000P算力落地，数字产业业绩贡献度不断增加，数字产业赋能更加明显。

45

以科技创新引领产业创新
加快培育省管企业新质生产力

河南省人民政府国有资产监督管理委员会

一、基本情况

河南省人民政府国有资产监督管理委员会（以下简称"河南省国资委"）深入贯彻河南省委创新驱动、科教兴省、人才强省战略决策部署，系统谋划，先立后破，大胆深化创新体制机制改革，以培育发展新质生产力为核心，实施国有企业改革深化提升行动、打造原创技术策源地"双轮驱动"，创新领跑行动、新业倍增行动、数智赋能行动"三箭齐发"，科技创新专项考核"一检统揽"，全面夯实省管企业科技创新、产业创新主体地位，以科技创新引领产业创新，高质量发展取得显著成效。

二、经验做法

（一）深化机构改革，立起"指挥部"

河南省国资委坚持"根上改、制上破、治上立"，聚焦科技创新重点工作和短板弱项，在机构改革中新设数智化办公室，统筹科技创新、数智赋能、产业创新等工作，实现一办牵头、"六新"融合，高位推动新质生产力培育和发展。3家省管工业企业全面组建科技创新委员会，其他省管企业成立科技创新领导小组，科技创新指挥部地位进一步夯实，聚力科技创新引领产业创新，意识站位全面提升，制度体系、科研能力、成果产业化等工作取得全方位突破。

（二）完善政策体系，画好"路线图"

河南省国资委牢牢扭住"科技创新"这一牛鼻子，制定三项行动方案，打造政策"大礼包"，为省管企业"鼓劲""松绑"。

一是创新领跑"三步走"。河南省国资委通过两年时间优化整合创新力量，加速科技成果转化，全面提升企业创新能力，实现加速跟跑、突破并跑、局部领跑"三步走"目标，研发投入年均增速达 20% 以上。到 2025 年，监管企业平均研发投入强度力争达 2.5%，"科改企业"达 6%。

二是新业营收占比争"倍增"。河南省国资委锚定 8 个战略性新兴产业和 4 个未来产业，围绕"六新"求突破，全面构建省管企业现代化产业体系。新业投资力争年均增速达 10% 以上，2025 年底累计投资突破 1000 亿元，营业收入显著增加，占比较 2022 年底翻一番。

三是数智赋能"促转型"。河南省国资委推动数字技术与实体经济深度融合，国资监管效率全面提升。到 2024 年底，国资监管工作在线化率达 80% 以上，监管数据可视化率达 80% 以上，打造 3 ~ 5 家行业数字化转型排头兵，孵化 2 ~ 3 家国内一流的数字产业化领军企业。

四是政策礼包"强支撑"。河南省国资委精准实施 88 条突破性支持举措，坚持应给尽给、能给尽给，从资源投入、主业培育、科技创新、资金支持、人才支持、考核评价、薪酬奖励、收益分享、中长期激励、责任豁免等方面给予全方位支持。

（三）实施专项考核，用好"指挥棒"

河南省国资委印发《省管企业科技创新专项考核办法（试行）》，聚焦"三大行动"和创新发展短板弱项，设置三大类 19 项指标，考核结果与省管企业负责人经营业绩考核挂钩，考核内容鲜明、特点突出。

一是明确三个导向。河南省国资委以省管企业科技创新投入不足、产出及转化效能不佳等问题为重点，突出问题导向；以《河南省国有企业改革深化提升行动（2023—2025 年)》、政府工作报告中明确的工作任务为重点，突出目标导向；以研发投入强度、科技成果转化、新业规模倍增等核心指标为重点，突出结果导向。

二是科学精细评价。河南省国资委注重"一企一策"，结合企业实际，"一企一策"设置考核指标；注重实绩实效，考核指标体系由"重投入"转向"重实效"，突出核心技术攻关、科技成果产出转化、知识产权保护运用、数字化转型发展等指标分值，彰显成果，突出实绩；注重正向激励，构建正向激励为主、负面约束兜底的"双轮驱动"考核体系，质量提升类指标赋 70 分，占总分值的 70%。

三是力求务实管用。河南省国资委将三大行动的重点任务全部纳入专项考核，考核结果与负责人经营业绩考核绑定，有利于激发企业科技创新动能。

（四）做实产学研合作，当好"黏合剂"

河南省国资委充分发挥桥梁纽带作用，推动省管企业与高校科研院所"双走近"、基础研究和成果转化"双贴近"。

一是国有企业主导的产学研深度融合专项行动深入开展。河南省国资委 2024 年共组织 7 期活动，组织省管企业分管领导 100 余人次分别赴深圳、山东、浙江、郑州大学、河南大学、河南理工大学开展产学研合作。同步建设国有企业科技创新综合服务平台，推动"政产学研金服用"深度融合，有效破解校企产学研合作途径不畅、效率不高、需求匹配不精准等问题。

二是产学研活动步入"活跃期"。省管企业已与 376 家高校和科研机构合作 548 个项目，谋划 333 个项目，实现与省内高校产学研合作全覆盖。

三是创新联合体创建取得新成效。省管企业牵头建设 6 个创新联合体，分别为平煤神马集团高性能尼龙材料、全钒液流电池储能，河南种业集团油莎豆，中原出版传媒集团文化产业融合发展，郑煤机集团煤矿智能开采，豫信电科集团先进计算积极服务河南省产业链创新发展。

三、改革成效

河南省国资委锚定目标任务，主动加压奋进，向改革要动力、向创新要活力，不断锻长板补短板。截至 2024 年底，监管企业研发经费投入同比增加 34.4%，研发经费投入强度 1.9%，同比增加 0.41 个百分点。9 家企业召开科技创新大会，全面谋划推进科技创新工作。在科技创新有力引领下，2024 年监管企业战略性新兴产业和未来产业新增投资额 170.08 亿元，数字化转型资金投入 15.74 亿元，已超过 2023 年全年投入 5.14 亿元，新增数字化项目 561 个，获评智能工厂 18 个、智能车间 16 个。

46

勇担使命强功能　蓄势赋能激活力
奋力推动枢纽经济高质量发展

河南省铁路建设投资集团有限公司

一、基本情况

河南省铁路建设投资集团有限公司（以下简称"河南铁建投集团"）是河南国企改革优化重组中组建的首家省管重要骨干企业集团，主要承担交通基础设施投融资建设、运营管理、综合开发等职责。近年来，河南铁建投集团坚持和加强党的全面领导，以增强核心功能、提升核心竞争力为重点，在国有企业改革深化提升行动中乘势而上，敢想敢干敢为人先、善作善成善挑重担，形成"两主一培育"发展格局，在全国率先建成米字形高铁网，推进站城开发集聚成势、高铁物流在全国率先领跑，成为交通基础设施建设领域旗舰劲旅和现代化河南建设"先行官"，有力赋能河南枢纽经济高质量发展。

二、经验做法

（一）站位全局，履行战略使命彰显国企担当

河南铁建投集团坚持聚焦"国之大者、省之要者"，努力推进企业发展与现代化河南建设同频共振。

一是深入实施优势再造战略。河南铁建投集团忠诚履行"为河南建好铁路，造福亿万河南人民"政治责任，在全国率先建成投资超 3000 亿元、共计 2200 公里的米字形高铁网，形成以郑州为中心、辐射全国主要经济区的"12345"高铁交通圈，打造河南战略地位、区位交通、市场潜力的综合比较优势。

二是着力放大资金乘数效应。河南铁建投集团推进"抓评级、拓资源、降成本"建设，持续保持国内主体信用 AAA 等级和惠誉国际信用评级 A 级（河南省内企业最高国际信用评级、全国受评铁投公司最高评级），创新多元化融资工具储备，以铁路产业基金为依托，推动超 360 亿元超长期、低成本融资落地，以贷款置换等方式实现资金成本节约，2024 年融资成本同比下降 8%，中长期债务占比 99%。

三是坚守服务稳定社会责任。河南铁建投集团以市场化手段累计出资超百亿元保障项目资金助力企业纾困，持续优化营商环境；战略性纾困相关地产企业排解债务兑付风险，有效提振地产市场信心。

（二）优化布局，着力夯实产业发展四梁八柱

河南铁建投集团坚持把做强做优做大作为主攻方向，优化形成以铁路及关联产业投资运营、土地及房地产综合开发为主业、铁路相关物流贸易为培育业务的"两主一培育"产业布局，发展动能不断增强。

一是建强交通枢纽。河南铁建投集团坚持"项目为王"战略，从"加强规划、推动在建、增加储备、优化运营"4 个维度发展铁路主责主业，在建成米字形高铁网基础上，加大焦洛平、南信合等多条高铁重大项目建设力度，推动"超米字形"成形落地。精准定位疏港多条专用铁路建设，助力内河航运"11246"工程实施。通过政策争取、流量培育等多措并举推动铁路运营成本压减，优化提升铁路运营效率。

二是打造"高铁新城"。河南铁建投集团聚焦站城开发，构建顶层设计与产业发展双向驱动战略。顶层设计上，构建"1＋N"闭环配套政策体系，打通土地出让金省级收储资金通道。产业发展上，打造"一个事业部＋两大产业集团＋若干城市（项目）公司"的"品"字形产业矩阵，形成政策性开发和市场化开发两大方向，在铁路沿线24个站点落实土地3万余亩，聚焦以郑州为中心，辐射洛阳、开封等7个城市大产业格局，打造"一城一特色"品牌效应。

三是抢滩高铁物流。河南铁建投集团弘扬企业家精神，依托全国人大代表建言献策渠道，形成《关于建设郑州国家高铁物流发展实验区的建议》《关于加快发展高铁货运培育现代物流新质生产力的建议》议案。聚焦郑州航空港区高铁物流优势谋篇布局，加强全省高铁物流发展、优化调整运输结构实施顶层规划设计，与快运头部企业、物流行业龙头企业、地市政府强势合作，构建以郑州为核心，洛阳、商丘、南阳、信阳为二级枢纽，其余地市为三级节点的"1＋4＋N"高铁物流产业布局，形成以铁路物流枢纽建设为中心，搭建"高铁＋"多式联运综合应用平台、物流产业投资平台、物流贸易运营平台、物流信息化集成服务平台的"一中心、四平台"高铁物流发展生态链。

（三）开创新局，激发枢纽经济发展优势活力

河南铁建投集团坚持把创新作为引领发展第一动力，积极落实创新驱动战略。

一是建强科创平台。河南铁建投集团组建形成"河南省高铁经济研究院""数智能源联合创新中心"两个创新平台，完善"河南省高铁桥梁智能建造工程技术中心平台"，设立科创产业投资基金，为构建全过程创新生态链注入强劲动力。

二是构建创新体系。河南铁建投集团依托43平方公里郑东新区连霍以北片区科技创新生态城物理载体，与北京交通大学等高校、中国中铁等建

工央企构建科技创新联盟，围绕课题研究、新技术研发和产业辐射等多元场景开展科技转化应用，汇集创新产业基金等金融赋能工具，推动科技攻关实现突破。

三是激活创新动能。河南铁建投集团举办集3名国家院士、多名领域专家的高规格科技创新大会，汇聚"外部专家＋科研院校＋内部专业团队"3支专业力量，同步打造铁路、综开、物流、金融4支创新队伍，持续公开招录北京大学、悉尼大学等国内外高校优秀人才，鼓励创新人才打头阵、挑大梁，为铁路及关联产业发展提供创新人才支撑。

三、改革成效

河南铁建投集团通过站位全国、立足河南持续深化改革，产业布局不断优化、资源优势持续激活，推动河南枢纽经济高质量发展。

一是战略支撑力加强。河南铁建投集团建成米字形高铁网，实现"高铁汇中原""米字通八方"，全省高铁里程达2256公里，铁路运营里程6803公里，其中，时速350公里高铁里程2006公里，居全国前列；2024年，城际及相关高铁旅客发送量2228万人次，同比增长约30%。强化了河南与全国主要经济区的科技、经济、产业、文化等交流合作，打造了新时期国家区域发展重要增长极、新的增长点，推动河南从高铁大省跃升为高铁强省，成功实现交通区位优势向枢纽经济优势转变。

二是产业带动力加强。河南铁建投集团以站城开发为突破口，实现在全国首创铁路沿线土地省级收储模式，围绕3万余亩储备土地打造省级收储开发"河南样板"，实现市场化开发"城市建设、城市运营、城市服务"业务转型新模式，聚势形成市场化开发"河南品牌"。以高铁物流为机遇点，探索形成"以枢纽带动物流、以物流带动产业"发展路径，郑州成功纳入首批全国性快运节点城市，郑州航空港站成为全国高铁物流重要试点，航空港高铁多式联运项目获得国家奖补资金 8000 万元，郑渝高铁货运示范线形成单日到发货量近 20 吨、半年到发货量 2000 余吨有利局面。

三是创新引领力加强。河南铁建投集团完成科技创新体制机制重塑，形成"大应用场景、大物理载体、大横向联合、大金融支撑"创新架构，发布"揭榜挂帅"30 余项课题，其中汇集省级优秀社科成果、省科技进步奖、软件著作权、国内核心期刊等多项科研成果，实现科技成果重大转化和战略性新兴产业重要突破。

47

深化合作打造行业链主
引领超硬材料产业高质量发展

河南省新材料投资集团有限公司

一、基本情况

河南省新材料投资集团有限公司（以下简称"新材料集团"）是经河南省人民政府批准、由中原豫资投资控股集团（以下简称"豫资控股集团"）全资组建的新材料领域省级投资运营平台。新材料集团以"控原、补链、整合、赋能"为主要职能，聚焦未来产业发展方向和目标，以先进基础材料、关键战略材料和前沿新材料为主攻方向，以引领带动投融资和引产落地为重点，同步带动科技成果转化，致力于打造成为新材料产业发展主力军、"优势再造、换道领跑"主抓手、产业招商主平台，打造具有核心竞争力的河南新材料产业集群。

二、经验做法

国有企业改革深化提升行动以来，新材料集团积极探索央地合作模式，联合国机精工集团股份有限公司（以下简称"国机精工"）合资设立了国机金刚石（河南）有限公司（以下简称"金刚石公司"），实现重点领域战略性重组和专业化整合，全力打造科技驱动的世界一流金刚石产业集团、产业链主企业。

（一）聚焦战略产业，央地联动合作组"大局"

一是锚定国家关键战略长板产业。超硬材料产业既是具备反制能力的国家"锻长板"产业，也是河南的优势产业、标杆产业，被明确列入战略性新兴产业领域清单。为深化落实国家《超硬材料产业高质量发展行动计划》，结合《河南省超硬材料行业"1＋5"行动方案》，新材料集团助力国机集团深度布局超硬材料产业，为锻造国家战略长板产业不断提档升级，重构现代产业新高地，进一步强化和提升企业的核心竞争力。

二是发挥省属国资的综合赋能优势。豫资控股集团是省管重要骨干企业和省级国有资本运营公司，新材料集团依托股东资源和产业优势，可联动千亿级基金矩阵为金刚石公司和行业企业提供股权类投资工具支持；通过已投项目中的 277 个战略性新兴产业，为行业企业提供产业协同和应用场景支持；通过丰富的金融工具箱为行业实业企业提供金融赋能；通过全省 108 个市县的网状资源布局提供政策资源、空间载体和市场的协调服务。

三是联手央企龙头加码科技产业布局。新材料集团打通与行业龙头央企国机精工的深度合作，旗下郑州三磨所拥有超硬材料磨具国家重点实验室等 9 个科研平台，承担多项国家级、省（部）级、市级科研项目，取得科研成果 1450 余项，是我国超硬材料产业的开创者、引领者和推动者。新材料集团充分利用并激活超硬材料的技术优势，在金刚石制造、高端制品、关键装备及检验检测等产业链环节导入科技创新能力，为组建链主企业提供了强有力的产业技术支撑。

（二）坚持科技驱动，创新引领行业扛"大旗"

一是组建创新平台，扎实推进国家安全保障。新材料集团通过合资设立金刚石公司，已打造 1 个全国重点实验室、1 个国家工程技术研究中心，以及多个省部级科技创新平台和行业服务平台，并协调省地政策资源，持续支持金刚石公司建设国家级制造业创新中心，组织行业共性技术课题攻关，多项要素保证"锻长板"行业对国家重点产业链的安全支撑作用。

二是产研并进，填补国内科研和产业化空白。新材料集团致力于攻坚行业高端赛道，瞄准航空航天、国防军工、半导体、新能源等领域对新型基础材料和超精密加工的新需求，支持金刚石公司启动了第三代半导体高端工具、纳米孪晶金刚石材料产业化、新型纯国产高性能两面顶压机、大尺寸 MPCVD 生长设备等近 20 项重点项目研究。在河南省本地的科研协同和下游应用支撑下，金刚石公司已经实现了半导体超精密加工系列工具和新型超硬材料产品的自主知识产权突破，并在 1500 吨及以上高性能两面顶压机和大功率低成本 MPCVD 设备方面成功实现了国产替代，成功填补国内空白，形成了对国外最先进水平"弯道超车"势头。

三是服务大局，持续做深做实行业支撑和赋能。新材料集团与省工业和信息化厅、省科技厅、省科学院、郑州大学等河南省内科研或新型研发机构深度协同，协助金刚石公司按照"产业＋科研"的战略布局开展业务，面向战略性、颠覆性、前沿性应用领域，在超硬材料及制品 6 个攻坚方向开展基础技术、关键技术和前沿技术研究，推动科技成果产业化及整体解决方案体系构建。同时，主导国际、国家、行业标准制定，通过国家级研发平台，对产业链上下游左右岸技术创新形成有力支持，持续扮演产业创新的推动者和领导者。

（三）打造行业链主，全产业链布局成"大器"

一是积极增强产业链主能力。新材料集团通过"基金群""省新材料产业联盟"的资源，支持金刚石公司有效提升综合竞争力、产业链整合力、供应链掌控力、创新链溢出力、数字转型赋能能力、可持续发展力六大链主企业能力。

二是塑造企业核心竞争力。为做好链主企业的能力建设和行业引领，新材料集团与金刚石公司协同搭建了中长期发展的目标体系，通过 2024—2025 年业务融合、2026—2027 年产业链整合、2028—2035 年快速发展"三步走"的阶段式发展路径，力争实现营业收入 200 亿元、利润总额 40 亿元的目标，并成为世界一流的、全产业链布局的科技企业。

三是重塑管理架构激发内生动力。通过与全球标杆科技企业的对标，金刚石公司将全面推行总部直管加职能部门、运营中心、所属企业协作管理的"三支柱模式"，塑造新型的人力资源、财务管理和运营管理架构。围绕"强总部"的业务中枢功能定位，做到强力整合内外部资源，着重解决全局性业务规划和研判及所属企业需要总部层面解决的战略问题，实现科技引领、有效管控、协同服务与效率提升的有机统一。

三、改革成效

一是人才引进不断提速。金刚石公司从海外和国内渠道引入产业和研发方向的博士 2 人、硕士 35 人。

二是科技研发不断加码。金刚石公司 2024 年研发费用投入较 2023 年同期提升 40.7%，全面启动 10 余项重点前沿项目研究，2024 年以第一完成单位的身份获得国家科技进步二等奖。

三是经营情况稳中有进。金刚石公司 2024 年全年合并口径产值达到 13 亿元，利润总额 2.2 亿元，净利润同比增加 10%，部门核心业务板块业绩在行业周期下行的背景下逆势上扬，三磨超硬年营业收入同比增长 13%，利润总额同比增长 20%。

四是新增投资高效推进。新材料集团择取和自身产品互补、渠道互通、理念相同、前景良好的行业优质资源企业，现已完成内部产业化投资项目立项 3 项、外部并购调研项目立项 6 项，预计总投资额超过 20 亿元，为下一步实现阶段性发展目标打下坚实基础。

48

坚持科技创新引领 加快形成新质生产力 塑造企业高质量发展新动能新优势

河南交通投资集团有限公司

一、基本情况

河南交通投资集团有限公司（以下简称"河南交投集团"）是河南省管重要骨干国有企业，目前总资产突破 7700 亿元，直属单位 66 家，管辖收费公路总里程约 6947 公里。河南交投集团深入实施国有企业改革深化提升行动，坚持以高质量党建引领推动高质量发展，全面加快战略转型，积极构建综合交通投融资平台、现代物流投融资平台、交通资产运营平台、交通科技创新平台四大平台，着力打造高速公路、内河航运、新能源、现代物流、产业发展、科技创新、金融服务七大板块业务。

二、经验做法

（一）坚持党的领导，凝聚科技创新强大合力

河南交投集团坚持和加强党对科技创新工作的集中统一领导，严格落实"第一议题"制度，与学习贯彻党的二十大、二十届三中全会精神和习近平总书记关于科技创新重要论述结合起来，把思想和行动统一到国家科技创新决策部署上来，转化为指导实践、推动工作的强大力量。成立党委

书记为组长的科技创新领导小组，建立党政"一把手"抓创新工作机制，落实领导和组织科技创新发展主体责任。组织召开首届科技创新大会，进一步汇聚科技创新引领企业高质量发展强大合力。

（二）坚持统筹谋划，健全科技创新体制机制

一是进一步完善科技创新激励机制。河南交投集团制定集团科技创新激励办法，实施从资金奖励到人才上升通道等激励奖励措施，2024年给予集团十大科技创新成果研究团队100万元现金奖励。

二是进一步强化科技创新考核机制。河南交投集团结合集团科技创新目标任务，制定科技创新专项评价考核细则，提高科技创新指标在综合绩效考评体系中的比重，将考核结果作为研发人员选拔任用和所属企业负责人经营业绩考核的重要组成部分。

三是进一步畅通科技成果转化奖励机制。河南交投集团结合有关政策，制定科技成果转化奖励制度，建立专利转化激励机制，按照不低于专利许可转让收益50%的比例对职务发明人和转化团队予以奖励。

（三）坚持深化合作，加强科技创新平台建设

一是成立交通产业研究院。河南交投集团一体推进交通产业战略研究、科技项目统筹实施、科技成果转化应用，打造政策研究平台、自主创新平台、成果转化孵化平台融通发展。

二是做实院士合作创新平台。河南交投集团先后与张喜刚院士、何满潮院士、严新平院士、邬江兴院士、王复明院士及团队共建"公路长大桥建设国家工程研究中心河南分中心""隧道工程灾变防控与智能建养全国重点实验室河南分院""国家水运安全工程技术研究中心河南分中心""嵩山实验室河南交投合作平台""坝道工程医院河南交通分院"，以科技项目合作为切入点，以工程项目为依托，推进高聚物注浆材料、负泊松比锚杆等关键核心技术成果应用和产业化。

（四）坚持人才引育，深化科技与人才"双轮驱动"

一是统筹谋划人才发展总体布局。河南交投集团构建人才发展体系，促进人才发展与产业转型、科技创新的深度融合，计划2024—2026年引进国内外一流高校博士30名，科技研发人员总数达到1000人以上，打造具有高速公路行业特色的科研人才"雁阵"。

二是积极引育高层次人才。河南交投集团充分发挥长大桥国家工程研究中心河南分中心等高水平创新平台的人才磁吸效应，创新人才引进模式，精准引进科技创新领军团队5个以上。

三是全面加大科研人才自主培养力度。河南交投集团充分利用坝道工程医院、华为公司等具备良好实训条件的单位，打造科技人员实训基地，不断提升科研人员能力素质。

（五）坚持深度融合，加快科技创新成果转化

一是贯通科技成果产业化通道。河南交投集团立足企业实际，构建市场需求、技术研发、项目中试、产业化的全链条成果转化体系，成功完成交通安全设施、环保型融雪剂等10余项产品从科研到产业转化生产。

二是建立以实用化、产业化为目标的创新评价体系。河南交投集团围绕实用化、产业化规划项目，以形成标准为抓手，加快成果产业转化，已立项省地方标准15项、行业团体标准2项。

三、改革成效

一是科技创新助力基础设施安全增效。河南交投集团牛顿力边坡监测预警技术入选为交通运输部推广技术，应用于高速公路高边坡安全监测，有效降低安全风险。利用数字化智能化手段，建设打造桥梁、隧道及边坡等基础设施检测预警系统和智慧管理系统，有效保障高速公路运营安全增效。

二是科技创新助力传统行业转型升级。河南交投集团围绕高速公路重大风险路段，以提升路网管养效能、防灾抗灾能力为目标，打造"河南省'一轴一廊'交通基础设施数字化转型升级示范通道及网络"，成功入选全国首批八家示范区，获得国家财政补助资金 6.2 亿元。

三是科技创新助力新兴产业快速发展。河南交投集团公路养护装备、交通机电产品、新能源装备 3 个智能制造基地已初具规模。下属新能源公司实施"百千万工程"，与宁德时代、特来电等头部企业合作，实施重卡与船舶换电站、"源网荷储"一体化项目、新能源装备智能制造等新兴产业项目，三年投资 30 亿元，有效助力企业战略转型发展。

49

构建产学研用一体化链条
打造全国一流航空仿真产业集群

中豫航空（河南）集团有限公司

一、基本情况

中豫航空（河南）集团有限公司（以下简称"中豫航空集团"）是2023年12月经河南省委、省政府批准成立的省属国有重要骨干企业，资产总额超500亿元，由河南航投集团、河南省机场集团等联合重组设立，统筹全省航空产业投资、机场建设运营、低空经济发展、国际航空合作等，肩负着河南航空经济发展主引擎、现代航空枢纽建设主平台、郑州—卢森堡"空中丝绸之路"建设主力军的职责使命，致力成为具有全球影响力的航空产业培育者、航空资源整合者、航空服务提供者，打造世界一流、全国领先的大型民航综合产业集团。

二、经验做法

中豫航空集团紧抓国有企业改革深化提升行动有利契机，以航空模拟机研发制造为突破口，着力构建产学研用一体化链条，积极融入国产大飞机产业链，推动河南省在航空制造领域的"弯道超车"和"换道领跑"。

（一）选准赛道精准投资，发挥国有资本"种子"作用

中豫航空集团利用省管航空经济投融资平台的优势，积极布局新一代航空航天虚拟现实技术、增强现实技术。通过梳理航空仿真产业链关键环节，采用并购重组、合资合作等方式，先后引入西安飞宇、广东优翼、北京东方瑞丰等多家细分龙头企业，并逐步将上述企业生产线搬迁至郑州。对所投资企业，根据企业所处的不同发展阶段，综合考虑战略目标和企业经营效率等，选择控股、参股等不同方式，保留创始团队和核心骨干人员股权。通过发挥多元股东的功效增加企业发展的主观能动性和经营灵活性，创造相关各方共赢的局面。不到三年时间，已形成近10家航空模拟仿真相关子企业，充分发挥了国有资本"种子"作用，积极培育壮大河南省航空制造产业集群。

（二）整合资源协同发展，构建新型产业发展生态

围绕基础固链、技术补链、优化塑链、融合强链能力的提升，中豫航空集团构建"研发孵化端＋产业应用端"双驱动发展模式，牵手航空仿真产业链上下游企业，加快完善研发体系、转化体系、服务体系。

一是在研发孵化端，积极牵手"国家队"，突出科技成果有效转化。中豫航空集团推进与北京航空航天大学虚拟现实/增强现实技术及应用国家工程实验室、国家民航局科学技术研究院的合作，发挥北航国家工程实验室和航科院在高等级飞行模拟机和航空仿真技术方面坚实的理论和技术积累，构建一流的航空模拟仿真研发平台，持续推动航空仿真技术创新与进步；对接中国商飞、航空工业集团等飞机制造商，深入调研了解实际需求，利用合作伙伴关系深度绑定飞机制造商，在原有的合作基础上扩大合作范围，共同参与飞行模拟机的研发，为中国航空工业及国产大飞机提供优质服务。

二是在产业应用端，通过多渠道加快完成国产航空仿真设备的推广应

用，畅通产学研用一体化。中豫航空集团与飞行模拟机销售服务商希眉罗（SIMAERO）合作开拓海外市场，为飞行模拟机的研发制造提供市场保障；整合协调河南航投集团所属的飞行培训中心、航校、航空公司等内部资源，为客户提供一站式、全覆盖、全领域、全生命周期的服务。

（三）完善科技创新机制，加快科技成果有效转化

中豫航空集团子企业河南航投集团通过完善各项机制，促进技术创新和成果转化。

一是加大研发投入力度。紧盯航空仿真行业技术前沿，把加大研发投入力度作为硬指标，推动研发投入刚性增长，集中力量、集聚资源攻克航空仿真"卡脖子"技术，为维护国家大飞机产业安全提供重要支撑。截至2024年底，广东优翼、西安飞宇和通用航空的研发投入强度分别超过13.6%、7.4%和4.5%。

二是落实职务科技成果赋权改革试点。2024年8月，河南航投优翼航空技术有限公司成功获批成为河南省唯一一家国有企业职务科技成果赋权改革试点单位。已编制完成《航投优翼职务科技成果赋权实施方案》，明确赋予"一种电磁抖振平台"的核心科研人员八年的职务科技成果长期使用权，充分激发科技人员创新创造活力，从源头提高科技成果的质量和转化效率。

三是招才引智，打造一流的人才队伍。截至目前，在新业板块中研发人员占从业人员比例达12.6%。在航空仿真领域，依托中国工程院赵沁平院士领导的研究团队，聚集国内飞行仿真领域的顶尖人才。打造航空科技人才的"中豫航空标准"，大力引进航空科技领域高素质管理人才、高层次专业技术人才、高水平技能人才，对航空类全日制博士优秀人才采用"一人一策"协议薪酬制，组建成立了一流的航空仿真研发制造人才队伍。

（四）实施差异化管控，建立灵活高效的经营管理机制

一是对所属航空仿真研发制造企业，实施差异化管控，不干预企业日常经营和研发，有效激发企业内在活力。充分落实子企业董事会职权，制定了董事会向经理层授权管理制度，针对研发制造类企业的特点，对招标采购和日常经营支出进行授权，推动经理层高效执行董事会决策，不断提升业务经营管理的决策科学化规范化水平。

二是采用"先进技术＋风险投资＋精细化管理"模式组成现代企业核心管理团队，建立"高效快速的技术研发与成果转化""专业的融资操作"等管理机制，从技术、资金、管理等多方面确保产品顺利进入市场，迅速抢占市场的制高点。

三是全面落实国有企业激励政策。对航空仿真企业实行"一企一策"考核激励。对航空仿真领域科技型子企业实施更加灵活、更具有竞争优势的工资总额核定和增长机制。强化业绩贡献决定薪酬，突出个人奖励机制，结合人才资质等级、所创造项目市场价值和创新性等因素，对突出的科技创新个人设置不同等级的奖金制度体系，进一步激发科技人才的创新活力和动力。

三、改革成效

一是科研成果丰硕。中豫航空集团共拥有航空仿真相关专利技术 116 项。北京东方瑞丰成功研制国内首台具有自主知识产权的 B737-800 机型 D 级飞行模拟机，模拟机自主化程度达到 85% 以上，充分实现了模拟机核心技术自主可控。西安飞宇成功研发国内首套高等级航空应急救援训练系统、国内首套直升机医疗救护训练模拟舱、全球唯一一套真机改建的航空器消防救援真火实训系统，有效填补航空救援训练产品空白。

二是企业快速发展。北京东方瑞丰获得国家级专精特新"小巨人"企

业认定，广东优翼入选广东省专精特新企业。西安飞宇市场占有率达到70%左右，广东优翼国内市场占有率达到50%，已成为中国所有航校的首选，并逐步打开国际市场，累计交付海外11台飞行仿真训练设备。

三是产业布局优化。中豫航空集团按照河南省委、省政府确定的"航产龙头企业"目标瞄准航空仿真制造领域，构建产学研用一体化链条，形成了国内产业规模最大、业态最完善、研制水平最高的航空模拟机研发制造、服务贸易、培训运营的产业链，为后续发展航空制造、承接国产大飞机产业奠定了坚实基础。

50

加快打造全球优秀的功能材料领军企业

中国平煤神马控股集团有限公司

一、基本情况

中国平煤神马控股集团有限公司（以下简称"中国平煤神马集团"）是河南省管重要骨干企业，是一家以煤焦、尼龙化工、新能源新材料为主营业务，跨地区、跨行业、跨国经营的国有特大型企业集团，旗下拥有 4 家上市公司、6 家专精特新企业挂牌新三板。近年来，中国平煤神马集团坚持以习近平新时代中国特色社会主义思想为指引，深入实施国有企业改革深化提升行动，持续加强党的领导，保持战略定力，坚持改革创新，加快由传统能源化工企业向建设全球优秀的功能材料领军企业转型，在中国式现代化建设河南实践中走在前、作表率。

二、经验做法

（一）聚焦治理现代，着力提升企业治理能力

一是健全完善现代企业治理体系。中国平煤神马集团坚持"两个一以贯之"，动态优化"三重一大"决策事项权责清单，明晰各治理主体权责边界。持续加强董事会建设，制定出台所属企业治理结构优化方案，完善各级子企业董事会报告制度，对子企业外部董事实行穿透式经营绩效

考核。

二是全力构建新型经营责任制。中国平煤神马集团重点扭住"用人、控权、管事"三大关键领域，深化"四制"改革，2023年度子企业经理层人员全部签订"两书一协议"，10名集团中层管理人员因业绩考核末位退出调整。

三是落子布局"强实优"战略。中国平煤神马集团重塑管理体系和管理架构，通过"权力再分配、责任再分工、风控再塑造"，构建集团做强、板块做实、基层做优、高效协同的管控运行体系，实现"放得活"与"管得住"的辩证统一。

（二）聚焦产业支撑，坚定把核心主业做优做强

一是前瞻30年擘画产业发展蓝图。中国平煤神马集团立足集团资源、技术、人才禀赋，厘清产业脉络，延伸建强煤基碳材料、尼龙新材料、硅材料等特色产业链、价值链。

二是做强做优三大核心产业。中国平煤神马集团深入实施"大精煤"战略，浓墨重彩书写"取其材、用其能、固其碳、不污染"大文章，主焦煤产能增长155万吨，精煤产量历史性突破1400万吨、实现七连增。"中国尼龙城"强势崛起，尼龙66丝布全球市场占有率稳居第一。"风光储氢"新能源全面布局，绿能替代率达到10%。

三是"项目为王"创新突破赢得战略主动。中国平煤神马集团启动实施高质量转型发展三年行动，五年累计投入585亿元，建设72个产业升级和技术改造项目，推动传统产业"焕新"、新兴产业"倍增"、未来产业"启航"。

（三）聚焦科技创新，提升创新体系整体效能

一是深度重塑科技创新体系。中国平煤神马集团牢记"国之大者"，在全省国企中率先成立科技创新委员会，创新提出"六个一批""五项特别规定""工资靠课题，奖金靠成果""6＋2"等科创方案，建立科技创新制度"特区"。

二是担当有为发挥创新主体作用。中国平煤神马集团成功召开首届集团科技开放合作大会，与上海交通大学、浙江大学、中国科学院等高校、科研院所合作，共建共享共创高能级创新平台，集中攻关行业领域关键核心技术，良好创新生态加速形成。

三是强化正向激励加快科技成果转化。中国平煤神马集团设立科研项目节点奖、科研成果奖、成果转化效益奖，重大科研项目成果单次可奖励100万元，成果转化创造的经济效益，按照不超过净利润15%的比例对科研团队奖励五年，推动创新链与产业链深度融合，带动集团战略性新兴产业蓬勃发展，培育催生新质生产力。

（四）聚焦"双效"提升，助推综合实力大幅跃升

一是坚持"质量第一、效益优先"。中国平煤神马集团大力实施"实业＋资本"双轮驱动，持续加码"四项工程""两大引擎"，三大核心产业稳步上行，辅业专业化市场化步伐加快，困难企业"双减"提效，"两非""两资"加快盘活出清，企业发展力、竞争力、影响力显著增强。

二是坚持安全绿色低碳发展。中国平煤神马集团锚定本质安全，突出"四个重在"，构建党委防范化解重大风险领导小组、安全生产委员会协同发力的大安全治理架构，不敢违、不能违、不想违的重典治安格局逐步形成。在行业企业中率先开展近零排放五年行动，积极搭建碳排放与碳资产管理、减碳技术研发等专业化平台，加速推进绿电替代工程、盐穴价值再造，环境治理逐步实现从单一纠治向工程治理、过程减排、节能降耗、减碳扩绿系统施治的转变。

三是全球布局实施开放合作战略。中国平煤神马集团融入"一带一路"加快"走出去"步伐，欧洲公司、韩国公司揭牌成立，中亚、东南亚

加速布局，神马尼龙借力中欧班列通达 21 个国家，携手行业龙头进军尼龙 66 高端民用丝市场，"进博会"签单规模创河南之最，主导产品享誉全球。

三、改革成效

经过近五年的不懈努力，中国平煤神马集团在深化改革、转型发展中实现"脱胎换骨"的变化。

一是发展质量不断提升。中国平煤神马集团集团资产总额增至 2802 亿元，净资产增长 1.5 倍，工业产值从 730 亿元增至 1200 亿元，利税成功跨越"双百亿"，优化盘活回笼资金 122 亿元，资产负债率降低 13 个百分点，主体信用评级连年保持 AAA。

二是发展效率不断提高。中国平煤神马集团全员劳动生产率增长 64%，数字化转型实施单位覆盖率提升到 70% 以上，在全省国企改革三年行动整体评估中获评 A 级。

三是发展底色不断增绿。中国平煤神马集团"近零排放五年行动"高质量收官，累计投入 30 亿元，实施环保治理工程 778 项，工业废水循环利用率达到 75% 以上，重点企业大气污染物排放达到超低标准，2023 年瓦斯综合利用量创历史新高，瓦斯全浓度阶梯高效利用工程入选国家首批示范项目，集团连续三年上榜"中国企业碳中和贡献力 50 强"。

四是创新成果不断涌现。中国平煤神马集团开创"科技＋资本＋产业"专精特新项目培育新模式，大采高充填开采项目充填效率翻番，高性能对位芳纶项目产品品质达到国标优等标准，碳化硅基半导体材料项目成功产出全省首块 8 英寸单晶晶锭，全钒液流电池项目电站转换效率大幅提升，培养出中原学者、国家第五届杰出工程师、国家卓越工程师团队等一批高层次科技创新人才。

51

优化功能定位　建立评价体系
深入实施功能性改革更好履行战略使命任务

湖北省人民政府国有资产监督管理委员会

一、基本情况

2023 年以来，在湖北省委、省政府的正确领导和国务院国资委的大力指导下，湖北省人民政府国有资产监督管理委员会（以下简称"湖北省国资委"）紧紧围绕服务国家重大战略和湖北省委、省政府重大部署，更大力度深化功能性改革，更好发挥省属企业"引领、带动、保障、调控"作用，积极探索建立国资国企功能性绩效评价体系，"一企一策"研究制定功能性改革任务，全面推进省属企业转型发展，更好履行功能使命。

二、经验做法

（一）全面优化国有企业功能定位

湖北省国资委按照"引领、带动、保障、调控"的功能性要求，优化现有企业功能定位，新组建一批功能性企业集团，更好服务重大战略和履行使命责任。

一是增强引领功能。湖北省国资委聚焦国家和全省战略需要，在前瞻性战略性新兴产业投资、未来产业培育、关键核心技术突破等方面发挥引领作用。

二是增强带动功能。湖北省国资委聚焦提升产业链、供应链自主可控和安全韧性水平，加快搭建供应链平台，重塑产业链，提升价值链，带动社会资本共同发展。

三是增强保障功能。湖北省国资委聚焦关系国家安全、国民经济命脉和民生保障领域，提供公共服务，强化物资储备，提升应急能力。

四是增强调控功能。湖北省国资委聚焦经济社会发展需要，在房地产、重要商品、重要物资等领域，通过市场化操作，调节供需，平抑价格，确保生产生活稳定。

（二）推进省属企业功能作用发挥

一是发挥引领作用。湖北省国资委推动省属企业加快向实体企业转型，聚焦优势产业和新兴特色产业，落实"链长＋链主＋链创"机制，加快布局前瞻性战略性新兴产业，推进传统产业高端化、智能化、绿色化发展，积极培育新质生产力。充分发挥省级国资母基金引领撬动作用，与省财政投资引导基金协同推进，带动社会资本参与全省重大产业投资布局。2024 年省属企业新增战略性新兴产业投资 227.51 亿元，实现营业收入 498.21 亿元，呈现布局加速、收入攀升的良好态势。

二是发挥带动作用。湖北省国资委围绕重点产业和领域，以国资国企为基础，搭建了一批公共性、普惠性、开放性、共享性供应链平台，汇聚生产服务要素，促进供需精准对接，融合国企民企发展，服务构建全省现代化产业体系。开放省属"铁水公空"企业资源，组建一批大宗供应链服务平台，打造新时代"九州通衢"。搭建汽车、光电子、船舶、医药等一批产业供应链平台，服务优势产业集群延链强链补链。集聚政府资源，搭建以"用"为导向的科技创新供应链平台，促进科技创新需求端与研究端、产业端的高效对接，加速推进科技成果转化。围绕赋能市场主体和保障民生，搭建湖北供应链物流公共信息、国际贸易数字化、养老、惠农、数智化病理等一批公共服务供应链平台，上线运行"楚道云链""联链通""鄂融通"等一批供应链金融服务平台。发挥好湖北省楚天凤鸣科创天使基金赋能作用，带动各类资本融合发展。

三是发挥保障作用。湖北省国资委积极参与全国战略性产业备份基地、战略性储备基地、战略性重要枢纽节点建设，做好石油、煤炭等战略储备工作，助力保障重要物资供给安全。积极参与三大都市圈轨道交通、市政路桥、"平急两用"等公共基础设施，以及大数据中心、人工智能、新能源汽车充电桩、新能源船舶充换电站等新型基础设施建设。积极参与建设花湖国际自由贸易航空港，优化中欧班列（武汉）运营，打造"水铁联运、江海直达"长江黄金水道，服务建设长江中游航运中心，助力打造新时代"九州通衢"。积极参与全省重大水利项目建设，加快推进汉江港口、航道、船闸、航运、枢纽等一体化开发和荆汉运河建设，助力打造"荆楚安澜"现代水网。

四是发挥调控作用。湖北省国资委做好粮油、食盐、肉类等重要商品、重要物资供给，调节市场、保供稳价，湖北国贸集团、联投商贸物流、楚象集团、国控集团共同承担全省"迎峰度夏""迎峰度冬"410万吨煤炭储备任务。积极参与全省保障性住房收储开发建设和城中村改造，更好满足人民群众"住有所居"，湖北联投集团累计在管项目房源3万多间，出租率81%。构建湖北养老平台，增强普惠养老公共服务供给能力。搭建湖北惠农平台，服务农业强省战略，湖北农发集团实现粮油仓储能力170万吨，年粮油综合加工能力85万吨，已成为湖北农产品保供稳价主力军。强化金融分险增信赋能功能，大力发展科技金融、绿色金融、普惠金融、养老金融和数字金融，提升服务中小微企业和"三农"能力，省属金融企业累计为各类市场主体提供融资支持3000多亿元。

（三）建立功能性绩效评价体系

积极推进省属企业功能性改革，研究制定《国资国企功能性绩效评价机制建设工作方案》，建立国有企业功能性绩效评价体系和投资项目绩效、"三资"管理绩效、债务风险管控 3 个评价支撑体系。对重点省属企业改革发展经营情况进行全面梳理评估，广泛征求发改、经信、财政、商务等省直部门意见，并与省属企业充分沟通交流，"一企一策"明确企业功能性改革方向，研究制定每家企业 2024 年 "1＋3" 评价体系具体指标。将功能性绩效评价指标纳入省委高质量发展综合绩效评价考核体系，省考核领导小组于 2024 年 8 月 1 日正式出台《2024 年度省管企业高质量发展综合绩效评价方案》，对湖北交投集团等 10 家省属企业，按 60% 和 40% 的权重设置经营业绩指标和基础功能指标，根据企业承担功能情况设置功能指标加分项；对湖北银行等 4 家金融企业按 80% 和 20% 的权重设置经营业绩指标和基础功能指标；对长江出版传媒集团等 6 家文化企业设置社会效益指标和经营业绩指标，其中社会效益指标权重不低于 50%，另设置加减分项。切实发挥好考核评价指挥棒作用，推动国有企业发挥引领、带动、保障、调控功能作用，引导企业更好履行使命责任。

三、改革成效

一是供应链建设扩面提质。新组建汽车数字化管理服务平台、生猪供应链平台、船舶供应链信息服务平台等一批公共性、普惠性、开放性、共享性供应链平台。2024 年，12 家省级供应链企业的 10 个供应链数字化平台自运行以来，累计实现成交额 2782.4 亿元，累计注册人数突破 1300 万。

二是新旧动能有序接力。发挥省属企业投资拉动作用，2024 年，实施亿元以上重点项目 509 个、完成各类投资 2740.27 亿元，其中布局战略性新兴产业项目 194 个、新增投资额 227.51 亿元，带动社会投资 7983.36

亿元；完成进出口总额 899.21 亿元，同比增长 50.01%，约占全省进出口总额的 12.85%。

三是战略支撑功能凸显。2024 年，湖北交投集团加快 "8 桥 38 路"建设，完成高速公路投资超 800 亿元；湖北铁路集团投建的荆荆高铁顺利通车，助力全省实现 "市市通高铁"；鄂州花湖机场、宜昌三峡机场升级为国际机场，恩施徐家坪机场获批正式对外开放，鄂州花湖机场货邮吞吐量突破 120 万吨，增速全国第一；武汉天河国际机场旅客吞吐量重回中部地区第一；湖北港口集团货物吞吐量突破 2 亿吨。

52

发挥带动作用 促进融合发展
高质量推进供应链体系建设

湖北省人民政府国有资产监督管理委员会

一、基本情况

湖北省人民政府国有资产监督管理委员会（以下简称"湖北省国资委"）认真落实湖北省委、省政府建设高质量供应链体系工作要求，主动担当作为，推动省属国资国企开放资产资源，加强与供应链头部企业、行业龙头企业合作，聚焦全省现代化产业体系建设，以国资国企为基础，搭建一批公共性、普惠性、开放性、共享性供应链平台，汇聚资源要素，融合国企民企，有效发挥国有企业引领带动作用，探索出一条符合湖北实际的现代化产业体系建设路径。

二、经验做法

（一）围绕打造新时代"九州通衢"，搭建一批大宗供应链服务平台

湖北省国资委整合省属企业"铁水公空"资产资源，引进世界 500 强企业，牵头组建了湖北国控供应链集团、湖北楚象供应链集团。这两家集团 2023 年分别实现营业收入 136 亿元、135 亿元，进出口贸易 6.8 亿美元、6 亿美元；2024 年分别实现营业收入 197.9 亿元、179.4 亿元。湖北

文旅集团搭建了湖北煤炭供应链平台，完成 28 个煤炭储运基地建设，形成 60 万吨综合保供能力。

（二）围绕打造优势产业集群，搭建一批产业供应链平台

围绕五大优势产业、十大新兴特色产业和"51020"现代产业集群，按照"一产业一平台"的思路，搭建了 14 个产业供应链平台。湖北省政府、湖北省国资委牵头组建了长江汽车链、车百链和湖北省汽车数字化管理服务平台，2024 年长江汽车链实现营业收入超 25 亿元。长江产业集团搭建了长江光电子产业供应链，服务企业超 8500 家，全年交易额超 10 亿元。湖北联投集团搭建了九州医药供应链，服务上下游客户 14777 家，累计交易额 22.87 亿元，集中采购材料 82 万件，采购成本降低 5% ~ 10%。湖北港口集团牵头组建了长江船舶供应链，持有绿色智能船舶订单量 71 艘，总造价 16.29 亿元，集采业务累计达 2.08 亿元，平均降低采购成本 8%。长江产业集团参与搭建纺织服装供应链——华纺链，服务企业超过 9000 家，累计交易额超过 90 亿元；搭建了节能环保供应链——湖北省绿色建材供应链。其他产业已搭建 6 个供应链平台，湖北国控集团引进厦门国贸股份牵头搭建磷化工供应链——湖北国发供应链，累计实现营收超过 90 亿元；湖北交投集团参与搭建房地产供应链——安居供应链；湖北文旅集团搭建文旅产业供应链——"一部手机游湖北"，整合景区、酒店、旅行社等产业链资源 1.2 万家，注册用户 1200 万人，累计交易额 7.6 亿元；湖北农发集团搭建生猪供应链和农事服务供应链，参与搭建城乡供应链一体化平台。

（三）围绕服务科技创新，搭建一批科创供应链平台

坚持以用为导向，聚焦解决重点行业领域科技创新的共性需求，推动产学研用一体化。长江产业集团参与搭建了湖北科技创新供应链平台，建设大湾区离岸创新中心、精细化工中试科创平台、硅光工艺流片服务平

台、湖北省药品 MAH 转化平台 4 个子平台。大湾区离岸创新中心已有 20 家单位签约入驻，22 家单位虚拟入驻，基本实现满租。MAH（药品上市许可持有人）转化平台开展药品委托研发、药证申请、药品生产和销售等服务，推进合作研发项目 25 个，促进下游药品研发和生产合作近 20 项。

（四）围绕赋能市场主体和保障民生，搭建一批公共服务供应链平台

湖北港口集团等 5 家省属企业共同组建了湖北供应链物流公共信息平台，归集数据 10.7 亿条，吸引 2400 余家企业入驻，交易额超 158 亿元，为供应链物流市场主体提供一站式物流公共信息服务和增值服务。湖北国贸集团等 3 家省属国企共同搭建了湖北国际贸易数字化平台，构建全省"单一窗口"智慧口岸平台，整合海关、税务、金融等部门资源，提供"帮办、代办、免费办、全程办"公共服务，已有 3 万余家企业用户入驻，省内 2614 家企业使用该平台完成 115003 单货物申报，货值 1212.37 亿元。湖北康养集团搭建湖北养老服务平台，已上线养老机构 1890 家，新增床位 6.57 万张；上线社区机构 1.69 万家，新增床位数 1.63 万张；上线食堂机构 971 家、居家服务商 145 家。湖北联投集团参与组建病理数智化服务平台，提升基层医疗服务水平，在 50 家试点医院开展病理建设，完成病理远程会诊 321 例。湖北交投集团、湖北联投集团、湖北宏泰集团上线运行"楚道云链""联链通""鄂融通""鄂绿通"等供应链金融服务平台，累计为 4000 余家链上企业提供融资支持 170 亿元，节约资金成本 1.5 亿元。

三、改革成效

通过一年的实践探索，湖北省供应链建设实现 5 个突破。

一是供应链理念实现从 0 到 1 的突破。从前期普遍缺乏供应链理念到初步形成建设全省供应链体系的总体架构，从"不想干""不会干""不敢干"到逐步开展供应链理念研究、实践探索。

二是供应链平台从点到面的突破。从先期围绕大宗商品供应链平台到复制推广建设运营模式，再推动组建重点产业供应链平台，逐步构建供应链生态体系。

三是供应链模式实现从全盘引进到自主实践的突破。从初期依靠国内龙头企业到 2024 年自主拓展湖北本地业务，到发挥本土龙头企业，开展供应链模式自主实践。

四是供应链功能实现从传统单一物流服务到现代综合服务的突破。从早期的商贸物流逐步拓展到信息服务、贸易撮合、金融服务和应急保障方面，有力提升湖北省战略性初级产品安全保障能力。

五是供应链工作机制实现从各自为政向系统推进的突破。成立湖北省供应链物流体系建设领导小组、领导小组办公室及工作专班，完善战略谋划、统筹协调、督办落实机制，对重点任务进行清单化管理，按月调度、凝聚各方力量统筹推进供应链体系建设。

53

立足"网、链、点" 打造国资基金新格局
加快建设全国构建新发展格局先行区

湖北省人民政府国有资产监督管理委员会

一、基本情况

近年来，湖北省人民政府国有资产监督管理委员会（以下简称"湖北省国资委"）充分发挥国资基金在服务科技创新、培育新质生产力、孵化战略性新兴产业中的重要作用，立足"网、链、点"三个维度，在织牢织密产业基金网、延伸科技创新链和防范合规风险点上下功夫，为湖北加快建设全国构建新发展格局先行区贡献国资国企力量。

二、经验做法

（一）优化资本布局，织牢织密产业基金网

一是长江产业集团聚焦湖北省五大优势产业、10 个特色新兴产业和未来产业，围绕光电子、新能源与智能汽车、生命健康、高端装备、北斗产业分别设立了 7 只重点产业链基金，目前基金总规模 323 亿元。其中，长江车谷基金完成首个项目投资，支持总规模 51.6 亿元的博雷顿纯电动工程车项目在武汉落地开工；长江车百基金会同厦门建发集团设立长江汽车产业供应链有限公司，完善了湖北省汽车产业所需要素的战略保障。

二是湖北交投集团楚道睿科基金积极布局"高速＋"产业，已累计完成 11 个项目立项，6 个项目投决；基础设施投资基金已完成设立备案及首期募集资金 17.98 亿元的项目投放，全力支持湖北省高速公路事业；湖北铁路集团铁发基金累计完成铁路建设资本金出资 216.18 亿元，市场化投资 50.68 亿元，投资项目 34 个，有力保障了湖北省铁路建设资金需要。

（二）聚焦新质生产力，有序延伸科技创新链

一是聚焦科技投资，打造重点产业项目。湖北省楚天凤鸣科创天使基金接洽各类天使投资机构超 100 家，储备优质子基金 60 只，建立覆盖近百个项目的天使投资项目库，完成国创科、凯德维斯、弗顿科技、九峰山实验室硅光项目 4 个直投项目投资，实缴出资 4500 万元，总金额 2.35 亿元；参股子基金对外投资 35 项次，投资总金额 7.8 亿元，带动社会投资金额近 40 亿元，为湖北省科技创新重点项目提供有力经济支撑。

二是聚焦科技合作，打造科教研一体化发展。长江产业集团联合湖北省教育厅、湖北省科技厅等部门，持续开展"凤鸣基金进高校""凤鸣基金进实验室"等专项行动，先后对接武汉理工大学、武汉科技大学、湖北大学、湖北工业大学等多所高校，以及光谷实验室、江城实验室等多家重大科技创新平台，建立校企、科研机构、科技人才的一体化发展新模式。目前已集中走访 20 余次，储备早期项目超 600 个。

三是聚焦科技成果转化，打造培育新质生产力。长江产业集团与湖北省科协共同打造湖北省院士专家成果转化投资促进中心，建立了 84 名在鄂院士的服务档案及成果数据库。2024 年走访 6 位院士专家，收集了 198 项科技成果，举办了 3 场成果转化对接活动，基金投资金额达 4000 万元。

（三）强化规范管理，有效化解合规风险点

一是印发《关于加强省属企业基金业务管理的通知》，对省属企业基金业务合规管理和私募基金管理人规范运作提出明确要求。

二是全面开展基金业务自查。2024 年初，组织 18 家省属企业对 2023 年度私募基金管理人规范运作、基金投资合规情况等进行自查，并指导企业对发现问题做好立行立改，防范基金业务风险。

三是优化基金监管工作方式。建立基金年报和重点企业基金月报制度，及时跟踪基金业务开展情况。全面梳理私募股权基金相关管理制度，编印制度汇编，开展资本沙龙讲解业务政策，指导企业依法依规履职。

三、改革成效

一是带动了一批社会资本。截至 2024 年底，湖北省属企业管理和参与基金 315 只，认缴规模 8937.81 亿元，实缴规模 6732.5 亿元，其中湖北省属企业实缴 863 亿元，带动社会资本 5869 亿元，资金放大倍数达 6.8 倍。

二是留住了一批高端人才。长江优企人才股权激励基金通过为企业高管团队和核心人才购买股权提供资金支持，将 2244 名高端科技人才、产业核心人才、行业领军人才与企业深度绑定，把企业人才优势转化为创新优势和发展优势。

三是孵化了一批科技企业。国资基金投资超过 3000 项次，被投企业中 90% 为科技型中小企业，80% 以上为高新技术企业，成长为独角兽企业 7 家、潜在独角兽企业 14 家、专精特新"小巨人"企业近 150 家，瞪羚企业近 100 家，细分领域"隐形冠军"86 家。

54

培育新兴产业　布局未来产业
多措并举推动新旧动能有序接力

长江产业投资集团有限公司

一、基本情况

长江产业投资集团有限公司（以下简称"长江产业集团"）积极履行省级战略性新兴产业投资运营主体和省级产业投资基金投资管理主体"两个主体"功能，大力实施专业化整合，持续扩大战略性新兴产业占比，积极谋划布局未来产业。2024 年，长江产业集团实体产业板块以 545 亿元（占集团经营性资产的41%）的资产规模贡献营业收入 355 亿元，贡献度达78%；贡献利润总额7.3 亿元，贡献度达104%，实体产业板块已成为集团发展的中坚力量。

二、经验做法

（一）聚焦服务战略，全力打造工业平台

一是围绕光电子产业链打造供应链平台。长江产业集团设立一只基金，主动对接国家集成电路产业投资基金，发起设立 100 亿元专项投资基金，承接光电子产业链上下游企业份额。建立一个园区，围绕光电子产业链扩张需求，引进和远气体、兴福电子等集成电路配套材料企业落地武

汉，打造光电子产业链北部新园。组建一个平台，联合鼎龙化学、太和气体等组建光电子产业链供应链平台公司，服务产业龙头发展、产业集群壮大。构建一个生态，联合国家先进存储产业创新中心和华中科技大学等重点高校科研院所，谋划建设公共服务平台和产业促进机构，进一步完善省内存储产业生态。

二是聚焦五大优势产业突破性发展构建产业平台。长江产业集团做强北斗数字平台，发挥北斗数字公司"垂直整合"能力，实现原子钟产业化；扶持武汉光谷信息做强做优做大，成为湖北第一家北斗上市企业。做实生命健康平台，依托长江医疗产业投资公司聚焦生物制药、医疗装备、中医药三大板块开展战略并购。设立汽车与智能装备平台，组建省级汽车产业投资平台并挂牌，逐步实控省内重点汽车零部件企业，并完成 1 家汽车领域上市企业并购。设立光电子平台，加快组建光电子信息产业投资平台，推动设立 100 亿元规模光电子产业母基金。

（二）聚焦转型升级，加快做大产业底盘

一是推动上市公司高质量发展。长江产业集团推动广济药业加速释放山东百盛生物产能，尽快实现满产，进一步巩固原料药细分领域龙头地位。加速发挥药品 MAH 转化平台功能，打通上游药品研发创新流通和终端药品销售流通。推动万润科技进一步夯实 LED 行业地位，并由家用市场逐步向汽车车灯、城市公共照明、景观亮化、教育照明等多元市场拓展。推动双环科技以定增方式将双环合成氨项目资产装入上市公司，加速碱改项目建设，投资布局天然碱，不断提升基础化工体量能级。

二是以传统产业为基础嫁接新业务。长江产业集团推动生态环保产业由传统投资驱动向生产经营驱动转变，推动黄石表面处理产业园投产和孝感表面处理产业达产。与天奇股份合作，打造华中地区资源循环利用领域龙头企业。推动锂电池回收综合利用产业园建设，逐步建立起自主可控的电池回收网络。

（三）聚焦未来产业，加速抢占未来先机

一是围绕 9 个新兴特色产业链条投资布局。长江产业集团依托 100 亿元长江创业投资母基金和 100 亿元楚天凤鸣天使基金，围绕未来产业设立产业链子基金群和专项基金，重点培育支持人形机器人、量子科技、北斗等 3~5 个未来产业。助力小米打造武汉万人研发团队，担当其科技经纪人和产业合伙人，共同将武汉打造成为中国硬科技的重要策源地和输出地。

二是围绕光电子产业投资布局。长江产业集团围绕光电子项目做大做强和光电子产业链外溢拓展，积极参与战略投资。2024 年重点聚焦"卡脖子"技术攻关和集成电路领域产品迭代生产，累计出资 139.24 亿元参与光电子项目三期建设。

（四）聚焦赋能实体，加速增强国资基金赋能实体

长江产业集团以提高产业控制力为目标，依托 400 亿元长江产业投资母基金和 100 亿元长江创业投资母基金，新增设立 20 只产业链基金，加快构建"2+3+5+N"国资基金产品"赋能矩阵"，形成 5000 亿元规模基金群。先后支持武汉新芯、诺德铜箔、路特斯、东风岚图、芯擎科技等一批重大项目取得突破性进展，逸飞激光等 22 家被投企业登陆资本市场。

三、改革成效

一是初步形成国资运营与实体产业良性互动体系。长江产业集团探索以国有资本撬动社会资本实施项目并购（或投资建设），委托上市公司专业化管理加速项目孵化，再由上市公司定增收购并购项目，打造上市公司"产业扩能"和投资平台"投资退出"的产业投资运营新模式。在光电子信息、汽车与智能装备、生命健康等重点产业板块建立"1 个投资平台 + N 个产业实体 + 1 个产业基金群 + 1 个服务平台"业务构架，加快推进战

略性新兴产业投资布局，推动集团基金板块由"财务型"投资向"财务型＋控股型"投资转变，按照"一主业一上市公司"的目标，通过资本运作促进链主企业培育，加快推进资产证券化过程。

二是初步搭建未来产业培育体系。长江产业集团发起设立楚天凤鸣科创天使母基金，围绕"5＋9"产业，面向人形机器人、氢能与储能、生命健康、量子信息、生成式人工智能等领域开展股权投资。依托湖北江夏实验室、湖北省院士专家成果转化投资促进中心、湖北创新投等平台，从源头参与未来产业相关技术创新和成果转化，共建"人因工程研究所"和"生物科技开发创新中心"，已实现 20 余个项目成果转化。通过资本纽带及全方位赋能服务，建立对省内 8 家独角兽企业和 24 家潜在独角兽企业联系培育机制，围绕独角兽产业链上下游和重点关注领域，开展产业合作，加快抢滩布局。

三是初步形成以科创服务和供应链为核心的要素支撑体系。长江产业集团联合光谷金控、芯源专业团队共同发起设立湖北长江光电子信息产业供应链有限公司，重点围绕光谷光电子信息行业链主企业芯片等核心器件保供稳供、中小企业供应链托管、库存优化、国产芯片创新替代等开展服务，2024 年实现平台交易超 25 亿元。聚焦生物医药领域打造 MAH 转化中心，通过"以需定研""以需定供"，实现"研—产—销—投"的资源整合，聚集优秀机构 56 家，推进以大品种抢仿治疗糖尿病药物"达格列净"为代表的 30 个项目合同签署。

55

创新引领突破 科技联动美好
为光电子产业发展贡献力量

华工科技产业股份有限公司

一、基本情况

华工科技产业股份有限公司（以下简称"华工科技"）是一家覆盖光通信器件、传感器、激光＋智能制造业务的国有控股高科技上市公司，从校办企业蜕变成国家级创新型企业。华工科技坚持以改革赋能发展、以创新引领突破，先后承担了国家科技重大专项、国家重点研发计划等几十项重大科研项目，取得专利授权 2000 余项，创造了行业领域 70 余项"中国第一"、获国家科技进步奖 4 项，牵头制定中国激光行业首个国际标准，旗下 3 家公司入选工业和信息化部专精特新"小巨人"企业、3 项产品入选工业和信息化部"制造业单项冠军"。

二、经验做法

（一）聚焦核心技术攻关，加强产业科技创新体系建设

华工科技打造"智库＋前沿技术研究＋协同创新平台＋企业技术中心"的自主创新体系，组建由院士、央企智库专家组成的科技咨询委员会，设立华工科技中央研究院，主导前沿技术研究；与华中科技大学共建

激光加工国家工程研究中心和教育部敏感陶瓷工程研究中心，聚力打造原创技术策源地。同时，在研发过程中，根据多专业融合、跨专业发展的趋势，探索基于项目的灵活、耦合研发合作模式。建立健全科技项目管理、科学技术成果评审、科学技术奖励等机制，完善分级、分层、分类的科研项目管理体系，做到重要项目重点跟踪；加强科研项目成果规范管理，明确评审的主体、职责、流程、标准等方面要求，确保科技奖励的先进性、真实性和有效性。

（二）"链式思维"打破产业链壁垒，提升国产化替代率

华工科技树立"链式思维"，以需求为导向，着力解决产业链缺失环节、关键环节的国产化率。成立国家激光加工产业创新战略联盟，涵盖高校、科研院所、上下游企业47家，以需求为牵引，以项目为纽带，最大限度发挥每个单位的优势，推动30多种首台（套）产品的开发及产业化验证导入，承担国家、省级重点项目近40个，推动示范应用和产业化发展，形成"使用—改进—成熟"的产品发展路径，有力提升了核心部件、装备的国产化替代率。坚持产融结合，通过投资参股、输送优秀管理人员、初创期产品包销、协同提升产品稳定性等方式，培育出锐科激光、华日激光、云岭光电等掌握核心技术的创新企业，提高了武汉市激光产业链的完整度、竞争力。通过精益生产辅导、捆绑式营销等方式，带动省内上下游企业协同并进，省内配套率达70%，已初步形成"上游增强下游，下游反哺上游"的良好局面。

（三）强化机制创新、管理创新，释放人才创新潜能

华工科技在公司党委层面成立人才工作领导小组，各子公司层面成立人才工作行动小组，明确职能职责，推动"一把手"带头抓"第一资源"，深入推进"猎鹰计划"，实施"全员猎头"，秉持"不求所有、但求所用"的原则，采取全职引进、企业并购、特聘专家、项目聘用等多种方式，每

年用于科技研发和人才的投入占营业收入的6%以上。定期组织技术专家俱乐部活动，为引进的高端技术人才提供交流平台，最大限度聚合人才智力资源。完善"青苗班、菁英班、高管充电坊"三级培训体系，推进技术人才任职资格体系建设，与高校、科研院所积极开展以重大科研项目、重大科技创新项目开发为牵引的交流培训活动。多渠道、宽口径选拔一批具有较强发展潜能的青年英才，支持他们领衔重要研发项目，担任关键技术职务。完善青年科技人才培养链条，在引进、入职、发展、成才等不同阶段给予有力支持，下大力气帮助他们解决实际困难，积极推荐取得突出成绩、具有较大潜力的青年科技人才申报各级各类人才计划，让青年科技人才安身、安心、安业。制定《华工科技产业股份有限公司技术创新奖励管理办法》，进一步聚焦创新力度和效果，落实各级创新责任，鼓励聚焦关键技术研究与重点问题进行创新创效。对于研发人员研发的新产品投产产生经济效益的，按该产品税后所得利润的3%奖励主要研发人员和团队，同时持续实施"百万创新大奖"，促进科技成果转化。以校企分离改革为契机，建立科技人才长效激励机制，通过顶层设计使公司核心技术骨干参与公司持股平台，将技术骨干、管理骨干权益与公司中长期发展深度绑定，全方位释放人才创新潜能。

三、改革成效

一是多项关键技术取得实质性突破。近十年来，华工科技通过自主创新、协同创新掌握了新能源汽车PTC热管理系统、压力传感器、高速率光芯片、硅光芯片、紫外激光器、超快激光器、1.6T全系列光模块等一批关键核心技术，牢牢占据全球行业第一梯队；面向新能源、化合物半导体、新一代显示面板等行业开发出国内首套三维五轴激光切割机、国内首条新能源汽车全铝车身激光焊装生产线、国内首套半导体晶圆激光切割机等近百套国产化激光装备，不断向先进制造领域的广度、深度进军。

二是传统产业转型升级提质加速。华工科技以工艺、装备为核心，以数据为基础，面向重工、桥梁、工程机械、装配式建筑等行业实施30多个智能工厂项目，促进了传统产业转型升级，3个项目上榜工业和信息化部"工业互联网平台创新领航应用案例""智能制造示范工厂"，1个项目获中船集团科技进步一等奖。

三是主要经营指标持续快速增长。华工科技2023年新产品销售占比提升至60%，激光先进制造装备实现欧洲市场全覆盖，并进入北美高端市场，取得重要阶段性成果，2021年销售收入首次破百亿元，连续三年销售收入复合增长率为18.1%、利润增长22.3%，行业龙头地位进一步夯实，同时以引领性的技术和产品带动中国激光产业不断向前，更好服务国民经济和社会发展。

56

优化市场机制　强化科技赋能
以新质生产力引领公司高质量发展

湖北交投智能检测股份有限公司

一、基本情况

湖北交投智能检测股份有限公司（以下简称"智能检测"）是湖北交通投资集团有限公司（以下简称"湖北交投集团"）的二级子公司，是一家集工程试验检测、环境保护、低空产业、设计咨询及检定校准等技术服务于一体的高新科技企业，注册资本金 1 亿元，于 2024 年 4 月 15 日在全国中小企业股份转让系统（新三板）成功挂牌并进入创新层（股票代码：874416）。智能检测是国务院国资委"科改示范企业"和全国首批具有公路工程检测综合甲级资质（双证）单位，同时也是交通运输部"公路建设与养护技术、材料及装备交通运输行业研发中心"实体化建设单位和湖北省企业技术中心。智能检测还持有公路工程桥梁隧道工程专项、公路工程设计乙级、环境监测及环保工程设计施工等资质，通过了 ISO 9001、OH-SAS 18001 和 ISO 14001 认证，并受 CNAS 实验室认可。

二、经验做法

（一）坚持产业升级，推进市场化业务布局

一是优化产业布局。智能检测围绕公司"科技板块"的定位，聚焦推

进公司上市主线，按照市场化经营思路做好业务布局，形成"检测＋环保"双主业双轮驱动。抢占行业细分领域，向系统开发、检测设备研发等上下游延伸；做大做强环保，抢占环保施工、环保运营及环保设备等细分领域，持续向绿色发展转型。

二是重构业务逻辑。智能检测推动业务获取由被动向主动转变，延伸业务链条、拓宽业务范围，探索建立"产品＋服务＋定制"模式，提供可持续的个性化咨询决策服务，抢占市场先机，引领行业发展。

三是超前布局新材料产业。智能检测依托公司在新材料人才队伍、科研等方面优势，开辟绿色新材料业务。2024 年新建荆州新材料成果转化基地，开展 UHPC 新结构、高性能速凝剂、二氧化碳捕集（CCUS）材料等交通新材料产学研一体化建设，具备年产 10 万吨混凝土外加剂、20 万吨固废基压浆料全过程自主生产能力。

（二）坚持创新驱动，强化科技赋能业务发展

一是强化科技创新体系建设。智能检测围绕公司战略定位，从构筑高能级创新平台、提升科技创新效能、引育一流创新人才入手，加快打造形成产研用一体化科技创新体系。依托"公路建设与养护技术材料及装备交通运输行业研发中心"和"湖北省企业技术中心"，设立交通基础设施工程数字化、交通低碳环保、交通行业绿色新材料应用 3 个研发分中心。培育及引进享受国务院政府特殊津贴专家、楚天英才计划及各类省部级专家库人才等超过 20 人，建立起"专职＋兼职"180 余人的科研人才队伍，核心团队覆盖公路检测设计、路面材料、隧道防灾、图像识别、遥感及软件开发领域，具备多学科交叉复合研究能力。

二是持续推进科技项目立项与实施。智能检测近三年累计投入研发经费 1.17 亿元，年度研发投入占比约为 6.74%。立项开展各层级科技项目 62 项，其中参与国家课题 1 项、主持交通运输部科技类项目 2 项、省交通

运输厅重大科技项目 13 项、自立项目 43 项。

三是激活科研人员创新原动力。智能检测探索"揭榜挂帅"新机制，确立"效果导向"，以创新能力、创新担当、创新成绩作为最终评判标准，为更多科研人员提供创新"竞技场"和机遇。完善中长期激励机制、成果转化相关配套制度，开展超额利润分享、科技成果赋权等多种方式，充分调动科研人员的积极性，保障科技成果的高效转化。"全国公路水运试验检测大数据软件平台"作为湖北省唯一代表入选国务院国资委科技成果赋权改革试点，并获批实施。

（三）坚持数字化转型，加速数据产业化转型步伐

一是充分发掘公司在产业链中的数据优势，推动公司"产业数字化"全覆盖。智能检测近三年累计为 7 座长江大桥提供监控监测、荷载试验服务，市场规模跃升行业第一梯队，商业化营收达到 1.8 亿元。完成了边坡、隧道北斗监测试点，集成开发了智能养护巡检装备和桥梁智能检测无人机等轻量化检测设备。

二是积极开展大数据、北斗定位、人工智能 AI、无人机、探地雷达与交通行业的交叉融合，交竣工验收、运营期健康监测、技术状况评定和养护决策，主营业务数字化覆盖率达到 80% 以上。智能检测基于数据融合分析和价值挖掘能力，形成桥梁健康监测系统、公路水运试验大数据平台和智慧养护平台 3 项代表性数字化成果。"试验检测类-工地试验室数据集"获批信贷授信 5000 万元，已申请贷款 3000 万元，成为湖北省首例落地数字资产融资的企业。

三是加快推进科技成果产业化培育。智能检测聚焦"交通基础设施数字化"和"交通低碳"主题，培育了"JTLAB"数字化品牌，强力推进代表性成果的转化应用和商业化孵化，累计取得转化营收 4.8 亿元，占公司营收比例达到 29%，有力支撑了公司产业拓展。

（四）坚持绿色发展，践行低碳环保发展之路

一是编制《湖北交投集团低碳交通产业发展规划》，聚焦交通基础设施建设及运营开展低碳交通标准体系研究，推进碳排放监测、计量、核查、评估，摸清集团碳排放及碳资产基数，构建数智化能碳管理平台。

二是深度融入集团公司低碳交通产业布局，围绕"低碳规划""低碳建设""低碳运养""碳资产管理"等重点领域布局产业链条，以产业"绿含量"提升发展"金含量"。

三是聚焦固废资源利用、污水处理及环境监测等行业难题，形成多项专利及软著成果，其中《基于 MABR 工艺的高速公路服务区分散式智能成套污水处理系统关键技术研究及应用》被列入湖北交通运输重大科技项目。

三、改革成效

一是生产经营跨越式发展。2022—2024 年，智能检测营业收入由 4.3 亿元增长至 7.4 亿元，年复合增长率 31%；利润总额由 5578 万元增长至 12837 万元，年复合增长率为 52%；全员劳动生产率由 26.69 万元/人提升至 39.56 万元/人，增幅 48.2%；平均净资产收益率 20.88%，高于行业优秀值。

二是人才队伍建设初见成效。智能检测现有正式员工 319 人，其中博士 4 人、硕士 155 人，正高级职称 14 人、高级职称 74 人、中级及以上职称人员占比 65%，现有享受国务院政府特殊津贴专家 2 人。

三是科技创新提档升级。智能检测累计申报知识产权 250 项，已获授权 225 项，其中发明专利 17 项、实用新型 122 项、外观专利 2 项，软著 84 项；参编国家、行业及团体等各类标准 8 项，成功入围全球水奖，获得湖北省政府环保奖。"分散式智能成套污水处理系统"在湖北省内得到全面

应用，并在山西、江西及四川进行示范应用；"新一代智慧化桥梁结构健康监测平台"规模居中部地区同类平台第一；"公路水运试验检测大数据平台"入选"交通运输行业四新成果"，累计出具报告198.8万份；"养护智能决策"平台数据量约3.5亿条，"智能分散式成套污水处理系统"水处理规模达到16560吨/天，累计取得营收带动成果转化4.8亿元。

57

以一流科技创新赋能一流企业创建

湖北联投集团有限公司

一、基本情况

湖北联投集团有限公司（以下简称"湖北联投"）作为"双百企业"，紧紧围绕"创建世界一流企业"改革任务，自觉把企业发展放在"国之大者、省之大计、民之大业"中审视和谋划，瞄准建设"省内领先、国内一流"的科技型集团公司，深化创新型企业治理，开展科技创新行动，系统培育新质生产力，积极构建联投"大科技"工作格局，将科技创新"新空间"变为发展新增量，走出了一条"涅槃复原—重组共济—踔厉奋发—先立后破—聚势提升"昂扬向上的奋进曲线。2024 年，湖北联投实现营业收入 1514.51 亿元，利润总额 46.20 亿元，上缴税费 61.17 亿元，分别占省属企业总量的 29%、60%、60%。

二、经验做法

（一）以"优机制"重构科技创新体系

湖北联投坚持将科技创新作为"头号工程"，推进集团科技管理体制重塑、职能重构、机制重建，不断激发科技创新活力。

一是系统化完善科创制度。湖北联投先后制定《湖北联投集团有限公司科技创新管理办法（试行）》，出台 45 项指导意见及制度指引、N 项操作模板及标准流程，实现科技创新工作全流程有规可循、有据可依。

二是高规格组建科创机构。湖北联投首开省属国企先河，成立省内首个国有企业集团级科技创新委员会，跨领域、跨部门、跨专业设立科技创新中心，推动联投下属出资企业与各地市区政府机构、企业协同创新工作力度，构建全集团科技创新"一盘棋"。

三是全方位增加研发投入。湖北联投建立科研经费统收统支机制，加大多元化研发投入力度，推动科研经费向前瞻性战略性新兴产业集中，引导创新要素资源向重点产业和重点领域集聚，加快科技成果转化步伐，2023 年以来实现科技成果转化收益 2.5 亿元。

（二）以"塑平台"推动整体布局优化

湖北联投通过内部整合、自投自建、交流合作等方式建立高水平创新联合体、产业技术创新联盟和共性技术研发平台，提升集团现代产业体系的关键领域技术研究和应用能力交流。

一是以企业主体平台助力创新突破。湖北联投坚持以科技创新赋能产业发展，积极打造东湖高新集团、数产集团等七大科创高地，推动建成国家级"双百"企业、"科改示范"企业 7 家；2023 年以来新增国家级专精特新"小巨人"2 家、省级专精特新企业 4 家；高新技术企业 10 家；新增专利 261 项、软著 196 项。

二是以离岸科创平台助力合作交流。湖北联投聚焦离岸科创平台建设，成立"湖北科技创新供应链平台欧洲分中心"，打造湖北科技创新供应链平台、湖北省欧洲离岸科创中心，配合建设九峰山欧洲实验室等重点科创平台，进一步加速中欧科技创新成果转化、人才交流和产业合作，为湖北科技创新供应链在欧洲推广与拓展奠定坚实基础。

三是以协同科创平台助力成果转化。湖北联投通过顾问指导、挂职兼职、项目合作、退休返聘等方式，大力引导出资企业搭建科研人才创新平台，召开首届科技创新与产业赋能大会，揭牌东湖高新集团创新研究院，与光谷实验室、东湖实验室等 7 家高校及科创平台签署合作协议，建立博士后工作站 2 个、博士后创新实践基地 1 个、省级科技创新平台 17 个、大师工作室 4 个，打造"政产学研金服用"创新创业共同体，促进产学研互联互通与人才聚集。

（三）以"建队伍"加强创新人才培育

湖北联投坚持把科创人才引育作为发展新质生产力的"关键一招"，着力拓宽引才渠道、完善人才生态，不断迭代人才"优选优育"工作机制，努力实现人才"引得进、用得好、留得住"。

一是不拘一格"引"。湖北联投完善顶尖人才"一事一议"引进通道，对拥有关键核心技术的顶尖人才"即来即议""一人一策"，在人才及团队分类认定、岗位设置、职务职称、科研立项、经费资助、薪酬待遇、服务保障等方面提供个性化支持。目前，已初步构建领军科技人才、青年科技人才、外部科技专家的"千里马·科技人才"三维体系；首创科研"1＋3＋N组阁竞聘"，面向社会招募科研团队，遴选 50 余名尖端人才，聚焦"石墨基高容量锂电池"等前沿技术领题攻坚。

二是真金白银"奖"。湖北联投出台《湖北联投集团有限公司科技创新激励办法（试行）》，赋予拓新项目团队更大自主权，支持拓新项目或企业统筹用好科技型企业股权和分红激励、员工持股，探索以增加知识价值为导向的新型收入分配改革路径，推行"当期薪酬＋转化收益＋科研经费"复合激励模式，科技人才薪酬高出同岗位 20%。

三是立足长远"用"。湖北联投增强推行"放权＋容错"，强化激励约束等方面机制创新，完善充分授权与激励保障机制，让科技创新、成果转化做出重要贡献的人员"能者多得"，以最大诚意和最大努力为人才创造最优发展环境。

三、改革成效

一是聚焦"价值创造"，经营效能逆势上扬。湖北联投改革重组以来，在科技创新赋能加持下，联投发展曲线持续"昂扬向上"。2021—2024年，营收年均复合增长率为32.77%。湖北联投集团地产交付力位列全国第5，新增债券担保规模居全国行业第一（规模为249.64亿元），保租房累计在管项目房源3.5万多间，实施项目29个，累计投资额106亿元，整体出租率超90%，品牌运营能力位居全国前列，经营取得"质的有效提升和量的合理增长"。

二是深化"动能变革"，产业模式持续焕新。湖北联投科技赋能加速提效，"百业先问"产业大脑汇集1.8亿条全球专利数据、1.6亿条全国工商数据，在业内率先实现深度产业链分析；"联投U建"入选国务院国资委首届数字场景创新大赛三等奖，智慧园区平台入选工业和信息化部工业互联网试点示范项目，完成全省首笔数据资产登记确权入表融资，全省首笔地理测绘数据和全国首笔碳计量数据的交易撮合。数字治理纵深推进，统筹建设数字化项目52个，数智建管平台对1000个项目汇聚"成本词典"；电子采购平台压降成本25亿元；资管云为7万项资产办好"身份证"。

三是围绕"创新赋能"，科技属性显著增强。湖北联投科创成果竞相涌现。先后获国家级科技进步奖1项、省部级科技进步奖22项、国家级质量奖15项，获得省部级工法105个；获得授权发明专利342项、软著539项；主参编各级各类标准90余项。全面深化科创人才支撑，搭建科研人才平台，建立省级创新基地1个，国家高新技术企业38家，汇聚高技能人才1654人、专业技术人才6938人，中高级职称占比66%以上。

58

突出政策引领　强化科技创新
加快培育和发展新质生产力

湖南省人民政府国有资产监督管理委员会

一、基本情况

国有企业改革深化提升行动实施以来，湖南省国资国企聚焦高质量发展这一首要任务，坚持以科技创新为核心驱动力，紧紧围绕 9 个重点发展产业及 6 个战略性新兴产业布局创新链，因地制宜发展新质生产力，推进产业智能化、绿色化、融合化发展。新技术迭代升级，新要素创新配置，新产业拔节生长，新市场不断开拓，高质量发展呈现勃勃生机。

二、经验做法

（一）注重抓好政策支撑

湖南省人民政府国有资产监督管理委员会（以下简称"湖南省国资委"）下发《关于支持省属监管企业科技创新和发展战略性新兴产业激励保障机制建设的实施意见》，对培育和发展新质生产力作出顶层设计和制度安排。通过实施"一企一策"分类考核、完善研发投入加回机制、加大创新成果考核奖励等力度，对承担发展战略性新兴产业、关键核心技术攻关任务、打造原创技术策源地和培育现代产业链链长科技创新核心能力的企业予以特殊政策和重点保障。省属国企纷纷通过股权激励、超额利润分享、项目跟投、科技成果入股等方式激励科技人员创新。

（二）注重抓好关键技术突破

湖南省国资委建立关键核心技术攻关总清单、原创技术策源地建设重点项目、省国资委年度十大技术攻关项目三级体系，强化督导问效，适时动态调整。围绕制约产业发展的"卡脖子"技术系统布局104个攻关项目，已有31个完成技术攻关。世界第二、全国唯一的大飞机地面动力学试验平台成功首试，已进入试运行阶段，打造空天领域国家战略科技力量取得重要进展。涌现出全球最大轮式起重机主吊臂用超宽钢板、国内首台（套）100吨准轨工况交流变频电力机车等一批"首"字号、"最"字号重大成果，并出口海外领跑全球。湖南建设集团鳞甲模块化建筑体系从建造到精装只需25天，每平方米质量减轻60%，建筑垃圾减少70%，节能降耗40%，实现了"像造汽车一样造房子"。

（三）注重抓好科技创新成果转化

湖南省国资委开展"大校、大院、大企"产学研合作，与高校共建60余个创新联合体，其中钢铁集团涟钢"高品质取向硅钢创新联合体"等3个创新联合体入选省级创新联合体建设试点清单。强化与院士团队深度合作，实施以"成果＋资本＋产业"为路径、以股权为纽带的创新合作模式，与中南大学等重点高校，黄伯云、钟掘等7个院士团队合作投资建设博云新材、天创精工等一批面向国家战略需求的"硬核"科技成果转化项目，通过集聚科技成果、人才、资本及行业资源，形成从应用研发、成果转化、企业孵化到产业培育的全链条科技成果转化工作体系。

（四）注重抓好生产要素创新性配置

湖南省国资委坚持"主业归核、资产归集、产业归位"，开展优化资源配置专项行动，在合并重组10家一级企业的基础上，成功组建能源集团、人才集团、湘铁公司，矿产资源集团挂牌，低空经济产业集团、省国际贸易集团等组建进展顺利，旅游、数据等领域资源持续优化整合，形成基础产业、新兴产业、民生保障、基础设施、资本投运五大产业板块。

（五）注重抓好产业深度转型升级

湖南省国资委把企业数字化、智能化作为打造国家重要先进制造业高地的必由之路，深入实施制造业重大技术改造升级和大规模设备更新工程，推动制造业高端化、智能化、绿色化发展，实现质量变革、效率变革、动力变革。中联重科聚焦先进制造的主攻方向，把握企业、产业、产业链、产业生态4个着力点，不断"补链、延链、升链、建链"，推动主机到零部件产业的创新升级，打造以六大主机园区、六大关键零部件中心和八大国家级科研创新平台为核心的先进制造产业集群。目前，智慧产业城规划建设智能产线225条，其中黑灯产线20条，所有产线均具有自主知识产权，体现中国先进制造的水平。

（六）注重抓好产业深度融合

与中央企业开展深入合作，落地项目8个，包括中国运载火箭技术研究院在长沙新设分院、中国商飞上海飞机设计研究院湖南研究所揭牌等。区域合作落地落实，湘琼两省在东方市创造性地探索了"四个一"合作模式，即建立1只产业基金、联合开展1个工程机械再制造设备出口集成创新、组建1家投资建设运营三位一体的合资公司、建设1个全球二手工程机械无底价拍卖交易中心。省国资国企系统搭建了产业链协同合作平台，推动首台(套)、首批次、首版次、首轮次、首套件等创新产品及优势产品推广应用。举办常德、郴州、娄底、衡阳、株洲、岳阳"国资国企走进市州专场"对接活动，促成省、央企与地方签约和落地项目102个，涉及金额1661.9亿元。推动三次产业之间、大中小企业之间、上中下游企业之间高度协同耦合，推动实现产业发展供求高水平动态平衡、产业链向高端化跃升。

三、改革成效

一是富有湖南国资特色和优势的现代化产业体系"3974"标志性工程加紧推进。目标是到 2025 年，战略性新兴产业营收占比达到 30% 以上，重点发展工程机械、先进材料等九大产业，打造 7 家以上现代产业链链主企业，推动形成钢铁集团、建设集团、中联重科、有色集团 4 个千亿级企业，参与 8 条全省重点产业倍增计划产业链，形成"传统产业—优势产业—新兴产业—未来产业"产业梯级体系。

二是战略性新兴产业发展提速。把战略性新兴产业和未来产业摆在突出位置，加速布局战略性新兴产业，重点发展高端装备、新材料、新一代信息技术、新能源及节能环保、生物医药、未来产业"六大产业"。2023 年 6 月，组织北斗、音视频、深海产业项目对接会，三大产业布局投资 137 亿元，战略性新兴产业培育提速。2024 年，战略性新兴产业营收 1926.6 亿元，较 2023 年增长 5.2%，占总营收比重 29.84%。

三是重大技术攻关项目有序推进。国有企业改革深化提升行动以来，监管企业已突破关键技术 170 余项，申请专利 269 项。湘电集团 200 吨级纯电矿用车等多个领域取得一批"首"字号突出成果，兴湘集团大飞机地面动力学试验平台正在积极申报国家大科学装置。

四是产学研体系效果明显。湖南省国资委更是把推动校企合作作为工作的重中之重，专门研究出台《推动监管企业与高校产学研对接合作工作方案》，建立政校对接、校企沟通、项目合作的常态化工作机制。2024 年，湖南省国资国企已与 7 所高校分类沟通商定了 195 个合作项目，其中 46 个项目已于当年启动实施，累计完成投资 6.7 亿元，一批重大项目加速落地。例如，兴湘集团与中南大学合作的钠能时代产业化项目于 2024 年 9 月在长沙经开区正式签约，建设工作全面开展，预计 2025 年 9 月正式投产。

59

积极推进"三首"应用
助力科技企业成果转化落地

广东省人民政府国有资产监督管理委员会

一、基本情况

广东省人民政府国有资产监督管理委员会（以下简称"广东省国资委"）坚决贯彻落实习近平总书记关于科技创新和发展新质生产力的重要论述，全面贯彻落实广东省委"1310"具体部署，加快打造原创技术策源地，加快培育发展新质生产力。2024 年，省属企业研发经费投入 169.58 亿元、同比增长 4.6%，研发经费投入强度 2.42%、同比上升 0.19%。在原创性技术研发应用、国产化替代等方面，广东国企诞生了诸多全国乃至全球领先技术。

二、经验做法

广东省国资委大力推进省属企业"三首"〔首台（套）装备/首批次新材料/首版次软件〕推广应用，积极提供应用场景、试用环境，助力科研成果转化落地，促进企业提升创新能力，取得积极成效。

（一）完善考核制度，强化激励机制

广东省国资委推动省属企业加大对首台（套）装备/首批次新材料/首

版次软件的研发应用力度，将其纳入科技创新考核激励，出台《省属企业年度科技创新考核细则》和《广东省属企业科技创新考核激励实施方案》，将研发投入视同考核利润、高新技术企业利润加成，鼓励省属企业加大研发投入。明确科技成果及专利奖项、首台（套）装备/首批次新材料/首版次软件研发应用等可获得年度加分奖励。

（二）加强研发应用，抢占技术制高点

广东省国资委指导省属企业结合主责主业，加强首台（套）装备/首批次新材料/首版次软件的研发应用。其中，能源集团自主研发"35kW 单机/210kW 示范固体氧化物燃料电池发电系统"入选国家能源局《第三批能源领域首台（套）重大技术装备（项目）名单》，建成国内首个生物质电厂原始烟气微藻固碳示范工程。铁投集团首次实现铁路领域内高铁简支箱梁钢筋骨架自动化生产成套技术体系应用，在国内首次研发超大型钢带网自动焊接机、超大型钢筋网自动焊接机设备，实现高铁简支箱梁钢筋骨架生产领域的重大突破。粤科金融集团下属广东鸿图研发全球首台超大型16000 吨智能化压铸单元，突破新能源汽车超大型一体化后地板、前舱、电池托盘与智能外饰漆镭雕透光、形位检测视觉扫描等重点技术。

（三）加强协同创新，促进科技成果转化应用

广东省国资委推动广晟控股集团、广新控股集团、粤海控股集团参与广东省核心软件攻关工程，推进工业软件国产化替代和迭代升级。截至2024 年底，广晟控股集团国星光电 3 项软件项目、广新控股集团兴发铝业2 项软件项目参与了工业软件联合攻关试点，粤海控股集团华金科技有 2 项软件项目参与了工业软件推广应用试点。广东省国资委积极推进全域场景创新，引导省属企业开放资源、场景应用和创新需求，实施场景驱动创新，截至 2024 年底累计梳理 55 个应用场景创新项目，其中 17 个项目已纳入广东省应用场景机会清单并经省发展改革委对外发布、2 个项目已纳入

广东省新型储能重大应用场景机会清单。

三、改革成效

广东省国资委引导省属企业发挥自身产业及技术创新优势，围绕"自己干、合作干、参与干"不断增强核心功能、提升核心竞争力，推动省属企业实现高质量发展。

一是自主研发能力持续提升。2024 年，省属企业研发经费投入 169.58 亿元，同比增长 4.6%。原创性技术研发应用取得突破，省属企业研发应用世界首台桩梁一体化智能造桥机、国内首台超大直径 TBM/泥水双模式隧道掘进机"华隧奋进号"等。

二是科技成果转化应用取得进展。一批科技成果在重大工程、重点项目中得到落地运用，如环保集团凯旋真空"高端精密光学镀膜系统"成功入选《广东省首台（套）重大技术装备推广应用指导目录（2024 年版）》。广晟集团所属风华高科"低温烧结铜端电极浆料制备技术项目"开发出低温烧结铜端电极浆料，在国内移动通信、汽车电子、物联网、消费电子等领域得到大规模应用。

三是创新资源逐步集聚。广东省属企业通过参与联合攻关和开放应用场景，引入了外部研发力量，集聚优质资源，以场景应用带动技术研发，以技术研发推动产业升级，快速提升企业自主科技创新能力和产业发展动能，促进科技成果高效转化落地。

60

打造协同创新平台　推动科技产业融合
加快构建多创新主体相互协同的创新体系

广东省人民政府国有资产监督管理委员会

一、基本情况

广东省人民政府国有资产监督管理委员会（以下简称"广东省国资委"）推动省属企业聚焦产业创新发展，持续打造协同创新平台，加速创新资源向企业集聚。截至 2024 年底，广东省国企累计拥有高新技术企业 1043 家、研发平台 1533 个、专精特新企业 599 家，多主体的协同创新体系基本形成，科技产业融合创新步入快车道。

二、经验做法

广东省国资委持续强化国有企业科技创新主体地位，以国有企业改革深化提升行动为重要抓手，优化创新资源配置，围绕粤港澳大湾区国际科技创新中心建设布局，培育壮大战略性新兴产业和未来产业，加快构建龙头企业牵头、科研院所及高等院校支撑、科技金融平台等创新主体相互协同的创新体系，提升科技成果转化质效，推动新质生产力加快形成。

（一）充分发挥国有资本引领作用，推动战新产业和未来产业发展

广东省国资委充分发挥粤科金融集团国有科技金融平台、恒健控股公

司国有资本运营平台作用，优化创新资源配置，投资布局一批行业引领性和示范带动性强的重大产业项目和科创项目。在半导体与集成电路领域投资"芯粤能"和"基本半导体"等国内碳化硅芯片和模块领先企业；在人工智能及电子信息技术领域投资了智慧城市及安防行业的"宏景科技""辰创智能"等上市公司；在生物医药领域投资了国内唯一的小型化质子化疗设备制造企业"迈胜医疗"、内窥成像系统链主企业"英美达"等项目；在高端装备制造、新能源、新材料等"硬科技"领域培育了怡合达、宇瞳光学、高景太阳能等一批链主企业和上市公司。能源集团注资1500万元参与广东省基础与应用基础研究基金海上风电联合基金，立足海上风电产业链各环节亟待解决的关键科学问题和"卡脖子"技术难点布局一批创新项目。

（二）打造"粤科发布"协同创新平台，积极助力粤港澳大湾区国际科创生态中心建设

粤科金融集团打造"粤科发布"产学研招投协同创新平台，为项目提供方、投资方和落地方搭建政策宣导、科创引领、金融赋能、项目对接重要桥梁，整合汇聚全球创新资源，成立了湾区高校创新投资联盟、科技金融创新投资联盟、人工智能方向科研机构子联盟、产业龙头创新联盟，构建起"科技＋金融＋产业"生态，积极助力粤港澳大湾区科创生态中心建设。截至2024年底，"粤科发布"已成功举办活动31场，集聚省内外投资项目超3000个，现场路演项目超380个，总融资规模超600亿元，已落地项目100个，融资金额超243亿元，形成了良好的规模效应、撬动效应和创新引领效应。

（三）推动科技与产业有机融合，打造原创技术策源地

广东省国资委推动省属企业加大产学研合作力度，组建创新联合体开展技术攻关，推进科技与产业有机融合。广晟控股集团所属风华高科以国家重点实验室重组为契机，联合松山湖材料实验室签订联合共建协议，构建了以 7 名院士领衔的科学研究智囊团，组建了一支规模达 210 人的高水平联合创新团队。广新集团所属佛塑科技、广新创新研究院与广东省科学院联合申报"功能性高分子膜材料广东省工程研究中心"，成立广新生物智造技术创新（深圳）有限公司暨星湖伊品中央研究院，加强与中国科学院深圳先进技术研究院、广东省科学院微生物研究所、清华大学、中山大学、华南理工大学、江南大学等科研机构、高等院校的交流与合作，力求突破"卡脖子"关键核心技术，打造生物科技原创技术策源地。粤海集团所属粤海水务锚定"科创强企"战略，对标世界一流，坚持科技赋能，依托国家级、省级科技创新平台，与科技头部企业携手打造国内首家"鲲鹏智慧水务联合创新实验室"，合作开发智慧水务一体化解决方案及云平台，推进前沿技术在智慧水利水务领域中的创新研发和应用，共筑智慧水务新业态，为大湾区和各地经济社会发展提供坚实支撑。

（四）大力推行"揭榜挂帅"，提高科技创新质量和效率

广东省国资委推动省属企业通过"揭榜挂帅""军令状""赛马"等方式，对接重点高校、科研院所及产业链上下游等各类社会科研资源。广晟控股集团在省属企业中率先实施科技攻关"揭榜挂帅"行动，在矿业和电子信息两大主业向全球公开张榜招贤，所属上市公司风华高科"高端电容技术攻关项目"由清华大学周济院士揭榜，加速高端 MLCC 国产化替代；上市公司中金岭南"城市矿产 ISP 无废冶炼关键技术研究项目"由中南大学柴立元院士揭榜，争取早日取得绿色冶金新突破。依托揭榜挂帅项目，中金岭南与中南大学、长沙有色冶金设计研究院开展深度合作，共同搭建"城市废物高值化协同处理技术"高水平产学研合作平台。学习强国、南方日报等权威媒体报道了广晟控股集团"揭榜挂帅"的经验做法。

三、改革成效

一是加速了产业创新发展。广东省国资委通过强化国有资本运营公司孵化投资作用，加强了对关键核心技术攻关的金融支持，加速发展战略性新兴产业和未来产业，推动广东省属企业在布局结构上逐步实现战略转型，优存量、增新量，着力塑造新质发展动能。

二是实现了创新资源配置优化。自2023年以来，广东省属国企共组建了45个创新联合体，牵头或参与了131个国家级和省级重大科技攻关任务。省属企业加强了与高校、科研院所、上下游企业的产学研用合作，引导社会资源参与关键核心技术攻关，积极融入了国家和省创新体系，融入了广东更高水平科技创新强省的战略。

三是促进了创新链与产业链深度融合。通过实现创新资源的集聚，构建了开放协同的创新体系，有效激发企业创新活力，推动科技成果转化为生产力，提升了企业产业竞争力与自主创新能力。

61

加快布局新兴产业　培育发展新质生产力
奋力建设世界一流企业

广东省广新控股集团有限公司

一、基本情况

广东省广新控股集团有限公司（以下简称"广新集团"）是广东省政府批复同意的国有资本投资公司，以"粤港澳大湾区国家战略性新兴产业引领者"为定位，充分发挥制造业当家的主业优势、投资与资本运营的功能优势、市场化经营的机制优势等优势，重点发展新能源新材料、生物科技与食品健康、数字服务与供应链服务三大主业板块，控股6家上市公司。广新集团2024年获评国务院国资委"双百企业"标杆等级。

二、经验做法

（一）聚焦产业引领，加大新产业新赛道布局力度

广新集团围绕"国之大者""省之重者"的战略部署，坚持实业立企发展理念，以更大力度布局前瞻性战略性新兴产业。

一是精心谋划产业布局，构建"3＋2"产业新生态。广新集团坚持科学规划，推动形成新能源新材料、生物科技与食品健康、数字服务与供应链服务三大主导产业与产业金融、产业空间两大支撑板块的"3＋2"产业

243

组合。实施精准布局，聚焦新能源新材料、储能、半导体关键材料、前沿材料、生物技术等战略性新兴产业领域，2024 年前瞻性战略性新兴产业总投资额占年度总投资额 75.90%。

二是助力区域协调发展，成功培育多个数百亿级乃至千亿级产业集群。广新集团全力投身"百县千镇万村高质量发展工程"，推动粤东西北地区深度融入现代化产业体系，促进区域间资源要素高效流动与优化配置。在阳江、肇庆等地成功打造 1 个镍铁、不锈钢行业的千亿级产业集群，4 个高性能铝型材、电子电路材料、生物发酵、数字媒体领域的"数百亿级"头部企业。积极参与优化全球产业链供应链布局，2024 年实现国际业务收入 635.5 亿元，占比达 40.85%。

三是加速产业转型升级，引领数字化转型新潮流。广新集团加快工业互联网创新与服务平台等建设，持续推动高性能铝挤压智能制造等标杆项目，打造省属制造业数字化转型示范标杆；通过构建数字广新"1546"体系，加快完善集团数字平台建设和应用，实现经济效益与生态效益的双赢。

四是聚焦主业高质量发展，优化资源配置与结构调整。广新集团围绕增强国有企业核心功能、提升核心竞争力，推动劣势企业提质增效，所属企业按市场化方式有序进退。2020 年"自我加压"制定退出企业三年行动方案，在完成三年 197 家企业出清任务基础上，推动"视同出清"及"回炉"企业继续出清，2024 年退出 10 家企业，2022—2024 年回笼资金 5.4 亿元，有效盘活资源，集中资源力量推动集团主业高质量发展。

（二）聚焦创新驱动，培育高质量发展新动能新优势

广新集团深入实施"广新创新十条"，加快发展新质生产力。

一是健全科技创新体制机制，激发创新活力。广新集团着力健全科技创新管理体制，优化企业科技创新专职管理部门组织架构，实施利润加回、激励加码、比重加大、成果加计及容错减压的"四加一减"正向激励，推进科技型企业"一企一策"分类考核。

二是打造原创技术策源地，抢占技术高地。广新集团用好广东"技改十条"，聚焦合成生物、新型显示、复合集流体等前沿科技领域，实施一批重大科技创新项目。与中国科学院深圳先进院等顶尖科研机构建立深度战略合作关系，深度参与筹建国家生物制造产业创新中心，不断提升集团在全国科技创新版图中的影响力。所属科技型企业营收占集团总营收90%以上，科技创新已成为企业高质量发展的第一动力。

三是加大研发投入力度，构建创新资金支持体系。广新集团落实研发投入增长机制，打造"1+1+1"创新资金支持体系，即1/3来源于集团专项基金、1/3来源于企业自有研发投入、1/3来源于合作的重点高校或科研院所等，确保重点科技型企业研发投入强度超5%、科技型企业对集团利润的贡献率超过90%。2024年集团研发投入47.79亿元，同比增加3.83%。

四是加速科技成果转化，培育产业发展新动能。广新集团充分发挥广新创新研究院的集成赋能与投资孵化功能，搭建柔性复合材料、新型显示光学膜、工业微生物与生物智造等成果转化平台，加速科技成果从实验室走向市场。2023—2024年，依托重大创新成果成功孵化出4家科技企业，打造了集团经济发展的新引擎。

（三）聚焦机制改革，推动市场化经营机制走深走实

一是优化现代企业治理结构，强化决策效能。广新集团构建高效、灵活的现代企业治理体系，采取"管理制度+授权清单"模式，董事会将6类31项经营管理事项决策权授予董事长和总经理，实现决策链条的精简和高效。深入实施"一企一策"并动态调整差异化授放权，将9类39项管理权限精准下放企业董事会，充分激发各级企业活力。

二是强化市场化改革，激发人才活力。广新集团全面推进经理层任期制和契约化管理，在具备条件的分公司、事业部等非独立法人单位，参照经理层成员任期制和契约化管理落实经营管理人员责任。积极探索并实施市场竞争类企业的中长期激励机制，加快所属上市公司股权激励和所属科技型企业的股权激励工作。

三、改革成效

2024 年，面对复杂多变的经济环境，广新集团实现营业收入 1566 亿元，位列广东省属企业第一；利润总额 38.3 亿元，同比增长 30.28%；归母净利润 10.71 亿元，同比增长 75.97%；资产总额 1159.34 亿元，资产负债率 62.14%；集团合并报表企业 211 家，人员总数约 4.5 万人，发展保持强劲势头。截至 2024 年 12 月底，广新集团拥有高新技术企业 37 家，国家级制造业单项冠军企业 2 家、省级制造业单项冠军企业 4 家，省级"链主"企业 4 家，国家级专精特新企业 2 家、省级专精特新企业 16 家，拥有国家级研发平台 14 个、省级研发平台 40 个，累计获得国家级科技进步奖 17 项、省部级科技进步奖项 34 项。已实现三大主业领域研发机构全覆盖，企业研发投入、高新技术企业数量、高新技术产值、国家级和省级研发中心数量均居广东省属企业前列。

62

构建新型科技创新体系　塑造发展新动能

广东省环保集团有限公司

一、基本情况

广东省环保集团有限公司（以下简称"广东环保集团"）聚焦绿色环保、装备制造、化工产品主业，截至 2024 年底资产总额超 840 亿元，员工 2 万余人；全资及控股二级企业 13 家，控股上市公司 3 家。拥有省级设计院 4 家、省级科研院所 9 家；拥有高新技术企业 51 家、研发平台 78 个，国家级专精特新"小巨人"企业 2 家，省级专精特新企业 24 家；累计有效专利 1938 项。2024 年制定标准 57 项，其中国际标准 2 项、国家标准 5 项、地方及行业标准 20 项。2022 年，广东环保集团正式成为国务院国资委"双百企业"改革试点。

二、经验做法

（一）"一盘棋"谋划，明确创新主攻方向

广东环保集团认真学习习近平新时代中国特色社会主义思想，全面贯彻落实党的二十大和二十届二中、三中全会精神，深入贯彻落实习近平总书记视察广东重要讲话、重要指示精神，围绕广东省委"1310"具体部署和广东省国资委科技创新工作要求，坚持"围绕国家战略导向、紧跟政府

支持鼓励方向、对标市场需求"的总体原则，制定一个规划，系统谋划、科学制定《"十四五"科技创新专项规划》，明确科技创新高质量发展的重点方向、重大任务和重要举措；拟定"四单一图"，包括重点研发项目清单、重点产品清单、研发机构清单、人才与重点引才清单及产业链图谱，将"愿景图"细化为"施工图""路线图"；聚焦环保产业转型升级和补链强链需求，明确绿色环保、装备制造、化工产品三大主业的 8 个技术攻关方向，全面提升企业原创技术需求牵引、源头供给、资源配置及转化应用能力。

（二）"一体化"落实，塑造发展新质动能

一是加大研发投入力度。创新投入机制，开创先例将下属企业年度分红的 15% 作为科技创新专项基金，重点打造一批科技创新平台，支持一批关键技术攻关。打造创新载体，近年来陆续授牌 7 个重点环保创新平台和 45 个劳模工匠人才创新工作室，累计投入约 6 亿元。加大激励力度，在 2022 年专项奖励 550 万元的基础上，2024 年再拿出 1500 万元专项奖励有业绩、有成果的科研工作者。

二是善于引智借力。聚才引智，通过收购创业技术团队，快速切入光伏银粉新能源材料新赛道，以灵活"合约"形式，聘请由院士、学术带头人组成的研发团队，开展高端装备的研发和试验，团队保留研发成果的所有权、著作权，企业获得唯一使用权。柔性借智，成立首届科技咨询委员会，试点"首席科学家""首席工程师"制。跨界用智，试行企业技术专家兼任其他企业技术顾问等方式，优化配置跨企业、跨领域、跨专业的核心技术人才。

三是激发人才活力。出台《"揭榜挂帅"工作指引》，引入竞争实施"赛马"制，组建 7 个技术团队开展技术攻坚。实施"十百千"科技人才计划，通过广东省工业和信息化厅公开张榜 7 个关键技术清单，引进一批技术领军人才、青年拔尖人才。

（三）"一系列"应用，促进科研成果转化

广东环保集团瞄准国家战略导向，主动对接省内"20＋5"产业集群，推动产业链、创新链互融互促。

一是组建广东环保研究总院、广业装备研究院、广业生物研究院三大新型研发机构。

二是建设广州丰乐北环保装备、中山横栏真空装备、清远连南军民融合高端装备、顺德及珠海光伏银粉 4 个成果产业化基地。

三是建立一批产学研联合体，与上下游企业、省内外高校与科研院所建立了众多产学研创新联合体。

四是研究制定科技成果赋权试点工作方案，加强统筹谋划，做好顶层设计，明确赋权试点对象、赋权类型、赋权比例、收益分配等关键要素。

五是组建科技成果转化团队，通过产学研合作、企业间合作等模式，促进科技成果的快速转化。

三、改革成效

广东环保集团坚持自主科技创新，以改革促发展、以发展促创新，科技创新能力不断增强，科技创新成果不断涌现，行业话语权不断提升。

一是"含智量"持续提升。广东环保集团建成全球首座非煤露天矿山全生产工序的智能矿山场景，实现了智能爆破从 0 到 1 的突破。攻克了智能爆破"卡脖子"难题，以"五工序＋四算法＋三关键技术"为核心，构建智能爆破作业系统，搭配智能穿爆作业、无人化智能采剥运、智能灾害预警 3 个模块。现场作业人员减少 83%，作业钻头消耗节省 20%，能耗降低 15%，平均炸药单位成本降低 15%，二次破碎费用降低 30%。

二是"含新量"有所突破。广东环保集团自主研发 HD-1 项目实现总装厂封顶，达到国际先进水平。两款真空装备通过首台（套）设备认定，自主研发的原油真空闪蒸处理、真空水处理设备磁控溅射镀膜机等性能处于国内领先水平。电子级硫酸/磷酸、光伏低温银粉材料可实现进口替代。生物酶法合成新型功能性磷脂产业化关键技术，填补了国内应用端缺口，打破了国际垄断。

三是"含绿量"更加凸显。广东环保集团形成一套集研发、设计、施工为一体的系统性矿山废弃地生态修复技术，引导矿山生态修复技术标准化，通过固废资源转化实现矿山复绿"以废治废"。以"环保＋"塑造新动能，积极开展新污染物检测监测方法、标准及快检试剂盒的研发。污水处理动态精准节能降耗关键技术及智能控制系统在超过30家生活污水处理厂应用，近三年节支总额达1.4亿元。

63

融合数字力量　开启国企新征程

广东省广物控股集团有限公司

一、基本情况

广东省广物控股集团有限公司（以下简称"广物控股集团"）是国家重点培育的20家流通领域大企业集团之一，围绕成为具有国内影响力、服务粤港澳大湾区建设的生产性综合服务商功能定位，紧扣"一体两翼"战略，推进向"贸工技投"一体化实体企业转型。近年来，新一代信息技术兴起，数字化浪潮席卷全球。面对转型挑战，广物控股集团深入学习贯彻习近平总书记关于网络强国的重要思想，认真落实党中央、国务院和广东省委、省政府有关决策部署，前瞻性布局和推进"数字广物"建设，以数智化赋能集团高质量发展。

二、经验做法

（一）加强顶层规划设计，确保组织资源保障

广物控股集团将数字化列为"一体两翼"发展战略中的"一翼"，发布《数字化发展五年规划（2021—2025年）》，加强顶层规划设计，明确数字化转型实施路径，加大数字化投入力度，成立各级网络安全和信息化领导小组，在组织上建立健全统一领导、上下贯通、协同推进、执行有力

的组织架构，组建数科公司强化技术保障。

（二）夯实基础设施，筑牢数字底座

广物控股集团自建私有云和公有云，形成独具特色的"混合云"架构，采用敏捷、高效、可复用的新一代数字技术，形成集团数字化技术赋能平台，提供一体化服务支撑。打造信息安全保障体系，实现智慧运维，形成"一朵云""一张网""一套表""一主一备双数据中心"格局。

（三）集团管控全覆盖，提升数字化管理能力

广物控股集团建成三重一大、督查督办、投资、产权、经营风控监管、安全生产、法务、审计、党风廉政、财务共享中心等管控系统，推进日常管理和业务管理的流程化、表单化、标准化、规范化，构建"横向到边、纵向到底"、建立健全事前、事中、事后一体化的实时在线监管体系。

（四）推进产业数字化，激发产业发展新动能

广物控股集团推进数字化转型，聚焦主业加快转型升级，推动集团主业发展。

一是助力能源化工产品制造高端化、智能化、绿色化发展。巨正源完成 HSE 管理信息系统建设、开展数智化工厂项目，提升风险管理能力。同时成功开发了"聚多多"化塑商城 App，打造"一网共享"的化塑产业新生态，吸引茂名实华东成化工、珠海金发、广东塑米等多户行业内知名度高、信誉好的商家入驻。

二是助力商贸与物流加快改造升级。广物汽贸建设财务共享中心入选省国有重点企业管理提升标杆创建行动标杆项目，以业财深度融合、财务智能应用为导向，实现财务、资金、业务全链条闭环管理。广物中南以商贸生态数字化项目、"钢铁王国"智慧物联供应链项目为抓手，创新商业模式，实现供应链服务全程数据不落地、客户服务全流程移动化、风控管理物联网化。国际物流"粤欧通"、广物优车全球车源大数据平台、溯源

平台等数字化平台，通过"数字广物"打造富有活力的新产业、新业态和新模式。

三是助力产业园区投资、运营与管理数字化转型。产业园类、房屋物业类"两个数字化平台"实现集团物业的数字化管理和运营，招商、租赁、物管和服务等管控流程一体化、标准化，促进资产经营管理创新与核心竞争力提升，提升资产运营管理效益、加强经营决策的科学化。

四是助力外贸发展和湾区建设。电子口岸深化"单一窗口"运维，主要指标位居全国第一；有序推进大湾区跨界车辆平台、"澳车北上""港车北上"系统、粤澳货物"单一窗口"、粤港澳航行船舶平台等粤港澳大湾区通关便利化项目，促进湾区加速互联互通。

（五）提高数据治理水平，激活数据要素价值

一是加快构建数据应用场景，开展大数据平台建设。建设集团数据中心，从不同的视角实时动态展示集团及所属企业的营业收入、净利润、成本费用、资产、预算执行、投资分析、现金流、业务交易数据等全要素数据。通过数据大屏、PC 端和移动端三位一体化展示，实现经营的"可视、可管、可控"。

二是强化业务场景数据建模，构建数据模型。结合人工智能技术，智能分析商品未来市场行情，从"人工＋经验"的粗放式分析决策过程逐步向基于"数据＋模型"的精准化分析决策方式演进，辅助企业决策。

三、改革成效

一是数字化进程提速，助推集团战略目标达成。广物控股集团数字化建设助推管控更有力，流程更便捷，协同更高效，决策更精准，有力支撑了集团发展战略，主要经济指标大幅提升，2023 年相比 2022 年营业收入增长 20.3%，利润总额增长 50.2%，净利润增长 55.3%，发展质量效益

不断攀升，站上了新的台阶。

二是上下协同统筹推进，打造数字化典型应用场景。广物控股集团统筹推进76个数字化项目。"二手车智能交易服务平台"和"大宗商品物联网立体管控"获国务院国资委"国企数字场景创新专业赛"三等奖。"车辆销售画像数据产品"获广东省国资系统企业在广州数据交易所首张《数据资产登记凭证》。

三是赋能业务，推进全价值链效益提升。"钢铁王国"智慧云仓平台实现供应链全流程管控，交易额130亿元，是广东省最大的建筑钢材仓储云平台。汽贸全平台客户数近269万户，业务流转效率大幅提升，周期从45天缩短至6～8天。产业园类和房屋物业类"两个数字化平台"上线后，2023年出租率较2022年显著提高，达93.1%，高于广州市平均水平，增效明显。

64

深入实施国有企业改革深化提升行动
以"三链融合"打造先进制造业龙头企业

广州工业投资控股集团有限公司

一、基本情况

广州工业投资控股集团有限公司（以下简称"广州工控"）是广州市属国有企业、工业领域的国有资本投资公司，肩负着优化广州工业产业生态体系、推动全球高端产业资源向广州聚集、加速广州工业产业转型升级的重要使命。面对广州工业"大链小群"及内部"两多两少"等重大挑战，广州工控主动顺应新一轮科技革命和产业变革的浪潮，对标省、市重点产业布局，找到了一条同时实现"公转"和"自转"内外部有机结合的特色发展道路，以深入实施国有企业改革深化提升行动为契机，探索实践具有工控特色的"产业链在需求侧为创新链提供动力牵引、创新链在供给侧为产业链提供科技支撑、资本链为科技与产业循环提供持续动力"的"产业、创新、资本"三链融合的经营模式，聚力打造先进制造业龙头企业。

二、经验做法

（一）做强产业链，构建现代产业生态圈

一是坚持战略导向，推进存量业务有序进退。广州工控对标广州国资

255

战略性新兴产业和未来产业发展规划，完成集团"十四五"战略发展规划中期调整，从竞争优势、产业空间两个维度重新梳理划分存量业务的发展定位。在产业体系指引下，推进市场化、专业化整合，推动新赛道与旧赛道"两道并进"，存量业务坚持有进有退，坚决清退缺乏发展前景的弱势企业，通过"能混尽混、能扭尽扭、能活尽活、能退尽退"等运作策略，确保集中资源发展核心业务。

二是实施链式发展策略，全力打造产业链主企业。广州工控聚焦智能装备、汽车零部件、先进材料、新能源开发4条产业链，全力打造产业链主企业。例如在汽车零部件产业领域，主动融入广州汽车产业链进行强链补链，组建广州工控汽车零部件集团，产业链涵盖动力电池、汽车电子、传感器、汽车线束、轮胎、轻量化材料等多个核心领域。以链主型龙头企业为牵引，以投促产、以投促引，推动落地年产值150亿元的孚能科技广州工厂项目，带动高镍正极、硅碳/硅氧负极、半固态电解质、正极材料、锂电设备等一批上下游配套产业落户广州，助力广州真正形成千亿级的动力电池全产业链，整体提升广州新能源汽车产业链、供应链韧性。

三是加强园区建设运营，引导先进制造业集聚。广州工控整合集团下属产业园投资、建设、运营、服务等优势资源，设立广州工控产业园发展集团，打造国内一流的产业园投资运营平台。加大力度盘活存量土地和物业，加快孚能科技产业园、大湾区现代高端装备研发生产基地、广州国际智谷总部中心等一批重点产业园开发建设，在运营的标杆产业园区10个，进驻企业超680家，引导先进制造业在广州集群集聚发展。

（二）完善资本链，全面提升产融结合深度与广度

一是组建资本运作专业平台。广州工控围绕集团产业发展需要，组建工控资本，构建覆盖"风险投资、私募股权投资、一级半市场、并购投资"的全生命周期投资布局能力，基金管理规模达300亿元。

二是打造产业基金集群。广州工控联合省市国企、行业龙头等机构，按照"大企业—大项目—产业集群"的布局策略，吸引国内外一流投资机构联合设立若干子基金，打造以广州工控核心业务为主题的产业基金，以科创升级、新兴产业为主题的科创基金，以及以产业园开发及产业孵化为主题的园区发展基金，形成体系完整的基金群，实现广州工控价值链升级，全力支持广州加快新型工业化、建设先进制造业强市。

（三）强化创新链，释放产业科技创新动能

一是完善创新生态体系。广州工控坚持自主研发与引进吸收双轮驱动，构建从实验室、工程化到产业化全链条的九级科技创新链，建立以集团科技创新总院为核心层、企业研发机构为紧密层、各级高校科研院所为协同层的三级创新生态。

二是建立多种合作方式。广州工控主动对接工业和信息化部，推动"典型增材装备及核心零部件质量与可靠性评价服务平台"落户广州，联合高校科研院所及行业龙头共建创新中心，提升科技创新策源力，将产业核心技术牢牢掌握在自己手上。

三是持续增加研发投入。广州工控以研发投资增速高于营业收入增速为基本遵循，不断加大研发投入力度，集团研发投入从 2020 年成立之初的 11 亿元增长到 2024 年的 28.3 亿元，年均增速 27%。

三、改革成效

一是经营业绩稳定增长。广州工控成立五年以来，营业收入等主要经济指标稳定增长，2023 年首次跻身世界 500 强企业，位列 414 位，2024 年跃升至 394 位。集团自主培育的广钢气体上市科创板，成为广州国资科创第一股和国内电子大宗气体第一股。

二是科技创新能力显著提升。截至 2024 年底，广州工控拥有高新技术企业 91 家、专精特新企业 76 家，其中成功培育专精特新"小巨人"企业 15 家。累计拥有国家、省、市各类研发平台 245 个，其中建设有国家级研发平台 27 个。持有有效发明专利数 1200 余件，关键核心技术取得重大突破，取得多项国际领先及国际先进科技成果，涉及工程装备、海工装备、家电压缩机、电线电缆、轨道交通等产业领域。

三是资本运作能力不断增强。近几年，广州工控在新能源、轨道交通、双碳、智能制造、产业互联网等方面进行的投资项目累计超过 70 个，其中 IPO（首次公开募股）项目超过 15 个，充分发挥资本的价值发现、价值培育、价值实现功能。广州工控资本荣获"2024 年度中国私募股权投资机构 TOP100""2024 年度中国最佳国资投资机构 TOP50"，连续四年上榜该榜单，充分彰显市场对其作为国有产业资本实力的认可。

65

积极布局产业发展新赛道
打造低空经济发展新模式

广州汽车集团股份有限公司

一、基本情况

科技的不断进步，智能网联新能源汽车、国产大飞机、人工智能等产业的快速发展，以及人们对出行日益多样化的需求，逐步催生了飞行汽车这一新产物。与传统地面汽车相比，飞行汽车具有高效便捷、零碳排放、舒适私密等特点；与直升机相比，飞行汽车具有明显的安全环保、低成本、低噪声等优势；与传统的飞行器相比，由于应用了分布式电驱动技术，飞行汽车具有垂直起降特点，不依赖跑道，大大降低了停机坪等基础设施的占地面积，极大拓展了应用的场景。飞行汽车作为低空经济的核心产品之一，代表科技创新和产业发展的新方向，被业界认为是新质生产力的典型代表。飞行汽车及其带来的立体出行产业具有广阔的发展前景，是拉动有效投资、创造消费需求、提升创新能级的新领域新赛道，将成为经济增长新的重要引擎。广州汽车集团股份有限公司（以下简称"广汽集团"）作为汽车制造龙头企业，始终致力于"为人类美好移动生活持续创造价值"，在推进汽车电动化智联化转型升级过程中，也积极布局立体出行领域，致力于成为粤港澳大湾区乃至国内飞行汽车新赛道的龙头企业，

259

打造低空经济"新名片"。

二、经验做法

（一）规划引领，谋划立体出行新蓝图

广汽集团依托在汽车领域技术、产业链、出行生态等方面的强大资源禀赋，从 2021 年就开始探索并逐步布局飞行汽车和立体出行体系的技术研发。通过前瞻技术布局，以立体交通方式探索及飞行汽车基础技术研究为开端，以立体交通场景落地及飞行汽车产品落地为目标，以"分阶实施、反思总结、规划调整"小步快跑的方式探索行业场景应用及产品研发。在技术方面，广汽集团的高比能三电、智慧座舱、自动驾驶等核心技术沉淀对飞行汽车的技术研发进行了赋能。在产业链方面，广汽集团拥有成熟的三电产品、工业化能力，可支撑飞行汽车大规模的生产制造。在出行生态方面，飞行汽车将链接广汽集团生态，打造全链条的立体出行服务体系。2021 年，广汽集团首次完成了对飞行汽车项目的总体规划，明确了首先开展立体交通场景研究及多旋翼飞行汽车功能研发的计划，并根据市场需求边开发边调整，多次适应性地调整了项目计划，最多将项目节点整整提前了两年，不断挑战研发创新周期，推动产品加速迭代，保障技术持续领先。

（二）生态赋能，打造低空经济产品新模式

广汽集团多旋翼飞行汽车 GOVE 的主要应用场景是城市内短途出行，采用了行业首创陆空两栖构型，飞行舱和底盘可以自由分离和结合，实现了地面、空中和空地对接三大场景的最优效能。地面场景，底盘既是移动平台，又是补能站点。空中场景，飞行舱采用全机复材轻量化设计，搭载 12 个动力单元，让飞行更稳更安全。空地对接，采用高精度识别和对接技术，并通过智慧城市中心调度系统，让飞行舱与底盘按用户需求对接。2023 年 6 月，多旋翼飞行汽车 GOVE 研发成功并实现全球首飞，标志着广

汽集团进入飞行汽车赛道并成功迈出了第一步。目前，广汽集团正以载人安全为目标，推进 GOVE 多旋翼飞行汽车技术升级及工程落地。

（三）机制保障，为立体出行项目保驾护航

一是完善技术开发流程体系。广汽集团项目团队通过技术合作、生产合作、管理交流等多种方式，将汽车产业的大规模、快迭代、低成本、智能化、多元化的特点与通航产业高安全、强品质的特点有机结合，将传统汽车研发流程与通航飞机研发流程结合，通过系统工程及敏捷开发实践，逐步完善飞行汽车特有的研发生产模式以及供应链体系，探索建立适合飞行汽车研发的技术创新体系。

二是探索容错试错创新机制。广汽集团将飞行汽车研发放在具备容错试错机制的技术创新研发体系中，纪检监督全程参与指导，极大地激发和保护了研发人员的创新活力。研发人员将"三个区分开来"牢记于心，大胆尝试新思路、新方法，及时总结反思，先后立项 7 个飞行汽车研发课题，在不断试错中逐步实现项目成功。

三是打造创新工作站赋能研发团队。广汽集团以创新工作站的方式，专项管理飞行汽车研发团队，并提供采购、财务、人力、法务、宣传等完善的研发服务团队，为研发团队减轻运营负担。飞行汽车团队涵盖航空工程、汽车设计、人工智能等领域，并梯次配置了行业专家、业务骨干、基础员工。依托广汽集团技术研发生态圈，与高校、科研机构、核心供应商建立合作，不断突破动力系统、飞行控制、极致轻量化设计等飞行汽车核心技术难题。

三、改革成效

广汽集团的飞行汽车项目不仅是该集团致力于向"科技广汽"转型探索的一个重要"科技成果"，也为广州市低空经济技术和产业发展贡献了

积极力量。基于飞行汽车项目，广汽集团发布了立体出行白皮书，形成了基于市场需求和技术发展的规划能力，掌握了飞行汽车风擎动力、余度控制、机智轻量化等核心技术，三年内完成了两代飞行汽车研发。在体制机制方面，创新容错机制极大提升了研发团队勇于创新、敢于作为的精神，提升了研发团队的战斗力与竞争力，同时基于创新工作站的新型运作模式，快速搭建了飞行汽车的研发专业化队伍，积累了打造专业化科技攻关团队的实践经验。未来，广汽集团将以 GOVE 飞行汽车为牵引，打造一键式陆空一体的智慧立体出行服务体系，实现粤港澳大湾区 40 分钟安全高效通达目标，不断赋能地面和低空经济，勇拓低空经济技术新巅峰。

66

聚焦科技资本　强化创新赋能
助力高水平科技自立自强

深圳市资本运营集团有限公司

一、基本情况

深圳市资本运营集团有限公司（以下简称"深圳资本运营集团"）是深圳市属国有资本运营公司，作为市属国资拓展战略性新兴产业重要载体，认真贯彻落实国有企业改革深化提升行动要求，主动顺应新一轮科技革命和产业变革大势，聚焦"科技资本"发展战略，积极发挥并购重组、股权投资和产业基金等国有资本运营优势，紧密围绕"科技赋能"推动企业增强核心功能、提升核心竞争力，为战略性新兴产业高质量发展贡献力量。

二、经验做法

（一）强化战略引领，聚焦科技资本战略转型

一是聚焦科技资本坚定战略引领。深圳资本运营集团坚决贯彻国家"加快实现高水平科技自立自强"的战略要求，将科技作为未来发展的核心方向，坚定不移向投资科技产业、支持科技企业发展的"科技资本"战略转型。

二是围绕科技创新优化顶层设计。深圳资本运营集团着力构建"集团本部＋专精特新优势企业＋其他科技企业"的"1＋3＋N"发展架构，全面提高自主创新能力，培育发展新动力。明确打造专精特新优势企业的实施路线，支持所属企业发挥科技创新主体作用，持续优化顶层设计和科创环境。

三是完善工作统筹推动战略落地。深圳资本运营集团发挥考核的"指挥棒"功能，压紧压实各部门及所属企业责任，引导企业在科技创新领域持续加大投入力度，推动"科技资本"战略落地。

（二）优化产业结构，专注科技产业加大布局力度

一是坚持战略导向，产业布局稳步推进。深圳资本运营集团当好长期资本、耐心资本、战略资本，先后投资汇进公司（医疗健康和智能消费大型制造企业）、柳鑫实业（印刷电路板钻孔材料细分领域行业龙头）、兆驰股份（全球电视代工、LED 芯片与封装龙头）等，并成为中集集团（全球物流装备和能化装备龙头）第一大股东，形成以战略性新兴产业为主的产业布局。

二是推动股权流转，产业结构持续优化。深圳资本运营集团加快构建国有资本"融投管退"正向循环，厘清提升资产质量路线图，推进股权有序流转、资产结构持续优化。对深圳市科陆电子科技股份有限公司进行引战赋能，导入产业运营能力突出的企业，充分发挥引战企业在产业链供应链等方面对科陆电子的战略赋能作用。

三是强化科技引领，产业支撑不断增强。深圳资本运营集团聚焦产业链布局上下游，深挖优质项目，壮大核心主业，更好发挥产业支撑和龙头带动作用。支持兆驰股份拓展产业链，并购光器件互联领域专精特新"小巨人"企业——广东瑞谷光网通信有限公司，提升在光通信行业的影响力。

（三）扩大基金优势，发挥科技资本撬动功能

一是设立新型储能基金发展新兴产业。深圳资本运营集团牵头设立并正式运营总规模200亿元的深圳市新型储能产业基金，专注投资新型电化学储能全产业链，引导撬动社会资本做强储能产业，为深圳新型电化学储能产业链发展提供重要支持。

二是设立半导体基金专注硬核科技投资。深圳市远致创业投资有限公司与国内通信行业龙头共同设立规模超100亿元半导体基金，聚焦"卡脖子"领域和半导体产业发展薄弱环节，推动国产替代，精准投资一批高附加值、高技术含量、高科技创新的项目，为实现半导体产业自立自强贡献力量。

三是管理平稳基金服务实体经济发展。深圳资本运营集团受托管理深圳市千亿级平稳基金，通过市场化方式对科技类民营企业进行股权、债权支持，取得显著的经济效益和社会效益，有效支持实体经济健康发展。

（四）推动成果转化，围绕科技创新强化赋能

一是深化服务赋能，推动企业固化科技成果。深圳资本运营集团指定专门部门服务所属企业的科技创新工作，推动企业将核心技术固化为科技成果，将创新技术转化为实际产品、服务和解决方案，助力创新要素资源在生产环节有序导出。

二是攻关核心技术，打造高新技术龙头企业。深圳资本运营集团支持兆驰股份加快推进原创技术成果转化和产业布局，扩大 Mini/Micro LED 产能。支持柳鑫实业持续深耕印刷电路板钻孔材料领域，加大对封装载板电子胶膜新材料研究成果的转化力度，突破"卡脖子"技术。

三是打造创新载体，助力科技创新企业培育。深圳资本运营集团推动中国科技开发院有限公司打造集政策解读、技术评估、成果转化于一体的孵化器模式，在全国运营国家、省、市各级科技企业孵化器34家，为创新

型科技初创企业提供全方位支持。

三、改革成效

一是科技产业布局加速形成。深圳资本运营集团以战略性新兴产业为主体的现代产业体系不断完善，目前拥有国家高新技术企业25家，国家专精特新"小巨人"企业和专精特新中小企业多家。截至2024年7月底，科技板块营业收入占比86%，利润总额占比78%。

二是科技资本撬动功能效果显著。深圳资本运营集团形成了覆盖科技企业"全生命周期"的市场化基金群体系，"投早、投小、投硬科技"，大力支持新兴产业发展，有效放大科技资本的撬动功能。目前，深圳资本运营集团市场化基金累计管理规模超700亿元，推动多家被投科技企业成为行业领域龙头。

三是科技硬核实力大幅提升。深圳资本运营集团科技研究应用成果固化和转化提质增速，2024年上半年新增专利申请90项、专利授权130项，旗下柳鑫实业再次荣获国家级行业单项冠军，研发的封装载板电子胶膜新材料通过国内最大通信设备厂商供应链中试生产认证。

67

大力发展风险投资
助力培育发展新质生产力

深圳市创新投资集团有限公司

一、基本情况

深圳市创新投资集团有限公司（以下简称"深创投"）深入学习贯彻习近平总书记关于国有企业改革发展和党的建设的重要论述，秉承国有风投机构使命担当，深入推进国有企业改革深化提升行动，充分发挥风险投资的价值发现、产业培育、风险共担等作用，挖掘和推动一批科创企业发展成为上市公司、行业龙头、专精特新企业，努力服务做好科技金融这篇大文章。截至 2024 年 8 月底，深创投累计管理各类资金总规模超 4800 亿元，投资企业超 1500 家，其中培育上市企业 269 家、专精特新"小巨人"企业 347 家，连续 8 年位列中国本土创投机构综合排名第一。

二、经验做法

（一）创新发展模式，打造中国特色风投资金供给体系

一是探索建立创新型基金，完善科技创新生态。深创投发起设立 S 基金，专注于基金份额转让，丰富风投退出渠道，加速科创资金循环流动。与保险、资产管理公司创新开展合作新模式，发起成立深圳 S 基金联盟，

持续提升行业影响力。设立物流园区、产业园区、数据中心、人才安居等总规模超 400 亿元不动产基金，为科技创新提供基础设施和物理空间保障。

二是设立管理母基金，强化支持科技创新的资本供给。深创投继成为深圳、佛山、东莞等地政府母基金管理人后，又参与设立前海股权母基金和深创投产业母基金等市场化母基金，培育近 200 只科创子基金，子基金总规模超 5000 亿元。

三是积极引导国际化资金，服务科技创新。深创投加大国际业务拓展力度，拓展境内外募资生态，成功获批香港 9 号牌照，组建澳门资产管理公司，设立 QFLP 基金。积极接洽中东等海外投资机构，与中东 7 家知名主权基金及多家金融机构建立联系。

（二）服务国家战略，以风险投资支持新质生产力

一是落实重大战略，管理大型科创产业基金。深创投先后管理国家级新材料大基金、制造业转型发展基金、中小企业基金、健康产业基金、军民融合基金，助力国家制造业转型升级和中小企业发展。围绕广东省及深圳市的产业发展规划，完成设立工业软件基金、合成生物基金，助力推动大湾区科技创新专项基金正式落地河套深港科技创新合作区深圳园区。积极筹设科技创新种子基金，重点支持从 0 到 1 的具有自主知识产权、科技含量高、创新能力强的初创企业。

二是把握投资方向，精准支持高科技企业发展。深创投始终坚持"国家需要什么，深创投就投什么"的投资策略，采取研投一体化方式，把"卡脖子"清单转化为重点投资清单，主动挖掘、敢于出手投资服务国家高水平科技自立自强的科技企业。按照发现一个、投资一个、全力干成一个的原则，坚决提供长期资金支持，克服重大技术攻关难度高、投资大、周期长等风险，助力一批企业在"卡脖子"领域打破国外垄断。

三是强化资本撬动，指导推动企业上市发展。深创投建立项目质量评

价体系，实施分类管理和服务，把握政策改革新机遇，多年来在推动上市企业数量方面稳居业内首位。2023 年新增上市企业中，科创板 8 家，占科创板新增上市数量的 12%。

（三）坚定服务为本，为科创企业提供全方位增值服务

一是丰富投资方式，为创新型企业提供全生命周期金融服务。深创投坚持"三分投资、七分服务"理念，设立种子、天使、成长、并购基金，以满足企业不同发展阶段的资金服务需求，投资初创期和成长期项目数量占比高达 90%。

二是构建服务体系，为企业创新创业提供有力支撑。深创投不断完善创新、创业、创投生态体系，倾力打造"深湾汇"等赋能平台，从融资服务、产业资源、对接上市服务等方面为子基金和底层项目企业开展深度赋能。常态化邀请企业家和行业专家为已投企业提供全方位培训；组织已投企业与证券交易所交流，助力企业上市。

三是赋能企业发展，推动提升科创企业公司治理水平。深创投持续跟进投资企业的运作，提供规范化经营的建议和指导；积极推荐高端人才，为企业提供人才招募服务；积极组织企业参与知名榜单评选活动，动态发布企业最新动态，加大企业宣传力度。

三、改革成效

一是对产业链供应链自主可控的贡献不断增强。深创投聚焦硬科技、"卡脖子"等核心技术领域，加大研投力度，助力国家高水平科技自立自强。截至 2024 年 8 月底，深创投 90% 以上资金投在前沿硬科技领域，包括新一代信息技术、生物技术、高端装备等，累计投资额超 1000 亿元，助力一批已投企业在工业软件、半导体设备等领域打破国外垄断。

二是对不同阶段科创企业的支持力度不断增大。深创投构建"市场化

基金＋政策性基金"双轮驱动业务模式，实施差异化基金策略，在管资产规模持续稳健增长，根据种子期、天使期、成长期、成熟期等企业不同发展阶段融资需求特点，构建了覆盖种子、天使、成长、并购全链条基金群，为科创企业提供与其发展阶段相匹配的融资服务。

三是对科创企业的长期培育作用不断增强。深创投聚焦早期投资，当好长期资本、耐心资本、战略资本，2023年以来投资项目中，初创期占18%、成长期占77%。持续构建创投服务生态体系，打造增值服务平台推动资源对接，成功推动20多家企业进入华为、中兴、汇川等产业龙头的供应链体系。

68

深耕主业强创新 三个聚焦促发展
打造更具科技体验感的世界一流机场

深圳市机场（集团）有限公司

一、基本情况

深圳市机场（集团）有限公司（以下简称"深圳机场集团"）成立于1989年4月，是深圳市属国有独资企业，注册资本126.5亿元，主营业务为航空港（含配套码头）投资建设与经营，航空客货运保障、综合配套服务及经营管理，临空经济发展与临空产业投资运营等。2023年，深圳机场旅客吞吐量5273万人次、位列全国第4，货邮吞吐量160万吨、位居全国第3，荣获SKYTRAX"五星机场""世界最佳进步机场奖"、ACI亚太地区4000万级以上"最佳机场"等荣誉，航空客货运及智慧机场等领域多项经验获国家、省、市质量标杆。

二、经验做法

深圳机场集团聚焦贯彻落实国有企业改革深化提升行动，大力实施创新驱动发展战略，将科技创新作为培育发展新质生产力的核心要素，加强科技创新顶层设计与生态建设，深入挖掘机场场景价值，在特色领域逐步积累科技创新优势，全力打造更具科技体验感的世界一流机场。

（一）聚焦战略引领，完善科技创新顶层设计

一是强化科技创新战略引领。深圳机场集团编制实施集团"十四五"科技创新规划，聚焦旅客服务、航空物流、智慧运行等九大重点领域，明确科技创新发展战略目标和实施路径并每年滚动实施。

二是推进业务体系数字化转型。深圳机场集团编制实施数字化转型专项规划，搭建大运行、大安全、大服务、大物流、大产城、大交通、大管理"七大业务体系"，实施数字化高质量发展行动计划，实现科技创新与机场管理深度融合。

三是建设科技创新政策支持体系。深圳机场集团制定知识产权管理试行办法，促进知识产权创造、运用、保护和成果转化。建立科技创新类岗位任职资格体系，完成108名科技创新人才任职资格认证。

（二）聚焦资源支持，构建科技创新生态体系

一是强化科技创新资金支持。深圳机场集团建立创新专项资金和信息化项目管理制度，加大创新资金投入力度，2023年创新投入超1.09亿元，有效保障一批科技项目顺利开展。

二是强化科技创新人才支持。深圳机场集团从民航院校、国家"双一流"院校重点引进科技创新青年储备人才，近三年面向社会引进数据库应用、机电设备运维等50余名技术骨干，打造超320人的科技人才库。组建27个劳模和工匠人才创新工作室，培养创新工匠人才超200人。

三是强化科技创新协同支持。深圳机场集团强化产学研合作，与中国民航大学成立研究生联合创新实践基地，拓宽科技人才引育渠道。与中国民航管理干部学院签署战略合作协议，在创新研发等领域深度合作，打造校企合作的民航高质量发展标杆。充分发挥国家技术标准创新基地（民航）成员作用，协同研制关键性引领性行业标准和团体标准。

（三）聚焦主责主业，强化重点领域科技支撑

一是围绕旅客服务，全面升级旅客出行体验。深圳机场集团全力满足旅客对美好航空出行的需求，业内率先试点推出乘机码"一证（码）通行"服务，实现"一部手机走遍机场"的无纸化出行。针对高频商务旅客出港服务流程痛点，率先推出旅客"易安检"服务，高峰时段通道放行效率提升至220人/小时以上，达到传统通道的 1.5 倍。

二是围绕航空物流，深化物流场景创新融合。深圳机场集团率先使用全球首台航空箱 CT 安检机，填补民航 CT 技术用于大型航空箱货物安检空白。率先落地"货运一个码"，实现国内业务"按件水平"跟踪。创新应用智能机器人，推动航空快件查验效率提高约 20%。

三是围绕智慧运行，持续提升智慧机场水平。深圳机场集团全力建设智能化绿色化标杆机场，全球首创将 AI 技术用于机位资源自动分配，2023年航班靠桥率提升至 86.1%。率先打造集慢充、快充、超充于一体的充电网络，建成超级快充站 4 座、充电桩约 1000 台，配备充电枪超 1200 支，提供更加便捷高效的充电环境。

四是围绕低空经济，前瞻布局低空产业发展。深圳机场集团于 2023 年11 月成立低空产业公司，加快深圳低空运营总部基地建设，打造深圳低空飞行服务平台，提供"一站式"低空飞行服务，更好服务深圳国家低空经济产业综合示范区创建和低空经济中心建设。

三、改革成效

一是自主研发能力持续提升。深圳机场集团开发全国首台空港设备移动维修平台，探索空港设备由"厂区维保"向"现场保障"、"故障报修"向"预防检修"转变。自主研发 C 类航空器快速搬移设备多项技术获得国家专利，补齐该领域国产设备短板。积极承担"机场场面智能运行管控关

键技术研究与示范"国家重点研发项目，大力提升复杂混合场景下的运行安全与效率。

二是创新成果持续涌现。截至 2024 年 8 月底，深圳机场集团累计获得 74 项国家专利及软件著作授权，牵头或参与 14 项行业和团体标准编制，推动 12 项企业标准在公司试用和应用。加快推进自主研发项目商业化转化，C 类航空器快速搬移设备已进入量产商业化阶段，轴承黄油加注器、航空行李消毒机商业转化创收约 300 万元。

三是创新经验持续输出。人工智能机位分配经验入选国际航空运输协会典型案例，点融合飞行程序提升机场容量被国家发展改革委、科技部等七部委纳入"深圳综合改革试点创新举措和典型经验（第二批）"全国推广。首发"易安检"服务向全国全面推广，"货运一个码"成为航空物流数字化标杆。乘机临时身份证明已推广至全国 200 多个民用机场，被交通运输部推荐在更多交通行业使用。

69

推动天使母基金当好耐心资本
助力科技创新

深圳市天使投资引导基金管理有限公司

一、基本情况

为解决初创企业融资难问题，补齐深圳天使投资短板，帮助种子期、初创期科技企业跨过"死亡之谷"，深圳市政府设立规模 100 亿元的天使母基金和规模 20 亿元的科技创新种子基金，由深投控和深创投两家深圳市属企业联合成立，深圳市天使投资引导基金管理有限公司（以下简称"深天使"）受托管理。自成立以来，天使母基金及种子基金已设立子基金 80 余只，投资早期项目超 900 个，投资额超 120 亿元，一大批初创企业得到资本支持和增值服务，为支持科技创新构建现代化产业体系当好耐心资本。

二、经验做法

（一）"投早、投小、投科技、投长期"，做好科创企业"孵化器"

一是投早、投小。深天使创新性地将"天使阶段"划定为首两轮融资或成立不超过 5 年、人数不超过 200 人、资产总额或年收入不超过 2000 万元的初创企业，在行业内获得广泛认可。聚焦投资"更早、更小"，探索投向尚未实体运作项目和极早期项目。其中，尚未实体运作项目指国家级、省级（挂牌）实验室、创新中心、高等院校及研究机构取得财政经费的科创项目；极早期项目指首轮外部机构投资、企业估值不超过 1 亿元，并要求子基金 60% 以上资金投向首轮投资不超过 500 万元项目。

二是投科技。聚焦专精特新，天使母基金要求子基金全部投向战略性新兴产业和未来产业。新设立的种子基金由科技主管部门确定投资方向，对基金投向进行产业政策符合性审查。

三是投长期。天使母基金及种子基金分别支持早期和极早期的初创企业，其子基金存续期分别可达 10 年和 15 年。天使母基金自身回收资金用于循环投资，成为真正可长期陪伴创业企业成长的耐心资本。

（二）政府与市场相结合，提供科创产业"资金池"

一是科学划分权责。坚持"有为政府与有效市场相结合"，政府提供资金支持、制定基本的规则、审定公司发展战略、加强对公司的监督和绩效考核，具体基金投资管理由深天使负责，子基金在此框架下负责具体项目投资管理。

二是弹性比例出资。天使母基金突破了一般引导基金出资 30% 的上限，出资比例最高可达基金总规模的 40%。为加大在源头技术转化上的引导力度，种子基金对单个子基金的出资比例放宽到了 50%，市区引导基金联动出资总额最高可达 80%。

三是明确奖惩机制。突出互利共赢，基金盈利后，将超额收益全部让渡给子基金管理机构和其他出资人。种子基金在此基础上，新设风险补偿机制，在子基金出现亏损时，对符合条件的子基金非财政资金出资人的亏损总额予以一定比例补偿。优化回购机制，在子基金存续期内，子基金管理人可申请对种子基金出资部分进行收购。收购价格根据种子基金所持有子基金份额的时间确定，持有时间越短，收购价格要求越低。创新承诺出资额度调整机制，母基金承诺出资与子基金投资进度挂钩，以"先到先得"方式创新"赛马机制"，优先支持投资进度快、项目质量好的优秀投资机构。

（三）投资金与投服务相结合，营造天使投资"生态圈"

一是为初创企业提供全方位生态服务。深天使投入资金的同时链接政策、金融、人才、空间、科研、产业等方面资源及服务，打造集"科技成果链接、优质项目遴选、创业教练辅导、概念验证培育、应用场景对接、孵化平台加速"于一体的生态服务体系，打造了孵化载体"天使荟"、深港澳天使投资人联盟及产业加速营等一系列品牌活动，营造有利于初创期企业不断产生、持续成长壮大的外部环境。

二是为早期科技项目搭建成果转化平台。针对更早期的科技项目，深天使通过科技创新种子基金"直通车"品牌活动，常态化举办走进高校科研院所，收集技术成果，与子基金管理机构对接。组建创业教练群，以内外部合伙人的身份提供指导与陪伴，解决科学家在技术领域优势显著但在管理及市场方面不足的问题；走进高校推广概念验证项目培育工程，助力"技术成果"转变为"种子项目"。以"开放式创新"的模式为种子期、天使期企业链接产业链应用场景，推动双方的横向转移合作，包括专利许可或转让、联合设立实验室、共同申报研究课题及投资并购等，推动技术成果尽快从"书架"走向"货架"。

三是为天使投资人群体对接项目产业资源。深天使将机构天使与个人天使相结合，为科创企业提供更多元化的支持。建设"天使投资人之家"、成立全国首个地方民政局注册并由地方金融局主管的个人天使投资协会，累计为会员对接百余个初创项目，拓展对接产业资源超30余家。吸引和支持国内外优秀天使投资人在深圳开展投资，聚集和壮大天使投资人群体，促进深圳天使投资个人与机构共同繁荣，引导社会资本向耐心资本转变。

三、改革成效

深天使累计引入异地（含境外）天使投资人才数百人，30%的已投项目创始人来自北美、欧洲、亚太等地区知名院校，建设起一支国际化、专业化、高素质天使投资队伍。以较大的基金管理规模、创新的制度体系和不断完善的生态服务引领国内天使投资行业发展，获得国内外主流行业榜单多年持续认可。已投企业中涌现出估值1亿美元以上的"潜在独角兽"160余家，其中估值10亿美元以上的"独角兽"6家。超30%项目团队获得国家、省市级高层次人才认定，超20%项目涉及颠覆性技术，近50%项目所提供的产品或服务能够帮助实现进口替代，超30%项目所提供的产品或服务帮助解决相关产业链上下游"卡脖子"问题，带动就业近5万人。

70

以数据要素改革助力数字城市建设

深圳数据交易所有限公司

一、基本情况

为贯彻落实中央《深圳建设中国特色社会主义先行示范区综合改革试点实施方案（2020—2025 年)》等文件精神，扎实推动数据要素市场化配置改革工作，深圳数据交易所有限公司（以下简称"深数所"）于 2022 年 10 月正式揭牌运营。深数所以建设国家级数据交易所为目标，基于"立足深圳、服务湾区、辐射全国、面向世界"的业务布局，高质量打造构建数据要素跨域、跨境流通的全国性交易平台，建立适应数字经济、数字城市发展的数据要素市场化配置示范路径和交易样板。

二、经验做法

深数所坚持"成为数据流通的支撑者、数据应用的推动者、数据生态的培育者"的发展愿景，着力建设合规保障、供需衔接、生态发展、流通支撑"四大能力"及数据交易网、数据流通网、数据开发网"三张网"组成的"四力三网"数据交易全链条服务体系，全面挖掘数据要素流通、交易和应用价值，助力城市经济高质量发展。

（一）坚持"安全保障要有方"，奠定合规流通基石

为确保数据要素交易市场的安全可信，深数所坚持"安全、可信、公平、公正、透明"的原则，围绕数据流通交易全流程，聚焦数据合规、权益保护、利益分配等核心环节，构建一套完善的数据要素流通安全合规机制。创新合规模式，降低市场主体参与交易的合规成本，保障各方数据在合规安全的前提下流通。主动参与标准制定，推动跨行业、跨地域、跨场内外的数据交易标准统一，为数据商、第三方服务机构提供公平开放的进场机会，激发各类参与主体活力。

（二）坚持"流通支撑要有力"，服务数据交易全流程

针对数据要素交易市场的技术需求，深数所坚持"开源开放、共建共享"的理念，致力于成为数据流通领域核心基础设施供应者，夯实数据安全流通技术底座，建立满足数字化交易需求、覆盖交易服务全流程的技术平台，推动数据要素流通关键基础技术自主可控，着力打造支撑数据"安全可信、可控、可追溯"的跨域、跨境流通交易环境，为加快建设全国数据交易统一大市场贡献力量。

（三）坚持"供需撮合要有效"，促进供需双方有效衔接

针对"有数无市""有市无数"等数据流通交易信息不对称问题，深数所坚持"供需撮合要有效"的宗旨，依托丰富的数据资源，加速数据产品和服务迭代，推动数据应用创新、应用场景拓展。以需求驱动交易，以收益引导供给，建设多层次的数据资源合作机制，推动高质量数据资源汇聚，持续激发数据资源潜力，将深数所打造成为数据流通的首选站、首发站。

（四）坚持"生态发展要有为"，构建多元开放数据生态

针对数据要素市场构建多元开放生态，深数所深刻理解、主动适应数据要素市场的多层次性，立足不同层级市场需求有序管理数据要素的流

通，稳步构建数据交易供需生态、数商生态和第三方服务生态，孕育更多数据需求，催生更多高质量数据，培育更多数据要素领域优秀人才，助力构建协同创新、错位互补的一、二级市场体系，进一步释放数据要素潜力，为推动经济转型升级和高质量发展打下坚实基础。

三、改革成效

一是数据要素交易机制不断健全。深数所聚焦数据产权、流通交易、收益分配、安全治理等核心领域，发布 45 项场内制度及指引，主导和参与 20 项标准编制；推出深圳数据交易合规评估法律服务认证体系，创新确定数据合规行政执法和刑事司法相衔接机制及免责容错机制，坚决守牢数据交易安全底线，创建成果入选 2023 年度深圳"十大法治事件"。

二是数据安全流通环境日趋完善。深数所推动算力设施协同，创新跨行业数据可信流通技术方案，制定隐私计算平台互联互通标准，构建自主可控的安全保障与内容审核机制，建成"四力三网"数据流通交易基础设施底座。联合中国人保财险发布全国首批数据保险解决方案，为企业参与数据交易提供保障。

三是数据交易生态网络基本建成。深数所坚持以通促用统筹需求侧、流通侧及供给侧，有效导入 3000 家境内外市场主体，汇聚"晃牛保""飞流智慧城市"等 2000 个数据产品，累计发布超 1000 个垂直行业多模态算料集，孵化 13 个"数据要素×"案例。主导建设开放群岛开源社区、开放算料联盟等 10 余个生态组织，汇聚 6 名院士、200 多家企业，在全国布局 47 个数据要素服务工作站，持续丰富完善数据生态网络。

四是跨区跨境交易实现新突破。深数所发挥前海、河套重大平台优势实现国内首笔跨境数据交易，导入中国香港、新加坡、马来西亚等境外数据商；打造全国首个部委级（中国气象局）公共数据交易示范案例，促成全国首笔气象公共数据产品完成场内闭环流通交易，携手珠海市完成全国首单跨区域"政所直连"公共数据产品场内交易、全国首单双"数"（公共数据与数字人民币）闭环定价交易；在深圳、杭州等地落地一批数据资产入表、增信融资、数据保险、数据信托领域的全国首创示范案例。

71

探索"联合创新 + 产业化平台"创新模式
实现海水制氢装备技术突破和产业化应用

深圳能源集团股份有限公司

一、基本情况

深圳能源集团股份有限公司（以下简称"深圳能源"）成立于 1991 年 6 月，1993 年 9 月在深圳证券交易所上市，2007 年 12 月实现整体上市，开创了国内电力公司整体上市的先河。深圳能源以深圳为大本营，立足广东，布局全国，构建起多元化的产业体系，实现了从单一发电企业向综合能源服务企业的转型，发展成为产业遍布 29 个省（区、市），以及海外加纳、越南、巴布亚新几内亚等地的国际化综合性能源企业。截至 2023 年底，深圳能源总资产 1534.59 亿元，营业收入迈向 400 亿元台阶，累计实施科技项目 350 余项，累计获得知识产权 981 项。

二、经验做法

为支撑高质量发展，深圳能源与深圳清华大学研究院成立联合研究院，探索"联合创新 + 产业化平台"产学研协同创新模式，实现电解海水制氢装备技术突破和产业化示范应用。

（一）依托产业场景以产带研

一是做好产业谋篇布局。深圳能源基于技术引领、前景广阔、生态主导三大原则，围绕低碳电力、生态环保、综合燃气、数智服务 4 个核心发展业务，在未来有竞争力、市场规模大、成长性好的产业赛道及急需国产化的前沿技术领域开展优先布局。

二是开展可再生能源技术研究。深圳能源积极发展海洋绿色能源战略，聚焦海洋可再生能源发展产业链关键技术，围绕发展海洋绿色能源战略开展海上风电、氢能与储能、能源清洁低碳利用等战略导向的基础研究和市场导向的应用研究，在海洋可再生能源技术领域实现新突破。

三是推动全球最大海水制氢装置落地应用。深圳能源在妈湾电厂落地 500 千瓦电解海水制氢装备并正式开展示范应用，运行后制氢量可达到每小时 100 标方，是全球单体规模最大、首个百标方级电解海水制氢项目，满足规模化海水制氢的需求，实现了我国海洋可再生能源制氢装备的突破。

（二）汇聚校企资源以研促产

一是协同创新赋能战略新兴产业。深圳能源充分发挥联合研究院协同创新模式，成立由双方共同参与的委员会，双方各设 1 名联合研究院院长和 3 名委员，由科学家和企业家共同管理创新项目，不断突破产业关键核心技术，推进产学研深度融合，引导产学研协同创新和成果转化。

二是深化校企合作为企业招才引智。深圳能源依托深圳清华大学研究院全球引才优势，着力打造具有竞争力的核心技术研发团队。在联合研究院下设创新项目实验室，发挥深圳能源产业技术、工程人才优势，为创新技术落地聚集涵盖多专业的复合型人才。

三是发起新兴产业投资基金。深圳能源与深圳清华大学研究院共同成立投资基金，支持联合研究院科技成果转化、参与新兴产业领域优质项目发展，为更多研发成果的转化汇聚资金和市场资源，共同扶持先进技术的应用孵化。

（三）探索转化渠道以研助产

一是推动绿电资源就地转化。深圳能源以联合研究院研发技术为依托，牵头承担"规模化电解海水制氢中试与应用""海上风电制氢系统关键技术与应用示范"等多项技术攻关重点研发课题，实现由绿电向其他绿色能源形式的转化，为能源创新领域寻找关键增量创新技术。

二是协同科研开展先行先试。深圳能源充分发挥国企优势，建设项目中试示范基地，产研联合打造核心设备研发、试验测试、落地应用的示范工程。联合开发电解海水系统装备能够适应海水、盐碱水、城市中水、油田采出水等多种水源，相关技术达到国际领先水平。

三、改革成效

一是探索海上可再生能源利用新路径。深圳能源开发以"规模化海水制氢"为代表的全球领先原创技术，实现规模化海上能源的高效存储与海水资源的有效利用。该技术具有广阔的推广前景，有望克服深远海可再生能源并网难、巨量可再生电力储存难的瓶颈问题。

二是以应用场景创新实现新技术"首试首用"。深圳能源瞄准海水制氢，在深圳妈湾电厂打造直接电解海水制氢应用场景，经过不断试错、改进和优化，有效缩短从一纸专利到投入运营时间。设备日均产氢量可供氢燃料电池车行驶约 6000 公里，入选《2024 年广东省应用场景典型案例》。

三是能源产业与新型研发机构优势充分融合。深圳能源依托联合研究院的科学家和企业家共同管理项目的新型模式加速创新进程，整合各方资源突破从技术研发到产业化各个环节，促进研发方和需求方高效对接，推动技术成果从书架走向货架，直到产业顺利落地，实现从创新项目到市场价值的转变。

72

战略引领　机制创新　成果应用
争当行业科技创新示范尖兵

深圳市燃气集团股份有限公司

一、基本情况

深圳市燃气集团股份有限公司（以下简称"深圳燃气集团"）是一家以"燃气＋清洁能源"为主业的深圳市属国有控股上市公司。深圳燃气集团积极落实党中央、国务院关于加快打造原创技术策源地的决策部署，聚焦创新驱动发展战略，以智慧化转型驱动生产方式与治理模式升级，争当行业科技创新领域的领先者、领跑者。

二、经验做法

（一）强化战略引领，锚定科技创新目标方向

一是确立创新驱动发展战略。深圳燃气集团以"从数字化向智慧化转型"为发展方向，制定"一个愿景、两类目标、三个阶段、四类业务、五大能力、六项举措"的"科技创新123456战略"，着力构建"多层次、开放型、产学研密切结合、成果高效转化"的科技创新体系，推动创新成为引领公司科技发展的第一动力。

二是扎实推进科技项目实施。深圳燃气集团聚焦科创战略需求，承担

天然气管道掺氢、燃料电池与涡轮混合循环发电等 5 项国家重点研发计划，9F 级燃气-蒸汽联合循环热电联产 1 项省级重点建设项目，基于国密的城市燃气工业物联数据安全、光储直柔等 7 项市级技术攻关与研发项目，密切围绕能源技术创新领域，持续强化重点技术储备。

三是加快自主研发技术攻关。深圳燃气集团首创燃气行业工控网络安全整体解决方案，自主研发适用于燃气行业的安全智能 PLC（可编程逻辑控制器）和 RTU（远程终端单位），从根本上提升燃气行业控制设备能力的自主性和安全性。聚焦燃气化学能高效利用领域，研发"高效-低碳-清洁-经济"四位一体的深燃机（气电互补高效供能装备），构建气电互联网的能源管理系统，推动天然气和电能产业链实现优势互补。

（二）完善创新机制，激发科技创新活力动力

一是加强科技人才团队建设。深圳燃气集团实施"政产学研用"模式，建设国家级博士后科研工作站、院士（专家）工作站，与工业和信息化部网安中心、国家鹏城实验室、华为、腾讯等联合开展人才培养，实现人才"引得来"。根据生产发展重难点技术方向，组建企业导师库，定制符合博士后专业特色的研究课题，培养知业务、懂技术、能创新的高层次人才，实现人才"育得好"。提供人性化关怀，支持申报各类人才项目、职称评审等，实现人才"留得住"。

二是完善科技人才激励机制。深圳燃气集团制定科技创新奖励激励办法，从效益、品牌、组织提升 3 个维度对创新项目取得的成果进行奖励，激励全员创新。制定科技研发与创新成果转化与收益分配管理办法，打通科技成果转化通道，给技术人员赋予科技成果自研发到产业化的全周期收益权，已完成深燃机、客服系统、管网运营系统等项目的成果转化工作。

三是加强科技投入体系建设。深圳燃气集团完善以企业投入为主、政府资金参与的研发投入体系，畅通科技型企业绿色融资渠道，开展下属企业创新能力提升及高新技术企业培育工作，强化研发投入稳增长机制，2023 年研发投入强度同比增长 22%。

（三）推进成果应用，提升科技创新动能效能

一是不断壮大创新阵营。深圳燃气集团统筹创新组织力量，打造工业和信息化部重点实验室、广东省智慧燃气研发中心、深圳市重点企业研究院等 10 个创新载体。集聚创新资源优势，开展创新联合体建设，基于深圳市香蜜湖新型能源系统建设项目，分别与清华大学、天津大学院士团队联合成立"智慧能源创新中心"，共同推动智慧能源领域的创新与发展。

二是推进测试平台建设。深圳燃气集团在求雨岭燃气场站建设近零碳综合能源系统中小试基地，推动制氢、储能、综合供能融合应用。聚焦数字燃气、数字供能等方向，打造数字能源研究中心等实验室集群，提升科技创新实力和产业转化能力。深圳燃气集团测评中心具备行业各类软件系统检测及认证能力，通过中国合格评定国家认可委员会（CNAS）审核，获批"中国合格评定国家认可实验室"。

三是开展新技术融合应用。深圳燃气集团在生产运营、客户服务等领域引入 AI 能力，实现重点燃气场站等领域的无人化运营。推进信创与安可替代项目实施，开展国产崖山数据库创新应用，累计完成 13 套信息系统数据库适配。持续开展 5G + 智慧燃气建设，在燃气物联场景中实施应用华为星闪无线通信技术、鸿蒙操作系统，加快数据信息流与燃气能源流耦合。

三、改革成效

一是科技产业布局持续壮大。深圳燃气集团依托绿色低碳发展优势，持续布局科技产业，形成以科技创新优势为核心的企业阵营，拥有 7 家国家高新技术企业、5 家专精特新企业。打造以光伏胶膜、燃气输配设备为主的制造业集群，旗下江苏斯威克公司是全球第二大光伏封装胶膜供应

商，年产能超 9 亿平方米。

二是科技创新水平有效提升。深圳燃气集团智慧燃气成果获国务院国资委"国有企业数字场景创新专业赛"全国一等奖，被纳入工业和信息化部、国家能源局优秀案例。连续 18 年获得全国"安康杯"竞赛优胜企业，荣获全国质量标杆、全国安全文化建设示范企业等荣誉，为城市燃气科技强安提供示范。

三是科技创新成果加快转化。深圳燃气集团目前累计获得各类专利及软件著作权授权 745 项，发布主编参编各类标准 127 个。建成全国首座城镇燃气掺氢综合实验平台，被中央电视台等多家媒体专题报道。自主研发的深燃芯（一体化安全通信模组）累计推广应用超过 50 万只。深燃机已在食品业、养殖业、酒店业等多个场景应用，实现科技创新从研发到产业化推广的全链条运转。

73

聚"四力"驱动改革深化
加快打造区域全要素交易生态圈

北部湾产权交易所集团股份有限公司

一、基本情况

北部湾产权交易所集团股份有限公司（以下简称"交易集团"）成立于2009年，由广西宏桂资本运营集团有限公司（以下简称"宏桂集团"）等5家国有企业共同出资组建，是广西壮族自治区（以下简称"广西"）人民政府授权特许经营各类资源要素交易市场建设和运营主体机构，拥有多个专业领域稀缺交易资质，业务涵盖国有资产交易、企业阳光采购、金融资产交易、农村产权交易、知识产权（技术）交易、大宗商品交易、区域股权交易等，并围绕交易提供配套的投融资、综合咨询、招投标、登记结算、数据运营等服务，是交易额超千亿元、全国排名前列的交易龙头企业。

二、经验做法

（一）强化交易资源整合，提升市场"引领力"

一是坚持战略引领开展精准收购，推进区内交易资源市场化整合。交易集团推动以宏桂集团为主体收购广西华南技术交易所有限公司及全区唯一区域股权交易市场运营机构广西北部湾股权交易所股份有限公司（以下简称"北部湾股交所"），实现对其经营托管，同时连带股权穿透将广西交易场所登记结算公司共同纳入交易集团管理体系。

二是加大资产优化力度，推进内部专业化整合。交易集团通过业务整合及划转、企业吸收合并、投资新设、无偿划转及股权结构优化等方式推动重组整合 13 家下属企业，集聚交易资源，重塑市场业务体系。

（二）深耕交易细分领域，筑牢业务发展转型"支撑力"

一是深挖新兴要素市场。交易集团积极探索和发展多元化的交易品种和业务类型，全区首创将海洋碳汇、罚没资产、林票等新兴要素产品纳入产权市场"一张网"，并积极开展要素交易类数据资产入表服务，大力培育发展新质生产力。

二是全力建设运营阳光采购服务平台。交易集团积极建设运营广西阳光采购服务平台，以提高采购质量和效率为目标，通过全过程数字化、智慧化管控及风险防控体系的更新迭代，有效规范了企业阳光采购，累计为企业节约金额达 108.91 亿元，平均节支率 5.96%。同时，与百色市国资委共建运营全区首个市级阳光采购平台，并成功将模式复制至北海市、玉林市，推动全区企业阳光采购信息统一发布，资源共享。

三是强化资本市场服务能力。交易集团积极推动广西资本市场服务基地建设运营，以及各地市资本市场专家团采购工作，2024 年度已开展资本市场常态化品牌主题活动 44 场（次）。同时，加快推进专精特新专板建设，充分利用绿色通道协议，强化与券商合作引导区内中小企业进入专精特新专板培育，现共有专精特新专板入板企业 60 家，培育企业 31 家。

（三）聚焦科技创新，注入企业数字化发展"原动力"

一是紧密贴合业务发展需要，建设具有自主知识产权的产股权类交易系统及配套管理系统、大宗商品交易及登记结算系统、农村集体资产交易系统等，支撑细分交易市场数字化转型。

二是围绕区域性股权市场区块链建设及股权综合服务平台系统建设，在区块链监管数据模型开发，赋能平台应用开发以及数据治理与规范等方面开展各项科技研发，"广西股交链股权综合服务平台"项目荣获"广西区块链创新应用优秀案例"。

（四）坚持精益管理，夯实企业发展"软实力"

一是建立经营单元多元管理机制，实行独立核算、差异化激励与考核、周期评价运用等，激发经营活力。

二是深化三项制度改革。交易集团及 4 家子企业实行全员竞聘上岗，通过末等调整、转岗、降职、不胜任退出等措施，内部岗位适配调动 36 人次，累计协商解除劳动关系 51 人，推动干部人才队伍面貌焕然一新。

三是推动中台部门组织架构优化与集约化管理。交易集团对财务、风控、审计及信息化等职能机构进行结构优化，通过业务指导和分级管理等模式构建集约化管控体系，实现优化配置内部资源，形成自上而下的领导、指导和监督的管控模式，推动整体联动、高效规范的工作机制。

三、改革成效

交易集团通过持续推进市场资源整合，初步搭建了广西统一的资源要素交易平台框架，实现业务布局覆盖权益类、商品类、股权市场等全要素交易大类，形成广西交易资源最丰富、交易品类最齐全的行业龙头格局，打造面向东盟的综合交易数据要素资源配置、交易和服务平台的"三资"转化枢纽。2023 年、2024 年交易集团交易规模连续两年突破千亿元大关，2023 年实现交易额 1365 亿元，2024 年实现交易额 1405.78 亿元，2023 年在全国近百家产权交易机构中居 12 位，全国行业排名持续提升；荣获全国产权交易行业最佳信用等级 AAA 级企业称号，行业影响力、社会公信力持续增强。

74

开展联合攻关　构建创新体系
加快推动天然橡胶产业高质量发展

海南天然橡胶产业集团股份有限公司

一、基本情况

海南天然橡胶产业集团股份有限公司（以下简称"海胶集团"）成立于 2005 年，是海南省国资委监管的大型国有企业，隶属于海南省农垦投资控股集团有限公司。2011 年，海胶集团在上海证券交易所挂牌上市，是中国资本市场唯一的天然橡胶全产业链上市公司，也是全球最大的集天然橡胶科研、种植、加工、贸易、金融于一体的跨国企业集团。海胶集团经营管理胶林 492 万亩，约占全球胶林面积的 2%；年加工天然橡胶 140 万吨，约占全球天然橡胶产量的 10%；天然橡胶年贸易量 380 万吨，约占全球天然橡胶消费总量的 25%，各项指标居行业首位。

二、经验做法

海胶集团是天然橡胶行业标准制定的参与者和推动者，也是少数能大规模生产特种胶和专业胶等高品质产品的企业之一，在高端天然橡胶研发、智能化割胶机器研发、加工环境保护等方面均处于国际领先水平。

（一）"筑巢引凤"展宏图

2019 年，海胶集团积极实施"筑巢引凤"战略，展现出对人才和创新的高度重视。所聘请的数十名国内天然橡胶业界的知名专家和管理精英，在各自领域都有着深厚造诣和丰富经验，犹如科技研发道路上的一盏盏明灯，为海胶集团的发展提供了宝贵的指导和建议。

同时，海胶集团与薛群基、蹇锡高、张立群三名院士共同成立了高分子新材料院士团队创新中心。该院士团队创新中心汇聚了顶尖科研力量，致力于天然橡胶新材料研发。三名院士凭借卓越的学术成就和创新思维，引领着团队在天然橡胶新材料领域不断探索前行，为推动天然橡胶行业的技术进步和产业升级注入了强大的动力。

（二）组建天然橡胶产业创新联盟

2023 年 9 月，在海南省科技厅强有力的指导下，海胶集团充分发挥龙头企业引领作用，联合中国热带农业科学院（以下简称"中国热科院"）、海南大学等 22 家单位共同发起成立了天然橡胶产业创新联盟（以下简称"联盟"）。联盟的成立标志着天然橡胶产业迈向了协同创新、共同发展的新阶段。联盟聘任中国工程院院士、华南理工大学校长张立群为总顾问，为联盟的发展提供了高瞻远瞩的战略指导。联盟成员单位涵盖政府部门、科研机构、高等院校和企业等，形成了"政产学研用"协同创新的强大合力。

在过去的一年里，联盟成员共同努力，精心策划了国家重大科技研发专项、海南省重大科技计划、海南省重点研发计划等 20 个项目。这些项目涉及天然橡胶产业的各个环节，从种植、加工到应用，全面涵盖了天然橡胶产业创新需求。截至 2024 年底，其中 10 个项目成功获批，获得财政支持经费 4600 余万元。获批资金为项目顺利实施提供了坚实保障，也为天然橡胶产业的创新发展注入了新的活力。

（三）创建农业农村部天然橡胶加工重点实验室

2023 年 10 月，海胶集团与中国热科院携手合作，向农业农村部申请并获批共建农业农村部天然橡胶加工重点实验室（以下简称"实验室"）。实验室的成立，是海胶集团在天然橡胶加工领域的又一重大举措。

实验室以天然橡胶（胶乳）高性能化、绿色化、智能化加工技术研发为核心任务，致力于提升天然橡胶的加工水平和产品质量。在高性能化方面，实验室的科研人员通过不断探索新的加工工艺和技术，努力提高天然橡胶的物理性能、化学性能和机械性能，使其能够满足高端应用领域的需求。在绿色化方面，积极研发环保型加工技术，减少加工过程中的环境污染，实现天然橡胶产业的可持续发展。在智能化方面，实验室引入先进的自动化设备和智能控制系统，提高加工效率和生产精度，降低人工成本。

（四）强化重点领域保障

一是推动部省联动项目。中国热科院橡胶所、海胶集团、沈阳三橡等 10 家单位共同承担国家重点研发计划——部省联动项目"海南橡胶树优质高产新品种选育与产品加工技术研发及集成示范"项目。该项目对于提高海南橡胶树的产量和质量，推动高端制品用胶国产化具有重要意义。在该项目实施过程中，各单位充分发挥各自的优势，协同合作，从橡胶树的品种选育、栽培管理、产品加工等多个环节入手，共同攻克技术难题，为实现项目目标而努力奋斗。

二是海南省揭榜挂帅项目取得新进展。"高性能天然橡胶复合材料湿法混炼关键技术""特种天然橡胶加工产业化关键技术"两个联合揭榜挂帅项目于 2023 年立项实施，聚焦天然橡胶复合材料的高性能化和特种天然橡胶的加工产业化，具有重要的应用价值和市场前景。通过项目实施，科研人员成功实现了高填充白炭黑在天然橡胶中纳米均匀分散，显著提高了复合材料的耐磨性能、抗湿滑性能，并降低了滚阻性能。这一技术突破将为天然橡胶在高端轮胎、橡胶制品等领域的应用提供有力支持。

三是开展环氧化天然橡胶制备技术研究。由北京化工大学牵头、海胶集团参与的环氧化天然橡胶制备技术研究项目，针对传统环氧化天然橡胶胶乳产品质量不稳定问题展开了深入的工艺和配方研究试验。科研人员通过优化制备工艺、改进配方设计，努力提高环氧化天然橡胶的产品质量和稳定性。这项研究将为环氧化天然橡胶的产业化应用提供技术支持，推动天然橡胶产业的多元化发展。

四是推动智能化割胶机迭代升级。海胶集团在澄迈、儋州、白沙和琼中建立了4个"一机一树"智能割胶试验示范基地，装机7000台，为智能化割胶机研发和试验提供了良好的平台。经过不断的迭代升级，现已开发出第四代样机。第四代样机在性能上有了显著提升，多项性能指标接近一级胶工水平。智能化割胶机的研发和应用，将有效提高割胶效率、降低劳动强度，为天然橡胶产业的可持续发展提供技术保障。

（五）构筑政产学研用主体协同的人才培养体系

海南橡胶、中国热科院、海南大学等联盟成员单位不断开展科研项目合作，不定期以现场会议、视频会议、电话沟通等方式，就育种、栽培、割胶技术、土壤肥料、天然橡胶加工等方面的项目阶段性进展、项目过程材料评审、研究生联合培养等内容进行交流互通，商讨下一步开展科技合作事宜，做实做深联盟成员单位对接合作，共同推动天然橡胶产业发展，构筑政府、高等院校、科研院所、企业等政产学研用主体协同的人才培养体系，培养服务天然橡胶产业发展的高层次人才。

三、改革成效

一是国家重点研发计划项目成功制备了3种不同类型天然橡胶，初步掌握了高铁减震器专用胶调控关键技术。海胶集团建立了高性能天然橡胶生产及加工示范基地，为高端制品专用胶的国产化提供了技术支持。

二是针对采收技术环节影响天然橡胶品质等关键问题，筛选成膜性、缓释性较佳的橡胶树刺激增产剂载体 1 种，设计新型高效橡胶树刺激增产剂配方 5 种；建立单项技术示范基地 5 个。

三是揭榜挂帅项目专注推动特种天然橡胶国产化，在航空轮胎专用天然橡胶产业化应用方面取得了重要进展。

四是通过多项关键技术研究，优化了胶园施肥机、除草机、灭荒机、挖穴机等胶园生产管理机械，与人工相比生产效率提高 50% 以上，作业成本降低 30% 以上，减少用工 50% 以上。

五是环氧化天然橡胶制备完成了中试装置设计与调试，实现较好絮凝效果。制备的产品，玲珑轮胎厂已开始着手试制环氧化天然橡胶轮胎。

六是由中国热科院橡胶所、海南橡胶及海垦科学院集团等联合申报的"耐寒抗风高产橡胶树品种培育及其应用"项目荣获 2023 年度国家科技进步奖二等奖。

75

厚植产业"芯"优势 积蓄发展新动能

重庆市天友乳业股份有限公司

一、基本情况

重庆市天友乳业股份有限公司(以下简称"天友乳业")系重庆市农业投资集团有限公司三级骨干企业,始创于1931年,是一家具有九十四年历史的专业乳制品全产业链企业,是国家高新技术企业、国家乳业创新中心共建企业、农业产业化国家级重点龙头企业、重庆市科改企业,2017年成为全国首个通过"中国优质乳工程"验收的国有企业。在国有企业改革深化提升行动中,天友乳业聚焦主责主业"芯"优势培育,以创新引领产业升级,以改革激发企业活力,不断增强核心功能,提升核心竞争力,积蓄高质量发展新动能。

二、经验做法

(一)围绕产业"芯"活力,完善科技创新新机制

天友乳业坚持创新驱动战略,牢牢抓住科技创新这个"牛鼻子",以"品质铸就品牌,创新引领未来"为经营理念,建立完善近10项鼓励、支持和保障创新的制度体系,探索揭榜挂帅新型机制,设立天友创新激励基金。近年不断加大研发投入力度,2024年研发经费投入强度达到1.33%,处于行业优秀水平,进一步激发科技创新、干事创业的活力。

（二）围绕产业"芯"技术，构建自主研发新格局

天友乳业聚力突破奶业"芯片"益生菌"卡脖子"技术，铸造生物"芯片"创新护城河，打造国内行业一流的益生菌研发平台，建成"西南特色菌种种质资源保护与发掘利用重点实验室"。围绕构建"原始创新、产业协同创新、产业化落地"的产学研用一体化创新体系，加强与高校、科研院所、科技企业深度合作，开展 20 余项产学研合作项目，构建起 2 个国际认可的 CNAS 检测室、融入 1 个国家乳业技术创新中心战略体系、建成 1 个农业农村部重点实验室、5 个市级层面的"2115"创新平台，形成自主研发、多方协同、成果转化的技术创新发展新格局。

（三）围绕产业"芯"人才，培育创新创造新工匠

为适应现代乳制品行业技术创新、数字化转型及高质量发展需要，天友乳业制定并实施《高层次人才引进管理办法》《人才队伍建设实施方案》，引进博士研究生 2 名、硕士研究生 30 余名，海外人才 1 名，成功培育"重庆英才·创新领军人才" 2 名、高级工程师及以上级别工程师 32 名。开展全员数字化能力培育，成立"工匠人才创新工作室"，推行精益 TPM 管理、六西格玛管理，通过具体实践锻造一支熟练操作数智化工具的现代化产业工人队伍，并荣获全球卓越制造大奖（TPM）优秀奖。

（四）围绕产业"芯"智慧，引领数字产业新升级

天友乳业坚持"以奶为媒、数智融合"，确立"1＋2＋3＋N"的数字化战略顶层设计，通过"数字化＋""数据要素×"数智化技术改造升级产业链。即以乳业业务的数字化改造为主线，坚持数字化技术、业务模式融合创新"双轮驱动"，建设业务中台、数据中台和供应链平台三大平台，集高品质奶源、优质乳工程、冷链物流、市场营销等 N 个业务领域于一体，打造全产业链覆盖、全场景渗透、全渠道共享的数字化运营体系，建成 2 家国家级绿色工厂和 2 家重庆市智能工厂。

（五）围绕产业"芯"增长，优化产业结构新布局

天友乳业推进科技创新与产业创新深度融合，加强创新性、引领性产品输出，促进技术优势转化为发展动能。持续实施"固液并举"战略，产业链布局延伸到奶酪、奶粉、冰品、益生菌四大固态业务。近年自主开发具有地方特色、天友辨识度新产品30余种，新产品销售收入超3.5亿元，促进产品结构和产业布局优化，推动产业延链、补链、强链。推进产业布局与助力乡村振兴融合，结合巫溪老鹰茶产业开发天友老鹰茶冰品等产品，帮扶地方产业培优育强。

三、改革成效

一是自主创新能力得到提升。天友乳业通过完善科技创新体制、加大研发投入力度、实施产业关键核心技术攻关等措施，自立自强能力不断提升，建成企业自有菌种"芯片"库，累计入库菌种1784株。近年新增发明专利占公司发明专利总数的50%以上，3项科技成果获重庆市科学技术奖，其中"中国西南特色发酵食品菌种资源挖掘与产业化"获重庆市科技进步一等奖。

二是创新成果转化取得突破。天友乳业自主研发的乳双歧杆菌TY-S01成果已累计在10余种产品中应用，实现自主"芯"动能产业化转化，在菌种"芯片"的国产替代上迈出了坚实的步伐。各项科技成果产业转化年收入突破1.8亿元，贡献率提升2倍以上，创新成果在主业高质量发展中的价值贡献稳步提升。

三是发展动能得到持续释放。天友乳业分类施策培育产业高质量发展新引擎，通过数字化产业链赋能产业转型升级、提质增效，通过改革创新构建第二增长曲线、优化产业结构布局。2024年，固态板块收入同比增长12%，持续为企业高质量发展注入新鲜"生命力"，进一步提升产业链供应链韧性和安全水平。

76

立足山区资源优势　创造生态价值转换
在崇山峻岭间写好"绿色金融"大文章

重庆三峡银行股份有限公司

一、基本情况

重庆三峡银行股份有限公司（以下简称"重庆三峡银行"）属于重庆市属重点国有企业和地方法人金融机构，主要营业范围为吸收公众存款、发放贷款、办理结算等，主营业务包括公司金融业务、零售金融业务、普惠金融业务、资金运营业务和数字金融业务等，营业网点覆盖重庆市所有区县。重庆三峡银行深刻领悟和学习贯彻中央金融工作会议精神，全力服务地方经济、服务中小企业、服务城乡居民，努力作好"绿色金融"大文章，围绕加快建设研究型银行、创新型银行、生态型银行，指导武隆支行立足山区林业自然资源，突出旅游特色优势，瞄准生态建设和绿色发展需求，成功打造"生态支行""绿色支行""特色支行"，综合实力不断增强，资产规模突破3300亿元。

二、经验做法

（一）创新绿色低碳转型金融服务模式，区域生态经济良性发展

一是创新林业碳汇生态产业金融服务模式——绿水青山（生态环境保

护）＋企业公司客户＋村集体经济组织＋农户＋银行信贷支持服务＋乡村休闲旅游产业＝生态价值转换＋乡村产业发展＋乡村美化低碳＋生态市场＝金山银山。

二是创新水资源水环境水生态金融服务模式——水库存量资产（水资源、水环境、水生态）＋企业公司客户＋银行信贷支持服务＋乡村居民生活用水＋乡村畜牧产业用水充足＋农业生产灌溉备份＝除险清患＋存量水库资源＋电站资产绿色高效＋乡村建设要素保障＝全面推进乡村振兴。

三是创新生态农业金融服务模式——国家政策支撑＋公司企业客户（政府性建设单位）＋银行信贷支持服务＋农业融资担保公司担保＋金融创新＝高标准生态农田基本建设＋乡村振兴＋国家粮食安全战略＝农业强国建设。

四是创新页岩气藏生态产业金融服务模式——页岩气藏自然资源＋企业公司客户＋银行信贷方式创新＋管输＋乡村小企业主＋农户＝地方财政增收＋乡村农企创收＋农户增利＝乡村能源提质改善。

（二）创新研发生态型绿色金融产品，"五个首笔"实现全市突破

一是聚焦森林自然资源优势，成功落地全市首笔以林业碳汇预期收益权作为质押的融资贷款 5000 万元，主要用于景区生态环境修复、乡村旅游景观价值提升，实现了区域生态资源助推乡村振兴产业发展的生态价值转换。

二是围绕"国家粮食安全"战略、加快推进生态农业建设，筑牢民生保障底线，成功落地全市首笔银担合作联合支持生态型高标准农田基本建设前期专项融资贷款 5000 万元。

三是围绕水资源水环境水生态修复、排险加固、人畜饮水、农业灌溉、防洪防灾、发电、养殖业等综合治理产生的水利资源市场需求，成功落地全市首笔以取水权和水资源预期收费权作为质押融资项目贷款 1 亿元。

四是立足盘活自然资源，瞄准清洁能源页岩气资源价值，成功落地全市首笔以页岩气特许经营权作为质押融资项目贷款 2 亿元。

五是精准把握水利水电资源丰富特点，成功落地全市首笔购置政府水资源取水权市场化经营权质押融资贷款 2.5 亿元。

（三）创新市场服务理念，适应生态绿色金融发展需要

一是认真分析研究国家林业碳汇等生态政策，主动对接农委、林业局、生态环境局等有关部门，了解政策、了解区域特点。

二是打破传统思维，转变经营理念，主动出击，重点在市场调查、客户需求、项目特点、融资方式、上下联动、内外合力、产品设计、全流程跟踪上主动作为。

三是构建信贷审批"绿色通道"，提升金融服务时效。例如，客户武隆区欣航水资源开发股份有限公司 1 亿元生态绿色项目贷款，7 天内完成贷款申请、调查、上报、审查、审批直至放款落地等各个环节，受到地方政府、企业客户、监管部门的多方赞誉。

（四）创新银政企多方合作机制，构建经济金融发展新优势

一是构建起包括贷款增量增幅、占比结构、利率定价、审批流程、服务质效、风险控制在内的生态绿色金融转型发展长效机制，着力化解生态绿色企业融资困难。

二是构建起以银政企为主体、多部门积极参与的生态绿色金融联席会议机制，即由政府牵头定期组织召开由区农委、区环保局、区水利局、人行、财政局、金融机构及企业主体等多方参加的生态绿色经济金融发展联席会议，发布生态建设政策指引，加强绿色金融行业指导，协调解决问题，强化督查督办。同时，还建立完善了绿色（普惠）金融风险分担机制，按照政府、银行 7:3 比例分担信贷风险。

三、改革成效

一是经济效益持续良好，区域发展稳中有进。贷款支持服务的 18 家生态绿色企业，约可实现年总收入 8.63 亿元、同比增长 2.25%，可实现年利税总额 0.47 亿元、同比增长 27.02%。通过生态绿色低碳转型赋能乡村旅游市场经济发展，截至 2024 年底，全区实现乡村旅游收入约 665 万元、接待游客 15.91 万人次，同比上年分别增长 9.7%、4.6%。

二是生态建设效益持续良好，绿色低碳转型发展有为。林业碳汇预收益权质押贷款模式大力支持"两山""两水"和旅游融合，提升了景区的知名度，改善了生态环境，已累计发放贷款 1.8 亿元，在重庆市该类型贷款总额中占比超过 60%。取水权和水资源预期收费权质押项目贷款模式帮助企业开展水库排险加固、水库环境修复、水力发电、供水提能和水库综合效能提升，目前取水权质押贷款已突破 10 亿元。生态农业和高标准农田建设取得了明显效果。截至 2024 年底，支持贷款客户顺利完成了 1.6 万亩高标准农田建设目标，有效破解乡村高标准农田前期建设无资金活水难题，为后期建设奠定了良好基础。

三是自身经营效益良好，生态银行建设卓越。通过不断的改革创新，重庆三峡银行金融服务的"含绿量"带来了高质量发展的"含金量"，截至 2024 年底，服务绿色客户达 349 户、绿色信贷余额 321.81 亿元，较年初分别增长 45.42%、85.27%。

77

向新发力　向质而行
加快从城投公司向产业运营商转型

重庆永川城市发展集团有限公司

一、基本情况

重庆永川城市发展集团有限公司（以下简称"永发展集团公司"）是重庆市永川区国有资产管理中心出资设立的国有独资企业，注册资本金10亿元，下设二级企业7家、三级企业15家，控股企业5家，参股企业13家，经营业务涵盖工程施工、工程检测、房地产测量、交通运输、车辆检测、资产经营、矿产资源开发、综合能源补给、页岩气管输、物业管理、安保服务、劳务派遣等多个板块，主要承担城市建设运营、产业园区管理运营、景区运维、土地整治储备等业务。截至2024年底，永发展集团公司拥有AA＋主体信用评级企业2家，资产总额达到689.5亿元。

二、经验做法

（一）聚焦发挥产业引领作用，推动业务向产业集中

永发展集团公司按照国有企业深化改革提升行动和重庆市"三攻坚一盘活"改革突破工作要求，立足服务国家战略和全区重点任务、发展前瞻性战略性产业、促进国有资本保值增值，进一步明确了转型发展三大

主业。

一是培育壮大数字产业。重庆永川大数据产业园开发管理有限公司聚焦大数据产业园区运营服务，重点发展科技影视、自动驾驶和服务外包产业，聚集华为、百度、腾讯、阿里巴巴、抖音、网易等企业550多家，带动就业2.8万人，实现营业收入6475万元。积极探索数字化经营新模式，整合智慧交通、智慧医疗、智慧停车等数字资源，加快拓展数字资产化业务。

二是提质发展文化旅游产业。重庆茶山竹海旅游开发有限公司聚焦文旅主业，探索"文化＋旅游＋商业＋产业"深度融合发展新路径，打造茶山竹海、黛子山定向越野基地、星空露营基地、松溉古镇精品旅游廊道，接待游客60万人次，实现营业收入1160万元。

三是大力拓展特许经营业务。重庆市永川区惠通建设发展有限公司、重庆市永川区政鑫国有资产经营有限责任公司、重庆市永川区惠洁市政园林工程有限责任公司通过股权投资等形式，与中石油、中石化合作建设加油加气站4座，与中石化、中石油、浙江油田合作页岩气管输业务，与国家电网、民营企业合作建设充电桩100多个，与百度合作建设智慧停车位8000多个，特许经营实现营业收入1.38亿元。

（二）围绕优化国有经济布局，推动资源向产业集中

永发展集团公司坚持把发展产业作为推动公司高质量发展的第一要务，充分发挥国有资本的引领和带动作用，推动资源、资金向产业领域汇聚，以"产业发展红利"代替"城镇化红利"，增强可持续发展能力。

一是强化资本运作。永发展集团公司联合渝富集团等知名企业，成立数字文创、渝富天使、渝富永腾3只基金，总规模12.66亿元。目前正与中银国际组建科技创新大基金、与启迪方信组建人才港基金、与启赋资本组建数字文创基金（二期）、与弘晖基金组建生物医药基金、与上海金浦

投资组建智能网联基金。通过发挥基金撬动作用，已落地腾盾科创、追觅房车项目，储备智能网联汽车项目 7 个、生物医药项目 6 个、智能装备及新材料项目 6 个。

二是发挥集群效应。永发展集团公司结合数字产业"重技术、轻资产"的行业特征，在城区核心地段打造 1 平方公里重庆云谷·永川大数据产业园，现已建成投用数字产业配套楼宇 70 万平方米，配套人才公寓 2961 套、车位 2840 个，基本形成"一园五区"大数据产业发展格局，成为重庆市单体规模最大的大数据产业园。

三是前瞻布局谋划。永发展集团公司结合当前自动驾驶、生物医药及大健康、智慧制造、低空经济等产业发展趋势，布局中国西部自动驾驶示范应用中心、生物技术产业园、城西智慧产业园、低空经济产业园，承载新质生产力，9000 多平方米的中国西部自动驾驶示范应用中心即将投用，7 万多平方米的生物技术产业园即将建成。

（三）紧扣新兴产业发展需求，推动服务向产业集中

永发展集团公司不断提升企业服务质效，规范企业服务工作流程，切实解决企业落地、运营中的问题，助力园区企业快速发展。

一是优化企业服务。永发展集团公司不断优化服务机制，印发《强化招商引资做实企业服务工作实施方案》《企业走访服务办结考核闭环工作机制》等文件，推行招商企业管家、重点企业专班、企业需求清单化"三项服务"，开展"三进两帮"沉浸式助企兴商、"零距离-面对面"亲情互动、"政策直通车"进企业"三大行动"，开展服务企业不见面、不作为、不反馈"三项行为问效"，收集企业各类问题 246 项，办结 232 项。

二是推行智慧管理。永发展集团公司不断创新线上 + 线下服务模式，以智慧园区管理平台为抓手，建成投用重庆云谷·永川大数据产业园线下综合服务中心，开发"企业诉求—码呼""企业诉求一键办"等服务功能，

实现"一窗受理、一码直达、一键提交、一次办结"全流程闭环服务，各环节可视化跟踪、异常预警报警，为企业办理场地申请、公寓申请、诉求解决等各类事项 2963 项。

三是强化人才服务。永发展集团公司牵头成立重庆市大数据产业人才联盟，建成人才公共服务平台、云谷职业培训学校、国家级师资流动工作站、产教融合实训基地和重庆人才市场永川市场，通过开展成渝地区双城经济圈高校毕业生留渝来渝就业创业服务对接活动，组织园区企业参加数智人才专场招聘会、"春风行动"、校园专场招聘会、网络招聘会等形式，帮助企业成功招聘人才 1.29 万人。

三、改革成效

永发展集团公司全面完成"三攻坚一盘活"改革目标任务，2024 年实现营业收入 26.46 亿元、同比增长 5.31%，资产总额达到 689.5 亿元、同比增长 6%，平均融资成本较年初下降 57 个基点（BP）。重庆云谷·永川大数据产业园成功获批国家文化和科技融合示范基地、国家级科技企业孵化器、国家文化大数据标识基地、重庆市智能网联新能源汽车特色产业园。

78

打好"加减乘除"组合拳
激活国有企业科技创新"动力源"

成都市国有资产监督管理委员会

一、基本情况

成都市国有资产监督管理委员会（以下简称"成都市国资委"）监管一级企业 16 家、下属子企业 1109 家，主要分布于城市建设、产业投资和金融服务等领域，截至 2024 年底监管资产总额 3.9 万亿元，同比增长 7.9%。成都市国资国企深入学习习近平总书记关于国有企业改革发展和党的建设重要论述精神，抢抓国有企业改革深化提升行动机遇，打好"加减乘除"组合拳，激活科技创新动能，跑出新质生产力"加速度"。先后培育发展高新技术企业 62 家、专精特新企业 38 家，建设国家和省级创新平台 63 个，组建基金 208 只，研发经费投入较"十四五"初期增长 2.4 倍。

二、经验做法

（一）在培育科创主体上"做加法"，夯实创新基础

成都市国资委瞄准科技创新和产业前沿，实施创新型企业培育计划。

一是做强创新主体。成都市国资委规范新设子公司管理，运用"五

化"工作法，新设一批创新型国有企业。组建成都数据集团，投资运营超算中心等重点项目。组建四川首个低空飞行服务公司，服务空域飞行监管、飞行路线规划等。

二是做优基金体系。成都市国资委聚力培育耐心资本，发展壮大注册资本金 100 亿元的科创投集团，探索设立并购基金、科创接力基金，构建覆盖"天使＋创业＋重产＋S＋并购"全生命周期基金体系。

三是加快数字化转型。成都市国资委坚持数实融合，实施智能化改造数字化转型行动，着力推动轨道交通、供水排水、能源资源等传统领域企业创新应用场景，大力发展智慧交通、智慧水务、智慧燃气。

（二）在降低科创成本上"做减法"，整体提升质量效率

成都市国资委协同多方共谋减负"连环招"，助力科创企业"轻装上阵"。

一是对外强化金融支持。成都市国资委引导金融活水"精准滴灌"，支持成都银行、成都农商银行创新"科创贷""专精特新贷"等产品，对外服务各类市场主体超 9000 户、信贷投放超 400 亿元；锦泰保险公司创新"关键研发设备险"等产品，对外提供创新风险保障超 400 亿元。

二是对内挖潜提质增效。成都市国资委健全"市国资委评价＋市属国企评价＋第三方机构评价"的"三位一体"后评价机制，引导市属国企对科技类项目投资全面复盘，以评促检、以评促优。加大创新考核权重，强化考核成果运用，倒逼企业练内功、提效益、提能力。

三是合力降低创新成本。成都市国资委落实将研发费用视同利润加回等政策，指导企业用好"加计扣除"优惠政策，探索多元研发投入机制，推动 60 余家企业被认定为高新技术企业或科技型中小企业。

（三）在搭建科创平台上"做乘法"，释放协同效应

成都市国资委支持市属国企链接科创资源、共建创新联合体，打造创新高地。

一是建设高水平实验室。成都市国资委鼓励市属国企采取股权合作、项目共建等方式，积极融入高水平实验室建设，深度参与天府兴隆湖实验室、天府科创岛等载体投建运。

二是打造高能级创新平台。成都市国资委推动市属国企以"高校院所＋""链主企业＋"模式，与清华大学等共建一批具有生命活力的创新联合体，与链主企业搭建一批具有市场导向的国家和省级创新平台。

三是共建成果转化平台。成都市国资委推动市属国企集聚创新资源要素，共建成果转化平台，打造成都市技术转移联盟，构建"一站式"技术转移中介服务体系，目前联盟成员增至 97 家，具备概念验证、小试中试、金融支持等服务能力。

（四）在打通科创堵点上"做除法"，充分激发创新活力

成都市国资委构建以效率为导向的创新支撑体系，着力打通科创堵点。

一是健全科创制度体系。成都市国资委指导成都兴城集团、成都环境集团等出台《科研项目管理办法》《技术成果转化制度》等近 60 项。鼓励企业用好股权、分红、项目跟投等激励工具。

二是强化创新要素保障。成都市国资委推动企业加大卓越工程师、高水平创新团队引育力度，柔性引才用才，提升科研人员占比。综合运用股权投资、基金投资等方式，支持初创项目 300 余项，引导资本投入超 50 亿元。

三是完善激励约束机制。成都市国资委支持成都产业集团等企业用好国务院国资委"双百""科改"，以及四川省国资委"天府综改"、成都国资委"科创 20 条"政策，明确企业经营业绩考核中研发投入强度，实现与企业领导薪酬挂钩。

三、改革成效

成都市国资委坚持因企制宜、因业施策，以"加减乘除"组合拳增强科技创新能力，以科技创新引领产业创新，加快发展新质生产力。

一是创新主体不断壮大，促进传统产业优势产业转型升级。成都市国资委培育发展了数据集团、城投建科技、千嘉科技等一批科技创新主体，专精特新企业、高新技术企业突破 100 家，促进产业向价值链高端跃升。布局国家超级计算成都中心，为人工智能、装备制造等 35 个领域提供算力服务。

二是创新能力明显增强，支撑新兴产业未来产业加快发展。成都市国资委持续加大在电子信息、轨道交通、先进能源、航空航天、低空经济等新兴产业未来产业投资力度，实现年均增长 50%，助推企业上市 22 家，助力实现国产大飞机 C919"四川造"。市属国企研发投入逐年提升，"十四五"以来年均增长 24.4%。

三是科创生态加速构建，创新活力持续激发。成都市国资委不断完善全生命周期基金体系，设立规模 20 亿元天使母基金、15 亿元科创接力基金等，形成超 2859 亿元的基金集群，"重产＋科创"招投联动效应有效发挥。加强高水平创新团队引育，与科技创新相适应的专业人才队伍加速成型成势。收入分配机制更加灵活规范，员工持股、项目跟投持续激发创新活力。

79

坚持绿色发展　推进产业转型
加快打造绿色低碳高质量发展新引擎

宜宾市政府国有资产监督管理委员会

一、基本情况

宜宾市国资国企认真贯彻落实习近平总书记来川来宜视察重要指示精神，聚焦国资布局优化，持续深化国企改革，加快推动传统企业转型，大力布局绿色低碳产业，在"守护一江清水"的同时，积极培育发展新动能，打造国资国企高质量发展"宜宾样板"。截至 2024 年底，全市国有企业资产总额达 14266.4 亿元。2024 年全年全市国有企业实现营业总收入 3437.47 亿元、利润总额 476.22 亿元，同比分别增长 11.9%、8.3%。

二、经验做法

（一）创新国资领投模式，构建绿色产业生态

宜宾市政府国有资产监督管理委员会（以下简称"宜宾市国资委"）聚焦动力电池、晶硅光伏等产业新赛道，创新"国资领投—项目落地—股权退出—循环投资"新模式，推动构建绿色产业生态。

一是坚持国资领投。宜宾市国资委坚持聚焦主责主业，按照"一产业一企业"原则组建新能源公司等专业化运营企业，以"直投＋基金"方式

精准投向晶硅光伏、动力电池、新能源汽车等绿色产业，构建涵盖基础材料、产品组装、场景应用、循环利用的产业链闭环。

二是坚持以投促引。宜宾市国资委组建市属企业基金矩阵，引聚金融资本、社会资本，推动设立48只、超700亿元的绿色基金丛林，围绕宁德时代、中材锂膜、英发德耀等链主龙头企业延伸布局上下游核心配套企业，签约落地重点产业项目68个、总投资额超2000亿元。

三是坚持有序退出。宜宾市国资委提前预留国有资本安全退出通道，按照约定的投资年限、退出条件，指导国有资本通过上市、股权转让、企业回购等市场化方式，依法依规、稳步实现股权投资退出和基金份额退出。

（二）加快传统产业转型，推动国企焕新发展

宜宾市国资委通过工艺优化、技术改造等多种途径，推动白酒、纺织、化工等传统产业绿色转型、提质增效。

一是创建"零碳国企"。宜宾市国资委坚持精准化、差异化、个性化，"一企一策"推动降耗减碳，成功创建国家级绿色工厂14家、省级绿色工厂9家。五粮液集团率先在白酒行业实施绿色制造系统集成项目，丝丽雅集团加快布局新型绿色莱赛尔纤维，打造绿色原料、绿色工艺、绿色能源"三绿制造"工业体系。

二是建设"数智国企"。宜宾市国资委出台市属企业数字化转型指导意见，打造行业标杆场景、链接数字生态体系。天原海丰和锐立足氯碱化工、水泥生产行业实际，自主研发安全风险智能化管控平台，五粮液集团利用大数据手段创新制曲工艺、优化制曲流程。

三是培育"专精国企"。宜宾市国资委实施市属企业科技创新三年行动，引导企业围绕主业加大研发投入力度，近年来培育专精特新企业13家、高新技术企业26家，普什宁江、四川环球绝缘子、海斯特等企业充分

发挥自研技术优势、实现跨越发展。

（三）强化资源要素赋能，夯实产业发展支撑

宜宾市国资委立足"4＋4＋4"现代产业体系，推动产业链、人才链、创新链融合，实现优势要素集聚发力。

一是完善产业政策体系。宜宾市国资委构建"1＋12＋N"政策体系框架，出台 1 个支持制造业高质量发展的制度，围绕优质白酒、动力电池等四大主导产业，能源化工、轻工纺织等四大传统产业，新型储能、数字能源等四大未来产业，量身订制 12 个支持产业发展的专项行动计划，配套出台员工持股、超额利润分享等系列激励政策，增强政策联动、强化制度支撑。

二是优化人才服务保障。宜宾市国资委组建国有科技人才公司，设立 10 亿元人才基金，聚焦科技服务、人才服务、孵化载体运营，打造人才、团队、项目、平台"全链条一站式"综合服务载体。2024 年引进产业领军人才 968 人，人才招引总数、博士硕士人数同比分别增长 61%、62%。

三是搭建创新孵化平台。宜宾市国资委组建科教集团并高标准规划建设大学城科创城，搭建基础研究、技术攻关、成果转化全过程创新载体，招引落地四川大学宜宾研究院等 12 所院校，集聚欧阳明高院士工作站、邓中翰院士工作站在内的等 13 所产研院，建成四川逸仙光伏产业创新中心等 156 个科研平台及 66 家孵化载体。

三、改革成效

一是绿色产业集聚成势。宜宾市国资委围绕动力电池、光伏等绿色产业成功引育世界 500 强企业 14 家、中国 500 强企业 25 家、上市公司 60 家，2024 年市属企业完成绿色产业投资超 180 亿元，动力电池建成产能达 180GWh、年产值超千亿元，高标准建设万亩光伏产业园和晶硅光伏创新

示范区，加速建设千亿光伏产业集群。

二是传统产业高效转型。宜宾市国资委围绕绿色化、智能化，实现传统产业转型发展。五粮液集团制造技术绿色化率提高 33.26%、制造过程绿色化率提高 24.92%，资源环境影响度降低 20.33%；丝丽雅集团废水、废气污染物排放率分别下降 47%、94%；天原海丰和锐自主创立的管控平台在行业推广应用；五粮液集团基于大数据挖掘的制曲创新项目获评中国轻工信息中心等单位认定的"2023 年度消费品行业数字化转型先进示范案例"。

三是科技链、产业链深度融合。宜宾市国资委依托完备政策体系、成熟创新载体、充足人才储备，围绕产业链部署创新链，助力宜宾市成为全国首批、西南唯一的国家产教融合试点城市。普什宁江聚焦精密机床研发制造，面向国家航天、航空、船舶等领域，实现高端数控机床进口替代，解决"卡脖子"难题；四川环球绝缘子公司率先突破外伞型玻璃绝缘子创新研发并实现工业化量产，加快打造全球能源互联网特高压关键部件制造头部企业；海丝特公司运用 Circulose 回收浆制作的循环再生纤维素长丝产品投产下线，成为全球唯一使用 100% 回收浆实现长丝商业化生产的企业。

80

探索合作新模式　强化校企深合作
以科技创新提升企业发展硬实力

四川省能源投资集团有限责任公司

一、基本情况

四川省能源投资集团有限责任公司（以下简称"四川省能投集团"）深入贯彻落实国有企业改革深化提升行动要求，秉承"绿色低碳、科技赋能"企业宗旨，充分发挥企业在科技创新中的主体作用，大力推动产学研深度融合，积极探索联合攻关"新模式"，实现科技资源与产业资源有效衔接，切实增强科技创新"硬实力"。

二、经验做法

（一）优化组织模式，聚合力攻关"卡脖子"技术

四川省能投集团高质量"搭桥"各类创新主体，释放协同创新聚合力。

一是联合攻关谋突破。四川省能投集团锚定半导体装备制造、人工智能等新赛道、新领域的关键核心技术，加大联合攻关力度，突破多项"卡脖子"技术难题。与清华大学、天津大学等高校联合实施6项国家级集成电路相关重大攻关项目，研发出国内首台12英寸晶圆抛光设备，打破美日

长期垄断。与清华大学、北京有色院、德国巴斯夫等78家高校、科研院所、头部企业开展科技攻关项目67个，突破28纳米 Al CMP 装备技术、3D IC 制造减薄装备技术等"卡脖子"技术难题，掌握了从64K到100G的全部数字 IP。

二是创新合作育新力。四川省能投集团与清华大学共同合资成立华海清科，依托全球独创的新型抛光系统架构、国际先进的纳米级抛光及纳米颗粒超洁净清洗等关键核心技术形成技术领先优势，迅速成长为业内领先的集成电路装备制造商和供应商。牵头建立"集成电路装备创新联合体"，联合上下游企业全力攻克一批覆盖集成电路五大类核心装备和三大类关键耗材的系列"卡脖子"技术、关键技术和基础前沿技术，打造了一条以集成电路装备为核心，涵盖精密加工、高性能材料制备等各关键环节的高水平产业链，关键部件国产化率突破至80%、去美化100%，切实保障产业链自主可控。

（二）产学研深度融合，多角度放大创新资源

四川省能投集团深层次"链接"多方创新资源，发挥融合创新协同效应。

一是企业主导深合作。四川省能投集团深化与清华大学的战略合作关系，与清华大学机械系、电子系、化学系、环境学院等加强对接、深入合作，成功承接清华大学校办企业，全面启动"清华大学-四川能投智能装备研究院"、AI智算中心等合作项目。从制度层面打通与高校、政府的合作通道，以市场化方式、股权合作形式与西南石油大学、天府新区管委会合力打造四川省属企业首个"地校企产学研"合作平台——天府新能源研究院，产出的科研成果荣获"中国腐蚀与防护学会科学技术奖二等奖""2022年度川渝产学研协同创新成果二等奖"等奖项。

二是资金赋能强抓手。四川省能投集团与清华大学合作组建全国第一

只大规模的协同创新基金——高校科技成果转化基金，基金规模达 100 亿元，打通直达清华大学储备项目库的投资渠道，通过基金抓手，专项支持高校科技项目研发、孵化及产业化，推动重大关键技术优先在基金平台孵化、优先在四川落地转化。

（三）坚持需求导向，创新方式促转化强应用

四川省能投集团从需求出发推动科技成果转化，实现技术成果从"实验室"到"生产线"的产业化路径。

一是发挥成果转化需求力。四川省能投集团权属企业博奥生物依托生物芯片北京国家工程研究中心，以生物芯片为核心技术平台，实现生物芯片及全线配套产品国产化，运用掌握的全球首张遗传性耳聋基因检测芯片开展新生儿耳聋筛查 600 万例，以独创的中药分子本草技术加持凉山州普格县托底性帮扶，助力高原艾草产业向价值链高端迈进，实现当地群众"门口"增收。权属企业微芯生物依托清华大学鲁先平博士团队和生物膜与膜生物工程国家重点实验室，致力原创新分子实体药物研发，是科创板首家过会企业及第一家上市的生物医药企业。凭借自主创建的、国际先进的"基于化学基因组学的集成式药物发现及早期评价平台"，在严重威胁人类生命健康的肿瘤、代谢性疾病等重大疾病领域成功开发多个原创新药产品线，已上市 3 款原创新药。

二是突出应用成果支撑力。四川省能投集团加快建设天府清控成都总部基地，积极参与四川省主导推动的"蜀创源"科创基地建设，着力谋划在青白江、新津等区域搭建产业转化基地，为科技成果引入转化、先进产业扩产增值提供更多应用场景、落地平台。联合清华大学、华北电力大学等单位，以四川省中小水电站为试点，共同研究推动能源数字化，已建成区域水电站集控中心 3 座，为近 50 座中小水电站提供数字化、智能化、集约化技术服务，加快推动 3 座智慧电厂建设，引领带动四川省中小水电企业数字化转型发展。

三、改革成效

一是科技成果获得高度认可。四川省能投集团参与完成的"集成电路化学机械抛光关键技术与装备"项目荣获国家技术发明奖一等奖，"中医体质辨识体系建立及应用"项目荣获国家科技进步奖二等奖，"全集成核酸快速检测芯片系统的研发及临床应用"项目荣获我国生物医学工程学科最高科技奖——黄家驷生物医学工程奖一等奖，抗肿瘤原创新药西达本胺的化合物发明专利获第19届"中国专利金奖"。

二是产业发展的科技属性更加凸显。华海清科累计销售CMP（化学机械抛光）设备520台、超100亿元。博奥生物主导制定的17项国家标准、9项行业标准、2项团体标准颁布实施，研发的微流控生化分析仪等"中国创造"生物技术产品出口30多个国家和地区。微芯生物原创新药西格列他钠2023年纳入国家医保目录、销量增长7倍以上，2024年上半年销量同比再增4倍。

三是高端人才队伍持续壮大。四川省能投集团依托科研项目、转化平台等成熟创新载体引育留用高精尖人才，建成覆盖清洁能源、生物医药、先进制造、绿色材料等领域的高水平人才团队，其中中国工程院院士1名、德国工程院院士1名、特级技师2人、高级职称近900人、高级技师近500人。

81

聚力推进高水平对外开放
加速打造新时代国企"走出去"标杆

四川省商业投资集团有限责任公司

一、基本情况

四川省商业投资集团有限责任公司（以下简称"四川省商投集团"）是四川省政府批准成立的省属国有大型骨干企业，是省属唯一的现代商贸流通服务产业投资平台和供给保障平台。近年来，四川省商投集团着眼四川对外开放大局，紧扣高质量转型发展实际，坚持走出四川抢市场、走出国门拓通道、走向海外建体系，以高水平"走出去"助力畅通国内国际双循环。近三年，四川省商投集团累计外贸规模突破210亿元，2024年外部承压条件下实现外贸规模近90亿元。

二、经验做法

（一）立体化构建"走出去"开放体系

一是建强物流通道"走出去"。四川省商投集团立足四川航空枢纽优势，与国内拥有全货机最多的行业龙头企业合资组建省国际航空货运发展公司，开通4条洲际航线，投运4架全货机，完善公路卡班、高铁航班等配套运力，整合80%以上蓉欧班列回程运力资源，链接旗下"川流天下"

线上货运平台重型货车 30 余万辆，初步构建起"铁公空"多式联运体系。

二是跟随布局产业"走出去"。四川省商投集团依托自有运力、地面服务和终端销售渠道，对接整合南美水果、欧洲三文鱼、红酒等优质资源；进入比亚迪等龙头企业供应链体系，出口近百种配套物资助力比亚迪海外生产基地建设。

三是创新贸易模式"走出去"。四川省商投集团针对四川以加工贸易为主、结构单一特点，在当前产业转移、需求收缩冲击下，参照河南、浙江等地成功经验，大力发展服务贸易、市场采购贸易等外贸新业态。2023年，集团服务贸易从无到有，规模超 10 亿元，居全省前列。

四是创新国际结算"走出去"。四川省商投集团针对特定海外区域，研究探索开展新型易货贸易，围绕核心品类搭建线上易货贸易平台，配套建立评估、交易、征信、保价等体系，创新"跨境直接易货""易货＋离岸""易货＋海外工程"等新型易货贸易模式，实现特定海外区域国际贸易国内结算。

五是发力数字开放"走出去"。四川省商投集团以数字开放弥补物理空间局限，重点以跨境电商为突破口推动贸易数字化，联动拼多多、SHEIN（希音）等生态服务商，在跨境电商进口和出口上双向发力，推动从"买全球"向"买全球、卖全球"转变。

六是开拓新兴市场"走出去"。四川省商投集团深化与"一带一路"共建国家和地区合作，加速抢滩东南亚、大洋洲、南美洲等新兴市场，2024 年集团出访次数同比增加 4 倍、出访人数增加 7 倍，客户资源遍及100 余个国家和地区。

（二）战略性布局"走出去"重点项目

一是打造国际国内航空货运双枢纽。四川省商投集团对标"郑州—卢森堡"模式，推进与海外航司股权合作，加密已有对欧航线，拓展至北美、东亚、南美等洲际航线，加大自持运力布局力度，打造"成都—比利时"航空货运双枢纽。

二是打造海外品质消费品产业基地。四川省商投集团顺应品质消费需求，推动在南美建立车厘子、蓝莓等水果物流集散中心，在北欧建立三文鱼养殖加工基地，牢牢把控货源端和销售端，构建起"端到端"的品质消费国际供应链体系。

三是打造"川字号"品牌国际营销体系。四川省商投集团在欧美发达地区建立海外"川货展销中心"，在比利时、智利等国建设海外中心仓，加快构建"产地在川内、推广在全国、市场在全球"的国际营销体系。

四是打造全省外贸综合服务平台。四川省商投集团优化完善中国（四川）国际贸易"单一窗口"功能，上线"外综云服"平台，打造集通关、物流代理、金融服务等于一体的一站式外贸综合服务平台，累计服务外贸企业超 2 万家，出口退税 116.59 亿元，处理业务票数超 1 亿单。

（三）实打实强化"走出去"专门保障

一是抓专项规划。四川省商投集团突出自身"物流＋贸易＋渠道＋终端"等全链条资源优势，以"业务品类优、商业模式优、工作机制优、人才队伍优"为目标，编制形成《集团外贸国企领航强链工程三年行动规划》。

二是抓专班推进。四川省商投集团抽调专业骨干组建集团外贸领航专项工作组，建立并实施"周研判、月调度、季复盘、年考核"工作机制。

三是抓专项激励。四川省商投集团制发《支持集团下属企业开展外贸业务的通知》，推出工资总额"专项激励包"，专设"外贸特别贡献奖"和"优秀外贸企业奖"。

四是抓专门保障。四川省商投集团力推专业人才、资金资源向外贸业务倾斜，建成"外贸人才库"、培育专业人才 1000 余名，2023 年外贸业务累计占用资金资源同比翻一番。

五是抓专项试点。四川省商投集团成功争取外交部授予的企业自主外事审批权，外事审批效率大幅提升，"走出去"更为便利。

三、改革成效

四川省商投集团以深化改革引领推动高水平对外开放已成为集团高质量转型发展的鲜明底色，统筹打造国内国际航空货运"双枢纽"，以通道带物流、物流促贸易、贸易兴产业，构建以大宗贸易、国际物流、外综服务等业务为核心的外向型产业生态，用实际行动助力国际供应链安全稳定。

一是践行对外开放使命担当日益凸显。四川省商投集团2023年外贸规模首次突破百亿元，累计开行全货运国际航班近1000架次，进出口货运量8万余吨，同期对欧航空货运量西南第一，成为四川省打造第三亚欧大陆桥国际贸易枢纽的重要参与者和贡献者。

二是助力全省消费市场回暖效果显著。四川省商投集团2023年全年运行南美水果包机17架次，进口特色水果超2100吨，进口挪威冰鲜水产品18.5吨。2024年实现三文鱼进口（含承运）超6100吨，占同期成都口岸进口总量的49%，占全国三文鱼进口总量的5.8%，完成境外采购—运输—境内销售全流程自营模式搭建，有效降低进口高端生鲜类产品价格。

三是服务外贸综合能力明显提升。四川省商投集团运维的四川"单一窗口"占全省进出口总申报量超80%，为四川省外贸保稳提质提供有力支撑。

82

以"创"赋能　向"新"而为

四川省投资集团有限责任公司

一、基本情况

四川省投资集团有限责任公司（以下简称"四川省投资集团"）成立于 1988 年 10 月，是四川省委、省政府批准首批组建的省级大型投融资运营公司和国有资本投资公司改革试点单位，已形成以清洁能源为核心主业，电子信息、大健康、先进材料与战略性新兴产业为培育主业的"1+3"产业布局。国有企业改革深化提升行动实施以来，四川省投资集团聚焦培育新质生产力，大力推进创新驱动与产业赋能双向发力，年均研发投入强度持续位居四川省属企业前列。重点科技型企业研发投入强度保持在 10% 以上，助力集团经济效益指标连创新高，高质量发展不断迈向新台阶。

二、经验做法

（一）重视创新导向，汇聚资源要素

一是重塑创新理念。四川省投资集团以党委中心组学习等形式深入贯彻落实习近平总书记关于科技创新的重要论述精神，从实际出发研究创新转型方向。立足国家所需、聚焦企业所能，搭建"1 个中心 +5 个分中心"产业研新体系，将原有由项目驱动的细分领域研究转变为由集团战略统

筹引领的系统性研究。

二是聚力投资带动。四川省投资集团充分发挥国有资本投资公司功能优势，战略性投资并购深耕电子元器件制造六十余年的"三线"企业宏明电子、专注软件研发及定制化应用的川投智胜集成，快速布局战略性新兴产业；联合发起设立航天工业互联基金、航天产业投资基金等，投资培育40余家科技型企业。

三是拓展多维合作。四川省投资集团与清华大学、电子科技大学、东方电气、华为等高校、大型央国企和行业头部企业深化联合攻关、人才培养等方面全方位战略合作，牵头成立人工智能产业联盟，打造多维度创新生态。

四是优化激励考核。四川省投资集团综合考量所属企业攻关科研项目、申请高质量专利、打造高水平科技平台等情况，"一企一策"制定科技创新考核要求；支持科技型企业出台专利申请、科技成果转化等专项管理办法，开展员工持股等中长期激励，体系化激发科创活力。

（二）聚焦核心技术，解决"卡脖子"难题

一是独立自主创新"破局"。宏明电子通过政策牵引、揭榜挂帅、集中攻关等方式，做强"一个宏明"研发、生产、销售协同体系，实现内部精细管理、高效联动，利用"产学研用"一体化创新机制，取得多项研发突破，实现高压复合介质电容器等宇航级电子元件"全国产化"，及时、安全供应国家航天、航空、船舶等重点工程项目，助力北斗导航系统全球组网及嫦娥五号"太空之家"建设。

二是强化协同创新"破冰"。田湾河流域梯级电站冲击式水电机组转轮载荷具有明显的冲击特性，因其技术难度高一直未能实现国产替代。为破解高水头大容量冲击式转轮制造核心技术"卡脖子"难题，川投田湾河公司通过联合科研形式，与东方电气东方电机有限公司合作实施转轮国产化科研项目，推动首台150MW级国产化冲击式转轮成功实现工程应用，填补国内技术空白，被国家能源局评选为"2023年度能源行业十大科技创新成果"。

三是树立标准创新"破题"。宏明电子以"863电子瓷料研发中心"等国家级创新平台为载体，贯通"平台合作—技术攻关—成果转化—产业巩固"全链条，做好预判断、预积累与预研发，紧跟自动控制、低空经济、新能源电池等行业所趋，累计主导参与60余项电子元件领域国家标准、国家军用标准和行业标准的制定，实现从"技术领先"到"标准领先"的突破。

（三）着眼数智赋能，推动产业升级

一是智改数转赋能国资国企。川投智胜集成以大数据、物联网、人工智能操作系统等新一代信息技术为支撑，把软件产品向平台化、移动化、云端化、智能化、个性化等方向拓展，参与银江水电站、资阳燃气电站等省内大型电源项目智慧化建设，赋能传统能源产业转型升级；同步构建数字国资国企在线监管平台等10余种信息化专项产品，在全省国资监管平台市场占有率超70%，其中5项应用获国务院国资委办公厅"2023年智能监管业务模型创新活动"表彰。

二是人工智能助力"省之大事"。川投智胜集成与川投电力协同链接优质水电资源和文旅行业场景，打造人工智能算力中心和四川省首个文旅AI大模型，成功申报国家首批、西部唯一的"视觉融合场景体验"文化和旅游部技术创新中心，服务青城山—都江堰、海螺沟等知名景区项目300余个，成功助推四川文旅产业从线下走到线上。

三是数实融合服务国家战略。交大光芒是四川省投资集团与西南交通大学联合成立、致力于提供轨道交通安全保障运营一体化解决方案的科改企业，其研发的高铁供电监控调度中心系统在国内市场占有率达85%，并

服务雅万高铁、中老铁路等"一带一路"国家重点工程。

三、改革成效

一是进一步铸强了国企担当力。四川省投资集团积极践行"国之大者"，一方面，在全面加强智慧电厂、数字矿山等传统产业数智化改造的同时，建立川投天府双碳大数据联合实验室、发布全球首个碳足迹开放平台，深度践行"双碳"目标、赋能绿色发展；另一方面，切实将科技成果应用到战略性新兴产业培育中，"十四五"以来集团战略性新兴产业已成为高质量发展的"第二增长极"，利润总额增长 10 余倍。

二是进一步提升了核心竞争力。现代化新国企的关键核心竞争力之一是科技创新。四川省投资集团已建成含 2 个院士工作站、3 家国家级专精特新"小巨人"企业、12 家国家高新技术企业、10 余个国省级科研平台的创新矩阵，近年来新增授权专利近千项，新增发明专利超百项。

三是进一步激发了集成创新力。四川省投资集团以科技创新为核心，统筹推进从公司治理到业务发展的全面创新。考核上突破原有考核定式，探索周期性考核的差异化创新；对标行业先进，实施"3 种管控模式 + 5 种授权模式"的优化式创新；领先开展四川省属企业信息化管理向全面数字化转型的管理式创新。

83

聚力"五大转化"路径
书写绿色低碳发展实践

中国贵州茅台酒厂（集团）有限责任公司

一、基本情况

绿水青山既是自然财富，也是经济财富。近年来，中国贵州茅台酒厂（集团）有限责任公司（以下简称"茅台集团"）坚持以习近平总书记生态文明思想为指引，把高水平保护作为重要前提，把高质量发展作为新时代首要任务，以国有企业改革深化提升行动为契机，深入挖掘"离开茅台镇就酿不出茅台酒"的独特自然地理优势，积极探索经济发展高质量与绿水青山高颜值相辅相成的绿色经济发展模式，依托"五大路径"，先后创建贵州省、全国"两山"实践创新基地，跻身千亿行列并持续保持两位数增长态势，以绿为底绘就了一幅高质量发展的"醉美"画卷。

二、经验做法

（一）点绿成金，积极构建现代产业体系

茅台集团牢牢把握"绿水青山就是金山银山"核心要义及其价值内涵，在生态中"做足酒文章、扩大酒天地"，把生态价值转化为推动地方经济社会发展的"绿色答卷"。

一是生态产业化。茅台集团聚焦经济发展主责主业，依托赤水河流域核心产区优质水源、紫红泥、糯高粱等禀赋资源，持续推动生态资源转化为绿色、有机、生态产品。2024 年，实现营业收入 1871.9 亿元，站稳千亿行列并引领行业发展，生态效益持续释放，支撑仁怀市连续多年入选全国绿色发展百强县市，以经济高质量发展生动书写了"绿水青山就是金山银山"的绿色实践。

二是产业生态化。茅台集团建设生态循环经济产业示范园，对生产过程中产生的废糟、废窖泥、废稻草等进行有效转化利用，形成"气、肥、饲料"等生态产品。以茅台酒酒糟等酿酒副产物规划产生量为基础依据，持续深化"酒糟＋"高附加值技术及产品研发，积极培育绿色、低碳、循环产业。

（二）护微提效，巩固筑牢酿造生态屏障

茅台集团坚持生态优先、保护先行，围绕"水、土、气、微"持续构建完善生态系统，下大力气守住守好宝贵的绿水青山资源财富。

一是管水清河。茅台集团运用系统思维强化"取、供、用、排"全周期管理，全面实现制酒生产冷却水循环利用，丰富完善风冷、中水回用等节水举措，年度节水量约 40 万立方米，水循环利用率超 87%；对标国内重点化工行业治污经验，优化升级给排水管网材质，持续强化收集运输过程保障；对标类地表水 IV 类排放标准新建和改造污水处理厂，在保障达标排放的基础上持续优化处理工艺、提高排放标准，有力提升治污减污治理成效。

二是治固净土。茅台集团在对固废规范化处置的基础上，实行危废无害化处置，强化固废资源化利用和减量化技术手段研究，实现茅台酒瓶"逆物流"回收利用，探索推进无泥封窖等措施，着力化"废物"为资源，为推进"无废企业"建设打下坚实基础。

三是造林增绿。茅台集团持续优化空间布局，推进多维度全域增绿，有序开展生态防护林、生态湿地等项目，全力构建"生态基底＋生态廊道＋关键生态节点"厂区网络化生态空间格局。2024年，厂区新增绿化面积超过10万平方米，绿地率约49%。

四是节能降碳。茅台集团紧紧围绕国家"3060"战略目标，系统制定"双碳"实施方案，形成"1239"实施路径，以产品为单元逐步推进全链条碳足迹、水足迹测算，积极开展碳中和试点、碳足迹认证等项目，推进实施白酒生产环节二氧化碳空气源热泵等重点降碳项目，年采购绿电近1亿千瓦时。

五是提气护微。茅台集团通过搭建"物联网＋信息化"环境监控综合管理平台，实现对水、土、气、声等多要素的高密度、全覆盖和立体化监测，全面实现厂区燃煤锅炉"煤改气"，出台实施新能源车辆推广行动方案，倡导员工低碳绿色出行。持续深化厂区酿造微生物溯源和研究，目前发现微生物3000余种，酿造微生物菌种资源库累计保藏菌种达199种、8400余株，该保藏量达中国工业微生物菌种保藏管理中心总藏量（13000余株）的64.6%，有力呵护了茅台酒赖以生存的酿造生态环境。

（三）以文铸绿，持续塑造生态文旅品牌

茅台集团将生态有机融入企业战略、文化、业务发展等各个环节，以"生态＋"模式推动生态与文化、文旅等深度融合，不断推动企业绿色健康发展。

一是厚植生态人文底蕴。茅台集团始终把生态环保置于企业发展核心地位，持续强化顶层设计，紧紧锚定"一基地一标杆"总体目标，加快打造生产集约高效、生活绿色低碳、生态山清水秀的"三生空间"，聚焦水、能和碳、气、声、固废"五条流线"，持续构建完善"135"绿色发展体系。深入开展"中国茅台·国之栋梁"生态守护公益行动，以节能周、环境日、生态日、低碳日等为契机，大力开展生态环保宣传活动，绿色理念深入人心，低碳生活渐成风尚。

二是打造生态文旅新业态。茅台集团坚持"美酒引人、文化沁人、生态留人"，以绿为底、以酒为媒、以文为魂，积极打造"生态＋文化＋旅游"发展模式，实施茅台天街、光影茅台、茅酒之源沉浸式体验区项目等一批文旅建设项目，中国酒文化城获得国家4A级旅游景区、贵州首批十大酒旅融合景区等荣誉称号，让人"看得见山水、记得住乡愁"。

（四）借绿兴农，不断践行社会责任担当

茅台集团始终坚持生态惠民、生态为民、生态利民，着力将"生态红利"转变成"民生福利"，让生态发展的福祉更多惠及人民。

一是产业兴农。茅台集团积极构建"政府—企业—农户"多主体现代农业发展路径，通过建设高标准自建蓝莓基地，积极带动当地产业发展。建成茅台酒用高粱基地100万亩，动态制定收购保护价并推动价格稳步提升，让11万余户种植农户充分享受到发展红利。大力支持道真菌菇等产业发展，支持打造"仡山贡米""道真花椒""仡山小蘑王"等10余个优势品牌，助推道真实现脱贫摘帽并持续迈出乡村振兴。

二是反哺惠农。茅台集团探索建立生态补偿机制，累计捐资超4亿元支持赤水河流域生态保护，联合流域4家酒企共同开展"走进源头·感恩镇雄"活动，示范引领流域企业共同构建"同饮一江水、共护一江水"的"大保护"格局。

（五）创制赋能，长效建立转化保障机制

茅台集团始终坚持高位谋划、高位统筹、高位推进，持续健全"两山"转化路径，为拓展转化成果提供坚实保障。

一是强化组织推动。茅台集团党委将习近平生态文明思想作为重要学习内容，定期开展学习研讨，将生态发展理念贯穿生产经营决策过程。成

立生态环境保护委员会，全面落实生态环境保护责任制，以深化国企改革为契机，持续优化生态环保管理职能职责，进一步强化工作统筹，形成推动绿色发展的强大合力。

二是强化资金保障。茅台集团积极设立生态环境保护专项资金，按年度营收1.5%预算生态环保专项资金，为"两山"基地创建提供有力的资金保障。积极推进设立赤水河生态公益基金，持续加大对生态环保领域保护和补偿力度，把社会责任作为不变的初心和使命。

三是强化政企合作。茅台集团进一步拓宽视野，强化与各级政府沟通协作，加强区域承载能力研究，推动产业链上下游一体化保护。深入推进6个方面54项重点工程，在实践和创新上深下功夫，持续打造赤水河流域茅台酒地理标志保护生态示范区，为白酒行业践行绿色发展提供更多"茅台实践"。

三、改革成效

一是生态环境持续改善。茅台集团"山水气微"生态系统实现共生共融，适宜长江上游珍稀特有鱼类生存繁衍的水环境得到较大改善，助力仁怀市成功创建国家生态文明建设示范区、全国文明城市，贵州赤水河荣获第二届"中国好水"优质水源地荣誉称号，在答好长江大保护的"贵州答卷"中书写了浓墨重彩的一笔。

二是水资源利用率显著提高。茅台集团水污染物排放总量不断降低，污水处理厂处理能力达到2.3万吨/日，出水水质符合《发酵酒精和白酒工业水污染物排放标准》水污染物特别排放标准要求。赤水河流域（仁怀段）水生态环境稳中向好，赤水河干流水质考核断面水质全部达到Ⅱ类，支流考核断面水质全部达到Ⅲ类水质，水质得到较大改善。

三是酿酒固废实现"价值重现"。茅台集团利用酿酒副产物研发形成

"气、肥、饲料"等生物产品，酿酒生产过程中产生的废酒糟、废窖泥、废曲草等工业固废资源化利用率达到100%。年产优质酱香型白酒约1.5万吨、生物质沼气1000万立方米、有机肥12万吨和有机饲料2万吨，近五年生物产品价值转化近8亿元。

四是社会价值和影响力不断提升。茅台集团实现了生态经济化和经济生态化的有机统一，全年白酒产量和收入持续增长，为推动地方经济发展作出了积极贡献。先后获评国家级、省级"绿色工厂"，2024年MSCI（明晟）ESG评级从B级跃升至BBB级，分数位居国内白酒行业第一，在COP15、COP29"中国角"边会分享"两山"转化成果，有力传播"中国声音"。赤水河流域周边生态环境得到极大改善，生态系统结构趋向合理，生态功能得到恢复和强化，形成了上下游联动共抓赤水河保护的新格局，以优异的成绩单支撑所在仁怀市入选2021年全国县域经济百强县市、2022年全国综合实力百强县市，连续多年入选全国绿色发展百强县市。

84

乘势而为抢新机　减碳增绿促发展
为经济社会发展提供坚强能源保障

贵州能源集团电力投资有限公司

一、基本情况

贵州能源集团电力投资有限公司（以下简称"能源电投"）是贵州能源集团旗下一级全资子公司。能源电投通过聚焦主责主业，深入实施国有企业改革深化提升行动，以技术创新带动产业升级，提高能源利用效率，已逐步成为一家以"煤—焦—化—电"循环经济产业发展为主、集"风光火储"多能互补于一体的新型综合能源企业，负责电力（火电、光伏、风电）、煤焦化板块的投资和运营，现有火电装机272万千瓦，新能源装机152万千瓦，焦炭产能200万吨，资产总额280余亿元，业务收入突破150亿元。

二、经验做法

（一）多方协同联动，全面系统布局发展路径

能源电投深入贯彻落实《中共中央 国务院关于加快经济社会发展全面绿色转型的意见》，综合考虑贵州区位优势、贵州能源集团发展战略及自身行业特点等因素，加快数字化绿色化协同转型发展，为企业发展绘制清

晰的"路线图"。

一是注重"上下协同"。能源电投践行贵州省关于减污降碳协同增效相关工作精神，推动能源绿色低碳转型，积极推进煤炭消费替代，优化煤电项目建设布局。聚焦电力主业发展，强化新建、在建项目调研认证，做到分类施策、有的放矢，稳步推动先进煤电、新能源、现代煤化工产业协同发展，日供电量约5000万千瓦时。

二是注重"左右协同"。在贵州能源集团"煤电气化一体发展、支撑业务高效协同"战略引领下，能源电投充分发挥资源互补优势，统筹做好煤电协同、煤焦协同，积极探索优化配煤方案，改善进煤结构，坚决守牢保发电、保民生底线，圆满完成迎峰度夏、迎峰度冬等重点时段电力保供任务。

三是注重"内外协同"。能源电投以国有企业改革深化提升行动为契机，对内加快理清债权债务、产权归属等关键问题，稳妥有序推进配售电业务整合、股权受让等工作，进一步优化股权结构和业务管理；对外积极与属地党委政府、电网公司、金融机构等沟通交流，在新型电力系统建设、服务"双碳"目标、新能源接入、投融资管理等方面获得认同和支持。

（二）加快产业转型，深入推进绿色低碳发展

按照贵州省委、省政府关于打造"六大产业基地"的决策部署，能源电投以新型综合能源基地建设为重点，结合贵州能源集团"十四五"发展规划，切实把绿色低碳发展作为落实企业责任的重要抓手和具体路径，聚焦"存量提效、增量转型"，在传统设备技改、新型电力系统建设上持续发力，推动国有资本"三个集中"。

一是改进传统设备技术工艺。能源电投积极推进节能降耗改造，提高煤电机组能源利用效率，实施盘县发电厂1号、2号机组增容节能一体化

改造，机组容量由 2×66 万千瓦提升至 2×70 万千瓦，供电煤耗下降约 12 克标煤每千瓦时。同步加强设备点检、巡检和检修质量管理，最大限度发挥产能，着力提高机组的深度调峰能力和负荷响应速度，着力构建安全、可靠、绿色、低碳的电力供应体系。

二是有序推动能源技术革命。能源电投在全面落实现役煤电机组超低排放改造的同时，加快推进先进煤电建设，通过技术创新带动产业升级，采用超超临界、二次再热等先进技术，建成西南地区第一座超超临界二次再热燃煤电厂，度电煤耗显著降低，机组设计供电煤耗较贵州火电机组平均度电煤耗降低约 50 克，既提高了发电效率，又减少了碳排放，积极促进能源健康发展。

三是布局新型电力系统建设。能源电投深入研究国家关于新能源发展的一系列政策措施，结合贵州地质特点，科学分析、创新推进以石漠化、荒漠化土地等具有生态环境保护和修复效益的新能源光伏项目，建成贵州单体容量最大的光伏电站，并网装机容量突破 1000 兆瓦。与此同时，积极谋划布局储能项目开发，建成兴义市清水河新型共享储能电站（20 万千瓦/40 万千瓦时），逐步形成与新能源发展相适应的电力系统调节能力，助力新型电力系统建设。

（三）科技创新赋能，打造能源领域新质生产力

能源电投坚持把科技创新放在企业发展全局的核心地位，优化创新资源配置，充分发挥科技创新效能，通过物联网、大数据、人工智能、云计算等先进科技，实现电厂的智慧化、数字化和高效化运营，全力推进能源清洁高效低碳化利用，打造能源领域新质生产力。

一是提高能源清洁低碳化利用。能源电投依靠技术突破和综合利用效能，推动煤炭节能减碳改造、灵活性改造、供热改造"三改联动"，发电效率、污染物排放控制等对标国内领先水平，新增煤电机组执行更严格的

节能标准，在煤化工领域持续提高煤炭作为化工原料的综合利用效能，推动实现煤炭的清洁高效利用。

二是加快推动企业智慧化建设。能源电投坚持把数智化建设作为核心战略之一，通过加强网络安全和信息调度规范化管理，先后完成数据中心项目、数字化转型咨询规划设计、重要事项和制度管理信息化建设。加快智慧电厂建设，利用数字化技术，实现电厂各要素的全面互联和智能管理，提升电厂经济效益和安全水平，降低运营成本和环境影响。稳步推进安健环数字化管理平台项目，加快建设生产企业数字化、智能化、智慧化系统，提高企业竞争力。

三是加强科技创新人才队伍建设。能源电投把"人才强企"贯穿企业改革发展全过程，围绕引、育、用、留出台人才工作制度和激励政策，持续增强企业发展后劲。推动薪酬分配进一步向科研骨干人才、高技能人才和生产一线倾斜，逐年提高科技创新核心岗位的薪酬水平，切实激发科研人才的创新积极性，不断加大核心技术攻关力度，为企业科技创新提供智力支撑。

三、改革成效

新模式激发新活力，新举措带来新变化。能源电投通过实施国有企业改革深化提升行动，不断增强核心功能、提升核心竞争力，在产业布局、科技创新、提质增效等方面收获了丰硕成果。

一是产业布局更加优化。能源电投在改造提升传统电力业务的同时，加快发展新能源业务，逐步推进诸如区域"风光火储"、"煤—焦—化—电"等新型综合能源项目建设，基本形成含"绿"量、含金量更高的"风光水火储"多能互补一体化新型综合能源体系。

二是科技创新能力增强。能源电投在科技创新领域持续发力，截至

2024 年底累计投入研发费用 4.39 亿元，获得专利 29 项。旗下天能焦化公司建成投运二氧化碳制液化天然气碳中和利用项目，每年可增加消耗二氧化碳约 1 万吨，同等负荷条件下 LNG（液化天然气）日产量增加约 25 吨，为贵州能源集团实现碳利用探索出一条行之有效的新途径。

三是经营指标连年向好。能源电投在企业管理、业务赋能、资源利用、生产经营等方面实现了"1 + 1 > 2"的协同效应，主责主业各项经济指标再创新高，利润总额、净资产收益率、全员劳动生产率等指标全部超额完成。

85

新动能基金着力破解"融资贵、融资难"难题助力产业发展的改革实践

贵州黔晟股权投资基金管理有限公司

一、基本情况

贵州黔晟股权投资基金管理有限公司（以下简称"股权基金公司"）成立于2016年7月，注册资金2.18亿元，系贵州省黔晟国有资产经营有限责任公司（以下简称"黔晟国资"）全资子公司、重要子企业，管理贵州省新动能产业发展基金（以下简称"新动能基金"）、贵州省能源结构调整基金等7只基金，基金实缴总规模达180.83亿元。股权基金公司全面落实贵州省委、省政府围绕"四新"主攻"四化"战略部署，充分发挥黔晟国资国有资本投资运营平台"四大抓手"之一的功能作用，紧紧围绕基金管理和受托资产管理主责主业，全力服务贵州工业产业发展。

二、经验做法

近年来，贵州省工业化水平不断提高，新型工业化持续稳步推进，但企业在项目融资时仍然面临需提供担保、抵押物，融资综合成本较高，金融机构贷款申请门槛高、审批程序多、放款流程长等难题。2022年，按照贵州省委、省政府大力支持全省工业新旧动能转换、加快产业升级的决策

部署，省级行业主管部门牵头发起设立新动能基金，并以此为抓手大力推进贵州省工业产业发展。股权基金公司作为新动能基金管理人，特别是自2023年扎实推进国有企业改革深化提升行动以来，坚持秉承"雪中送炭"的投资理念，从改善营商环境、帮助企业打通融资"最后一公里"、赋能企业信用、激发企业内生活力、坚定企业发展信心等方面充分发挥基金引导作用，为企业注入强劲的金融活水。

（一）创新投资模式，降低融资门槛

新动能基金认真贯彻落实国有企业改革深化提升行动更好实现经济属性、政治属性、社会属性的有机统一的要求，围绕贯彻产业政策、引导民间投资、稳定经济增长的目标，探索建立"综合考虑企业实际，采用不同定价策略"的投资模式。

一是适度降低投放门槛。在被投资企业完成业绩承诺社会效益指标的前提下，通过将企业超额利润及回购主动权让渡给原股东，让企业拥有更多资本推动发展，从而提升市场主体的信心和动力，有效打消企业对申请产业投资基金的顾虑。

二是激发企业内生动力。新动能基金严格把控资金的股权投资性质，在企业经营上坚持"专业的人做专业的事"与"效率为先"理念，由企业自主管理、自主运营，在保障新动能基金知情权、监督权的基础上，平衡好"效率、风险、收益"之间的关系，更好释放企业活力。

（二）优化业务流程，提高投放效率

一是新动能基金优化项目遴选标准及申报指南，完善企业融资信息采集系统，实现了项目申报、项目推荐等信息化管理，便于贵州全省9个市（州）项目企业通过平台申报项目，构建了从县到市（州）再到省的三级项目把控机制，提升了项目推荐至新动能基金管理人的效率和质量。

二是新动能基金通过加强制度建设，细化工作机制，强化任务分解，统筹推进项目立项、尽调、评审、投放等各项工作，构建高效业务推进机制，实现快速投放，提高投放效率。

（三）搭建赋能平台，助力产业链发展

新动能基金通过举办包括产业链上下游企业，以及银行、金融服务、创业投资公司的企业家交流座谈活动，为所投企业搭建赋能平台。

一是通过搭建交流平台，为企业与金融机构建立长期合作的桥梁，更好发挥基金投贷联动作用。

二是聚焦企业发展间的互补性，为产业链上下游企业提供合作共赢的渠道和资源，从而促进补链、强链、延链、扩链。

（四）筑牢投后管理基础，着力防范风险

一是严抓资金安全，强化财务监督管理，通过不断完善投后管理相关制度，健全投后管理委员会等机构，建立健全投前、投后风险联动机制，构建投资风险管理长效机制。

二是数据驱动决策，科学开展管理，通过搭建新动能基金投后管理信息化系统，建立企业数据收集和分析机制，对基金投资协议履约情况、项目跟踪、项目治理、项目退出等实施数字化管理，为风险预警、研判提供科学支撑。

三、改革成效

一是推动解决"融资贵、融资难"。新动能基金通过股权投资介入项目建设前期的企业，助推被投企业满足金融机构融资基础门槛，不断激发外部市场对企业发展的信心，持续带动银行及社会资本投资。截至2024年底，累计直接投资167.21亿元，带动银行及社会资本613.35亿元。

二是促进产业"造血增效"。新动能基金重点围绕新能源电池及材料、酱酒、战略性新兴产业，截至2024年底，累计投资企业73家，金额

167.2 亿元，投资期内预计新增就业 2.4 万余人，税收超 90 亿元。

三是促进招商引资项目建设。新动能基金聚焦省内招商引资项目及融资需求精准发力，截至 2024 年底，累计支持招商引资项目 36 个，金额 75.14 亿元。

四是促进产业链发展。新动能基金聚焦全省"六大产业基地"建设，落实"富矿精开""电动贵州"等重大部署，推动产业链补链延链强链。截至 2024 年底，累计投资"六大产业基地"企业 51 家，金额 138.3 亿元；"富矿精开"企业 25 家，金额 86.8 亿元；"电动贵州"企业 21 家，金额 62.53 亿元。例如，通过支持贵州美锦华宇新能源有限公司"煤—焦—氢"综合利用示范项目，新动能基金深度推进"富矿精开"，推动产业转型升级，进一步带动上下游产业链发展。

86

以新质生产力培育为目标的创新聚合管理

贵州轮胎股份有限公司

一、基本情况

贵州轮胎股份有限公司（以下简称"贵州轮胎"）的前身为贵州轮胎厂，始建于 1958 年，1996 年改制为股份有限公司并在深交所主板上市，是全国十大轮胎公司和工程机械轮胎配套、出口基地之一，主要有"前进""大力士""多力通"等品牌卡客车轮胎、工程机械轮胎、农业机械轮胎、工业车辆轮胎和特种轮胎，是全球商用轮胎规格品种较为齐全的轮胎企业之一。贵州轮胎现有两个生产厂区，其中贵阳扎佐占地2300 亩、越南前江占地 450 亩，2023 年在国内轮胎行业排名中位列第 6。

二、经验做法

（一）加强组织领导，厚植创新基因

贵州轮胎从建厂开始就将创新写入企业文化，将创新基因深植于贵州轮胎几代人的血液中。贵州轮胎在这种创新文化的承载下风雨砥砺六十七载，并迈向"国际化、绿色化、智能化、高端化"发展新征程。

贵州轮胎建立了研发技术中心，成立了科技创新战略的创新委员会，公司党委书记亲自兼任科技创新战略的创新委员会主任，体现了党管科技

事业的技术生态。坚持系统、实干实效、基层和全员、精神奖励和物质奖励相结合4项原则，全面激发员工创新热情、创造热情，养成精益求精、创新不止、持续改进、尽职尽责、争先创优的创新文化氛围。

（二）以人才为要素，大力实施"人才兴企"工程，培育创新原生动力

贵州轮胎采取社会招聘、送外培训、内部培养多种方式培育科技开发人才队伍，基本形成了能满足企业发展需要的多专业、多层次人才队伍，设立高校贵轮奖学金和助学金、参建海外孔子学院、培养留学生，多措并举，引进和培养多层次人才。加强年轻干部人才学习交流培训，加快年轻干部人才成长。充分运用政策空间，探索建立各类国际高端科技人才、市场紧缺科研人才和高端技能人才市场化薪酬制度，充分激励和调动人才的积极性和创造性。

贵州轮胎坚持以自主培养与外部引进相结合的模式建设"实用型"和"创新型"两支技术人才队伍。实用型技术人才队伍主要是满足现有市场需求的产品开发型人才。创新型技术人才队伍是依托企业创新联盟、联合实验室和博士后工作站等平台，引进和联合高等院校高素质人才，解决基础性、未来及行业关键性问题的队伍。

（三）坚持创新驱动，培育和发展新质生产力

贵州轮胎坚持把创新驱动作为提升公司市场竞争力的核心要务，聚焦客户需求，守正创新，培育和发展新质生产力。积极洞察市场需求，高度重视创新资源积累、新技术开发和新技术引进，新产品研发成果源源不断，为夯实产品及制造全过程更高的自主知识产权"护城河"打下了坚实的基础。建立健全公司技术创新奖励办法，搭建了管理创新、技术进步、设备改造三大创新平台，畅通创新渠道，每年召开年度技术创新暨表彰大会，营造了"创新无处不在、人人可创新、事事可创新"的浓厚氛围。以员工姓名命名创新成果，营造了浓厚的创新氛围，如"小淞查询系统"。

（四）以国际轮胎制造先进水平为目标，打造企业技术创新新高地

贵州轮胎不断巩固和拓展与高校、科研院所的合作广度和深度，近年来先后与清华大学、哈尔滨工业大学、华南理工大学、四川大学、青岛科技大学、武汉工业大学、贵州大学、中国科学院化学所等著名院校开展技术合作，覆盖新材料、新工艺、先进分析技术、数字化模拟及人员培养等各项课题。

贵州轮胎联合产业链中的企业（水城钢铁、詹阳重工、智悬科技、瓷福蓝天）及国内著名高校（华南理工大学、青岛科技大学、贵州大学、武汉理工大学、中国农业大学、北京化工大学）签订了多方合作协议，以基础研究和科技、产品创新为方向，全产业链和产学研协同创新，以贵州轮胎为产业核心带动产学研和产业上下游协同发展。

贵州轮胎积极响应并落实贵州省委、省政府相关要求，与贵州省内著名高校（贵州大学）和省外双一流重点高校（哈尔滨工业大学）建立合作，打通产学研全链条通道，2023 年 9 月联合申报的宽体自卸车重大项目获批贵州省科技厅科技成果转化项目，是贵州轮胎省级以上重大政府科技创新项目零的突破。

三、改革成效

一是全员参与创新的积极性大大提高，效益显著。贵州轮胎 2023 年以来申报管理创新类、工艺进步类、设备类创新项目数量逐年增长，创新成果效益凸显，为经营效益持续改善夯实了基础。2023 年实现营业收入 96.01 亿元，同比增长 13.76%；实现利润总额 8.32 亿元，同比增长 94.19%。

二是不断拓展对外交流渠道，积极参与贵州省、全国的各项创新评比活动，取得了丰硕成果。贵州轮胎近年申报的《大型轮胎企业以新型经营体为中心的利润目标管理》荣获贵州省一等和国家二等现代企业管理创新

成果奖。同时在参加现代企业创新成果推广会时了解最新的前沿管理理念和先进做法。

三是创新带动资源配置效率显著提高，企业形象向好。近年来，贵州轮胎陆续被评为"贵州省优秀诚信企业""中国石油和化工行业质量管理优秀企业""国家绿色工厂""贵州省绿色供应链管理企业""贵州省2023年积极购碳企业""2022年度能效领跑标杆企业（轮胎）""5G全连接工厂"等。

87

科技赋能专精特新　助推企业高质量发展

贵州能矿锰业集团有限公司

一、基本情况

西南能矿集团股份有限公司控股企业贵州能矿锰业集团有限公司（以下简称"能矿锰业"）资产总额 19.06 亿元，是贵州省唯一一家开发锰系产品的国有企业，目前已形成年产电解二氧化锰 1.65 万吨、高纯硫酸锰 3 万吨、电解金属锰 3 万吨的综合产能。2023 年以来，能矿锰业抢抓贵州省支持新能源电池材料发展政策红利，践行"富矿精开"，对标行业及世界一流水平，进一步深化国有企业改革，以科技创新赋能专精特新，降本增效取得明显成效。2023 以来，能矿锰业荣获"国家级高新技术企业""贵州省专精特新中小企业""贵州省创新型中小企业"，联合铜仁学院、中伟新材料股份有限公司建成贵州省唯一一个"新能源电池正极材料重点实验室"。

二、经验做法

（一）强基固本，优化体制，打造科技赋能"动力源"

能矿锰业紧抓人才、投入、研发等关键要素，夯实产业发展根基。

一是注重科技人才队伍"固基"。能矿锰业引进行业领军人才，外聘中国科学院软件所、中南大学等专家教授参与研发，筑巢引凤，"第一资源"效能发挥显著。

二是注重科研投入"夯基"。能矿锰业持续增加投入科研资金5800余万元，建成3000多平方米的研发中心、中试基地及研发硬件设施，拥有2个省级平台、27项核心专利、9项企业标准。

三是注重产学研合作"强基"。2024年以来，能矿锰业结题国家"锰冶金渣在硅酸盐混凝土制品及水泥中的应用示范项目"，承担贵州省"电解锰渣无害化及资源化利用"等科研项目。2024年8月，由中国工程院院士领军、能矿锰业参与的"低品位碳酸锰矿高效浸出"项目已通过技术答辩，技术研发能力有力彰显。

（二）对标一流，管理提升，提升科技赋能"驱动力"

2024年以来，能矿锰业加快数字化转型，实施"抓对标、强管理、提质效"行动，发展新质生产力。

一是对标世界及国内一流企业。能矿锰业积极应诉欧盟、日本反倾销国际诉讼，赢得出口税率优惠。迎接日本松下访厂考察，积极与世界一流企业交流。

二是加快建设数字化工厂。能矿锰业建立"风水电汽"智能化平台系统，关键工序接入智能控制系统，实现产品可定制化生产。

三是打好降本增效"组合拳"。能矿锰业坚持向管理要效益，聚焦降本增效，建立成本管控"倒逼模型"，加以班组绩效考核杠杆，降本增效成效显著。

（三）富矿精开，知行合一，开启科技赋能"新征程"

2023年以来，能矿锰业提升新质生产力，助力"富矿精开"战略。

一是瞄准"精查探矿"发力。能矿锰业借助"锰三角"地区资源优势，协调地方对优势锰矿资源进行联合开发，加强国内外矿源洽谈，掌控前端资源储备创造条件。

二是瞄准"精深用矿"发力。能矿锰业仅用 30 天攻克技术瓶颈，实现电解二氧化锰最高端产品——碱锰电池专用电解二氧化锰的研发、生产、销售一次性成功，创造业界新纪录。首次探索"两矿法"新工艺，以国内低品位锰矿替代进口矿取得成功，"精深用矿"实践发挥积极作用。

三是实施国家级科研课题为企业纾困。能矿锰业扎实推进省级锰渣无害化资源化利用和研究项目，联合中南大学申报《低品位碳酸锰矿高值化清洁利用关键技术研究与示范》国家项目。

（四）改革创新，凝聚共识，坚定高质量发展"硬道理"

能矿锰业实施三个维度改革，凝聚起共识，激发出斗志。

一是加强人员机构支撑。能矿锰业全面实施经理层契约化和任期制，实施两轮次管理机构优化，管理机构精简高效。

二是加强制度体系支撑。能矿锰业拓展完善 N 项制度的"1 + 3 + N"的制度体系，形成财务指标绩效考核体系，成本考核进班组，人人头上有指标。

三是加强三项制度改革。能矿锰业建立以岗位价值为基础、绩效贡献为导向的薪酬体系，队伍抵御市场的底气和信心进一步增强。

三、改革成效

一是发展新质生产力呈现新进展。能矿锰业高端碱性电解二氧化锰新品研发、生产、销售一次性成功，超越同行业企业，产品呈现供不应求态势，打造企业新经济增长点。

二是对标世界一流获得新进展。能矿锰业在赢得欧盟、日本出口税率优惠的基础上，引入一流企业管理标准、工艺标准，矢志成为世界一流新能源电池企业原材料优质供应商。目前，碳锌型、碱锰、锂锰产品进入下游电池头部企业。2024 年 7 月，产品已出口到波兰、斯洛伐克等国家和地区，得到市场肯定。

三是助力"富矿精开"获得新进展。能矿锰业"两矿法"工艺和碱锰电池专用电解二氧化锰新产品的生产实践，有力化解国外进口原料价格暴涨的市场压力，降本增效取得阶段成效。2023 年利润总额较 2022 年降本增效 6000 多万元，2024 年比 2022 年再降本增效 1 亿元左右。拟再建年产 1.65 万吨电解二氧化锰项目，成功吸引下游头部企业投资意愿。

四是三项制度改革激发新动力。实施三项制度改革，建立以岗位价值为基础、以绩效贡献为导向的薪酬体系，压减分流人员，取得新成效。"企业是我家，生存靠大家"理念深入人心，干部职工抵御市场危机的底气和信心进一步增强，众志成城、战胜危机，跑出改革"加速度"。

打造智慧城市升级版
助力提升城市运行质效

云上贵州大数据（集团）有限公司

一、基本情况

云上贵州大数据（集团）有限公司（以下简称"大数据集团"）成立于2018年，注册资本金17亿元。截至目前，大数据集团下属二级公司5家，其中控股子公司4家、参股公司1家；下属三级公司17家，其中控股子公司3家、参股公司14家。

大数据集团以服务贵州全省数字经济发展为使命，发挥全省数字经济发展的基础性、平台性、保障性、带动性的功能作用，以政务云、国资云、苹果云的建设运营及数据开发利用与流通交易、算力调度及服务为首要任务，突出省属数据集团主责主业，重点构建云计算服务、数据开发利用、信息化智能化建设运维三项核心业务，形成以数字政府建设和企业数字化为基础支撑，以数据服务业务、人工智能应用开发与算力一体化综合服务为驱动，以安全业务为保障的业务布局。

二、经验做法

按照贵州省"四新""四化"主战略及数字经济发展总体部署，大数据集团针对存在的问题及短板弱项，结合国有企业改革深化提升行动要求，围绕改革重点，全面推动战略性改革，进一步聚焦主责主业，明晰功能定位，优化业务布局，强化内部管理管控，增强核心功能，提升核心竞争力，企业迸发崭新活力。

大数据集团积极发挥国资国企在科技创新方面的引领作用，推动国有资本、技术、力量向战略支撑和关键领域集中，承接贵阳市城运中心建设，发挥关键系统平台投资、建设、运营主体作用，用好企业在省级数字政府建设和数据资源等方面比较优势，重点针对城运中心"数据中心、城市大脑、应用实体、指挥平台"功能定位，按照"省市协同、贵阳先行、全省推广"思路，推动省级平台技术、数据等能力和资源下沉，以"四个聚焦"打造城运中心样板，构建城市运行和治理智能中枢，驱动贵阳智慧城市建设迈向"体系重构、质效提升"的全域数字化转型新阶段。

（一）聚焦用户需求，拓展产品广度

大数据集团围绕贵阳城运"一网总览、一网统管、一网通办、一网共享"总体架构，优化完善"城市大脑"功能板块，通过建设城运领导驾驶舱，灵活精准呈现3600余项各层级、各类别指标数据、200余项城市地图图层数据、9.2万余路视频资源，实现一屏览数据、览地图、览视频、览体征的功能，实时智能感知城市动态，把控城市全局态势，辅助支撑管理者实施更加精准的决策研判；通过全面整合省市66家单位107个信息化系统数据，重点打造集"综合管理、日常管理、应急指挥、事件管理"于一体的综合性平台，实现一个平台感知全市物联数据预警、汇总处理全市民生诉求、协同处置全市"三跨"事件、调度指挥全市应急事件，推动城市管理更高效、服务民生更及时。

（二）聚焦场景开放，提升产品深度

大数据集团着眼于"城市大脑"发展需求，以丰富场景结构层次、推动场景资源开放、提升场景创新能力为方向，围绕城市管理、交通运行、安全生产、公共安全、生态环保、民生服务 6 个方面，打造"感知民情、服务民生、以民为本"的应用场景；围绕"办事难、办事慢、办事繁"等困扰群众的问题，从提升公共服务主动性出发，优化政务服务行政审批管理服务内容，以应用场景创新为牵引提升城市公共服务水平。

（三）聚焦基层治理，丰富产品维度

大数据集团建立贯穿市、区（县）、乡镇（街道）、社区的 4 层基层治理体系，以事件协同处置平台作为业务协同载体、通过统一的网格用户体系、明确责任边界实现城市事件快速处置，切实解决城市三跨事件（跨部门、跨区域、跨层级）无人挂、管不过来的问题。

（四）聚焦大模型赋能，推动城市管理智能化转型

大数据集团建设人工智能大模型，发挥城运中心汇聚的各级部门政务数据价值，通过数据进行融合分析，形成对群体热点、突发事件、敏感诉求、热点趋势、预警信息、态势研判等方面智能分析，提供科学决策分析辅助；通过建设视频智能分析应用，实现重点人群监控、机动车违停、垃圾暴露、占道经营等包含"人、车、铺"管理的智能应用场景，并将发现的事件推送事件中台自动分拨处置；通过建设民生民意感知大模型，基于互联网各平台贵阳本地注册用户发布信息及全网发布与"贵阳"相关的信息进行推理训练，可自动生成贵阳相关的舆情信息，感知与贵阳相关的新词、热词，实现全方位的民生民意信息感知，并可通过城运中心事件协同处置平台与网信、网安等部门开展网络舆情联动处置。

三、改革成效

贵阳市城运中心建设是"强省会"重要战略行动之一，是落实数字活市、推动数字经济高质量发展的重要举措。实现城市运行关键数据可看可

用、日常事件可协调可监管、应急事件可指挥可调度，城市治理"更智能、更高效、更精准"效能初步显现。

一是为政府科学决策配备"显微镜"。大数据集团通过建设城运数仓汇聚市级各部门城市运行管理相关数据，利用大数据、人工智能大模型技术数据对数据进行专题分类、分析应用，实现一屏览数据、览地图、览视频、览体征的功能，变"不可见"为"精准可见"，实时感知城市动态，为政府立足实际、科学决策提供重要保障。

二是为城市治理装上"智慧脑"。面对城市管理复杂、多变、突发的情况，大数据集团通过建设城市管理、经济运行、生态环保、公共安全等专题库、主题库，以精确的数据提供精准决策辅助。

三是为城市建设搭载"调度室"。大数据集团发挥多年政务数字化建设经验，按照"省市协同集约化"模式快速建设城运中心系统平台，实现对城市经济发展、社会治理、环境优化等各领域的城市应用进行连接、融合、协同和重构，输出高效的城市运行管理智能解决方案，实现贵阳市城市管理数字化创新突破。

四是让科技成果转化应用"加速跑"。包括全省可推广使用的城市运行管理解决方案及服务能力，可快速向全省各市（州）推广服务，赋能全省各市（州）城市综合管理能力提升，在服务全省数字政府集约化建设上作出积极贡献。

89

以科技创新为牵引　厚植发展新优势
奋力打造世界一流贵金属新材料领军企业

云南省贵金属新材料控股集团股份有限公司

一、基本情况

云南省贵金属新材料控股集团股份有限公司（以下简称"贵金属集团"）是云南省贵金属战略性新材料产业培育发展的运营主体，拥有国内唯一贵金属领域系列核心技术和完整创新体系，以及集"产学研用"于一体的贵金属新材料制造、资源开发及循环利用、供给服务完整产业链，作为中国贵金属新材料行业的领跑者全面参与全球竞争，代表我国在该领域的创新能力和竞争力，行业排名稳居全国第一、全球第五，先后入选"双百企业"、专精特新"小巨人"和创建世界一流专业领军示范企业名单。

二、经验做法

（一）优化"三个模式"，着力提升科技创新管理效能

一是构建"1 + N"研发组织模式。贵金属集团全面整合内部科技创新资源，组建1个新型研发机构云南贵金属实验室，推进与贵金属功能材料全国重点实验室一体化建设，打造贵金属领域全球科技创新高地和新兴产业重要策源地。在实验室下设32个细分领域专业和产业研究室，创新

"四类三级"考核评价机制,一体推进科研创新、成果孵化转化和科技人才培养。

二是构建"三个在一线"管控模式。决策在一线,贵金属集团对研发机构实行"特区"管理,制定授放权清单,赋予资源配置自主决策权。管理在一线,研发机构管理层、学术委员会等核心岗位均由院士、专家、学术带头人担任,避免"外行指挥内行"。实施在一线,赋予科技人员更大技术路线选择、技术实施、经费使用等自主权,减少事事请示、层层汇报。

三是构建竞争性项目管理模式。贵金属集团项目部署实行"科技+产业"协同机制,主动布局贵金属材料领域前沿、产业急需关键技术项目,深化创新链与产业链融合。项目实施实行科技"揭榜制",设立开放课题,引导适度竞争,催生细分领域系列"单项冠军",激发贵金属产业活力,加快发展新质生产力。

(二)健全"三个机制",全面释放科技创新潜能活力

一是健全成果转化机制。贵金属集团构建"1+4+N"跟投孵化体系,首批4个"三新两高"项目跟投计划落地实施,加速科技成果由实验室向工程应用转化。提高科技人员成果转化收益奖励比例,科技成果转化效率进一步提升。深化协同创新,主动对接高端创新资源,持续加强与头部企业开展关键核心及"卡脖子"技术、材料联合攻关。

二是健全人才引培机制。贵金属集团主动布局海内外引智站,设置引才"伯乐奖",推行科技人员"赛马制"和"总师制",实施人才"双聘"。依托"产业+科研+学科"人才发展平台,发挥硕博研究生培养与全系列职称评价优势,实施职级岗位分离管理,基于人才评价五要素健全积分制和评审制晋升双通道,让优秀人员"赛"出来。

三是健全收入分配机制。贵金属集团建立含科研奖励、成果转化奖励与中长期激励在内的多维增量收入决定机制，将研发人员人工成本还原纳入业绩评价要素参与薪酬分配，提高研发人员激励水平。按照不超过利润总额的20%设立人才专项资金，推行新产品利润分享机制，已实施的上市公司股权激励对象中科技人员占比达60%以上。

（三）聚焦"三个保障"，持续增强科技创新支撑能力

一是增强科技投入保障。贵金属集团建立科研稳定投入机制，每年确保研发投入强度不低于4%。深化开放合作，吸纳政府、高校、科研院所及企业等多元资本参与科技创新，用好资本"活水"。持续提升技术转让、新孵化初创公司股权分红等成果转化收入的再投入比例，激活增量"收入"。依托重大科技攻关项目，用实财政补助。

二是强化知识产权保障。贵金属集团建立专利创造与产业发展协同机制，充分发挥专利导航作用，促进专利量质齐升，抢占产业发展制高点，筑牢"专利防火墙"。建设稀贵金属新材料产业知识产权运营中心，组建产业知识产权联盟，完善知识产权价值评估机制，畅通科技成果转移转化的关键环节，提升知识产权培育营运能力。

三是优化科技服务保障。贵金属集团充实科研助理队伍，协助做好科技服务保障工作。组建数字化研究室，为科研、孵化、管理数字化提供解决方案。推进数字赋能科技，建立稀贵金属材料专业数据库，累计入库研发数据3900余万条，实现数据驱动模式下的稀贵金属新材料智能化设计开发应用，切实为科技人员"减负"、为科技创新"增力"。

三、改革成效

一是创新实力不断增强。贵金属集团形成由9个国家级、11个省部级和23个院士专家工作站组成的创新平台体系，2023年以来荣获省部级科技奖13项，获得授权发明专利74件，制/修订国家标准、国家军用标准、行业标准 26 项。稀贵金属焊接/装联导电材料、汽车尾气三效催化剂 2 项成果被评价为国际领先水平。新增国家级高新技术企业 5 家、专精特新"小巨人"企业 2 家，省级专精特新中小企业 4 家、制造业单项冠军示范企业 4 家。

二是技术攻关成效明显。2023 年以来，贵金属集团完成科研经费投入 20.7 亿元，实现科技成果转化 42 项。承担国家级、省级重大科技攻关项目 76 项，其中关键核心技术攻关项目 36 项；首次获得国家科技创新 2030 重大专项支持；贵金属二次资源富集再生、贵金属装联材料产业化入选国家发展改革委重大攻关项目；铂合金超细丝入选工业和信息化部"揭榜挂帅"榜单项目。高纯超薄金带、丙烷脱氢催化剂、医用显影环、5G 通信银纳米线材料等一批产品成功实现国产替代。

三是人才队伍持续壮大。2023 年以来，贵金属集团新增引进青年博士及高层次人才 35 人，柔性引进国家杰青 1 人，博士后进站 3 人；入选高校产业导师 5 人、科技副总 3 人，1 位高级研发专家进入中国工程院院士增选有效候选人名单。新增国家、省市人才 33 人。研发人员占比 30% 以上，博士人才占比 5%，高级职称占比超过 10%。

四是产业链条加快完善。贵金属集团围绕产业链布局创新链成效明显，产业全球布局加快推进，中国稀贵金属新材料产业链主地位持续夯实，"贵研"品牌全球知名度和影响力不断提升，行业龙头地位进一步巩固。"一利五率"高质量发展指标稳居全国同行业前列，企业核心功能持续增强，核心竞争力稳步提升。

深化改革蹄疾步稳
助推"一带一路"高质量发展

云南省投资控股集团有限公司

一、基本情况

云南省投资控股集团有限公司（以下简称"云投集团"）是云南省最大的综合性国有资本投资公司，注册资本金 241.7 亿元，拥有国内 AAA 信用评级，获批成为全国第 40 家、云南省首家 TDFI 资格企业。截至 2024 年底，云投集团合并资产 5984.74 亿元，净资产总额 1952.57 亿元，营业收入 1915.04 亿元，利润总额 44 亿元，累计完成投资超 3373 亿元，产业投资超 1100 亿元，累计融资突破 9060 亿元，带动社会投资 9718 亿元。云投集团全面服务和融入国家、云南重大发展战略，围绕发展壮大资源经济、园区经济、口岸经济，在进一步深化改革中高质量参与共建"一带一路"，蹄疾步稳深化改革，为云南高质量发展持续贡献国企力量。

二、经验做法

（一）建设国际机场，搭好中柬友谊桥梁

云投集团牵头投资建设柬埔寨暹粒吴哥国际机场，于 2023 年 10 月建成通航，设计旅客吞吐量为 700 万人次/年。截至 2024 年底，累计保障航

班起降 1.84 万架次、旅客吞吐 170.2 万人次，项目将成为"辐射中心"功能的海外平台、"一带一路"倡议的航空走廊和中柬命运共同体的实体支点，对完善柬埔寨重大基础设施建设、促进旅游业发展增长、深化中柬合作、推进"一带一路"高质量发展、构建人类命运共同体具有里程碑意义，以实际行动为中柬建交六十五周年隆重献礼。

（二）贯通中老通道，助推地区互联互通

云投集团累计出资超 110 亿元参建的中老铁路，于 2021 年 12 月 3 日全线开通运营。截至 2024 年底，累计开行列车 6.9 万列，发送旅客 4860 万人次；开行货物列车 5 万列，运输货物 5400 万吨，其中跨境货物超 1250 万吨，持续放大中老铁路国际大通道的辐射带动效应，为中老两国之间互联互通实现跨越式发展，为加快建设我国面向南亚、东南亚辐射中心提供了"硬支撑"。

（三）服务中老铁路，打造贸易黄金线路

云投集团抢抓中老铁路通车重大历史性机遇，牵头组建云南省国际班列公司围绕中老铁路跨境运输。通过政策承接、货源组织及品牌打造，截至 2024 年底，共组织到发列车 8734 列，货重 989.88 万吨，货值 363.27 亿元，占中老铁路跨境运量近 90%，出境货物到达南亚、东南亚 8 个国家和地区，位居全国领先地位，成为中老铁路国际班列名副其实的班列运营主力军，助力云南省国际跨境综合贸易物流产业升级。

（四）保障公益民生，高效完成铁路建设

云投集团在"十四五"期间及时完成铁路出资任务 249 亿元，保障中老通道国内段玉磨铁路、中缅通道国内段大瑞铁路大保段、滇藏通道丽香铁路、西部陆海新通道项目叙毕铁路川滇段等重点铁路项目建成通车，保障渝昆高铁、大瑞铁路保瑞段、大攀铁路引入大理枢纽项目建设有序推进，助力云南省铁路建成通车里程达 5222 公里（其中高铁 1212 公里），

助推"八出省、五出境"铁路通道格局基本成型。

（五）加强技术交流，构建人象和谐家园

云投集团积极服务中老经济走廊建设，在老挝沙耶武里省投资建设"亚洲象种源保护繁育及救助中心"，总投资约1700万美元，总占地面积137.8公顷。在保护救助亚洲象、提高亚洲象繁育率的基础上，结合老挝优美的自然风光，打造集亚洲象繁育救助、生态保护、科学考察、参与体验、科普认知于一体的世界级大象繁育保护及救助中心，将国内领先的亚洲象保护救助理念、技术宣传推广到东南亚，有效促进中老两国亚洲象的种源交流，成为国际性的亚洲象保护繁育基地和亚洲象科普教育基地，推动中老两国旅游业加速发展。

（六）赋能数字云南，推进数字经济产业发展

云投集团主动融入时代发展大潮，围绕数字云南总体布局，紧扣资源数字化、数字产业化、产业数字化、数字化治理，以及面向南亚、东南亚辐射中心数字枢纽的"四化一枢纽"主线，构建"1+1+N"战略布局，高标准建设云上云大数据中心，强化数字基础设施，为数字经济赋能新质生产力、助力深化改革、推动高质量发展。云上云大数据中心是云南省首个国有运营的国家A级机房，是云南省政务信息中心和"一带一路"数字枢纽的核心支撑，为推动数字经济与实体经济深度融合提供强大动力。

三、改革成效

改革成效需经实践检验。通过持续深化改革，主动应对各种冲击、积极危中育机，云投集团立足于面向南亚、东南亚和环印度洋地区的区位优势，主动服务和融入国家重大发展战略，充分发挥省政府战略工具作用，承担重大基础设施、民生工程建设任务超千亿元，累计向省属企业及地方

政府提供资金超千亿元，对稳定区域金融市场、稳经济增长发挥了重要骨干作用；积极投身"一带一路"建设，搭建对外合作窗口，在设施联通、贸易畅通、民心相通等方面取得实实在在的成效，为奋力谱写好中国式现代化云南篇章努力贡献国企力量。

91

积极搭建投资运营两类公司平台
助力新质生产力发展

西藏国有资本投资运营有限公司

一、基本情况

西藏国有资本投资运营有限公司（以下简称"西藏国投"）于 2019 年 7 月正式挂牌，为西藏自治区国资委监管一级企业，注册资本约 17.36 亿元，是目前西藏自治区（以下简称"自治区"）唯一一家国有资本投资运营公司改革试点企业。按照自治区战略部署，西藏国投聚焦国有资本投资、运营、服务三大功能定位，重点开展产业培育孵化、财务性投资和服务自治区战略实施，为自治区实体产业投资运营平台。

近年来，西藏国投落实自治区党委、政府战略需要，按照自治区国资委工作部署，结合公司战略发展，积极开展产业培育，盘活一批大宗闲置国有资产，积极推进西藏绿色新动能产业园建设，努力打造西藏用能产权和碳汇交易中心、全国绿色产业示范基地；重点落实自治区"1+3"国企改革重组工作。重组后，逐步形成了"投资+运营+服务""科技创新与服务+矿业开发" 3+2 业务板块。截至 2024 年底，西藏国投合并资产总额 117.92 亿元，管理出资企业 88 家，其中二级全资子公司 10 家、二级控股子公司 8 家、参股企业 47 家。

二、经验做法

（一）探索建立新型绿色发展方式，服务自治区现代产业体系建设

一是建立碳汇交易、能权交易服务中心。西藏国投积极参与自治区推进碳达峰碳中和相关工作，主动落实国家和自治区发展新质生产力战略部署，立足于自治区在碳达峰碳中和方面生态资源和碳汇经济潜在优势，在建设中的达孜绿色新动能产业园内着力打造绿色产业体系和全区用能产权交易中心、碳汇（生态产品）交易中心。子公司国管公司已经与中国诚通的子公司中国纸业和诚通碳汇管理公司签订《碳汇合作框架协议》，充分发挥各自优势，共同合作开发生态碳汇项目，增加项目附加值，探索更多更新的业务模式。同时，国管公司积极对接山南市、日喀则市政府，邀请央企专家实地考察，与各相关部门座谈交流。

二是探索区内绿色氢能发展新路径。西藏国投深刻学习贯彻习近平总书记在中央第七次西藏工作座谈会上重要讲话精神，立足地域优势，积极发展清洁能源和数字经济，充分挖掘资源优势、区位优势和开发潜力。与央企合作，由大有硕能、清华亿华通等央企、清洁能源龙头企业牵头，在绿色新动能产业园规划建设拉萨—氢能气膜会客厅及清洁能源再利用核心技术展示中心，将集中展示氢能头部资源"清洁能源多点融合"创新示范点、突破性高海拔地区电解水制氢技术及其应用氢能应用（新一代绿色氢能源核心技术展示中心）。

（二）构建信息化办公平台，赋能企业数字化转型

一是推进司库建设。西藏国投从解决痛点的实际出发，已投入 73.85万元建设财务数智化转型升级即司库系统一期项目。顶层设计司库建设目标，并按照"两步走"策略逐步建成价值型司库。第一阶段，建成交易型司库。已完成司库系统上线所需的各项基础工作，实现集团内银行账户信息统一管理、账户资金实时监控，即"看得见"。第二阶段，实现统一的

支付平台，ERP（会计核心信息系统）与司库对接，实现业务结算全程线上审批和电子结算，即"管得住"。

二是打造智慧园区金融科技"1＋3＋5"产品架构。国管公司联合区农行签订《战略合作协定》，并已累计投入 80 万元，通过物联网、云计算、大数据、移动互联、人工智能、区块链等技术手段，探索建立低碳绿色智慧园区定位。招商租赁、园区运营、企业服务、金融服务、数据驾驶舱，实现基础设施全场景、全智能，智慧场景低延时、低能耗，招商服务高标准、高效率，办公服务标准化、智能化。

三是搭建智慧物业管理平台。国管公司与中国银行西藏分行营业部签订了《战略合作协议》，已累计投入 142.81 万元，共同搭建"智慧物业管理平台"系统。根据政府有关租金减免文件要求，利用线上办公平台高效、便捷、准确地对租户进行租金减免，最大限度为小微企业、个体工商户纾困解难，与租户共克时艰。

三、改革成效

一是建立碳汇交易、能权交易服务中心。西藏国投与日喀则市政府、中国纸业正式签署林业碳汇资源合作开发项目协议，青藏高原第一笔林业碳汇合作项目签约成功。联合央企与康马县政府签订《草原碳汇战略合作协议》，创新整合、开发草原碳汇资产，实现草原资产的价值转换。

二是构建信息化办公平台。西藏国投全级次 12 家成员单位、65 个银行账户全部纳入司库管理，实时监控；进行 ERP 的换代升级，全级次 12 家成员单位全部统一使用金蝶最先进的云苍穹系统，并实现 ERP 与司库对接。建立智慧园区金融科技"1＋3＋5"产品架构。智慧物业管理平台系统在基础数据缺失的情况下，通过云之家资产管理系统查询租户相关数据，最大限度对符合条件的国有资产承租方进行租金减免及涨租租金抵退工作。

92

坚持改革创新　勇于担当实干
奋力开创高质量发展新局面

西藏建工建材集团有限公司

一、基本情况

西藏建工建材集团有限公司（以下简称"藏建集团"）于 2020 年 6 月正式整合重组成立，是西藏自治区（以下简称"自治区"）监管重点商业一类国有企业，产业涉及投资运营、资本运作、建材产销、民用爆破、建筑施工和生态绿化等领域。藏建集团深入学习贯彻习近平总书记关于国有企业改革发展和党的建设重要指示精神，深入实施国有企业改革深化提升行动，持续开展科技创新体制机制改革，围绕产业链、创新链布局人才链，推动企业高质量发展。

二、经验做法

（一）完善科技创新体系建设，夯实自主创新能力

一是建立和完善科技创新体系。藏建集团 2023 年正式印发《藏建集团科技管理制度（试行）汇编（2023 版）》，为科研项目有序开展、科研人才引育、科研经费管理、激励奖励等方面提供制度保障，同时召开宣贯会议，加强制度落实工作。

二是与区内外高校广泛开展校企合作，推动产学研用深度融合发展。2023 年以来，藏建集团下属企业天路股份先后与长安大学、西藏大学，高争民爆与安徽理工大学，藏建物生与西藏大学、西藏农牧学院，高争建材与长安大学，围绕主责主业，开展多层次、宽领域产学研用合作。

（二）着力打造特色科研平台，强化产业创新人才引进

一是围绕主责主业，加快自治区级技术创新中心建设。2023 年以来，藏建集团获批建设自治区绿色建材技术创新中心、自治区高原高寒爆破技术和爆破器材技术创新中心和高原重大基础设施智慧建造与韧性安全技术创新中心，在高原绿色建材、民用爆破、基础设施建设等领域加快高原高海拔核心技术攻关，推动集团产业升级。

二是加强博士后科研工作站建设，强化产业创新人才引进。建站以来，藏建集团先后引进了长安大学、西安交通大学、美国爱荷华州立大学等国内外著名高校的 7 名博士进站工作，对推动集团产业转型升级起到了积极的促进作用。2023 年 10 月，博士后科研工作站参加了第二届全国博士后创新创业大赛创新赛项目，与全国总决赛中 76 个高水平项目激烈角逐，荣获优秀组织奖。2024 年，博士后科研工作站与华中科技大学、重庆交通大学达成合作协议，拟引进优秀年轻博士入站开展研究工作。

三是依托创新平台，积极申报自治区科技计划项目。2024 年，藏建集团《西藏复杂条件下沥青路面绿色低碳热再生关键技术研究与工程应用》《高原地区冻土层爆破技术研究》获批自治区科技厅第一批科技计划项目立项，《西藏寒旱地区乡土苗木产业化育苗研究与应用》《西藏乡土苗木工程化繁育技术集成与应用》《西藏高寒区高性能混凝土低碳生产、智能优化与韧性提升关键技术研究与工程应用》获批自治区科技厅第二批科技计划项目立项。

（三）开展"双碳"系列工作，构建绿色低碳发展体系

一是统筹规划双碳业务。藏建集团为贯彻新发展理念、构建新发展格局，制定并执行《藏建集团双碳业务推进规划》《藏建集团双碳工作管理实施办法-试行》，进一步理清工作思路与方法，有机结合科技创新、新型工业化、新质生产力、"双碳"等工作，实现降本增效，推动企业高质量发展。

二是加强生态绿化业务发展。藏建集团大力支持子公司西藏藏建物生绿化有限责任公司生态绿化业务开展，推进《采收与遴选西藏自治区高原乡土苗木种质以及相关培育试验研究》等系列科研项目，进一步提升育苗效率与质量，开展林草碳汇工作探索。

三是加快企业能源转型。西藏高争建材股份有限公司计划实施光伏发电项目，进一步加强节能减排，减少环境污染，降低能源损耗，促进企业向全面实现绿色化生产转型。

四是推进绿色交通产业发展。天路股份主导开展的《西藏复杂条件下沥青路面绿色低碳热再生关键技术研究与工程应用》等系列项目，为自治区公路改扩建与养护大中修提供技术支持，提升路面性能耐久性，助力自治区快速公路网建设。

三、改革成效

一是自主创新体系不断完善。藏建集团以激励创新为导向，强化创新考核引导，形成涵盖创新平台建设、技术创新、成果转化等相配套的制度体系，为进一步提升科创效能提供有力支撑。

二是自主创新能力不断提升。藏建集团聚焦主责主业，围绕产业链、创新链，加强人才链建设，持续提升自主创新能力。2023年以来，藏建集团共获得专利67项，其中发明专利12项、实用新型专利55项；参与制定

并发布团体标准 4 项；获得批复筹建自治区级技术创新中心 3 家。

三是高质量发展成色更加厚实。藏建集团坚持以发展新质生产力为重要抓手，不断加强创新型企业建设，着力构建绿色发展体系，提升产业发展质效。2023 年，下属子企业高争民爆被评为国家级"绿色工厂"，同年入围"科改企业"；成远矿业开发股份有限公司《露天矿绿色低碳设计-智能安全开采-固废综合利用关键技术及应用》项目荣获"中国有色金属工业科学技术奖"一等奖。

93

扬优补短 向"新"而行
以培育新质生产力推动高质量发展

陕西省人民政府国有资产监督管理委员会

一、基本情况

陕西省人民政府国有资产监督管理委员会（以下简称"陕西省国资委"）深入学习贯彻习近平总书记关于国有企业改革发展和党的建设的重要论述精神，全面实施国有企业改革深化提升行动，加快培育发展新质生产力，不断增强国有企业核心功能、提升核心竞争力，充分发挥科技创新、产业控制、安全支撑作用，切实践行国企担当。2024年，省属企业全年实现营业收入1.68万亿元，利润总额861.2亿元、同比增长9.9%，工业总产值8380.7亿元、同比增长5.4%。

二、经验做法

（一）大力培育战略性新兴产业和未来产业，塑造"新优势"

一是发挥区域优势，抢抓前瞻布局。陕西省国资委深度调研摸排省属企业战略性新兴产业发展现状，制定《省属企业产业发展体系建设方案》《省属企业产业发展指导目录》，逐户明确战略性新兴产业发展思路、目标和举措。聚焦新材料、新能源汽车、氢能、集成电路等9个重点产业，因地制宜、因企制宜谋划布局，培育竞争新优势。

二是增强政策供给，优化产业生态。陕西省国资委积极推进"新兴产业培育发展"工程，"一企一策"核定主业，支持符合条件的省属企业新增 1～3 个战略性新兴产业主业。建立《战新产业项目清单》，对重点战略性新兴产业投资项目给予 3～5 年培育期，在年度目标责任考核中将战略性新兴产业培育和创新发展考核权重提高至 30%，从国有资本经营预算列支 20 亿元支持有条件的企业前瞻性布局战略性新兴产业、未来产业。

三是强化投资带动，项目建设精准引育。陕西省国资委实施高质量项目建设专项行动，通过重大项目精准引育，推进战略性新兴产业在建项目尽快完工投产达效，加快提升战略性新兴产业发展水平。21 家省属企业投资战略性新兴产业项目 233 个，年度计划投资 252.3 亿元（占投资总额的 17.6%），已完成投资 84.9 亿元。

（二）加速推进传统产业转型升级，激活"新动能"

一是坚持补链强链，着力高端化引领。陕西省国资委"一企一策"确定改造提升方向，开展设备更新、消费品以旧换新、回收循环利用、标准提升牵引"四大行动"，着力提升现有优势特色产品工艺技术和制造水平，向产业链中高端发展迈进。

二是坚持数智赋能，驱动数字化转型。陕西省国资委深入实施信息化建设工程，从国有资本预算中对 18 个数字化项目支持 8350 万元，推进人工智能、大数据、云计算、5G、物联网等信息技术与制造全过程、全要素深度融合。推动能源类企业实施生产设施智能化改造，制造业企业借鉴法士特集团"黑灯工厂"等成熟案例，探索智能制造新模式。

三是坚持"双碳"目标，加快绿色化发展。陕西省国资委加大绿色低碳技术研发和推广力度，推动工业、交通等重点领域节能降碳技术改造，发布《陕西省国有企业 ESG 信息披露指引》，指导企业制定落实"双碳"

战略，推动"含金量"大、"含绿量"足、"含新量"高的项目落地见效。

（三）深入实施创新驱动发展战略，释放"新潜力"

一是强化创新政策支持，力求顶格管用。陕西省国资委出台省属企业创新驱动引领高质量发展 20 条举措及相关配套细则，在年度目标考核时将创新权重从 10% 提高至 20%；对首台（套）、秦创原建设等实施专项加分；对研发投入强度达到 3% 的企业在考核时视同利润100%加回，对首台（套）、秦创原建设等实施专项加分。印发《陕西省属重点科技型企业中长期激励工作指引》，在 2023 年 5 家省属重点科技型企业试点的基础上，遴选第二批 35 家企业开展股权激励、收益分红等中长期鼓励激励。

二是强化创新平台建设，力求协同发力。陕西省国资委完善创新管理体系，推动省属企业实现"一会双机构"全覆盖（科技创新工作委员会，科技管理部门和创新中心）。上线运行秦创原国资创新融合专区，面向社会共享省属企业仪器设备 794 台、技术需求 51 项、专利技术 307 项。省属企业累计与 62 所高校开展科研合作项目 311 个、共建创新平台 44 个，落地产业化项目 13 个，建成各类研发平台 253 个。

三是强化核心技术攻关，力求成势见效。陕西省国资委在已完成 24 项关键核心技术攻关基础上，遴选 10 家重点企业围绕高端能源化工、高端装备制造、新一代信息技术等重点领域，新确定 62 项关键技术攻关清单。2024 年，省属企业新产品产值 1190.1 亿元、新产品贡献率 7.1%，分别同比增长 18.01%、18.77%。

三、改革成效

一是战略性新兴产业快速发展。省属企业战略性新兴产业在建项目150 个，单项投资额在 1 亿元以上的有 104 个。宝鸡钛及新材料产业集群入选国家战略性新兴产业集群发展工程、国家中小企业特色产业集群；全省钛板块产业规模位居世界首位，钼钒板块拥有全球唯一完整的产业链条，产业规模位居世界第三、亚洲第一。

二是传统产业加速升级。全省煤化工产业领跑全国，建成32处"智能矿井"，7处煤矿入选全国首批智能化示范建设煤矿名单，煤炭智能化产能达到99%，多个智能化产品填补行业空白；法士特集团高智新工厂入选全国首批智能制造示范企业，变速器年产销量连续18年稳居世界第一；4家企业入选2023中国工业碳达峰"领跑者"企业名单，延长石油"煤、油、气资源综合利用"项目每年可减排二氧化碳1000万吨、节水2000万吨，获中国工业大奖、国家级绿色工厂等荣誉，被列为联合国清洁煤技术示范推广项目。

94

谋新重质促转型　数智融合育新机
以全面深化改革激活企业高质量发展

陕西煤业化工集团有限责任公司

一、基本情况

陕西煤业化工集团有限责任公司（以下简称"陕煤集团"）成立于 2004 年，是陕西省委、省政府为充分发挥陕西煤炭资源优势，从培育壮大能源化工支柱产业出发，按照现代企业制度要求，经过重组发展起来的国有特大型能源化工企业。陕煤集团聚焦当好能源化工产业转型发展"主力军"，目前已形成煤炭开采、煤化工、燃煤发电、钢铁冶炼、机械制造、建筑施工、铁路物流、科技、金融、现代服务等相关多元互补、协调发展的产业格局，旗下二级全资、控股、参股企业 60 余家，上市公司 5 家，员工总数 14 万余人，营业收入、利润总额多年位列陕西省属企业第一，利润位列全国地方国有企业第三。

二、经验做法

（一）瞄准发展方向，加快产业转型升级

一是加快技术升级改造。陕煤集团积极推广新工艺、新技术，新建 3 个超长工作面、4 处小煤柱工作面，6 处应用沿空留巷无煤柱开采工艺，

推动灾害治理能力、安全高效生产能力同步提升。深入开展存量燃煤发电机组"三改联动"，对锅炉四管防磨防爆、空预器堵塞、凉水塔冷却效率低下等问题开展集中整治，5台机组获评全国能效水平对标优胜机组。

二是推进煤炭清洁高效利用。陕煤集团围绕煤气化和煤热解两条主线齐头并进、分步实施，投资1760亿元建设榆林化学1500万吨/年煤炭分质清洁高效转化示范项目，规划布局高附加值材料、电池电解液溶剂、可降解材料、特种油品四大领域、30多种产品。一期年产180万吨乙二醇项目刷新了当年投产、当年达标达效等多个行业纪录。

三是发展绿色低碳循环经济。陕煤集团率先在小保当矿建成全国最大智能化矸石充填系统，年处理矸石量可达200万吨，创下处置能力最大、管道输送距离最远等多项国内第一。积极推进煤矸石、粉煤灰、电石渣等工业固废综合利用，与西安建筑科技大学共建"陕西省固废循环利用研发中心"，5个工业固废综合治理示范项目加快建设。

（二）立足发展优势，培育新兴产业集群

一是构建多能互补的新能源产业体系。陕煤集团探索自发自用、就地消纳、余电上网的瓦斯清洁利用新路子，累计建成100余口地面瓦斯抽采井、抽采瓦斯2亿余立方米，大佛寺矿成为全国首个瓦斯"零排放"示范点。充分利用西部地区丰富的风电、光伏资源，青海西台20万千瓦"源网荷储"一体化应用示范项目成功并网，每年可节约标准煤13.6万吨，温室气体减排45万吨。

二是推动新材料产业创新发展。陕煤集团以重点研发项目为抓手，充分整合省内外科研资源力量，开展"产学研"协同合作。加快推进三元正极前驱体、硅基负极材料、矿用无机材料等一批原创策源地技术落地转化，年实现科技成果转化收入超6亿元。通过人才大集聚、技术大集成，发挥国家级博士后科研工作站等创新平台作用，干喷湿纺12K高强中模碳纤维市场占有率国内第一、全球第二，打破国际长期垄断。

三是做强做优高端装备制造。陕煤集团以发展智能制造和智能化装备为主攻方向，快速实现由"单一传统产品结构"向"传统高端产品＋现代高端产品结构"的调整转型，煤巷护盾式掘进机器人、智能放顶煤支架、矿用快速滑模摊铺机、矿用铣刨机等产品填补行业空白。

（三）创新发展模式，大力布局数字经济

一是建设数字经济新标准。陕煤集团全面规范数据标准建设，促进系统延伸应用，印发《关于加强集团数据标准化工作的通知》，聚焦生产过程和经营管控"十大过程、十大环节"，创新构建具有陕煤特色的数据治理体系。在2023中国国际煤炭发展论坛发布《数据标准》，覆盖各类采、存、算、管、用全生命周期的数据规范，实现"纵向共享、高效协同，横向联动、业财一体，智能分析、科学决策"的管理目标。

二是打造数字经济新平台。陕煤集团联合华为、阿里、西安交通大学等行业头部企业和高校建设"西部能源云"，为西部能源企业提供设备数据接入、软件上云服务等一体化解决方案，实现区域内科技、人才、资本、产业等要素资源集聚和共享。

三是探索数字经济新模式。陕煤集团充分利用互联网、5G通信、大数据、云计算、区块链等信息技术，全面打造集大宗商品生产、销售、运输、消费于一体的全产业链互联网生态体系。创新开发云秒、集合竞价、零售超市、商城销售、挂摘牌、团购6种销售模式，为用户提供适配高效、智能灵活、个性特色的购销解决方案，秦岭数字平台煤炭销量突破1亿吨。

三、改革成效

国有企业改革深化提升行动实施以来，陕煤集团以国家、行业和全省改革发展战略任务为引领，取得了稳中向好、好于预期的突出成效。

一是经营业绩提质增效。2024年，陕煤集团在保持营业收入稳定的前提下实现利润总额451亿元，同比增长5.2%。吨煤、吨钢、度电（兆瓦）成本同比分别下降2.3%、9.3%和2.1%，各类化工产品加权成本同比降幅3.6%，国有资本保值增值率、全员劳动生产率等5项绩效评价指标达到行业先进水平。

二是新兴产业规模持续壮大。陕煤集团2024年完成战略性新兴产业投资105亿元、占固定资产投资的40%，高于全省平均21个百分点。新增获批7家科技型中小企业，江苏恒神股份有限公司获评国家级制造业单项冠军企业。

三是数智化成果不断涌现。"十四五"以来，陕煤集团建成32处智能矿井、5个智慧矿区，煤炭智能化产能达到99%，全员工效较行业平均水平提高近2倍。自主研发10米超大采高智能综采工作面及配套设备在曹家滩矿重载试运转成功，创造了装机功率、装备总重量、一次采全高、单面产能4项世界第一。

95

加大改革创新力度 建设实用化科创体系
当好发展新质生产力的交通"先行官"

陕西交通控股集团有限公司

一、基本情况

陕西交通控股集团有限公司（以下简称"陕西交控"）成立于 2021 年 1 月，是陕西省政府出资设立的大型国有独资企业，注册资本 500 亿元，属公共服务类交通企业，主营业务涵盖交通基础设施投资、建设、运营、勘察设计，交通运输、物资贸易，交通科技、咨询、监理、检测，交通类金融，交通关联产业综合开发等。陕西交控现有员工 2.76 万人，总资产突破 6100 亿元，养管公路里程 6582 公里，下辖 10 个二级板块。建成省部级科研平台 20 个，主编、参编国家级和省部级标准 157 项，拥有专利 570 项。获得国家科学技术奖 11 项、省部级科学技术奖 195 项。

二、经验做法

陕西交控坚持把改革创新与发展新质生产力紧密结合，深入把握交通行业特征，以构建实用化科创体系为统领，着力突破制约科技创新的体制机制障碍，畅通科技成果转化最后"一公里"，努力在打造新模式、新业态、新技术、新产品上实现新的突破，持续为高质量发展注入新动能。

（一）优化科创体系，打造交通科技高地

陕西交控把科技创新摆在发展全局核心位置，加快构建"科委会统筹决策、专家智库支撑、平台聚力攻关、科研项目承载、产学研深度融合"创新体系。强化顶层设计，集团专设科技创新中心，成立新质生产力发展中心，编制《科技创新三年行动方案（2024—2026年）》。搭建创新主体，设立固废高效再生利用外籍院士工作站，获批2个博士后科研工作站（陕西省交通规划设计院、西安公路研究院），打造绿色低碳与智能建造等18个企业研发平台。加强校企合作，与西安电子科技大学成立交通智能感知领域省级校企联合研究中心，与西安交通大学网络安全空间研究院共建网络空间安全联合实验室。

（二）聚焦交通功能，增强科研支撑能力

陕西交控围绕产业升级、提质增效，立足"智慧+、品质+、安全+、双碳+"方向，开展省级科研项目101项，攻坚公路建设、运营"卡脖子"难题。依托"提升高速公路建设运营智能化水平""秦岭隧道安全防控体系建设"2个交通强国建设试点项目，实现高速公路建设运营全寿命智能一体化管理和隧道安全应急、结构物监测、出行预判的全息化智慧化。自主研发"基于信创的国产化新一代高速公路收费系统"，将我国高速公路收费系统核心软硬件采购方向从依赖国外进口转变为"全面国产化"，实现关键技术与核心设备的自主创新、安全可信。

（三）突出成果转化，促进两链深度融合

陕西交控聚焦高端化、智能化、绿色化，加速自主研发成果转化推广，做强收费运营等五大核心链，开拓交通+供应链等5条协同链，培育节能环保等3个创新链。深耕交通"智造"，建成陕西首个整站式无人收费站，改造智慧化收费站80个。发挥秦创原创新中心作用，投资建设高性能沥青材料、清洁能源应用系列产品和涉路作业主动安防系列产品等产业

化项目，改造升级后的沥青产业园完成 HPCA 系列彩色沥青等 10 余种沥青新产品的研发制造，获得 5 项国家专利，生产能力西北领先。践行绿色低碳，建筑垃圾再生利用技术、环保型融雪剂在多条高速规模化应用。

（四）发展数字经济，赋能发展转型升级

陕西交控召开数字经济发展大会，制定《数字化转型三年行动方案（2024—2026 年）》，促进管理赋能、服务升级。搭建夯实数字基础，筹建交控数字创新中心，研究建设交控大数据中心和交控算力网。支持所属科技企业从事数字技术产品研发、运维服务等全链条产业。以西安至永寿高速公路改扩建为试点，在 BIM（建筑信息模型）设计、智能建造、智慧运营养护、车路协同服务、绿色安全通行等方面聚合发力。在路网运行、服务区消费和物资商品销售方面，打造"网络销售平台"，促进交通消费升级。

（五）完善激励机制，释放创新驱动活力

陕西交控全力支持科技发展集团上市，将研发投入、成果转化等科创指标纳入年度目标考核并增大权重，2024 年研发投入 3.82 亿元，同比增长 28%。交通规划设计院建立健全公司治理、市场化选人用人、薪酬激励等机制，组织中层干部竞聘上岗，积极探索科改新模式，在国务院国资委 2023 年科改企业考核评估中获评"优秀"企业。强化科技人才支撑，完善科技人才梯队培养和高端人才柔性引培机制，大力推进干部年轻化，通过竞争上岗、"揭榜挂帅"，将优秀年轻人才选拔到科创关键岗位。

三、改革成效

国有企业改革深化提升行动开展以来，陕西交控在打造实用化科创体系、技术攻关、科技成果转化等方面取得显著成效。

一是取得了一批科研成果。陕西交控获省部级科技奖 12 项、国家发明

专利 70 项，其中"建筑垃圾公路综合应用关键技术与标准"获陕西省科学技术一等奖；秦岭天台山超长隧道群突破长大隧道多项关键技术痛点难点，获评交通运输部科技示范工程，获陕西省企业"三新三小"创新竞赛奖 66 项成果。

二是培育了一批科技型企业。陕西交控 3 家所属企业入选省级瞪羚企业，3 家所属企业入选省级高新技术企业，2 家所属企业入选陕西省国资委科技型企业。

三是培养了一批科技领军人才。陕西交控培育 6 支秦创原"科学家 + 工程师"团队，引进高层次人才 6 人，采取"双聘制"方式引进博士生 2 人和外聘博士生导师 3 人，新招聘清华大学、北京大学等一流院校硕博士研究生 107 人。

四是催生了一批新兴产业。陕西交控建成桥隧高性能产品等四大产业基地、6 条生产线，交通制造产品在交控云商平台共上架八大类 437 种，2023 年以来累计销售 4.28 亿元。14 个研发产品入选 2024 年陕西省重点新产品开发项目。陕西交控 2023 年实现营业收入 670.09 亿元、利润总额 23.76 亿元，2024 年实现营业收入 778.26 亿元、利润总额 28.44 亿元，同比分别增长 16.14%、19.70%。

先立后破调结构　改革创新赋新能
以建设现代化产业体系提速高质量发展

陕西延长石油（集团）有限责任公司

一、基本情况

陕西延长石油（集团）有限责任公司（以下简称"延长石油"）是隶属陕西省政府的国有大型能源化工企业，产业覆盖石油天然气探采、加工、储运、销售，油气煤综合化工，煤炭与电力，新能源，新材料，技术研发，金融物贸等领域，拥有所属分/子公司 39 家、参股公司 17 家、上市公司 3 家，从业人员 10.2 万人。延长石油先后获得第三届和第七届中国工业大奖、全国五一劳动奖状等多项殊荣，财税贡献连续多年位居全国地方企业前列。

二、经验做法

延长石油坚决贯彻习近平总书记"因地制宜发展新质生产力"重要要求，坚持稳煤、扩油、增气并举，加快建设现代化产业体系，坚定不移走好新型工业化道路。

（一）培育壮大新兴产业，构筑产业体系新赛道

一是加快发展新能源产业。延长石油实施油气田"零碳工程"，充分

利用内部油气田自有土地、风光、配网、负荷等资源，实现油气田区域风能和太阳能规模化开发并就地消纳。推动 CCUS 产业化发展，用煤化工企业产生的二氧化碳代替水驱油，驱油和降碳的双赢。

二是稳步推进新材料产业。延长石油依托现有化工产业和园区，以合资合作为抓手，围绕车用材料、专用管材、钠离子电池、氢能等领域，大力发展高端新材料、精细化工及制品加工产业集群。

三是积极发展新业态。延长石油在西安港务区建成投运"天然气＋地热＋光伏＋氢能＋储能"综合能源项目，实现能源梯级高效利用。强化数字赋能，加快实施"煤电油化复合场景 5G＋网业融通"国家级示范项目，促进"降本增效提安"。

（二）转型升级传统产业，打造产业体系新优势

一是大力推进产业链延伸。延长石油依托现有产业补链强链延链，布局石脑油轻柴油综合利用、甲醇制乙醇、榆神煤基乙醇、榆能化填平补齐等一批产业链延伸项目，推动产业链价值链向中高端迈进，构建"基础＋高端＋终端"的产品结构。

二是加快推进数字化转型。延长石油筹建数字化专业公司，聚焦主业加快数字化转型，助力"减员、降本、提效、增安"；开展工业互联网基础平台建设，推动核心应用系统上云上平台；加快推进油水井物联网、数字化场站、智能工厂、智慧矿井示范项目。获批国务院国资委国有企业数字化转型试点企业，入选工业和信息化部工业互联网试点示范名单。

三是持续推进绿色化发展。延长石油加快能耗"双控"向碳排放总量和强度"双控"转变，坚持稳油增气低碳、节能降耗降碳、CCUS 负碳等路径，依托电气化、智能化等信息化技术，促进跨行业融合，推动绿色产业链、绿色园区、绿色工厂建设，助力实现国家"双碳"目标。首创的煤油气资源低碳化综合利用技术路径，每年减少二氧化碳排放 1000 万吨、节水 2000 万吨，被列为联合国清洁煤技术示范推广项目。

（三）增强重要资源托底，稳住产业体系基本盘

一是抓好能源生产稳增长。延长石油油田实施"少打井、多出油"战略，挖掘科技潜能和管理效能，持续提升采收率，加快释放优质产能；气田实施天然气倍增工程，坚持老井稳产、新区上产一体推进，加快 150 亿立方米/年天然气产能建设；煤矿实施千万吨级智能化煤矿集群建设，建成国内首个"5G＋智能化建井"系统，实现煤矿工人"打井不下井"。

二是推进项目建设调结构。延长石油主动融入陕西省 4 个万亿级产业集群建设，扎实开展"高质量项目推进年"活动，全力推动能源化工产业高端化、多元化、低碳化发展，多个项目建设速度创历史新高，产业结构呈现多元支撑新格局。

三是依靠科技创新催动能。延长石油在秦创原设立科技发展公司，培育科技创新类企业 7 家，累计投入 1.75 亿元实施 34 个"揭榜挂帅"项目，7 个项目开始产业化应用。持续推进油气资源综合立体勘探，优化致密油气技术体系，探索攻关页岩油气、深部煤层气等非常规油气资源高效勘探开发关键技术。

三、改革成效

国有企业深化改革提升行动实施以来，延长石油坚定不移推进"油化并举、煤气电并重、新能源新材料并兴"战略落实，总体保持结构趋优、稳中有进、质效提升的良好态势。

一是经营效益持续向好。延长石油 2024 年实现营业收入 3900.13 亿元、同比增长 1.29%，利润总额 148.02 亿元、同比增长 5.47%，上缴税费 472.14 亿元，实现工业总产值 2305.6 亿元，工业增加值增速 10% 以上。完成投资 380 亿元，同比增长 16.3%。

二是主要实物量稳定增长。延长石油2024年油气当量突破2000万吨大关，成为其百年发展史上的又一座重要里程碑，并入选全国油气勘探开发十大成果。原油产量达到1181.36万吨，同比增长1.61%，油田实现千万吨规模"十八连稳"；天然气产量达到104.57亿立方米，同比增长30.36%，实现十六年连增；煤炭产量达到2813.44万吨，同比增长12.11%；生产化工品774.3万吨，同比增长1.34%。

三是产业结构逐步趋优。延长石油油气煤"三足鼎立"格局更加稳固，2024年新建原油产能122.7万吨、新建天然气产能28亿立方米，可可盖煤矿具备联合试运转条件。战略性新兴产业稳步推进，延长CCUS示范工程实现二氧化碳每年41万吨注入规模，累计建成新能源装机规模57万千瓦、在建20万千瓦，新增发电量109.66亿千瓦时。

97

深化结构调整　构建产业新生态

陕西法士特汽车传动集团有限责任公司

一、基本情况

陕西法士特汽车传动集团有限责任公司（以下简称"法士特集团"）是全球最大的商用车变速器生产基地和世界高品质汽车传动系统及高端装备智能制造综合解决方案供应商，各项经营指标连续二十二年名列中国齿轮行业第一，重型汽车变速器年产销量连续十九年稳居世界第一，连续两年被国务院国资委评为双百"标杆"企业。法士特集团坚定不移推进国有企业改革深化提升行动，坚持创新驱动，精准发力新赛道，不断加快结构调整，奋力开创高质量发展新局面，2023、2024 年度先后荣获"中国智能制造最佳实践奖""国防科技进步一等奖""陕西科技进步奖一等奖""全球汽车零部件百强企业"等多项荣誉。

二、经验做法

法士特集团始终将创新驱动作为产业生态可持续发展的关键，在技术、产品、服务等方面不断加大创新力度，以创新链带动产业链、价值链、资金链深度融合，努力构建具有法士特优势的产业生态新体系。

（一）因时而动，发力产业新赛道

一是做优商用车智能化产品。法士特集团自主研发智能化传动产品，成功开发出世界首款 9 速商用车 AT 液力自动变速器，成为国内唯一具备 AT、集成式 AMT 自主知识产权的自动变速器制造商，自主研发推出液力缓速器，打破国外技术壁垒，全面适应国家节能减排要求和汽车产业智能化、网联化、轻量化发展需求。

二是打造智能制造新生态。法士特集团以"工业 4.0"和"中国制造 2025"核心理念为指导，打造数字化智能制造基地。通过应用数字孪生、黑灯生产、万物互联、智能决策、绿色制造、数据闭环六大核心技术，先后打造液力缓速器智能制造工厂和高智新工厂，实现关键工序数控化率 100%、生产效率提高 70% 以上、能源消耗降低 14%、人均产值提高 4.3 倍，入选国家首批卓越级智能工厂。

三是拓展国际合作渠道。法士特集团充分发挥区位优势，精准发力国际市场。2024 年出口总成产品 4.6 万台、同比增长 23%，实现出口创汇 3.3 亿美元、同比增长 43%，海外业务占比首超 10%。细分领域靶向突破，高端产品加速出海，全品系产品快速导入东欧市场，智能化产品东南亚市场占比持续提升。先后入围"卡特彼勒全球认证供应商"和"戴姆勒扶桑 A 级供应商"，连续多年入围"全球汽车零部件百强企业"榜单。

（二）聚力"项目 + 平台"，加速孵化原创新成果

一是加速孵化研发项目。法士特集团 2024 年投入研发费用近 7 亿元，纯电动重卡集成式动力系统等 48 项重大研发项目按期完成，"高端农业智能装备传动"等 3 项原创核心技术取得重大进展。"重型商用车高效率长寿命变速器"荣获"中国创新设计产业战略联盟好设计金奖"，企业先后荣获"陕西省科技进步一等奖""机械工业科学技术奖一等奖"等殊荣。

二是搭建内部创业孵化平台。法士特集团发挥科技创新与产业链资源

优势，统筹内部要素资源搭建创业孵化平台，进一步优化产业生态，加快先进性、前沿性技术商业化进程。深度融入秦创原创新驱动平台建设，设立法士特集团秦创原创新平台公司，完全实施市场化选人用人，通过平台公司孵化项目，探索实施员工持股、项目跟投、股权激励等中长期激励政策，最大限度激发科技人员创新动能与员工创业激情。

三是深入推进事业部改革。法士特集团建立健全适应企业发展阶段与战略目标的直线职能式组织架构，在试点新能源事业部并顺利运行一年多的基础上，进一步加快事业部改革步伐，2024 年新设特种传动事业部，实现差异化管控，市场反应速度和市场主体培育加快提升，实现战略性新兴产业和专用装备、农业装备业务快速拓展。

（三）聚集创新资源，谋划布局新技术新产品新业态

一是前瞻布局智能驾驶核心部件。法士特集团聚焦行业智能化发展新趋势，将商用车核心零部件领域持续深耕作为业务战略的重要方向，积极探索商用车智能化技术，加速布局智能驾驶关键核心产品。联合民营企业共同发起设立智能转向公司，进一步加强产业链协同整合，开发汽车线控底盘及智能驾驶关键核心零部件。

二是合资布局新一代新能源商用车控制器产品。法士特集团探索"自主研发＋合资合作"模式，与全球汽车零部件行业头部企业美国博格华纳公司，合资设立由中方控股的智能控制系统公司，形成新能源混动和电驱系统电机、变速器及总成产品研发生产能力，为中国商用车市场提供更加丰富、优质、稳定、安全的电控产品及驱动传动系统解决方案。

三是加速服务型制造转型。法士特集团立足智能化、数字化转型基础，突出供应链服务新模式，以"黑灯工厂"核心技术，加速向"制造＋服务"转型。打造智能制造市场化服务团队，搭建社会化的服务协作生态，推动开放合作和融合创新，输出智能制造成功经验，带动全产业链实现数字化转型协同发展。

三、改革成效

国有企业深化改革提升行动实施以来，法士特集团纵深推进"结构调整年"活动，优化产业布局，抢抓海外机遇，强拓新品市场，生产经营稳步高质量发展。

一是各项经营指标均好于行业平均水平。2024 年，全国重卡累计销售 89.9 万辆，同比下降 1.3%；法士特集团全年销售各类总成产品 85.3 万台、同比增长 1.8%，实现工业总产值 212 亿元、同比增长 1.4%，完成出口创汇 3.3 亿美元、同比增长 43%。

二是新品市场领跑行业。2024 年，AMT 变速器产销超过 5.7 万台，领先优势不断扩大；AT 自动变速器产销超过 1.1 万台，稳居行业榜首。液力缓速器年产销超过 12.7 万台，继续领跑市场发展。农业装备年产销同比增长 58%，成为行业发展新亮点。

98

建设智慧司库　服务产业实体
为企业高质量健康发展做好有力支撑

甘肃省公路交通建设集团有限公司

一、基本情况

甘肃省公路交通建设集团有限公司（以下简称"甘肃公交建"）是甘肃省属大型骨干企业，具备交通领域融资、投资、设计、建设、养护、运营、物流、服务全产业链综合服务能力。甘肃公交建资产总额超过1800亿元，连续六年营业收入、利润和上缴税金位居甘肃省新组建产业集团首位；连续六年获评省属国有企业经营业绩考核 A 级，连续 4 次荣获"省长金融奖"。国有企业改革深化提升行动开展以来，甘肃公交建综合运用大数据、云计算等信息技术，重构资金等金融资源管理体系，持续探索完善智慧型司库，促进业财深度融合，不断增强企业价值创造力、核心竞争力和抗风险能力。

二、经验做法

（一）加强组织领导

甘肃公交建将司库系统建设作为"一号工程"，成立了由集团公司主要领导挂帅的领导小组。结合行业特点和管理需求，制定了司库建设工作大纲，聚焦"资金"这一关键，确立了资源配置、风险管控、数据集成、运营调度"四大中枢"目标，构建了"集团公司统筹、资金中心实施、成员单位执行'三位一体'的管理组织和'统一管理、分级授权'的管理模式"，确保司库建设与企业战略同向而行、同步落地。

（二）分步建设实施

甘肃公交建遵循"小步快走，稳步推进"原则，规划了司库建设"三步走"战略。第一步，夯实底层基础，优先完善资金管理系统功能，实现银行账户、资金集中全覆盖；第二步，推动互联互通，促进司库管理系统全面融入全链条生产、经营和管理各环节，引领集团管理模型和管控手段全面升级；第三步，着眼共享赋能，打破司库系统与产业链其他数据平台信息壁垒，逐步实现智能化决策管理，挖掘数据资产的商业潜力。

（三）升级信息系统

甘肃公交建借鉴行业内领先技术和成熟模式，结合自身需求，打造了以"多维连接"为核心的司库管理系统。软件方面，以先进的财资管理云专业版 CBS 系统为平台，实现了与 20 家合作银行的系统对接，覆盖集团 144 家企业用户；硬件方面，采用"本地 + 云端"的服务器部署方式，强化了数据存储和银企直联的能力。

（四）强化制度保障

甘肃公交建坚持"纲举目张，统分结合；横向到边，纵向到底；制行合一，效益为先"的制度建设原则，坚持以制度建设为纲，确保司库系统的规范运行。制定和完善了账户管理、资金集中管理、内部借款管理、融资授信管理等"1 + N"资金制度管理体系，将制度要求嵌入司库系统功能，实现了管理体制机制的深度调整，构建了司库系统、配套制度、人员行为的"三统一"格局，赋予了司库系统持久的生命力。

（五）直击管理痛点

针对以往资金管理中存在的账户管理分散、各企业资金管理基础数据无法同步到资金管理平台、资金管理效能不高等短板和痛点，甘肃公交建在司库系统建设中坚持问题导向，从制度建设角度、管理流程角度、权责匹配角度、管服分离角度和系统功能角度，逐一找准关键点、瞄准发力点、盯准突破点，利用银企直连技术和多平台系统接口开发，实现了流程再造、系统强控和穿透式管理，提高了资金管理效率效益。

（六）带动价值创造

甘肃公交建通过司库系统资金管理驾驶舱提供的实时、精准、可视的财务数据和数字化分析，为企业全面风险管理、公司治理体系优化、战略规划执行等提供专业支撑。借助数智化资金管理平台开发企业数据资产，挖掘数据价值，增加企业新的效益点。

三、改革成效

一是全面覆盖，金融资源"看得见"。甘肃公交建完成了全系统2328条账户数据的迁移，实现了账户的开户、销户、变更等流程线上全生命周期管控。基于积累的大量资金数据，运用数据共享和数据可视化工具，建立了覆盖全级次全产业的资金监控驾驶舱，可全面展示资金总量、重点账号交易流水和特定账户实时余额等数据，实现了"资金流动全程可溯"。

二是补齐短板，金融资源"管得住"。甘肃公交建通过银企直联进行端对端信息互联，实现了全集团一个界面统一管理各成员单位多家银行账户，减少了跨银行资金数据孤岛。通过构建全面、规范的内部资金集中管理模式，大幅提升了资金使用效率，实现了资金管理部门从被动管理向主动价值创造、从成本中心向利润中心的转变。通过明确资金运行规则，实现批量同质化资金一键设置和一键操作，提升了管理效率和精度。通过线上流程及时掌握集团融资授信、内部拆借、融资担保情况，规范了业务行为，增强了风控力度。

三是系统强控，金融资源"调得动"。甘肃公交建依托司库系统强化内部资金管控，对子公司及各项目单元资金的归集由周归集提高到日归集和每日不定时归集，加速资金集中效率，提高资金统筹体量，司库系统上线后归集资金规模同比增长 12.06%。通过对各主体资金使用情况进行过程管控，项目成本控制、投资收益收取、项目资金穿透支付和内部欠款代付清收等指令得到有效执行，增加了管理执行力和透明度，发挥了调节作用，平滑了资金流向，实现了"归集资金全部可控"。

四是降本增效，金融资源"用得好"。甘肃公交建对所属项目按标段实施穿透式管理，推动项目利润由粗放管理向精益管理转变，实现有利润的营收和有现金流的利润。司库系统上线后，在建公路项目施工标段完成利润较目标利润明显增长。以司库系统为抓手推动与金融机构"总对总"合作，提高融资议价能力，加强资金统筹调剂，减少企业外部融资，2024年资金中心实现利润 1.8 亿元，同比增长 30.22%，节约融资成本 1.2 亿元。

99

深入推进"三化"改造
赋能传统产业提质增效

白银有色集团股份有限公司

一、基本情况

白银有色集团股份有限公司（以下简称"白银集团"）属甘肃省国资委监管的一级企业，是国内有色行业铜铅锌多品种综合发展的大型集团企业，境内外拥有 42 家分/子公司，具备矿山采选 1500 万吨、铜铅锌冶炼 80 万吨、黄金 15 吨、白银 500 吨生产能力。近年来，白银集团把"三化"改造作为"强工业、强科技"主战场，谋划部署"三化"改造项目 144 项，总投入 54.46 亿元，着力构建"一体两翼"（以有色金属产业为主体，以战略性新兴产业、生产性服务产业为两翼）现代化产业体系，大力发展和培育新质生产力。

二、经验做法

（一）深入推进高端化改造，焕发传统产业新动能

一是加大技术改造力度，推进有色冶金产业升级。白银集团实施铜冶炼技术提升、湿法炼锌资源综合利用、白银炉创新升级、多金属选矿技术提升、渣缓冷场扩建等项目，拥有自主知识产权的"白银炉炼铜法"进入

国际先进行列，与闪速炉炼铜形成双线并行、优势互补的新作业模式。

二是发挥基础优势，推动新兴产业加快发展。白银集团充分发挥铜资源优势，加快发展锂电铜箔、高导新材料、超微细电磁线、稀贵金属新材料等新材料产业，构建完整可控产业链"图谱"。自主研发生产的0.012mm超微细电磁线达到国内领先水平；建成锂电铜箔7万吨/年产能项目，成为全国最大的单体电池级铜箔负极材料生产基地；拥有自主知识产权的高纯铼条生产线，实现铼金属供应国产化替代。

三是强化科技创新，赋能传统产业转型升级。白银集团构建以西北矿冶研究院为核心的技术研发平台和协同创新体系，围绕产业发展需求加强新材料研发，推动成果转化应用，破解有色主业存在的共性问题、关键技术难题，加大新产品开发和新技术应用力度，提升产业链自主创新能力。

（二）深入推进智能化改造，推动传统产业提质增效

一是加强基础建设，推动集团管控智能化转型。白银集团加快推进生产经营数字化管理，建设 ERP 经营管理平台，实现质量检验化验及合同、物资和人力管理等 18 个业务系统上线运行，42 家分/子公司采购、销售、生产、物流、贸易等业务线上贯通。深化工业互联网创新应用，着力打造新型"数字"生产力，建成有色行业首家标识解析企业节点，在 14 家分/子公司推广应用标识解析节点仓储管理系统、资产全生命周期管理，提高精细管控水平。

二是坚持重点突破，打造智能制造新模式。白银集团大力推进智能工厂建设，在铜冶炼建成工业控制、运行管控、运营管理、经营决策等管理系统，应用 LIBS 在线检测、转炉生产终点判断、自动捅风眼机等智能化装备系统。大力推进 5G + 数字化车间建设，在西北铅锌冶炼厂建成熔铸 5 台数控化感应电炉、6 条一键式启停铸锭机等，阴极锌自动化上料、自动化称重贴标下线、数据自动采集等系统，实现自动化、数字化全覆盖，转岗

减员比例67%。大力推进智慧矿山建设，建成厂坝矿井下F5G光网、5G网络覆盖和数据中心云平台，在小铁山矿建成生产运营管控平台和资源三维数字化应用模型，水、电、气（汽）提升系统实现无人化远程操控，效率提高20%。

（三）深入推进绿色化改造，推动绿色低碳发展

一是突出抓好环保治理。白银集团实施矿山和尾矿库生态治理等项目，有效解决第二尾矿库环境问题，生态环境功能得到修复。实施铜冶炼系统污水治理回用、锌电解重金属废水智能化源头削减、环保特别排放限值等项目，建成厂区内废水"达标处理—中水回用"循环体系。

二是全面推进节能降耗。白银集团以"光伏发电＋矿山治理"模式建设的深部矿业废石场治理100MW光伏发电项目并网发电，形成"光伏＋"综合生态效益，新能源电量占比58%，清洁电力份额占比72%以上。白银炉与闪速炉双系统生产绿色优势凸显，冰铜天然气单耗、粗铜电耗、阳极铜天然气单耗同比分别降低57.14%、19.67%、24.07%，达到行业领先水平。

三是提高资源利用水平。白银集团建成首信秘鲁尾矿综合开发利用二期（680万吨/年）项目，具备1600万吨/年尾矿处理能力。建成投产14万吨/年湿法炼锌渣综合回收及无害化处理项目，2024年处理铅银渣11.76万吨、生产氧化锌1.4万吨。

三、改革成效

一是主体产业实现提质扩量。白银集团近三年矿山采选能力、有色金属产量、营业收入、全员劳动生产率分别增长69%、35.14%、21.53%、11.24%。2024年，铜铅锌产量、工业总产值、营业收入同比分别增长7.83%、39.35%和1.02%。

二是两翼产业实现快速发展。白银集团新增高档电解铜箔、超微细电磁线、高纯铼条、高纯碲、纳米氧化锌等多个高附加值产品，产品附加值率从 15% 提高到 38%，原字号产品本地转化率从 10% 提升到 20%。2024 年，物流量同比增长 24.78%，进军国内行业前 30 名，成为 5A 级物流企业。

三是科技创新能力显著提升。白银集团近三年研发投入强度达到 3.08%，380 项揭榜挂帅创新项目完成率达到 92.4%，完成国家重点研发计划项目 1 项，获省部级科技进步一等奖 5 项，获得授权专利 603 项，其中发明专利 109 项。

100

深化科技创新机制改革
构建"3＋1"基层员工全员创新模式

金川集团股份有限公司

一、基本情况

金川集团股份有限公司（以下简称"金川集团"）成立于 1959 年，是甘肃省政府控股的特大型采、选、冶、化、深加工联合企业，主要生产镍、铜、钴、黄金、白银、铂族贵金属及先进有色金属材料和化工产品等，产品广泛应用于航空航天、核电军工、生物医用材料、新能源及电池制造等国民经济和国防工业各领域。金川集团深入学习贯彻党的二十届三中全会精神，扎实推进国有企业改革深化提升行动，突出科技创新赋能企业高质量发展，构建起"建机制""搭平台""加动力"创新管理体系，树立"人人参与创新、时时都在创新、处处体现创新"职工创新理念的"3＋1"全员创新模式。2024 年，金川集团实现营业收入 4100 亿元、同比增长 16%，实现利润总额 118 亿元、同比增长 9%。

二、经验做法

（一）建机制，打造创新攻关新模式

一是强化组织领导，统筹推进。金川集团成立职工技术创新工作领导

399

小组，组织领导职工技术创新工作。设立职工技术创新日常工作机构，协调推进职工技术创新工作。成立职工技术创新成果评审委员会，评审技术创新成果。各基层单位建立相应的组织机构，形成"党委领导、行政主导、工会搭台、多方协同、全员参与"合力推进职工创新工作格局。

二是完善工作机制，规范实施。金川集团制定《职工技术创新活动管理制度》《职工技术创新高质量成果申报办法》等制度，建立"职工提出创新课题—审定立项—选聘创新工作团队—'职工＋工程技术人员＋协作企业'联合创新"的管理模式，每半年征集一次创新成果，每年进行一次成果评审，每两年举办一次创新展览。各基层单位根据生产实际，季度征集、半年评审奖励创新成果，保证职工技术创新活动持续开展。

（二）搭平台，激发企业发展新动能

一是搭建职工创新实践交流平台。金川集团广泛开展创新成果交流活动，通过举办成果发布会、创新成果展、创新论坛、现场观摩等方式，促进创新成果交流。已举办10届职工技术创新成果展和400多场次"主题创新日"交流活动，展出成果3000多项，100多名劳动模范、工匠、创新能手围绕采矿、冶金、化工、选矿、动力、机械、工器具等20多个领域切磋创新方法，引导职工技术创新。

二是搭建劳模创新工作室平台。金川集团把创新工作室建在生产线上，按照有劳模领衔、有创新团队、有场地设施、有攻关项目、有工作制度、有创新成效的"六有"标准，采用劳模带团队、导师带徒弟、骨干带全员的"三带提升"模式，成立86个职工创新工作室，带动职工参与创新，实现树立一个、发动一批、带动一片的劳模创新工作室效果。"大国工匠"、全国劳模潘从明创新工作室入选全国示范性劳模和工匠创新工作室。

三是搭建岗位班组创新平台。金川集团建立项目背景、主要问题、措

施和创新点、实施效果、效益评估及应用的创新成果总结"五步法"，在689个班组建立了创新小组。以班组为单元，以班组生产技术骨干为主体，发现问题、分析现状、提升优化，从最基层单元解决问题、形成创新成果。建立"问题导入—原因分析—处理解决"的问题闭环核销运作模式，开展班组创新"揭榜攻关"。全国劳模、特级技师彭明创造了金川铜湿法冶炼首条国内联动机组生产线一次成功运行的先例。

四是搭建"互联网＋创新"平台。金川集团利用"互联网＋创新"平台，为职工开展"双创行动"、技术创新成果交流提供平台支持，职工在平台上发布、展示、交易创新成果，互相观摩学习、交流创新心得，有效打破创新成果时空、地域和单位界限，实现各类创新资源和创新要素的有效集成和高度共享。实现交易创新成果48项、交易价值7965万元。

（三）加动力，激发职工创新活力

一是大力营造职工创新良好氛围。金川集团推行不论门槛、不问身份"揭榜挂帅"选聘科研课题负责人制度，实行职工创新成果积分制，引导职工立足岗位、生产实际，以安全生产、优化指标、提高效率为主要目标，激发职工创新潜能。全国劳模、贵金属冶炼特级技师、一线职工潘从明主创的"镍阳极泥中铂钯铑铱绿色高效提取技术"成果获国家科技进步二等奖。

二是不断加大职工技术创新成果激励力度。金川集团建立以创新者名字命名技术创新成果和先进操作法制度，创新成果主创人奖励分配不低于奖金的60％，提升职工创新的荣誉感和获得感。推动职工创新成果产业化，特级技师杨秉松以科技成果入股成立合资公司，每年创新产品销售收入突破千万元，成为甘肃省仪器仪表高新技术"小巨人"企业。

三是加大职工技术创新成果奖励力度。金川集团不断提高创新人才地位、荣誉、知名度、经济收益等精神和物质待遇，对获得"甘肃省技术能手""陇原工匠""中华技能大奖"的职工，每人给予 2 万~10 万元奖励；对获得全省职工优秀创新成果特等奖的职工，每人给予 10 万元奖励。镍钴公司镍冶炼厂将职工创新成果综合评定为 6 个等级，每人每月给予 100~2000 元的持续性奖励，直至该成果被其他创新成果取代或停止使用。

三、改革成效

一是科技创新成果层出不穷。"十四五"以来，金川集团收集职工合理化建议 27841 条，形成群众性职工技术创新成果 10430 项、先进操作法 1234 项，获得各类授权专利 1338 项，受到奖励 1320 项，累计创造经济效益 16.5 亿元，为推进企业加快发展新质生产力、建设世界一流企业提供强大内生动力。

二是人才培养模式更加健全。金川集团充分发挥技术骨干人才"传、帮、带"作用，做到签订一个、培养一个、成才一个，促进青年员工技能提升和岗位成长。"十四五"以来，累计培养技师及以上高技能人才 2326人。职工技术创新已成为培育高技能人才、促进企业高质量发展的有效途径。

三是职工发展通道有效畅通。金川集团打破管理、工程技术岗位与生产操作岗位之间的身份壁垒，畅通了一线职工走向管理和工程技术岗位、通过技能竞赛破格晋升技术等级、获得省劳模及享受省级政府特殊津贴以上荣誉破格晋升技术等级等多条职业发展通路。"十四五"以来，6633 名职工晋升技术等级，38 名职工晋升为工程师及以上职称，成为高技能人才；5 名一线职工被提拔为内设机构负责人、43 名职工被聘为主管工程师和首席工程师、33 名职工被聘为特级技师，530 多名职工荣获甘肃省五一劳动奖章、技术能手和技术标兵等荣誉。

101

聚焦产业"四地" 优化国有经济布局
助力构建本地特色和优势现代化产业体系

青海省政府国有资产监督管理委员会

一、基本情况

青海省政府国有资产监督管理委员会（以下简称"青海省国资委"）监管企业共 19 家，涉及盐湖化工、有色金属采掘及冶炼、清洁能源、医药制造、交通运输、建筑施工、旅游开发及农产品生产加工等重要行业，覆盖基础产业、农牧生态、现代物流、工程建设、公共服务等青海省经济社会发展的主要领域。截至 2024 年底，青海省国资委监管企业资产总额 5279.57 亿元，负债总额 2791.58 亿元，实现营业收入 1167.35 亿元，利润总额 97.06 亿元。

二、经验做法

国有企业改革深化提升行动开展以来，青海省国资委在优化国有经济布局结构、加快建设现代化产业体系方面持续加力。2024 年 6 月，习近平总书记在青海考察时指出："青海承担着维护生态安全的重大使命，产业发展必须坚持有所为、有所不为，着力培育体现本地特色和优势的现代化产业体系。"青海省国资委深刻领会习近平总书记的重要指示，牢牢把握青海在全国发展大局中"三个更加重要"的战略地位，聚焦产业"四地"建设目标，科学谋划国有经济布局和产业发展方向，着力发展盐湖资源综合利用、有色冶金、清洁能源等特色优势产业，积极布局新能源、新材料、绿色算力、新型储能等战略性新兴产业，更好发挥国有企业在科技创新、产业控制、安全支撑等方面的作用，不断增强国有企业核心功能、提升核心竞争力。

（一）稳步推进战略性重组和专业化整合

一是加快组建中国盐湖集团。青海省国资委全面贯彻落实习近平总书记关于加快建设世界级盐湖产业基地重大要求，高标准、高质量推进规划布局、产业发展、企业培育、政策支持、要素保障等各项工作。自2023年起，主动与中央企业对接，共商中国盐湖集团重组模式、企业定位和发展规划等核心合作内容，编制《央地合作共同推动世界级盐湖产业基地高质量建设研究报告》。完成决策程序后，青海省委、省政府和中国五矿集团有限公司先后签订《战略合作框架协议》《组建中国盐湖集团备忘录》，编制《中国盐湖集团组建方案》《关于组建中国盐湖集团合作总协议》。2025年2月8日，中国盐湖集团正式揭牌成立。

二是整合组建青海清洁能源产业发展集团。青海省国资委紧紧围绕习近平总书记关于打造国家清洁能源产业高地重大要求，加快构建规划、政策、基地、项目、企业"五位一体"推进格局。持续强化省属国企在清洁能源板块布局，编制《青海省清洁能源产业发展集团有限公司组建方案》。积极参与新型电力系统省级示范区构建方案和年度实施方案的编制，增强国有企业在支撑全省清洁能源发展和实现"双碳"目标上的功能作用，着力打造能源供应"压舱石"、清洁能源"主力军"和技术创新"策源地"，努力开创国家清洁能源产业高地高质量发展的新局面，2024年新增清洁能源装机突破1500万千瓦。

三是稳妥推进西钢集团司法重整。面对西钢集团严重债务危机，所属上市公司西宁特钢股份即将被强制退市的现状，青海省国资委果断决策、快速行动，在充分尊重市场经济规律和企业发展规律的前提下，稳慎提出通过司法重整实现企业改革脱困的目标。通过大量前期工作，成功引进北京建龙重工集团有限公司作为西宁特钢股份重整投资人。司法重整完成后，债权人及中小股东合法权益得以维护，4700名职工被全部接收，员工薪酬及福利待遇得到保障，省内其他国企金融风险得到同步化解，有力维护了国资系统金融安全和地方金融信用环境。

（二）持续优化国有经济布局结构

一是进一步提升国有资本配置和运营效率。青海省国资委以"资源整合、资产盘活、资金集中、资本运作"为目标导向，支持推动盐湖股份4万吨基础锂盐、汇信公司2万吨高质碳酸锂、鱼卡二井田等一批重点项目投资建设。遏制盲目多元化发展，推动西矿集团、盐湖股份等企业完成10家所属公司内部整合，对属于辅业且不符合监管企业发展方向的业务实施有序退出，避免"铺摊子"求规模。

二是加快国有资本在重点领域产业链上的布局。青海省国资委围绕高原有机农畜产品输出地建设，推动农牧业龙头企业三江集团与科研院所深入合作，在高原特色种业、牧业技术攻关等核心项目上取得阶段性进展。聚焦打造国际生态旅游目的地，省交控集团全力推进青海湖智慧旅游公路、景区配套设施建设。打造一体化综合交通产业链，省交控集团合并重组省路桥公司，同时积极提升省内高速公路运营服务质量，推进公路、桥梁、隧道等工程项目施工建设提质升级。

三是推动国有资本向主业企业优势企业集中。青海省国资委理清监管企业主责功能和主业标准，开展主责主业核定，制定国有企业主责主业动态管理办法，推进"两非""两资"清理，做强做优做大核心产业。盐湖股份、西矿集团、三江集团、物产集团等龙头企业围绕盐湖资源综合利用、有色金属精深加工及高性能产品开发、有机农畜产品、现代物流产业做强做优产业链。盐湖股份、西矿集团、能源发展集团、省粮食集团及市州相关国有企业围绕能源资源、粮食、农畜产品保供储备加快供应链体系建设。

三、改革成效

国有企业改革深化提升行动开展以来，改革取得了新进展、新成效，青海省国资国企发展总体向上向好。

一是国资国企提质增效稳增长取得了实质成效。2024 年，19 家青海省国资委监管企业全年实现营业总收入 1167.35 亿元，利润总额 97.06 亿元，固定资产投资 150.02 亿元，平均资产负债率 52.9%（低于全国国有企业平均值 11.9 个百分点）。

二是国资国企围绕产业"四地"建设的国有经济产业体系正在加快形成。中国盐湖集团已正式成立，青海清洁能源产业发展集团已完成企业领导班子搭建，中国南水北调青海公司已完成资产注入。三江集团强化高原特色种业、牧业技术攻关取得阶段进展。省交控集团正在全力推进青海湖智慧旅游公路、景区配套设施建设。西矿集团全面升级改造茶卡盐湖景区，成功将茶卡盐湖由单一盐湖工业产区建设成为环境优美、游客云集的旅游胜地。

三是安全支撑能力显著增强。青海省国资委监管企业年产氯化钾 492 万吨，钾肥稳价保供作用发挥明显；加强粮肉盐等应急物资储备，保障民生更加有力；全省高速公路建设突破 5000 公里，支撑区域经济发展作用凸显；承储省级储备原粮 29.81 万吨，全力确保储粮安全。

102

突出产业升级　强化改革探索
加快推动数字化智能化绿色化转型

宁夏交通投资集团有限公司

一、基本情况

宁夏交通投资集团有限公司（简称"宁夏交投集团"）是宁夏回族自治区国资委监管的一级企业，注册资本 200 亿元。宁夏回族自治区党委、政府赋予其交通基础设施建设投资主体、交通国有资本保值增值责任主体、交通国有企业产业整合主体和交通基础设施建设融资主体的功能定位。近年来，宁夏交投集团聚焦美丽新宁夏和交通强国建设目标任务，坚持以改革为抓手，持续推进企业经营管理数字化、高速运营管理智能化、公路工程建设绿色化，不断提升宁夏高速公路综合保障能力和智慧化发展水平，为地方经济社会发展注入动力。

二、经验做法

（一）构建"全覆盖"业务平台体系，推进企业经营管理数字化

宁夏交投集团立足交通强国、数字中国等国家战略，突出规划引领，加强顶层设计，以建设"数字交投"为战略目标，成立数字化转型领导小组，制定《宁夏交投集团数字化转型三年行动实施计划（2024—2026）》，

编制"十四五"信息化规划，确定企业"1134"数字化发展思路，即：统筹布局1个"交投云"数据中心、1个交投"数字大脑"、构建三大业务应用平台（企业管理、经营管理、交通产业）、建设4个支撑体系（组织管理、技术支撑、安全防范、标准规范），统一步调，形成合力，推进数字化全覆盖。以提升综合管理水平为目标，初步建成涵盖财务管理系统、OA协同办公系统、国资国企在线监管系统的企业综合管理平台；以提升公路建设管理能力为目标，建成完成工程建设智慧监管一体化平台，在全区重点工程项目推广应用；以提升高速公路运营水平为目标，建成投用路网运行监测和应急指挥调度系统、高速公路收费稽核系统、数字化养护管理平台，实现高速公路可视、可知、可控、可预测；以提升全产业链综合发展水平为目标，上线运行宁夏高速公路会员制平台、高速公路智慧服务区运营平台、无车承运管理平台，加快建设物流数字化平台，初步建成企业数据中心，持续完善企业级数据中台，加快推进企业应用上云和算力服务。

（二）打造"敏捷性"监测感知体系，推动高速公路运营智能化

宁夏交投集团结合高速公路少人化、智慧化发展趋势，探索收费运营"1+3"托管模式。对所辖部分收费站组织机构、运行模式、岗位设置、人员配备等进行优化调整，推进实施以"1个主站区"为主体、托管"1个智慧化站区+1个清障救援点+1个工作室"的"1+3"管理模式，避免"麻雀虽小，五脏俱全"的管理困境，将解放出来的职工调整到ETC售后、稽核追缴、创新创效、远程收费、市场拓展等岗位，全面实现"人、岗、事"合理匹配，有效提升收费站车道设施设备自动化、自助化、智慧化水平。结合高速公路服务公众美好出行目标要求，探索打造路网智能监测感知体系。积极推进高速公路视频监测优化提升、隧道智慧化升级等项目建设，实施应急调度业务的协同和数据分析融合应用，提高路网管理和应急处置水平。持续开发优化路网指挥中心功能模块，利用 ETC 匝道预交易、多方式支付、增加收费车道等形式提高车辆通行效率。综合利用 12328 服务热线、抖音号、可变情报板、电子显示屏、交通广播等手段，实现路况查询、阳光救援、绿通预约、票据服务、一键求助在线客服等功能。

（三）实施"低碳化"公路建养模式，推动公路工程建设绿色化

在公路建设方面，宁夏交投集团积极响应国家和地方工业固废道路资源化应用政策号召，依托乌海至玛沁公路惠农（蒙宁界）至石嘴山段开展工业固废道路资源化综合利用科技创新课题研究，推进煤矸石路基资源化利用关键技术、高速公路粉煤灰路基填筑、钢渣应用等多项技术在项目建设中的转化应用，为工业固废的资源化、规模化、高质量处置提供有效途径。

在公路运营养护方面，宁夏交投集团实行日常养护资金集约化管理，加强路面废旧材料循环利用管理，推广应用环保型干法 SBS 改性技术、乳化沥青厂拌冷再生沥青混凝土技术、高掺量 RAP 厂拌热再生技术等养护技术，强化高速公路节能型养护设备应用和养护施工污染防治措施，有效解决路面翻修的环境污染问题。加强高速公路清洁能源开发利用，依托银百高速、海平高速、定武高速等沿线收费站、服务区和部分路基边坡，大力发展分布式太阳能光伏产业，推进高速公路清洁低碳转型。

三、改革成效

宁夏交投集团以国有企业改革深化提升行动为抓手，推进数字化智能化绿色化发展，释放发展新优势和新动能。

一是通过推动企业数字化管理，宁夏交投集团发展的协同性、融合度持续增强，一批企业迈入创新型企业行列，1 家企业成功入选国务院国资

委首批"国有企业数字化转型试点示范企业"。

二是通过高速公路智能化运营管理，宁夏交投集团基本实现了全区高速公路的可视、可管、可控、可服务，从而显著提升高速公路安全性、运行效率和用户服务体验。

三是通过加快绿色发展步伐，宁夏交投集团建设的G69银百高速宁夏段获评交通运输部绿色公路典型示范工程；S50海平公路获评宁夏首条"强震湿陷性黄土区全寿命周期智慧低碳绿色公路"；依托乌玛高速开展的大宗工业固废道路化综合利用绿色低碳高速公路科技示范项目，成功入选国家首批绿色低碳先进技术示范项目和交通运输部交通运输科技示范工程，成为宁夏首个交通运输科技示范工程。

103

加大国有资本布局优化和结构调整力度
重构体现新疆特色和优势的现代化产业体系

新疆维吾尔自治区人民政府国有资产监督管理委员会

一、基本情况

新疆维吾尔自治区人民政府国有资产监督管理委员会（以下简称"新疆国资委"）立足区位优势、资源禀赋和产业基础，围绕"九大产业集群""十张网"建设，瞄准"增强核心功能、提升核心竞争力"重点，从传统产业、新兴产业两端发力优化国有资本布局、加大产业结构调整力度，重组新设了7家自治区级产业集团和7家重要功能型二级公司，在能源、水利、交通、物流、数字、医药、环保等重点领域的布局实现了化零为整、从无到有的突破，监管企业从28家减少为18家，户均资产增长65%，新增4家信用评级AAA企业，基本形成科学合理、特色鲜明、优势突出、相对完整的国有资本布局和现代产业体系。

二、经验做法

新疆国资委聚焦战略安全、国计民生、公共服务、产业引领等功能使命，着眼于培育壮大优势特色产业和积极布局发展新兴产业，坚持把着力点放在发展实体经济上，围绕"补短板、强功能、建龙头、聚集群"，通过系统梳理现有产业布局和基础，明确需新组建的产业集团和拟实施重组的资产范围，对区属国有企业主责主业进行再聚焦，对重点发展产业的主体企业进行再明确，研究制定《自治区区属国有企业重点产业集团组建及资产重组总体方案》，"一产一企一策"制定战略性重组整合方案，经新疆维吾尔自治区（以下简称"自治区"）人民政府审议、党委常委会审定后批复实施，在更大范围推动国有资本和资源向主业企业、优势企业、链长企业集中，培育壮大一批龙头骨干产业集团，打造一批重点优势产业集群，实现产业板块更加清晰、功能定位更加明确、竞争优势显著增强。

（一）"强强联合"集中重要行业和关键领域，强化战略支撑

新疆国资国企始终牢牢把握"五大战略定位"的重要使命，在能源资源等重要行业和关键领域开展战略性重组，加大重要能源和矿产资源掌控和开发力度，推动新疆战略性能源矿产资源增产量、扩规模、提效益。

一是将新疆能源集团与新疆新能源集团合并重组，推动煤炭、风光电、油气智能化开发和节能环保产业耦合发展，实现传统能源与新能源多能互补、一体化推进，构建自治区现代能源产业体系，打造能源产业集群，有力支撑全国能源资源战略保障基地和新时代国家"三基地一通道"建设。

二是全面落实事企分离改革，推进地勘行业转型升级，成立新疆地矿集团，落实新一轮找矿突破战略行动，竞拍获取世界第六大铅锌矿——火烧云铅锌矿探矿权，并于当年实现转采、投产、见效，形成持续发现、持续勘查、持续突破、持续收入的良性循环，战略性关键矿产资源掌控能力进一步增强。

三是面对潜力巨大的煤层气资源，联合新疆生产建设兵团、地州市与自治区本级涉油气领域国有企业组建新疆亚新煤层气集团，补齐煤层气勘探开发领域空白，与石油、天然气产业形成有效互补，与中国石油所属企

业共同出资成立天然气管网公司、油气勘探开发公司，推动油气增储上产，为国家能源安全提供支撑保障。

（二）"化零为整"完善功能打造产业新方阵，锻造发展内核

新疆国资国企围绕产业强链、补链、延链发展方向，加快资源有效整合，补强产业链短板，大力提升产业链、供应链韧性和安全水平，推动产业链增值升级。

一是按照"整体组合、整体划转"的方式，将转企改制的额河建管局、伊河建管局、水电设计研究院与新疆水投公司重组整合为新疆水利发展投资集团，全力推动"三大涉水平台"建设，补齐水利基础设施短板、深化水利投融资体制改革，"以水生金"盘活资产良性循环。

二是将交投集团与交建投公司合并，并将交建股份不低于34%的国有股权划入合并后的新疆交投集团，推动"投、融、建、管、养、运"一体化发展模式，培育壮大自治区综合交通基础设施建设和运营服务主力军。

三是将新疆国投公司、新疆国合集团、新疆边疆宾馆3家涉贸易企业重组合并为新疆商贸物流集团，整合新疆陆港集团，统筹推进全疆大物流、大贸易、大通道建设，加快构建"通道＋枢纽＋网络"物流运行体系，推进丝绸之路经济带核心区商贸物流中心建设，积极助力打造亚欧黄金通道和向西开放的桥头堡。

（三）"一企一业"加快建设现代化产业体系，提升产业控制

新疆国资国企以产业控制为关键，积极布局产业新赛道，促进产业链、资金链、政策链、人才链深度融合。

一是引入央企、省属国企与自治区国有企业等共同出资组建数字新疆集团、新疆人才发展集团、新疆环保集团、新疆征信公司、国资研究中心，整合人才、资金、政策等资源，凝聚国资国企智慧力量，助力产业发展。

二是推动自治区国有企业与民营资本合作实施混改新设新疆农村综合产权交易中心、新疆天缘通航公司、新疆标检公司，集聚行业头部资源"合而为一"，实现融合发展。

三是按照"产业相近、行业相关、主业相同"原则，将自治区国有企业涉文旅、农牧、数字、医药等资产进行剥离实施专业化整合，推动企业进一步聚焦主业实业，实现资源优化配置和结构调整，构建"一企一业、一业一企"格局。

三、改革成效

新疆国资委通过战略性重组、专业化整合，推动国有资本向关系国家安全、国民经济命脉的重要行业和关键领域集中，向关系国计民生的公共服务、应急能力、公益性领域等集中，向前瞻性战略性新兴产业集中，持续优化国有资本布局、加大产业结构调整力度，在建设体现新疆特色和优势的现代产业体系、构建新发展格局中更好发挥国有企业科技创新、产业控制、安全支撑作用。下一步，将持续对重组新设企业开展"一企一评"后评价工作，聚焦功能定位、主责主业、战略目标，深化内部二次改革，推进瘦身健体，扎实做好战略性重组和专业化整合的"后半篇"文章，努力构建"一企一业、一业一企、一企一精"新格局，建设主责主业突出、功能作用显著、支撑带动有力的新疆国企舰队，加快建设具有较强核心竞争力的一流企业。

104

创新研发项目管理　助力企业提升科研能力

天康制药股份有限公司

一、基本情况

天康制药股份有限公司（以下简称"天康制药"）是农业农村部最早的 28 家定点兽用生物制品企业之一，主要从事兽用生物制品研发、生产、销售及技术转让和服务，产品线涵盖猪用疫苗、反刍用疫苗、禽用疫苗、检测试剂等兽用生物制品，产品及服务种类齐全。天康制药技术中心于 2010 年被认定为国家企业技术中心，2015 年获批动物用生物制品技术国家地方联合工程实验室，2021 年获批新疆维吾尔自治区（以下简称"自治区"）重点实验室，并成立国家级博士后科研工作站，2022 年建设完成国家高等级生物安全三级实验室（P3）并投入使用，具备了全球一流的疫苗产品研发和工艺突破的硬件基础。天康制药现拥有专业研发和技术人员 215 人，连续六年产品研发与技术创新投入占销售收入的 10% 以上。

二、经验做法

天康制药以深入实施国有企业改革深化提升行动为契机，秉持"技术创新、产品创新、服务创新"健康发展之道，全面推进实施科技创新驱动战略，构建全方位、立体化、开放式技术研发体系，着力打造技术与管理相结合、产品与市场紧密关联的共同体，不断提升企业科技创新能力，为企业高质量发展奠定良好基础。

（一）建立虚拟项目组机制，强化项目合作与突击攻关能力

天康制药为缩短产品研发周期，降低研发成本，提高沟通、协调和决策效率，加快研发成果转化，以虚拟项目组为核心对研发机制进行改革。

一是天康制药在以各平台为实质管理体系的基础上，组建以项目为核心、项目经理为总统筹的虚拟项目组，通过"虚实两条线并行、考核奖励手段并用"方式，激发研发团队活力与激情。

二是天康制药由平台按项目组成单元指定单元负责人，负责该项目所有工作的实施和信息汇总反馈，加强项目的统筹实施推进，提高工作效率。

三是天康制药注重项目组内研发人员之间的知识共享、信息互通、成果互鉴与流程共用，有效避免项目经理作为"传话筒"导致的信息层层衰减，提高整体研发效率。

（二）推动项目精细化管理，提升项目质量

天康制药为推进研发工作进一步细化，进一步规范研发过程。

一是细化研发项目管理制度和流程。天康制药按照"目标—任务—工作—活动"逻辑，将大项目细化分解为一项项可具体执行的工作，将原有口蹄疫产品项目、反刍动物产品项目、猪用产品项目三大项目进一步拆分为口蹄疫疫苗产品质量稳定与提升（项目编号 K01）、口蹄疫病毒抗原设计及基因工程疫苗研制（项目编号 K02）、动物疫苗佐剂及免疫增强剂研究（项目编号 K03）、牛支原体灭活疫苗（项目编号 X06）、猪伪狂犬病亚单位疫苗（项目编号 B08）等 45 个小项目，有效提升研发效率和工作质量。

二是建立项目工作台账。天康制药坚持可量化、能落地和好操作原

则，对每一个已实施项目建立条目化、责任化的重点任务台账清单，有效掌握项目数据和工作进度，对重点难点问题着力攻关，确保项目任务顺利进行。

三是加强项目过程管理。天康制药在从立项到验收的全流程中，与各部门建立强关联联系，实现信息资源共享、上下连贯、责任捆绑。

（三）完善项目奖励与人才晋升体系，推动职业发展与事业成功并行

一是完善研发项目奖励体系。天康制药围绕新兽药证书奖励、专利和文章奖励、公司关键任务攻克奖励、年度（季度）优秀员工等维度建立研发项目奖励体系，激发研发人员工作热情和进取斗志。其中，对取得新兽药证书项目，按照证书类别及对未来市场销售额的预判给予30万~80万元奖励；对取得专利证书项目，按照对公司核心产品技术的保护评级给予0.5万~5万元奖励；对关键攻关任务项目，经公司专家委员会评级，给予20万~50万元奖励。同时，按季度评选优秀项目组并给予0.5万~2万元奖励。

二是搭建人才晋升管理和技术双通道。天康制药建立管理和技术双通道、双提升机制，将有管理特长的研发人员晋升至技术管理岗位，对擅长解决技术问题的研发人员给予职级职等匹配，调动科研人员工作积极性。

三、改革成效

一是创新效率显著提高。天康制药通过建立虚拟项目组、推动项目精细化管理、实施人才激励机制等一系列管理模式创新，降低了研发成本，加速了创新进程，进一步提高了公司研发效率，形成了不断推动技术创新和产业升级的动力。

二是创新能力极大增强。2023年以来，天康制药获得6项新药证书、4个产品生产文号，申报专利84项，获得授权专利54项，发表文章50篇，

申报自治区"两区"项目、重大项目和人才项目共 4 项，位于行业前列。其中，"猪传染性胸膜肺炎基因工程·亚单位疫苗"为国内首支基因工程亚单位疫苗，"猪圆环病毒 2 型、猪肺炎支原体二联灭活疫苗"实现了对育肥猪一生免疫一针、一针免疫防控两种疫病的重大技术突破。

三是引人留人作用突显。天康制药通过完善研发项目奖励体系、搭建人才晋升管理和技术双通道等一系列举措，进一步增强了研发人员的责任感和成就感，充分调动了研发团队的积极性与工作热情，吸引和留住了一批具有创新能力的科研人才，为企业持续创新和发展提供了坚实支撑。

105

深化产学研合作　赋能企业创新发展

新疆天润乳业股份有限公司

一、基本情况

新疆天润乳业股份有限公司（以下简称"天润乳业"）成立于 2002 年，是新疆生产建设兵团（以下简称"兵团"）第十二师控股的上市公司、国家农业产业化重点龙头企业、全国首批百家科改示范企业、国家西北地区（兵团）乳制品动员中心，先后荣获"全国文明单位""全国五一劳动奖状""全国工人先锋号"等殊荣。天润乳业拥有 8 家奶牛养殖企业、26 个牧场、5 家乳品生产企业，年生产能力 45 万吨，是新疆首家实现智能化控制的生产企业，也是新疆乳品行业液态奶产销量最大的企业，居中国奶业前 20 强。

二、经验做法

天润乳业聚焦产学研耦合松散、科技人才不足、科技转化活力不足等问题，充分发挥市场需求、组织平台优势，通过校企定向培养，导师互聘互兼，与高校、科研院所、专家学者联合开展科研项目、成立技术创新联盟等方式，构建产学研协同创新网络，推动科研成果转化，实现创新链、产业链、资金链、人才链"四链"及产学研深度融合，培育和发展新质生产力，驱动企业高质量发展。

（一）深化产教融合，开拓人才培养

一是注重补充新生力量。天润乳业采取"实习＋就业"一体化模式，与 11 所畜牧兽医、食品等专业排名靠前的高校签订校企合作协议，每年吸纳 200 余名应届毕业生跟班学习，与表现优秀的毕业生直接签订就业协议，彻底解决公司批量培养和规模化复制专业技术人才周期长问题。

二是提前储备企业人才。天润乳业通过"学费返还""天润企业班""天润奖学金"等方式锁定优质生源，为企业储备后备人才。对毕业后到天润乳业特定岗位工作的石河子大学毕业生，给予一定金额学费返还，2023 年以来返还 5 名乳业研发、牧业科研项目岗位研究生学费 24000 元；在塔里木大学设立"天润企业班""天润奖学金"项目，2023 年以来通过奖学金等方式给予品学兼优、有意向到天润乳业就业的学生 12 万元资助，增强企业与院校师生黏性，并实现针对性育才引人。

三是注重"校企互聘式"双向奔赴。天润乳业通过制定《天润乳业校企导师互聘互兼管理办法》，将企业实践资源融入高校教学体系，将高校理论教学更好地服务于企业实际需求，真正实现校企优势互补、资源共享、互惠共赢。已与塔里木大学等院校开展校企双方专家互聘，完成企业产品生产开发咨询专家及学院校外创新创业导师聘任。同时，联合石河子大学推动天润丝路云端牧场培养基地揭牌落地，通过"高校＋企业＋基地"模式，将课堂知识与实践能力有机结合、院校科研与生产提升有机衔接。

（二）聚焦平台建设，打造创新联盟

一是充分发挥各类研发平台引才聚才作用。天润乳业以博士后工作站等平台为核心，充分发挥技术中心、研发中心、大师工作室、重点实验室等平台作用，以奶牛养殖、乳品研发等与公司主业相关的课题研究为媒介，引才聚才、培养人才，提升企业创新能力。2023年以来，天润乳业获批创建农业农村部奶业产业创新重点实验室、南疆乳品创新中心平台、兵团乳业产业研究院等科研平台，创建国家级技能大师工作室1个，引进4名博士后进站工作，培养享受国务院政府特殊津贴专家2人、兵团特聘专家1人，培养硕士研究生30人、科研人才85人。

二是注重外部智囊作用发挥。针对"智囊力量不足、融通创新形式单一"问题，天润乳业以"但求所用不求所有"原则，广泛与国内外顶级专家团队合作，扩大公司研发半径。先后引智国家奶牛产业技术体系首席科学家李胜利团队、国家奶业科技创新联盟理事长王加启、国际食品科学院院士王强等，在奶牛养殖、原生功能性牛乳研发、植物基乳品开发等方面开展合作，着力形成企业与科研院所融通协作，不断推动产品的迭代更新、创新突破，做到产学研相结合。

（三）推动成果转化，提高产业化水平

一是注重借助区域资源优势开展联合攻关。天润乳业瞄准兵团"服务南疆高质量发展、关键核心、急需紧缺"等科研支持力度大、资金投入足的重点项目，联合疆内外行业团队共同申报课题、申请资金、联合研发攻关。2023年以来，累计争取项目28项，总投入超8000万元，获得发明专利12项、各类知识产权成果82项，获得兵、师科技进步奖10余项，已相继突破植物基酸奶专用发酵菌种缺乏、典型原料特征风味不足等瓶颈技术难题，提升了企业核心竞争力。

二是注重科研成果转化。天润乳业采用"企业发布科研及业务需求任务，研发团队揭榜；研发团队出成果，企业落实试验转化"方式，有效解决了攻用结合不足、科技成果转化不强难题。例如，石河子大学研发团队新疆奶公犊高效养殖技术构建项目成果的落地应用，将犊牛成活率提升到98%以上，后备牛奶量提升效益7555万元，累计产生效益超过1.5亿元；

在站博士后团队奶牛牧场安全牛粪垫料绿色循环工艺成果已在 5 个规模化牧场示范推广，每年可为企业节约生产成本 3000 万元；自主研发的奶啤产品拥有核心专利菌种、配方及工艺发明专利，累计实现奶啤销量 13.86 万吨，引领了新疆奶啤产业的发展。

三、改革成效

天润乳业深耕新疆乳业发展，持续加强企业主导的产学研深度融合，不断提高科技成果转化和产业化水平，培育和发展新质生产力，企业高质量发展成效显著，2024 年乳制品销量、收入、利润分别同比增长 12.29%、13.87%、10.58%，形成"牧业养殖—乳业加工—市场销售"全产业链条。建成以自有养殖基地为主的奶源体系，自有奶源率达 90% 以上，拥有德国、瑞典等国先进设备和技术，鲜奶品质达到欧盟标准，2024 年天润奶啤首次供应中国香港市场。培育形成"天润""盖瑞""佳丽""新农"等主要品牌，乳品日均产销量 600 多吨，实现了疆内县级市场全覆盖，在北京、上海、广东等 30 个省区市建立了市场网络体系，成为带动疆内乳品走向全国市场的典范。

106

启动科技创新第一引擎
激发产业发展第一动力

新疆北方建设集团有限公司

一、基本情况

新疆北方建设集团有限公司（以下简称"北方建设"）的历史可追溯至 1953 年，历经新疆生产建设兵团（以下简称"兵团"）第七师胡杨河市建筑人七十二载辛勤耕耘与不懈努力，形成以水利水电、房屋建筑、交通路桥施工和新材料开发为主营业务，具有鲜明品牌特色的现代产业集团。国有企业改革深化提升行动实施以来，北方建设突出以企业为主体的科技创新改革，以"想创新""能创新""会创新"三部曲，走出了创新驱动发展之路，让科技创新成为公司硬实力。

二、经验做法

（一）搭好平台，让"想创新"有用武之地

北方建设多方位保障科技创新，多渠道支持科技创新，不断加强自身创新体系和创新能力建设。

一是组建技术中心。北方建设积极打造技术创新基地，组建成立了一支由 280 人组成的企业技术中心，由董事长及总经理担任领导职务，主要

承担公司重大关键核心技术突破和促进科技成果转化等工作任务，为"想创新"搭好科创舞台。

二是精准引才留才。北方建设坚持把人才作为创新驱动、引领发展的第一资源。围绕科技创新"引才、育才、用才、留才"全方位做好人才工作，制定实施《核心关键人才待遇办法》《人才引进及薪酬办法》，把科创人才基本薪酬和额外绩效提升至原岗位薪酬的120%，做到待遇留人、事业留人。2024 年引入 4 名专业人才进入企业技术研发中心，为推动科技创新不断注能。

三是强化正向激励。北方建设突出"三位一体"业绩考核"指挥棒"，将 2024 年国有工业科技研发投入强度达到 2.5% 纳入《企业负责人经营业绩考核及薪酬管理办法》，将科研投入编入年度经营预算，将科研指标纳入企业技术中心绩效考核细则，提高考核比重，根据任务设计，实行评估考核制。

（二）产学融合，让"能创新"有成才之望

北方建设以产学研协同创新为途径，加强以企业为主导的产学研深度融合，吸引各方力量，优化创新资源，激活创新主体。

一是深化融合方式。北方建设推动建立产学研联合体，与石河子大学、长安大学、重庆大学、西安建筑科技大学、新疆农业大学等高校开展产学研合作，共同申报承担兵团重点领域科技攻关项目 2 项、师市级科研项目 20 余项，形成优势互补、分工协作、成果共享、风险共担的产学研深度融合格局。

二是加速科技成果落地转化。北方建设打通产学研"最后一公里"，让创新链牵手生产线。与长安大学、石河子大学共同承担的兵团重点领域科技攻关项目《干旱区抗收缩冷拌冷铺沥青混合料研发与工程示范》，于2023 年完成项目验收。此研发成果在南疆地区第一师二团至英艾日克乡公路工程路段铺筑了工程试验段，铺筑完成后检测其应用性能相比普通乳化沥青混合料抗收缩能力提升41.3%，具有极强的工程应用示范效果。

（三）完善机制，让"会创新"无后顾之忧

北方建设完善健全科技创新保障机制，推动技术、产业、经营等各个领域全面创新。

一是设立科创专项资金。北方建设自筹600万元设立科技创新发展专项资金，通过"揭榜挂帅""赛马制"等方式发布科研项目，深入探索绿色建材领域的新技术与新材料研发，并积极促进其在实际工程中的示范与应用。

二是完善科技创新激励机制。北方建设鼓励企业技术中心积极承担科研任务，深入实施水利工程、建筑工程、新材料开发技术改造攻关工程，全力攻克"卡脖子"难题，根据任务设计在科创专项资金中计提奖励。

三是完善科技成果转化机制。北方建设以需求为牵引、以应用为导向，畅通科技成果转化渠道，完善科技成果评价体系，将科技成果转化纳入企业技术中心创新能力评价，有针对性地提高科创人员在职称评审、岗位聘任、绩效考核等方面的权重，不断提高科技成果转化和产业化水平。

三、改革成效

一是企业自主创新能力逐步提高。北方建设承担兵团重点领域科技攻关项目2项、师市级科研项目20余项，2023年获得国家高新技术企业认定。近年来获得发明专利10项、实用新型专利25项，参编规范、标准已发布5项，获得QC小组成果6项证书，完成国家级水利工法9项、自治区级工法6项，并在工程实践中得到广泛应用。

二是实现创新链与产业链精准对接。在产业发展过程中，北方建设让科技成果迈出实验室、走上生产线、变为生产力，让"科技之花"结出

"产业硕果"。在奎河引水工程将军庙水库大坝混凝土面板施工中，开展混凝土面板防裂和裂缝控制技术产学研合作，通过调试优化混凝土配合比设计和提升混凝土养护技术，有效降低混凝土面板裂缝，满足工程验收要求。在公路工程中，开展路面施工质量信息化管理系统示范应用，通过信息化系统集成技术，对沥青路面碾压、摊铺、运输、拌和数据进行实时可视化监管，提高沥青路面施工质量，沥青路面一次性验收合格率达96%以上。

107

抓好科技创新"牛鼻子"
脱壳立新打造"新高地"

新疆兵团勘测设计院集团股份有限公司

一、基本情况

新疆兵团勘测设计院集团股份有限公司（以下简称"兵团设计院"）成立于1952年，是新疆组建最早、专业最齐、资质最多、规模最大的综合型甲级设计院。1991年经原农业部批准，增挂"农业部新疆勘测设计院"牌子。2013年2月改制为国有独资企业。2023年4月，完成股份制改革，具备了上市主体资格。兵团设计院是国家级高新技术企业和全国优秀勘察设计企业，综合实力在新疆名列前茅。2023年被国务院国资委列为"加快创建世界一流专业领军示范企业"，2024年被国务院国资委评选为全国149家"国有企业数字化转型试点单位"之一，是兵团唯一入选单位。

二、经验做法

（一）构建科创管理体系，提升科技研发效能

一是建立科研管理模式。兵团设计院重视顶层谋划，制定《科研创新工作思路和建议》《科研技术之路》白皮书，提出科技创新战略，建立"一把手挂帅、分管领导主抓、职能部门管理、各生产单位配合"的管理

模式；成立科学技术委员会，设立科技管理部，规范制定基础性工作计划、突破性工作目标和二级单位的考核指标，分步骤、分阶段开展科研工作。

二是持续加大研发投入力度。近三年，兵团设计院专设科研经费用于逐年增多的科研项目、知识产权、科研平台等，每年研发费用超3000万元。连续五年研发费用投入占营业收入3%以上，研发人员占公司员工比例不低于10%。

三是建立健全激励奖励体制。兵团设计院通过修订《科研人员管理办法》《科研项目管理办法》《专业技术活动管理及奖励办法》等科研规章制度，设置总经理奖励基金等方式，建立科研激励奖励机制，加大对科研人员的奖励力度，对获得科技进步奖、专利等荣誉与在科研创新方面表现优异的团队和个人进行隆重表彰，最高奖励4万元。

（二）构建基础创新构架，强化多维科创体系

一是大力推进信息化建设和数字化转型。兵团设计院重新构建综合管理平台，实现生产、经营和业务的数字化管理和智慧化决策。制定出台《兵团设计院信息化规划（2023—2030）》《信息化建设推进实施方案（2023—2025）》。专门成立数字工程院，并在成都设立研发基地，整合数字化人才和业务，自主研发EPC项目管理云平台、安全生产管理云平台、兵团地质大数据平台、兵团数字星球等，数字化业务取得长足发展。

二是打造高效协同科创体系。兵团设计院从山区水利枢纽与高坝建设技术、水土开发与节水灌溉技术、城乡一体化供水工程技术等优势专业入手，按照"集团牵头、各分院实施"路径，设置具体指标，利用科研平台和数字化手段，打造全过程农业现代化工程灌溉设计技术和"藏水于首部、节流于输水、配水于田间"的现代坎儿井技术等国内一流技术。同时，将该模式延伸拓展到盐碱地治理、苦咸水再利用、盐碱作物种养植、光伏发电等新兴领域，形成覆盖全专业的科研创新体系，助力集团公司主营业务竞争力不断提升。

（三）构建优势资源整合，激发企业活力潜力

一是搭建平台促科研。兵团设计院利用现有资源和优势，积极搭建和完善各类省部级以上科研创新体系和平台，成功申报博士后科研工作站、兵团重点实验室、兵团技术创新中心、自治区认定企业技术中心等科研创新平台，通过平台反向提升科研水平和科研人员能力、促进成果转化。

二是产学研深度融合发展。兵团设计院与兵团"两校一院"、新疆农业大学、新疆大学、西北农林科技大学、中国科学院生地所等高校、科研院所开展深度交流，在专利评估、技术转移转化等方面开展深度合作，共同申报《大型灌溉管网系统稳健设计技术》《塔河下游多通道输水的生态水调控技术研发与示范项目》《天山北坡经济带高质量发展灌溉系统优化关键技术研究与应用》等多项国家级、省部级科研课题。

三、改革成效

一是科研创新成果显著。近年来，兵团设计院参编国家标准6项、行业标准2项、地方标准5项、团体标准5项，获中国工程建设标准化协会颁发的最高奖——卓越贡献奖。获发明专利15项、实用新型专利99项、外观专利2项、软件著作权254项，完成著作（专著）29项。承担国家级科技攻关项目2项、兵团级以上科研项目课题7项，荣获科技进步奖19项，获得省部级以上优秀设计奖500余项。

二是数字化能力大幅提升。兵团设计院荣获具有"CMMI-DEV v1.3模型之能力成熟度模型集成3级"国际认证证书、计算机信息系统集成（信息工程）企业能力评估甲级证书等多个信息系统类资质。取得涉密信息系统集成资质（总体集成、系统咨询），对外研发的一张图综合展示平台、

地下水资源管理系统、生态环境"三线一单"信息管理系统、国资监管平台广受业主好评。

三是人才培养有效提升。现拥有享受国务院政府特殊津贴专家 15 人，农业部突出贡献专家 2 人，自治区和兵团突出贡献专家 3 人，自治区勘察设计大师 1 人，兵团英才 14 人，正高级工程师 83 人，在读博士 7 人，研究生学历 196 人，高级工程师 448 人，国家注册人员 434 人。高质量、高水平的人才队伍，为企业服务社会高质量发展奠定了坚实基础。

108

打造兵团能源产业新引擎
谱写绿色低碳发展新篇章

中新建电力集团有限责任公司

一、基本情况

中新建电力集团有限责任公司（以下简称"中新建电力集团"）成立于 2023 年 8 月 28 日，由原兵团电力集团、第三师锦泰电力、第七师锦龙电力和第八师天富能源重组整合而成，现有资产总额 546 亿元，专业技术人员超 7000 人。组建成立一年多来，中新建电力集团以实施国有企业改革深化提升行动为契机，深入贯彻落实国家碳达峰碳中和政策，锚定能源和产业"双线"绿色转型的战略目标，加快推进新能源项目开发建设，加强对外合作和科研创新，发挥多种能源形式的互补作用，引领示范构建绿色低碳新型电力系统。

二、经验做法

（一）大力推进绿色发展，有效服务"双碳"战略目标

一是强规划，摸清底数，编制绿色发展"兵团方案"。中新建电力集团结合兵团能源发展现状和绿色转型需要，深入各师市摸清能源底数，"一师一策"论证各师市新能源发展情况，形成《中新建电力集团关于兵

团新能源建设发展规划的若干思考》《各师市新能源发展"一师一策"》等调研成果，为科学规划兵团新能源建设提供了第一手资料。结合产业发展需要，规划布局建设总规模 1834 万千瓦新能源发电、428 万千瓦火电、58 万千瓦常规水电、220 万千瓦抽水蓄能电站和不低于新能源建设规模 20%（2 小时）的共享储能电站，力争用 3~5 年时间实现所属清洁能源装机占比达 70%、清洁能源电量占比达 30% 以上。

二是强建设，智慧模式，大规模推进新能源项目。中新建电力集团加大光伏项目建设力度，光伏项目采用"数据化驱动、融合化处理、模块化分析、无人化值守"思想设计，施工建设时运用"智慧工地"方式实现人员、设备、材料的可视化管理，实现光伏场站"能效精准管理、远程集中监控、区域共享服务、场站无人值守"目标，光伏电站总体能效提升 2%~6%，实现全光伏电站无人值守集约化管理，年节约人员成本约 100 万元。目前已建成的"新疆天富绿能兵团北疆石河子 100 万千瓦光伏基地项目天富 40 万千瓦光伏基地数智监控生产运维系统项目"成功上榜工业和信息化部《第四批智能光伏试点示范企业和示范项目名单》。

三是强保障，多措并举，构建能源绿色转型机制。中新建电力集团充分释放兵团电网内电源侧、电网侧、用户侧各主体调节能力，积极推进现有火电机组灵活性改造，将电厂深度调峰能力从 30% 提高至 70%，通过电力辅助服务机制，引导电网内的自备电厂、电力用户进行技改参与电网调峰，有效增强自备电厂和电力用户积极性。联合中电联电力发展研究院开展《源网荷储一体化机制框架研究》《绿色电力消纳责任机制研究》等消纳保障机制研究工作，推动兵团电力市场化改革进程与全国大统一电力市场建设对接。

（二）扎实开展科研创新工作，服务新能源产业高质量发展

一是着手打造科技创新载体。中新建电力集团注册成立新疆天富新能源产业创新研究有限责任公司，联合南方科技大学、华北电力大学等高校、科研院所开展重点实验室、技术创新中心建设，拓展和强化新能源产业研究院的科技创新能力。

二是着重开展科技创新赋能行动。中新建电力集团结合产业发展战略需求，按照"源头减碳、过程降碳、末端固碳"的发展思路，从产业实践中凝练应用研究任务，谋划实施了《沙戈荒光伏电站＋生态治理综合技术研究及示范》《大规模分散式光伏基地全景监测感知与智慧控制关键技术研究与应用示范》等一批重点科技攻关项目，推动科研成果走向市场，加快促进科技创新成果转化为现实生产力。联合清华大学节能团队开展《石河子市零碳城市规划研究》，加速绿色低碳科技攻关，构建绿色、服务和安全并重的"三位一体"新发展模式。

三是着力实施科技创新人才培育工程。中新建电力集团坚持需求导向，统筹抓好高层次科技创新人才、高素质技术技能人才和专业化科技管理人才队伍建设。注重借智发展，柔性引进光伏、储能、氢能等产业创新领军人才，凝聚科技创新发展合力。与赵天寿、姚良忠、江亿等院士团队在储能技术、新型电力系统、零碳城市等方面达成框架性合作，组建创新团队 2 个，以研究课题为纽带，以外部科研力量培养带动企业内部人才，打造高水平的本土创新人才团队。

（三）实施能源和产业"双线"绿色转型战略，助力经济社会转型升级

一是共建兵团绿色低碳转型示范区。中新建电力集团积极配合所在地师市开展新能源项目与光伏、储能等产业统筹发展思路谋划，大力发展新能源光伏项目，不断提升绿电使用比例，推动七师、八师从原有"电价洼地"向"绿电高地"加速转变，为传统产业转型升级、新质生产力加速集聚奠定坚实基础。

二是纵向延伸新能源产业链布局。中新建电力集团充分发挥兵团新能源产业链链主优势，按照"兵团有基础、资源有条件、未来有市场"的原则，协同师市全力推动招大引强、招新引优、招群引链工作。成功举办贯彻"双碳"战略实现能源和产业"双线"绿色发展发布会，吸引江苏大全、上海采日、珠海科创等龙头企业来师市投资洽谈，成功促成光伏组件、支架、管桩等产业链制造项目落地，努力打造兵团新能源产业装备制造基地。

三是政企协同发力助力能源＋产业互联互通。中新建电力集团主动邀请石河子经济技术开发区专业招商人才到新能源产业研究院挂职，采用联合办公、联合招商的方式，服务招引企业项目审批、落地等工作，大幅降低了意向投资客商在政府、企业间的沟通频次和沟通成本，跑出了项目招商引资服务的"加速度"。

三、改革成效

一是绿色发展成果广受认可。中新建电力集团组建以来，第七、八师新能源项目建设效率大幅提升，在建光伏规模由 2023 年的 88 万千瓦增长至 2024 年的 555 万千瓦。2024 年 12 月底，中新建电力集团完成 90 万千瓦光伏项目并网发电，预计每年可减少标准煤消耗 40.59 万吨，二氧化碳、二氧化硫、氮氧化物排放量分别降低 68.48 万吨、112 吨、180 吨。

二是科研创新能力大幅提升。中新建电力集团实现了高端人才的柔性引进，择优聘请近 10 名新能源领域权威专家、博士作为公司技术顾问，指导开展产业谋划、科技创新研究等工作，借智赋能企业创新发展，有效填补了新兴储能领域高端人才空白，为后期第八师乃至兵团储能产业的高质量发展奠定了基础。本土科研人才培养初见成效，培养了享受国务院政府特殊津贴专家 1 人、天山英才 3 人、兵团英才 3 人、正高级专业技术人员 3 人。

三是产业带动作用显著发挥。当前，天耀新能源（组件制造）、天航新能源（支架制造）、天富远大（管桩制造）、江苏大全（开关柜和箱变制造）、上海采日（储能制造）5 家企业已落地，年产值可达 33 亿元；中清光伏科技（电池片制造）、珠海科创国轩高科（共享储能）2 个项目已签署合作协议；铁塔制造、电力变压器、逆变器、电缆等意向落产项目正在稳步推进中，全部落地后可实现年产值 165 亿元以上。

国资国企改革经验案例丛书

奋楫笃行

地方国有企业改革深化提升行动案例集（下）

本书编写组　编

机械工业出版社
CHINA MACHINE PRESS

2023年以来，全国地方国资国企坚决贯彻落实党中央、国务院关于实施国有企业改革深化提升行动的决策部署，全面纵深推进各项重点改革举措，形成了很多可复制、可推广的宝贵经验，我们从中择优汇总，编印成书。本书分上、下两册，以234篇案例系统地总结并展现地方国资国企在国有企业改革深化提升行动中的经验做法、取得的成效，其中"功能使命类"改革案例108篇、"体制机制类"改革案例89篇、"综合类"改革案例37篇，力求将地方国资国企优秀经验推而广之，为更多企业提供有益借鉴，营造浓厚改革氛围和良好环境。本书值得政府领导、国有企业管理者和相关工作人员及国资国企改革研究人员等阅读。

图书在版编目（CIP）数据

奋楫笃行：地方国有企业改革深化提升行动案例集.
下 / 本书编写组编. -- 北京：机械工业出版社，2025.
5. -- ISBN 978-7-111-78290-2

Ⅰ. F279.241

中国国家版本馆 CIP 数据核字第 2025V0R357 号

机械工业出版社（北京市百万庄大街22号　邮政编码100037）
策划编辑：陈　倩　　　　　责任编辑：陈　倩
责任校对：贾海霞　张　征　责任印制：张　博
北京铭成印刷有限公司印刷
2025年6月第1版第1次印刷
170mm×242mm·32.5印张·414千字
标准书号：ISBN 978-7-111-78290-2
定价：298.00元（上、下）

电话服务　　　　　　　　　　网络服务
客服电话：010-88361066　　　机　工　官　网：www.cmpbook.com
　　　　　010-88379833　　　机　工　官　博：weibo.com/cmp1952
　　　　　010-68326294　　　金　书　网：www.golden-book.com
封底无防伪标均为盗版　　　机工教育服务网：www.cmpedu.com

目　录

体制机制篇

体制机制篇

1

强化工作机制　明确履职重点
进一步发挥外部董事"决策专家"作用

北京市人民政府国有资产监督管理委员会

一、基本情况

从 2004 年 9 月向北京公交集团委派第一名外部董事起，北京市人民政府国有资产监督管理委员会（以下简称"北京市国资委"）逐步扩大外部董事派出范围和加大选配力度。截至 2024 年底，北京市国资委共派出外部董事 133 名，涉及 35 家市属国有独资公司。北京市国资委按照国务院国资委部署要求，严格落实国有企业改革深化提升行动任务，根据形势发展需要，瞄准关键领域，积极协调北京市人才局、北京市科委、中关村管委会、北京市金融局、北京市司法局等相关部门，先后为市管企业选聘了一大批精通企业管理、财务审计、法律合规、生产运营等领域的兼职外部董事。

二、经验做法

（一）优化专业结构，构建高效外部董事队伍

一是提前谋划，充分沟通，突出专业性。北京市国资委及时对市管企业进行走访调研，与企业主要领导、分管领导沟通情况，实地了解人员需

求，考虑外部董事人选的专业特点、工作经历、性格特征、行业影响力等综合要素，认真研究外部董事与拟任职企业的适配度，与企业共同谋划董事会结构优化工作。

二是多措并举遴选专业人才。北京市国资委会同北京市委组织部多次在科技创新及风投、财务、法律等领域组织进行大规模市场化专业人才遴选，商请国务院国资委、北京市人才局等单位推荐行业专家，梳理近年来退出现职的市管企业主要领导人员和履职较好的总会计师，以更广渠道和更多角度物色、遴选外部董事人才。

三是严把政治关、廉洁关、专长关、业绩关。北京市国资委党委在外部董事选拔过程中反复酝酿、细致推敲，通过充分沟通和认真比选，深入考察每位候选人的政治立场、道德品质、专业技能和工作业绩。在综合评估的基础上，积极征求候选人所在单位意见，开展资格联审，确保每位候选人都符合规定的标准和要求，严格履行任前公示程序，主动接受社会监督，确保选聘公平，增强透明度，确保外部董事队伍不但专业能力强、业务素质高，而且在政治上可靠、廉洁上过硬，能够以高度的责任感和使命感为企业的科学决策和规范管理建言献策，实现廉洁、高效的治理目标。

（二）强化工作机制，保障外部董事规范履职

北京市国资委制定出台《市管企业外部董事履职指引》《关于加强市管企业外部董事履职支撑服务的工作方案》《市管企业外部董事评价暂行办法》等，进一步规范外部董事履职方式和工作内容，强化"六项工作机制"，充分发挥外部董事"决策专家、执行督导、经营顾问和沟通桥梁"的作用。

一是"报告工作机制"。北京市国资委建立了外部董事"年报""半年报""专报"的报告制度，并在书面报告的基础上每年召开外部董事现场述职报告座谈会，外部董事代表现场述职，北京市国资委主要领导出席会议并讲话，明确国资监管重点工作及要求，强化外部董事职责定位。

二是"考核评价机制"。自2019年起，北京市国资委连续六年对全体外部董事进行"一对一"履职评价，进一步优化完善评价指标体系，聚焦出资人掌握的外部董事履职客观情况，提高评价的全面性、准确性。

三是"履职支撑机制"。北京市国资委研究出台《关于加强市管企业外部董事履职支撑服务的工作方案》，搭建外部董事履职支撑服务体系，明确外部董事应参加或列席企业专题会、工作总结会等会议，深入了解企业经营管理、业务发展、风险管控等情况；要求外部董事年度内出席董事会会议次数不得少于董事会会议总次数的三分之二；要求外部董事参加北京市国资委相关重要会议，及时学习和把握国资监管有关工作精神和政策要求。

四是"工作沟通机制"。北京市国资委不定期组织召开外部董事座谈会，就董事会建设等工作进行专题研讨，听取外部董事意见建议；通过外部董事访谈，深入了解外部董事履职及企业董事会运转情况；建立外部董事微信工作群，畅通与外部董事沟通渠道。

五是"激励约束机制"。北京市国资委对年度评价为"不称职"等次的外部董事予以免职，真正形成外部董事"能进能出、奖优汰劣"的工作机制；研究出台《市管企业兼职外部董事工作补贴管理办法》，增加绩效补贴部分，优化补贴结构，实现工作补贴与履职评价结果挂钩，强化对外部董事履职的激励和约束。

六是"能力提升机制"。北京市国资委每年紧跟形势、紧扣热点，对外部董事开展履职能力提升培训，定期编制《外部董事工作动态》，及时向外部董事传达政策文件内容、重要会议精神、国资国企动态等内容，帮助外部董事准确把握改革方向和出资人要求，持续提升履职能力。

三、改革成效

经过近些年的工作实践，市管企业外部董事作用发挥日益凸显，外部董事这支队伍已成为促进董事会科学高效决策、推动国有企业高质量发展不可或缺的重要力量。

一是企业董事会专业结构不断优化。近年来，市管企业外部董事来源渠道不断拓宽，外部董事人才选聘不仅看重领导经验、企业管理经验，更关注是否有专业的任职经历。通过从中央企业、市管企业、大型会计师事务所、律师事务所、知名高校及优秀民营企业中选聘外部董事，有效改善了董事会的年龄结构、知识结构、专业结构。通过内部董事与外部董事的思想碰撞、优势互补，增强了董事会的民主决策氛围，帮助董事会以更广阔的视角、更多维的思路研究剖析决策事项。

二是企业法人治理结构更加完善。外部董事占多数后，改变了国有企业董事会成员与企业领导班子成员基本重叠，以及决策、执行和监督基本没有区分的状态，实现了决策层与执行层分开，有效防止了内部人控制、"一把手说了算"等问题。

三是企业董事会决策更加科学有效。外部董事具有较高的专业素质、胜任能力和充分的独立性，能够为董事会决策提供更加客观、专业的意见建议，增强决策基础信息的全面性和多元化，有利于实现决策科学和平衡。外部董事还可以实时督促企业董事会规范运作，包括会议通知、会议召开、表决程序、信息披露等方面依规运行，确保决策程序的合规性，为科学决策奠定坚实的基础。与此同时，越来越多的外部董事加入企业各专门委员会（以下简称"专委会"）并在其中担任关键角色，积极发挥业务领域专长，推动专委会有效运作，充分发挥专委会对董事会审议事项的基础性研究作用，进一步提高了董事会的决策效率和质量。

四是企业风险防控成效不断增强。北京市国资委聚焦"以管资本为主",积极构建监督协同机制,履行好出资人监督是其中重要一环。外部董事在督促董事会严格决策程序、规范资本运作、维护资本安全、实现国有资产保值增值方面发挥了积极作用,帮助董事会提高风控意识,更好地识别风险、防范风险、化解风险,对市管企业稳健经营、科学发展起到了保驾护航的积极作用。

2

用好协调机制　加大处置力度
提高国资国企资源优化配置和使用效率

北京市人民政府国有资产监督管理委员会

一、基本情况

近年来，为持续深入贯彻落实党中央、国务院关于深化供给侧结构性改革、加快国有经济布局优化和结构调整等战略决策部署及国有企业改革深化提升行动有关要求，北京市人民政府国有资产监督管理委员会（以下简称"北京市国资委"）积极担当作为，加强统筹协调，锚定目标、全力以赴，清退了一批"僵尸企业"和"两非""两资"企业，有效防范、化解了企业经营风险，提升了企业资产质量，为市管企业更好服务首都经济社会发展大局夯实了基础。

二、经验做法

（一）建立"两非""两资"多部门联动绿色通道

2021年，北京市建立了由分管市领导任召集人，由北京市发展改革委、北京市国资委等23家市级单位和各区政府及北京经济技术开发区组成的北京市企业破产和市场主体退出工作联席会议机制（以下简称"协调机制"），负责研究、制定和落实企业破产清算、"僵尸企业"处置、市场主体退出等政策措施，处理市场主体退出中需要政府推动解决的重大问题。
自 2023 年起，为贯彻落实国有企业改革深化提升行动要求，北京市国资委
又将"两非""两资"企业清退工作纳入协调机制年度工作要点，进一步
加大与北京市市场监督管理局、北京市第一中级人民法院等成员单位会商
力度，合力破解企业在工商注销、破产立案等方面的难点堵点问题，推动
"两非""两资"企业早日出清，实现应退尽退。

（二）优化劣势企业退出制度和渠道

为畅通"僵尸企业"和"两非""两资"企业等市场主体退出渠道，
降低企业退出制度性成本，打造首善标准、国际一流的"北京服务"，北
京市国资委与北京市发展改革委等单位共同研究出台了《北京市深化破产
制度改革优化营商环境的若干措施》，围绕破产财产处置、信用修复、涉
税服务、注销登记等提出了一系列创新举措，为破产办理提供全流程、全
闭环、全链条高效便捷政务服务，进一步提高了企业退出的质量和效率。
同时，北京市国资委支持指导北京产权交易所充分发挥产权市场流转和融
资功能，搭建了破产业务综合服务平台，下设"破产财产处置""破产投
资人招募""破产京牌车""综合配套服务"4 个子平台，可在线处置破产
企业机动车、房地产、股权、债权、设备等各类资产。该平台向破产企
业、债权人、法院、管理人、投资人提供全流程一站式服务，为市管企业
围绕主业优化资源配置、处置存量资产打下了良好市场基础。

（三）狠抓"两非""两资"等劣势企业出清

一是梳理摸排，编制计划。北京市国资委明确了"两非""两资"企
业认定标准，要求市管企业坚持有所为有所不为，聚焦主责主业，认真梳
理所属"两非""两资"企业，排出 2023—2025 年分年度出清清单。并在
此基础上，会同企业逐家梳理研判，形成 2023—2025 年"两非""两资"
清退基础台账；部署年度退出工作，召开计划预审会，督导市管企业重点

将"僵尸企业"和"两非""两资"清单企业等列入年度退出计划，通过破产（强制）清算、注销、合并、减资、股权转让等方式实施退出。

二是持续督导，压实责任。北京市国资委建立"编计划、建台账、月跟踪、季调度、勤通报、年考评"的闭环工作体系，以全过程管控推动企业处置工作落地到位。

三是以人为本，确保稳定。北京市国资委坚持稳中求进工作总基调，要求市管企业有效统筹发展和安全，做好退出工作风险评估，认真制定维稳预案，深入细致地做好职工思想工作。同时建立退出成本共担机制，对列入年度退出计划的企业，在在职职工解除劳动合同经济补偿等方面由国有资本经营预算给予一定比例支持，切实减轻企业退出资金压力。

三、改革成效

通过多点发力、多管齐下，2023年以来，北京市国资委督导市管企业处置列入年度退出计划企业510家，其中"僵尸企业"354家、"两非""两资"企业360家，处置工作全过程平稳。通过一系列处置工作，北京市国资委及时遏制了市管企业"出血点"，进一步提高了国有资本配置和运行效率，增强了国有经济活力、控制力、影响力和抗风险能力。

3

推动国有企业在完善公司治理中
不断加强党的领导

北京市人民政府国有资产监督管理委员会

一、基本情况

近年来，北京市人民政府国有资产监督管理委员会（以下简称"北京市国资委"）党委认真学习贯彻习近平总书记"两个一以贯之"要求，持续抓好《关于中央企业在完善公司治理中加强党的领导的意见》的落实落地，明确和完善党组织在决策、执行、监督各环节的权责与工作方式，不断把党组织内嵌于公司治理结构，提升首都国企公司治理效能。

二、经验做法

（一）健全制度机制，推动科学决策

北京市国资委持续探索在完善公司治理中加强党的领导的有效路径，不断健全党组织发挥作用的体制机制。

一是坚持分类施策。针对不同组织建制，北京市委组织部、北京市委宣传部、北京市国资委党委联合印发《国有企业党委前置研究讨论重大事项清单及程序示范文本（试行）》，规范党委前置研究的事项范围、负面清单和研究程序；联合印发《北京国有企业党支部（党总支）参与重大问题

决策工作指引（试行）》，明确了党支部参与重大问题决策的范围、条件和方式，具体细化了党支部集体研究把关重大事项的程序和内容。

二是区分不同股权类型。北京市国资委等多部门印发了《关于加强北京市混合所有制企业党建工作若干措施（试行）》，明晰了国有绝对控股、相对控股和参股企业党组织的职责定位和作用途径。目前，国有绝对控股、国有相对控股且具有实际控制能力的企业党委全部落实党组织前置研究要求，具备条件的党支部全部参与重大问题决策。

三是指导企业结合董事会决策重点事项清单和授权经理层管理指引。北京市国资委动态完善"三重一大"决策机制，厘清党组织和其他治理主体的权责边界，推动行权履职更加顺畅、决策程序更加科学。开展落实情况"回头看"，定期抽查"三重一大"决策制度执行情况，将决策和运行监管系统延伸到二、三级企业，对企业进行实时监督，强化规范决策。

（二）发挥组织优势，确保执行有力

北京市国资委党委不断增强党组织政治功能和组织功能，推动党建工作与生产经营深度融合，促进企业健康发展。

一是将组织"建起来"。北京市国资委党委按照"四同步"原则，指导企业结合管理方式变化，把党组织建在项目上、网点上、班组上，创新区域党建、平台党建、行业党建模式，形成上下贯通、执行有力的组织体系。

二是让活动"实"起来。北京市国资委党委立足企业中心工作，围绕国有企业改革深化提升行动，开展"强党建、促改革"专项行动，实施领航、攻坚、筑基三大工程，聚焦重大项目、关键核心技术，引导各级党组织创新党建载体，助推国有企业改革取得更大突破。

三是使功能"强"起来。北京市国资委党委强化党组织搭建平台、统筹资源、凝聚力量的功能和作用，不断创新探索产业链党建模式。北京汽车集团有限公司、宁德时代新能源科技股份有限公司、百度在线网络技术（北京）有限公司组建"星火·科创"党建创新联盟，在电池技术创新、新模式销售等方面深化合作，为产业链发展积蓄强劲势能；北京能源集团有限责任公司打造"党建＋双碳"品牌，联合产业链上下游，创建全市首个新能源领域企业联盟，建成清洁能源智慧电厂等10个示范基地；中国北京同仁堂（集团）有限责任公司等3家企业联合创建"党建引领老字号产业创新联盟"，在医药康养、文旅服务等领域跨界联手，推动老字号创新发展。

（三）加强协同联动，提升监督效能

北京市国资委党委持续健全监督管理机制，坚持以党内监督为主导，深化全面从严治党动态抽查、政治巡察，重点加强对"一把手"和领导班子监督，增强监督实效。

一是出台《关于构建市管企业"六位一体"监督协同机制的实施意见》。北京市国资委党委将党内监督与纪检监察监督、巡视巡察监督、出资人监督、审计监督、职工民主监督和社会监督有机贯通，形成监督合力。强化出资人监督，加大外部董事配备、轮岗交流力度，开展派出总会计师业务履职专项考核，推动总审计师制度全面落实落地，推进上市公司和重要子企业总法律顾问配备到位，提升监管效能。

二是紧盯领域突出问题。北京市国资委党委连续开展高风险业务、金融企业"四风"、规自领域、涉粮领域、医药领域腐败等专项整治；统筹开展违规经营投资、"靠企吃企"、国企跨境腐败专项治理和选人用人自查整改"回头看"，覆盖各层级企业，排查上百万名职工；2024年压茬开展"一把手"违规用权、企业投资经营9类问题、境外国有资产管理共性问题和"靠企吃企"问题整改"回头看"，有力纠治了偏离主责主业、规避国资监管、搞关联交易等一批突出问题。

三、改革成效

一是中国特色现代企业制度不断完善。在北京市国资委党委的引领下，国有绝对控股、国有相对控股且具有实际控制能力的企业党委全部制定前置研究事项清单并实现动态优化，符合条件的党支部全部参与重大问题决策，各级企业均实现了"双向进入、交叉任职"；党委和董事会、经理层关系进一步理顺，集体决策效能持续提升，形成了各司其职、各负其责、协调运转、有效制衡的公司治理机制。

二是党建引领企业改革发展成效持续凸显。北京市国资委党委充分发挥各级党委领导作用和党支部战斗堡垒作用，引导广大党员干部职工向中心工作聚焦、向改革发展聚力。近三年，北京国有经济延续回升向好态势，国有企业改革深化提升行动稳步推进，科技创新力度不断加大，关键核心技术和"卡脖子"技术攻关进一步加强，涌现出一批创新成果。

三是以党内监督为主导的监督体系逐步形成。北京市国资委通过强化出资人四支队伍建设，完善"六位一体"监督机制，加强与北京市纪委、北京市委组织部、北京市委巡视办、北京市审计局等单位部门的协同联动，实现监督资源有效整合、监督内容全面覆盖、监督成果及时共享，逐步构建起具有首都现代国企特点的国资系统监督协同机制，提升了国资监管效能。

4

坚持"业绩升、薪酬升，业绩降、薪酬降"导向全级次落实薪酬业绩挂钩机制

北京能源集团有限责任公司

一、基本情况

北京能源集团有限责任公司（以下简称"京能集团"）成立于2004年，经过多年的资源整合，现已形成热力、电力、煤炭、健康文旅等多业态产业格局。京能集团现拥有全资及控股企业710余家、参股企业120余家、员工3.4万余人，投资区域遍布31个省（区、市）及境外，控股京能清洁能源、京能电力、昊华能源、京能置业、北京能源国际、京能热力6家上市公司，盈利水平长期稳居北京市属企业前列。

二、经验做法

（一）坚持价值导向，全级次开展全员绩效考核确保业绩薪酬深度绑定

一是全员绩效考核筑牢国有企业改革和发展基石。京能集团制定了覆盖热力、电力、煤炭、房地产、健康文旅等多元化产业板块的全员绩效考核和内部薪酬分配优化指导意见，"全面规划"层层明晰权责边界、"一企一策"分解关键任务、"分类评价"落实考核责任，构建无死角的全员绩效管理体系，重点破除考核执行与结果应用"宽松软"，进一步筑牢业绩

薪酬挂钩机制的管理基础，为企业的持续健康发展提供有力保障。

二是深入落实经理层成员任期制契约化管理。京能集团紧扣岗位职责，锚定关键指标、鼓励挑战摸高，实施"一人一表"差异化考核，一级企业经理层成员定量评价指标权重和"一岗一策"个性化指标占比均达到70%，二级企业经理层成员"一岗一策"个性化指标占比均超过50%，指标制定经过"三上三下"，确保目标的科学性和合理性，增强全员的共识和执行力，确保目标的顺利实现。

三是中层管理人员及一般员工考核结果与薪酬强挂钩。京能集团总部积极做表率，引入"OKR"管理理念，优化现有"KPI"指标体系，部室考核引入指标难度系数，全面提升绩效考核指标的科学性。总部绩效考核成绩影响绩效薪酬差距平均达到15%，考核结果基本合格和不合格的职工人数比例达到11.86%，对考核不合格的职工扣减全部绩效薪酬，调离总部。所属企业全员、全级次开展绩效考核及结果强制分布，实现业绩与薪酬刚性挂钩。各级企业员工绩效考核基本合格、不合格人数合计原则上不低于本企业员工总数的10%。员工因绩效考核不合格，经培训后仍不胜任工作，解除劳动合同比例不低于1%。

（二）坚持市场化改革，全方位优化薪酬分配体系推进收入能增能减

一是不断优化薪酬结构。京能集团通过优化所属企业内部薪酬分配指导意见，构建了以岗位价值为基础、以经营业绩为导向的岗位绩效工资制度，鼓励各企业结合行业特点提高浮动工资占比。目前，各级企业经理层成员浮动工资占比达77.2%，竞争类企业员工浮动工资占比达66.4%。

二是严格落实业绩、薪酬挂钩机制。京能集团坚持市场在薪酬分配中的决定性作用不动摇，坚持"业绩、薪酬双对标"原则不动摇，以充分竞争市场上同行业、同规模企业组成对标系，业绩达标分位和薪酬水平分位保持一致，坚决破除"旱涝保收"的固化思维。2024年，京能集团所属企业负责人随企业业绩变化薪酬水平同比增（降）幅比例平均达到10.7%，振幅最大达到27%。

三是分类推进差异化分配。京能集团以岗位绩效工资制为基础，体现不同岗位知识、技术、管理、数据要素参与分配的差异性。高技能操作人员薪酬可达到技术类人员较高水平、特殊关键核心技术人才施行协议开放薪酬、经营类企业负责人岗位实施超额利润奖励，结合能力和业绩，形成"收入有高有低、能增能减"的市场化、差异化薪酬分配体系。

（三）坚持效益引领，全链条落实经济效益与职工收入同向联动

一是将利润目标的挑战难度与工资总额预算管理紧密挂钩。京能集团坚决贯彻"效益增、工资增，效益降、工资降"原则，明确工资增长必须源自企业自身业绩提升，无效益增长则无工资增幅。具体而言，所属企业的利润总额挑战难度直接决定了其工资总额预算管理的预发比例，即利润总额的挑战难度越高，工资总额的预发比例也相应越高。

二是将年度经营指标的挑战难度与职工收入的增长幅度挂钩。京能集团以推动企业实现高质量发展为核心导向、以让职工共享企业发展成果为根本目的，2024年初即明确"确保集团经营业绩考核位居北京市管A级企业前列，同时力争集团工资总额和员工收入达到上限增长"两大核心任务目标。基于此，反向推导出全年主要经营指标的挑战性目标，深入企业经营的各个层面，切实落实"以业绩挣工资"的核心理念，确保企业发展与员工福祉双赢。

三是积极鼓励企业勇于挑战高目标，激发企业内生动力与活力。京能集团在引导企业有效应对各类挑战的同时，特别关注竞争类企业所提报的利润总额挑战值，并将其与"前三年平均利润水平、上一年度实际完成值、年度计划建议值"进行多维度对比。为了进一步强化激励机制，京能集团从多个方面进行了优化，包括提升"年度综合绩效考核成绩"的权重、设立"超额利润突出贡献奖励"、挂钩"企业负责人绩效年薪预发比例"等，旨在全方位激发二级企业负责人的工作热情与创业精神，积极投身企业改革与发展。

三、改革成效

京能集团深入实施国有企业改革深化提升行动，精心布局，精准施策，深化三项制度改革，构建全链条、全方位、全级次的业绩、薪酬紧密挂钩体系。确立"业绩引领，薪酬联动"的鲜明导向，员工与企业同舟共济，共享发展成果，共担发展责任，凝聚起推动企业高质量发展的强大合力。

一是"业绩升、薪酬升、业绩降、薪酬降"价值导向深入人心。京能集团所属全级次 516 家企业、805 名经理层成员契约签约率达 100%，所属各级企业 100% 实现全员绩效考核，考核结果实现差异化强制分布，业绩结果、价值贡献和绩效薪酬的匹配度持续提升。

二是市场化薪酬分配体系推进收入能增能减作用充分发挥。2024 年，京能集团所属企业负责人随企业业绩变化薪酬水平同比增（降）幅比例平均达到 10.7%；各级企业经理层成员浮动工资占比达到 77.2%，竞争类企业员工浮动工资占比达到 66.4%，彻底打破"大锅饭""平均主义"和"固化思维"。

三是经济效益与职工收入同向联动机制助力效益增幅显著提升。京能集团所属企业积极响应联动机制，设定的利润总额挑战值较年初自报值显著提升，平均增幅接近 11%，极大地激发了各级干部、职工的积极性和创造力，他们不仅勇于挑战自我，更积极对标同行业优秀水平，使企业的整体活力与竞争力得到了持续增强。

5

纵深推进经理层成员任期制和契约化管理
充分激发企业高质量发展新动能

北京同仁堂股份有限公司

一、基本情况

北京同仁堂股份有限公司（以下简称"股份公司"）是中国北京同仁堂（集团）有限责任公司旗下的首家上市公司，成立于 1997 年，并于同年在上海证券交易所上市。股份公司以生产和销售传统中成药为主，经过二十多年的发展，现已成长为一家集生产、销售、科研、配送于一体的现代化企业。股份公司常年生产销售的中成药超过 400 个品规，产品剂型丰富，涵盖丸剂、散剂、酒剂、胶囊剂、口服液及滴丸剂等 20 余个产品剂型，荣获第十三届中国证券金紫荆奖"最具品牌影响力上市公司"，入选"2023 年度中国中药企业 TOP100 排行榜""2024 京津冀企业百强"等，展现了出色实力和市场影响力。

二、经验做法

国有企业改革深化提升行动实施以来，股份公司积极落实重点改革任务，着眼全局统筹谋划，纵深推进经理层成员任期制契约化管理落地见效，有力增强公司发展活力和市场竞争力，高质量发展态势进一步巩固。

（一）强化顶层设计，夯实治理根基，制度建设更加规范化、体系化

一是建立健全制度体系。股份公司为推进任期制契约化管理，先后制定《北京同仁堂股份有限公司经理层成员薪酬标准及考核实施细则》《北京同仁堂股份有限公司各分支机构及外派子公司经理层成员薪酬标准及考核方案》，规范经理层成员的薪酬及考核，充分发挥薪酬激励作用。

二是全面签订契约。股份公司由董事会授权董事长与经理层成员逐级签订岗位聘任协议书、年度及任期经营业绩责任书；结合各分支机构及子公司实际情况，修订完善所属企业经理层成员的岗位聘任协议书、年度经营业绩责任书、任期经营业绩责任书等契约文书。股份公司实现任期制契约化管理的户数和人数占比均达到100%。

（二）细化指标设置，凸显岗位差异，契约目标体现科学性、挑战性

一是指标设立注重岗位差异。股份公司在考核指标设计上，根据经理层成员岗位职责和分工不同，突出差异化。坚持以"岗"定责，结合各级经理层成员不同岗位、不同分工等情况，做到"一人一岗"制定岗位说明书，差异化设置考核指标。其中，经理层正职全面承接企业经营指标，经理层副职个性化考核指标占50%以上。

二是考核方式注重科学实绩。股份公司经营业绩考核实行"一岗一考核"，通过"年度+任期"，将考核模式从过往以"定性"考核为主改为以"定量"考核为主，进一步完善考核指标体系，对经理层成员进行年度考核、任期考核，确保各项指标得到有效落实。考核评价结果也作为选拔任用、薪酬与激励、管理监督的重要依据。

（三）完善薪酬机制，突出业绩贡献，刚性兑现坚持重激励、强约束

一是在优化结构上做文章。股份公司推动完善各级经理层薪酬管理制度，优化形成"基本薪酬+绩效薪酬"的薪酬组成结构。其中，绩效薪酬占比达到70%，鼓励经理层通过实现更多超额贡献提高个人收入。

二是在拉开差距上下功夫。股份公司设立倾斜机制，结合党建、经营双考核结果，对业绩突出的经理层副职人员适度上调薪酬比例，突出对绩优人员的正向激励，改变按级别分配的传统思维，同一企业经理层副职分三档兑现薪酬，真正做到依据业绩贡献发放薪酬。

三是在刚性兑现上出实招。股份公司保证考核结果与薪酬兑现强挂钩。制度规定，对年度及任期经营业绩考核不合格者，扣发全部绩效奖金和任期激励；对超额实现考核目标任务或作出突出贡献者，依照契约全额兑现激励。从完善激励机制入手，充分激发经理层成员的干事创业热情与活力。

（四）严格契约执行，打破传统观念，岗位退出力求更坚决、更刚性

一是刚性约定退出底线。股份公司明确规定，对出现年度经营业绩考核低于 70 分（或主要指标完成率低于 70%）、连续两年年度经营业绩考核结果为不合格或任期经营业绩考核结果为不合格等情形的人员，刚性予以解聘，进一步压实岗位职责。

二是打破干部传统认知。股份公司从严开展经理层成员经营业绩和领导人员综合考核评价，督促干部在市场化充分竞争的环境中锤炼自身，真正发挥通过契约以"下"促"上"，不断激励干部担当作为。

三、改革成效

在推行任期制契约化以后，股份公司依托逐步健全的干部人才队伍，围绕"十四五"规划目标实现与"同仁堂服务年"各项任务落实，着力提升"四个服务能力"，加快培育新质生产力，整体呈现稳中有进、稳中向好的发展态势。

一是制度建设保证更完善、更有力。股份公司以更加完备的规章制度为依托，为确定任期时间、明确考核目标、落实任期激励、推动任期制的有效落地提供了坚强保障，真正做到压实岗位责任，充分调动岗位积极性，激发了干部勇挑重担的干事创业热情。

二是干部队伍发展全面化、专业化。股份公司成功推行任期制契约化管理，在干部队伍中树立起"要薪酬就得要业绩"的理念，在公司内部展开良性竞争，让专业人干专业事，促进业务的专业化发展，切实提升干部的综合能力、专业素养，使干部队伍"头雁效应"作用发挥更加凸显。

三是经济效益实现双增长、再提升。股份公司有力推动经济运行持续好转，内生动力持续增强，实现质的有效提升和量的合理增长。2023 年，股份公司实现营业收入 178.61 亿元、同比增长 16.19%，对应实现的归属净利润 16.69 亿元、同比增长 16.92%。

6

多措并举　分类施策
推动存量资产盘活利用见行见效

天津市人民政府国有资产监督管理委员会

一、基本情况

国有企业改革深化提升行动实施以来，天津市委、市政府高度重视，党委、政府主要负责同志亲自调研推动国有企业存量资产盘活工作，天津市人民政府国有资产监督管理委员会（以下简称"天津市国资委"）结合地区资源禀赋和产业基础，不断创新实践，探索出一条盘活存量与提升效益的"双赢"路径。

二、经验做法

（一）做好顶层设计，压实主体责任

天津市国资委坚持问题导向、目标导向，将盘活存量资产作为系统工程，围绕"盘什么、怎么盘、谁来盘"的问题，打出一套组合拳。

一是摸清存量底数、科学谋划项目，对"盘什么"做到"心中有数"。天津市国资委组织企业全面梳理各类存量资产，上线集统计、管理、分析、交易等功能于一体的"不动产管理服务数智化系统"，逐宗建档立卡、实时动态管理；从金融机构、房地产企业、规划设计院等单位抽调专业人

员，组建国资系统盘活土地房产的外脑智库。聚焦重点领域、重点区域、重点企业，梳理形成市属国企盘活项目台账168项、重点项目40个，建立任务清单、问题清单、责任清单，统筹推进，销号管理。

二是系统设计安排、打造标杆企业，对"怎么盘"做到"手中有策"。天津市国资委坚持规划引领、内容为王、效果导向，将盘活存量资产任务与全市生产力地图、产业图谱、技术图谱编制紧密融合，结合土地、房产不同情形，紧靠市场需求谋划盘活策略和资产供给，推动实现企业增效、员工增收、政府增税、城市增活力。制定国资系统关于盘活存量资产的实施方案，明确目标任务和重点工作，力争用三年时间实现500万平方米土地、房产盘活利用。以城投集团、泰达控股为标杆，推动34家监管企业结合实际制定具体工作方案。

三是组建工作专班、建立协同推进机制，对"谁来盘"做到"责任到位"。天津市有关领导多次主持召开会议组织研究重点企业资产盘活工作，协调解决重点难点问题。成立市级政策专班，国资、规划、住建、发改、财政等12个政府部门协调联动，建立盘活存量土地、房产的市区两级工作机制，合力突破盘活重难点问题。实施盘活资产"一把手工程"，与企业领导班子年度考核直接挂钩，制定国资监管企业领导人员容错纠错机制，鼓励创新性和创造性的市场化盘活举措。

（二）丰富工作路径，多措并举盘活

天津市国资委聚焦闲置资产、老旧厂房、零散地块等不同类型存量资源，推动形成一批特色鲜明、针对性强的盘活项目。

一是聚焦闲置资产，深度挖潜整体盘活。天津市国资委持续挖掘国企房产、设备、技术、人员等存量生产要素，以资产为媒，以"盘活＋引战"的方式，通过合作经营、引入战投等方式招商引资，在提升资产管理效能、利用效率和运营效益的同时，拓展新产业项目落地空间，跃迁产业能级，实现闲置资产盘活、生产经营激活、优势产业聚合的综合效果。

二是聚焦老旧厂房，腾笼换鸟活化利用。作为传统工业城市，天津市有大量国有厂房长期闲置，在保护、传承、利用工业遗存的同时，天津市国资委按照"提着篮子好选菜"的思路，通过"产业导入＋企业孵化"模式，在区域产业规划引领下，把老厂区建设为新园区，以产业链招商为主线，精准招商，不断探索导入新产业新业态，激发新动能，让老厂区成为新的经济增长点。

三是聚焦零散地块，借力政策服务民生。天津市国资委充分发掘零散边角地块价值，用"绣花功夫"探索低效、零散、不规则用地集约利用，在财政补贴、用地规划、金融资金等政策支持下，以保租房为盘活突破口，集中新建一批保障性租赁住房，补足城市功能短板，合理配套商业服务设施，增加公共空间，提升城市活力。

（三）打造"五个赋能"，实现"善建善营"

天津市国资委针对资产盘活中仍存在的"盘而不活"、导入产业项目力度不够大、市场效应不明显等问题，坚持内容为王、产业至上，紧密结合生产力地图、产业图谱、技术图谱，从拼政策转向拼赋能，大力发展新产业、新业态、新模式，推动老树发新芽、开新花、结新果。

一是通过产业链赋能。天津市国资委充分利用国企"朋友圈"优势，围绕产业链上下游成熟企业进行精准招商。

二是通过科技赋能。天津市国资委整合国企科研院所的技术、设备、人才等资源对外开放，以海河设计集团、天咨集团、天津产权交易中心等咨询设计类国企资源，打造"咨询服务工具箱"，为入驻企业提供优质科技服务。

三是通过应用场景赋能。天津市国资委为入驻企业打造、开放和对接创新应用场景，助力科技成果转化、产业化项目落地。

四是通过金融、投资赋能。天津市国资委借助国有银行、信托、证券等金融类企业资源，以津融集团等市属国企为主体，打造"金融服务工具箱"，为入驻企业提供资金或服务支持。

五是通过人才赋能。天津市国资委针对入驻企业探索建立柔性人才使用、退休和兼职人员使用、团队激励、超额利润分配等改革创新措施，在"善建善营"中打造深化国企改革的"试验田"，促进国企真正按市场化机制运行。

三、改革成效

天津市国资委通过盘活闲置低效资产、提高资产利用效率，切实做到因盘而活、盘而有效，实现企业增效、员工增收、政府增税、城市增活力的综合效果。

一是强化保值增值，提高经济效益。天津市国资委通过系统盘活，将国企闲置及低效利用的土地、厂房、商业楼宇等转变为高收益、高效率的生产要素，不仅为国企培育了新的增长点、增加了现金流，还通过优化资源配置、降低成本等方式提升了企业经济效益，形成高附加值产业业态集聚效应，显著提升了国有资本的运营效率。截至目前，天津国资系统累计盘活闲置及低效土地、房产超 500 万平方米，实现收入 338 亿元。

二是服务改善民生，保障社会效益。天津市国资委通过盘活存量资产，扩大企业规模，创造了更多的就业机会，以国企 40 个重点项目为抓手，创造就业岗位近 4 万个，有效缓解了就业压力，推动国有企业更好践行社会责任；在盘活资产时同步推进老旧小区改造工作，改善居民居住条件和生活环境，将盘活后的部分国有资产投入公共服务领域，更好满足群众需求，提升了公共服务的供给能力和水平。

三是解决历史发展难题，防范化解风险。天津市国资委借助盘活资产契机，强化地方国企与中央企业、社会资本、金融机构、专业机构以市场化方式对接合作，在行业管理部门支持下，完成了瑕疵资产确权，有效解决权属不清、手续不全等一批发展难题；把化解国企债务风险作为资产盘活的重点难点，严格防范新的风险点，引导国企通过资产盘活提高化债排险能力，实现化债为资、化险为夷、化危为机，助力企业稳健发展。

7

坚持"三个区分开来"
构建容错纠错机制　激励干部担当作为

天津市人民政府国有资产监督管理委员会

一、基本情况

天津市人民政府国有资产监督管理委员会（以下简称"天津市国资委"）深入学习贯彻习近平新时代中国特色社会主义思想和党的二十大精神，扎实落实党的二十届三中全会精神，坚持"三个区分开来"，研究制定《关于进一步健全完善国资系统企业公职人员干事创业容错纠错机制的实施办法》（以下简称《办法》），健全担当作为的激励和保护机制，对敢于迎难而上的干部加大激励和保障力度，为担当者担当、为负责者负责、为干事者撑腰，促进国资系统干部精神面貌焕然一新。

二、经验做法

（一）坚持制度先行，研究制定容错纠错办法

天津市国资委针对干部在推动国资国企高质量发展过程中出现的失误、错误，坚持严管和厚爱结合、激励和约束并重，大力推进"家暖心安"，在充分调查研究的基础上制定《办法》，以容错纠错让干部打消顾虑、放下包袱，激励干部放开手脚、干事创业，大力推动国有企业改革

攻坚。

一是充分体现国资国企的鲜明特色。天津市国资委聚焦深化"十项行动"，抓好"三量""三新"工作，大力推动国资国企高质量发展，将国有企业公职人员主动担当担责、勇于攻坚克难、出现失误错误的，明确为可以容错的情形，鼓励国企干部担当担责探索创新、放开手脚大胆干事。

二是突出依规依纪依法、从严从实。天津市国资委科学精准界定容错情形，明确了首先把好的"5 项前提"和不可触碰的"5 条红线"，以及可以容错的"9 种情形"，强调容错纠错不适用于廉洁纪律层面，明晰"容"与"不容"的界限，确保干部守住底线、干净做事。

三是严把程序规范、精准容错纠错。天津市国资委明确容错纠错的认定和实施主体，坚持谁追责问责、谁负责容错，明确界定责任。在容错认定环节，视情形将容错认定意见在一定范围内公示，为精准容错加上"双保险"，也为敢于容错筑牢"双底板"。

四是注重容错与纠错并举、强化结果运用。天津市国资委对责任追究主体做出容错决定时，同步启动纠错程序，对于予以容错减轻、从轻或者免予处理的，以及影响期满后符合条件的，可以按照有关规定合理使用，规定半年内对容错对象开展一次跟踪回访和谈心谈话，激励干部从失误错误向担当有为转变。

（二）坚持高位推动，强化政策学习宣传引导

天津市国资委深入抓好对《办法》的宣讲解读，在天津市委党校国有企业党委副书记、组织部长培训班上，围绕推动落实《办法》作政策宣讲，针对国资国企在落实"三个区分开来"、开展容错纠错上仍存在的"不敢容""不会容"的困难疑惑进行辅导，增强国资国企在深化"十项行动"、抓好"三量"工作、推进国有企业改革深化提升行动等重大任务中用好容错纠错、为干部撑腰鼓劲、激励干部担当作为的意识和能力，切

实把容错纠错用起来、运用好，把从严管理监督和鼓励担当作为高度统一起来，旗帜鲜明地为敢作敢为、担当负责的干部撑腰鼓劲。天津市国资国企高度重视、凝聚共识，将《办法》纳入干部培训的重要内容，采取宣讲、培训等多种方式，加强政策学习宣传，切实把"为什么容、容什么、谁来容、怎么容"讲清楚、讲透彻，防止出现"凡事都容、为容而容、能容不容"等错误倾向，既为开拓进取、改革实干者撑腰鼓劲，也对失职失责、违纪违法者甄别查处，不断强化敢用善用的浓厚氛围，真正将重实干、重实绩的信号传递给企业每一名干部、职工，切实把从严管理监督和鼓励担当作为结合起来，让干部在廉洁上管得住手脚、在事业上放得开手脚。

（三）坚持典型引领，统筹推动容错纠错开展

天津市国资委注重抓落实、强督促，推动企业提高政治站位、扛牢主体责任、增强内生动力，指导企业加强多元协同、强化组织领导，完善相配套的保障机制，积极精准开展容错纠错，及时总结收集典型案例，通过抓典型、推经验，进一步明确容错要点、辨析容错界线、分享容错案例，以典型案例发挥先进企业引领示范作用，使容错纠错具象化、标准化，帮助企业精准界定容错情形，精准把握容错尺度，为落实"三个区分开来"提供借鉴和指引，解决好"不敢容""不会容""不敢用""不会用"等问题，真正把容错工作做起来、把容错质量提上去。某国有企业为确保还迁房配套民生工程按时完工、保障还迁居民顺利入住，在农用土地尚未征转、无相关建设审批手续情况下实施配套工程建设，被有关部门启动追责。经认真研判和深入核查，该情形符合容错条件，属于容错情形，且该企业进场施工前已书面征求并取得有关部门意见，即启动容错程序，决定不予追究相关人员责任，释放为担当者担当、为干事者撑腰的鲜明导向，浓厚奋进新征程、建功新时代的干事创业氛围，让广大党员干部在实践中感受严管与厚爱的有机统一，为国资国企改革提升和高质量发展凝心聚气、汇聚力量。

三、改革成效

天津市国资委坚决把"三个区分开来"重要要求贯穿容错纠错始终，严格依规依纪依法开展，合理包容干部在改革创新、先行先试中出现的失误和错误。

一是进一步健全体制机制，凝聚思想共识。天津市国资委研究制定《办法》从制度层面健全完善了容错纠错体制机制，明确把出于公心、不谋私利、依法依规履职尽责作为前提条件，坚持规范化运行、流程化操作，建立责任明晰、相互支撑、有机配套的制度体系，给敢闯敢试敢担当的干部吃下"定心丸"。

二是推动容错纠错具体化、规范化，促使企业从不敢、不会容错到主动、精准容错。天津市国资委制定《办法》对容错条件和情形、容错程序、纠错机制、结果运用等进行实化细化，对责任追求主体进行容错的具体认定实施流程进行规范，设置公示和审核把关环节，以规范程序设计助力解决企业存在的不敢容错、不善容错突出问题，推动企业精准有效容错纠错。

三是初步形成可复制可借鉴的典型经验，推动形成干部廉而有为、担当作为的氛围。天津市国资委要求天津国资国企认真学习《办法》，深刻把握容错纠错的程序和要求，对于符合容错条件和情形的干部，大胆开展容错纠错，以保护干部干事创业的积极性，促进改革创新和事业发展为目标初衷，助力实现干部由"有错"变"有为"，最大限度激发干部在深化国企改革发展中大胆探索、先行先试、干事创业的热情。

8

强化外部董事规范管理和履职支撑
有效提升现代企业治理效能

天津水务集团有限公司

一、基本情况

天津水务集团有限公司（以下简称"水务集团"）坚持以习近平新时代中国特色社会主义思想为指导，深入贯彻落实国有企业改革深化提升行动决策部署，在全面完成出资企业董事会应建尽建、外部董事占多数的改革任务基础上，着力加强外部董事规范管理和履职支撑服务，有效提高了公司治理效能，为公司高质量发展奠定了坚实的基础。

二、经验做法

（一）强化外部董事队伍建设，提高出资企业法人治理水平

一是外部董事选任专业化。水务集团依据"专业经验多元、能力结构互补"原则，将政治标准突出、专业能力强的合适干部纳入《天津水务集团有限公司派出外部董事人才库》，构建了一支具备财务、管理、投资、法律等专业技能的外部董事人才储备队伍。同时，结合出资企业业务结构、发展方向、战略定位等情况，按需选派适合的外部董事到适合的企业任职，真正助力出资企业发展。

二是结构设置标准化。水务集团坚持"目标导向、合法合规"原则，制定了《水务集团出资企业董事会规范设置指导意见》，对所属企业规模、股权结构、层级构成、业务组成、企业类型 5 个维度进行综合评分，根据评分结果确定各企业董事会结构，并据此向出资企业派出"专兼"职外部董事，为外部董事选派提供标准和依据。

三是"转任"机制创新化。水务集团持续探索外部董事转任渠道建设，按照"德配其位、才配其职"的原则，打破固有的干部任命模式，尝试将政治理念坚定、履职能力强、勇于担当的外部董事，选派到重要企业担任企业负责人，努力推动让有为者有位、能干者能上，实现正向激励。

（二）强化外部董事规范管理，提升出资企业决策质效

一是强化制度保障。水务集团制定了外部董事管理办法，明确了外部董事在调研、参加会议、了解企业生产经营情况、向集团公司报告等方面的具体规范，并组织签订年度工作任务书，明确年度工作任务，为外部董事的规范履职提供了可衡量的"标尺"。

二是强化效果转化。水务集团建立了工作报告机制，每年要求外部董事至少提交 2 篇调研报告，提出对任职企业经营管理的意见建议。通过对出资企业年度法人治理建设考核，了解出资企业对外部董事意见建议的落实及采纳情况，有效促进了外部董事履职成果转化，推动了出资企业经营效果的提升。

三是强化考核约束。水务集团建立了与绩效工资相挂钩的考核评价机制，通过梳理外部董事履职台账、列席出资企业董事会、开展工作检查等多种形式，掌握外部董事履职情况。组织集团相关部室、出资企业、外部董事，从行为操守、履职业绩、专项测评、约束条件 4 个维度进行评分，根据对外部董事的综合评价结果实施绩效发放。同时组织开展履职述职和评价反馈，帮助外部董事了解自身的优势和不足，有效提高外部董事依规履职能力，促进出资企业董事会规范建设。

（三）强化外部董事履职支撑，保障高质量履职尽责

一是制定"辅导书"实现精准引导。水务集团制定外部董事履职指引，深入分析选派外部董事的角色特点和履职要素，从董事义务、董事知识、董事技能、领导干部素质、董事会基础5个维度，提炼外部董事履职所需的能力要素，构建贯穿外部董事履职和董事会决策实务全流程的工作指引。该指引详细列举了外部董事的定义、目的、履职规范，明确了董事会决策企业重要经营管理事项过程中各种类型议案把握的重点和关键环节，对外部董事快速决策起到"辅导"作用。

二是开设"微讲堂"实现精准滴灌。水务集团结合投资、财务、法律、审计等业务培训，对《中华人民共和国公司法》、集团制度规范等进行深入讲解，并针对董事会决策过程中议案审核的重点进行专门培训，有效增强外部董事的专业能力。同时，利用外部董事经验交流和集团外部董事经验分享的契机，通过典范作用，有效提升外部董事履职质量。

三是提供专业支持实现精准保障。水务集团通过集团业务中台，及时向外部董事传达集团制度、相关文件、信息动态及会议精神等资料，确保外部董事能够实时掌握集团的各类情况。同时，为外部董事提供政策、法律、业务等领域专业支持，特别是在其所属企业董事会决策审议事项涉及集团管控范围时，集团相关部门将协助提供专业意见，以支持外部董事进行科学和规范的表决。

三、改革成效

水务集团通过规范外部董事选拔、管理、培训、保障、激励体系，实现了外部董事的专职、专业、专用、专管。

一是通过制定统一的管理标准，实现了外部董事选派、培训、履职有

规可依、有例可循，有效促进外部董事规范履职。

二是通过编制"辅导书"设立专业辅导员和后勤保障者，为外部董事履职提供全方位的服务支撑，提高外部董事履职效能。

三是通过机制创新，架起集团、外部董事、所属企业之间的沟通桥梁，对所属企业董事会科学决策起到了促进作用，有效提升了集团内部管理效率，增强了企业发展活力。

9

完善授权机制　提高治理效率
为集团高质量发展赋能

天津食品集团有限公司

一、基本情况

天津食品集团有限公司（以下简称"天津食品集团"）认真落实国有企业改革深化提升行动任务要求，进一步完善公司治理机制，不断健全市场化经营机制，持续优化产业布局。天津食品集团董事会根据公司各时期经营管理状况、内控体系完善程度、治理能力等情况，持续完善对总经理授权机制，进一步提高决策效率和运营效率，持续增强市场反应能力和核心竞争力，为集团高质量发展赋能。

二、经验做法

（一）完善公司治理，为授权提供前提条件

天津食品集团持续健全中国特色现代企业制度，完善"权责法定、权责透明、协调运转、有效制衡"公司治理机制，重大事项严格按照法人治理主体"1＋3"权责表合规决策，公司治理法治化、市场化水平有效提升。以市场化方式选聘经理层，实施任期制和契约化管理。经理层始终与董事会目标一致，同向发力，协调运转。董事会在此基础上，本着风险与

效率兼顾、依法合规、权责对等的原则，建立健全授权管理机制，压实经理层责任，既要维护经理层经营自主权，有效激发经理层活力，又要确保权力放得下、接得住、运行好。

（二）完善内控体系，为授权夯实制度基础

天津食品集团以《公司章程》为基础，动态完善党委会、董事会、经理层议事规则和法人治理主体"1＋3"权责表，明确"三会"权责边界。围绕公司治理、投资管理、资产管理、资金管理、审计、人力资源、安全生产、食品安全、合同管理等方面，建立覆盖全面、分工明确、协同配合、制约有力的内控制度体系。建立"点线网"工作机制，强化制度执行落地。"点"是领导干部按制度行权、按制度办事，确保合规决策、合规经营和合规管理。"线"是各部门依托工作职责，把强化制度执行的刚性约束摆在首位，负责指导和监督该条线制度在系统企业内执行到位。"网"是建立纪检监察、审计、巡察、法务协同联动的监督体系，把制度贯穿决策、执行、监督全过程，形成较完善的内控体系，显著增强风险控制能力，为授权夯实制度基础。

（三）开展"多维度"跟踪评估，强化授权执行效果

天津食品集团董事会坚持"全面把控、重点关注、随机访谈"的原则，持续优化授权管理机制，强化对授权事项决策和执行的监督管理，为提升授权管理工作水平提供支持。

一是定期全面跟踪评估。天津食品集团董事会每季度听取经理层汇报授权事项的决策和执行情况，对重点难点问题提出指导意见，确保授权事项的决策和执行依法合规、有效运转。

二是重点项目现场跟踪评估。对于经理层决策的重大投资项目，天津食品集团安排董事不定期到现场调研，查看项目进度，听取项目风险，对决策和执行的有效性进行评估，确保授权事项落地见效。

三是不定期访谈评估。天津食品集团建立了不定期访谈机制，审计与风险控制委员会委员不定期与经理层、业务部室围绕授权事项的合规决策和执行进行沟通交流，重点跟踪监督授权事项全面调查研究、深入科学论证、严格把控风险、依法合规决策等情况，并提出意见建议。

（四）立足企业实际，建立授权动态调整机制

天津食品集团经理层具有很强的职业精神和治理能力，对于授权事项，严格按照内控制度合规决策、合规运营。对于投资项目专题做到100%论证，对于重大决策、经济合同和规章制度做到100%法律审核，很好地把控了决策风险和经营风险，行权效果良好。根据评估结果，天津食品集团董事会结合企业发展实际，进一步加大资金调用、资产处置方面授权力度，进一步提高决策和运营效率。

三、改革成效

天津食品集团通过持续完善授权机制，强化授权事项管理，取得显著成效。

一是进一步完善了中国特色现代公司治理体系。天津食品集团各治理主体权责明晰、运转协调、制衡有效，特别是董事会和经理层的协同效应进一步提升。

二是进一步增强了组织的灵活性和市场反应能力。天津食品集团促进企业更好地适应市场变化，及时抓住市场机遇。

三是进一步提高了公司治理效率和治理效能。天津食品集团通过完善授权机制，既提高了董事会决策效率和执行效率，激发了经理层担当作为，又增强了企业发展活力和核心竞争力。2021—2023年，天津食品集团连续被天津市国资委评为经营业绩考核A＋企业，有效发挥了城市保障"主力军"和"压舱石"作用。

10

以"科改行动"引领机制创新
全面激发科技创新活力

天津渤化橡胶有限责任公司

一、基本情况

天津渤化橡胶有限责任公司（以下简称"渤化橡胶公司"）历经民族资本企业国有化改造、改革改制等一系列变革，最终集中行业优势资源，形成天津市橡胶工业研究所有限公司（以下简称"橡研所公司"）、天津双安劳保橡胶有限公司（以下简称"双安公司"）、天津七二九体育用品有限公司（以下简称"七二九公司"）3 家核心企业，涉足特种橡胶制品、个体防护用品、体育用品三大核心产业。目前，渤化橡胶公司已经打造出 3 家国家级高新技术企业、1 家国家级专精特新"小巨人"企业、2 家天津市专精特新中小企业、1 家天津市制造业单项冠军、1 家国务院国资委"科改企业"、3 家天津市国资委育精培优企业。

二、经验做法

"十四五"以来，渤化橡胶公司按照"整合资源、做强品牌、立体多元、创新发展"的发展战略，坚持以科技创新为引领，着力打造专精特新企业集群，提升企业核心竞争力，不断做强做优做大，努力实现高质量发展。其中，橡研所公司作为转制院所企业，拥有良好的科技创新体系基础，2023 年 5 月成功入选国务院国资委"科改企业"，为科研体制改革创造了极佳条件。渤化橡胶公司将橡研所公司作为创新体制机制的先行试点，重点围绕治理机制、用人机制、激励机制和提升科技创新能力等方面发力进行改革。

（一）完善公司治理机制体制

渤化橡胶公司持续完善董事会专门委员会，在建立战略与投资委员会、薪酬与考核委员会、提名委员会、审计及风控委员会的基础上，增设科技创新委员会，为董事会涉及科技创新工作的相关重大决策提供建议和支撑。同时，经营层加大科研人员占比，目前有 3 名核心研发人员经提拔担任企业经营层领导。

（二）实施科技人员双通道机制

渤化橡胶公司制定了《科技人员职级晋升管理办法》，确定了技术员—助理工程师—工程师—副主任工程师—主任工程师—高级主任工程师—首席工程师 7 个职级，每年组织进行一次评聘工作，科技人员的职业序列最高职级和待遇水平可以等同或高于高级管理人员，以激发科技人员的竞争意识，更好地吸引和留住人才。同时，激发组织活力，促进研发创新不断取得突破。

（三）建立核心科研骨干人员退休返聘机制

渤化橡胶公司充分发挥退休核心研发人员的技术和经验优势，发挥退休核心科研骨干人员的"传帮带"作用，2023 年成功返聘了 1 名已退休的享受国务院政府特殊特贴的专家和 1 名曾担任总工程师的技术专家，让他们继续在企业重大科技攻关项目立项、重要科技政策制定、技术培训、技术咨询等专业方面发挥重要作用。

（四）实施"师带徒"青年人才培养计划

渤化橡胶公司制定了《"师带徒"青年人才培养计划实施方案》，共确定了 14 对师徒结对，以促进新人学徒、技术成长学徒和骨干学徒三个层次人才的尽快成长。最终要建成一支结构合理、素质优良、创新能力强的科技人才队伍，形成多个以技术专家、项目负责人、项目骨干和项目参与人老中青三代科研人员组成的项目团队，互相促进共同发展。

（五）以项目收益分红探索中长期激励

渤化橡胶公司将企业重大科技攻关通过"揭榜挂帅"机制，调动研发人员积极性。企业"新型'超材料'结构的约束阻尼材料的研制与应用项目"入选渤化集团第二批"揭榜挂帅"项目，目前已完成全部研制内容、提供样机供客户方试用。后续将结合市场开发的订单情况进行批产转化，进入考核期后拟按照产品净利润的 15% 进行三到五年的奖励，实现对科研人员的正向激励。

（六）着力打造高水平研发平台

橡研所公司持续健全自身研发平台建设，研发中心包括特种胶布制品、减振降噪制品、水声橡胶制品 3 个专项研究室，负责产品研究开发工作。同时，设立了科技发展部，强化科研项目全过程管理、科研经费管理等科研管理职能。研发中心和科技发展部两个部门互相辅助，形成推进科技创新的有效协同和整体合力。

三、改革成效

一是借助科改行动，进一步提升了橡研所公司研发技术实力。2023年，橡研所公司实现研发投入 1154 万元，研发投入率 10.6%；2023 年至今引入科研人才 11 名，其中研究生 6 名；1 人成功入选中国石油化工联合会优秀科技工作者，2 人成功申报天津市青年科技人才；成功获批第 30 批天津市企业技术中心，首次获得省部级研发平台认定。

二是通过橡研所公司科研体制改革的创新成果，带动行业其他企业进度对标，完善科研体系，提升科研实力。2023 年，七二九公司和双安公司获得天津市国资委育精培优企业认定，为进一步改革创造了有利条件；制定"一企一策"考核激励方案和企业内部科研奖励方案，入选渤化集团第二批"揭榜挂帅"项目。2024 年，双安公司入选第 31 批天津市企业技术中心，七二九公司获得天津市瞪羚企业认定。

11

以市场化方式推进战略性重组和专业化整合
推动国有资本布局结构进一步优化

河北省人民政府国有资产监督管理委员会

一、基本情况

国有企业改革深化提升行动实施以来，河北省人民政府国有资产监督管理委员会（以下简称"河北省国资委"）坚决落实国务院国资委和河北省委、省政府决策部署，以增强核心功能、提升核心竞争力和服务全省发展战略、推动高质量发展为目标，将整合重组作为推进监管企业布局结构调整的重要手段，推动港口、水利、粮食、投资、建筑、物流等领域省属国有企业整合重组，整合企业资产总规模达4946.36亿元，占监管企业总规模的22.8%，涉及6组27家企业。通过整合，河北省国资委减少直接监管企业8家，实现了省级水利国有企业、省级建筑国有企业、省级国有投资企业、全省港口资源的大整合，形成了握指成拳的集合效应，发挥了省属企业在全省经济社会发展中的战略引领和基础保障作用。

二、经验做法

（一）坚持摸清底数、规范运作，为整合重组有效实施夯实基础性工作

河北省国资委深入分析监管企业现状，对各级企业主营业务情况进行

全面摸底，核定企业主责主业，为谋划整合重组工作打好基础。规范组建工作流程，会同河北省委组织部等六部门，聚焦解决部门衔接不紧密等问题，研究制定涉及可行性研究、成立筹备组、制定组建方案、批复组建方案等10个步骤的《省属国有企业（集团公司）组建工作流程》，研究制定涵盖成立工作专班、细化整合方案、做好风险评估、推动融合创新等9个环节的《监管企业整合重组工作流程》，为规范推进整合重组工作奠定基础。

（二）坚持顶层设计、高位推动，为整合重组有效实施提供坚强保障

河北省委、省政府高度重视整合重组工作。2023年11月以来，河北省委、省政府主要领导，省政府分管领导25次专题研究、调研整合重组的总体方案、具体企业的实施方案和企业整合重组情况，成立了由主管副省长任组长的工作领导小组，建立了省委组织部、省财政厅等部门联合参与的工作机制，成立了由省国资委主要负责同志任组长、省国资委分管负责同志和整合重组企业主要负责同志任副组长的工作专班。各项工作机制有效发挥作用，提升了决策效率，推动了跨部门资源整合，加大了协调解决问题力度，形成了强大工作合力，保障了整合重组顺利实施。

（三）坚持聚焦功能，服务发展战略，谋划推进监管企业战略性重组

河北省国资委着眼于打造特大型、综合性、现代化的世界一流港口集团，对河北港口集团、唐山港口集团、曹妃甸港集团等7家港口企业进行了重组整合，并完成集运、煤炭运输、投资等板块的组建；着眼于保障粮食安全、提升市场竞争力，推动省粮产集团整合部分市属国有粮食企业；着眼于打造千亿级大型水利企业，助力河北水利高质量发展，推动组建河北水利发展集团；着眼于服务"一带一路"建设，成立了由河北省国资委监管企业控股，中央、省、市、县四级国企和民营企业五方参与的石家庄国际陆港集团。

（四）坚持产业链协同，优化资本布局，推动实施监管企业专业化整合

河北省国资委推动产业相近、主业相同的监管企业合并重组，聚集优质资源。推动河北建工集团与省建研院整合重组，实现科技研发、设计咨询、建筑施工、运营维护全产业链一体化运营，为打造全省建筑业龙头企业奠定基础。整体上优化省属投资类企业资本布局，推动河北建投集团对省信投集团、省国富集团重组，形成主业聚焦、专业突出的省属国有资本投资业务板块，为做强做优省级国有资本投资平台奠定良好基础。

（五）坚持"一业一企""一企一业"，推动监管企业子企业专业化整合

河北省国资委谋划制定监管企业子企业专业化整合总体工作方案，以提升专业化运营效率和经济效益为目标，推进内部重组整合。河钢集团推进了信息技术、装备制造、物流服务、汽车板销售、气体板块等业务板块整合。开滦集团实施了涵盖能源化工、实业发展等五大业务板块62家子企业的专业化整合。冀中能源集团推动内部相关业务板块整合。河北建投集团跨集团实施火电资源整合，收购开滦集团协鑫发电公司51%股权。河北高速集团收购金牛化工，优化了资产负债结构。河北交投集团组建了高速公路开发集团，整合集团所属高速公路运营企业。

（六）坚持市场化导向、积极稳妥推进，确保实现整合重组"1＋1＞2"的效果

河北省国资委在整合重组的谋划和推进上，坚持市场化导向，充分考虑经济的合理性，不搞行政命令式重组。注重蹄疾步稳、先谋后动、先易后难、分步实施，把握时机，逐个研究，不设时间表、不下任务书，成熟一个、推进一个。积极发挥整合重组工作专班统筹协调作用，强化沟通、凝聚共识、形成合力，深入细致做好干部职工思想工作，邀请第三方机构开展社会稳定风险评估，确保整合重组稳妥有序推进。严格规范操作，把依法合规贯穿整合重组的全过程、各环节。充分发挥国有企业党委把方向、管大局、保落实的领导作用，为监管企业整合重组工作提供坚强政治保障。

三、改革成效

国有企业改革深化提升行动实施以来，河北省国资委从港口、粮食、建筑、投资到水利，实施了一批战略性重组、专业化整合项目，有效解决了"小、散、弱"问题，化解了同质化经营问题，畅通了产业链价值链，优化了国有资本布局，增强了企业核心竞争力。河北港口集团整合成效初步显现，有效发挥了沿海经济蓝色引擎作用。2024 年，河北港口集团"三港四区"全年累计完成货物吞吐量 8.42 亿吨、同比增长 6.0%，高于全国沿海港口吞吐量平均增速，再创吞吐量历史新高。河北水利发展集团于2024 年组建首年完成 AAA 评级，节约利息成本 1.01 亿元，完成年初下达合同额指标的 162.5%，在项目数量和合同金额上均达到历史极值，更好发挥了整合的规模化效应，项目建设、供水保障、防汛抢险等专项任务能力明显提升。石家庄国际陆港集团开行班列、运送货物等指标，持续保持高增长率，成为深度融入共建"一带一路"的石家庄范例。通过整合重组，河北省属国企资本布局和结构调整进一步优化，配置效率进一步提升，增强了省属国企在基础设施、民生保障等领域的有效供给，提升了国有经济对公共服务体系支撑保障能力，进一步发挥了服务国家重大战略、全省重大战略中的引领支撑作用。

12

聚焦主业控增量　精准施策减存量
持续深化国企瘦身健体　稳固高质量发展基石

唐山市人民政府国有资产监督管理委员会

一、基本情况

唐山市作为传统工业城市，始终依靠改革不断破除制约企业高质量发展的体制机制障碍。特别是国有企业改革深化提升行动实施以来，唐山市人民政府国有资产监督管理委员会（以下简称"唐山市国资委"）坚持深化供给侧结构性改革，持续推进"科学新设和精准压减"，监管企业管理层级全部控制在三级以内，法人户数减少38户，主责主业更加聚焦、布局结构更加优化，有力促进企业提质增效、稳健发展，为企业高质量发展和加快打造一流企业注入活力动力。

二、经验做法

唐山市国资委以全生命周期管理为引领，一盘棋统筹谋划、多举措靶向发力，通过科学设置一批、规范提升一批、压减退出一批，有力推动监管企业各级公司实质运营、快速发展。

（一）在"谋"上下足功夫，推动压减工作"由好到优"

一是完善顶层设计。唐山市国资委强化系统思维、创新方法理念，将压减工作作为一项系统性工程强力推进，主要领导亲自谋划研究，科学制定《关于全面加强各级子公司科学设置和规范管理的实施意见》，明确工作要求和重点任务，画好全景图，打好主动仗，推动压减工作创造性落实。

二是规范工作流程。唐山市国资委突出系统性、整体性、协同性，规范新设各级子公司工作流程，将科学设置各级子公司与规划发展、主业投资、产权登记、财务监督、干部管理等工作多点串联、整体推进，形成了强大改革合力，有效提高监管企业设立各级子公司的科学性、规范性，实现国资监管闭环。

三是建立联动机制。唐山市国资委建立"先产权后工商"的联动协调机制，制定《唐山市人民政府国资委监管企业产权登记管理办法》，进一步加强监管企业各级子公司产权登记管理工作，切实防范子公司新设、变更管理不及时、不到位等问题，确保监管企业法人户数增长与企业发展协调同步、总量平衡。

（二）在"做"上精准施策，打通压减工作"痛点难点"

一是充分调研、摸清底数。唐山市国资委锚定"底数清晰、压减有力"的目标，全面梳理监管企业管理层级、法人户数情况，重点对新设企业、表外企业、项目公司等进行排查。通过与产权管理综合信息系统和财务决算报表合并范围进行详细比对，进一步厘清企业数量、产权关系、经营状况等基础信息，确保数据统计准确、完整，为制订压减计划提供有力支撑。

二是关口前移、严控新设。唐山市国资委统筹各级法人新增数量，指导监管企业聚焦做强做优主业实业，严控低水平重复建设的主业投资和非主业投资，坚决遏制盲目多元化、法人户数无序增长倾向。坚持非必要不新设原则，将法人户数增长与经营发展相协调作为审核子公司设置的必要条件，科学严谨论证新设法人可行性、必要性，全面细致考量组建方式、功能定位、治理结构，确保新增企业规范发展、有实际贡献。

三是有的放矢、分类压减。唐山市国资委因企制宜探索有效压减方式，"一企一策"指导企业科学制订压减整体计划，确定有力度的压减任务指标纳入经营业绩考核范围，做到目标量化、步骤清晰、措施有力。对特殊目的公司、项目公司等类型企业，逐户分析企业功能作用，评估压减可行性；对空壳公司、非正常经营且没有存续价值的公司，尽快关闭注销，多措并举确保压减任务落实落细。

四是总部瘦身、管理优化。唐山市国资委着力打造精简高效总部，结合企业功能定位、发展战略及业务特点，全面去行政化，科学设置管理层级和职能部门，升级核心职能、巩固管理职能、下沉经营职能，推行"扁平化""大部门制"改革效果显著。强化工作协同，将压减工作与重组整合、结构调整、精益管理、处僵治困等工作并行推进，进一步提升压减工作的系统性，促进企业做强做优做大。

（三）在"抓"上彰显力度，促进压减工作"走深走实"

一是狠抓动态监测。唐山市国资委建立"一企一表"全口径、全级次信息台账，全面掌握新设和压减企业有效信息，形成企业法人总视图。实时更新、按月监控企业法人总量和各级新增、减少法人数量，为扎实推动压减工作奠定坚实基础。

二是狠抓常态督导。唐山市国资委强化改革压力传导，以全面抓、强力抓、抓到底的决心，定期跟踪科学设置各级子公司与持续开展压减工作进展情况，及时协调解决存在问题、调整工作进度。对进展缓慢的企业"一对一"及时预警、重点督办，确保压减目标和任务节点可控在控、务期必成。

三是狠抓考核问效。唐山市国资委充分发挥考核导向作用，实施"计划＋考核"闭环管理，将压减任务完成情况作为重要指标，与经营业绩考核强挂钩，进一步压紧压实工作责任。指导监管企业完善考核方式、强化激励约束，切实提高对压减工作的重视程度和加大工作力度，不断巩固改革成效。

三、改革成效

唐山市国资委持续深化国有企业改革，迎难而上、主动作为，创新举措、强化落实，推动监管企业构建了板块专业化经营、管控精干高效的发展格局，赋能国资国企轻装上阵、高质量发展。

一是管理层级持续优化。唐山市国资委监管企业基本形成集团总部对二级公司实行战略管控、二级公司对三级公司实质运营管控的三级管控体系，管理层级整体控制在三级以内，企业管理效率不断提高，内部管控更加到位。

二是发展质效明显提升。唐山市国资委持续推动压减制度化、常态化、长效化，充分释放企业效能，让国有企业有更强的市场竞争力和盈利能力，2024 年多家企业利润总额同比增幅较大，唐山市安居集团、唐山高速集团同比分别增长 33.10%、24.27%。

三是集成效应充分显现。唐山市国资委因企制宜处理好"压减"与发展的关系，进一步优化国有资本布局、提高配置效率，以系列压减"组合拳"破除改革发展"肠梗阻"，形成改革综合效应，谱写深化国资国企改革新篇章。

13

找准竞逐赛道　精准定向发力
打出主业管理"组合拳"

沧州市人民政府国有资产监督管理委员会

一、基本情况

以实施国有企业改革深化提升行动实施为契机，沧州市人民政府国有资产监督管理委员会（以下简称"沧州市国资委"）深入学习贯彻习近平总书记关于全面深化改革的一系列新思想、新观点、新论断，做好国有企业改革"文章"，打出主业管理"组合拳"，夯实主业管控基础，核定市属国有企业主业目录，强化股权投资后评价，把规定动作做实、把自选动作做优，加快建立健全与主责主业相适应的国有企业产权管理体系，切实增强核心功能、提升核心竞争力，以改革赋能沧州国有企业高质量发展。

二、经验做法

（一）定规立制，夯实主业管控制度

一是明晰标准，解决"怎么定"的问题。沧州市国资委紧跟河北省国资委步伐，出台了《监管企业主业管理办法》，明确主业概念、明晰认定原则、量化核定标准，依据企业功能定位、产业基础和发展规划对监管企业实施主业目录管理。

二是精准把握，解决"选得准"的问题。沧州市国资委充分考虑企业历史沿革，将企业主业细分为核心业务、培育业务，对存量非主业实施清单管理；核心业务原则上不超过 3 个，近三年业务比重不得低于30%；培育业务原则上不超过 2 个，须有一定发展基础，尤其能适应产业转型升级、培育新增长点、发展战略性新兴产业等需要；存量非主业的"去留"方面，限期重组整合或清理退出，不得追加投资。

三是动态管控，解决"怎么控"的问题。沧州市国资委坚持分层管理、周期管理、分类管理原则，对各企业主业发展情况实施年度专项报告备案制度，不定期开展各企业主业发展评估，根据主业监测评价结果动态调整主业目录并进行分类考核，实现主业发展、优化调整、优进劣退的全过程管控。

（二）有序"三步走"，找准产业竞逐赛道

一是立足一个"责"字，审定一级企业主业目录。沧州市国资委审核并印发了《监管企业主业目录（2024 版）》，紧紧围绕市属国有企业功能定位和责任分工，分别确定城市运营、港口建设、城市更新、大运河文旅、粮食产业、交通基础设施建设六大主责主业，基本形成主业更突出、分工更明确、板块更清晰的市属国有企业发展新格局。

二是突出一个"全"字，全级次子公司均核定主业。在不突破上级主业目录的前提下，255 家全级次子公司依次制定本单位的核心业务、培育业务，标注存量非主业，并对应国民经济行业到细分小类，经集团公司审议后，报沧州市国资委备案，有序实现"一业一企、一企一业"。

三是强化一个"严"字，确保企业投资"不脱轨"。沧州市国资委出台《监管企业投资监督管理办法》《监管企业投资负面清单》等一系列投资监管制度，严控投资方向、严审协议章程、严把审核程序，使其聚焦主责主业、立足擅长领域、整合资源力量，实施专业化和产业化发展。

（三）做实提质增效，构建国资发展新格局

一是以目标为导向，考评结合提升投资水平。2024 年，沧州市国资委启动投资项目后评价工作，按照"防风险、保收益、促发展"的目标，逐一梳理 2021—2023 年批复实施的 110 个权益类投资项目，对其资产、损益、分红等指标进行统计分析，在项目实施进展、生产经营管理、重大风险防控等方面逐项排查，客观评价投资成效，落实考核评价，总结经验教训，提升决策水平。

二是以问题为抓手，协同贯通促整改。沧州市国资委以投资项目后评价中发现的问题为依据，围绕完善企业"三重一大"决策机制，推动党内监督、内审、财务、纪检等部门形成监督合力，专项查纠监管企业对外投资控股不控权、参股不参管、同股不同权等投管失控情形，依法依规进行责任追究，进一步强化投资项目事前制度规范、事中内审监督、事后专项检查的全过程管控。

三是以结果为标准，用好减法提质增效。沧州市国资委加强投资项目后评价和专项查纠成果的综合运用，对市属国有企业 298 个权益类投资中的 47 家法人实施"靶向式""穿透式"改革措施，包括注销 26 家、整合 11 家、退出 10 家，不走形式、不走过场，持续巩固压减成果，加速非主业、非优势业务剥离，优化国有资产配置效率。

三、改革成效

截至 2024 年底，沧州市国资委下属 6 家一级监管企业已实现集团化运营，直接监管企业资产总额达 1966.66 亿元，基本形成了以城市运营、港口建设、交通基建、城市更新、大运河文旅、粮食产业六大产业板块为主的功能鲜明、分工明确、协调发展的大发展格局。通过主业管理"组合拳"，沧州国资国企核心竞争力得到增强，资源配置效率得到提高，获得高质量发展。

14

科学运用"三个有效区分"
探索建立科学规范的党委前置研究重大
经营管理事项清单

河北高速公路集团有限公司

一、基本情况

河北高速公路集团有限公司(以下简称"河北高速集团")是河北省属重点骨干企业,2019年9月注册成立,以完成国家和河北省委、省政府战略部署及重大专项任务为主要目标,兼顾经济效益。截至2024年底,河北高速集团资产总额3362.49亿元,净资产1377.64亿元,管理运营高速公路3798公里,下设分公司20家,控股上市公司1家,拥有全资、控股二、三级子公司58家,干部职工1.92万人。自成立以来,河北高速集团不断做强做优主业,大力发展路衍经济,稳妥开展资本运作,构建起以交通基础设施投资建设运营为主体、以"交通+"为支撑、以产业金融助推的"一体两翼"产业布局,形成分布有序的产业发展阶梯。

二、经验做法

河北高速集团成立伊始,便自上而下建立起党委前置研究重大经营管理事项机制和清单。但在实际运行管理过程中,还存在党委"定"和

"议"事项混淆、权责划定不清晰，集团公司与子公司前置研究清单差异小、"上下一般粗"，各类权责清单和议事程序繁杂，治理主体权责缺乏有效衔接等问题。对此，河北高速集团精准运用"三个有效区分"，探索形成了一套科学规范的党委前置研究重大经营管理事项清单，有力助推集团各级企业党组织决策制度化、规范化、高效化。

（一）有效区分党委"定"和"议"事项，实现权责清晰、决策高效

国有企业改革深化提升行动开展以来，河北高速集团党委根据党中央《中国共产党国有企业基层组织工作条例（试行）》和河北省国资委《国有企业党委前置研究讨论重大经营管理事项清单示范文本》等文件，动态完善《党委常委会议事清单》《党委前置研究重大经营管理事项清单》，分别确定了党委研究决定和前置研究讨论的事项类型、决策主体、程序和机制，明确党委"定"的是党的建设方面的重大事项，发挥决定性把关作用，而党委"议"的是重大经营管理事项，发挥方向性把关作用。针对转型发展中决策事项大幅增加、权责层级不清晰、决策主体不明确等问题，紧密结合行业特点和集团公司发展实际，确定重大经营管理事项"重大"的标准，不断优化、动态调整，对重大投资、资产处置、资本运作、对外捐赠等事项明确具体额度，提高决策精准性，既避免把前置研究当成"筐"、事无巨细往里装，又避免因前置研究"缺位"、党委变成"甩手掌柜"，较好地解决了实践中重大事项分类不准、涵盖不全或超出范围的问题。

（二）有效区分各子企业治理结构和发展阶段，实现清单精准化、差异化

河北高速集团党委加强对子企业党组织前置研究清单的审核指导，针对设立党委、党总支、党支部的不同类型及不同规模的独立法人子企业，要求其紧密结合各自法人治理结构、权责边界、经营发展实际，动态完善党组织前置研究讨论重大经营管理事项清单，进一步明晰子企业党组织与其他治理主体的权责边界，推动各级党组织完善流程、细化制度。国有企业改革深化提升行动开展以来，集团公司对子企业党委前置研究重大经营管理事项清单的规范性组织自查自纠并开展"回头看"，要求认真对照河北省国资委"八看"要求，做到"九个覆盖"，同时提出"具体化、可量化、可操作"要求，杜绝一个模子套到底，事项要具体化，涉及的额度要量化，确保能落地、可操作，逐步实现清单精准化、差异化，有效避免"照抄照搬"和"上下一般粗"的现象。

（三）有效区分"前置清单"和各类"权责清单"，实现集团各权责清单分类清晰、有效衔接

河北高速集团把握关键环节，不断明晰各治理主体权责清单的边界，畅通公司治理行权路径。实行权责清单科学管理，结合上级部署要求和业务拓展实际，每年对清单是否需要动态修订进行综合研判，确保各权责清单标准规范、权责一致、动态调整。国有企业改革深化提升行动实现以来，梳理细化"三重一大"决策事项清单125项、党委常委会议事清单105项、党委前置研究重大经营管理事项清单66项、董事会议事清单72项、总经理办公会议事清单32项，推进"五单融合"，实现了前置研究清单与其他清单一体化动态完善，不断规范工作流程，推动各治理主体既能形成合力又能有效制衡。同时，对于董事会授权事项，落实"授权不前置、前置不授权"原则，避免清单过多且没有统一标准导致的相互矛盾情况，真正做到各权责清单"有效衔接、协调统一"。

三、改革成效

2023年以来，河北高速集团及其所属子企业均修订完善了党委前置研究重大经营管理事项清单，实现了前置研究清单动态管理、效果及时评估，构建起严谨规范、长效高效、符合各层级企业实际的党组织前置研究机制，更好发挥党组织在企业治理中的把关定向作用，确保了集团公司党委能够根据企业发展现状，及时、准确、高效地对企业产业发展、战略重组、项目建设、科技创新、风险防控等重大经营管理事项进行深入研究、把关定向，促进加强党的领导与完善公司治理相统一。2024 年，集团公司党委常委会共前置研究重大经营管理事项 112 项，全部提交董事会审议，党委意图在重大经营管理决策中得到充分体现，有力推动集团公司"十四五"发展规划编制调整、河北高速 REIT 上市发行、上市公司控股权收购、土地作价转增注册资本金等一大批重点工作高质量完成，有力确保了国有资本保值增值。

15

加强外部董事建设　提升履职管理效能

华阳新材料科技集团有限公司

一、基本情况

华阳新材料科技集团有限公司（以下简称"华阳集团"）的前身为成立于 1950 年 1 月的阳泉矿务局。2020 年 10 月 27 日，华阳集团正式挂牌，拥有山西华阳集团新能股份有限公司和山西华阳新材料股份有限公司两家上市公司。华阳集团深入贯彻落实党的二十大精神，坚决贯彻落实山西省委、省政府全方位推动高质量发展目标要求，紧抓国有企业改革深化提升行动有利契机，结合子企业治理体系建设和经营发展实际，加强外部董事队伍建设，完善外部董事队伍管理机制，拓宽外部董事来源渠道，提升外部董事履职能力，为提升子企业董事会运行质量和治理效能、促进企业高质量发展提供了重要支撑。

二、经验做法

（一）完善顶层体系设计，统筹部署推进

一是建立完善外部董事制度机制。华阳集团 2024 年制定《专家库入库专家管理办法》，修订《外部董事管理办法》，从制度上进一步规范其履职管理、明确职责权限、勤勉义务，量化专职人员履职行为，充分发挥履

职作用。此外，为加强参股公司管理，华阳集团还制定并下发《参股公司管理办法》，对参股公司选派人员管理作出规定，形成了纲领性、指导性及较为完整规范的制度体系。

二是配置外部董事队伍。2024 年，华阳集团配置并调整专职外部董事115 人，专业背景涵盖经营管理、财务审计、风险管控等不同业务领域，结合各子企业所在行业市场、经营管理实际，委派具有相应经营管理、财务管理及法律风控等特长的专职外部董事，做到人岗匹配、人尽其才。

三是建立数据信息系统。信息赋能、数据支撑，华阳集团建立基于大数据、云计算的外部董事信息数据系统，打破信息孤岛，解决企业端、外部董事和监管机构之间的信息壁垒，实现外部董事人员配置、日常履职数据的实时采集，掌握各子企业外部董事缺位、换届情况，及时选派"补位"，促进了管理效率的提高。

（二）优化支撑保障机制，确保勤勉尽责

一是实施月度工作例会制度。华阳集团加强内设部门与外部董事的工作对接，形成管理单位与外部董事定期意见交流机制，搭建高效交流平台。每月组织召开外部董事工作例会，结合近期重点工作和最新政策文件，加强沟通协调和信息反馈，宣贯国企改革、现代企业制度建设最新政策精神，听取履职情况进展及意见建议，及时协调解决外部董事在履职过程中的问题。

二是建立外部董事人才库。截至2024 年底，华阳集团筛选出符合条件且具有丰富管理经验的离岗中层管理人员105 人，并将其纳入外部董事人才库，按照专业背景、任职经历、年龄职级等要素进行人员遴选和委派，推动董事队伍向专业化、专职化、专家化发展，逐步扩大董事专职化比例，形成"专职为主、兼职为辅"的结构。

三是畅通双向发展通道。华阳集团外部董事在督导战略实施、强化风险管控等实践中充分发挥自身作用，进一步丰富了工作经验，提升了解决复杂问题的能力。结合人才成长实际情况，截至2024年底，外部董事累计交流担任现职企业领导人员6人，外部董事与相应职级岗位之间的双向交流任职，推动了人才队伍建设机制的不断完善。

（三）着力提升履职能力，精准有效履职

一是建立健全工作报告制度。华阳集团畅通日常工作交流渠道，及时收集外部董事报送的各类工作报告，报告内容包含专职董事出席会议、发表意见、开展调研、表决结果等方面的情况，作为年度履职评价的重要依据，实现日常履职可量化、可考核、可追溯。

二是不断加强学习能力培训。华阳集团构建"线上＋线下"学习培训模式，邀请企业内外部专家就公司治理、资本运营、法律合规等内容进行专题授课，2024年成功举办专职外部董事履职能力提升专项培训，先后11次组织外部董事参加"华阳大讲堂"讲座学习，以及"好干部在线"网络课程学习，持续提升外部董事专业能力与综合素质。

三是强化科学精准履职。华阳集团制定并印发《关于专职外部董事、监事履职规定的通知》，明确专职董事履职尽责要求和工作目标，促使其在董事会建设、机制创新、经营管理、改革发展等方面承担具体责任、担当参谋助手、发挥履职实效。

四是健全履职考评机制。华阳集团探索建立外部董事差异化履职评价体系，明确外部董事评价指标与要点，规范履职评价考核程序。从职业操守、履职能力、勤勉尽责、廉洁从业等多个方面，通过任职公司、管理单位、个人评价等多个维度，科学精准评价外部董事年度履职情况，评价结果与外部董事任职和薪酬挂钩。

三、改革成效

随着外部董事管理制度、运行机制的不断完善和优化，华阳集团从管理机构、制度规范、履职指导、信息化建设、业务培训等多个方面细化工作措施，为外部董事提升履职能力和履职效果提供保障，使外部董事履职动能充分释放，外部董事履职尽责意识、参加企业董事会会议次数、发表议案意见的积极性和质量都有明显提升。

16

完善体制机制
用科技创新为高质量发展蓄势赋能

冀中能源峰峰集团有限公司

一、基本情况

峰峰煤矿是我国最早开发利用矿区之一，至今已有 140 多年开采历史。1949 年 9 月成立峰峰矿务局，1977 年跻身全国十大千万吨局。1998 年 8 月由原煤炭部划拨河北省管理，2003 年 7 月改制为峰峰集团有限公司。2008 年 6 月与金能集团强强联合，组建冀中能源集团有限责任公司（以下简称"冀中能源集团"）。冀中能源峰峰集团有限公司（以下简称"峰峰集团"）作为冀中能源集团重要子公司，目前已成长一家为集煤炭采选、化工、装备制造、建筑施工、现代物流、托管服务等多产业综合发展于一体的大型国有企业。峰峰集团的主导产业为煤炭产业，是中国优质焦煤和动力煤重要生产基地，主导产品冶炼焦精煤为国家保护性稀缺煤种，被誉为"工业精粉"。峰峰集团核定生产能力 1313 万吨，在邯郸区域有 8 对生产矿井，外埠有 4 对生产矿井，2 对基建矿井；运营 5 座洗选厂，化工板块主要有河北峰煤焦化有限公司、河北省化学工业研究院有限公司和鄂尔多斯市伊腾高科有限责任公司 3 家企业。

二、经验做法

近年来，峰峰集团以国有企业改革深化提升行动为契机，深入实施创新驱动发展战略，在体制机制、技术攻坚、人才培养上不断发力，跑出科技创新加速度，不断塑造高质量发展新优势、新动能。

（一）完善体制机制，创新环境不断优化

峰峰集团结合企业发展战略规划，不断加强顶层设计，着力构建领导重视、政策支持、多方合作、环境良好的科技创新协同体系。

一是管理体系不断完善。峰峰集团建立了"一把手"科技创新管理体系，党委书记、董事长直接研究谋划、安排部署科技创新工作，每年召开科技创新大会，每季度组织召开总工例会，定期收听专项汇报，统筹推进各项科技创新工作落地落实。目前，拥有省级创新平台 1 个、高新技术企业 3 家。

二是政策支持不断加强。峰峰集团不断完善配套政策，印发实施了《研发投入刚性增长管理规定》《科技创新正向激励管理办法》《科技创新容错机制管理办法》等 8 项规定，从研发资金投入、项目实施管理、科技人才培养、正向激励等多维度协同发力，激励员工敢于尝试、勇于创新。

三是创新氛围日益浓厚。峰峰集团持续完善科技人员激励机制，每年组织专家对科技项目进行验收评定，同时评选科技创新及管理先进个人，对获奖项目和个人进行表彰奖励，让科技创新人员名利双收。2024 年，峰峰集团评选出一等奖 15 项、二等奖 20 项、三等奖 77 项，科技创新成果丰硕。

（二）强化技术攻坚，创新潜能加速释放

峰峰集团以创新赢得发展先机，以创新破解发展难题。

一是深化创新协同。峰峰集团先后与中国矿业大学、河南理工大学、

河北工程大学、天地科技股份有限公司、煤炭科学研究总院等高等院校、企业、科研院所建立合作关系，以"实现多元化、多领域前沿技术的新突破"为导向开展核心技术攻关，首创了"煤矿水害区域超前探查治理技术""地面径向水射流钻孔水力压裂瓦斯治理技术""建筑物压煤覆岩隔离注浆充填绿色开采技术"等技术，有效解决了制约生产的瓶颈，解放了煤炭资源。

二是促进成果转化。峰峰集团近年来推广创新成果上百项，促进了优秀成果迅速大面积转化，改善了安全生产环境，解放了呆滞资源。例如，《峰峰矿区典型岩溶水灾害成因及防控技术研究》在九龙矿和辛安矿推广，实现经济效益74160.7万元；《近钻头无线随钻测量技术研发及应用》在孙庄采矿公司和牛儿庄采矿公司推广，实现经济效益675万元。

（三）注重人才培养，创新活力加速激发

峰峰集团多管齐下培育科技人才，激发创新活力。

一是引才。峰峰集团坚持"不为所有，但为所用"的原则，以柔性引智的方式积极引进行业内高层次专家、专业技术团队，通过课题研究、咨询顾问等方式，围绕企业煤炭开采转型发展难题开展技术攻关。目前，计划与河北工业大学、中国矿业大学就"超低温地下储能实验室""奥灰滞留区疏水降压开采深部煤炭可行性研究"等前沿科技项目开展联合攻关，进一步发挥科技效能，解决安全生产中的重点、难点问题。

二是育才。创新构建"人才+高校+企业"三方协同机制，2023年与复旦大学开展战略合作，分两批组织100多名中层干部、一线技术人员封闭式深造；与河北工程大学签署战略框架协议，就煤炭开采前沿科技开展针对性培训，分3期共培训145人。注重在项目实施中培养锻炼人才，深化"导师制"课题帮带，让更多年轻科技人才挑大梁、当主角，2023年31人荣获省部级科技奖项。

三是用才。峰峰集团不断完善和落实人才政策，推行"揭榜挂帅""赛马"等制度，用好"评价"这个指挥棒，以实干实绩为标尺，能者上、庸者下，向真正有科研创新能力的人才倾斜资源，"压担子""给位子"，鼓励科技人才敢想敢为、善作善成。

三、改革成效

一是研发投入力度增大。近年来，峰峰集团对科技创新重视程度不断增强，研发投入力度不断加大。2020 年研发投入 2.27 亿元，2021 年研发投入 4.61 亿元，2022 年研发投入 6.46 亿元，2023 年研发投入 8.01 亿元、研发投入强度达 4.6%，2024 年研发投入达到 11.47 亿元、研发投入强度达 5.59%，连续五年保持刚性增长。

二是科技创新成果丰硕。2023 年，峰峰集团荣获河北省科技进步奖二等奖 1 项、中国安全生产协会安全科技进步奖一等奖 1 项、中国煤炭工业协会科技进步奖二等奖 6 项、河北省煤炭学会科技进步奖 76 项、市厅级科技奖 207 项，累计拥有国家专利 50 余项。2024 年，经中国煤炭工业协会鉴定，2 项科技创新成果达到国际领先水平，2 项达到国际先进水平，2 项达到国内领先水平。2024 年，荣获河北省煤炭学会科技进步奖 104 项、冀中能源集团科技进步奖 74 项。

三是科技人才队伍壮大。目前峰峰集团拥有省管专家 8 人、煤炭专业高级评委会专家 41 人，河北省"三三三"人才 9 人，正高级职称 37 人、高级职称 796 人，博士研究生 3 人、硕士研究生 208 人。

17

坚持引才育才　构建雁阵人才梯队

太原锅炉集团有限公司

一、基本情况

太原锅炉集团有限公司（以下简称"太锅集团"）成立于 1997 年，是由太原锅炉厂、太原第二锅炉厂合并组建的国有独资公司，属于国家 A 级锅炉制造单位。太锅集团主营产品为循环流化床燃煤锅炉、生物质锅炉、燃气锅炉、热水锅炉、垃圾焚烧锅炉及配套环保产品等。近年来，太锅集团坚持引才育才，全力推进产品结构向新能源转型、经营模式向全产业链转型、产业生态向数字化转型"三个转型"，成功打造了集核心技术研发、先进装备制造、工程总包运维、投资运营管理于一体的低碳热电能源供应全产业链商业模式，开发完成了高温热泵、电极锅炉、储热系统、垃圾热解、燃气锅炉、工业余热等清洁能源产品，以及煤炭燃烧与可再生能源复合的低碳供能系统，并已成功实现工业应用。

二、经验做法

太锅集团深入实施国有企业改革深化提升行动，抓紧抓实人才工作，成立了以党委书记、董事长为组长，党委副书记、纪委书记为常务副组长，党委班子成员为副组长，各部门主要负责人为成员的人才工作领导小组。在领导小组的统筹领导下，集团秉持"人才是第一资源、创新是第一动力"的理念，持续深入推进柔性引才工作。

（一）深化校企合作，实施人才共育

2005 年，太锅集团与清华大学联合举办了全国首个企业热能工程硕士研究生班，自主培养了 25 名清华大学热能工程硕士，为产品技术持续升级换代奠定了坚实的人才基础。目前，该批清华大学硕士已经成为支撑企业技术进步的核心力量。在太原市人才政策支持下，2012 年建立清华大学岳光溪院士工作站，2020 年成立太锅集团-清华大学低碳能源技术研究院，与清华大学建立了深度融合的产学研长效合作机制。当前依托高效储热与低碳供热山西省重点实验室、清华大学山西清洁能源研究所和怀柔实验室山西研究院，攻关研究清洁能源供热领域核心技术。在校企合作的培养模式下，打造了主机、辅机、环保、控制、系统等 24 个研发团队，共 600 余人。同时形成了一批国际领先的重要技术成果，获国家科技进步奖二等奖 1 项，省部级科技进步奖一等奖 7 项、二等奖 1 项、三等奖 2 项，以及 19 项发明专利、97 项实用新型专利。

（二）发挥平台作用，推进柔性引才

太锅集团依托"四个二"科研平台（"两高""两站""两室""两中心"，即高新技术企业、高科技领军企业，院士工作站、全国博士后科研工作站，煤炭清洁利用山西省重点实验室、高效储热与低碳供热山西省重点实验室，山西省企业技术中心、山西省技术创新中心），吸引集聚人才、攻关科研难题。2018 年，太锅集团获准设立全国博士后科研工作站，目前已选聘浙江大学、华中科技大学、西安交通大学等 7 所"双一流"高校的 21 名博士入站工作，重点攻关企业凝练的重大关键课题，入站博士带着课题进站、围绕课题研发、形成成果出站，形成了由院士、博士后、清华工程硕士组成的高端领军人才梯队。同时借助太原市"揭榜挂帅"，广发

"英雄帖"，面向省内外高校提出"面向新能源高比例消纳的灵活性低碳发电技术开发"课题，最终由清华大学揭榜。此项技术将填补国内外空白，推动我国能源领域实现碳达峰碳中和，满足低碳发电技术的重大需求。

（三）营造舒心环境，留住优秀人才

太锅集团坚持不懈打造吸引人、凝聚人、感召人、培养人、塑造人的文化环境，精准精细解决人才的生活问题、待遇问题，通过感情留人、高薪留人，让人才为其所用。近年来，太锅集团持续加大科研投入力度，近三年共投入研发费用 3.54 亿元，占销售收入的 4.7%。为充分释放人才潜能，集团建立了科技进步奖励制度，定期对在技术创新方面作出突出贡献的科技人员予以表彰和奖励，同时加大力度支持有理想、敢担当的青年才俊挑大梁、当主角，为敢想的人"开绿灯"、为敢干的人"卸包袱"，在允许试错、宽容失败的氛围中，为广大科技人员搭建自由竞争、充分发展、快速成长的职业舞台。

三、改革成效

太锅集团坚持党建引领，持续在引才育才、构建雁阵人才梯队上发劲用力，有效激发了科技人员的创新创造活力，为企业高质量发展提供了强有力支撑。2024 年，太锅集团持续稳健发展，完成订货 33.64 亿元，与上年同期持平；工业总产值 27.07 亿元，比上年同期增长 4%；完成营业收入 28.99 亿元，比上年同期增长 7%；实现利润总额 3511 万元，比上年同期增长 15%。

18

深化三项制度改革　持续激发内生动力

包头钢铁（集团）有限责任公司

一、基本情况

包头钢铁（集团）有限责任公司（以下简称"包钢集团"）成立于1954年，是国家在"一五"期间建设的156个重点项目之一。经过七十多年的发展，包钢集团现已形成以钢铁、稀土为主业，资源及综合利用、物流、煤焦化工、节能环保、装备及现代服务等新兴产业协同发展的产业体系，资产总额2234.86亿元，在册职工5万余人，各级控股公司137家、参股公司33家，其中上市公司2家。包钢集团深入贯彻落实国有企业改革深化提升行动要求，聚焦主责主业、主动担当作为，抓重点、补短板、强弱项，扎实推动三项制度改革，为企业高质量发展注入活力，持续激发企业内生动力。

二、经验做法

（一）搭平台、畅通道，推动干部"能上能下"

一是多措并举，"五上"实招选英才。组织培养"上"，实施干部人才素质提升工程，构建"源头培养—良驹计划—骏马计划—千里马计划"全流程、渐进式的干部培养模型。自我提升"上"，推进管理技术业务序列改革，科学定档，动态调整单位档级，干部层级与单位档级"同上同下"。搭建通道"上"，设置管理技术科研业务四支序列，构建"纵向晋升、横向互转"发展通道。公平竞争"上"，竞争上岗，打破"论资排辈"。在团队选聘"上"，深化任期制、契约化管理，制定基本指标和摸高指标，团队成员全体起立，敢于"揭榜"方能选聘，打破"铁交椅""大锅饭"。

二是刚柔并济，"五下"举措强流转。考核退出"下"，加强绩效考核刚性和准度，考核靠后的干部，取消评优资格、调整解聘职务。重点评价"下"，开展双向选择、重点评价，状态低迷、能力平庸的干部，合理转岗。组织处理"下"，加强干部日常监督，运用组织处理手段，"重拳"、高压强化纪律震慑、净化政治生态。转岗履职"下"，不适合担任领导职务但工作经验丰富、履职负责的干部，转任技术专家、业务总监。任期评估"下"，未完成指标、不主动担当、不融入团队的干部，坚决调整，优化干部队伍。

（二）管入口、放出口，规范员工"能进能出"

一是入口突出一个"严"。在数量上，严控员工招聘人数，科学合理设置员工进出比，做到信息公开、过程公开、结果公开。在质量上，做到产业与专业、岗位与专业、学校与专业、学历与专业"四个结合"，实现人岗相适、人事相宜。

二是内部开展两个"转"。单位内部转岗，全面落实"双合同"管理，劳动合同解决身份，岗位合同解决出口，实现全员"契约化"转变。公司内部市场转岗，以内部市场化用工为主、外部市场化招聘为辅，促进用工合理流动。发挥人力资源一盘棋作用，建立人力资源"共享中心"。

三是畅通渠道三个"出"。考核评价退出，建立"覆盖全员、全要素""横向到边、纵向到底"的差异化考核评价机制，强化考核结果应用。违纪违法退出，严格落实签订、续签、变更、终止、解除程序，强化合同法律效力，构建和谐劳动关系。协商解除退出，依据《中华人民共和国劳动法》建立协商解除长效机制，政策性解决"出"口问题。

（三）重业绩、强保障，做到薪酬"能增能减"

一是把好工资总额"总开关"。建立工资效益联动、效率对标调节、工资水平调控的"工资总额能增能减"机制。年初确定工资总额基数，年中加强工资总额日常监控，年末做好工资总额分解。

二是构建收入分配"新体制"。系统构建"一基础、三制度、三细则、N 配套"的"133N"薪酬制度体系。建立工资总额预算管理制度，做好薪酬一次分配，完善三个基本分配制度，制定三个配套"操作手册"，做好N 个专业管理薪酬规定。

三是实现员工工资"能增减"。以岗位价值为基础、以绩效贡献为依据，按岗定薪、岗变薪变，向关键岗位、生产一线和高层次、高技能人才倾斜，推进全员绩效考核，合理拉开收入分配差距，普通职工工资总额占比逐年提升。

三、改革成效

一是选人用人方面。包钢集团利用"五上五下"系统举措，推进干部"能上"制度化、契约化、年轻化和干部"能下"常态化、多元化、灵活化，激励干部自我驱动、担当作为。健全管理人员末等调整和不胜任退出机制，重点评价中层干部44 名，原岗位留用11 名、退出原岗位33 名，干部流动实现良性循环。对没有完成契约的干部坚决调整，3 名干部"退出现岗位列入干部周转池，参加后续岗位竞聘"。

二是劳动用工方面。包钢集团2022 年以来招引各类人才3500 余人（其中包括博士研究生31 人、硕士研究生366 人），公开招聘、阳光招聘实现"两个100%"。通过协商一致方式解除劳动合同258 人；运用试用期考核、劳动合同到期评价、年度考核评价、违法违纪退出等方式，刚性考核评价退出 1445 人；全员身份"契约化"，累计解除岗位合同 1346 人；内部调转 2162 人次，实现人力资源内部市场化高效配置。

三是收入分配方面。包钢集团建立"1＋N"全员绩效考核管理体系，对三支队伍不同层级人才实行差异化考核，"一月一薪""一岗一薪""易岗易薪"。建立协商保障调控机制，通过调高保障工资标准、设置倒班津贴、发放创效奖励等举措，确保薪酬分配向关键岗位、一线苦脏险累岗位和紧缺急需的高层次、高技能人才倾斜，提升职工归属感和幸福感。

19

多措并举促进中央企业和地方国有企业融合发展

辽宁省人民政府国有资产监督管理委员会

一、基本情况

辽宁省人民政府国有资产监督管理委员会（以下简称"辽宁省国资委"）认真贯彻落实习近平总书记关于东北、辽宁振兴发展的重要讲话和指示批示精神，以央地合作为重要举措，发挥中央企业对地方的引领带动作用，推动全省国有企业改革深化提升并取得积极成效。截至2024年底，辽宁省国资委共监管省属企业18家，17家省属企业（不包括锦城石化集团）资产总额5991.91亿元、同比增长3%，实现利润总额80.55亿元、同比增长75.2%，实现净利润47.64亿元、同比增长140.1%。

二、经验做法

（一）不断完善央地合作工作机制

一是建立央地合作工作机制。辽宁省国资委成立以辽宁省政府主要领导为组长的央地合作领导小组，下设央地合作项目协调推进专班，吸纳27个省直单位、14个市政府和省沈抚示范区管委会作为成员单位，强化省市、部门联动，合力推进央地合作不断深化。

二是合作机制不断完善。辽宁省国资委充分发挥领导小组办公室职能，为驻辽央企提供要素保障。与辽宁省发展改革委建立重点项目同库、同步调度督导和服务工作机制，与辽宁省委组织部、辽宁省人社厅建立人才联动工作机制，与辽宁省科技厅建立科技服务机制，与辽宁省自然资源厅建立解决不动产登记历史遗留问题工作机制，与辽宁省市场监督管理局建立央企落户保障机制，与辽宁省工业和信息化厅建立促进央企产需对接合作机制。

三是认真落实辽宁省委、省政府各项要求。辽宁省国资委认真落实辽宁省委、省政府关于牵头做好央地合作工作的各项要求。围绕搭建平台、增进交流、协调解决问题、营造良好舆论环境等工作，编制印发《辽宁省央地合作工作专班简报》48 期，及时总结央地合作工作重大突破、亮点、经验、成效及问题。截至目前，接待央企及下属单位 150 家次，撮合、协调央企与各单位开展对接 336 次，在北京举办辽宁省与央企深化合作恳谈会、服务央企参加 2024 年夏季达沃斯论坛。

（二）不断提升央地合作要素保障

一是建立驻辽央企信息库。辽宁省国资委整理央企集团情况，形成《中央企业主营业务范围及集团简介（央企白皮书）》，主要包括 97 家国务院国资委监管央企集团的基本信息、在辽重点企业和重大项目等信息。收集 2046 个各级在辽央企信息，建立驻辽央企信息库，并将其中经营活动比较活跃的 604 家重点企业信息编印成册，为省直单位和各市与驻辽央企沟通对接提供服务支撑。

二是建立并完善央企在辽重点项目库。辽宁省国资委动态调整央地合作重点项目库，对全省央地合作重点项目持续筛选、优化、淘汰、增补。目前，全省重大项目超过 200 个，项目总投资约 1.4 万亿元。组织召开央地合作项目进展情况报告会 11 次。对央地合作项目实施全流程跟踪服务、清单化管理，推动解决中国锦州北方能源基地项目管道工程线路穿越湿地问题，以及五矿集团鞍山陈台沟铁矿采选工程项目用地、供电问题等 17 个问题。

三是动态调整驻辽央企重大服务事项清单。辽宁省国资委与央地合作重点项目涉及的央地双方密切沟通，在配套政策、产业支持、要素保障等方面收集央企问题诉求，动态调整驻辽央企重大服务事项清单，累计办结服务事项 379 个。推动中粮集团油脂综合性粮油产业基地成功落户辽宁，优化投标企业信息库网上办理公示期流程，为本桓高速公路提前开通做好大量水泥需求保障。

（三）不断拓展央地合作模式

一是积极吸引央企在辽设立分支机构。辽宁省国资委指导各市和省沈抚示范区掌握央企在辽业务，锚定产业战略定位，释放区位竞争潜能，制定有效政策。在最优税筹、人才引培、科研创新、金融服务、要素保障、营商优化、子女入学、租购房补、医疗健康等方面吸引央企来辽，在央企对接会商等各类活动中积极介绍建设在辽央企总部基地情况，吸引央企在辽设立区域总部或驻辽公司。2024 年以来，吸引央企在辽落地区域总部、分公司、子公司共 21 家。

二是以共链行动推动"辽品辽用"。辽宁省国资委主动收集、对接央企采购需求，整理现代化产业链"链长"央企信息及最新动态，拓宽上下游、前后端配套服务空间。紧紧围绕辽宁 4 个万亿级产业基地和 22 个重点产业集群，促进央企在辽更好发挥"链长"作用。与通用技术集团举办"工业母机共链行动暨供需对接会""医疗数字化转型升级现场会"，与中国能建举办"交能融合新发展学会"，与中煤地质总局举办"地热产业创新发展研讨会"等活动，有效推动链上企业开展产需对接，助力"辽品辽用"，带动地方经济协同发展。

三是持续深化国务院国资委"振兴东北央地百对企业协作行动"等专题。辽宁省国资委推进辽宁 31 家地方企业与央企开展对接合作，在产业精准对接、数字化携手合作、技术共同攻关、典型经验交流、人才交流培训等方面均取得积极成效。

三、改革成效

辽宁省国资委先后成功举办辽宁省与央企深化合作座谈会、国资央企助力东北全面振兴座谈会、辽宁省与央企深化合作恳谈会。2024 年以来，成功组织 4 家央企与辽宁省政府签署战略合作协议，全省央地合作重大项目已开复工 120 个，完成投资 636.4 亿元。其中，89 个续建项目 2024 年完成投资 355 亿元；2024 年新开工项目 32 个，已完成投资 43.3 亿元。航空工业沈阳航空航天城项目不仅为沈阳打造千亿级航空产业集群，还将形成对国家重大战略的有力支撑，助力维护国防安全重要使命。打造中国核电钙钛矿太阳能电池科研项目、鞍钢东部矿区采选联合产能提升项目等，围绕国民经济命脉和国家安全战略性产业，加快构建现代化产业体系。

20

深化"三能"机制改革
吹响全面振兴新突破攻坚"集结号"

鞍山市鞍勤集团有限公司

一、基本情况

鞍山市鞍勤集团有限公司（以下简称"鞍勤集团"）成立于 2018 年 9 月，以打造现代化城市生活服务商为主责，以政务、商务综合服务，资产运营管理，旅游及相关文化产业经营为核心主业，是鞍山市市属竞争类国有企业。鞍勤集团深入学习贯彻习近平总书记关于国有企业改革发展和党的建设的重要论述，全面落实国有企业改革深化提升行动要求，围绕"三能"机制改革，秉持具体问题具体分析的原则，因地制宜、对症下药，积极探索适合地方性国有企业的特色改革之路。

二、经验做法

（一）深化员工能进能出改革，实现"督促干"到"主动干"

一是按照"能力出众、素养过硬、岗位匹配"的原则，完善相关管理规章制度。鞍勤集团明确规定招录员工必须经过"双考核程序"，即招聘考试和转正考核。新入职员工公开招聘比例 100%。2024 年开展"运营 BP 雏鹰计划"，从思想、文化、战略、经营、财务、人力等全方位进行培训，构建了集团运营管控及赋能服务长效机制。

二是将企业历史问题与企业的革新发展进行阶段性剥离。鞍勤集团一方面成立劳服公司，集中规范人员分流安置，加大员工优化盘活力度，促进富余人员"显出来、动起来、走出去"；另一方面整合不良资产，清退"两非""两资"企业，为其他企业"轻装上阵"和提升发展能力注入新能量。

三是强化劳动合同调控。鞍勤集团持续完善内部退养、停薪停职创业、内部待岗培训等岗位退出通道，对"不称职"的员工坚决依法解除劳动关系。

（二）深化干部能上能下改革，实现"要我干"到"我要干"

一是以全面、全级次、全员攻坚为基础，创新全新竞聘机制。鞍勤集团首创以垂直条线管理为基础，围绕主营业务及经营工作实际，压缩组织架构，科学调整竞聘岗位，实现线性化、扁平化。集团机关职能部门由原来的 11 个压缩为 8 个；6 家子企业进行部门压缩，由 31 个压缩至 17 个；集团机关及各级子公司岗位设置由原来的 169 个压减至 110 个。

二是通过科学的、公开的遴选机制，建立后备干部蓄水池。鞍勤集团先后有 27 名后备干部通过培养及挂职锻炼，强化了集团人才梯队建设，缓解了集团人才缺失的问题，保障了集团快速扩张的步伐。

三是组建成立集团研究院。鞍勤集团关注战略与目标、组织绩效、经营决策与动作、行业研究，向现代企业及龙头企业对标。提出了着力提升战略支撑、政务服务、资产运营、市场经营、现代企业、企业文化"六大能力"的改革路径，形成"战略、预算、考核、薪酬"一体化考核体系。

（三）深化收入能增能减改革，实现"要工资"到"挣工资"

一是探索 KPI + OKR 的多项考核模式。鞍勤集团探索以激励为目的、以垂直化模块管控为抓手的全面考核模式。2023 年集团绩效考核升级为绩效管理，针对集团战略进行解码，形成关键性指标体系，结合"一利五率"管控指标，构建"一企一策"的考核指标库，以 BSC 作为指标分解手段，真正形成企业文化、战略、全面预算、经济发展、管理效能为一体的绩效管控体系。

二是完善《集团绩效考核办法 4.0》。鞍勤集团加强过程管控，在年度考核的基础上，又引入月度考核，通过子公司经营周报、月报工作机制，对各预算主体的阶段性经营结果进行跟踪研判，实行达标预警机制和月度工资审核应用，现已实现经理层契约化 100% 全覆盖、差异化指标设定达到 50%、绩效工资占总收入 60% 的改革目标。

三是细致化企业运营管理。鞍勤集团完善企业基层激励机制，实现企业经营项目化，并对项目经营进行单体核算。这种小型化、模块化的激励机制，不仅有效增强了员工的责任感、激发了员工的内在动力，还完善了员工的评价机制。

三、改革成效

鞍勤集团通过艰苦卓绝的奋斗与坚持不懈的努力，进一步压紧压实了各子公司主体责任，激发和释放了全体员工发展活力，促进了人力资源优化配置和员工队伍建设，极大地激发了员工生产经营的热情和干事创业的信心。截至 2024 年底，鞍勤集团资产总额达 48484 余万元，货币资金 5707 万元，收入总额 23863 万元，利润总额 2225 万元。与 2018 年组建初期相比，营业总收入增长 289%，利润增长 681%。

21

守正创新　上下同力
任期制和契约化管理激发企业活力

吉林省人民政府国有资产监督管理委员会

一、基本情况

吉林省人民政府国有资产监督管理委员会（以下简称"吉林省国资委"）面向 12 家出资企业全级次推进经理层成员任期制和契约化管理，充分发挥其在三项制度改革中的"牛鼻子"作用，巩固培树经理层成员市场意识、契约精神，不断提高"谋经营、强管理、抓落实"的能力水平，按照经理层成员任期制和契约化管理方式，更大范围、分层分类落实各层级企业管理人员经营管理责任，逐级传导经营压力，激发企业内生动力和活力。

二、经验做法

（一）秉本执要，夯实"1 + 4"制度基础

吉林省国资委以《吉林省国资委出资企业"活力效率提升"专项行动方案》为基础，对国有企业改革深化提升行动中如何开展任期制和契约化管理提出了总体要求。以《吉林省国资委推行经理层成员任期制和契约化管理操作细则（试行）》《吉林省出资企业负责人薪酬管理暂行办法》《吉

林省出资企业负责人经营业绩考核暂行办法》为重要遵循，以《三项制度改革评价实施方案》为主要手段，推动各级企业制定任期制和契约化相关管理细则，明确了年度和任期考核相结合、业绩考核与综合评价相衔接、业绩贡献和薪酬激励强关联、考核结果与岗位退出硬约束的管理原则，为全级次高质量完成任期制和契约化管理提供了制度保障。

（二）凝神聚力，着眼高质量发展构建两个体系

吉林省国资委通过构建科学的考核指标体系和有效的制度执行体系，建立覆盖全体经理层成员、聚焦经营业绩、突出刚性奖惩的管理机制。通过科学确定契约内容和考核指标，建立"考核层层落实、责任层层传递、激励层层衔接"的工作机制，推动企业实现高质量发展。

一是构建科学的考核指标体系。吉林省国资委修订了《吉林省国资委出资企业负责人经营业绩考核暂行办法》，持续完善出资企业负责人经营业绩考核体系。首先，强力推动对标提升。针对吉林省国资委出资企业多数指标在全国同行业处于平均值以下的现状，将对标指标权重设定为40%，加大对标考核的力度，引导企业力争在三年内达到行业平均水平。其次，优化考核指标体系。构建了由行业对标指标、质量效益指标、重点工作指标三大类指标构成的考核指标体系，使经营业绩考核更加关注高质量发展。最后，设定更有针对性的考核目标。2024年营业收入和利润总额目标同比分别增长12.04%和155.19%，更好地发挥了省属企业在吉林省经济健康发展中的带头作用。

二是建立有效的制度执行体系。首先，落实董事会及专门委员会的职权。由董事会及专门委员会确定经理层成员考核目标、实施考核并确定薪酬。按照吉林省国资委与出资企业签订的经营业绩考核目标，由董事会将对标考核等各项指标分解落实到经理层成员。其次，突出全员绩效考核的基础性作用。各企业通过建立科学有效的考核体系，将任期制和契约化落实到各级子企业经理层人员，并扩展到中层以上管理人员，对不同层级、不同类型人员实施差异化考核，将企业经营业绩目标层层分解落实到人。最后，强化考核评价。吉林省国资委通过实施三项制度改革评价，将任期制和契约化工作开展情况、工作质量、实施效果等纳入企业负责人经营业绩考核，与企业负责人业绩考核等级和薪酬收入挂钩，保障该项工作有效开展。

（三）守正创新，抓住"三个关键"提升工作质效

"守正"就是要强化业绩导向，实现职务能上能下、收入能增能减，充分激发经理层成员（中层以上管理人员）的活力和创造力。吉林省国资委以此为基础，通过抓住"三个关键"提高任期制和契约化管理工作质量。

一是不断提高"两书一协议"质量。企业需要细化职责分工、实现"一岗一责"，确保不同岗位职责清晰、分工明确；细化指标设置，实施"一人一表"差异化考核，确定科学合理、具有挑战性的目标；年度和任期指标注重有所区分、互相支撑、有效衔接。

二是实施差异化薪酬。吉林省国资委按照改革提升专项行动关于"按业绩贡献决定薪酬"的要求，设置了薪酬差异系数，同时将该系数纳入三项制度改革评价，突出不看职务看贡献的考核导向，推动企业内部形成健康的绩效文化，取得较好成效。

三是强化刚性考核刚性兑现。企业在薪酬分配方面，除按考核结果确定差异化薪酬，对年度考核不合格的，扣减全部绩效年薪；在刚性退出方面，明确3项退出条件和5项解聘条件，并约定退出方式，规定在企业内部选聘的经理层人员，根据退出管理要求依照契约解聘，企业集团层面经理层人员可按不高于原级别安排工作，各级子企业经理层人员可按不高于任经理层前级别安排工作。

三、改革成效

在经理层成员和管理人员中实施任期制和契约化管理，带动了更多的职工树立市场化意识，提升了改革的主动性，促进三项制度改革有关重点工作落地着实。截至 2024 年底，吉林省国资委各级出资企业经理层成员和管理人员已 100% 实施任期制和契约化管理；实施管理人员竞争上岗企业家数达到 100%，竞争上岗人员比例达到 95.31%；管理人员末等调整和不胜任退出相关制度在各级企业实现全覆盖，2024 年以来调整和退出人员比例达到 7.55%，企业内部活力效率显著提升，在推动国有企业真正按市场化机制运营上取得明显成效。

22

坚持"人才兴企"战略 深化体制机制改革 全力塑造高质量发展新动能

吉林省水务投资集团有限公司

一、基本情况

吉林省水务投资集团有限公司（以下简称"吉林水投集团"）是吉林省内唯一一个省级重大水利基础设施项目投融资平台，承担着省内重要供水水资源配置、重大水利水电项目投资融资、开发建设和经营管理等职能，现有 5 家子公司，在岗员工 3271 人，资产总额 257.08 亿元。吉林水投集团深入学习贯彻落实习近平总书记关于新时代人才工作的新理念、新战略、新举措，深入实施国有企业改革深化提升行动，认真贯彻落实吉林省国资委《关于深入实施"人才兴企"战略的实施意见》，立足"三水"战略（水网、水电、水建）和"四大板块"（供水、发电供电、工程建设、投资发展），全力构建"1 链 1 库 2 平台"人才管理体系，为企业深化改革和高质量发展提供强有力的人才支撑。

二、经验做法

（一）精塑"引育留用"全链条，打造人才集聚"强磁场"

一是广辟渠道"引"。吉林水投集团聚焦"两个综合"，即综合校招、定向招聘吸引年轻专业人才，综合社招、猎头招聘挖掘企业急需、市场稀缺人才，近两年来引进南开大学、吉林大学等高校研究生和央企高级注册会计师等高层次人才共计 58 人，不断吸引优秀人才，不断增强企业活力，新生力量"源源不断"。

二是注重实效"育"。吉林水投集团以吉林省组织工作提质增效促国企振兴专项行动共建研发团队和实验室试点工作为突破点，加强产学研协同发展，与长春工程学院共同打造了人才联合建设合作机制，对外形成了"企业出题—实验室和研发团队联合攻关解题—成果与资源双方共享"的开放合作建设模式，实现了传统生产力向水利新质生产力的转变；对内持续优化"铸魂强基"理论学习、"强基培苗"实践锻炼、"匠心工作室"业务培训，切实形成具有"水投特色"的全链条全级次育才矩阵。

三是用心用情"留"。吉林水投集团以《工资总额管理办法》为统领，以《薪酬管理办法》《员工岗级设置和升降办法》为核心，创新制定《人才引进管理办法》《"人才兴企"战略实施方案》《"六库四阶"人才库建设实施方案》等，构建了"1＋2＋N"全方位激励体系，进一步畅通岗级晋升通道，不断健全完善高层次人才和高级技能人才津补贴保障体系，"一事一议"确定薪酬分配方式，大力营造爱才惜才环境，让人才真正扎根水投。

四是搭建平台"用"。吉林水投集团坚持"外挂实育"，选派 3 名子企业管理人员到政府职能部门挂职锻炼，拓宽视野，增长见识；坚持"内挂实练"，选派 3 名集团优秀中层干部到子企业挂职，历练骨干，储备英才；坚持"强基培苗"，选派 44 名优秀年轻干部进行"五挂"交流锻炼，提升能力，锤炼本领；坚持"余缺互济"，建立集团内部人力（人才）资源市场，优化配置人才 26 人，切实促进集团内部人力资源合理流动、高效配置。

（二）构建"六库四阶"人才库，筑好人才储备"蓄水池"

为全面激发人才发展活力，吉林水投集团建立了涵盖"水利电力""工程建设""运行管理""财务审计""综合管理""复合型" 6 个方面的人才库，并为入库人才搭建四步成长台阶（首席领军、核心关键、骨干拔尖和优秀年轻人才），实施动态管理，阶梯培养。针对首席领军人才、核心关键人才，优先采取揭榜挂帅重大科研攻关、重点工程建设等方式使用，赋予他们更灵活的技术路线决定权和经费使用权。针对骨干拔尖人才，优先安排到重要、关键的专业岗位任职，优先选派到核心岗位挂职锻炼。针对优秀年轻人才，优先放到改革发展、艰苦复杂地方和关键吃劲岗位磨炼。现入库人才已达 278 人。

（三）构筑"人才发展 + 数字管理"平台，积蓄"新动能"

吉林水投集团锚定高质量发展，深化人才发展体制机制改革。

一是创建了吉林水投人才创新发展院。吉林水投集团确立"1 + N + X"发展模式（1 是人才院，N 是与多家高校和培训机构等深度合作，X 是统筹内部站所资源设立若干培训基地）。对内以需求为导向，统筹盘活利用现有教育培训场所和基层站所资源，满足不同规模、不同层次、不同功能的培训需求；对外面向省属国企，全面打造集人才政策研究、咨询服务、教育培训、测评评价等职责于一体的综合性人才发展与研究平台，以人才培育提质为企业高质量发展赋能。

二是搭建了数字化人力资源管理平台。吉林水投集团通过信息共享、数据分析、实时图表、高效协同等有效举措，全力推进人才管理工作信息化、数字化、智能化，实现人才全周期管理，全力加快推动人才管理从事务型向战略型转变。

三、改革成效

人才兴则企业兴，人才强则发展强。吉林水投集团紧紧扭住"人才"这个关键抓手，坚持人才引领高质量发展战略地位，立足实际靶向施策，持续以"兴才之道"砥砺"强企之路"，全面燃动高质量发展新引擎。

一是打造了一支规模合理、素质优良、作用突出、充满活力的人才队伍。吉林水投集团现有本科及以上学历人才占比达44%，技能人才占比达75%。《创新人才"三项计划"激活发展"一池活水"》荣获吉林省组织系统2023年度创先争优成果奖。

二是各类人才创新智慧充分涌流、创新活力充分迸发。国有企业改革深化提升行动实施以来，吉林水投集团通过不断释放人才创新创造潜能，共计获得国家专利20项、省级工法7项，有效形成了人人渴望成才、奋勉成才、尽展其才的良好局面。

三是为推动企业高质量发展提供了强有力的智力支持和人才保障。吉林水投集团2024年实现利润总额5127万元，同比增长13%。

23

聚焦强激励硬约束　重塑薪酬分配体系
以点带面深化市场化经营机制

龙建路桥股份有限公司

一、基本情况

龙建路桥股份有限公司（以下简称"龙建股份"）是黑龙江省建设投资集团有限公司所属国有控股上市公司，以国内外公路工程、市政公用工程等基础设施建设为主营业务，是东北地区最具实力、最具规模的大型基础设施建设综合服务商之一。龙建股份先后入选国务院国资委"双百企业"、管理标杆创建行动"标杆企业"和国有企业公司治理"示范企业"名单，多次获得国家优质工程奖、鲁班奖等奖项，荣获中华人民共和国成立 70 周年工程建设行业"功勋企业"称号、全国工人先锋号、全国交通运输行业文明单位等荣誉，4 次入选 ENR 全球最大 250 家国际承包商榜单。

二、经验做法

（一）强化顶层设计，构建全员绩效考核体系

龙建股份全面构建了总部对权属、权属对项目、两级对机关的三级全员绩效考核体系。

一是总部对权属层面。龙建股份结合企业战略规划、经济布局优化和结构调整要求、权属单位功能定位等情况，修订《权属单位负责人绩效考核与薪酬兑现办法》（2023 年版），分类确定"各有侧重、各有突破"的绩效考核指标体系，实施严格的年度和任期考核，依据考核结果刚性兑现。

二是权属对项目层面。龙建股份下发《优化完善项目综合管控体系指导意见（试行)》，重点加强项目目标责任与薪酬分配体系、绩效考核体系、项目集约化管控体系及项目管理制度体系四项体系建设，赋予权属单位对项目经理部绩效考核与薪酬分配自主权，推动薪酬分配向一线岗位尤其是一线关键岗位倾斜。

三是两级对机关层面。龙建股份下发《总部部门全员绩效考核实施方案（试行)》，指导权属单位建立"五要素，十维度"岗位价值评估体系，开展职员职级评定，"一岗一标"设置岗位说明书和绩效考核指标，客观准确评价不同岗位员工贡献，强制分布考核等级，合理拉开收入差距，刚性兑现绩效薪酬。

（二）突出以点带面，优化完善绩效薪酬联动体系

龙建股份以权属单位负责人绩效考核和薪酬分配为突破口，全面构建"以岗定薪、按绩付酬"的绩效薪酬体系，分类分层开展 31 家权属单位负责人、164 个项目经理部、33 家企业机关部门职员 2023 年度绩效考核，实现绩效考核全员覆盖。

一是结合权属单位功能定位、主责主业和发展方向等不同情况，将权属单位划分为 6 个类别，科学设置以基本指标、管控指标、限制指标、激励指标为主要架构的差异化考核指标体系和对应的薪酬分配体系，根据年度计划"跳起摸高"逐级逐层分解，合理确定富有挑战性的指标目标值。

二是明确权属单位负责人"基本＋绩效＋奖励"的薪酬结构，通过严格的绩效考核，以企业发展规模（营业收入或新增合同订单）核定年度基本薪金标准，以创效能力或市场拓展能力核定年度绩效薪金标准，以实现超利情况确定任期激励标准。

三是根据路、桥、隧工程施工难易和创效差异程度，在年度基本薪酬确认中正向引入难度调节系数，根据"两金"清收专项行动工作要求，在年度绩效薪酬确认中扣除合同资产、"两金"清收两项负向影响因素，正向引入战略转型引领综合系数，薪酬确定标准更加公正透明。

四是强化考核结果应用，将年度绩效考核结果与年度绩效薪金关联、任期考核结果与任期激励关联，并与选拔、聘用、调整或退出深度融合，切实发挥绩效考核"强激励、硬约束"作用。

（三）坚持重点突出，牵住机制类改革"牛鼻子"

龙建股份牢牢牵住市场化经营机制改革"牛鼻子"，两级公司全面推行经理层任期制和契约化管理。

一是按照定量和定性相结合、以定量为主的原则，量化指标占比超过60%，全面落实"一利五率"目标和"一利稳定增长、五率持续优化"要求，与企业负责人经营业绩考核指标相互衔接，逐人逐项确定经理层成员年度绩效契约内容和业绩指标。

二是强化经理层成员任期制和契约化管理责任目标的科学性、精准性和挑战性，总经理指标全面承接年度经营目标，突出经理层副职个性化指标设置，总体指标和个性化指标权重达到4∶6，强化精准考核刚性兑现，根据业绩贡献程度合理拉开经理层副职薪酬差距。

三、改革成效

一是主要经济指标持续改善。2023 年，龙建股份实现新增合同订单290.68 亿元、营业收入 175.93 亿元、利润总额 5.02 亿元，完成年度目标，保持了稳定的发展势头。

二是市场化经营机制运行成效显著。2023 年，龙建股份权属企业 23 家企业负责人因业绩较好薪酬增长，增幅最高达 47%；5 家企业负责人因业绩下滑薪酬降低，降幅最大达 56%。

三是经理层成员任期制和契约化管理实现质效双升。龙建股份和权属企业经理层成员浮动工资占比分别达到 70% 以上、60% 以上，有效激发了经理层成员干事创业的积极性和主动性，企业活力效率和价值创造能力明显提升。

24

多措并举盘活国资国企不动产资源
积极探索特大型城市可持续更新模式

上海市国有资产监督管理委员会

一、基本情况

近年来，上海市国有资产监督管理委员会（以下简称"上海市国资委"）立足特大型城市更新可持续发展，推动市属国资国企坚持以习近平新时代中国特色社会主义思想为指导，积极践行人民城市建设理念，以多种方式盘活国资国企存量土地和房屋等不动产资源，助力城市可持续发展。

二、经验做法

（一）注重顶层设计，加强制度供给

上海市国资委、上海市规划资源局、上海市住房城乡建设管理委、上海市税务局、上海市房屋管理局联合印发《上海国资国企支持参与本市城市更新的实施意见》，着力打通不动产产权归集路径，降低归集成本，支持国资国企通过自主更新、联合更新、委托更新等多种方式参与城市更新。制定市属国企积极打造"智造空间"三年行动方案，聚焦"工程建设标准制定、存量产业用地盘活、园区运营提质增效、金融服务专项支持"

4 类任务，持续强化规划引领、加强投资引导、注重路径优化、用好金融工具、支持正向激励。

（二）精准分类施策，加快实施推进

开展自主更新，上海久事（集团）有限公司将保护性项目开发与区域性功能总体布局相结合，打造顶级商办综合体，着力塑造外滩城市更新示范项目和新时代地标建筑；实施联合更新，上海电气集团股份有限公司、上海久事（集团）有限公司与东方国际（集团）有限公司 3 家市属国企联合成立资管公司，以国有企业所属 350 亩土地为基础，联合周边土地统一规划调整、定向供地、产业招商，打造高端航空服务专业园区——航空智谷；推动委托更新，支持市属国企将外滩第二立面物业委托给上海外滩城市更新投资发展有限公司进行统一更新运营，"一企一方案"协同推进；强化金融支持，中国太平洋保险（集团）股份有限公司等金融企业积极探索运用 CMBS 等金融工具为城市更新提供资金支持，上海国盛（集团）有限公司发起设立规模 100 亿元的上海国有存量资产盘活投资母基金，上海城投（集团）有限公司成功发行国泰君安城投宽庭保租房 REITs 项目，募集基金总额 30.5 亿元，是市场规模最大、长三角首单保障性租赁住房 REITs 项目。

（三）健全工作机制，统筹推进"四个一批"

上海市国资委与上海市规划资源局成立联合工作小组，在全面排摸市属企业存量土地现状的基础上，针对国企用地利用现状，结合区域规划要求和企业发展需求，探索建立"四个一批"（减量、收储、保留、更新一批）工作机制，形成分类别、有步骤、明路径的存量土地盘活"一揽子"方案，构建了"市、区、企"多方共赢、多方共商、多方共推的存量土地高效盘活利用新格局。

（四）推进阳光租赁，持续提升租赁价值

上海市国资委制定规范市属国企不动产租赁管理工作方案，统筹推进不动产租赁管理，上线运行以"服务集中监管、公开租赁、规范管理、保值增值"为定位的"上海国资国企不动产租赁平台"，推动不动产租赁数智赋能提质增效。

三、改革成效

截至 2024 年 6 月，上海市国资委完成市属国企存量土地盘活区企签约 33 组，累计签约"更新"地块 73 个，面积 351.23 万平方米。在此基础上，市属国企还形成了待盘活地块清单，共计 192 个区块 431.3 万平方米，进一步彰显了市属国企"压舱石""稳定器"的关键作用，持续为上海经济发展和民生保障作出贡献。

25

以智能化手段构建全面风险预警体系

上海市国有资产监督管理委员会

一、基本情况

随着国际国内政治经济形势和行业环境的深刻变化，国有企业面临的不稳定性和不确定性因素显著增多，内忧外患下企业"黑天鹅""灰犀牛"事件频发。近年来，上海市属国企风险敞口总量上升，重大突发风险事件屡屡产生。面对当前态势，原有的财务风险预警体系已经无法满足当前监管的需要，出现预警预判提前量不足、对各类风险传导预警不足、穿透式预警能力不足等问题，亟须搭建科学的全面风险预警管理体系，通过智能化预警平台实现风险的闭环管理，筑牢国有资产风险监管防火墙。

二、经验做法

党的二十届三中全会对深化国资国企改革进一步作出重大部署，上海市国有资产监督管理委员会（以下简称"上海市国资委"）深入学习领会习近平总书记关于全面深化改革的重要论述，构建分类监管、协同整合、智慧预警的全面风险管理机制，运用大数据、大模型等智能化技术手段构建全面风险预警系统，进一步提升风险覆盖领域，强化监管穿透力度，提高国资监管效能。

（一）分类监管

上海市国资委根据国资战略布局调整和发展目标，将监管企业按"投资运营类、产业发展类、金融服务类、城市保障类"进行划分并设置预警指标，凸显企业主业主责和未来发展趋势。同时，将预警对象的范围从一级集团拓展至近500家二、三级重点子企业，利用大数据分析技术，为每个企业定制"一企一区间"的个性化预警阈值，实现纵向预警穿透，提升预警质效。

（二）协同整合

完善国资国企管理监督体制机制要增强管理部门间战略协同，加强政策协调和信息共享，形成工作合力。上海市国资委在预警系统搭建过程中，把预警数据来源从单一的表内财务数据向业务数据、监管信息、外部数据全面拓展，把预警领域从财务向资金、投资、主业、金融、公司治理、法律、舆情、外部八大重点风险领域拓展。同时，进一步联动资产统计、基金管理、合规舆情等业务子系统，强化业务协同，在上海国资国企在线监管服务平台上搭建全面风险预警系统，构建涵盖信息采集、风险识别、风险评估、风险应对、分析与展示的全面风险预警闭环式管理机制，全面提升预警系统的自动化和智能化水平，为国资监管工作提供支撑。

（三）智慧预警

随着风险预警监控相关理论与技术的不断发展，越来越多的企业利用大数据、互联网丰富底层数据研究基础，构建适用于自身的预警监控体系，让风险管控的价值有了实用化的载体。上海市国资委结合各类风险预警技术，以忧患意识、底线意识、风险意识、防范意识为出发点，为预警指标体系的确立及指标选择奠定了坚实的基础。同时，结合各类企业风险管理实践，针对上海地区40多家国有企业面临的重大风险及管控现状展开调研，深化拓展风险预警监控体系相关研究，形成系统化的全面风险预警管理体系方法论，综合运用机器学习等智能化技术搭建多维度、多层次的风险监控指标体系，极大提升了风险预警的前瞻性和科学性。聚焦量化企业面临的各类专项风险，通过债务违约模型、健康度模型、过度投资模型和垫资风险模型等对企业经营发展中的各种情况和问题进行有效监测，及时发现风险苗头，预防风险传染性扩散和重大经营风险发生，有效避免"黑天鹅"和"灰犀牛"事件，不断提高企业抵御各项风险的能力。

三、改革成效

一是风险监控效能显著提升。全面风险预警系统通过高度集成化的数据处理与分析平台，实现了从数据采集、清洗、加工到分析的全链条自动化作业，极大地减轻了人工负担，提高了工作效率。该系统采用先进的智能算法，确保数据处理过程的标准化与智能化，使得数据质量显著提升，为精准风险分析奠定了坚实基础。工作人员也因此得以从烦琐的数据处理中解脱出来，专注于更深层次的风险分析与策略制定。

二是风险预警精度显著提高。依托大数据与机器学习技术的深度融合，全面风险预警系统整合了宏观经济、行业市场数据及全量上市和发债企业信息，构建了一组智能化风险预警模型。该模型在各领域风险预判方面表现出色，其中债务违约模型对发债企业的违约行为预测准确率高达98.8%。这一成果不仅彰显了大数据和大模型技术在风险管理领域的强大应用潜力，更突显了机器学习算法在提升风险预警精度方面的关键作用。

三是风险跟踪与化解能力显著增强。全面风险预警系统创新性地建立了一个涵盖事前风险指标预测、事中风险边界控制和事后风险应对的闭环管理机制。通过对风险发展路径和变化特征的量化，实现了对潜在风险的深入分析和前瞻性预判，提前识别关键风险点和趋势变化，指导企业提前制定和实施有效的风险防范措施。这一机制不仅增强了风险管理的主动性和预见性，还有效避免了风险预警与实际管控之间的脱节问题，确保了风险管理工作的高效运行与持续改进。

26

坚持改革创新　贡献上海力量
持续完善中国特色国有企业现代公司治理

上海市国有资产监督管理委员会

一、基本情况

上海市国有资产监督管理委员会（以下简称"上海市国资委"）始终坚持"两个一以贯之"，深刻把握国企改革历史方位和正确方向，坚持和加强党对国有企业的全面领导，把完善国有企业公司治理作为推进国家治理体系和治理能力现代化建设的重要组成部分，持续优化和提升系统企业公司治理能力水平，促进中国特色现代企业制度建设和治理效能更好转化融合，努力打造世界一流企业公司治理上海样板。

二、经验做法

（一）深化"三项举措"，系统推进公司治理

一是加强顶层设计，统筹规划"1＋N"制度体系。上海市国资委以完善公司治理实施意见这个"1"为统领，围绕加强党的领导、完善公司治理、建强董事会、发挥国有股东作用、推动各类董事履职及优化支撑保障6个方面，配套出台或修订N项工作制度。目前已出台统领性文件"1"，即《完善监管企业公司治理实施意见》，正在修订和草拟中的工作制度约10项。

二是分层分类评价，建立公司治理工作闭环。上海市国资委研究形成董事会评价指标体系，从结构、规则、运行和成效等方面对集团试点开展评价，把结果作为任期考核重要内容和实施差异化监管的重要依据。研究形成重点子企业公司治理评价指标体系，对党委、股东会、董事会、经理层等治理主体运行的合规性、有效性等进行全面体检，不断提升公司治理能力。

（二）做实"三个机构"，切实赋能董事会职责

一是加强董事会建设，推动规范行权履职。上海市国资委修订《董事会建设指导意见》，进一步规范董事会组织结构、席位设置和人员配置，实现"外大于内"的架构，夯实董事会运转基础。明确董事会、董事长的职责范围，规范系统企业董事会和董事长专题会的运行。制发《董事会审议事项清单》《董事会授权管理办法》等，发挥董事会"定战略、作决策、防风险"的作用。

二是加强专门委员会建设，深化决策支撑作用。上海市国资委进一步优化专门委员会设置和人员配置，加强各处室向专门委员会、外部董事提供信息支撑和工作对接。注重与监事会改革的衔接，增强审计委员会职能，支持企业根据实际设置其他专门委员会。建立列席董事会及其专门委员会会议工作机制。

三是加强董事会秘书建设，积极发挥协助作用。上海市国资委明确董事会秘书为高层管理人员，做到职责清晰、人员到位，有效发挥董事会秘书作用。健全董事会工作机构负责人协作交流机制，促进企业之间互动交流、共享先进经验。依托专业力量打造系列原创精品培训课程，常态化开展董事会秘书等人员履职能力提升培训。

（三）建强"三支队伍"，充分发挥各类董事作用

一是坚持专职与兼职相结合，加强外部董事队伍建设。上海市国资委

推行专职外部董事制度，加强与上海市委组织部对接，探索建立市管国有企业现职领导班子成员与专职外部董事双向交流机制。建立外部董事召集人制度，在部分企业试点推行。加强外部董事履职管理和保障，动态优化履职目录和保障目录，探索建立外部董事考核机制，常态化开展分类培训。

二是坚持约束与激励相结合，督促国有股权董事履职。上海市国资委梳理分析国有企业派出的股权董事履职情况，加强对"一致行动人"机制的研究。立足发挥股权董事作用，督促监管企业对股权董事选聘任用、日常管理、服务保障、激励约束等形成闭环，强化对股权董事的考核评价，并将考核结果作为其个人薪酬分配、任用调整的重要依据，对不胜任者坚决调整。

三是坚持管理与保障相结合，发挥职工董事作用。上海市国资委加强职工董事情况分析和调研，明确工作要求，分类推进企业健全工作制度。按照规定配齐职工董事，强化职工董事履职保障，推动职工董事代表职工参与公司决策、代表职工利益、反映职工合理诉求、维护职工和公司合法权益，切实发挥职工董事作用。

（四）构建"三大平台"，推动平台赋能发展

一是立足服务国资国企，筹备成立上海国有企业公司治理协会（以下简称"协会"）。上海市国资委协助协会筹备组开展协会成立相关事宜，并指导协会推进外部董事人才库、董事学院、"企业大家·谈"平台等筹备工作，谋划举办公司治理论坛，推动国有企业公司治理能力有所提升、人才素质有所增强、治理体系更加完善。

二是着眼搭建沟通桥梁，筹备成立五地公司治理联席会。上海市国资委做好京津沪渝深地方国资委首届联席会的准备工作，学习交流五地公司治理工作经验、探讨新情况新问题，搭建信息互通、经验互享的桥梁，加

强公司治理工作的交流与探讨。

三是聚焦工作成果转化，加强公司治理课题研究。上海市国资委以需要进一步优化和完善的工作、需要提升和升级的工作、需要创新和突破成为亮点的工作作为重点方向，开展公司治理课题研究，形成专委会建设、发挥股权董事作用等一批原创性制度成果。同时注重相关课题研究转化为一系列可供实操的制度成果，形成相应工作指引，针对性指导下阶段工作。

三、改革成效

一是推动公司治理体系不断完善。上海市国资委通过出台《完善监管企业公司治理实施意见》、建立公司治理评价指标体系等相关工作，实现国资治理制度体系持续健全、工作效能进一步提升、功能衔接作用进一步加强。

二是促进董事会赋能不断提升。上海市国资委通过修订《董事会建设指导意见》、加强优化专门委员会建设、加强董事会秘书建设等切实工作，实现董事会行权履职有效规范、专委会决策支撑作用显著深化、董事会秘书作用进一步发挥。

三是帮助董事作用充分发挥。上海市国资委通过建立专职外部董事制度、梳理公司股权董事履职情况、推动职工董事参与公司决策等务实举措，充分发挥三类董事作用，促进公司董事会治理架构和管理体系不断完善。

四是推动平台赋能不断发展。上海市国资委通过牵头成立国有企业治理协会、"京津沪渝深"五地公司治理联席会等，秉持"立足国资、服务国企"的核心价值理念，推动国有企业公司治理水平在交流过程中取长补短、不断提升，为国资体系搭建起"信息互通、经验互享"的坚实桥梁，为进一步完善中国特色国有企业现代公司治理体系贡献上海力量。

27

分类分业分企实施"一企一策"精准考核
——以上海隧道工程股份有限公司为例

上海市国有资产监督管理委员会

一、基本情况

上海市国有资产监督管理委员会（以下简称"上海市国资委"）坚持以习近平新时代中国特色社会主义思想为指导，坚决贯彻党中央、国务院决策部署，全面落实国务院国资委和上海市委、市政府的工作要求，充分发挥考核指挥棒作用，分类分业分企实施"一企一策"精准考核，激发企业干事创业活力动力，推动国资国企各项工作落地见效。

二、经验做法

（一）聚焦国企改革发展共性要求，着力推动企业"三大作用"发挥

一是围绕国家和上海市重大决策部署，上海市国资委联动政府相关部门，在重大战略项目目标设置时，在引入政府相关部门联审机制、落实考核指标前，充分沟通，听取主管部门意见。

二是构建能增能减的加减分机制。上海市国资委对执行国家和本市重大决策部署或应对处置突发事件中作出重要贡献的、加快建设世界一流企业或打造原创技术策源地方面成效显著的企业，设置考核加分，引导企业

勇挑大梁、敢于摸高；对任期内出现违规经营投资责任事项、应急管理领域责任事项和履行社会责任重大失职事项等，可降低考核等次并扣减考核得分，引导企业坚决守住底线要求。

三是综合考虑企业功能定位。上海市国资委对承担使命任务的企业，进行战略性新兴产业长周期里程碑考核、新赛道分类考核等试点，引导企业加快发展生产力；对承担政府专项任务、履行社会责任的企业，在经营业绩考核评价中剔除非经营因素影响后予以认定。

（二）聚焦分类监管要求，强化差异化考核导向

上海市国资委结合分类监管重点工作，优化考核分类，在原先市场竞争、金融服务、功能保障分类基础上新增平台公司。同时明确分类企业的考核导向，聚焦核心功能、主业竞争力、防范化解风险等方面，持续提升监管效能。对市场竞争企业，重点考核提升效益效率、提高主业竞争力、培育新质生产力和防范化解风险等方面；对金融服务企业，重点考核服务实体经济、提升效益效率、提高主业竞争力和合规风控水平等方面；对功能保障企业，重点考核落实战略任务和发挥城市保障作用、提升效率和防范化解风险等方面；对平台公司，重点考核自身定位发挥差异化平台作用、战略性持股企业的股东作用和防范化解风险等方面。

（三）聚焦企业主责主业，契合个性化考核评价

一是分业完善指标体系。上海市国资委对同一行业实施统一的考核指标体系和权重，对不同行业根据经营特点、市场环境和竞争态势差异化设置考核指标体系和权重，并有10%的灵活权重因企制宜向重点考核维度倾斜，提升考核指标的客观性和公正性。

二是对接国务院国资委"一利五率"指标，明确"一利"要求持续增长、"五率"要求持续改善的考核要求。其中，"一利"指主业利润进一步结合企业主业管理要求，剔除企业主业目录外的非主业及非经常性利润，并对与企业主业相关的参股企业利润加回。

三是紧密结合企业《改革深化提升工作方案（2023—2025 年）》，依据监管企业战略导向、行业地位、发展阶段等实际情况，进一步突出企业核心功能和主业竞争力，制定既具有考核压力又符合企业实际的考核目标，做到任期考核目标与方案任务清单的联动，同时要求监管企业面对市场挑战和行业变化，主动适应行业发展趋势，对标一流企业，锻长板补短板，加快形成相对竞争优势。

三、改革成效

上海市国资委在实施上海隧道工程股份有限公司（以下简称"隧道股份"）新一轮任期（2024—2026 年）经营业绩考核中，采取了重要举措，取得重大成果。

一是结合企业功能定位，聚焦建设上海"五个中心"重要使命，进一步提升隧道股份在上海加快建成具有世界影响力的社会主义现代化国际大都市中的贡献度，围绕重大交通工程建设、城市基础设施运营维护设置考核目标。

二是全力推动国有企业改革深化提升行动落地落实，考核目标衔接《隧道股份国有企业改革深化提升行动方案（2023—2025 年）》，并约定完成情况优秀的可予以加分。

三是促进企业"从规模增长到价值提升"的转变，在明确风险管控监管要求的基础上，依据企业战略规划，围绕提质增效，合理设置效益效率考核指标，并增设创新发展目标，要求核心业务获得国内或国际企业全面质量管理最高奖项、提高数智化技术应用覆盖率等，加快企业打造具有国际竞争力与品牌影响力的"城市建设运营资源集成商"。

28

坚持"一企一主业" 提升产业发展能级

光明食品（集团）有限公司

一、基本情况

光明食品（集团）有限公司（以下简称"光明食品集团"）是立足上海、布局全球，集现代农业、食品加工制造、食品分销于一体的全产业链综合经营的国际食品集团。光明食品集团聚焦"食品产业与供应链""城市食品保障服务与资产经营管理"两大核心主业，在全球多地围绕食品产业链积极布局业务，在服务全国和保障上海城市主副食品安全供给与价格稳定上持续发挥主力军作用，致力打造安全、优质、健康食品的标杆，不断为消费者提供高品质美食体验。

二、经验做法

光明食品集团坚持"一企一主业"原则，优化资源配置，持续开展集团内部产业改革重组整合，进一步做强做精主业产业体系，强化"产业 + 服务"融合共生。

（一）光明肉业"一企一主业"改革

光明食品集团旗下子公司光明食品国际有限公司（以下简称"光明国际"）在改革前已基本形成肉业、品牌食品、境外、供应链四大板块，其中肉业板块已形成生猪养殖、生猪屠宰和深加工、肉制品、分销的全产业链，主要企业为原上海梅林正广和股份有限公司（以下简称"上海梅林"）、光明农牧科技有限公司（以下简称"农牧科技"）、万安（远东）有限公司（以下简称"香港万安"）。为进一步落实上海市国资委对于主业目录管理的要求、进一步明晰业务板块，充分把握肉类万亿级市场发展潜力机遇，光明食品集团以"管理权调整为主、股权维持现状"为总思路，着力实施以上海梅林为基本盘的光明肉业产业集中化管理。

一是将上海梅林的管理权自光明国际调整至集团直接管理，打造以上海梅林为主体的肉业一体化产业平台。

二是将香港万安业务板块和农牧科技的管理权调整至上海梅林管理，并入饲料、养殖板块和物流板块，助力肉业产业发展。

三是在做好投资者关系管理的前提下，为更加全面地体现公司产业布局和实际情况，按照上市公司相关规则，完成对上海梅林实施更名为"上海光明肉业集团股份有限公司"（以下简称"光明肉业"）。此次调整完成后，光明肉业将加快推进肉业一体化，重构肉业产业链，择机吸收其他肉业资产。

（二）光明商业"一企一主业"改革

光明食品集团的商业资源众多，有1000多家终端门店、10多个商超品牌，合计从业人员6000余人，但分散于各级子企业，所涉企业数量多，如上海良友金伴便利连锁有限公司（以下简称"良友便利"）主要经营商超便利零售业务和餐车运营，农工商超市（集团）有限公司（以下简称"农超集团"）主要经营超市便利零售业务、商业地产运营及酒店服务业和仓储物流服务业，上海第一食品连锁发展有限公司（以下简称"第一食品"）主要经营特色零售和批发业务，上海申鲜物流有限公司（以下简称"申鲜物流"）主要提供配送服务等。这些企业普遍存在商业供应链体系松散、商超品牌同质化竞争、商业经营终端总体经营效益不佳等问题。改革采用管理权调整先行的方式，集聚集团商业资源，发挥协同效应。

一是将子公司糖酒集团下属全资子公司上海瑞泰静安酒店有限公司翻牌成立上海光明商业供应链有限公司（以下简称"光明商业"），作为光明食品集团商业资源聚合的重要平台。

二是将良友便利、农超集团的管理权调整至光明商业管理，整合 C 端渠道，实现良友、好德、可的、农工商超市等终端门店统一管理，避免同质化竞争。

三是将第一食品的管理权调整至光明商业管理，整合终端门店，将第一食品作为重要的商业资源统一管理。

四是将申鲜物流的管理权调整至光明商业管理，与农超集团旗下好德物流进行整合，启动集团供应链所属物流仓储板块整合的第一步探索。

三、改革成效

构建光明商业后，积极搭建"根据地＋野战军模式"，实施事业部制改革，探索同业集中运营，同时建立商贸供应链一体化生态。一是全力推进商业全渠道终端融合，推进止血造血，盘活终端，落实超市减亏灭亏，打造"光明好选"系列产品，提升商品力。二是供应物流体系完善，打造多个集采整合平台，优化物流动线，降本增效。三是构建大数据平台，打通业财网络、供应链网络等，以数据支撑业务发展。预计光明商业五年主业利润增加 134%。

光明肉业 2024 年上半年经营业绩基本稳定，平抑了全球经济动荡冲击。一是上游端饲料板块完成整合，养殖板块通过管理提升、精益运营等手段及行业复苏，营收取得增长，亏损大幅收窄，减亏 2 亿元，净利润同比上升 34.25%。二是在下游聚焦渠道变革，以铺货、一店一策、强化线上拓展、特殊渠道客户开发等方式推动 C 端转型。三是研发投入进一步加强，2024 年上半年共上市新品 167 项，储备新品 58 项，申请专利 31 项。四是境外分销板块通过肉业一体化协同发展，上半年营收同比上升 3.45%。未来光明肉业将通过"渠道、产品、品牌、生态"四大增长驱动引擎打造肉业板块新质生产力，全力加速推进肉业产业一体化全产业链路发展，目标五年达成 500 亿元营收，成为全链条竞争力上海第一、长三角前三的肉业领军企业。

29

人才强企助力改革提升

上海交易集团有限公司

一、基本情况

2023 年 9 月，上海市委、市政府决定在上海联合产权交易所的基础上组建上海交易集团有限公司（以下简称"上海交易集团"）。上海交易集团坚持专业化、市场化、数字化、绿色化、国际化发展方向，努力建设成为全要素市场化配置服务集成商、全国要素资源市场排头兵、上海城市功能新名片。上海交易集团交易领域涵盖国有产权、公共资源、碳排放权、区域性股权、金融产权、知识产权、农村产权、非公产权，是全国交易量最大、覆盖面最广、影响力最强的要素和资源交易机构之一。

二、经验做法

上海交易集团为增强集团核心功能、提升企业核心竞争力，服务上海强化"四大功能"和"五个中心"建设，制定集团《改革深化提升行动方案（2023—2025 年）》，配套制定《人才发展和干部队伍建设三年行动计划（2024—2026 年）》，努力建设综合性全要素交易领域人才高地，打造素质优良、专业过硬、结构合理、充满活力的高素质人才队伍，服务集团高质量发展。

（一）实施"五个专项行动"

一是聚焦管理人才队伍实施继任者专项行动。上海交易集团规范建立职数管理机制，明确继任岗位标准体系，采取"滚动进出"的方式动态确定储备人选，建立充足的、多梯队、多梯次的人才管道，好中选优确定继任者。

二是聚焦管理人才队伍实施高素质专项行动。上海交易集团开展任期综合考核评价，完善干部教育培训体系。加大干部交流培养力度，形成"之字活水"培养模式，增进纵向（总部与子公司间）、横向（不同单位间）交流，完善"上派下挂外联内跨"机制。

三是聚焦业务专才队伍实施创先争优专项行动。上海交易集团聚焦业务体系，培养具有行业影响力的集团业务领军人才，不断提升人力资源经济效能。推进平台协同集成，进一步优化薪酬资源配置方案，体现工资总额增长与年度业绩考核充分挂钩。

四是聚焦数科人才队伍实施科学匠心专项行动。上海交易集团配置集团数字科技领军人才，推进数字化转型中心建设，数字科技（以下简称"数科"）人才队伍年优化率三年达到30%以上。优化数科复合型人才发现机制和培育机制，做强"科技赋能大赛"品牌，以赛促进培育复合型团队。

五是聚焦年轻人才队伍实施高潜开发专项行动。上海交易集团加强优秀年轻人才培养顶层设计和管理，完善优秀年轻人才梯次培养体系和路径，加大年轻人才轮岗交流、基层历练和工作专班等培养力度，开展"学习""实践""辅导"三线结合的个性化、系统性、多元化的人才培养工作。

（二）打造"四支队伍"

一是打造具有企业家精神的管理人才队伍。上海交易集团通过实施继任者和高素质两个专项行动，打造一支"素质过硬、能力过硬、作风过硬、结构合理"，具有企业家精神的管理人才队伍。干部综合素养明显提升，复合经历干部明显增多，干部作风明显改进，推动干部下的力度明显增强。

二是打造具有创优精神的业务专才队伍。上海交易集团通过实施业务专才创先争优专项行动，打造一支"业务精湛、视野开阔、素质综合、效能突出"，具有创优精神的业务专才队伍。具有行业影响力的集团业务领军人才和专业带头人竞相涌现，业务专才技能水平整体提升，跨岗交流成为常态，人均经济效能实质提高，市场竞争力得到增强。

三是打造具有工匠精神的数科人才队伍。上海交易集团通过实施科学匠心专项行动，打造一支"执着专注、追求卓越、精益求精、集智攻关"的高水平数科人才队伍。扎实开展数科人才引、用、育、留等工作，在关键核心技术和领域培育一批青年科技英才和具有行业影响力的创新团队。

四是打造具有高潜特色的年轻人才队伍。上海交易集团通过实施高潜开发专项行动，打造一支"素质优良、潜力突出、国资情怀、勇攀高峰"，具有高潜特色的年轻人才队伍。实施动态优化管理，后备梯次规模及质量配备良好，年轻人才经历及年龄结构有效改善，年轻人才政治素质和治企能力快速提升。

（三）深化"三能机制"

一是干部能上能下，畅通干部上下渠道。上海交易集团编制印发《推动干部能上能下实施细则》，明确5类21种不适宜担任现职情形。2024年因不适宜担任现职被调整的干部5人，占比6.58%。

二是员工能进能出，塑造良好用工文化。上海交易集团编制印发《推动员工能进能出实施细则》，通过优进绌退，鼓励员工在适当压力下竞争成长。2024年员工退出34人，占比5.62%。

三是薪酬能增能减，形成贡献价值理念。上海交易集团在绩效考核全覆盖基础上，通过对接工资总额管理和绩效分配制度，引导集团多劳多得、少劳少得内部定价机制的形成。

三、改革成效

一是深化改革提升更加有力。上海交易集团聚焦集团战略目标和改革发展中心任务，系统谋划干部人才队伍建设，优化集团化管控模式，通过"转思维、转职能、转作风"，推动集团"二次创业"，业务规模和市场影响力显著提升。

二是人才发展体系更加完善。上海交易集团坚持立足长远赋能发展，通过制订《人才发展和干部队伍建设三年行动计划（2024—2026 年)》，配套相应制度和举措，干部人才工作体系和体制机制进一步健全，为全方位培养、引进、用好人才，加快建设综合性全要素交易领域人才高地奠定坚实基础。

三是企业发展活力更加充沛。上海交易集团通过深化落实"三能机制"，激励约束效用明显提升，员工干事创业的精气神进一步增强。通过"非凡雇主"引才品牌、"交易骐骥"选才品牌、"创新之翼"塑才品牌等人才品牌建设及后备人才储备，为创新发展注入源头活水。

30

健全"选管考服"工作体系
不断提升外部董事工作科学化规范化
精细化水平

江苏省政府国有资产监督管理委员会

一、基本情况

近年来，江苏省政府国有资产监督管理委员会（以下简称"江苏省国资委"）深入实施国有企业改革深化提升行动，聚焦外部董事履职作用充分发挥，聚力建立健全省属企业外部董事"选管考服"工作体系，不断提升外部董事工作的科学化规范化精细化水平，有效提升国资监管和企业治理效能。监管企业集团层面外部董事配备"外大于内"动态全覆盖，截至目前共选配外部董事40人，其中专职17人、兼职23人。现有外部董事中，具有十年以上大型企业直接经营管理经验的占比38%、具有十年以上国资监管或经济研究经历的占比70%、具有十年以上相关行业从业经历的占比64%。

二、经验做法

（一）建立健全选聘任用体系，把好外部董事"入口关"

一是坚持需求导向。江苏省国资委根据企业发展战略和业务特点，对标行业龙头、对照主责主业、对表"十四五"发展规划，科学分析研判企业董事会建设需求，"一企一策"抓好选配工作。来源结构上，每家企业董事会选配 1~2 名专职外部董事，建立联系出资人的重要纽带；选配 1~2 名担任过中央企业、省属企业领导职务的外部董事，增强参与重大项目的决策能力；选配 1~2 名来自高校、律师事务所、会计师事务所的外部董事，拓宽重大问题的研究视野。

二是坚持专业导向。江苏省国资委将专业能力和履历背景作为重点考虑因素，努力实现专业互补。每家企业董事会外部董事配备专业上实现"3+X"，"3"为熟悉主业、财务、法务各 1 人，"X"为视企业实际情况拓展选配金融、投资、管理等领域专业人才。

三是坚持从严导向。江苏省国资委注重储备源头从严，遴选政治素质好、专业能力优、敬业精神强的人员充实外部董事人才储备库。注重选配过程从严，从政治素质、专业素养、工作业绩、社会信用等方面综合分析外部董事拟任人选的胜任能力，对失信者"一票否决"。

（二）建立健全日常管理体系，扣紧从严管理"责任链"

一是完善任职培训机制。江苏省国资委结合年度外部董事工作座谈会，邀请上级国资监管机构、深交所等专家，安排业务处室主要负责人，就需要外部董事重点掌握和关注的国资监管政策和企业改革发展要求进行解读，以会代训、答疑解惑。

二是完善报告工作机制。江苏省国资委围绕报告工作这一外部董事履职关键环节，要求外部董事提交董事会会议报告、专项报告、综合报告和请假报告。

三是完善履职跟踪机制。江苏省国资委通过建立"两本账"，强化过程跟踪和管理。一本为外部董事履职纪实台账，由企业记录外部董事参加会议、发表意见、开展调研、参加培训、提供咨询意见等方面情况；另一本为外部董事报告工作纪实台账，主要记录外部董事报送有关报告的情况。

（三）建立健全考核评价体系，用好激励约束"指挥棒"

江苏省国资委在考核内容上做到"四个明确"。

一是明确考核时机，分为年度考核和任期考核。

二是明确考核重点，主要围绕行为操守、能力素质、勤勉程度和履职贡献 4 个方面进行考察，并据此深入考核 12 项分要点。

三是明确考核流程，将考核评价工作分为提交工作总结、整理履职台账资料、组织实施考核评价、研究审定考核结果、反馈考核评价意见 5 个步骤。

四是明确"不称职"的红线，对"不称职"的 8 种情形作出刚性规定。结果运用上实现"三个挂钩"。与续聘挂钩，考核评价结果为"不称职"或者连续两个年度考核评价结果为"基本称职"，经认定确实不能胜任的外部董事，予以解聘。与津补贴和薪酬挂钩，对于兼职外部董事，考核优秀的在原有津补贴基础上给予一定奖励，称职的全额发放，基本称职和不称职的分别按一定比例扣减；对于专职外部董事，其薪酬根据考核评价结果发放。与责任追究挂钩，明确了责任追究的 5 种情形和 4 种方式。

（四）建立健全支撑保障体系，织密履职赋能"服务网"

一是以制度管长远，持续完善"1＋N"制度体系。近年来，江苏省国资委以《江苏省省属企业外部董事管理办法》为纲，陆续制定了《江苏省省属企业外部董事考核评价暂行办法》《关于加强省属企业外部董事履职支撑服务的工作方案》等配套制度文件 10 项，形成工作指引"政策包"、履职赋能"工具箱"。

二是以联动提效能，持续优化"双轨道"服务保障。省属企业着力做好保障知情权、落实董事会召开规定、提升日常服务水平、配合外部董事召集人工作和规范董事会机构人员配备 5 个方面的具体工作；江苏省国资委通过及时传达政策文件、制定外部董事履职指南、完善外部董事例会和谈心谈话制度、畅通沟通联系途径、规范工作处置流程和完善津补贴保障等具体举措，进一步优化了政策指导、工作联系、咨询服务、基础保障等机制。

三、改革成效

一是国资监管更加灵敏高效。外部董事年均研究议题 4340 项，依据外部董事提交的报告，年均编制《外部董事履职情况简报》160 余期，将外部董事的意见建议和反映企业的重大风险隐患，交企业或江苏省国资委职能处室分析研判、落实整改，进一步强化监管。5 年来，共有 134 项议案被否决或缓议。外部董事通过组团、直插项目一线、"解剖麻雀"等方式深入企业调研，年均提交专题调研报告 129 份。

二是企业治理更加科学规范。随着外部董事队伍不断建强和外部董事工作不断加强，江苏省国资委持续促进以董事会建设为重点的现代国企治理工作。省属企业董事会运作日渐顺畅和规范，议案材料的准时送达率接近 100%，大部分企业建立了董事会决议跟踪落实及后评价机制，发挥了较好作用。

31

完善公司治理 提升运营质效
以强有力党的领导推动市场化运营

江苏省政府国有资产监督管理委员会

一、基本情况

江苏省政府国有资产监督管理委员会（以下简称"江苏省国资委"）党委管理的省属企业共有基层党组织 3537 个、党员 50670 名。近年来，江苏省国资委深入实施国有企业改革深化提升行动，指导督促省属企业旗帜鲜明贯彻"两个一以贯之"，认真做好加强党的领导和完善公司治理有机统一这篇大文章，在加快完善现代企业制度中提升管理效能，全面彰显了党委把方向、管大局、保落实的领导优势。省属企业积极推动党建工作与改革发展深度融合、互相促进，不断提升运营质效，确保党组织发挥作用组织化、制度化、具体化，以强有力党的领导推动实现高质量市场化运营。

二、经验做法

（一）进一步明晰党委发挥领导作用的实践路径

江苏省国资委指导省属企业结合修订公司章程，将坚持党的领导及重大经营管理事项前置研究具体要求写入公司章程，维护党组织在公司法人治理结构中的法定地位。坚持和完善"双向进入、交叉任职"领导体制，结合省属企业党委集中换届，各企业均落实党委书记、董事长"一肩挑"要求，全部配齐专责抓党建工作的专职副书记。适当增加党委班子成员和董事会、经理层之间交叉任职比例，有效保障党组织作用有效发挥。指导企业修订"三重一大"决策制度实施办法，制定党委会、股东会、董事会和总经理办公会议事规则，突出党委的把关作用和董事会的重大经营管理事项决策主体定位。在深化国有企业改革中落实党的建设"四同步""四对接"要求，坚持业务发展到哪里、党组织就跟进建设到哪里，做到应建必建、全面覆盖。近年来新组建的省属企业均同步建立党组织。

（二）着力提升省属企业党委前置研究讨论重大经营管理事项质效

江苏省国资委指导省属企业根据《江苏省国有企业党委前置研究讨论重大事项规程示范文本（试行）》，分层分类修订党组织前置研究讨论重大经营管理事项清单，提升前置把关质量水平。截至 2024 年 12 月底，设立党委的 220 家各级企业中，165 家已动态优化党委前置研究讨论重大经营管理事项清单。推动省属企业党委坚持决策质量和效率相统一，做实前置研究讨论重大经营管理事项，有效发挥实质性把关作用。2023 年以来，省属企业集团公司共召开党委会 867 次、前置研究重大经营管理事项 1488 项，其中否决 8 项、要求进一步研究完善 183 项，确保了党委前置研究的实质性。指导企业严格规范前置研究程序，制定前置研究讨论具体流程，对议题组织、会前准备、会议通知、会议召开、意见提出、会议记录、存档归档等环节作出明确要求，推动前置研究程序制度化、规范化、具体化。指导企业完善工作保障机制，党委会前置研究后，相关部门及时将党委意见反馈给董事会或经理层成员，确保党委意见得到落实和体现。江苏省国信集团将前置研究事项细化为 31 条具体内容，并对投资、大额资金调动使用、资产处置、资产损失核销等事项的前置研究讨论标准进行了具体量化；同时，强化制度刚性执行，将党委前置研究流程嵌入 OA 系统，实现全流程线上闭环管理。

（三）完善党的建设成效评价考核和经营业绩考核有机融合机制

江苏省国资委充分发挥考核"指挥棒"作用，制定年度省属企业党的建设成效评价考核实施方案，单独设置"推动党的领导融入公司治理制度化规范化程序化"这一指标，既考党建工作"有没有"，也考融入生产经营"深不深"，引导企业持续推进党的领导与公司治理有机统一。从2021年开始，已连续四年组织开展党的建设成效评价年度考核，根据现场了解和日常掌握情况，与企业领导班子综合考评、经营业绩考核结果对比验证，进一步提升考核的精准性和公允度。

三、改革成效

近年来，省属企业通过在完善公司治理中加强党的领导，深入促进党建工作与生产经营深度融合，在加快推动国企改革中彰显党建优势。

一是治理结构更加合理。省属企业党委更加注重谋全局、议大事、抓重点，坚持有所为、有所不为，做到该议的不缺位、不该议的不越位，同时避免直接成为生产经营的决策和指挥中心，形成了权责法定、权责透明、协调运转、有效制衡的法人治理结构。

二是决策质效不断提升。各治理主体议事程序不断优化，党委会与董事会、经理层办公会实现无缝衔接、运转协调，进一步提高决策效率，同时确保企业重大事项、大额投资符合党的路线方针政策和江苏省委、省政府决策部署。

三是改革成果逐步彰显。省属企业基层党组织充分发挥政治功能和组织功能，切实把党建优势转化为企业创新优势、发展优势、竞争优势，高质量完成江苏省委、省政府赋予的重大使命、交办的重大任务。2024年，江苏省国资委监管企业实现营业收入4596亿元、利润总额581.3亿元，经营质效走在全国前列。

32

加强创新政策供给　增强人才激励保障
出台省属企业科技创新激励政策"30 条"

浙江省人民政府国有资产监督管理委员会

一、基本情况

浙江省人民政府国有资产监督管理委员会（以下简称"浙江省国资委"）监管 17 家省属企业，所属各级企业 3272 家、职工 23.9 万名。截至 2024 年底，浙江省资产总额或营业收入千亿级国企 69 家、上市公司 79 家、世界 500 强 4 家、中国 500 强 9 家、国务院国资委世界一流"双示范"企业 6 家。近年来，浙江省国资委持续强化企业创新主体地位，深入开展全省国企打造原创技术策源地行动，加强政策研究供给，采取超常规手段打通科技创新激励和人才"引育留用"全链条全流程，有机集成科技创新、人才支撑支持政策，研究制定 30 条"硬核、解渴"的科技创新激励保障举措，推进省属企业科技创新、人才引育工作不断取得新成效。

二、经验做法

（一）强化政策供给，用好考核分配"工具箱"

一是加强考核引导。浙江省国资委将科技创新、人才发展纳入年度综合考核，优化设置研发投入、技术攻关、创新平台、人才工作等指标，

"一企一策"制定省属企业高质量发展绩效任务书，引导省属企业聚焦云计算、人工智能、生物医药、数字信创等重点领域和赛道，遴选培育一批重点企业，攻关突破一批核心技术。

二是加强考核激励。浙江省国资委聚焦关键核心技术攻关、打造原创技术策源地和培育战略性新兴产业三大关键环节，给予考核加分、投入加回、工资单列、专项支持、特别奖励等"一揽子"顶格支持政策，真正让能创新、会创新、真创新的企业享受到政策优惠。对企业科技创新、发展战略性新兴产业取得重大进展或重大成果的在考核中给予加分奖励。对纳入关键技术攻关清单的研发费用在2024年、2025年分别按照180%和200%视同利润加回。对获取原创技术或培育战略性新兴产业的企业设定培育期，给予经营亏损考核豁免；培育期内实现利润的按150%计入考核利润。

三是加强分配支持。浙江省国资委对承担国家重大科技项目的企业，依据规定给予工资总额专项支持。指导企业根据经营特点和实际情况，选择上市公司股权激励、国有科技型企业股权和分红激励、项目跟投、超额利润分享、虚拟股权等激励工具。推动科技成果转化收益分享，探索建立科技成果转化奖励机制。

（二）加强人才队伍建设，激发创新"动力源"

一是加大人才考核力度。"一企一策"制定企业年度人才任务考核目标。探索多元化人才引育方式，鼓励拓宽柔性引才渠道，赋予战略性人才引进"一人一策"自主权。

二是完善知识价值导向的分配政策。加大对应用基础研究骨干人才薪酬分配倾斜力度，对外部引进的高端稀缺科技人才采用市场化对标等方式确定薪酬，组合运用短期与中长期激励、物质与精神激励相结合的综合激励方式。

三是完善科技人才评价机制。畅通人才"H"型发展通道，建立健全科技创新人才晋升双向通道。完善高层次人才服务保障体系，提高科研骨干企业年金分配比例，加大人才退休养老保障力度。

（三）健全平台建设与容错免责机制，打通创新"中梗阻"

一是加强平台载体建设。浙江省国资委系统整合省属企业高能级科创平台资源，加快白马湖实验室、浙江省飞机复合材料技术创新中心、浙江省高端化学品技术创新中心、浙江省中医药创新发展联合体等存量平台建设，支持有条件、有能力的省属企业新建高水平研发机构和创新平台。提升平台创新资源禀赋和创新策源能力，打造人才、技术、平台等创新资源高密度集聚区，加快形成体系完备、产业领先、协同高效的省属企业创新生态圈。

二是创新容错免责机制。完善在依法依规、权责匹配、勤勉尽责、未谋取不正当利益的前提下，对科技创新过程中未达到预期目标或形成正常的损失免予追责，在经营业绩考核与薪酬核定时不作负面评价。积极营造鼓励探索、宽容失败、开放包容的创新生态，鼓励科研人员心无旁骛做研究、搞创新、出成果。

三、改革成效

一是科创成果竞相涌现。2024 年，全省国企获浙江省科学技术奖 30 项。省属企业牵头或参与省"尖兵领雁"科技计划项目 39 个，完成研发投入 116.2 亿元，同比增长 13.1%，重点制造与创新类企业研发投入强度达 4.07%。

二是布局结构不断优化。2024 年，省属企业完成战略性新兴产业投资 489 亿元，同比增长 16%，占总投资比重 23.6%；新增国家专精特新"小巨人"企业 6 家、浙江省"雄鹰企业" 4 家、浙江省级以上"链主"企业 4 家。

三是推进人才兴企，人才支撑不断扎实。2024 年，省属企业新引育高层次人才 979 名，新增国家海外高层次引才计划、省级人才计划人才各 9 名，新增杰出工匠 8 名。

33

大力实施战略性重组和专业化整合
持续提升国有资本配置效率

安徽省人民政府国有资产监督管理委员会

一、基本情况

安徽省人民政府国有资产监督管理委员会（以下简称"安徽省国资委"）监管省属企业 30 家，其中农业类 1 家、工业类 12 家、建筑业类 2 家、贸易类 1 家、投资及金融类 7 家、社会服务及其他类 7 家，从业人数 49 万人，是全省经济社会发展的重要支撑力量。近年来，安徽国资省企坚持突出主业、聚焦实业，把实施战略性重组和专业化整合作为优化调整国有经济布局结构的重要举措，推动国有资本合理流动和优化配置，增强核心功能、提升核心竞争力。

二、经验做法

（一）加强顶层设计，绘制重组整合"施工图"

一是坚持系统谋划。安徽省国资委明确工作主线和重点方向，研究制定并印发实施《关于省属企业专业化整合的指导意见》（以下简称《指导意见》），为稳妥有序开展省属企业专业化整合提供制度支撑。

二是坚持问题导向。安徽省国资委针对一些企业主业不够聚焦、同质化发展、核心功能不强等问题，从横向、纵向、内部、产业链上下游等多维度提出整合要求、强化工作举措，增强整合的针对性、有效性。

三是坚持定期指导。安徽省国资委以《指导意见》为抓手，定期梳理专业化整合工作进展情况，指导省属企业把握重组整合的重点、节奏和力度，做到依法合规操作、积极稳妥推进，确保重点工作高标准开展、高效率推进、高质量完成。

（二）建立工作专班，当好重组整合"推进器"

一是强化统筹协调。安徽省国资委成立省属企业专业化整合工作专班，实行组长统筹抓总、牵头处室协调推进、专班成员分工落实的工作协调机制，安排专人调度跟进重组整合项目进展。

二是强化工作对接。安徽省国资委建立省属企业专业化整合联系人制度，畅通沟通联系渠道。2024 年，先后召开专题会、协调会、调度会等各类会议近 20 次，开展分析研判，协调解决问题，促进专业化整合工作高效开展。

三是强化典型引路。安徽省国资委专班梳理汇编并推广部分省属企业"一企一业、一业一企"专业化整合先进经验，指导企业打造业务清晰、管理统一、运营一体的专业化发展模式。

（三）坚持分层推进，打出重组整合"组合拳"

一是面向中央企业，完成安徽军工集团控股有限公司（以下简称"安徽军工集团"）与中国兵器装备集团有限公司（以下简称"兵器装备集团"）的战略重组，促进央地军工产业链融合发展。

二是面向省属企业集团，完成中煤矿山建设集团有限责任公司（以下简称"中煤矿建"）与煤炭工业合肥设计研究院有限责任公司（以下简称"合肥煤炭院"）重组，打造矿山建设领域综合实力领先的企业集团；组建数字安徽有限责任公司，主导推进全省数字基础设施建设、数据运营交易等；组建安徽省粮食产业集团有限公司，加强省级储备粮业务管理；组建安徽省生态环境产业集团有限公司，培育全省生态环境治理领域领军企业；实施新一轮港航资源整合，提升全省港口一体化发展水平。

三是面向省属企业子企业，组建安徽省科创投资有限公司、安徽国资国企研究院有限公司、安徽省人力资源有限公司、安徽省航空物流有限公司等一批专业化公司；指导安徽省国有资本运营控股集团有限公司将持有的安徽江淮银联重型工程机械有限公司51%股权无偿划转至安徽叉车集团有限责任公司，推动国有资本向优势企业集中。

（四）促进深度融合，释放重组整合"新动能"

一是推动整合再深化。安徽省国资委对已实施的重组整合项目进行梳理，组织开展重大重组整合后经营发展情况评估，指导企业坚持问题导向，"一企一业、一业一企"深化整合，提升发展质量。

二是推动融合更深入。安徽省国资委配优建强企业领导班子，指导中煤矿建与合肥煤炭院聚焦新的发展定位，加快在业务、机构、人员、管理、文化等方面实现全方位深度融合，倾力打造重组企业高质量发展新典范。

三是推动协同更有效。安徽省国资委聚焦打造"百亿级安徽军工"发展目标，会同兵器装备集团加快落实安徽军工集团与兵器装备集团重组协议约定，进一步发挥重组双方在战略、创新、产业等方面的协同效应。

三、改革成效

一是国有资本布局持续优化。形成"3家国有资本投资公司＋1家国有资本运营公司＋22家产业集团公司＋4家公益企业"的省级出资企业格局，主责主业更加突出，有力推动国有资本"三个集中"。截至2024年12月末，省属实体企业在涉及国家安全、国民经济命脉和国计民生等领域资产总额占比达 62.2%，较 2022 年末提高 1.3%。

二是企业战略支撑更加有力。省属企业承担了全省 30% 电力保供、40% 天然气输售任务。安徽省投资集团控股有限公司投资建成高铁里程 2662 公里，居全国前列。安徽省交通控股集团有限公司运营高速公路里程 5153 公里，占全省 90%。安徽省港航集团有限公司集装箱吞吐量占全省 90% 以上。安徽民航机场集团有限公司旅客及货邮吞吐量占全省 90%。

三是发展质量效益更加凸显。2023 年末，省属企业资产总额 2.4 万亿元，全年实现营业总收入 1.1 万亿元、利润总额 727 亿元、净资产收益率 5.5%，居全国前列。2024 年，省属企业实现营业总收入 10860.7 亿元、利润总额 802.8 亿元，继续保持平稳向好发展态势。

34

优化"选育管用"链条
打造高素质专业化国有企业领导人员队伍

安徽省人民政府国有资产监督管理委员会

一、基本情况

安徽省人民政府国有资产监督管理委员会（以下简称"安徽省国资委"）履行出资人职责的省属企业共 30 家，领导人员共 165 人。其中，19 家规模较大的企业领导班子由省委管理，领导人员 95 人；11 家规模较小的企业领导班子由安徽省国资委党委管理（以下简称委管企业），领导人员 70 人。近年来，安徽省国资委坚持把建设高素质专业化国有企业领导人员队伍摆在突出位置抓紧抓实，为省属企业高质量发展提供了坚强保障。

二、经验做法

（一）突出政治过硬这个根本，选用忠诚干净担当干部

一是严格选人标准。安徽省国资委严格落实新时代好干部标准和国有企业领导人员"20 字"要求，把政治标准作为第一标准，注重在市场开拓、科技攻关、项目一线选拔政治过硬、本领高强、敢于担当、经过重大斗争考验的优秀干部。近两年，先后开展 3 次集中干部调研。

二是严密选人程序。安徽省国资委落实"凡提四必""双签字"要求，

严格按照标准和程序做好选人工作。以年度考核、干部考察、年轻干部调研等为契机，近距离、多角度了解干部品行、实绩、经历和潜力。

三是严肃选人纪律。安徽省国资委严格执行干部选拔任用工作"十不准"，确保纪律严明、风清气正，不断提升选人用人工作质量。近两年，安徽省国资委提拔使用企业领导人员公示期间未发生信访举报，委管企业选人用人总体评分逐年上升。

（二）突出精准选配这个关键，全面优化领导班子结构

一是加大干部调整统筹力度。安徽省国资委会同安徽省委组织部制定《安徽省属企业领导人员管理办法》《关于进一步加强省属企业中层管理人员选拔管理工作的指导意见》，明确企业领导班子成员职数及任职条件，统筹推进企业领导人员交流轮岗，完善"双向进入、交叉任职"领导体制，不断增强领导班子整体功能和合力。2023 年以来，先后完成 6 家委管企业主要负责人配备，研究委管企业领导人员和省属企业外部董事任免事项 106 人次。

二是大力培养选拔优秀年轻干部。安徽省国资委坚持"年龄梯次合理、能力特点互补、性格气质相容"，开展优秀年轻干部调研，建立委管企业优秀年轻干部人才库，加大优秀年轻干部选任力度。2023 年以来，共选拔任用 6 名"80 后"年轻干部进入委管企业领导班子，其中 1 名干部担任党委书记、董事长。

三是推进外部董事队伍建设。安徽省国资委制定《安徽省省属企业外部董事选聘和管理办法》，会同安徽省委组织部从省直经济管理部门、省属企业、省属高校和科研院所中遴选建立外部董事人才库。按照"人事相宜、人岗匹配"要求，从人才库中精心选聘 40 余名专职或兼职外部董事到省属企业任职，实现外部董事配备全覆盖、占多数。

（三）突出精培细育这个重点，培养专业能力专业精神

一是突出党性锻炼。安徽省国资委坚持把党的创新理论教育贯彻到企业领导人员培养的全方位、全过程，不断提高干部"政治三力"。党的二十大召开后，第一时间分 6 批次开展省属企业中层以上经营管理人员学习贯彻党的二十大精神集中轮训，圆满完成 4000 余人的集中轮训任务。

二是强化专业训练。安徽省国资委统筹各类培训资源，围绕数字化转型、资本运作、产业转型升级、新质生产力培育、国企深化改革等方面开展务实管用培训，不断提升干部专业能力。近两年，共脱产培训省属企业领导人员 1000 余人次。

三是注重一线锻炼。安徽省国资委把有发展潜力的企业领导人员和后备干部安排到党政机关、援疆省市、重点工程、关键岗位交流挂职，注重在市场前沿、基层一线、艰苦地区培养锻炼干部。2023 年以来，选派 1 名企业干部到市辖县挂职，10 名企业干部到乡村振兴重点镇村帮扶。

（四）突出担当作为这个导向，激发干事创业内生动力

一是建立正向激励机制。在省属企业负责人经营业绩考核中，安徽省国资委对在提质增效、科技创新、转型发展等方面做出突出贡献的省属企业给予加分奖励，考核结果与薪酬挂钩，鼓励干部担当作为、敢闯敢试、敢抓敢管。

二是注重反向约束干部。安徽省国资委做好个人事项查核，及时开展涉组涉干信访举报件核查，按规定开展提醒、函询、诚勉等。2023 年以来，共给予 15 名企业领导人员党纪处分，其中，党内警告处分 10 人，党内严重警告处分 4 人，留党察看一年处分 1 人。

三是树好"能下"导向。安徽省国资委指导省属企业对受处分处理、信访举报多、岗位不胜任、年度考核垫底的班子和个人进行约谈，2023 年以来，共约谈 15 名企业领导人员，其中 5 人调整岗位。对 2 名违纪专职外

部董事进行免职，对 2 名履职不力的兼职外部董事予以解聘。推动省属企业末等调整和不胜任退出制度实现全覆盖。2023 年以来，省属企业集团层面已实际开展调整退出的企业户数占比 100%，二、三级子企业层面已实际开展调整退出的企业户数占比 70.3%。

三、改革成效

一是选人用人质量显著提升。省属企业选人用人制度机制、流程环节逐步完善，工作制度化、规范化水平稳步提升，"重实践实干实绩"导向进一步树牢。

二是干部队伍结构持续优化。委管省属企业领导班子成员平均年龄51.73 岁，45 岁及以下 10 人，占 19.61%；研究生学历 31 人，占60.79%；具有高级及以上职称 20 人，占 39.22%。

三是企业经营质效明显提升。以干部战斗力提升推动国有企业高质量发展。2024 年，省属企业经济运行主要指标稳居全国第一方阵，实现营业总收入、利润总额较上年同期分别增加 200.5 亿元、75.6 亿元。

35

抓实四个关键环节
着力推进任期制和契约化管理工作提质扩面

安徽省能源集团有限公司

一、基本情况

安徽省能源集团有限公司（以下简称"安徽省能源集团"）是由安徽省政府出资设立的国有独资公司，国有资本投资公司试点企业，负责省级电力、天然气及其他能源建设的资金筹集和投资管理，是安徽能源领域重要战略投资平台，目前拥有全资和控股二级子公司19家（含2家上市公司），职工总数约8000人，资产总额1151亿元。近年来，安徽省能源集团聚焦"安徽能源安全保障的省级队、全省能源产业结构战略性调整的主力军、实施'双碳'行动的主平台"功能定位，加快推动全面战略转型和国有资本投资公司改革，努力打造国内一流的国有能源投资集团和综合能源服务商，以及国内一流、区域领先、行业知名、具有重要影响力的国有资本投资公司。

二、经验做法

（一）承接战略目标，落实关键人员任务

安徽省能源集团紧扣公司"十四五"发展规划，明确各子公司总体战

略目标，按照成熟型、发展型、开拓型和功能型进行分类，有针对性地设定子公司经营目标，经理层成员结合公司实际和具体分工，制定"共性＋个性"的差异化考核指标，做到目标设定有挑战、目标成果可量化、目标评分易操作。通过逐级分解，子公司总体战略目标被各经理层成员有效承接，个人工作职责与重点任务在岗位聘任协议和经营业绩责任书中得到充分体现，实现集团总部和各级子公司经理层成员任期制和契约化管理"全覆盖"。

（二）厘清管控界面，压实管理人员责任

安徽省能源集团按照"权责利统一"原则，重新定位集团总部职能，调整机构设置，优化部门和岗位职责，厘清母子公司管控界面和流程规范，编制管理要素、权力责任、监管"三个清单"，构建"集团总部、平台公司、项目公司"三级管控模式，并参照经理层成员任期制和契约化管理方式，结合各管理岗位绩效考核要求，精准设定考核指标及权重，明确各级管理人员责任落实。集团总部及子公司各级管理人员签订"任务目标责任书"和"岗位聘任协议"，全面实施任期制和契约化管理。

（三）加强考核激励，刚性兑现奖优罚劣

安徽省能源集团突出高质量发展要求，始终以业绩为核心，从经营绩效、投资发展、综合管理和风险约束4个维度设置考核指标，将行业对标和穿透分析贯穿始终，通过KPI考核有力拉开得分差距。以价值创造为导向，引入净资产收益率考核系数、绩效年薪调节系数，根据各子公司经营规模、管理幅度、效益规模、盈利能力及市场竞争程度、经营风险控制等因素差异化核定其主要负责人薪酬水平。2023年严格按照年度业绩考核结果兑现2022年度绩效薪酬，同比降薪幅度最大者达60.85%，同级经理层薪酬最高者与最低者差距达3.8倍。

（四）强化结果运用，落实退出调整机制

安徽省能源集团《集团公司经理层成员任期制和契约化管理办法》明确了"双达标＋五种情形"的退出条件，要求业绩考核和综合考评均要达标，对年度考核结果不过关、任期考核结果不合格、综合考评不称职、违规经营投资和不适合继续工作的终止任期、给予解聘。集团系统各单位全面建立任期制和契约化管理相关制度，健全完善"有任命就有任期、不称职就要调整"的工作机制，强化退出机制管理，考核结果不仅让收入"能高能低"，还让职务"能上能下"。

三、改革成效

一是注入"强心剂"，经营业绩持续增长。安徽省能源集团各级经理层的创效积极性有效调动，高质量发展态势进一步稳固。2023年，集团资产总额首次站上千亿台阶，利润总额首次突破50亿元，项目投资首次达到200亿元并连续三年创历史新高。"十四五"以来，公司旗下上市公司安徽省皖能股份有限公司（股票简称"皖能电力"）市值年均增幅16%。截至2024年底，安徽省能源集团实现营业收入372亿元，利润总额54.5亿元，较"十四五"初期分别增长62%、58%。

二是打通"中梗阻"，创新发展取得突破。推动薪酬分配向承担原创性引领性科技攻关任务的单位和团队倾斜，激发企业自主创新活力。科技创新投入较"十三五"末增长6倍有余，煤电机组大比例掺氨燃烧技术实现重大突破，入选国家能源局第三批能源领域首台（套）重大技术装备项目，成为首批4个国家级绿氨示范之一。助力推动全省能源综合改革试点工作，落地全省第一座油气电氢综合能源港、建成全省第一个充电桩全覆盖县、上线全省第一个园区级能源管控平台。煤电机组大比例掺氨燃烧和能源综合改革创新案例入选国务院国资委研究中心出版的《中国国有企业践行"四个革命、一个合作"能源安全新战略案例集》。

36

明晰权责边界　优化决策流程
实施靠前指导推动董事会建设上下贯通

安徽国元金融控股集团有限责任公司

一、基本情况

安徽国元金融控股集团有限责任公司（以下简称"国元金控集团"）于 2000 年合并成立，是安徽省国资委监管的省属一级企业。主营业务范围为金融、投资与资产管理，已构建起包括证券、信托、保险、期货、股权托管交易、公募基金、私募股权投资基金、保险经纪、融资租赁等在内的多元业务体系，是安徽省内金融牌照最为齐全的投融资平台，连续多年荣获省服务地方实体经济发展通报嘉奖。

二、经验做法

（一）坚持以制度化规范化建设为主线，着力提升董事会运行质效

一是一张清单明权责。国元金控集团系统梳理党委、董事会和经理层权责范围，集成制定涵盖 109 项具体决策事项、决策主体、决策流程的"三重一大"清单，形成权责法定、权责透明、协调运转、有效制衡的法人治理结构。

二是一套机制稳运转。国元金控集团创造性增设总经理专题会作为研

究拟订董事会议案的专门机构，健全"经理层半年报告行权情况，年底集中报告董事会决议执行情况和授权评估"的"双报告一评估"机制；全面完善"1+7+3+N"公司治理制度体系，即"公司章程+议事规则+权责清单+基本管理制度"，编印并宣贯《公司治理制度汇编》。

三是一批标准提质效。国元金控集团坚持长计划和短安排相结合，年初制定董事会定期会议计划，每半月收集汇总"议题计划表"，力戒临时动议或突击上会。坚持把议题"成熟一个、报送一个"固化为会前审核的基本要求，提前送审把关。坚持严把议题时间关、质量关、程序关，制定《决策类会议议题申报管理办法》及议题材料参照模板，优化线上申报流程，做到"议题不成熟的不上会、程序不到位的不上会、共识不充分的不上会"。

（二）坚持以常态化长效化建设为重点，全力保障外部董事履职尽责

一是统筹推进全过程汇报沟通机制。国元金控集团创造性建立董事会会前汇报沟通机制，议题提交党委会审议之前，组织董事和议题发起部门召开会前汇报沟通会，将沟通做在前面。紧盯会后执行，将董事会决议纳入督查督办范围，建立投资项目后评价机制，确保有效监督落实。深化"年度集体沟通、日常对话交流"。

二是统筹做好常态化调研服务保障机制。国元金控集团探索建立"课题调研—成果运用—任务分解—汇报结项"常态长效机制，围绕外部董事调研报告先后召开董事长与外部董事集体沟通扩大会、意见要求办理调度会及汇报会，共商问题对策，共促意见落实，打通调研成果转化"最后一公里"。

三是统筹优化多维度信息支撑机制。国元金控集团全面开放内部办公系统，建立微信工作群，实时交流国企改革、股权投资、资产交易等最新政策要求，实时分享最新动态，及时报送各类文件，邀请外部董事参加季度经营形势分析会、重大事项专题论证会、"十四五"规划中期评估会等会议并发表意见。

（三）坚持以精细化精准化建设为基础，切实推动子企业董事会建设规范高效

一是突出靠前指导、靶向发力。国元金控集团结合工作实际，动态调整董事会应建尽建范围，下发工作提示，指导、督导各级子企业严格执行《董事会建设实施意见》及会议决策模板，确保上下贯通。

二是突出因企施策、精准授权。国元金控集团制定授权放权清单，分批分类下放 11 项职权，充分落实子企业经营主体责任。综合考虑资产规模、行权能力、管理层级等，按照"积极稳妥、分批分期、有序推进"原则，率先对五家董事会健全规范的二级子企业全面落实董事会 6 项职权，分 2 批推动各级子企业落地落细董事会 6 项职权。

三是突出层级管理、治理管控。国元金控集团聚焦投资、薪酬、风控等重点领域，建立季度通报机制。结合巡察、大监督检查，对子企业"三重一大"制度执行情况和董事会规范化建设等开展全覆盖检查。实施以公司章程为核心、以股权关系为基础、以外部董事为依托的治理型管控，组建专职外部董事队伍，修订《外部董事管理办法》，通过"日常管理＋年度综合评价"，全力推动子企业董事会建设迈入"全面提质"新阶段。

三、改革成效

一是经济效益持续攀升。国元金控集团 2023 年实现利润总额、净利润同比分别增长 7.38%、8.95%，创成立以来历史第二高水平。2024 年，实现总收入、利润总额、净利润同比分别增长 7.63%、9.87%、9.34%，总收入创成立以来最好成绩，利润总额达历史第二好水平，经营发展稳中向好。

二是创新要素加速集聚。全省首家市级"国元综合金融服务中心"在蚌埠成立，"综合金融协同服务平台"正式上线使用。所属安徽省股权托管交易中心"专精特新"专板培育企业数量居全国前列，全国第六个、中部第一个获批股权投资和创业投资基金份额转让试点资格。

三是金融底色更加鲜明。2023年以来，国元金控集团累计为安徽经济发展提供投融资1520.25亿元，招引项目89个、金额479.01亿元；为安徽1673.64万户次农户提供2834.71亿元风险保障金，奋力在服务地方高质量发展中不断壮大自身。

37

完善制度 畅通渠道 强化跟踪
以"能下"压力激发干事创业动力

淮北矿业（集团）有限责任公司

一、基本情况

淮北矿业（集团）有限责任公司（以下简称"淮北矿业集团"）始建于 1958 年，1998 年由原直属煤炭部转为安徽省直属企业，现已发展成为煤、电、化工为主导产业的大型能源化工集团。淮北矿业集团资产超 1000 亿元，年营收超 800 亿元；拥有淮北矿业、华塑股份 2 家沪市主板上市公司，资产证券化率达 90% 以上；现有生产矿井 17 对、在建矿井 1 对、化工企业 4 家，在岗员工 4.7 万人。

二、经验做法

淮北矿业集团积极开展实践研究和探索，通过破除思想藩篱、突出制度保障、规范程序方式、强化后续管理，推动管理人员末等调整和不胜任退出工作细化量化具体化。

（一）完善制度，让"下"有章可循

先后制定《中层管理人员召回管理办法》《中层管理人员退出现职管理办法》《领导人员岗位警示管理办法》等制度和规定，着力构建不

胜任干部退出制度体系。认真学习贯彻中共中央办公厅印发的《推进领导干部能上能下规定》和安徽省委《关于贯彻〈推进领导干部能上能下若干规定（试行）〉实施细则》，结合实际制定淮北矿业集团《中层管理人员能上能下管理办法》，在干部"下"的标准、渠道、程序等方面积极探索、大胆破题，列出 20 条具体退出情形，明确 5 种退出方式，严格规定 5 项退出步骤，有序推进干部"下"的制度化、规范化、常态化，坚决打通"能上不能下"的"中梗阻"，让干部"下"之有据，"下"之有方。

（二）畅通渠道，让"下"分类实施

淮北矿业集团参照"上"的程序，规范"下"的操作，以刚性的制度规范和公道的制度执行让干部"下"得心服口服。

一是严格考核集中"下"。淮北矿业集团修订《干部综合考核评价办法》，动态刷新考核指标，明确提出每年考核末位干部不少于 3%，让执行者"有底气"，让"下"的干部"更服气"。在 2023 年以来的两次综合考核中，有 22 名中层管理人员被评定为基本称职或不称职等次，45 人不确定等次，11 人退出中层管理岗位。

二是动态了解及时"下"。淮北矿业集团常态化开展领导班子运行情况调研，建立领导人员履职情况纪实正负面清单，实时掌握履职情况；制定《淮北矿业集团建立发展"赛马"机制实施办法》，分板块、分系统、分单位组织业绩赛马，季度排名通报，对连续排名末位、工作不在状态、"躺平式""侧卧式"的干部及时动用组织手段。2023 年 11 月，对 4 名中层管理人员执行不胜任退出程序。

三是严明红线强制"下"。淮北矿业集团制定《安全管理三十条红线》《经营管控十条红线》《作风建设十条禁令》，谁触线谁出局。2023 年以来，8 名中层管理人员因违反红线规定被给予降职、撤职处分。

（三）强化跟踪，让"下"稳妥落地

淮北矿业集团党委坚持严管与厚爱结合、激励与约束并重，对"下"的干部不搞"一概而论"。

一是思想上多关心。淮北矿业集团采取主动约谈、登门访谈等方式，定期对退出的干部开展"暖心回访"，跟进了解干部"下"后的思想动态和工作状况，帮助疏通思想情绪，分析原因教训，提出改进意见，让"下"的干部"打消顾虑、放下包袱、轻装上阵"。

二是管理上不放松。淮北矿业集团对"下"的干部逐人建档，制定工作目标任务和重点项目清单，坚持同等要求、同样管理、同步考核，加强跟踪管理和考察。对能力不足的人员和干部有针对性地加强教育培训，帮助他们提高认识、提升能力，把岗位调整看成新的起点，坚定信心，重新起步。对存在问题的人员和干部及时提醒教育，对不服从组织安排或无理取闹的人员和干部严肃批评处理。

三是工作上给机会。淮北矿业集团认真落实"三个区分开来"要求，合理运用容错纠错机制。对认真汲取教训，诚恳改进不足，积极努力工作，影响期满经考察符合任职条件的干部，根据德才表现和特点专长，搭建重新启用的平台，让"下得去"的干部改进后"上得来"，推动形成能上能下的良性循环。

三、改革成效

一是干事创业动力活力持续激发。淮北矿业集团通过旗帜鲜明地对庸懒散躺、推拖绕躲的人"动刀子"，坚决把在位不作为、在岗乱作为的干部调整下来。2023 年以来，先后有 15 名中层管理人员不胜任退出，"只想出彩、不想出力"的干部少了，"严于律己、主动作为"的干部多了，"不求有功、但求无过"的思想减退了，"奋发有为、奋勇争先"的

意识增强了。

二是企业规模实力持续发展壮大。2023 年，淮北矿业集团实现营业收入 812.62 亿元，利润总额 65.48 亿元，双双创历史新高。2024 年，实现营业收入 820 亿元，利润总额 56.8 亿元，稳居安徽省属企业"赛马"第一方阵。

38

打造高素质监管队伍　保障高质量改革发展

龙岩市人民政府国有资产监督管理委员会

一、基本情况

龙岩市人民政府国有资产监督管理委员会（以下简称"龙岩市国资委"）于2006年4月26日正式挂牌成立，为市政府工作部门（正处级），设立党委和纪委（2017年6月28日设立中共龙岩市纪委派驻市国资委纪检组），内设8个科室。目前监管企业共9家，其中市管国有企业6家、市国资委直管企业3家；管理层级内二、三级企业共105家。截至2024年底，市国资委监管企业资产总额1732.62亿元，所有者权益总额737.95亿元，全年实现累计营业总收入446.76亿元。

二、经验做法

2019年以前，龙岩市国资委对市属国有企业监督管理力量相对分散，监督手段也较为有限、单一。2020年以来，龙岩市国资委聚焦提升国资监管能力水平，在全省国资系统率先全面推行国资监管机构向所出资企业委派"五总师"（总会计师、总经济师、总审计师、总工程师、总法律顾问，以下统称"五总师"）制度，着力加强出资人对关系国有资产权益重大事项的监管，进一步明晰国资监管定位、补足国资监管人员空位、拓展国资监管本位，取得了显著成效。

（一）明确职责权限，为"五总师"正确履职行权提供有力制度支撑

龙岩市国资委制定印发了《所出资企业"五总师"管理办法（暂行）》，具体明确了"五总师"工作岗位的职责权限和工作责任，实现了履职行权制度化、清单化，以制度的刚性保障"五总师"的重大事项知情权、重大决策参与权，为发挥"五总师"专业知识、促进企业发展奠定了基础。以总会计师岗位为例，明确总会计师应当列席董事会会议，参加总经理办公会、职代会等重要会议，参与企业重大经营决策。为强化出资人对企业重大财务事项的监督，龙岩市国资委要求总会计师承担大额资金支付联签责任，企业大额资金支付应当由总会计师与企业主要负责人联签。

（二）规范选任程序，理顺出资人向出资企业委派"五总师"工作管理体制

龙岩市国资委积极推动龙岩市委明确市管企业"五总师"的管理体制，龙岩市国资委党委负责市管企业"五总师"具体人选的提名、推荐、考察、任免和日常教育管理，注重将政治素质过硬、专业素养较强、在实践中成长起来的良将贤才选拔到市管企业"五总师"岗位上来。采取组织推荐、个人自荐、社会公开招聘等方式，按照规定程序考察任命并委派。由龙岩市国资委党委在全市国资系统选派"五总师"，既拓宽了选人用人视野，又畅通了人才交流渠道。市管企业"五总师"作为企业高级管理人员，接受龙岩市国资委党委的领导，参与市管企业经营管理活动，享受相应的政治待遇和经济待遇。这一管理体制，既保证了"五总师"相对独立于所派驻企业，又充分激发干部的主观能动性。2020 年以来，龙岩市国资委党委共新选拔任用市管企业"五总师"17 名，全部具有相应岗位对应的高级专业技术职称，调整充实后，现有市管企业"五总师"平均年龄 46.3 岁。通过选派"五总师"，进一步树立了重品德、重才干、重担当、重实绩、重公正的用人导向，有效激励了市属国有企业广大领导干部干事创业的精气神。

（三）完善法人治理结构，全面推动"五总师"交叉兼任外部董事

为解决国企改革初期外部董事人选不足的问题，全面推动市管企业"五总师"交叉兼任一级企业外部董事（即兼任本人任职之外企业的外部董事）。龙岩市国资委按照专业经验的多元化和能力结构的互补性，合理搭配熟悉任职企业主辅业和财务、金融等方面的"五总师"担任外部董事。同时，严格遵守外部董事任职回避的有关规定，实行籍贯回避（掌握口径是董事会中同一籍贯人数不得过半），制定了任职回避的 7 种情形，全面实现了外部董事占多数的目标。各"五总师"发挥专业知识优势，并结合所兼任企业具体情况，提出企业经营决策上的专业建议意见，获得各企业的高度评价。

（四）强化督导考核，有效激励"五总师"干事创业积极性

"五总师"实行任期制，原则上 3 年为一个任期。龙岩市国资委党委对"五总师"进行考核，任期履职评价合格的，可以在本企业连任，也可以交流到其他企业任职。为保障"五总师"独立、客观履职，在同一所出资企业连续任职满两个任期的，原则上应当相互交流。建立了"五总师"工作述职制度，要求"五总师"在年度结束两个月内和任期结束前一个月内，应当向龙岩市国资委进行年度工作报告和任期述职，同时，在深入考察的基础上，由龙岩市国资委领导，机关各业务科室负责人结合述职报告对"五总师"年度履职情况进行评议。针对各总师工作岗位可能遇到的重大风险事项，龙岩市国资委还明确了应采取的处置措施和应有的响应时间。与此同时，不断探索深化龙岩市国资委机关业务科室日常联系，并督导"五总师"勤勉履职尽责，加强出资人对企业经营运作情况的了解掌握。

三、改革成效

一是国资监管队伍履职尽责的战斗力持续增强。龙岩市国资委通过向出资企业委派"五总师"，国资监管机构监管队伍力量建设得到进一步加强。"五总师"由国资监管机构任免、对其负责、统一管理的方式，有效集中、统筹了原本分散在企业内部的监管力量，进一步强化了监管机构的战斗力。

二是国资监管队伍监督管理的影响力持续扩大。龙岩市国资委通过向出资企业委派"五总师"，从财务、审计、工程、法务、项目投融资等层面进一步消除了原有的监管盲区，进一步健全完善了国资监管体系，监督的权威性、独立性得到显著加强，监督质效进一步提升。

三是国资国企高质量发展的生命力持续迸发。龙岩市国资委通过向出资企业委派"五总师"，龙岩市属国有企业改革发展活力、动力得到进一步激发，改革发展成效进一步显现。市属国企资产规模由 2020 年初的 1255.49 亿元增长至 2024 年度的 1732.62 亿元；营业总收入由 2020 年度的 324.44 亿元增长至 2024 年度的 446.76 亿元，实现跨越式增长；龙岩高岭土股份有限公司顺利在上交所挂牌上市；3 家国有企业入选"八闽国企综合改革"首批试点企业名单，4 家市属国企列为省级上市后备企业；企业主体信用等级提升成效显著，现有 10 家 AA 级及以上企业。

39

"一企一策"精准考核　激发企业内生动力

福建省投资开发集团有限责任公司

一、基本情况

福建省投资开发集团有限责任公司（以下简称"福建投资集团"）成立于 2009 年 4 月，由 7 家省属企业重组设立，是福建省属唯一国有资本投资公司改革试点，连续十五年在福建省国资委业绩考核中荣获 A 级。作为省属骨干企业，福建投资集团围绕全省发展大局和产业方向，结合自身业务特色，形成"实业 + 金融"双轮驱动发展战略，布局金融、燃气、电力、铁路、新兴产业等多板块，以发展金融产业反哺实体行业发展，充分发挥国有企业核心功能作用。

福建投资集团坚持以习近平新时代中国特色社会主义思想为指导，坚持党的全面领导，紧紧围绕国有资本投资公司改革试点功能定位，深入实施国有企业改革深化提升行动和"三争"行动，明确市场化经营机制改革的重点任务，建立健全有效的激励约束机制，努力建设具有全球视野的一流国有资本投资公司，为奋力谱写中国式现代化福建篇章贡献闽投力量。

二、经验做法

福建投资集团业务板块多，行业跨度大，传统考核使用较为统一的共性标准和量化指标无法满足对业务差异和行业特殊性的精准评估，更无法反映出权属企业的真实绩效。福建投资集团于 2023 年 5 月对权属企业负责人经营业绩考核制度进行修订，突出业绩导向和结果导向，实现"一企一策"精准考核全覆盖，推动经营责任下沉、压力层层传导、管理责任到位，强化薪酬管理与业绩考核挂钩，实现"业绩—考核—薪酬"闭环联动，充分激活权属企业专业化、市场化运营管理能力。

（一）扩大考核企业范畴，分类体系更加科学

福建投资集团按照"全口径、全覆盖"原则，2024 年度将集团全资、控股的境内外重要权属企业全部纳入经营业绩考核范畴，考核企业数量从 2022 年的 17 家增加至 26 家。

"一企一策"精准考核更加明确权属企业在集团整体战略中的功能定位，福建投资集团将权属企业分为商业金融类、商业实业类、政策类和功能类 4 个大类，针对不同类别，突出考核目的及导向。其中，商业类重点考核经济效益、营运效益和价值创造能力；政策类侧重考核政策性目标的实现情况；功能类重点聚焦在建项目进度及年度重点工作任务完成情况。2024 年纳入考核的权属企业包含商业类 15 家、政策类 3 家、功能类 8 家。

（二）突出差异化精准化，指标体系更加健全

为充分发挥考核指挥棒作用，福建投资集团将集团规划目标、发展方向等通过考核体系向权属企业传导，权属企业经营业绩考核细分为年度经营业绩考核和任期经营业绩考核。其中，年度经营业绩考核内容又进一步细分为常规考核与专项考核。

福建投资集团常规考核指标包括五大维度：经营绩效（56 项）、发展绩效（83 项）、管理绩效（130 项）、党建评议（52 项）和加减分事项（38 项）。其中，经营绩效指标聚焦"一利五率"，以实现"利润中心"向权属企业转移的目的。发展绩效指标聚焦"主责主业"，重点考核企业未来发展的战略布局，鼓励发展前瞻性战略性新兴产业。专项考核鼓励权属企业在省重点项目建设、科技创新、资产盘活、参与行业标准制定等方面多突破，目的是补短板、促转型，同时兼顾常规考核中难以涵盖的专项工作。

福建投资集团在具体考核方案中，根据企业分类的不同，科学、精准地设置差异化考核指标、权重导向和评分标准，共性兼顾个性，定量为主、定性为辅，在合理经营目标基础上，又兼具一定挑战性，激励权属企业做优"存量"、做大"增量"。

（三）强化考核结果运用，激励机制更加有效

福建投资集团权属企业负责人的薪酬由基本年薪、绩效年薪、任期激励收入、专项奖励、福利待遇等构成，结合企业分类、企业经营难度系数、企业规模等因素确定。

福建投资集团每年第一季度制定下发各权属企业当年考核指标，次年年初对其考核指标进行考评。根据年度和任期经营业绩考核结果对权属企业负责人实施奖惩，经营业绩考核结果作为权属企业负责人薪酬分配、人事考核、职务任免、岗位调整等方面的重要依据，与权属企业经理层任期制和契约化管理、薪酬管理等制度有效衔接。

三、改革成效

通过"一企一策"精准考核改革，福建投资集团权属企业经营成效评价出现显著差异。2023年经营业绩考评分数最低分与最高分相差约50%，权属企业负责人薪酬逐步拉开差距，经营效益最差与最好的企业负责人薪酬相差约25%，打破了业绩考核中的"平均主义"和薪酬兑现的"大锅饭"，真正实现"干好干坏不一样，多干少干区别大"。福建投资集团打造"一企一策"精准考核体系，用"硬杠杠"拉开收入差距，真正让考核

"指挥棒"明导向、有威力、出成效，有序推进市场化运营机制改革不断深入，向推动"能者上、优者奖、庸者下、劣者汰"干事创业环境和良好用人导向的形成迈出坚实步伐，有效激励干部队伍担当作为、勇攀高峰，为企业高质量发展贡献更大力量。

40

探索"工业上楼" 创新拓展新质生产力发展空间

福州左海控股集团有限公司

一、基本情况

福州左海控股集团有限公司（以下简称"左海集团"）于 2013 年 5 月组建，注册资本 34.46 亿元，主营业务为福州全市交通、工业及园区领域的投资、建设及运营。左海集团秉承"打造全国领先、国际一流的交产城融合创新平台"愿景，践行"铸造交通纽带、助力产业发展、筑就幸福生活"的企业使命，加快构建现代交通、标准化园区、供应链服务、协同创新四大业务板块。左海集团所属福州工业园区开发集团有限公司（以下简称"工业园区集团"）承担建设运营全市 14 个工业园区项目，2023 年承建的福兴经济开发区光电产业园一期项目成为全市首个"工业上楼"试点项目。

二、经验做法

（一）向地上地下要空间，明晰"工业上楼"路径

一是向天借地，破解"用地难"。为实现产业园区"提容增效"，工业园区集团通过"腾笼换鸟"盘活低效用地，将工厂从扁平式转为垂直式，

建造更为紧凑、高效的生产用房，有效提升土地利用效能，实现"寸土"生"寸金"。

二是政企合作，跑出"加速度"。创新"市属国企 + 属地政府"合作模式，工业园区集团与福州晋安区合作建设全市首个"工业上楼"试点项目——福兴经济开发区光电产业园一期，充分发挥国企报批快、进场快、投入快优势，有效缩短项目建设周期和招商生效周期，实现从出让到动工仅用 88 天的项目"加速度"。

三是编制指引，拓展"新路径"。工业园区集团与福兴经济开发区邀请上海、深圳专家学者及顶尖"工业上楼"设计团队，以光电产业园区一期为蓝本，编制福州市首个工业上楼设计指引——《晋安区工业上楼设计指引（试行版）》，总结提炼"环保安全 + 设备载重 + 垂直交通 + 减振隔振 + 工艺需求"五大产业要素，以及建筑层高、楼层荷载、机电设计十大大规划设计要点。

（二）向节约集约要效益，优化"工业上楼"空间

一是向新借力，提升"含金量"。通过"向上"要空间，光电产业园一期计划新建 3 幢 9 ~ 10 层高质量标准厂房，配建员工宿舍及办公楼 2 幢，土地容积率从 1.7 提升至 3.0、总建筑面积从 3.4 万平方米提升至 7 万平方米，土地亩均效益实现大飞跃。

二是以需定产，打造"定制房"。围绕光电企业生产需求，光电产业园一期项目厂房首层层高达 7.5 米，荷载 $1500kg/m^2$；二层以上层高设计为 4.5 ~ 5.6 米，荷载 $500 ~ 1000kg/m^2$，其中高楼层 $500kg/m^2$ 荷载的厂房可适应企业轻型生产、研发和节约成本的需要。

三是装配建造，践行"新理念"。光电产业园一期大量采用装配式建造，将大量的现场工作前置，预先在工厂车间生产好成品构件，再运输到施工现场进行吊装，既提高现场建造效率，还减少了对环境的影响。

（三）向产业提升要发展，激活"工业上楼"效益

一是向链借梯，重塑"空间链"。布局产业链合作，通过低租金招引光电上下游企业入驻生产，助力实体制造业实现轻资产运营，把更多的流动资金投入生产研发，打造科技创新及先进制造业集聚区，实现"上下楼就是上下游""一栋楼就是一条链"。

二是以园聚链，催化"新动能"。高效对接区域创新资源，加快创新资源导入，围绕光电产业，构建从孵化、研发、中试、生产、流通到总部的空间布局，构建完整的光电产业链条，培育新动能、改造旧动能，推动光电制造向高端跃升。

三是产城融合，释放"磁吸力"。"都市型工业上楼"不仅节约主城区宝贵的土地资源，还为培育产业、赋能产业转型升级提供充足的空间。光电产业园一期配有员工宿舍、员工食堂、员工活动室等配套设施，能满足园区日常生活需求，同时创造外部开放空间，为大规模提供优质、低成本的研发机构、产学研基地、科学家工作站等平台创造有利条件，为打造有韧性、有温度的现代园区提供支撑。

三、改革成效

一是着力破解中心城区产业用地稀缺瓶颈，促进园区新型工业化"立体生长"。遵循"适配开发"原则，立足先进制造业定制化生产需求，依托左海集团招商规划建设一体化能力，试点先行，有效破解城区土地成本过高难题，提升了土地利用效能。

二是因地制宜发展新质生产力，构建工业上楼"4＋5＋10"模式。围绕"集约用地、生产主导、产业集聚、三生融合"4大目标，按照"环保安全、设备载重、垂直交通、减振隔振、工艺需求"5大要素，综合评估上楼生产工艺，并以"平面设计、建筑层高、楼层荷载、垂直交通、卸货

场地、绿色建筑、机电设计、总图流线、排水排气及固废处理、建筑立面"十大要求，打造贴合企业生产需求的"工业上楼"载体，为福州市有序推进"工业上楼"提供可复制样板。

三是带动区域产业链上下游聚集，加快构建全链条融合示范区。围绕福兴经济开发区主导产业——光电产业强链补链延链，依托产业资源禀赋，重塑产业链空间结构，实现"上下楼就是上下游""一栋楼就是一条链"，打造从基础光电材料到器件和模块的完整产业链和配套设施，形成以高意集团、华科光电等企业为龙头，集光器件材料产业、元器件产业、应用消费产业于一体的百亿级光电产业集群。

41

学习贯彻党的二十届三中全会精神
深化体制机制改革持续激发企业发展活力

江西省国有资产监督管理委员会

一、基本情况

江西省国有资产监督管理委员会（以下简称"江西省国资委"）深入贯彻落实党的二十届三中全会精神，持续深化体制机制改革，不断激发企业发展活力。分层分类、动态优化党委前置研究事项清单，推动国有企业把加强党的领导和完善公司治理统一起来。深入开展监管企业经理层成员任期制和契约化管理质量提升专项行动，加大力度推行管理人员竞争上岗、末等调整和不胜任退出机制在更大范围落实。持续推动企业加快完善"产权清晰、职责明确、政企分开、管理科学"的中国特色现代企业制度，有效提升现代企业治理水平。

二、经验做法

（一）深入贯彻落实党的二十届三中全会精神

一是深入学习领会。党的二十届三中全会召开后，江西省国资委第一时间在党委会、党委理论学习中心组集体学习会上传达学习全会精神，结合学习国务院国资委党委书记、主任在地方国资委负责人研讨班上的讲话精神、在《人民日报》发表的文章《深化国资国企改革》精神，深刻把握全会精神的科学内涵。

二是强化高位推动。江西省委、省政府主要领导专题听取江西省国资委《关于学习贯彻三中全会精神　深化省属国企改革初步考虑的汇报》，了解国务院国资委关于深化国资国企改革的部署安排。分管副省长多次深入监管企业调研，2024年8月28日主持召开全省国有企业改革深化提升行动调研座谈会，9月9日又再次深入江西省国资委调研推进国资国企改革工作。

三是加快谋划落实。江西省国资委根据二十届三中全会精神和国务院国资委要求，进一步研究提出一批具有牵引作用和管长远的国企改革举措，形成深化国企改革的若干建议，再次向省委、省政府主要领导专题汇报，为起草省委十五届七次全会相关文件提供建议，并进一步推动形成深化全省国资国企改革实施方案。

（二）分层分类、动态优化党委前置研究事项清单

一是规范建立清单。江西省国资委制定印发《省属国有企业党委发挥领导作用前置研究讨论企业重大经营管理事项操作规程》及示范文本，明确七大类53项决策事项纳入监管企业党委前置研究事项清单，各企业结合自身实际细化制定本企业清单。

二是强化清单备案。江西省国资委要求一级企业党委前置研究事项清单与"三重一大"事项决策清单确定或动态优化调整后，及时（会议纪要印发后3天内）报江西省国资委备案；要求二、三级管理层级企业及时向一级企业报备。依托江西省国资委"三重一大"在线监管系统，组织一级企业及时上传党委会、董事会、总经理办公会相关材料，实时监测各企业落实党委前置研究情况。

三是不断深化推广。江西省国资委指导推动全覆盖建立并动态优化党委前置研究事项清单，积极探索不设党委的独立法人企业党支部集体研究把关重大事项。

（三）持续提升经理层成员任期制和契约化管理工作质量

一是科学设定目标。江西省国资委制定印发《省出资监管企业经理层成员任期制和契约化管理质量提升专项行动方案》和相关问题解答，规范完善"两书一协议"文本和考核指标目标设置。其中，经理层正职考核指标目标全面承接企业经营目标，增加企业自定的指标目标，或者在上级下达的指标目标基础上提高相应目标值；经理层副职指标分为共性指标、个性指标，个性指标根据经理层成员分工确定，商业一类企业经理层副职个性指标中定量指标权重不低于60%，商业二类不低于40%。

二是强化刚性兑现。江西省国资委优化经理层成员任期制和契约化管理配套制度体系，推动企业在制度文件中对退出条件和薪酬扣减作出条款式、可量化的细化规定。明确年度和任期经营业绩考核合格的标准线定在百分制的80分或80分以上，要求企业不得设置"保底"绩效年薪，年度经营业绩考核不合格或触发退出条件的，扣减全部绩效年薪。任期经营业绩考核不合格的，扣减全部任期激励。

三是持续深化推广。江西省国资委推动经理层成员任期制和契约化管理实施范围扩大至分公司及有实质性经营的事业部、项目部；推动实施范围扩大至企业集团中层管理人员，鼓励支持其下属企业比照实施。

（四）推行管理人员竞争上岗、末等调整和不胜任退出在更大范围落实

一是强化制度建设。江西省国资委指导督促企业持续完善管理人员竞争上岗、末等调整和不胜任退出相关制度，明确条件和程序，配套完善过程性台账，进一步规范全流程管理，强化制度执行。

二是强化以评促改。江西省国资委根据《省出资监管企业深化劳动人事分配三项制度改革评估办法（试行）》，持续开展监管企业三项制度改革专项评估，将管理人员竞争上岗、末等调整和不胜任退出实施情况作为监管企业三

项制度评估重要指标，新增员工内部流动方面的指标，将相关制度建设评估范围由企业本级扩大至二、三级子企业，督促指导企业针对评估中发现的问题积极整改。将评估结果与企业经营业绩考核挂钩，充分激发企业积极性。

三是强化业务指导。江西省国资委强化与监管企业沟通交流，赴企业开展"深化三项制度改革，健全市场化经营机制"等业务培训指导，并将江西铜业集团有限公司职位体系建设和内部人力资源市场建设形成案例印发给监管企业和设区市国资委分享学习，督促指导企业结合自身实际深化三项制度改革，更广更深落实管理人员竞争上岗、末等调整和不胜任退出制度。

三、改革成效

一是监管企业党委发挥领导作用的制度机制不断健全。截至2024年底，江西省国资委监管的已设立党委的17家一级企业（不含新挂牌成立的江西省人才发展集团有限公司、江西省数字产业集团有限公司）和135家子企业均制定了党委前置研究事项清单。2023年以来，15家一级企业已动态优化清单，占比88.24%；116家各级子企业已动态优化清单，占比85.93%。

二是监管企业市场化经营机制不断完善。截至2024年底，江西省国资委监管的675家企业已全部落实经理层成员任期制和契约化管理机制。2023年，江西省国资委监管企业经理层成员因经营业绩考核，全年绩效薪酬增幅超过20%（含）的总人数140人，占比6.54%；降幅超过20%（含）的总人数89人，占比4.15%；退出原岗位的总人数69人，占比3.22%。17家一级企业已全部实施管理人员竞争上岗、末等调整和不胜任退出。62.31%的各级子企业已实施管理人员竞争上岗，90.51%的二、三级企业已实施管理人员末等调整和不胜任退出。2024年以来，一级企业通过竞争上岗方式新聘任的管理人员总人数占比28.79%，二、三级企业占比49.73%；监管企业末等调整和不胜任退出管理人员总数占比6.21%。

42

全面构建国资国企"大监督"体系

江西省国有资产监督管理委员会

一、基本情况

江西省国有资产监督管理委员会（以下简称"江西省国资委"）深入学习领会习近平总书记重要讲话精神，认真贯彻落实党的二十大精神，全面加强国资国企监督工作，有效整合国资国企内部监督资源，结合实际探索建立"大监督"工作体系，统筹推进各类监督力量整合、程序契合、工作融合，健全以党内监督为主导，各类监督协同贯通的工作机制，打通监督合力不够、监督信息共享不充分、穿透式监督不足的"梗阻"，推动"有形覆盖"向"有效覆盖"转变，为国资国企高质量发展清障护航。

二、经验做法

（一）先行先试创新监督模式

一是探索推进。2020年，江西省国资委推动监管企业整合各类监督力量，在全国率先提出构建"大监督"体系，探索建立以党内监督为主导，各类监督协同贯通的工作机制。江西省水利投资集团有限公司率先构建"大监督"体系实施办法，结合企业实际分别建立监督工作计划管理机制、多部门联合检查机制、监督信息报送机制、部门联席会议机制和责任追究机制，并依托"大监督"体系，打造出集共享查询、综合分析、风险预警、廉情评估和动态监督功能合为一体的"1+6+N"智能化纪检监察大监督信息化平台。

二是复制推广。江西省国资委举办监管企业监督工作培训班，请江西省水利投资集团有限公司交流构建"大监督"体系的经验做法，组织监管企业赴央企学习构建多维度大监督格局的经验做法。江西铜业集团有限公司等15家企业结合实际先后出台各具特色的"大监督"工作制度和配套办法。

三是巩固深化。2024年，江西省国资委成立工作专班，充分借鉴相关省市国资委推动监督协同的经验做法，总结监管企业大监督体系运行成效和经验，研究出台《关于构建国资国企大监督体系的实施意见》，推动在江西省国资委系统全面建立"大监督"体系，推动"大监督"工作制度化、规范化、流程化。

（二）聚焦重点强化监督检查

一是开展突出问题专项治理。江西省国资委聚焦江西省属国有企业4个方面的突出问题开展专项治理，作为10个省级层面专项整治项目，抽调机关业务处室骨干力量组建专项治理工作专班，发挥专项治理工作督导组的作用，采取巡回指导、穿透式大监督、复核复查等形式督促指导各集团专项治理工作。通过6个月的集中治理，有效解决了一批严重制约国有企业改革发展的突出问题，进展成效得到中央主题教育督导组和江西省纪委省监委的肯定。

二是督导企业强化内审监督。江西省国资委牢牢把握内审监督政治定位，围绕江西省委、省政府重大战略决策部署和国企改革要求，强化内部审计监督，推动各项政策部署落实到位。聚焦权力集中、资产聚集、资金密集、资源富集等重点领域加大内部审计力度，对"三重一大"决策、大额资金管控、工程项目、境外国有资产安全、投资并购等实施穿透式审计，重点关注决策程序不规范、违规违法决策、利益输送等问题，推动企业依法合规经营。

三是开展混改问题专项核查。江西省国资委根据近年来江西省属企业混改有关问题，组织5个核查组深入企业现场核查，分析问题背后的原因，提出意见建议，压实相关主体整改责任。同时举一反三，组织开展混改企业"控股不控权"专项清理整治工作，共发现66个问题，目前正在逐一推进整改。

（三）坚持不懈抓好成果利用

一是会商研究监督情况。江西省国资委党委坚持每半年与驻委纪检监察组召开全面从严治党会商会议，听取监督工作情况汇报，通报近期监督监管发现的突出问题，研究加强和改进的措施，推动纪审联动，实现"1+1＞2"的效果。

二是健全整改长效机制。江西省国资委把问题审计摆在突出的位置，坚持以改促治、治标治本，推动查缺补漏、完善制度，举一反三强化监管。健全完善全面整改、专项整改、重点督办相结合的整改工作机制，形成揭示问题、规范管理、促进改革的完整闭环。

三是严肃开展追责问责。江西省国资委下发通知对责任追究工作进行部署，要求企业健全责任追究工作制度机制、做好重大违规经营投资问题线索查处工作。定期征集问题线索，根据收集到的线索按照干部管理权限开展初核工作。

三、改革成效

一是"大监督"工作机制基本形成。江西省国资委推动监管企业建立"大监督"工作机制，探索形成了"11435"工作机制，即成立1个大监督工作领导小组，明确 1 个大监督体系工作流程，健全完善会商沟通、联合检查、信息共享、成果运用"4 种机制"，形成年度任务、履职报告、问题整改"3 张事项清单"，强化与纪检监察、巡视、组织人事、审计、财会"5 类外部监督协同"。

二是监督检查成效明显。2023 年以来，江西省国资委持续加大对企业检查力度，通过整合企业内部监督力量，协同开展监督检查、联审联查、专项治理、内部审计等监督举措，及时整改问题、完善制度、化解风险，减少或挽回国有资产损失 42.5 亿元。

三是追责问责全面从严。江西省国资委加大对问题线索处置力度，通过自行查办、提级查办、重点督办、联合查办等多种形式严格开展责任追究。2023 年以来，江西省国资委系统开展追责项目 84 个，追责 238 人次，扣减薪酬 2161.6 万元，挽回损失 1.92 亿元，健全完善制度 1320 项。

43

重点聚焦任期制和契约化管理质量提升
突出强化评估牵引　推动三项制度
改革走深走实

江西省国有资产监督管理委员会

一、基本情况

为深入贯彻落实国有企业改革深化提升行动方案，江西省国有资产监督管理委员会（以下简称"江西省国资委"）坚持问题导向，梳理汇总前阶段三项制度改革工作的经验不足，以任期制和契约化管理质量提升专项行动为重要抓手，通过加强评估压实效果，推动三项制度改革在更广范围、更大深度落细落实，进一步夯实完善了"三能"机制，有效激发了各级管理人员和普通员工的活力动力，在推动监管企业真正按市场化机制运营上取得明显成效。

二、经验做法

（一）深入开展以"放权、扩面、提质"为主题的经理层任期制和契约化管理质量专项提升行动

"放权"，即推动企业完善党委、董事会和经理层权责清单，清晰界定、有效衔接考核分配职权；加强企业董事会薪酬与考核委员会及办事机

163

构建设，发挥好组织协调职能；推动企业梳理优化授权放权事项清单，落实下级企业董事会的考核分配职权。"扩面"，即在企业方面，扩大至分公司及有实质性经营的事业部、项目部；在人员方面，扩大至企业集团中层管理人员，并鼓励支持其下属企业比照实施。"提质"，即以规范完善"两书一协议"契约签订为主要抓手，压实各级经营管理责任，推动企业建立完善科学精准的考核指标目标设置机制，提升业绩考核与薪酬分配工作的规范化、科学化、制度化水平，推进实现经理层成员任期制和契约化管理的精准考核与刚性兑现。

一是加强统筹规划，勾画蓝图。江西省国资委按照"1＋N"的工作思路，系统推进经理层任期制和契约化管理工作。"1"即制定"1"个质量提升专项行动方案，"N"即针对不同时期存在的问题印发"N"个问题解答。在充分调研基础上，出台《省出资监管企业经理层成员任期制和契约化管理质量提升专项行动方案》，明确专项行动目标、任务要求和工作安排；印发第一期问题解答，针对前期汇总问题难点，结合专项提升行动的要求，从落实董事会考核分配职权、契约文书的接续调整、考核指标目标设置、业绩考核计分、严格退出管理和优化配套管理制度 6 个方面提出了详细的规范性意见。

二是强化制度建设，以求长效。江西省国资委推动企业优化完善配套制度体系，将相关要求和经验做法以制度文件形式细化固化，如要求对退出条件和薪酬扣减作出条款式、可量化的细化规定，对考核组织实施流程进行具体规范，清晰职责分工，为推进任期制和契约化管理质量提升提供相关制度保障。

三是加强过程管理，全程指导。江西省国资委下发《关于推动〈经理层任期制契约化管理质量提升专项行动方案〉年度工作落实的通知》，细化部署年度工作，提出了具体要求。汇总各企业修订的制度文本和"两书一协议"，研究掌握专项行动落实情况，并逐家给予优化提升建议。

（二）持续优化三项制度改革评估机制，充分发挥评估对改革工作的牵引推动作用

江西省国资委在 2022 年底出台《省出资监管企业深化劳动人事分配三项制度改革评估办法（试行）》的基础上，近年来结合新一轮国有企业改革深化提升行动要求，针对前期评估中出现的问题，调整优化指标权重，完善相关计分标准，引入第三方评估，通过持续优化评估机制，推动三项制度改革相关措施落细落实，切实起到了以评促改的作用。在制度建设维度上，按照穿透式管理要求，将评估范围由企业本级扩大到企业本级和二、三级子企业；在机制运行维度上，瞄准难点问题攻关，突出重点任务导向，加大管理人员末等调整和不胜任退出方面指标的评估指标权重；在改革成效维度上，引入"赛马"机制，将指标的计分标准优化为综合评分法，既比当前效益水平，又比相对提高进步，更为科学精确地进行改革成效评价。

一是动态优化调整评估量化指标表。江西省国资委结合改革新阶段新要求，吸收采纳相关业务处室和监管企业意见建议，调整优化量化指标和权重，进一步细化相关评分标准，提升科学性和操作性，切实使量化指标表成为衡量企业三项制度改革成效的精准度量工具。

二是发挥好第三方评估作用。江西省国资委通过政策采购，引入第三方中介评估，充分发挥其中立客观的优势。召开评估工作部署会并全程加强工作跟踪调度，为第三方进入企业深入开展工作形成较高质量评估报告创造条件。

三是强化结果应用。江西省国资委将三项制度改革评估结果与企业负责人经营业绩考核挂钩，切实提升各层级对三项制度改革的认识和重视度，以压紧压实改革工作。

三、改革成效

截至 2024 年底，88.89% 的一级企业已将经理层任期制和契约化管理范围扩至中层管理人员，并同步在下级子企业试点比照实施；《企业经理层任期制契约化管理办法》《经理层考核薪酬管理办法》等相关配套制度进一步优化完善，全面性和规范性得到提升；"两书一协议"签订进一步规范，考核目标的科学性、挑战性及考核结果的可量化性均有较大改善。通过"评估发现问题—狠抓整改落实—优化评估办法"，进一步推动企业深化三项制度改革，共梳理问题 108 个，相关问题整改率达 86.11%，一批落实不到位的改革措施在企业充分落实，激活了企业的内生动力，激发了干部员工的活力，全员劳动生产率、人工成本利润率等反映改革成效的指标均有大幅提高，管理效能和生产效率持续提升，为加快实现企业高质量发展提供了强有力支撑。

44

创新央地合作模式　形成国资发展合力助力打造具有江西特色和优势的现代化产业体系

江西省国有资产监督管理委员会

一、基本情况

江西省国有资产监督管理委员会（以下简称"江西省国资委"）聚焦发挥驻赣央企在全省航空、装备制造、石化化工等制造业重点产业的支撑作用，进一步促进央地优势互补、融合发展，推动实施江西国有企业"争链主·强集群"行动，探索引导驻赣央企与全省国资国企统一行动，形成共同推动经济社会发展的国资合力。中国稀土集团有限公司（以下简称"中国稀土集团"）、中国石油化工股份有限公司九江分公司（以下简称"九江石化"）、华润江中制药集团有限责任公司（以下简称"华润江中"）等驻赣央企持续加大与地方国资国企的合作力度，深度融入地方产业发展格局，落地了一批产业布局、科技创新、数字化转型、重大基础设施建设等领域的重大项目，为江西省现代化产业体系建设提供了有力支撑。

二、经验做法

2023年9月，习近平总书记在主持召开新时代推动东北全面振兴座谈会时强调："创新央地合作模式，促进央地融合发展，更好带动地方经济发展。"江西省国资委推动实施"争链主·强集群"行动，动员引导省属国企、驻赣央企、市县国企，紧紧围绕江西省制造业重点产业链现代化建设"1269"行动计划，纵向、横向联动融合发展，充分发挥国有企业在现代化产业体系建设中的战略引领和支撑作用。

（一）因地制宜，完善促进央地合作的制度体系

一是开展实地调研。江西省国资委先后赴华润江中、航空工业江西洪都航空工业集团有限责任公司、九江石化、江西蓝星星火有机硅有限公司等驻赣央企和省、市国企进行实地调研，全面了解全省国有企业在江西省12条重点制造业产业链上的布局和发展情况。

二是制定工作方案。江西省国资委根据调研情况制定了《江西国有企业"争链主·强集群"行动方案（2023—2026年)》，明确了"争链主·强集群"行动的目标任务，即推动中国稀土集团、九江石化、江西铜业集团有限公司（以下简称"江西铜业集团"）、江西钨业控股集团有限公司（以下简称"江钨控股集团"）、江铃汽车集团有限公司（以下简称"江铃汽车集团"）等全省各级国有企业在江西省现代化产业体系建设和"1269"产业布局中争当产业链建设重点企业，加大产业投资、科技创新、数字化转型力度，引领增强产业集群水平，有效带动产业链其他所有制企业高质量发展。

三是建立保障制度。江西省国资委建立协调推进和对口联系制度，梳理全省国有企业发展需求和困难，形成39项企业发展问题清单，"一企一策"分类进行研究，逐一明确落实举措、责任部门、完成期限等，推动问题及时快速解决。

（二）上下融合，推动各级国有企业形成发展合力

江西省国资委坚持以驻赣央企党建关系为纽带、以产业项目合作为载体、组织开展党建工作座谈会、产业对接会、产业调研等多种形式的交流对接活动，进一步深化各级国有企业之间的交流合作，共同为产业链高质量发展作出国资国企贡献。

一是组织专题培训。江西省国资委开展"争链主·强集群"专题培训，邀请驻赣央企、省属国企、市县国企参与，从科技创新、产业投资、风险控制等各方面，提升国有企业业务能力，深化全省国有企业交流。

二是组织交流活动。江西省国资委开展"党建领航　在赣国企同谋发展绘新篇"等党建座谈活动，持续推进党建与业务深度融合。常态化开展全省国有企业数字化转型现场推进会，深化三级国资国企交流合作，总结推广江西铜业集团贵溪冶炼厂、九江石化等国家级"数字领航"企业的成功经验。

三是探索交流机制。江西省国资委探索建立各级国有企业资金、人才、技术等共享机制，推动全省国有企业加强科技合作交流，积极共建国家级、省级科技创新平台，实现融合发展。

（三）引链强群，促进国有企业深度融入地方经济发展

根据各设区市战略定位和产业布局需求，江西省国资委组织全省国有企业以产业和项目为载体，开展"省企入昌助力省会引领战略""支持九江打造长江经济带重要节点城市"等系列活动，推动国有企业在各设区市落地一批重点项目，深度融入地方经济发展。

一是融入地方产业布局。江西省国资委推动江西铜业集团、中国稀土集团、九江石化、江铃汽车集团等国有龙头企业，牵头梳理产业链堵点、断点环节，加大重点领域投资布局强链补链项目，持续提升产业链韧性。

二是强化科技引领带动。江西省国资委推动全省国有企业，牵头开展行业技术供需对接活动，推动产业链技术需求和科技成果有效对接，带动中小企业融通创新。充分发挥国有数字技术服务企业、工业互联网平台、

行业数字化转型促进中心等平台的作用，为中小企业数字化转型提供切实有效的解决方案。

三是发挥资本撬动作用。江西省国资委发挥国有资本运营平台及现代产业引导基金作用，加强与地方政府、产业链建设重点企业、园区的资源协同合作，带动一批"专精特新"瞪羚、独角兽等高成长性科技型企业落地江西。

三、改革成效

一是推进了国企之间的项目合作。江西省属企业与驻赣央企、设区市国资委之间的产业合作进一步深化，江西铜业集团与鹰潭市国有企业合作推进华东电工材料项目，项目投资 12.57 亿元，年设计产能 5 万吨，其中扁线 3.8 万吨、圆线 1.2 万吨，其产品广泛应用于新能源汽车、光伏及风力发电、电力变压器、5G 等相关领域，项目达产达标后，可实现年销售收入 100 亿元。江钨控股集团与中国稀土集团合作拟在中国稀金谷建设行业首个万吨级离子型稀土分离示范项目，进一步发展壮大稀土产业。

二是深化了与地方经济的协同。江西省国资委与九江市共同举办"江西国有企业助力九江高标准建设长江经济带重要节点城市"活动，会上签约项目 57 个，投资金额 988.54 亿元（其中产业类项目 49 个，投资金额771 亿元）。联合鹰潭市举办 2024（第三届）中国铜产业科技创新大会，推动江西铜业集团主动参与鹰潭打造国家级铜基新材料先进制造业集群项目，举办 2024 先进铜功能材料产业集群发展暨铜产业链"百场万企"供需对接大会，联合牵头成立先进铜功能材料产业联盟，推动产业链、供应链、创新链深度融合。

三是强化了对产业链的支撑。江钨控股集团积极融入钨和稀土产业集群，加快推进赣州江钨产业园、华茂年产 5000 吨偏钨酸铵、15000 吨氧化钨搬迁技改项目等重点项目建设。江西省国有资本运营控股集团有限公司依托江西省现代产业引导基金，积极探索"链主＋基金"模式，与晶科能源控股有限公司、赣锋锂业集团股份有限公司、中国宝武钢铁集团有限公司、中粮集团有限公司等省内外13家产业链建设重点企业合作设立产业链基金，总规模约284亿元，涉及有色金属、电子信息、新能源、装备制造、钢铁、建材、食品7个重点产业链，引导了上海亥博胶粘材料有限公司、常州库博德新能源科技有限公司、苏州晶固新材料科技有限公司等20余个项目落地江西。

45

实施"八个一批"
有效推动市属国有企业存量资产盘活

上饶市国有资产监督管理委员会

一、基本情况

上饶市国有资产监督管理委员会（以下简称"上饶市国资委"）成立于2004年10月。上饶市政府授权上饶市国资委履行出资人职责的市属国有企业共6家，其中市属一类企业5家、市属二类企业1家。截至2024年底，全市国资监管企业资产总额11418.6亿元，全市净资产4898亿元，全市资产负债率为57.1%；全市资产过千亿的企业2家〔上饶投资控股集团有限公司、上饶市城市运营（控股）集团有限公司〕，过百亿元的企业25家（市属2家、区县23家）。近三年来，上饶市国资委奋力推进国资国企改革，在改革创新三年行动和攻坚行动评估中，连续2次获评A级。

二、经验做法

（一）绘制"资产一张图"，全面摸清底数

上饶市国资委在江西省率先出台了《关于加快市属国有企业存量资产盘活的实施意见》，对各市属国有企业存量资产全面摸底，建立存量资产台账。利用信息化手段强化存量资产管理，搭建了资产管理系统，对市属

国有企业每一宗资产进行数字化处理，形成了"资产一张图"，确保盘活工作"底数清、无死角"。

（二）压实"一把手工程"，强化推进机制

上饶市国资委及各市属国有企业成立了以主要负责人为组长的工作专班，坚持"每周一调度"，加强督促指导。建立了突出问题协调机制，及时协调解决企业推进落实中的重点难点问题。将存量资产盘活工作纳入企业高质量考核体系，建立正向激励、反向约束机制。压实工作责任，督促各市属国有企业健全约谈问责、容错纠错等制度，将资产盘活实效与企业选人用人、薪酬分配挂钩，鼓励探索创新，激发工作活力。

（三）实施"八个一批"，分类推动盘活

上饶市国资委在市属国有企业深入开展存量资产盘活专项行动，推动企业因地制宜、分类分领域制定盘活"时间表""路线图"，通过招商运营一批、改造提升一批、资本运作一批、置换处置一批、开发利用一批、出售变现一批、规范确权一批、及时移交一批等方式，加快资金回笼，促进资产增效、企业增收。积极开展试点推进，努力形成可复制、可推广的典型经验做法，上饶市国有资产发展集团有限公司以招商运营方式盘活存量资产8万平方米，上饶市城市运营（控股）集团有限公司通过街区IP打造及盘活老旧商铺14.8万平方米，营收同比增长42.3%。

（四）注重"全周期监管"，提升盘活质效

上饶市国资委强化动态监管，对存量资产动态变化加强实时统计、数据分析。坚持依法依规，严格落实国有资产监督管理规定，通过公共资源交易平台、证券交易所、产权交易所等公开透明渠道合理确定交易价格，严防国有资产流失。注重防范风险，主动梳理历史问题、对接相关部门，依规明确资产权属，上饶市城市运营（控股）集团有限公司积极推进25处资产办理不动产证、划拨转出让等手续。突出市场化方式，加强"政银

企"对接，积极向金融机构推介盘活项目。上饶投资控股集团有限公司积极对接央、省企及金融机构等，大力开展"以地融资"工作；上饶市国有资产发展集团有限公司盘活资产进行市场化运作，为集团增加流动资金7.3亿元。

三、改革成效

一是有效增加存量资产运营收入。2024年度，各市属国有企业通过出售变现、置换处置一批等，回收资金13.39亿元；通过招商运营、改造提升一批等，实现增加年收益0.31亿元；通过资本运作一批，获取金融机构贷款支持33.71亿元；通过及时移交一批，回收或节约资金0.22亿元。

二是促进存量资产与有效投资良性循环。上饶市国资委通过数字化的"资产一张图"和实时动态的"全周期监管"，实现存量资产的信息化、动态化、可视化，为科学投融资决策提供有力支撑。上饶市城市运营（控股）集团有限公司等企业通过街区亮化、街区美陈及特色街区IP打造，将上饶"饶π""魔方街"等地段打造成网红打卡地，经济效益明显。

三是推动解决了一批历史遗留问题。以存量资产盘活专项行动为契机，通过规范确权、置换处置、产权交易等措施，市属国有企业部分资产办证、土地性质变更、商品房去化、沉睡资产转让等历史遗留问题得到有效解决，为后期资产高效利用和运营奠定坚实基础。

46

不断健全市场化经营机制
聚焦"三能"机制打出"组合拳"

江西省水利投资集团有限公司

一、基本情况

江西省水利投资集团有限公司（以下简称"江西水投"）于 2008 年 3 月经江西省政府批准成立，经十七年的快速发展，已由省政府的水利投融资平台转型发展为围绕水资源、水环境、新能源领域布局拓展的省属重点企业，形成了水利投资建设、水务管理运营、清洁能源发展、水利智慧数字和水关联保障五大板块的总体布局，成为全省重大水利设施投资建设平台、全省水资源科学高效利用配置平台、全省高质量发展水安全保障平台。江西水投先后被鹏元等 4 家机构评为 AAA 信用评级，国际评级机构穆迪和惠誉主体评级分别为 Baa1、A－。截至 2024 年底，江西水投资产规模达 868 亿元，净资产 278 亿元，实现营收 80.13 亿元，利润总额 8.75 亿元，净利润 6.55 亿元，拥有全资及控股子公司 72 家、员工 5513 人。

二、经验做法

（一）以刚性约束破解干部"能上不能下"难题

江西水投科学建立经理层成员任期制和契约化管理体系，制定了经理层成员《任期制和契约化管理办法》《经营业绩考核办法（修订）》《薪酬管理办法（修订）》，制定经理层成员《岗位聘任协议》《年度经营业绩责任书》《任期经营业绩责任书》3份协议范本，制定《经理层成员任期制和契约化管理质量提升专项行动方案》，形成"1套办法+3份协议+N项配套"的制度框架。深入推行"两书一协议"契约订立和经营业绩考核与薪酬激励工作的规范化、科学化、制度化，集团公司和72家子公司与经理层签订了契约，覆盖313名经理层成员，占比达100%。2024年因经营业绩考核退出原岗位的经理层成员11人，一般员工转岗、降级、内退12人。制定了《管理人员竞争上岗实施办法》和《中层管理人员末等调整和不胜任退出制度》，修订了《中层管理人员管理办法》等制度，大力破除论资排辈和"隐性台阶"，不拘一格选拔优秀人才，2024年通过竞争上岗选拔管理人员80人，占新聘任管理人员总人数的68.3%。2024年管理人员末等调整和不胜任退出共38人，占比4.5%。

（二）以市场手段破解员工"能进不能出"难题

江西水投强化用工总量管控，提高人力资源配置和使用效率，构建员工能进能出的契约化劳动管理机制。制定《中层以下人员公开招聘管理办法》《市场化选聘引进高端人才暂行管理办法》，坚决破除人员身份限制，实行公开、平等、竞争、择优的招聘制度，推行全员劳动合同制，2024年以来通过公开招聘引进各类人才188人，实现员工公开招聘、签订劳动合同、全员绩效考核"3个100%"。严格落实绩效考核制度，从考核排名、业绩完成、综合测评等多维度考核评价，对不达标、不胜任工作的降低绩效工资或畅通退出渠道。2024年8名员工因考核不合格解除（终止）劳动合同。

（三）以刚性挂钩破解薪酬"能高不能低"难题

江西水投通过实施薪酬分配向关键岗位倾斜、细化岗位分配系数、加大二次分配力度等措施，形成重实绩、凭贡献、差异化的薪酬分配激励机制。完善市场化薪酬分配机制，子公司负责人的薪酬与利润类核心业绩和经营业绩考核结果刚性挂钩，其中绩效年薪占比最高达 70% 以上，真正做到"业绩与市场对标、薪酬与业绩跟跑、激励凭贡献说话"。2024 年度各级子公司经理层成员（含职业经理人）因经营业绩考核，绩效薪酬增幅超过 20%（含）的共 14 人，降幅超过 20%（含）的共 2 人。制定《工资总额管理实施办法（试行）》，明确科技创新、高层次紧缺人才所需工资在年度工资总额预算中单独列支。

三、改革成效

江西水投认真贯彻落实党中央、国务院关于国企改革决策部署，不断深化"三能"机制改革，完善现代企业制度，着力探索中国特色现代企业制度下的新型经营责任制，在激发活力、提高效率上取得明显成效。

一是发展活力进一步提升。江西水投锚定"增活力、提效率"目标，不断健全市场化经营机制，聚焦"三能"机制打出系列"组合拳"，建立了以劳动合同为关键、以岗位管理为基础的用工机制，持续完善薪酬分配制度，推动从"大锅饭、平均化"向"讲效益、差异化"转变，进一步提升了管理效率，增强了发展活力。

二是经济效益进一步提高。江西水投通过实施国有企业改革深化提升行动和"三能"机制改革，主要指标增长创历史最高水平，2024 年实现营收 80.13 亿元、利润总额 8.75 亿元、净利润 6.55 亿元，同比分别增长4.36%、15.75%、12.53%。资产总额、营业收入、利润分列全国省级水利平台企业第七位、第四位、第五位。

三是发展后劲进一步增强。江西水投通过实施经理层成员和管理人员任期制契约化管理、管理人员竞争上岗、末等调整和不胜任退出、中长期激励等一批市场化经营机制改革，极大地激发了干部职工干事创业动力，增强了企业核心功能，提升了核心竞争力，助推打造了水利投资建设、城乡供水等一批关系国计民生的核心主业，孵化了高品质供水、清洁能源、智慧水利等一批战略性新兴产业，为企业高质量发展奠定了坚实基础。

47

狠抓层级压减　推进瘦身健体
全力赋能国资国企轻装上阵、提质增效

山东省人民政府国有资产监督管理委员会

一、基本情况

山东省人民政府国有资产监督管理委员会（以下简称"山东省国资委"）坚持以习近平新时代中国特色社会主义思想为指导，认真贯彻落实国有企业改革深化提升行动中关于"精准压缩管理层级、减少法人户数"的任务要求，把层级压减、瘦身健体作为重要改革内容，靶向发力、猛药去疴，大力开展省属企业层级压减工作，省属企业管理层级已全部控制在四级以内，除纳入清单监管的企业，法人层级已全部控制在四级以内，企业管理效率不断提高，资源配置更加优化，发展质效明显提升。

二、经验做法

（一）统筹安排，一体推动层级压减工作

一是坚持高位推动。山东省委将省属企业层级压减作为省级层面专项整治问题之一。分管副省长牵头挂帅成立工作专班，组织召开省属企业层级过多问题专项整治工作会议，安排部署工作任务，每两周督促一次工作进展，协调解决工作中的难点问题。

二是强化组织调度。山东省国资委作为牵头推进单位，建立定期调度、沟通联络机制，委党委靠前指挥、统筹推进，多次组织召开党委会、企业座谈会、调度推进会，分析困难问题，研究推进举措。

三是压紧压实责任。将层级压减工作纳入省属企业高质量发展绩效考核，压实工作责任。各省属企业均把层级压减作为"一把手工程"，成立由主要负责人牵头的领导小组，建立各级企业主要负责人亲自抓、分管领导靠上抓、职能部门协同抓的工作机制，形成了齐抓共管的良好局面。

（二）精准施策，确保压减任务落实落细

一是明确目标任务。在充分调研、摸清底数的基础上，山东省国资委制定《省属企业层级过多问题专项整治实施方案》，明确省属企业管理层级要在 2023 年底前控制在四级以内，省属企业法人层级为六级（含）以内的企业，2023 年底前要控制在四级以内；法人层级为七级及七级以上的企业，2024 年底前控制在四级以内，确因境外税务筹划、法律监管、风险隔离等特殊原因无法实现层级控制目标的，企业须建立专门监管制度，对相关子企业实行清单化监控，确保管理到位、风险可控。

二是坚持分类施策。山东省国资委对非主业、非优势企业和低效、无效资产，主要通过产权转让、清算注销、破产等方式逐步退出。对层级较低但具有较强竞争力的子企业，主要通过无偿划转、产权转让、吸收合并等方式提升法人层级。对管理层级不符合要求的企业，采取委托管理、一体化管理等措施压减管理层级，防止管理失控。对特殊目的公司、项目公司等类型企业，坚持从严从紧、实事求是原则，逐户分析企业功能作用，评估压减可行性。对属于空壳公司、非正常经营且没有存续价值的企业，要求尽快关闭注销；确因特殊原因无法实现层级控制目标的企业，实行清单化监控。

三是科学制定方案。山东省国资委坚持"一企一策"指导省属企业逐家明确各子企业的压减目标、压减路径、完成时限和责任人，科学制定工作方案和工作台账。2023 年，由山东省国资委履行出资人职责的 29 家省属企业均制定层级压减工作方案和工作台账，山东省国资委逐一进行审定批复，实行销号管理。

（三）健全机制，推动层级压减常态长效

一是加强督促指导。山东省国资委按月印发工作通报，交流经验做法，提出工作要求。对进度滞后、成效不明显的企业，进行现场督导、跟踪督办。深入重点、难点企业调研督导，积极帮助企业协调解决困难问题。

二是健全支持政策。山东省国资委聚焦企业存在的税费缴纳、工商注销、破产立案等重点难点问题，会同省法院、省市场监管局、省税务局等五部门制定印发 10 条支持政策，为企业化解堵点提供了有力支撑。会同相关部门，推动山东健康完成所属民办非企业单位的法人层级提级，指导山东国投完成相关资料缺失权属企业的清算注销等。

三是强化源头管控。山东省国资委印发《关于健全省属企业层级管控长效机制的通知》，严控省属企业超层级新设、新并购重组行为，加强层级"源头"管控。研究开发层级管理系统，与产权管理系统建立数据联动，对企业层级实行动态监管、及时预警，避免边压边增、压后反弹，实现层级压减工作常态化、长效化。

三、改革成效

一是企业层级有效控制。29 家省属企业管理层级已全部控制在四级以内；除少数依规纳入清单监管的权属企业，29 家省属企业法人层级已控制在四级以内。

二是运营管理效率不断提升。省属企业进一步理顺管理体系，缩短管理链条，强化内部管控。山东黄金集团有限公司2023年管理费用同比下降12.83%，年化全员劳动生产率同比提升3.51%。山东能源集团有限公司2023年人工成本同比减少2%，净资产收益率同比提升7%。山东省国有资产投资控股有限公司2023年减少人工成本、管理费用8318万元，年化全员劳动生产率同比提升18%。

三是改革系统集成效应初显。山东省国资委将层级压减与企业内部重组整合、清理退出"两非""两资"企业、亏损企业治理等专项工作协同推进，累计清理退出低效、无效资产和非主业非优势企业503家，通过强管理、调结构、建机制、防风险，推动省属企业实现瘦身健体、提质增效。

48

完善机制设计　强化考核导向
有效激发经理层成员的活力和创造力

山东省人民政府国有资产监督管理委员会

一、基本情况

山东省人民政府国有资产监督管理委员会（以下简称"山东省国资委"）履行出资人职责企业共 29 家，涉及煤炭、黄金、交通运输、钢铁、机械制造、商贸、医药化工、农业水利等行业，同时，还对 4 家金融企业党委履行全面从严治党主体责任、管理党组织关系。近年来，山东省国资委认真贯彻习近平总书记关于国有企业改革发展和党的建设的重要论述，在国务院国资委正确领导下，深入实施国企改革三年行动、国有企业改革深化提升行动，紧紧围绕激发活力、提升效率，大力推行经理层成员任期制和契约化管理，取得了积极成效。

二、经验做法

经理层成员任期制和契约化管理是国企改革的标志性动作、三项制度改革的"牛鼻子"工程。国有企业改革三年行动期间，已在各级经理层成员中全面推行，实现了"从无到有"重大突破；国有企业改革深化提升行动期间，致力于实现"从有到优"的根本性跨越。

（一）统筹研究部署，全面实施任期制和契约化管理提质工程

聚焦关键环节，突出问题导向，着力抓统筹、建机制、定措施、严考核、强兑现，推动提质工程高标准实施。

一是加强组织领导。山东省委高规格召开全省国有企业高质量发展大会，全面部署全省国有企业高质量发展重点任务，山东省委主要领导在讲话中强调："三项制度改革既要动'位子'，又要动'票子'，还要动'面子'"，进一步坚定改革信心决心。

二是做好统筹谋划。山东省国资委印发《省属企业经理层成员任期制和契约化管理提质工程行动方案》，围绕任期制和契约化管理全链条、各环节逐一提出工作要求。树牢"一盘棋"理念，发挥任期制和契约化管理牵引作用，有效串联加强党的领导、完善公司治理、规范选人用人等多项改革任务，保证改革整体性、协同性。

三是健全工作机制。山东省国资委指导省属企业"一企一策"制定工作方案，建立健全"一把手"亲自挂帅、分管领导靠前指挥、相关部门各司其职、齐抓共管的工作联动机制。发挥考核"指挥棒"作用，将提质工程实施情况纳入企业绩效考核，依托在线监管系统建立专项模块，利用数字化手段加强统计分析。

（二）严把标准条件，选优配强各级企业经理层成员

建立高素质、专业化的经理层队伍，是高质量实施任期制和契约化管理的基础。山东省国资委指导省属企业把坚持党管干部原则与发挥市场机制作用深度结合，鼓励企业参照"揭榜挂帅"方式，按照发榜定目标、挂帅接任务、评榜严考核的思路择优选拔经理层成员。华鲁控股集团有限公司打出"揭榜竞聘＋班子换届＋任期制契约化"的改革"组合拳"，创新领导班子换届方式，在权属企业全面推行揭榜竞聘制度，先定目标再选人，先接目标再上岗，"谁能干谁来干"，完不成目标主动辞职。山东能源

集团有限公司、山东省土地发展集团有限公司部分权属企业在组织竞聘上岗过程中，采取多岗同竞、双岗同竞等方式，最大限度以岗择人、人岗匹配，构建更加开放灵活高效的竞争性选人用人机制。

（三）强化考核导向，刚性考核兑现激发经理层活力动力

把严格考核、刚性兑现作为检验省属企业任期制和契约化管理成效的"试金石"。山东省国资委精准设置目标，指导企业根据发展战略、经营预算、历史数据、行业对标等情况精准设置业绩指标，做到"少而精、易量化、可操作"，突出科学性、体现挑战性、保证成长性。山东发展投资控股集团有限公司遵循市场化原则，建立聚焦企业价值创造、中长期战略和风险控制的核心指标库，根据年度经营计划筛选指标，由经理层成员结合自身分工主动认领。山东省港口集团有限公司将直属企业分港口运营、供应链综合服务、临港产业及配套服务 3 个赛道进行差异化考核，建立涵盖经营、分类、改革、融合四大类 49 项考核指标，为直属企业确定经理层指标提供参考。刚性考核兑现，落实董事会考核分配职权，指导企业完善经理层成员经营业绩考核、薪酬管理等制度，对照契约严格实施考核，考核结果在一定范围内公开，与经理层成员薪酬分配、岗位晋升与调整等挂钩联动。山东重工集团有限公司实施战略层层解码和差异化考核，形成"KPI 定量和 OKR 定性"两大指标体系，并建立关键业绩指标"一票否决"机制，使各级经理层时刻保持危机意识和创业激情。水发集团有限公司严格执行薪酬延期支付和追索扣回制度，兑现 2022 年度薪酬时，29 家二级权属企业中，14 家涉及追索扣回。

（四）加强督导指导，分层分类差异化落实管理人员责任

山东省国资委鼓励省属企业参照任期制和契约化管理方式，更大范围、分层分类落实管理人员责任。实施范围上，指导企业关注经理层成员与其他管理人员的差异，允许结合实际自行确定参照实施范围，对承担独

立生产经营任务的管理人员先行先试，防止"一刀切"。落实形式上，尊重企业首创精神，将任期制和契约化管理理念与企业经营管理实践有机结合，在保证落实经营管理责任前提下，逐步向"两书一协议"规范。浪潮集团有限公司总部部室和权属企业实现管理人员100%签署目标责任书，明确岗位职责、任务目标及兑现规则，将年度核心重点目标分解至月度进行考核，全面压实中层管理人员责任。山东港口航运集团有限公司建立市场业务战斗营，"将市场主体建在营上"，每个人都是销售员。2024年，25个业务战斗营在"三包一清单"（任务包、权利包、激励包、负面清单）基础上全面推行任期制和契约化管理，进一步实现充分授权、灵活激励、及时兑现。

三、改革成效

一是市场化经营机制更加完善。山东省国资委通过推行任期制和契约化管理，有效解决了传统国企领导人员管理模式下的"舒适圈"、分配"大锅饭"、身份"铁交椅"、岗位"终身制"等问题，进一步压实经理层成员经营管理责任，企业活力和创造力明显提升。

二是任期制和契约化管理更加规范。山东省国资委通过实施提质工程，做到"人手一契约、人人有本账、人人担指标"，96名经理层成员因2022年度经营业绩考核退出原岗位，1083人薪酬增减幅超过20%。同时，截至2024年12月，一级及二、三级企业中已有1660家企业对管理人员参照实施任期制和契约化管理，覆盖面达到74.27%。

三是改革发展动能得到充分释放。各级经理层成员担当作为、真抓实干，为省属企业提质增效、高质量发展作出积极贡献。根据财务快报数据，截至2024年12月，省属企业资产总额达52804.6亿元，同比增长6.1%，1—12月实现营业收入25037.4亿元，同比增长6.7%，利润总额1036.7亿元。在省级国资委监管企业中，营业总收入、所有者权益、资产总额分别居第二、三、四位；利润总额、净利润均居第四位。

49

转机制 激活力 提效益
积极探索实行核心关键人才
"一人一薪"谈判工资制

山东省人民政府国有资产监督管理委员会

一、基本情况

近年来，山东省人民政府国有资产监督管理委员会（以下简称"山东省国资委"）坚持以习近平新时代中国特色社会主义思想为指导，深入实施国有企业改革深化提升行动，坚持人才强企战略和市场化经营机制改革方向，积极指导和推动省属企业探索使用"一人一薪"谈判工资制方式引进核心关键人才。截至目前，共有11家省属企业实施"一人一薪"谈判工资制度，以高层次和短缺专业人才"一事一议"等方式引入166名高端人才，主要从事技术研发等专业性较强的工作，以人才赋能助推国有企业实现高质量发展。

二、经验做法

（一）秉持"一流人才、一流报酬"理念，不断夯实政策保障基础

山东省国资委重视发挥考核分配引领保障作用，根据国家、山东省考核分配有关文件精神，不断健全完善按业绩贡献决定薪酬的分配机制，助力省属企业增强核心功能，提升核心竞争力。国有企业改革深化提升行动

启动后，山东省国资委在出台《关于进一步深化省属企业三项制度改革的意见》《关于建立省属企业三项制度改革长效机制的意见》的基础上，印发《关于促进省属企业高质量发展的考核分配实施意见》，提出对关键核心技术人才可不限于岗位薪酬框架，实行"一人一议"协议开放薪酬，上不封顶。指导省属企业科学制定人才发展战略和配套措施，健全完善"选、用、育、留"人才工作体系。例如，浪潮集团有限公司制定《人才引进专项基金实施细则》，对于引进的国家级人才、省级人才、国内外著名专家学者等，采取"一事一议""一人一策""一人一薪"的人才引进收入制定方式，构建开放的引人机制。山东国惠投资控股集团有限公司制定《大力发现培养选拔优秀年轻管理人才的意见》和《加强人才工作的若干意见》等相关制度文件，建立人才引进绿色通道，大力引进高层次急需人才，采取"一事一议""一人一策"等方式，为高层次急需人才量身定制薪酬待遇、生活津贴、子女入学、家属就业、住房安居等方面的配套政策。

（二）秉持"以价值体现价值，以财富回报财富"理念，不断厚植双赢发展生态

山东省国资委在做好工资总额管控的基础上，指导省属企业分岗位类别、分人员层次实施差异化绩效薪酬，推动薪酬分配向核心关键人才等成果产出、效益创造单元倾斜，为实施"一人一薪"谈判工资制创造宽松氛围，激发基层单位薪酬分配活力。

山东省国有资产投资控股有限公司权属公司山东华特智能科技有限公司以"谈判工资制"方式，引入臭氧发生器龙头企业工程师作为技术研发带头人，授予其资源调配权，负责组建臭氧事业部。其入职后，带领团队成功研发出成熟的臭氧发生器产品，推动该业务规模实现翻倍式增长，截至 2024 年底，该项业务营业收入 1.77 亿元，毛利润增长 4594.08 万元。

以不到同职级人员平均薪酬两倍的月薪，为企业创造了数十倍效益，成就了企业与人才双向奔赴的佳话。

山东重工集团有限公司建立科技创新激励机制，搭建起企业与科技人才相互促进的广阔事业舞台。在行业内率先建立"立军令状＋揭榜挂帅"机制，"军令状"项目单项最高奖励 2000 万元，"揭榜挂帅"项目单项最高奖励 700 万元，两项奖励总金额高达 1.6 亿元，切实让创造价值的科技人才名利双收。引进的液压技术专家入职潍柴控股集团有限公司（以下简称"潍柴"）后，依托潍柴全球协同研发资源，带领团队成功研发静液压推土机用液压动力总成系统，引领了行业升级；成功研发大马力拖拉机 CVT 动力总成系统，打破了国外的技术封锁，带动潍柴液压板块 3 年累计实现销售收入 10 亿元，终端产品产值超 150 亿元。

（三）秉持"赛马不相马，以业绩论英雄"理念，不断完善对标考核体系

山东省国资委重视做好引才"后半篇文章"，依据山东省人民代表大会常务委员会制定的《山东省人才发展促进条例》，建立组织评价、专家评价、市场评价、社会评价等相结合的人才综合评价体系。对国有企业引进的高端人才，注重市场和出资者认可及经营管理业绩考核，要求国有企业配套实施引进人才绩效考核机制，确保"业绩升，薪酬升；业绩降，薪酬降"，充分激发专业技术、管理人才干事创业热情，切实将完成激励目标的压力层层转化为推动企业绩效持续提升的动力，持续增强企业产品结构、工艺技术、装备水平、投资效率、运营成本、人才团队的行业竞争力。

山东能源集团有限公司权属公司北斗天地股份有限公司，树立"既契合企业战略发展目标，又符合个人业务岗位实际，兼顾经济效益和社会效益"的引才目标，以市场化方式引进一位核心研发团队关键人才，横向对标市场、纵向对标公司战略规划，根据公司市场位次、岗位价值、市场同类可比人员薪酬等，一对一确定其薪酬，签订薪酬确认书。目前，其主持研发的针对国电系统的高精度定位产品已成为电网换流站巡检标配产品。

华鲁控股集团有限公司权属公司山东华鲁恒升集团有限公司为充分调动核心人才的积极性、责任感和使命感，在省属企业中率先实行限制性股票激励，采用"七定"（定对象、定数量、定来源、定价格、定时间、定条件、定规则）股权激励模式，既给予市场价55%的授予价格，又设定了较高的解锁条件，兼具激励性与约束性，将企业利益和骨干核心人才个人利益牢固结合在一起。

三、改革成效

一是企业引才机制进一步健全。通过实施"一人一薪"谈判工资制，省属企业得以突破本企业与内部岗位序列挂钩的薪酬框架，结合行业市场对标、标杆企业岗位对标、企业与意向人才一对一谈判方式确定引进外部人才的薪酬，大大增强了省属企业人才市场竞争力，企业引才机制进一步健全。

二是薪酬分配制度进一步完善。省属企业实施"一人一薪"谈判工资制和协议薪酬模式主要集中在科技创新、管理创新、流程创新、模式创新、业态创新等创新领域，引进的高端人才协议薪酬水平最高达到同职级/岗位平均薪酬的6倍，体现知识、技术等创新要素价值的薪酬分配制度不断完善。

三是人才引领发展效能持续释放。通过市场化引才机制和配套考核体系，省属企业引进的高端人才大多在技术升级、产业研发、团队搭建、市场开拓等相应领域起到了较好的赋能和引领作用，推动所在企业经营业绩持续改善，真正实现"引进一名核心，带来一支团队，成熟一个产品，搞活一个企业"的良好效果。

50

盘活存量　优化增量　提升质量
以土地盘活利用新成效激发国企发展新动能

临沂市人民政府国有资产监督管理委员会

一、基本情况

国有企业改革深化提升行动实施以来，临沂市人民政府国有资产监督管理委员会（以下简称"临沂市国资委"）坚持市场导向、因地制宜，持续优化存量土地盘活方式，"四措并举"探索挖潜盘活新模式，向存量土地要空间、要效益，切实推动"变资产为资本、变闲置为利用"，实现低效土地"高效率、高质量、高收益"盘活，为企业高质量发展注动能、添活力。2024 年，市属企业盘活利用闲置土地 52.08 万平方米，产生盘活效益 1.87 亿元，为 203 亿元重大产业项目投资提供有效用地保障。

二、经验做法

（一）高位推动，顶层设计有力

临沂市国资委加强组织领导，健全运行机制，统筹运用各方面资源，推动存量土地盘活工作扎实推进。

一是及时部署安排。临沂市国资委印发《深入推进国有企业存量土地盘活利用工作的相关通知》，及时准确地将上级土地盘活利用优惠政策传达至市县两级国资国企。召开市属企业存量土地盘活利用工作会议，全面动员部署，要求市属企业抢抓政策窗口期、盘活机遇期，着力盘活低效、无效土地资源。

二是加强业务培训。由临沂市国资委、临沂市自然资源和规划局相关业务科室负责人分别围绕"土地产权登记系统使用""土地盘活政策解读"开展业务培训，进一步提升市属企业土地资产管理人员的政策理解能力、工作执行能力。16家市属企业集团全部制定工作推进措施，"一地一策"制定分类盘活方案，细化优化盘活措施。

三是完善推进机制。临沂市国资委联合临沂市自然资源和规划局建立市属企业存量土地盘活利用工作协同机制，组建由两单位分管领导任组长、核心业务科室负责人任成员的专项工作组，在体制机制、力量整合、成果运用等方面增强协同配合，形成土地盘活合力。

（二）摸清底数，强化协同联动

按照"两轮清查、两张台账、一体推进"的思路，有序开展市属企业存量土地清查摸底工作。

一是全面清查，绘制存量土地"一张图"。临沂市国资委全面摸清市属企业存量土地数量、面积、分布、坐落、权属、土地性质、建设现状、产出效益等情况，建立存量土地数据库；将市属企业摸排出的556宗土地及地上建筑物位置、面积、权属、规划用途等逐宗上图入库，形成存量土地"一张图"，为土地资源动态管理提供翔实数据支撑。

二是重点筛查，建立低效土地"问题单"。临沂市国资委严格按照政策标准，对每宗存量土地进行核对筛查，确保认定有事实依据、处置有可行举措、盘活有政策保障。经初步核查，市属企业需盘活利用的土地或地上建筑物共67宗，涉及土地权属变更、用途变更、分割、回收等13类问题，通过精准细分问题类型，定准盘活思路。

三是协同联动，下好土地盘活"一盘棋"。临沂市国资委压紧压实责任，针对 13 种低效土地问题类型，明确归口单位，划分"自规部门归口问题、国资部门归口问题、属地政府归口问题、其他市直部门归口问题"4 类问题，各部门既有侧重、又讲协同，形成信息互通、互联互促、齐抓共管的工作合力，一体推进存量土地盘活利用。

（三）挖潜存量，充分盘活利用

充分利用现有政策，与临沂市自然资源和规划局联动实施"四个一批"处置路径，因地制宜提高盘活利用效率。

一是手续完善一批。临沂市国资委对因公司制改制、历史遗留问题等原因尚未办理更名手续的土地，联合有关部门核实国有全资属性、土地用途和价值，依法依规加快办理变更登记手续。

二是开发利用一批。临沂市国资委通过土地出让、土地转让、司法执行、资产重组、技术改造、增资扩股等方式，实现对低效土地及地上建筑物重建利用、拆改利用或原样利用的再开发。将低效用地集中区超过 500 亩的连片改造项目，优先列入市级重点项目，优先编制报批成片开发方案，金融机构给予项目金融优惠政策待遇。

三是收购储备一批。临沂市国资委对闲散低效土地实施收储，明晰产权关系、化解产权纠纷，符合原权利人已退出、无其他限制权利情况的，纳入存量资源"储备"库，达到实际可控、随时可用的待开发状态，实现"地等项目"。

四是搬迁腾退一批。临沂市国资委对"僵尸"、国家禁止类、淘汰类等企业，有序制订腾退计划，分期分批清退用地。

三、改革成效

一是有效投资更精准。临沂市国资委围绕培育壮大战略性新兴产业、大力推进传统产业升级改造、提升产业链供应链韧性和安全水平等方面，充分利用盘活土地扩大有效投资。2024 年市属企业自主投资项目共 123 个，较 2023 年减少 10 个，进一步树立"审慎投资"导向，盲目投资扩张现象得到有效遏制。

二是实业投向更凸显。临沂市国资委有效贯彻市委、市政府关于进一步加强主业管理工作的要求，2024 年市属企业项目平均单体投资额超 9.42 亿元，非主业投资数量、金额持续压减，房地产领域投资规模连续两年压缩，项目小、散、乱等问题得到有效控制。

三是策划储备再加强。临沂市国资委在建立闲散低效土地储备库的基础上，建立市属企业储备项目库，实现土地供给和项目用地需求相匹配。2024 年，储备国家、省、市级重大项目及中央预算内项目、地方政府专项债项目等 68 个投资项目，总投资额约 310.44 亿元，通过项目实施，为"城投"转"产投"奠定了基础。

51

纵深推进经理层成员任期制和契约化管理
充分激发企业高质量发展新活力

山东发展投资控股集团有限公司

一、基本情况

山东发展投资控股集团有限公司（以下简称"山东发展"）于2015年底正式挂牌运营，是山东省政府批准成立的首批国有资本投资公司，是支持全省基础设施建设和现代产业发展的投融资主体。近年来，山东发展深入学习贯彻习近平总书记视察山东重要讲话和指示批示精神，着眼全局统筹谋划，聚焦国有企业改革深化提升行动重点任务精准发力，全面开展经理层成员任期制和契约化管理提质工程，充分调动经理层成员积极性和主动性，有力增强企业发展活力、内生动力和市场竞争力，高质量发展态势进一步巩固。

二、经验做法

（一）坚持党管干部原则，发挥市场机制作用，建立适应现代企业制度要求的用人机制

山东发展党委坚持契合事业发展，整体布局，锚定建设国内一流绿色投资公司战略定位，建立适应现代企业制度要求的选用机制，完善市场化

选聘管理办法和配套制度。在选聘经理层成员时，党组织负责会同董事会制定相关工作方案和管理制度，特别是在确定标准、规范程序、推荐人选、参与考察等方面把关，保证党组织对干部人事工作的领导权和对重要干部的管理权。2024年初，山东发展党委对2家权属企业总经理实行"揭榜挂帅"。一是按需设榜。结合企业发展战略、近三年的历史业绩、行业对标情况等，遵循"摸高"机制，制定了年度指标和三年任期指标。二是能者揭榜。发布"揭榜挂帅"公告，按照"先定目标再选人，先接目标后签约，谁能干谁来干"的用人模式，最终确定揭榜人选。三是以榜定责。"揭榜挂帅"基础在"榜"，核心在"帅"。与揭榜人签订"一书两合同"，在聘任协议中约定权责对等、优胜劣汰的规则，按照考核结果实施聘任或解聘、兑现薪酬，聚焦经营任务目标和战略发展目标，督促揭榜人精准发力、有效突破，扛起公司发展的使命担当。

（二）科学设定考核指标，业绩目标实现主动"摸高"

考核目标值设置是经理层成员任期制和契约化管理的关键环节。科学确定契约目标，考核指标坚持定量与定性相结合、以定量为主定性为辅，按照"跳一跳、够得着"原则确定目标值，指标的目标值具有一定挑战性。

一是遵循市场原则，科学设定业绩指标库。山东发展建立聚焦企业价值创造、中长期战略和风险控制的核心指标库。根据年度经营计划筛选出便于量化、体现年度重点任务的共性指标和个性指标，按照权责清单由经理层成员主动认领，确保经营层成员分工不同、目标一致。

二是优化考核方式，强化团队激励机制。山东发展在结合本企业历史业绩和同行业可比企业业绩的基础上，充分发挥职工主动性和积极性，全员参与制定年度目标及关键结果，层层签订关键指标，增强团队凝聚性。

三是遵循市场化对标原则，搭建"摸高"机制。山东发展合理设置激励性任务，引导经理层成员走出"责任舒适圈"，利用超额利润分享、项目跟投、风险抵押金等激励约束手段优化薪酬分配机制，中层管理人员、基层员工与经理层成员形成了一致目标，逐步打造"力出一孔"经营团队，营造具有向心力、战斗力的干事创业氛围。

（三）严格考核，刚性兑现，实现能减能下

健全完善业绩考核机制。山东发展根据业绩考核结果对经理层成员刚性兑现薪酬，年度经营业绩考核不合格的，扣减全部绩效年薪。年度经营业绩考核结果低于 70 分、主要指标完成率低于 70% 等底线条件，连续两年年度经营业绩考核结果为不合格或任期经营业绩考核结果为不合格的，实施退出调整。权属企业在经理层成员考核、差异化薪酬等方面推出一系列创新举措。

一是建立多元薪酬考核体系。山东发展建立以"层层考核、压紧压实""业绩为先、拉开差距""利益共享、风险共担""能上能下、优胜劣汰"为核心的薪酬考核体系。

二是创新动态绩效预警机制。山东发展将考核频次由"年度考核"调整为"季度预警、年度统算"，定量指标完成率低于时间进度的业务团队及经理层成员，分别计以"蓝牌""黄牌""红牌"警告提醒。年度内超出目标按比例奖励，落后目标则按比例予以绩效扣罚惩戒。

三是严格考核结果兑付，构建科学管理导向。山东发展实行经理层成员考核结果强制分布，避免"大锅饭"，将考核结果分为优秀、良好、称职、合格、不合格 5 档，其中优秀和良好档次人数分别 ≤1 人，通过强制分布，避免"做好做坏一个样"，对于年度任务没有完成、绩效考核不合格者、连续两个考评周期位于最后一级者，实施退出调整，畅通上下通道。在 2023 年以来的经营业绩考核评比中，权属企业有 7 名经理层成员因业绩不达标或触碰退出机制，实现平稳退出。

三、改革成效

一是锻造一支能打胜仗经理层队伍，公司业务发展取得明显成效。山东发展通过深化改革，发挥经理层成员主观能动性，构建起数量、规模均居山东首位的绿色基金群，累计撬动外部资本超 1500 亿元，先后投资支持济南圣泉、天岳先进等优质企业 450 余家，其中 44 家已实现上市，企业效益指标及主业布局实现跨越式发展。截至 2024 年 12 月，山东发展资产总额达到 462.1 亿元，较 2021 年 376 亿元资产总额增长 22.89%；实现营业收入 36.59 亿元、利润总额 6.22 亿元、净利润 5.52 亿元，全员劳动生产率 102 万元/人，较 2021 年 34.11 万元/人增长 199.03%。

二是三能机制形成常态，公司市场化经营理念深入人心。山东发展以经理层成员任期制和契约化提升工程为牵引，完善企业内生机制，激发内在活力动力，在推行用工市场化、完善市场化薪酬分配机制、开展中长期激励等重点领域和关键环节全面铺开。山东发展全员绩效考核覆盖率达到 100%，实现了管理人员末等调整和不胜任退出等相关改革。2023 年以来山东发展新提拔人员全部实行竞争上岗和"揭榜挂帅"，管理人员末等调整和不胜任退出 23 人，占比达到 24.21%，真正实现管理人员能上能下，能进能出。

三是形成干事创业良好氛围，吸引和留住核心人才。山东发展通过经理层成员任期制和契约化改革引导经理层成员走出"责任舒适圈"，搭建"摸高"机制，利用项目跟投、募资奖励等激励手段优化薪酬分配机制，中层管理人员、基层员工与经理层成员形成了一致目标，营造具有向心力、战斗力的干事创业氛围。

52

创新干部选用"四化"机制
加快打造国内一流现代化后勤服务保障集团

山东能源集团发展服务集团有限公司

一、基本情况

山东能源集团发展服务集团有限公司（以下简称"山能发服集团"）是山东能源集团有限公司的全资子公司，2023 年 5 月由相关权属企业整合重组而来，承接原山东能源集团有限公司 18 家二级公司、143 家三级公司 12386 名人员，业务遍及 11 个省（区、市），深耕"酒店＋餐饮、安保＋消防、集采＋配送"三大主营业务，布局文化传媒、商旅出行、疗休养、智能洗护、生态农业、资产管理等发展支撑产业。山能发服集团成立以来，紧抓国有企业改革深化提升行动有利契机，为破解人员多、干部多、用工形式多样、背景文化不同等难题，创新干部岗级化管理、阳光化选聘、精准化评价、温情化兜底"四化"机制，迅速实现思想统一、管理理顺，激发了员工和干部干事创业热情。

二、经验做法

（一）实行岗级化管理，让干部全体起立、重新"选位"

山能发服集团按照"区域化＋专业化"思路，打破原单位机构整体建制，成立 6 家区域分公司、3 家专业子公司，所属 173 个基层项目部优化整合为 45 个服务中心（事业部）。同步建立"全立交"员工成长通道，管理、技术、技能"三通道"互联互通，设计岗级 19 类，覆盖岗位 98 个。权属单位全部采取岗级化管理，破除干部身份、职级限制，重新起立、竞争上岗，倒逼管理人员"出机关、进基层"。

（二）推行阳光化选聘，让干部公平竞争、择优"上位"

山能发服集团针对市场化、项目化管理实际，科学设置岗位模型和任职资格条件，构建竞争上岗阳光选聘模式。组织部门统筹指导，第三方机构独立选聘，职工代表过程监督，让选聘过程更加公开透明。创新采用"1＋N"高考录取模式，员工可自主填报多类岗位志愿，根据综合成绩和志愿择优录用，让人岗匹配更加科学合理。

（三）开展精准化评价，让干部业绩说话、公平"让位"

山能发服集团科学设置"下"的标准，建立"3＋3"干部薪酬评价体系，从收入规模、经营利润、管理幅度、安全系数、经营难度、区域跨度 6 个方面实施精准激励，按业绩奖惩；制定多维度量化考核管理办法，从服务质量、经营指标、重点工作、工作状态等维度量化考核，实行季度评优劣、年度定去留。动态优化"下"的机制，充分结合干部政治表现、工作能力、职工评价，分层级开展"一对一"座谈 5179 人次，通过近距离掌握干部担当履职情况，形成谈心谈话、民主测评、实地走访、职工反馈相互印证的干部分析评价机制。

（四）坚持温情化兜底，让干部下后能为、激励"补位"

山能发服集团针对"下"的干部，构建"转岗安置＋专家选聘＋项目激励"的补位机制。解聘未上岗管理人员原职务，原整合单位 12 名班子成员下调一级任基层支部书记或竞聘到服务中心经理岗位，占原班子总数的 34.3%，其他原机关及基层主办级以上 102 人转岗到班组业务岗位，占原管理人员总数的 26.6%。成立业务专家库，从未上岗专业管理人才中选聘酒店餐饮、安保消防等领域内部专家 6 人，发挥专业指导和"传帮带"作用。制定《精准激励考核办法》，鼓励"下"的干部"揭榜挂帅"，通过市场开拓、技术创新、品控提升等重点项目创效带动个人工资创收，实现薪酬待遇的市场化激励。

三、改革成效

一是组织机构精简高效。山能发服集团持续优化权属单位机构和人员编制，各级机关工作人员从 164 人减少至 136 人，减幅 17%。安保消防业务整合后，原安保消防机构纳入区域分公司管理，压减专职机构 88 个，减少处级单位 3 个、科级单位 97 个，安保消防人员从整合前 7268 人压缩至 4902 人，管理人员占在管人员总数的 4% 以内。

二是干部结构持续优化。山能发服集团坚持能者上、庸者下、劣者汰，优化干部选拔晋升机制，聚力打造一支高素质干部队伍。通过 14 轮公开选聘，从 1283 人中选拔 435 名优秀干部，两级机关人员"70、80、90"比例优化为 2∶5∶3，平均年龄从 42 岁降至 38 岁，40 岁以下年轻干部比例从 40.2% 提升至 64.8%。其中，16 名安保整合人员和 21 名划转安置人员走上管理岗位，62 名省内干部自愿竞聘到省外工作。

三是考核评价更加合理。山能发服集团强化精准考核、刚性兑现，实施领导班子和领导人员综合考评，根据履职实绩，年度组织调整权属单位班子正职 2 人。规范末等调整退出程序，针对年度综合考评后 5% 的干部，得分低于 80 分给予降职考核，低于 70 分给予免职考核。建立与岗级化管理相适应的"市场化""契约化"薪酬考核机制，绩效工资与任务指标挂钩，占比达到 80% 以上，做到多劳多得、优绩优酬，进一步激发了干部职工干事创业的积极性和主动性。

53

深化改革　提升质效
创新构建"三级联动"监督新机制

河南省人民政府国有资产监督管理委员会

一、基本情况

河南省人民政府国有资产监督管理委员会（以下简称"河南省国资委"）全面贯彻落实习近平总书记关于审计工作的重要指示批示精神，在国有企业改革深化提升行动中，坚持"根上改、制上破、治上立"，聚焦监督短板弱项，深化体制机制改革，创新设立河南省国资委内审与风险防控委员会办公室（以下简称"内审风控办"），实现河南省国资委与企业董事会审计委员会（以下简称"审计委员会"）、企业内审机构"三级联动"，构建"四大"审计监督新机制，为企业高质量发展提供坚强保障。

二、经验做法

（一）坚持守正创新，探索组织领导新机制

为形成监管合力、提升监管质效，河南省国资委对监督管理机制进行了重塑性改革。

一是组建内审与风险防控委员会（以下简称"内审风控委"），河南省国资委、河南省审计厅负责人任内审风控委主任，高校、知名专业机构人

员任委员，有效发挥"国资监管、国家审计、高校支撑、机构服务"的综合能效，实现"1＋1＞2"的倍增效应。

二是设立内审风控办，明确由河南省国资委专职负责指导企业审计委员会工作，进一步压实董事会、审计委员会和外部董事责任。目前，19 家省管企业均已设立由外部董事占多数的审计委员会，外部董事总人数51 人。

三是建立内审风控人才专家库，河南省国资委广泛吸纳相关领域知名专家人士入库，为企业内审风控工作开展提供智力和技术支撑。首批入库专家 14 人，涉及审计、财务、法律等专业领域。同时，指导各省管企业在集团层面，组建审计人才库，打通业务壁垒，提高审计工作协同性，弥补审计人才短缺问题。河南交通投资集团有限公司、河南省豫地科技集团有限公司审计人才库人员均已突破 100 人，审计人才短缺问题得以有效化解。

（二）整合监督力量，打造联动监督新机制

河南省国资委对内审风控办、审计委员会、内审机构应承担的工作职责和协同责任进行界定，形成"三级联动"监督机制。

一是内审风控办牵头抓总。内审风控办围绕河南省国资委中心工作和省审计厅年度审计工作要点，加强对审计委员会的工作指导。内审风控办成立一年多以来，已开展 6 次内审风控专题研讨及技能培训，并推动河南省审计厅与省管企业建立审计问题互认机制，河南省审计厅对已完成整改的内部审计发现问题予以认可，避免重复审计。

二是审计委员会承上启下。审计委员会严格落实河南省国资委和董事会决策意图，加强内审机构监督指导，确保企业内审监督工作规范有序进行。中原豫资投资控股集团有限公司等 7 家企业，审计委员会结合内审实际，推动建立审计、纪检监察、党委巡察等一体化联动"大监督"体系，实现联合会商、信息共享、检查共推、成果共用、整改共促。

三是内审机构具体实施。内审机构聚焦重点领域和重点环节，抓实做细常态化经济监督，为企业健康持续发展保驾护航。

（三）强化职能落实，健全考核评价新机制

抓好审计委员会履职，建立健全考核评价制度，用制度规范审计委员会科学尽职履责。

一是明确履职评价标准。河南省国资委参考《中华人民共和国公司法》及相关政策，研究出台《省管企业董事会审计委员会工作指引（试行)》，对审计委员会工作职责、履职方式、会议制度、人员组成等进行规范细化。

二是定期实施评估。企业董事会每年对审计委员会履职情况进行定期评估，对履职不力的委员依规进行调整，进一步压实工作责任。

三是健全考评机制。将审计委员会工作纳入董事会评价范畴，与董事会年度考评及董事长年度述职问询同步进行。审计委员会中的外部董事履职情况，纳入其年度和任期评价范畴，并作为外部董事调整任用、监督管理的重要依据。

（四）紧盯问题整改，完善督导问责新机制

通过压实责任、严格督导、对账销号，督促企业将问题整改作为日常监督的重要抓手，一体推进审计整改"下半篇文章"与揭示问题"上半篇文章"，促进提升监督综合治理效能。

一是压实审计整改领导责任。河南省国资委明确企业主要负责人为整改工作第一责任人，强化对审计问题整改工作的组织领导，扎实推进并确保取得实效。

二是强化整改跟踪问效督导。河南省国资委针对常规问题的整改，推行定期约谈机制，倒逼被审计单位和人员积极配合审计监督和问题整改。

三是实施问题整改闭环管理。审计委员会发挥监督指导职能，以内审

机构建立的整改工作台账为抓手，对整改工作进行全过程闭环管理，做到不整改不销号，整改不彻底不销号。

三、改革成效

河南省国资委深入贯彻党的二十大和二十届三中全会精神，全面落实省委、省政府决策部署，奋力为全省经济"年年红"贡献力量，省管企业审计监督工作成效显著。2023 年，印发了《省管企业董事会审计委员会工作指引（试行）》，填补了制度空白，创新了运行机制，明确了工作职责，规范了工作程序，提升了审计委员会与内审机构之间的协同效率，实现了"1＋1＞2"的效果；首次召开省管企业董事长年度述职问询会，并同步开展出资人测评，调整董事共计 72 人次，其中外部董事 59 人次。

54

构建项目资源、改革政策、人才协作
三大共享机制
助力央地国有企业合作共赢

湖北省人民政府国有资产监督管理委员会

一、基本情况

湖北省是国有经济大省、央企强省，湖北省委、省政府高度重视央地合作工作。近年来，湖北省人民政府国有资产监督管理委员会（以下简称"湖北省国资委"）每年策划举办央地对接活动，主动推进高层互动互访，全面深化央地战略合作，取得一系列丰硕成果，成为湖北开放合作的"金字招牌"。目前，国务院国资委监管的 97 家中央企业中，有 86 家在湖北有投资布局，设立各级子企业 2000 多家。其中，央企总部 3 家，分别是中国长江三峡集团有限公司（以下简称"中国三峡集团"）、东风汽车集团有限公司（以下简称"东风公司"）、中国信息通信科技集团有限公司，加上上海、武汉双总部的中国宝武钢铁集团有限公司（以下简称"中国宝武"），二级子公司超 120 家，三级子公司超 840 家。截至 2024 年底，在鄂央企资产总额 6.2 万亿元，全国排名第四，居北京、广东、上海之后。2024 年，在鄂央企实现营收 2.8 万亿元，全国排名第五；实现利润总额 1496.7 亿元，全国排名第六。

二、经验做法

（一）项目资源共享

湖北省成立由省政府主要领导担任组长的央企合作领导小组，为总部在鄂央企提供专班服务，分别与东风公司、中国三峡集团、中国宝武共同成立工作专班，助力中央企业在鄂高质量发展。为推动中国三峡集团加速融入湖北，湖北省国资委联合中国三峡集团和省市 16 家单位共同研究，形成《关于推进三峡集团与湖北经济社会深度融合和协调发展的工作方案》，围绕总部经济、生态环保、能源开发、"双碳"合作、科技创新、国企改革等领域谋划了一批合作项目。中国三峡集团自 2021 年 9 月搬迁湖北武汉后，实现稳健快速发展，2024 年实现营收 1612 亿元、同比增长 5.9%，利润 582 亿元、同比增长 2.1%，税收贡献 305 亿元。湖北省委、省政府高度重视东风公司转型发展，由省委常委、常务副省长牵头组建工作专班，帮助东风公司解决国家重点实验室建设、研发资金支持、新能源汽车销售、协议资金兑付等 7 个重点事项。湖北省国资委积极发挥省央企合作办统筹协调职能，督促各责任单位聚焦企业诉求，主动沟通对接，依法依规、创新思维全力支持，各个事项取得积极进展。2024 年，东风汽车销售新能源汽车 86 万辆，同比增长 64.4%，高于行业 29 个百分点。为落实中国宝武上海、武汉双总部战略规划，由湖北省国资委、省经信厅牵头，联合相关部门，协调解决推进中的重难点问题，保障协议事项的跟踪问效、有效落实，2024 年，工作专班积极服务保障了武钢无取向硅钢项目开工建设、取向硅钢项目启动、武钢有限全流程超低排放改造等 9 个重大项目的落地建设。为提升资源共享效率，依托湖北省国资国企在线监管系统，开辟央企合作专栏，实时掌握合作项目进展情况，协调解决堵点卡点，确保合作项目顺利实施。

（二）改革政策共享

主动将在鄂央企纳入湖北省发展大格局一体推进，围绕"前瞻性战略性新兴产业布局、科技创新平台建设、世界一流企业创建"共同确定 3 张清单 49 个重点事项，推进央企深度参与湖北省国资国企新一轮改革发展。主动对接服务在鄂央企深度参与综改试验，在存量土地盘活、科技创新联合攻关等方面，将区域内中央企业纳入政策适用范围，指导推动在鄂央企用足用好支持政策。中国宝武武钢集团有限公司运用湖北省出台的推进国有企业盘活利用存量土地八条政策措施，对 23 宗更名困难的存量土地完成现场测绘，取得不动产权证 11 宗；将 40 余宗存量土地开发成产业空间，已建成 32 万平方米，在建 27 万平方米。其中，采取旧厂房改造、修旧如旧方式改造老厂区 606 亩闲置工业地块，打造了 14 万平方米融合工业遗迹鲜明特色的高新产业园区；东风公司联合华中科技大学等单位成立"湖北省车规级芯片产业技术创新联合体"，2023 年已实现 3 款国内空白车规级芯片首次流片，完成了国内首款基于 RISC-V 指令集架构车规级 MCU 芯片；中国三峡集团深度融入光谷科技创新大走廊建设，建设三峡武汉科创基地，组建成立水工混凝土工程技术研究室，牵头申报的湖北省智慧水电技术创新中心、与中国地质大学（武汉）联合申报的国家环境保护水污染溯源与管控重点实验室获批组建。

（三）人才协作共享

探索建立"干部双向挂职、人才交流培养、党建联建共建"为内容的常态化合作机制，择优选拔 32 名企业优秀年轻干部到中央企业、外省市标杆企业挂职锻炼。将在鄂央企 26 人纳入湖北省"楚天英才计划·创新型企业家项目"首批培养对象，实施为期 3 年的培育。推动企业与地方和省直部门领导干部交流，2023 年从地方、中央在鄂单位交流到省属企业担任正职 4 人，从民航湖北局引进 1 名熟悉民航业务的专业型人才到湖北机场集团任总经理。按照政治素质较高、职业素养较好、专业素养较强、工作经历匹配的标准，不断充实外部董事人才库，2023 年吸纳 70 余名中央企业优秀管理人员入选省属企业外部董事人才库，已选聘 9 名。目前，湖北省政府国资委外部董事人才库 190 人，与省属企业集团层面外部董事人才库 393 人之间已实现共享开放，打造了一支近 600 人规模的外部董事人才库。

三、改革成效

在国务院国资委的大力支持下，湖北省围绕国家和省级重大战略，全力争取央企加大在鄂投资布局，不断提升口碑、擦亮名片。2023 年 9 月，举办"聚力都市圈奋进先行区—2023 湖北省与中央企业项目对接洽谈会"，47 家央企总部及其重要子企业与武汉都市圈 9 市政府和 10 家省属企业签订合作项目 97 个，总投资 3215 亿元。2024 年 6 月，举办"湖北花湖国际机场开放暨临空经济发展大会"，43 家央企总部及其重要子企业、21 家省外国企、25 家民营企业、12 家全球头部外资企业签约项目 191 个，投资总额 3651.5 亿元。其中，央企国企与湖北签约项目 82 个，投资额 2517.7 亿元。2020 年以来，与湖北省签署战略协议的 29 家央企在湖北落实重点合作项目（含自投自建）1323 个，投资总额 1.82 万亿元，其中已开工项目（含完工）1138 个，开工率 86%，累计已完成投资额 5564 亿元。其中，新一代信息技术、高端装备、新能源、新材料、节能环保、生物医药等战略新兴产业项目 630 个、投资额 7211 亿元，分别占整个项目的 48% 和 40%。

55

推动国有企业盘活利用存量土地
取得积极进展

湖北省人民政府国有资产监督管理委员会

一、基本情况

湖北省深入贯彻党中央、国务院关于构建更加完善的要素市场化配置体制机制的重要部署，按照《湖北省国有企业改革深化提升行动实施方案（2023—2025 年）》有关工作要求，以多种方式盘活利用存量土地，大力推进区域内国有企业盘活利用存量土地政策落地，成效显著。

二、经验做法

（一）创新政策机制，强力推动落实

一是抢抓机遇出政策。《自然资源部 国务院国资委关于推进国有企业盘活利用存量土地有关问题的通知》（自然资发〔2022〕205 号）（以下简称《通知》）出台以后，湖北省高度重视国有企业盘活利用存量土地工作，出台《湖北省自然资源厅 湖北省政府国资委关于加快推进国有企业盘活利用存量土地的通知》，动员省属企业抢抓政策机遇，通过组织企业座谈交流、调查研究、在线培训、典型案例观摩等方式，迅速启动盘活存量土地系列工作。

二是部门协作聚合力。在湖北武汉区域性国资国企综合改革试验领导小组领导下，建立由省、市11个部门参加的国有企业存量土地盘活利用工作联席会商机制，由省政府领导担任联席机制召集人，共商解决土地确权难、盘活路径少、保障机制不畅等问题。湖北省人民政府国有资产监督管理委员会（以下简称"湖北省国资委"）与湖北省自然资源厅等部门一道深入中国宝武武钢集团有限公司（以下简称"武钢集团"）等企业现场办公，为在鄂央企协调解决企业土地办证、存量土地开发等历史遗留问题。

三是实地调研找对策。湖北省国资委把调查研究作为做好盘活土地工作的基本功，成立盘活土地调研组，逐户深入企业开展调研。从制约盘活土地的突出问题入手，开展问题起底、难题攻坚，形成《地方国有企业存量土地盘活的困境与对策——以湖北省为例》《国有企业盘活存量土地的湖北做法与思考》等研究成果，就地方推进国有企业存量土地盘活利用，从政策优化协同、遗留问题处置、财政金融支持、体制机制建设等方面提出了有价值的建议。

（二）分类盘活利用，发掘土地价值

一是确权办证，加快土地资产更名。经统计，湖北省国有企业因更名困难造成权属瑕疵问题的存量土地约265宗，涉及面积约5.02万亩，权属瑕疵严重制约了土地盘活利用。湖北省充分利用《通知》有关政策破解办证难题，多家企业取得积极进展。湖北铁路集团完成铁路建设用地办证180宗，涉及土地面积约12549.41亩，其中武石、武孝城际铁路武汉段等长达十年的遗留问题取得重大突破。武钢集团完成38宗土地使用权证更名换证，涉及土地面积约3675亩。

二是作价出资，释放土地资产价值。湖北省将959宗共计27.94万亩划拨建设用地使用权通过作价出资（入股）方式，扩充企业资本金，显化存量土地资产价值，增厚国有资本。为化解高速公路投资建设资金筹措难

题，湖北交投集团先后完成两批次 725 宗共计 25.47 万亩土地资产作价出资，增加净资产 334.59 亿元，累计降低资产负债率约 3.5 个百分点。武汉地铁集团完成 234 宗共计 2.47 万亩土地作价出资，增加净资产 104.13 亿元，降低资产负债率约 1.5 个百分点。

三是发行公募 REITs，推动土地资产证券化。湖北交投集团对权属存在瑕疵的 100 多宗土地资产进行变更登记，并在土地确权的基础上以大广北高速公路为标的启动了湖北首单省属企业基础设施公募 REITs 发行工作，目前已向国家发展改革委申报，将带动 1.24 万亩土地在内的近 40 亿元高速公路资产整体实现证券化，募集资金将超 50 亿元。

四是改造升级，推进存量土地高效利用。湖北省加大推进改造国有企业老厂区力度，助力转型升级。目前，已有 67 宗共计 1603.71 亩土地完成或正在推进改造升级，预计将产生经济效益 182.38 余亿元。武钢集团利用存量土地谋划新产业发展空间，采取旧厂房升级、修旧如旧等方式改造老厂区 606 亩闲置工业地块，打造 14 万平方米融合工业遗迹鲜明特色的高新产业园区，引进北京金港建设股份有限公司、武汉华枫传感技术有限责任公司、虎投财经等多家优质企业入驻，逐步发展成为武汉地区"新科技、新文化及新零售示范标杆"产业高地。东风汽车集团与十堰市政府合作推进棚户区改造与落实河流生态修复政策，完成旧厂区 503 亩低效地块盘活，通过土地政府收储、优化利用提升等举措获得 4.04 亿元收益。

五是合作开发，放大土地资产功能。湖北省国资委内引外联，积极拓展与社会资本、优质运营方、央企的联营合作，多元化、多路径、多方式盘活利用国有企业存量土地。湖北联投集团以武汉滨江黄金地段 57 亩存量土地，置换长江电力所持清能集团 42.99% 股权，实现"以地换股"，高效盘活。

六是收购储备，建立土地增值收益分配机制。湖北省国资委用好用活国有企业土地资产清查成果，建立增值收益分配机制，将国有企业沉淀的存量低效闲置用地分策收储，重新规划投入土地市场，在赋予低效闲置土地新生机的同时，让企业享受土地收储红利、获得补偿或分成。

七是数字赋能，提高土地盘活利用效能。2 家省属企业建立了土地资产管理系统，通过数字赋能，实现资产一本账、布局一幅图、管理一张屏，切实提高管理效能。

三、改革成效

湖北省通过推进完善土地权属、土地作价出资、发行 REITs、优化土地利用等工作，惠及省内央地国有企业及子企业 8000 多家，涉及湖北省属和武汉市属企业存量土地约 190.78 万亩，已盘活土地资产价值约 900 亿元。针对省属企业存量土地资产盘活利用重点项目（涉及 22 个重点土地项目共计 5935 亩土地），湖北省国资委会同自然资源、消防、住建、税务等部门同向发力、形成合力、压茬推进。截至目前，9 个项目已基本得到解决，涉及土地 3592 亩。针对剩余的 13 个现行政策难以解决的重点项目，研究起草《关于妥善处理国有企业存量土地历史遗留问题的通知》，突破性化解国有企业土地资产更名、规划核实、不动产登记、房屋安全鉴定等涉地历史遗留问题，推动国有企业存量土地盘活利用工作进一步向央企和市州延伸。

56

坚持服务监管并重　推进贯通协同联动
加快构建国资监管大格局

湖北省人民政府国有资产监督管理委员会

一、基本情况

湖北省人民政府国有资产监督管理委员会（以下简称"湖北省国资委"）按照党的二十届三中全会要求，积极落实国有企业改革深化提升行动，不断深化国资国企改革，完善管理监督体制机制，强化横向贯通、纵向联动、内部协同，寓服务于监管、寓监管于服务，着力打造具有湖北特色的国资监管样板。

二、经验做法

（一）强化横向贯通，凝聚监管"大合力"

一是建立横向贯通工作机制。湖北省国资委成体系推动出资人监督与其他各类监督统筹衔接、有机贯通，先后出台《关于省纪委监委与省属企业出资人、监管部门加强监督贯通协同的工作办法》《省委巡视机构与省政府国资委有关工作贯通协调暂行办法》《关于加强审计监督与国资监管贯通协作工作办法》等文件，建立健全信息通报机制、定期会商机制、问题线索移送机制和协同督办机制。2024年3月，湖北省国资委与湖北省纪委监委、湖北省委宣传部、湖北省财政厅召开监督贯通协同会商会议；8月，湖北省国资委与湖北省委巡视办召开省属企业巡察审计联动工作推进会，共同推进重点工作协同部署、重要信息同步掌握、重大问题联合督导，进一步延伸监管手臂、提升监督效能。

二是严格落实"三个区分开来"。湖北省委、省政府印发《湖北省容错纠错工作办法（试行）》，湖北省国资委党委印发《省属企业落实湖北省容错纠错工作办法实施细则》。2024年，湖北省国资委与湖北省纪委监委、湖北省委组织部共同商议出台《湖北省国有企业容错免责事项清单（2024年版）》，明确在强化战略保障、处理历史遗留问题、投资战略性新兴产业和未来产业等10项事项容错免责，赋予企业更大改革自主权，推动形成支持企业改革创新的合力。2023年以来，湖北联投集团、湖北港口集团共执行尽职合规免责机制有效次数3次。

三是树立服务监管并重理念。湖北省国资委积极倡导"寓服务于监管、寓监管于服务"的工作理念，建立省政府领导解决企业困难督办机制、委领导联系服务企业工作制度，加强与省直部门和地方政府的沟通协调，用心用情用力为企业创造良好的发展环境，帮助企业解决涉隐债务化解、应收账款清收、涉税问题处理等一批制约改革发展的难题和历史遗留问题。

（二）强化纵向联动，形成监管"一盘棋"

一是筑牢三位一体监督体系。湖北省国资委出台《出资企业违规经营投资责任追究实施办法（试行）》等制度文件，成立出资人监督工作领导小组，全面构建覆盖省、市（州）、县（市、区）各级国资监管机构及国有企业的责任追究工作体系，建立集中研判、协同部署、定期会商、信息共享、联合检查、问题整改6项工作机制，完善业务监督、综合监督、责任追究工作链条；全力推进2.0版智慧国资监管平台建设，积极加强与国务院国资委对接，建立主要在鄂央企指标共享机制，完善湖北省内各级企业国有资产"一本底账"。

二是完善上下联动工作机制。湖北省国资委建立省属企业重大事项报告制度，督促企业定期报送内部审计、巡察报告和日常监管中发现的重大问题；严格落实省属企业党委全面从严治党、政治生态分析研判、谈话提醒等 10 项重点措施，开展党委主要负责人与企业主要领导人员谈心谈话活动；建立政治生态分析研判信息共享机制，每季度开展研判，形成"研判—整改—提高—研判"的良性循环；出台《国资监管提示函工作规则》《国资监管通报工作规则》《国资监管责任约谈工作规则》，将监督责任向下压实。2024 年以来，共发现省属企业存在的 10 个方面 134 个具体问题隐患，采取一对一的形式向有关企业通报提醒并督促整改。

三是加强对市州的指导监督。湖北省国资委出台《湖北省市州国资监管工作评估评价办法（试行）》，围绕全省国资国企改革、发展、监管、党建 4 条主线，聚焦国资委应当履行的出资人职责、国有资产监管职责和国有企业党的建设三大职责，着重从落实坚持和加强党的领导和党的建设情况、履行国有资产监管职责情况、持续深化国有企业改革情况等维度对市州国资监管工作进行评估评价。2023 年，湖北省国资委首次对市州国资监管和国企改革工作全面开展评估，并将评价情况和工作建议点对点通报至市州党委政府。2024 年，结合市州国资监管实际情况，湖北省国资委继续修订完善评价细则，进一步增强指导监督的精准性、有效性、科学性。

（三）强化内部协同，打造监管"全闭环"

一是建立企业内部监督工作机制。成立由集团纪检监察组长、纪委书记任组长，集团巡察、党群、组织人事、审计、财务、法务等部门负责人为成员的党风廉政建设和反腐败工作协调小组，建立联席会议、检查督办、协同办案、信息综合反馈、重要情况通报等工作机制，建立党务人事、纪检巡察、财务管理等方面的巡察人才库，积极探索设立青年廉洁监督员、党风廉洁驻点监督员等基层监督模式，持续深化政治生态分析研判、政治巡察、"一把手"谈话、信访分析等监督实践，统筹开展政治监督、日常监督和专项监督，将监督治理融入所有业务全流程和各环节。

二是抓住重点领域优化监管方式。聚焦虚假贸易、控股不控权、境外违规经营、工程领域等重点领域，开展突出问题专项整治。积极探索"互联网＋监管"新模式，搭建电子化集中采购平台，将采购项目由线下分散进行变为线上集中管理，实现"过程公开、操作透明、全程在案、永久追溯"，有效防止围标串标、利益输送、隐性腐败等问题。全面建立财务共享中心、司库体系，对全级次账户资金、授信融资、债务担保等情况实时查询、在线审批，资金管理和风险防控能力得到全面提升。

三是坚持系统观念凝聚监督合力。充分发挥审计监督的精准性，用好审计监督成果，做好"用数字说话、以事实支撑"的"经济体检"；充分发挥巡察监督的权威性，做好"对照政治标准、纠正政治偏差"的"政治体检"；充分彰显纪检监督的严肃性，以快查快办"严查处"和典型案例"活教材"强化震慑效应；充分发挥职能监督的专业性，发挥职能部门专业优势与特点，强化日常业务监督。

三、改革成效

湖北省国资委牢牢把握国资监管机构职能定位，大力推动国资监管，实现四个"全覆盖"。

一是实现监管机构"全覆盖"。湖北省国资委督促各市（州）政府独立设置直属特设性质的国有资产监管机构，督促各县（市、区）明确企业国有资产监管的责任主体和行为主体，全省各市（州）和县（市、区）均按要求明确了国资监管的责任主体。

二是实现监管范围"全覆盖"。湖北省国资委将省属金融、文化企业及省直行政事业单位经营性资产全部纳入集中统一监管，由湖北省国资委履行出资人职责或实施日常管理职责。

三是实现行权履职"全覆盖"。湖北省国资委深入推进国资监管机构职能转变，强化事前事中事后监管，把全面履行出资人职责、国有资产监管职责和负责国有企业党的建设工作职责统一起来，有效推动管资本与管党建相结合、履行出资人职责与履行国资监管职责相结合、党内监督与出资人监督相结合，实现了"三统一、三结合"。

四是实现指导监督"全覆盖"。湖北省国资委加强内部的协调联动、横向的贯通协同和上下级的沟通衔接，加强法规制度、调整重组、改革改制、产权管理、财务监管、业绩考核、薪酬分配、党的建设等各项业务全面指导，基本建成全省国资国企在线监管系统、制度体系、产权体系、财务监管体系，专业化、体系化、法治化监管优势更加凸显。

57

建机制　细措施　实施分类处置
积极开展"两非""两资"处置工作

湖北长江产业资产经营管理有限公司

一、基本情况

湖北省早在 2008 年就成立了由湖北省高院、湖北省税务局、湖北省市场监督管理局、湖北省国资委组成的联合领导小组，小组办公室设在湖北省国资委，并成立了公益一类事业单位省直机关脱钩企业托管中心，专职负责省属企业中的"两非""两资"企业的清算注销、市场化退出工作，2008—2016 年共完成清算注销企业 50 家。2015 年，成立湖北省宏泰托管资产经营有限公司，后更名为湖北长江产业资产经营管理有限公司（以下简称"长江资管公司"），为长江产业投资集团有限公司（以下简称"长江产业集团"）二级子公司，主要负责"两非""两资"企业的市场化退出和存量资产的盘活，按照"一企一策、分类管理、及时止损、有效盘活"的原则，采取"培育发展一批、重组整合一批、保留观察一批、清算退出一批" 4 个一批方式分类分批进行资产处置盘活，取得了较好效果。

二、经验做法

（一）强化要素保障，培育发展一批

长江资管公司将划转承接的正常开展经营、收入来源稳定、组织架构

完善且经营收入高于行业平均利润率的企业纳入培育发展类企业范畴，调动各方面资源，在资金、人才和体制机制等方面全面加强资源要素保障，推动企业做大做强。例如，湖北省公安厅划转企业鄂安标牌厂、武昌警服厂、公安印刷厂3家企业都是集体所有制企业。长江资管公司成立楚安公司并将其作为整合平台，将公安厅3家企业的人员、业务、资产进行整合，以较低的成本、很短的时间、很高的效率完成了公安厅3家企业的改革改制工作。同时，通过"大警保"业务的联动，优化了楚安公司的业务渠道，提高了经营效益，使楚安公司步入经营发展的快车道。

（二）强化资源适配，重组整合一批

长江资管公司对主责主业较为明晰、组织架构较为完善、历史包袱较轻、经营业绩一般但与管理的其他企业资源适配且有一定发展潜力的企业纳入重组整合范围，通过开展重组整合或委托管理，达到企业之间资源互补甚至叠加的目的。按照长江产业集团"一级强、二级专、三级活"的方针，采取有效措施为此类企业"松绑"，推动此类企业致力于生产经营，推动其从冗杂事务中解放出来，将其重组整合为具有市场竞争力的现代企业，在条件成熟时孵化输出给长江产业集团。目前已孵化输出湖北省人才发展集团有限公司、"科改企业"湖北天宏检测科技集团有限公司及"科改企业"湖北省医药工业研究院有限公司。在承接的湖北省水利厅主管的18家企业中，通过成立武汉水资源发展投资有限公司进行系统重组整合，专做"水文章"；通过向高关水厂投入项目改造资金1700多万元改造供水线路，服务京山地方发展，该项目获评"2023年度湖北省农村供水标准化管理工程"，相关工作经验获湖北省电视台专题报道。

（三）强化问题解决，保留观察一批

长江资管公司将发展前景不明、承载特殊专项功能、经营业绩不佳但与公司核心利益紧密相关的39家企业纳入保留观察类企业。此类企业往往

面临涉法涉诉、政府拆迁、债权债务等问题。长江资管公司通过采取各种有效措施推动问题解决，压降企业经营管理成本，截至目前已完成 17 处瑕疵资产问题解决，办理各类证照 92 份，为后续资产经营盘活、提高经营质效奠定了坚实基础。

（四）强化要素流转，清算退出一批

长江资管公司将长期无主责主业、长期未经营、遗留问题多、长期亏损的 19 家企业纳入清算退出类企业，实行退出计划，按照"一企一策、止损优先、先易后难、统筹推进、动态调整"的原则，合理采取吸收合并、股权转让、破产清算、清算注销等法治化、市场化方式实现企业清算或退出。通过企业退出，将企业的资源、资产、资金重新经营产生效益，达到资源要素加快流转、优化资源配置的目的，实现国有资产保值增值的目标。

三、改革成效

一是省级经营性资产归置整理取得实效。长江资管公司累计向长江产业集团孵化企业 7 家，资产约 30 亿元；实现"两非""两资""两企"（非主业、非优势产业，低效、无效资产，"僵尸企业"、空壳企业）市场化退出 110 家，安置、移交人员 5300 余名，通过盘活资产取得现金收入 5.55 亿元，低效资产实现了有效盘活，经营成本大幅下降。

二是托管企业清理退出任务基本完成。长江资管公司委托管理的 74 家托管企业市场化退出任务基本完成，目前仅 9 家尚未退出（其中 8 家列入保留观察类企业），共计 103 家托管企业的各类历史遗留问题得到有效解决。

三是事业单位转企改制有序推进。湖北省科学器材公司、湖北省财政厅招待所、湖北省公安厅招待所等转企改革任务全面完成。湖北省黄金公

司、湖北非金属地质公司、湖北省建材产品质量监督检验站改革任务有序推进，已取得阶段性成果。武汉大学、武汉理工大学、华中师范大学、华中农业大学等部属院校校企改革工作全面完成。

四是企业历史遗留问题有效解决。长江资管公司积极履行国企社会责任，累计完成 4095 名国企退休员工社会化移交工作，完成 1019 名退休党员组织关系转移工作，完成人事档案移交 3891 份；筹措资金 577.6 万元，完成 423 家"三供一业"分离移交改造工作；筹措资金 650 余万元，解决华联楚天 200 余名合同工社保欠缴和 300 余名集资人集资款利息问题，为华联楚天 26 名符合办证条件的职工办理不动产权证；筹措资金 50 万元，完成湖北水产集团中南三路宿舍职工供水改造；筹措资金 1100 余万元，解决省仪表总公司涉及 1700 余人的世纪仪表股票认购款返还问题。

58

聚焦改革新举措　激发发展新活力
持续深化三项制度改革

湖北港口集团有限公司

一、基本情况

湖北港口集团有限公司（以下简称"湖北港口集团"）是湖北省港口、航运、汉江通航建筑物投资、建设、运营主体，以及汉江航道的投资、建设主体，功能定位为市场竞争类企业，以建设长江中游航运中心和多式联运国家物流枢纽为使命，致力于打造全国一流、内河最大的现代港口服务商、综合物流集成商、临港园区运营商，形成了港口服务、综合物流、临港园区建设开发运营三大主业。

二、经验做法

在湖北省委、省政府坚强领导下，在湖北省国资委正确指导下，湖北港口集团坚持"抓改革就是抓发展"的思路，强力推动三项制度改革落实落地，在破题解局中激发内生动能。

（一）突出机制创新，做到"能上能下"

湖北港口集团树立鲜明用人导向，打破思维僵化、职位固化，激发活力之源。

一是理顺管理体制。湖北港口集团聚力打造"价值创造一流"战略运营型总部，将职能重叠、责任重复的部室调整优化、压多为一，将17个职能部室合并为14个，压缩比例20%，并首次成立战略研究部，改"部长"为"部门经理"。对二级企业本部推行"大部制"改革，机构设置上以市场化为导向，压缩综合管理岗位，补充直面市场的一线人员，机构减幅达21%。

二是开展公开竞聘。湖北港口集团从破除思想障碍入手，以突出能力为导向选人用人，对总部19个中层管理岗位实行"全体起立"，择优"坐下"，完成自企业成立以来规模最大、覆盖范围最广的内部竞聘，最终5名干部落聘，调整比例超20%。近一年来，集团旗下18家出资企业256个岗位通过竞争性选拔方式上岗。

三是提高使用质量。湖北港口集团发挥老同志的传帮带效能，抽调10名58岁以上中层干部退出原工作岗位，组成攻坚克难督导组，进驻各二级企业，帮助推动重点难点问题化解。推进经理层成员任期制和契约化管理，优化考核指标设置、细化考核兑现政策，实现严格考核、刚性兑现，有效传递经营责任压力。

（二）优化资源配置，做到"能进能出"

湖北港口集团持续完善市场化用工机制，打造更富活力、更有战斗力的人才队伍。

一是控总量。湖北港口集团在三定方案设定上注重"缩编消肿"，实现各级机构岗位设置、岗位编制、任职资格"三统一"。在"进口关"推行一体化管控，设立底线标准，新增计划重点向主营业务、关键岗位、重点项目、新兴业务倾斜，管理岗位侧重统一调配。

二是优结构。湖北港口集团聚焦人才"引育用留"全链条管理，建立后备人才管理培养机制，推广"启航计划·管培生项目"，量身定制专项培养方案，将 8 名管培生安排在重要岗位历练成长。推进岗位融合，分阶段开展财务人员垂直管理，将富余财务人员通过内部转岗、跨企业调剂等方式逐步补充到项目、市场等一线。

三是敞出口。湖北港口集团畅通员工岗位交流通道，开展总部普通岗位公开竞聘，11 名总部员工得到有效轮换，轮换率 20%。明确考核淘汰、岗位退出、不能胜任等退出情形、退出标准、退出程序和退出条件，经过谈话了解、分析研判，累计对 51 名不胜任现职的管理人员进行岗位调整。

（三）完善精准考核，做到"能增能减"

湖北港口集团坚持市场化道路，持续完善工资与效益挂钩的长效联动机制。

一是优化考核体系。湖北港口集团以价值贡献为导向，以创造增量为出发点，调整考核范围、完善考核方式，市场竞争企业注重经济效益，功能保障企业突出成本管控，分档设置考核目标。

二是拉开分配差距。湖北港口集团调整总部薪酬管理和绩效管理，实行全员"一人一表"考核，员工绩效考核等级与部门考核联动，考核档次扩展到 17 级，差距得以合理拉开。对出资企业推行"增人不增资、减人不减资"工资总额包干制度，将薪酬标准与岗位挂钩、随业绩变动。2024 年以来，共计 16 家亏损企业停发或减发绩效。以经营业绩考核为重点，对经理层实施刚性考核兑现，二级企业经理层薪酬差距达 1 倍，三级企业经理层差距达 2 倍。

三是用活激励工具。湖北港口集团树立"有好业绩就有高回报"导向，两次开展"揭榜挂帅"。通过能者揭榜、以榜定责、晒榜激励，2023 年 5 个团队交上"请战书"、立下"军令状"，并全部完成榜单任务。2024 年第二批"揭榜挂帅"实现 5 个首次，形成了有利于揭榜者发挥自身优势、展现自身本领的良性格局。

三、改革成效

一是经营质效持续向好。湖北港口集团营收、投资、货物吞吐量、集装箱吞吐量等指标在 2023 年创下历史新高，其中港口货物吞吐量 2.06 亿吨、集装箱吞吐量 361.91 万标箱，分别高出全国平均增幅 16.8% 和 13.5%。2024 年，各项经营工作继续在较高基础上保持较好增长，营业收入、利润、投资分别同比增长 7.10%、25.25%、9.81%，货物吞吐量同比增长、集装箱量分别同比增长 7%、18%。

二是发展动能愈加充沛。湖北港口集团干部职工能动性得到充分发挥，一批历史问题、掣肘难题得以解决。以"揭榜挂帅"为载体，通过应收账款清收，累计收回近 10 亿元账款，有效缓解企业应收账款居高不下的困境。通过"百名物流管家进百企献百策"活动，推动"物流通道"向"经济通道"快速转变，2024 年以来为全省产生及带动经济增加值 5100 亿元，同比增长 1.2%，自身实现合同收入超 46 亿元。积极调整运营思路，中欧武汉班列单列承运货值同比增长 9.1%，迈向高质量发展新阶段。

三是人才结构显著改善。湖北港口集团总部人员平均年龄下降 1 岁，硕士研究生及以上学历人员占比提升 4%，中级及以上职称人员占比提升 10%，一支精干高效、素质全面的总部人才队伍逐渐成形。校招硕士研究生及以上学历人员占比 70%，为湖北港口集团多元化、高质量发展注入了新鲜血液和强劲动力，干部队伍梯队建设进一步完善。全员劳动生产率首次突破 30 万元/人。

59

显著提升履职能力
打造高素质专业化外部董事队伍

湖南省人民政府国有资产监督管理委员会

一、基本情况

湖南省人民政府国有资产监督管理委员会（以下简称"湖南省国资委"）深入贯彻落实习近平总书记关于国有企业改革发展和党的建设的重要论述精神，全面落实党中央、国务院关于国有企业改革深化提升行动的决策部署，着眼提升公司治理水平，严格落实外部董事占多数制度。目前建立董事会的一级监管企业和各级子企业 227 家，纳入外部董事占多数的企业 207 家，共选配外部董事 777 人，其中一级监管企业外部董事 48 人。湖南省国资委围绕打造一支高素质专业化的外部董事队伍，坚持狠抓"三建三赋三强"，显著提升外部董事履职能力，为企业高质量发展提供有力支撑。

二、经验做法

（一）高质量抓"三建"，夯实基础

一是建好人才库。湖南省国资委采取市场化招聘、公开遴选、组织推荐等方式，从中央企业退休领导人员、高校教师、民营企业高管和会计师

事务所、律师事务所中遴选了一批在产业技术、资本运作、财务管理、风险管控等方面具有深厚理论研究或丰富实践经验的行业专家进入外部董事人才库。目前一级监管企业 50 名外部董事中，有 8 名专职外部董事。经过严格的市场化选拔考核，有 10 名兼职外部董事来自国务院国资委推荐的中央企业外部董事人才库、10 名来自全国高校。

二是建好制度机制。湖南省国资委通过修订外部董事选聘和管理办法、制定董事会工作规则、出台外部董事风控职能工作措施、印发外部董事履职工作指引等举措，对外部董事履职管理进行全面规范。建立"三管"机制。湖南省国资委监督处作为职能处室，负责外部董事日常履职管理工作，加强履职监督。在湖南省人才发展集团有限公司设立专门机构，负责外部董事日常服务管理工作，加强后勤保障。成立专职外部董事党支部，负责外部董事日常教育管理工作，加强政治引领。

三是建好评价体系。湖南省国资委先后两次优化完善外部董事履职评价办法和激励机制。注重突出重点，任职企业围绕责任担当、专业能力、履职贡献，出资人突出决策质量、监督成效、沟通作用，日常评价关注行为操守、勤勉程度，从不同维度科学确定评价指标，优化评价分值构成。注重个性化差异化考核，设立与任职企业经营业绩目标、重点工作任务完成情况等挂钩的动态调整指标。注重正向激励，在基本分值基础上设立了奖惩加扣分项。充分发挥评价导向功能，连续三年通报履职评价结果，发证表彰 12 名优秀外部董事，解聘 4 名外部董事，1 名被提醒谈话。

（二）全方位抓"三赋"，聚集能量

一是培训赋能。湖南省国资委每年专门举办外部董事专题培训班、履职能力提升培训班，组织专职外部董事参加企业领导人员培训班和规划投资、财务管理等业务培训班。2024 年，对一级监管企业外部董事培训 270

余人次，先后组织外部董事赴北京大学、上海财经大学、厦门大学等高校学习。每季度组织一次外部董事走进系统内企业主题研讨交流活动，以研促学，拓宽外部董事履职视野。通过组织参加省属监管企业经济运行分析会、"国资大讲堂"和湖南国资国企"科技周"活动等，促进外部董事多渠道、多角度了解掌握企业情况，提高履职能力。

二是服务赋能。湖南省国资委制定以《湖南省国资委强化省属监管企业外部董事履职支撑服务的若干措施》为主的服务保障制度机制。委领导每年主持召开两次座谈会，专门听取外部董事意见建议。委机关处室建立支持外部董事履职服务清单，就外部董事业务对接、信息沟通、政策咨询等明确责任分工。职能部门及时向外部董事推送重要政策文件，组织传达学习，做好政策宣贯。服务机构采取微信、小程序等方式，定期对外部董事点对点收集问题，做好服务保障。

三是平台赋能。湖南省国资委向外部董事开放湖南省国资委移动协同办公平台有关权限和监管企业电子办公数据信息系统，为外部董事提供履职所需的各种信息资源。运用国资大数据监管平台，开发外部董事履职模块，打通信息壁垒，从出资人、企业董事会、日常服务管理单位角度，围绕外部董事报告提交、工作调研、会议情况、履职纪实等进行数据建模，实现精准高效管理。

（三）高标准抓"三强"，提升水平

一是强化调查研究。湖南省国资委围绕监管企业战略发展规划、年度重点工作任务、重点项目，督促外部董事每年制订调研计划，通过信息系统对调研计划落实情况进行监督检查。2024 年，外部董事共开展调研 306次，7 份专职外部董事的调研报告成果被湖南省国资委充分利用。

二是强化监督职责。外部董事对照湖南省国资委"十严禁"规定和"553""双监管"体系，每月采取"工作提示、风险提示、风险警示、执纪问责"4 类建议形式向湖南省国资委报告任职企业风险问题。每季度听取经理层有关情况汇报，加强对任职企业经济运行个性指标、主要技术指标和重大风险指标的跟踪监测，及时进行分析"诊断"，每半年向湖南省国资委提交任职企业经营综合情况分析报告。

三是强化科学决策。加强决策信息支撑。湖南省国资委规定监管企业董事长每月要与外部董事召集人召开一次碰头会，沟通有关情况和问题；监管企业建立总部职能部门为董事会各专门委员会提供工作支持的职责清单，并将落实情况纳入绩效考核；董事会办公室每月向外部董事做好信息报送，确保外部董事及时全面掌握有关情况。加强议案管理。湖南省国资委建立了董事会议案管理专项系统，提出"未经党委会前置研究不上会、不提前沟通不上会、重点项目不调研不上会、存在重大分歧不上会、风险评估不到位不上会，董事长、总经理、分管领导、财务总监四人联签投融资要件不落实不上会"等议案管理规定，每季度进行检查通报，促进董事会规范运行、科学决策。

三、改革成效

高素质专业化的外部董事队伍，为董事会充分发挥"定战略、作决策、防风险"作用提供了有力支撑。

一是促进企业提高了决策水平。2024 年，湖南省国资委监管企业董事会共决策议案 789 项。其中，外部董事提出合理化建议 1738 条，会前指导修改完善议案 811 项，提升了董事会决策的科学性、合规性和有效性。

二是促进企业提高了风险控制水平。外部董事通过及时识别、评估风险，自 2023 年上半年建立风险月度报告机制以来，共向湖南省国资委报告反映企业 190 个风险问题，均得到有效处置。为重大投融资项目积极提供专业意见,有效规避了项目风险。近年来,监管企业没有发生重大投资损失。

三是促进企业提高了合规管理水平。外部董事通过推动规范董事会建设,优化内部控制,健全制度机制,促进了企业合规经营。

60

创新"项目化"运作机制
推动"两资"清理改革出实绩

湖南旅游发展投资集团有限公司

一、基本情况

湖南旅游发展投资集团有限公司（以下简称"湖南旅游集团"）是湖南省委、省政府为实施全域旅游战略于 2022 年 7 月批准成立的省管酒店旅游企业。湖南旅游集团以"建设全国一流的综合性文旅产业集团"为发展愿景，锚定"文化旅游、酒店餐饮、会展经济、生活服务、旅游商贸"五大核心产业，打造投融资和数字化两个业务支撑平台，承担湖南省驻港联络窗口定位。2023 年以来，湖南旅游集团聚焦增强核心功能、提升核心竞争力，深入实施国有企业改革深化提升行动，加快构建吃、住、行、游、购、娱一体的旅游产业链"生态圈"，勇担湖南文旅产业"链主"和"锦绣潇湘"全域旅游品牌排头兵。湖南旅游集团 2023 年营业收入同比增长 39.7%，利润总额同比增加 5.67 亿元，全年突破性实现扭亏为盈；2024 年继续保持盈利，利润总额同比增加 40%。

二、经验做法

湖南旅游集团酒店资产历史问题较为突出，"酒店＋地产"的重资产模式导致公司改革发展包袱沉重。为推动"两资"清理改革，湖南旅游集团做好顶层设计、研究部署，成立湖南湘旅资产经营有限公司（以下简称"资产公司"），负责集团系统内低效、无效资产盘活，打造成熟资产盘活平台；建立年度"重点项目"年初立项、旬月调度、季度分析、年终总结的整套机制，强化激励，多措并举做好"两资"盘活文章。

（一）深化改革"立项攻坚"

资产公司围绕湖南旅游集团"521"战略布局，全面摸清"两资"情况，分析研判设立项目，分类施策。

一是剥离整合部分非主业、空置闲置、瑕疵资产。资产公司找准效益突破点，精准立项，量身定制差异化解决方案，推动国有资本向主业企业、优势企业集中，按照市场化原则加快实施盘活处置。

二是专项清理历史遗留股权。资产公司设立股权资产清查项目，逐步解决历史企业股权登记及资产遗留问题，积极推动"两资"有序退出，"压层级、减法人"腾挪更多资源发展旅游产业链。

三是协助盘活非自有资产。资产公司提供项目化运作服务，促进各类资本协同优化，加强与市州、国有企业、大型私企对接，通过战略合作开发等形式对接合作，借助省属企业平台资源，提升招商知名度，共享朋友圈，实现合作共赢。

（二）项目经理"揭榜挂帅"

资产公司结合湖南旅游集团产业结构调整，发挥专业资产管理平台功能作用，明确年度"重点项目"，匹配项目经理。

一是实施项目清单化管理。资产公司坚持以项目化管理为抓手，逐一制定盘活处置路径和项目时间表，将"两资"清理重点项目量化，形成工作清单，明确职责任务，形成"项目清单化、清单责任化、目标具体化"模式。

二是落实项目经理负责制。资产公司根据"两资"不同类型、特点和规模，以及退出、处置方式的不同，打破部门界限，跨部门在骨干人才中择优甄选专业匹配的项目经理及人才，组建"项目组"。授权项目经理为项目全生命周期总负责人，深入了解项目进展、资金情况、难点堵点，针对性提出解决措施。

三是建立健全激励约束机制。资产公司制定重点项目奖励办法，牵头领导与项目经理签订"军令状"，对项目全程跟进、一抓到底。

（三）调度反馈"闭环运作"

资产公司建立部署、执行、调度、反馈的闭环工作落实机制，大力推动各项目顺利实施。

一是建立"工作节点排期表"。资产公司依据各项目路径和时间表设计具体方案，明确具体责任人及落实期限，确保每项任务都有人负责、有计划执行、有结果反馈。

二是健全重点项目协调调度机制。资产公司通过周例会、月度经济运行会等机制加强内部调度，及时加强统筹调度、研判工作难点、解决工作堵点。

三是建立高效的项目要素保障协作机制。资产公司根据项目节点及时组织召开专题会，听取项目经理具体汇报，做到协调服务到位、要素保障有力、信息渠道畅通，全力确保重点项目稳步推进，有力增强了各项目组工作的责任感、紧迫感。

三、改革成效

一是着眼长效机制，积极探索化债新思路。资产公司通过债权诉讼，化解存在时间长达 20 年之久的产权不清问题，妥善完成化债工作。某不良资产包确权项目，项目组以抵押物债权人且首次查封的优先地位，取得繁华地段 9013 平方米房屋所有权，实现 1.4 亿元收益，超目标实现 3200 万元。某公司债权确权项目，项目组与法院、破产管理人及其他债权人多次沟通协调，重新进行债权申报，促使各方共同签订债务和解协议，依法确认债权并创造利润 3800 万元。

二是紧抓改革红利，创新盘活国企土地资源。资产公司深入学习研究国家和省市重大战略、重大政策、重要部署，把政策红利转化为项目的"春风"。争取湖南省划拨地作价出资（入股）政策支持，解决遗留问题，完成多块土地划拨地作价出资（入股），为湖南旅游集团增加国家资本金（股本金）3.13 亿元，并完成了长期搁置的 17000 平方米房产权属变更登记。

三是加速能力升级，构建复合型人才队伍。资产公司面对"两资"法律关系复杂、历史遗留问题较多、产权归属不清晰等问题，干部队伍积极发挥改革创新精神，不断探索新的解决路径。"两资"清理工作历练培养了一批能够解决复杂问题的骨干人才，为推动企业深化改革提供了强有力的人才保障。

61

深化体制机制改革
全力推动广东国资国企发展再上新台阶

广东省人民政府国有资产监督管理委员会

一、基本情况

广东省人民政府国有资产监督管理委员会（以下简称"广东省国资委"）深入学习贯彻党的二十大和党的二十届二中、三中全会精神，在国务院国资委的有力指导和广东省委、省政府的正确领导下，深入实施国有企业改革深化提升行动，以体制机制类改革支撑功能使命类改革，推动省属企业高质量发展呈现良好态势。2024 年，省属企业资产总额、利润总额、净利润、利税均创新高。

二、经验做法

（一）全面落实"两个一以贯之"要求，推动中国特色现代企业制度从"有没有"向"好不好""优不优"转变

一是建立健全制度体系。广东省国资委会同相关部门开展中国特色现代企业制度立法工作，将近年来改革中关于公司治理的创新探索成果固化为制度。研究制定省属企业党委议事决策规则，推动设立党委的省属各级企业 100% 动态调整前置研究事项清单，建立以坚持党的领导、加强董事

会建设、规范治理、强化监督等制度规范为支撑的治理体系。

二是持续规范董事会运作。广东省国资委推动董事会功能作用有效发挥，规范建立战略与投资、薪酬与考核、审计与风险专门委员会的一级企业户数比例从 2022 年底的 76.47% 提升至 100%。规范董事会建设向基层穿透实施，推动集团授权放权与分层分类落实子企业董事会职权有机衔接。

三是加强外部董事队伍建设。广东省国资委配强配优省属企业外部董事，省属企业专职外部董事占比由 2022 年底的 21.95% 增加至 30.43%。建立覆盖驻粤央企、省属企业及地市国企的兼职外部董事人才库，目前入库人选 587 人。构建外部董事履职支撑体系，突出董事决策专家职责定位，建立外部董事汇报、诊断、反馈的闭环机制。外部董事主动站位全局谋划发展的责任意识进一步增强，履职能力有效提升。

（二）抓准三项制度改革"牛鼻子"，构建新型经营责任制

一是推动市场化经营机制制度化长效化。广东省国资委开展经理层成员任期制和契约化管理质量提升、对标一流推动三项制度改革巩固提升专项工作，抓实契约刚性兑现，省属各级企业绩效薪酬降幅、涨幅超过 20% 的人数分别为 234 人、216 人。建立健全三项制度改革"指导意见 + 若干专项指引 + 评估办法"的制度体系，将需要长期坚持、行之有效的做法固化成制度性文件要求，推动"三能"机制常态化长效化落实落地。

二是深化科技创新体制机制改革。广东省国资委为加快战略性新兴产业和未来产业发展，制定拓新工程行动方案，赋予拓新项目团队更大自主权，支持拓新项目或企业以创新创造为导向，统筹用好多种中长期激励措施，对承担重大科技创新任务的团队单列工资总额，鼓励企业建立科技创新奖励制度，以单项列支方式表彰奖励在创新中作出突出贡献的单位和个人，多种方式推动企业加大研发投入力度。2024 年，省属工业企业研发投入强度为 4.29%，同比增长 0.54%。

三是规范实施中长期激励。广东省国资委强化政策宣讲和业务培训，指导企业切实遵循政策红线，严格激励方案审核程序，聚焦科技研发人员，规范高效实施中长期激励。出台省属企业中长期激励评估办法，对已实施的中长期激励方案的规范性和成效进行评估，发现问题的，推动企业建立台账，及时整改到位。

（三）完善国资监管体制机制，提升监管效能

一是推进省国资委机构改革。广东省国资委完成内设机构职能调整，通过"新设 3 个处室、强化 3 个处室、优化 3 个处室"，更加突出运营、监管和服务属性，国有企业出资人、专司国有资产监管和党的建设"三项职责"更加有机统一。

二是推进省属企业考核优化调整。广东省国资委建立"质量效益＋重点任务＋战略任务"考核指标体系，实施"一类一策""一企一策"差异化考核，使考核更聚焦落实国家和广东省重大战略、更紧扣"创新""质优""新质生产力"等关键点、更强调业绩贡献、更注重调动企业的积极性和创造性。

三是实施巡察整改"1＋3＋1"工作举措。广东省国资委整治规范企业管理，通过压实整改责任、加强分类整治、深化专项治理三个抓手，从严从实从细推进整改整治工作落地见效，以固化制度成果、防止问题反弹，健全和完善制度共 614 项。

四是构建全省国资"一盘棋"。广东省国资委制定《广东省关于推动形成全省国资"一盘棋"的工作方案》，建立健全省市国资国企联动机制，重点推动中央、省、市、区四级国资国企深化合作、形成合力，实现协同发展和战略性、系统性布局调整，形成省域国资国企一体化发展格局。

三、改革成效

一是改革增添发展动能。截至 2024 年底，广东省地方国资监管企业资产总额 18.72 万亿元、同比增长 5.6%，营业收入 3.8 万亿元，利润总额 946.18 亿元，净利润 493.71 亿元。其中，广东省国资委监管企业资产总额 2.73 万亿元、同比增长 6.2%，营业收入 7022.05 亿元，利润总额 387.83 亿元、同比增长 10%，净利润 281.03 亿元、同比增长 7.9%。

二是涌现一批改革"尖兵"。广东省"科改企业""双百企业"数量均位居全国第一，分别有 9 家、10 家企业被国务院国资委评为"标杆企业"。深投控被国务院国资委评为世界一流示范企业，白云机场等 4 家企业被评为世界一流专业领军示范企业。

三是有效激发干部职工干事创业热情。截至 2024 年底，省属企业二级企业负责人实际兑现薪酬差距达 9.67 倍，省属各级企业绩效薪酬降幅、涨幅超过 20% 的人数分别占比 7.01%、6.47%。省属企业、各地市国资委一级企业及二、三级子企业通过竞争上岗方式新聘任的管理人员总人数占比分别为 79.87%、60.29%，省属企业、各地市国资委末等调整和不胜任退出制度覆盖面分别为 100%、77.14%。

62

锚定使命任务抓落实　深化体制机制添活力
坚定不移推动国有企业改革深化
提升行动向纵深发展

深圳市人民政府国有资产监督管理委员会

一、基本情况

深圳市人民政府国有资产监督管理委员会（以下简称"深圳市国资委"）监管一级企业 28 家，下属全资及控股企业 2000 余家。市属企业资产主要分布于基础设施公用事业、金融和战略性新兴产业等"一体两翼"领域。深圳市国资国企认真落实党中央、国务院关于国有企业改革深化提升行动的决策部署，在深圳市委、市政府的领导下，坚持以国资改革牵引国有企业改革，突出体制机制类改革重点难点任务，全力推动各项改革任务落实落地，取得阶段性成效。

二、经验做法

（一）突出"现代治理"，持续完善中国特色现代企业制度

深圳市国资委坚持党对国有企业的全面领导，推动国有企业在完善公司治理中加强党的领导，建立健全产权清晰、权责明确、政企分开、管理科学的现代企业制度。

一是把党的领导落实到公司治理各环节。深圳市国资委全面落实党建入章、"双向进入，交叉任职"等要求，指导直管企业实现"三重一大"决策制度和党委决策事项、前置研究事项"两个清单"全覆盖并动态优化，督促企业按照"四个是否"抓好实质性严格把关，并将清单是否动态调整、把关决策实际效果等列入党建考核评估。

二是强化董事会规范运作。深圳市国资委制定董事会规范运作工作指引，健全董事会授权管理制度，构建起客观量化的董事会评价标准体系，上线运行议案管理信息系统，实现决策事项的全流程监管及分析运用。明确重大事项由专职外部董事出具独立审核意见，健全外部董事占多数机制，从机制上确保外部董事始终占多数。

三是持续激发经理层活力。深圳市国资委全面建立董事会向经理层授权管理制度，各级子企业建立董事会向经理层授权管理制度占比98%，各级企业全面建立健全企业经理层议事规则，严格落实总经理对董事会负责、向董事会报告的工作机制。

（二）突出"激发活力"，全面构建新型经营责任制

深圳市国资委落实"真正按市场化机制运营"要求，着力构建中国特色现代企业制度下的新型经营责任制。

一是范围更广覆盖。深圳市国资委将列入改革范畴的各级子企业全部纳入任期制和契约化管理实施范围，分层分类落实管理人员经营管理责任，有效激发管理人员内生动力。

二是目标更具挑战。深圳市国资委注重对标一流、跑赢大市，按照"三比四新"（比历史、比市场、比标杆，新业绩、新贡献、新创新、新提升）原则确定考核目标，突出价值创造，建立利润目标分档管理机制，高利润目标对应高起评分，差异化设置超额利润加分，有效引导企业自我加压、摸高挑战。

三是考核更动真格。深圳市国资委引入赛马机制，推动考核结果差异化分布，考核结果分 A、B、C、D 4 个等级，其中 A 等级比例不超过 30%，A + B 等级比例不超过 2/3。对未达到业绩完成底线、考核不合格等情形，严格执行退出机制、刚性兑现。

（三）突出"优胜劣汰"，不断健全人才流动机制

深圳市国资委全面推行管理人员竞争上岗、末等调整和不胜任退出，有效激发管理人员竞争意识。

一是坚持"能者上"。深圳市国资委树立鲜明"有为才有位"用人导向，加强干部人才队伍建设。2024 年，各级企业以竞聘方式新聘任 562 名管理人员，通过竞争上岗方式聘任管理人员的一级企业户数占比 96%，各级子企业户数占比 63%。

二是坚持"劣者汰"。深圳市国资委指导企业修订中层管理人员选拔任用办法，推动各级企业全部建立健全管理人员末等调整和不胜任退出制度，明确要求一级企业必须有真动作。

三是坚持"优培育"。深圳市国资委印发实施《市属国企干部人才梯度培养"菁英计划"》，建立优秀年轻企业领导人才储备库，健全干部人才"4 个领域 × 4 个环节 × 4 个层级"梯度培养机制。建设运营"博士人才荟"，整合系统 670 余名博士人才资源，促进人才链创新链深度融合。

（四）突出"统筹推进"，有效支撑功能使命类改革任务

深圳市国资委坚持体制机制类与功能使命类改革一体推进，以深化体制机制改革，为功能使命改革提供条件与环境支撑。

一是加强国资布局顶层设计。深圳市国资委围绕深圳市"五个中心"建设，编制落实战略性新兴产业发展及数字化转型等若干实施方案，研究制定市属企业主业管理办法，大力推进市属企业战略性重组和专业化整合。截至 2024 年 12 月底，战略性新兴产业总资产 4677 亿元，同比增

长 14%。

二是健全原始创新工作体系。深圳市国资委积极构建以打造原创技术策源地方案为主体、研发创新若干措施和科创及战略性新兴产业考核激励方案为配套的"1+2"原始创新制度体系，动态优化市属企业"13888"创新工作体系，加快推进高水平科技自立自强。

三是强化企业创新主体地位。深圳市国资委研究安排国资预算资金作为"企业自筹＋财政资助"研发投入的重要补充，持续优化完善创新投入视同利润、考核加分等专项政策，持续完善"科技园区＋科技金融＋人才服务＋场景应用＋平台支撑"创新生态，引导企业加大科技创新投入力度。

三、改革成效

2024 年，市属企业总资产 5.1 万亿元，实现营收 1.1 万亿元，其中，战略性新兴产业营收 1889 亿元、同比增长 13%；上缴税金 777.6 亿元；外贸进出口总额 1430.8 亿元、同比增长 32.9%；完成在深固投 2204 亿元，在全国地方国资名列前茅，承担全市 1/3 重大项目建设；直管企业研发投入 198 亿元，同比增长 33%，研发投入强度 3.1%，高于全国地方国企平均水平 1.22 个百分点，国有经济规模实力持续提升。

63

打造"数智国资"云平台
为国资监管装上"智慧大脑"

深圳市人民政府国有资产监督管理委员会

一、基本情况

深圳市人民政府国有资产监督管理委员会（以下简称"深圳市国资委"）深入学习贯彻习近平总书记关于网络强国的重要思想和数字中国建设的重要论述，全面落实国务院国资委以信息化助力国资监管大格局构建、国资监管一盘棋形成的指导思想和决策部署，全面发挥深圳打造全球数字先锋城市的政策优势和产业优势，着力打造智慧国资在线监管平台，推进信息化与监管业务深度融合，优化国资监管方式，提升国资监管效能，实现各层级核心业务全流程、全要素在线监管。

二、经验做法

（一）打造"阳光、透明、智能"的要素交易监督体系

一是搭建统一规范要素交易平台。深圳市国资委搭建市属国企阳光采购交易、资金融通、资源性资产租赁、重大资源开发和产权交易五大平台，制定统一规范的平台交易制度体系、工作流程和服务标准，为企业提供电子化、规范化、透明化、智能化交易平台服务。

二是构建智能实时风险预警体系。深圳市国资委梳理负面清单和关键环节预警点，研究确定要素交易在立项可研、信息发布、交易程序、合同履约、责任追究等关键环节监控点300余项，将监管点提前融入监管制度，同步嵌入流程开发，构建集事前拦截、事中预警、事后追责于一体的实时智慧监督闭环体系。

三是接入监督稽查平台赋能综合监督。深圳市国资委融合市属国企采购、资金、资产等实时交易数据与风险预警数据，接入智慧国资监督稽查平台进行综合监督分析，动态掌握市属企业要素交易总体规模、变动趋势、节资额、节资率、资产收益及交易违规等情况。

（二）建设"可感、可视、可控"的大数据监管中心

一是构建国资监管数据治理体系。深圳市国资委出台《深圳市国资委国资监管数据管理暂行办法》及配套业务数据指标库，完善数据治理标准规范体系，初步形成国资监管数据治理体系。

二是建设数据平台进行归口管理。深圳市国资委汇聚接入监管业务系统数据、企业数据、上级单位回流数据及第三方专业数据资源，构建产权、财务、投资、资金、监督等国资监管数据基础库、主题库和专题库，实现国资监管数据的集中存储、统一管理和接口服务。

三是通过主题应用开展动态监测。深圳市国资委紧紧围绕国资监管核心任务，规划建设国资总览、投资布局、经济运行、综合监督、要素交易、资金监测、国企人才、安全生产等业务主题应用。围绕企业经济运行相关风险，对企业存贷款、资产负债率、债务比率、流动比率、净利润率等指标进行监测，动态评估资金风险、偿债能力和盈利能力。通过银企直连获取市属企业大额资金往来明细，实时监测资金异动风险。

（三）统筹推动直管企业建设"一企一屏"

一是制定总体工作方案明确建设目标和任务要求。深圳市国资委统筹

制定"一企一屏"建设总体目标、阶段性建设任务和要求，组织各直管企业成立跨部门工作专班，从服务大局、服务城市、服务民生、服务产业发展定位及主业所属行业视角，按照总体目标和任务要求，以企业最新数字化、智能化建设成果和数据资源为基础，开展"一企一屏"整体设计和数据汇聚治理，制定实施方案和计划一体推进。

二是构建分板块主题应用动态监测企业生产经营。各企业根据所处行业、经营特点、监管重点，个性化设计集团级经营管控大数据主题应用，通过主业结构与分布分析、发展趋势分析、同比环比分析、行业对标分析等多种分析维度方式，综合监测分析各企业主要经营管理、业务指标、财务运行、国企党建、社会责任贡献等情况，动态监测、实时掌控企业生产经营。

三是推进数字孪生技术与企业生产经营场景融合应用。深圳市国资委落实建设数字孪生城市部署要求，以建筑信息模型（BIM）、城市信息模型（CIM）等数字孪生技术和应用场景为依托，融合企业生产经营实时数据、视频监控数据、物联网感知环境数据，实景化穿透至企业生产经营现场，实现公共交通运行轨迹动态可循，粮食储备、粮情信息精准可知，建筑施工现场实景可览，燃气、电厂、水厂等场站运行情况全景可视，企业安全生产现场一键可查。

三、改革成效

深圳市国资委坚持改革促发展，用数据说话、用数据决策、用数据管理、用数据创新，实现"阳光监督、一网统管、一屏总览"。

一是实现国企采购"阳光监督"。深圳市国资委通过推进要素交易平台建设，促使近1400家市属国有企业注册进入平台，阳光交易成为市属国企要素交易的主要方式，促进形成智能化的要素交易监督体系，阳光监管促合规作用显著。

二是实现国资运行"一网统管"。深圳市国资委通过建设智慧国资大数据监管中心,利用大数据、云计算、GIS 和可视化等技术手段,实现对市属国资资产总量与布局、整体运行态势与发展趋势的动态监测分析,助力国资监管"看得更清、管得更准"。

三是实现国企经营"一屏总览"。深圳市国资委通过推进市属国企"一企一屏"建设,动态化、穿透式呈现各企业经营管理和生产运行情况,实现市属国企运营态势"一屏总览"和穿透式监管。

64

探索"央省地"国企协同发展新模式
赋能增强核心功能、提升核心竞争力

中山市人民政府国有资产监督管理委员会

一、基本情况

党的二十届三中全会强调，要持续推动国有资本和国有企业做强做优做大，增强核心功能，提升核心竞争力。中山市人民政府国有资产监督管理委员会（以下简称"中山市国资委"）面对地方性国企规模体量小、资质能力弱、项目经验少等客观基础条件，积极探索"央、省、地"国企协同发展新模式，初步探寻了"国资统筹+资源赋能+抱团出海"的协同发展路径，借助央企、省企、大湾区优秀国企资金、资质、资源"三资"优势和镇属公有企业属地优势，赋能提升服务地方发展能力，增强市场竞争优势，迅速做强做优做大。2023 年以来，中山市市属国企与央企、省企、大湾区国企和镇属公有企业合作开展的在建或在运营项目超 71 个，总投资超 364 亿元。

二、经验做法

（一）坚持完善顶层设计，引导市属国企"协同增力量"

一是强化战略规划管理。中山市国资委推动印发中山市国有企业改革深化提升行动实施方案，明确要求推动市属企业加强和央企、省企、大湾区国企战略合作，积极服务粤港澳大湾区产业链供应链布局。提出"守纪律、负责任，协同增力量、改革促发展"十六字方针，其中将"协同增力量"作为市属国资国企改革发展的重要内容。

二是强化顶层制度设计。中山市国资委统筹建立以市属国企为主，央企、省企和镇属公有企业广泛参与的国企协同发展体制机制。截至目前，推动印发《中山市关于推动镇街公有企业高质量发展的指导意见》，推动市属国企与各镇属公有企业协同发展。

三是强化统计考核引导。中山市国资委大力开展"协同增力量"攻坚行动，将业务协同工作开展情况纳入国资委统计和企业负责人经营业绩考核范畴，增强协同发展内生动力，力争在股权合作、项目建设、人才选育、业务培训等方面打造一批典型项目。

（二）坚持双向优势赋能，借助央省市资源"强身健体"

一是强化与央企、省企融合。中山市规划设计院有限公司通过增资入股方式，引入中铁第四勘察设计院集团有限公司提升专业资质水平、打造技术品牌和专家团队；中山兴中集团有限公司（以下简称"兴中集团"）增资控股央企中国南方电网有限责任公司下属中山子公司，拓宽业务范围至电力工程设计、施工、监理、咨询等领域，助力集团综合能源全产业链业务布局。

二是强化与湾区国企联动。中山投资控股集团有限公司（以下简称"投控集团"）通过控股上市公司中山公用事业集团股份有限公司入股广发证券股份有限公司，每年分红收益近10亿元；中山城市建设集团有限公司（以下简称"城建集团"）与广州、佛山市属国企合资成立广州南沙联合集装箱码头有限公司，拓展集团保税物流产业链；兴中集团与肇庆市怀集县国企合资成立广东兴威食品有限公司，将集团的团餐和食材配送业务拓展到肇庆市。

三是强化与公有企业共振。兴中集团与中山市火炬开发区区属企业合资设立广东智膳食品科技有限责任公司，共同建设运营中山美食产业园，投产后预计可满足日均30万人次的食材供应；与小榄镇属企业合资成立中山兴榄食品有限公司，运营小榄镇及周边镇街团餐及食材配送业务。

（三）坚持业务合作牵引，推动央省地国企"抱团出海"

中山市国资委围绕中山发展急需的基础设施投资建设、环境综合治理、金融服务、产业园区等多个领域开展务实合作。

一是合作推进重大项目建设。城建集团与中国中铁股份有限公司合作建设中山市首条地铁南中城际项目，通过联合体中标施工总承包 NZZ-2 标、投资金额55.04亿元；与板芙镇公有企业共同投资打造省级经济开发区——板芙智装园，总投资超214亿元；与镇属公有企业合作开展智慧停车业务，统筹管理公共停车位2.53万个，覆盖全市13个镇街。

二是联动开展基金投资。针对中山创业投资有限公司起步晚、人才弱、经验少等短板，加强与广东省属国资投资运营平台的合作。中山市高质量发展母基金分别与广东省粤科金融集团有限公司、广东恒健投资控股有限公司、广东粤财投资控股有限公司3家省国资平台合作设立系列专业化基金，投资生物医药、半导体、健康食品、绿色环保等省二十大战略产业，合计总规模达325亿元。

三是资本赋能科技创新。中山市属国企与中国科学院上海药物研究所共同发起成立中山中科创药创业投资合伙企业（有限合伙）、中山中科创药二期创业投资合伙企业（有限合伙），基金总规模超10亿元，致力于推动中国科学院药物创新研究院华南分院成果在中山转化。

（四）坚持强化沟通交流，积极向央省市国企"虔诚取经"

持续建立市属企业与央省地国企信息交流合作机制，促进信息资源的共享和互联互通。中山市属国资国企多次到省国资国企及深圳、珠海、东莞等地市国资国企调研，推动实施"4＋N"战略性资源重组改革。由中山市国资委牵头与珠海华发集团有限公司（以下简称"珠海华发集团"）建立高级管理人员交流培养机制，派遣多批市属国企业务骨干到珠海华发集团学习先进经营管理经验。茂名、潮州、深圳宝安等国资部门先后到中山开展业务交流等活动。

三、改革成效

一是服务地方发展成效明显。通过上下借力，中山市市属国企广泛参与中山市工改、治水、交通基础设施、食品、能源等各领域重点项目建设，近年来省市重点项目投资金额持续保持高速增长。2024 年，市国资系统谋划省市重点项目 29 个，项目总投资 507.3 亿元，年度投资 75.6 亿元，同比增长 148.68%。

二是市场竞争能力显著提升。通过业务融合，投控集团打造了"1＋4＋N"政府引导基金体系，子基金管理总规模 150.36 亿元、实缴规模 81.01 亿元，累计对外投资 147 个项目、投资金额 59.85 亿元；城建集团取得市三大平台之一的岐江新城建设开发主体资格；兴中集团现代农业产业新增投资超 3650 万元，中山美食预制菜产业园和系列中央厨房项目不断投入运营；中山翠亨集团有限公司取得市政工程、房屋建筑工程施工双一级资质。

三是企业指标持续高速增长。2023 年，中山市市属企业总收入（153.5 亿元，同比增长 60.3%）和营业收入（129.6 亿元，同比增长 79.6%）首次突破百亿元大关，增长速度位列全省第一；资产总额首次突破 1500 亿元。2024 年，市属国企营业收入（156.9 亿元，同比增长 22.7%）、利润总额（26.1 亿元，同比增长 30.6%）增速居大湾区九市第一；资产总额（1788.5 亿元，同比增长 12.5%）增速居大湾区九市第二。

65

"三个三"工作法：分层分类　动态调整

确保党委把关定向准确到位

广东粤海控股集团有限公司

一、基本情况

广东粤海控股集团有限公司（以下简称"粤海集团"）是广东省在境外规模最大的省属企业、首家国有资本投资公司改革试点企业，也是全国国有企业"双百行动"综合改革试点企业。粤海集团以资本投资为主业，主要投向水务环境、食品生物、城建运营与产业投资等领域，旗下有 3 家香港上市企业、1 家 A 股上市企业及 1 家新三板挂牌企业。粤海集团坚持把加强党的领导和完善公司治理统一起来，坚持遵循法律法规和尊重治理差异相结合，探索形成"3 个层级 + 3 个差异 + 3 套机制""三个三"工作法，分层分类、动态调整党委前置研究清单，确保集团改革发展始终沿着正确方向前进，奋力打造"水业为本、制造当家、湾区担当、世界一流"的国有资本投资公司。

二、经验做法

（一）把握三个层级，分层施策

一是集团"示范 + 引领"。粤海集团纵向以业务类别、决策事项为主线，横向集成各治理主体对具体事项的决策权限、行权方式和行权路径，将党委、董事会、经理层、职工代表大会等主体 5 项清单"多表合一"，明确党委在什么事上"把方向"、怎么"把方向"、"把方向"后怎么办。

二是二、三级企业"规范 + 实用"。粤海集团推广应用"一张清单明权责"模式，明确通用性内容和指导性框架。编制公司治理疑问解答，以"政策 + 案例"形式指导把握好"两个边界"，即按"最终决策主体唯一性"原则，廓清党组织"定""议"边界，避免党委研究"缺位失位"或"包办代替"。综合规模、频率、风险、授放权 4 个维度，廓清"重大""一般"经营管理事项边界，避免前置研究"事无巨细"。

三是基层企业"灵活 + 管用"。暂不具备党支部集体研究把关条件的基层项目公司，将重大经营管理事项"上提一级"党组织研究把关，并体现在上级公司清单中，确保党的领导在基层企业"一贯到底"。

（二）统筹三个差异，分类施策

一是统筹治理结构差异。粤海集团对于不设董事会只设一名董事的子企业，党组织书记和董事一般由一人担任，明确 3 项原则：董事"决定类""制订类"职权事项，须由经理层拟订，党组织前置研究后，签署董事决定，视情提交股东会审批；通过经理层集体研究拟订方案、董事主持和参与前置研究的方式，落实董事法定职权和集体决策要求。党组织前置研究董事授权方案，但一般不前置具体事项，确保不过度授权且经理层有决策自主权。党组织前置研究经理层决策事项，简化汇报、记录程序，避免同范围人员重复研究。

二是统筹适用法域差异。粤海集团对于境外上市子公司，将董事会成员多元化政策、股息政策、反贪腐政策等公司重大政策及涉及属地上市规则信息披露等属地董事会决策的事项纳入前置研究范围。

三是统筹业态和发展阶段差异。不同行业企业结合业务特点，增加个性化前置研究事项，如类金融企业增加和细化融资租赁、商业保理、特殊资产等主营业务。同一行业区分建设期和成熟运营期制定前置研究清单，如工程建设期水务行业企业的清单着重细化设计变更、征地变更、质量管理、进度管理、成本开支、安全生产等工程管理细分项；成熟运营期水务行业企业的清单则着重细化主业投资中的股权投资、新建扩建投资、技术改造投资、无形资产投资、委托运营、EPCO/PCO/EPC/PC 等不同项目类型的前置研究标准。

（三）建立三套机制，动态优化

一是评估机制。粤海集团制定《中国特色现代企业制度建设和运行考核评价指标》，设计"明晰治理主体权责划分""规范党组织研究决定和研究讨论的要求和程序"等 14 项评价指标，定期评估，要求清单不规范、不合理、执行不到位的企业限期整改。

二是备案机制。粤海集团在备案过程中重点关注子企业清单有无不合理缺项、标准是否清晰、与差异化授放权是否有效衔接。对新业务企业，抽查近年业务台账进行穿行测试，检查前置研究标准是否过高或过低、前置把关是否实质有效。

三是考核机制。粤海集团将"多表合一"和前置研究清单动态优化纳入考核项，促进子企业结合实践效果定期评估决策效能，自动动态优化。

三、改革成效

粤海集团通过打通党委前置研究与其他治理主体决策全流程，分层分类细化研究事项"标准动作"、增加"自选动作"，建立动态优化机制，使党委把关定向与企业经营管理同频共振，有利于把治理效能转化为发展动能，推动企业高质量发展。2024 年，粤海集团实现营业收入461.21 亿元、利润总额 55.90 亿元、净利润 27.86 亿元，同比分别增长3.1%、24.7%、25.6%，经营业绩持续企稳向好，深化改革和战略转型迎来新局面。

66

锚定科学高效
构建董事会运行支撑保障体系

广东恒健投资控股有限公司

一、基本情况

广东恒健投资控股有限公司（以下简称"恒健控股公司"）是经广东省政府批准设立、由广东省国资委履行出资人职责的国有独资公司，是广东省委、省政府重大战略投资平台和省级国有资本运营公司。恒健控股公司代表广东省政府持有中国南方电网有限责任公司、中国南方航空集团有限公司、中国广核集团有限公司、宝钢湛江钢铁有限公司、中航通用飞机有限责任公司等央企股权，并自主投资了中国广核电力股份有限公司，拥有全资及控股企业30多家。截至2024年底，恒健控股公司总资产超5000亿元，净资产超2200亿元，是广东省净资产规模最大、资本实力最雄厚的省属企业集团之一。

二、经验做法

恒健控股公司持续完善中国特色国有企业现代公司治理制度，积极探索符合国有资本运营公司实际的治理机制，研究制定《广东恒健投资控股有限公司关于建立董事会科学高效运行支撑保障体系的工作方案》（以下简称《工作方案》），建立"1＋3"董事会运行支撑保障体系，全方位强化对董事的履职支撑服务。

（一）建立"1"套上下贯通的保障组织体系

恒健控股公司压实董事履职支撑保障各主体责任，构建集团与子企业两个层面且互联互通的组织保障体系，搭建集团与子企业联动的外部董事履职指导平台，全面加强对外部董事的政策解读、工作指导和决策信息支持。恒健控股公司各部门结合职责为董事提供战略管理、资本运营、投资决策、基金管理、产权管理、风险防控、合规管理等事务的咨询答疑，切实发挥集团赋能子企业董事的支撑保障作用。

（二）搭建"企情问询"、信息支撑和决策保障"3"项工作机制

一是"企情问询"工作机制。恒健控股公司规定董事可就经理层落实董事会决议、董事会授权决策事项、企业改革发展和生产经营重大问题等进行书面问询。问询对象需要认真组织研究董事意见建议，并及时反馈处置情况，针对问询发现的重大决策风险和生产经营重大问题，要配合董事向公司报告。"企情问询"机制实行后，董事已经就重大风险处置、历史遗留问题解决等关键事项开展问询，有效监督经理层执行董事会决策情况，推动董事会重大决策部署落实落地。

二是信息支撑工作机制。信息支撑是董事会科学决策的基础保障。在日常信息支撑方面，恒健控股公司全力协助董事全面掌握企业日常经营管理情况，落实董事阅文权限，邀请董事参与重要内部会议，每季度编制《董事会工作内参》，定期向董事会提供生产经营信息、财务分析数据、重大风险处置进展等，为董事掌握企业经营动态提供持续性信息更新。在决策信息支撑方面，出台《董事会提案管理办法》，严格把关提案材料质量，规范董事会提案的提交程序、时限，保障提案文件的充分性和完整性，按照提案类型明确内容要素及要件清单，提供精准的提案参考模板；夯实董

事会提案汇报机制，落实经理层拟定的提案，由提案人亲自汇报或委托提案申请单位的分管/联系领导进行汇报；闭环决议跟踪落实机制，定期更新决议执行台账，跟踪直至事项完结，董事会秘书逢双月报告决议落实情况，切实保障董事会决策落地执行。

三是科学决策保障工作机制。恒健控股公司不断完善外部董事调研机制，在实践中形成"董事＋经理层成员＋业务团队"联合调研模式，极大降低决策前期沟通成本，打破决策信息不对称、不透明的瓶颈，真实反映决策事项全景。建立董事会会前沟通机制，定期组织会前沟通会，提前向董事介绍情况、听取意见，确保董事疑问在会前得到解答。强化重大投资项目提前介入机制，组织董事与被投企业高管进行访谈，确保决策关键信息披露翔实。高度重视董事交流，董事会正式会议前，董事长就近期上级重要指示精神、战略规划与商业模式调整、重大项目进展等情况进行通报和交流，董事会形成诚实互信、履职担当的良好氛围。

三、改革成效

一是经营业绩再创新高。恒健控股公司 2023 年实现业务收入（含投资收益）同比增长超 54%，净利润同比超 9 倍增长。2024 年收入、利润继续保持增长，净利润超 60 亿元；获评清科创业 2023 年、2024 年中国国资投资机构 50 强和投中 2023 年度粤港澳大湾区最佳私募股权投资机构 TOP30。

二是决策质效持续提升。2024 年，恒健控股公司董事会开展重大项目投前和投后调研 28 次，董事对重大决策提供意见和建议 50 余条；集团上会决策事项 93 项，议案通过率 100%，会议时长较 2023 年每场平均减少 1 小时。编制《董事会工作内参》4 期，实现公司决策层常态化信息共享。

三是子企业治理活力释放。恒健控股公司动态优化《广东恒健投资控股有限公司对二级企业及国有股东代表授权放权清单》，对子企业授放权事项由34项增至46项。组织子企业外部董事与董事会秘书专题培训2场次，参训人员超100人/次，外部董事对政策法规、集团战略、商业模式的理解更加深入，为子企业董事会规范运行和科学决策提供强有力支持。2024年，8家应建董事会子企业累计召开董事会现场会议79场，合计决策事项224项，议案通过率达到100%。

67

股权多元化企业发挥股东积极作用
持续优化完善公司治理机制
推动企业高质量发展

广东省能源集团有限公司

一、基本情况

广东省能源集团有限公司成立于 2001 年 8 月 8 日，其前身广东省粤电资产经营有限公司是全国第一家因"厂网分开"电力体制改革而组建的发电企业。2003 年，广东省粤电资产经营有限公司更名为广东省粤电集团有限公司，2019 年 2 月 18 日又更名为广东省能源集团有限公司（以下简称"广东能源集团"）。历经二十多年的改革发展，广东能源集团深耕能源行业，用心创造绿色能源，已成长为广东省属实力最强、规模最大的能源企业，是广东省推动能源转型、构建现代能源体系的主力军。

二、经验做法

按照"战略高匹配、发展高协同"的原则，广东能源集团于 2007 年引入大型电力央企中国华能集团有限公司（以下简称"中国华能"）作为战略投资者，由广东省属国有独资公司转变为广东省政府持有 76% 股权、中国华能持有 24% 股权的国有全资公司，成为广东省第一家集团层面实现产权多元化的省属企业。广东能源集团以有利于国有资本保值增值、有利于提升企业核心竞争力为目标，遵循市场经济规律和企业发展规律，探索有别于国有独资公司治理和监督机制的路径，通过体制机制和管理方式等全方位变革，使各股东方专长有效发挥、优势形成合力，推动集团更好更快发展。

（一）建立完善的公司治理结构，使所有者有其"位"

作为央企和地方国资合作的国有全资公司，广东能源集团严格按照公司法和公司章程构建规范高效的中国特色现代企业制度，秉持对股东高度负责态度，按照"四会一层"权责分工，将公司经营方针、投资计划、重大投融资等重大事项提交股东会决策，按照股权结构合理分配董事、监事及其他管理者席位，使各方股东均能有效参与公司治理，并在公司章程中设置小股东特别投票权，保证小股东的合法权益。同时，董事会下设的审计与合规风险管理委员会等4个专门委员会大多由外部董事组成，专门委员会成员根据各自专业所长，从所代表的不同群体利益出发，认真参与沟通调研，积极发表意见，集思广益、审慎决策，保证各方股东权益不受损害。

（二）优化公司治理运行机制，使决策者有其"道"

广东能源集团不断优化股东及董事沟通机制、意见交办机制、重大事项报告机制及信息披露机制等，并通过定期或不定期拜访双方股东、"两会"决策过程加强沟通汇报等方式，促进公司与各股东方交流，保障股东及董事的权力行使。严格履行股东会、董事会（以下简称"两会"）决策程序，保证会议文件提前送达、重要材料及时汇报、各类问询及时答复、决议决策及时交办、落实情况及时报告，形成了"两会"决策的事前沟通协调、事中充分审议、事后跟踪督办的全生命周期管理流程，充分尊重表决机制，保障股东、董事充分发表意见，也保证了各项决策部署在集团内得到贯彻落实。同时，公司通过制定《股东会议事规则》、设立董事会办公室、开展"两会"决策管理及董事会会议投票线上运行等措施，进一步加强与股东的沟通汇报及各方董事的履职支撑，为多元股东积极作用的发挥提供了体系保障。

（三）因时制宜科学授放权，使公司发展有其"力"

根据国有企业改革要求，结合股东要求及公司发展的实际需要，广东能源集团积极推进授放权工作，并形成授放权动态管理及调整体系。股东会制定了对董事会授权清单，授权事项涵盖投资、预算、规划、融资、担保、股权划转、增资等，真正落实董事会职权，提高决策效率。同时，公司内部更稳地"练好内功"，制定董事会授权管理办法，并健全完善风险、内控、合规体系和内部监督体系，实时开展公司治理专项行动、推进公司各治理主体权责改革专项工作等，确保各项权责接得住、行得稳、用得好。授放权工作在进一步厘清管理边界的同时，也较好地解决了公司在快速发展过程中的痛点难点问题。经过股东授权，提交股东会决策事项数量较往年大幅度下降70%以上，决策效率得到明显提升，活力动力得到有效激发。

（四）全面建立制度体系，使执行者有其"章"

广东能源集团注重治理制度体系建设，形成了以《公司章程》为基础，以《"三重一大"事项决策管理办法》为核心，以《股东会议事规则》《党委会议事规则》《董事会议事规则》《总经理办公会议事规则》为关键，以《董事会授权管理办法》、董事会各专门委员会工作细则、议案管理、调研论证、法律审查、风险评估等一系列治理和决策的配套制度为支撑的"1+1+4+N"公司治理制度体系，有效引领、科学决策、依章执行的机制得到有效发挥。

三、改革成效

在各股东方的积极支持下，广东能源集团逐步探索建立起具有广东能源特色的治理体系，充分发挥股东的主动性、协同性，促进治理效能的提升，形成股权结构多元、股东行为规范、内部约束有效、运行高效灵活的运作机制，有效推动了公司的高质量发展，实现了"1＋1＞2"的效果。

一是支撑了公司的稳步发展。良好的公司治理实现了"权责法定、权责透明、协调运转、有效制衡"的公司治理机制，有力地支撑了公司的稳定有序发展。截至2024年底，广东能源集团资产总额从开展股权多元化前的835.30亿元提高至3115.76亿元，年均增长率达到8.05%；2007年至2024年累计实现利润总额974.48亿元，较好地实现了国有资产的保值增值。电源装机突破5900万千瓦，保持全国省属能源企业首位，其中清洁电源装机超53%，能源结构进一步优化，改革成效切实体现。

二是增强了公司的综合实力。各股东方派出的董事素质高、专业强、背景多元化，形成了开放包容、专业务实的董事会文化氛围。全面和均衡的董事会为广东能源集团的发展奠定了良好的基础，综合实力持续提升，稳产保供、资源获取、储能节能等核心功能和核心竞争力进一步增强，为广东经济社会发展提供了强有力的能源支撑。市场业务加速突破，煤炭、天然气、航运等业务市场化转型初显成效，2024年市场化营业收入约74亿元。省内市场机组发电份额稳居第一，占比超装机份额。

68

聚焦主业实业
以深度专业化整合提升国有资本配置效率

广东省广晟控股集团有限公司

一、基本情况

广东省广晟控股集团有限公司（以下简称"广晟控股集团"）成立于 1999 年，是以矿业、电子信息为主业，环保、工程地产、金融协同发展的大型跨国企业集团。作为国务院国资委"双百企业"，广晟控股集团认真贯彻落实习近平总书记关于国有企业改革发展和党的建设的重要论述精神，总结凝练 FAITH 经营理念，坚持聚焦主业、行胜于言、创新制胜、技术自强、以人为本的行为导向，推动二级企业从 18 家压减到 12 家，构建核心竞争力更强的业务格局，推动国有资本配置效率进一步提升。

二、经验做法

（一）坚持聚焦主业，做强做优矿业、电子信息板块

广晟控股集团围绕落实国家和广东省重大战略，强化重点领域布局，坚定实施矿产资源、电子信息等主业板块整合及重组。

一是聚合矿业优势。广晟控股集团所属有色集团更名为广晟矿业，打造非上市矿业企业的资产整合培育平台，承接国家稀土板块整合后剥离的

4 家非稀土类资产；将广晟矿投和泛澳母公司托管至广晟矿业，全面加大集团对境外企业的监督监管力度，进一步增强战略性资源保障作用。

二是深挖电子信息潜力。广晟控股集团所属电子集团与广晟研究院、香港广晟及其所属广晟氢能整合，并新成立数科公司，增强战略性新兴产业培育孵化能力，大力开拓上下游产业链，推动产业结构优化升级，在新型显示、新型储能、人形机器人等领域精耕细作。

（二）坚持技术自强，做专做精工程地产板块

广晟控股集团针对土地权属分散、资产盘活效率低、内部同质化竞争等问题，全面优化资源配置，推动工程地产板块围绕专业精准发力，更好地服务支撑集团高质量发展。

一是以资产集约化管理提升盘活效益。广晟控股集团梳理了系统内近 10 万亩土地和 650 万平方米物业，逐步剥离与所属企业主业无关的土地、物业租赁运营业务，打造统一的土地物业租赁、运营、开发平台。

二是以物业专业化运营擦亮广晟服务品牌。广晟控股集团整合集团物业管理、餐饮等服务资源，以数字化转型赋能，打造统一管理、市场化经营、规范化服务的广晟物业服务平台。

三是以资质矩阵化做强建设施工业务。广晟控股集团充分发挥爆破、输变电、劳务分包等专业资质优势，布局新型建筑劳务业务，打造专业化建设施工企业。

（三）坚持创新制胜，开拓专业化整合思路

广晟控股集团以因企制宜、合法合规为原则，创新专业化整合实施路径。

一是先托管后整合保障平稳。广晟控股集团设置过渡期，由整合企业对被整合企业进行托管，确保整合重组有序落地。

二是"赛马"机制提升效益。广晟控股集团组织广晟发展、广晟置业分别针对相关土地制定盘活方案，并将适时组织专业评审择优推进。

三是数字化建设提高效率。广晟控股集团启动土地管理系统开发和数字化运营建设，为资产归集、开发盘活进一步提质增效奠定基础。

（四）坚持行胜于言，保障专业化整合实施

广晟控股集团注重顶层设计，分批分类稳步推进，确保整合工作以最优方式落地。

一是高位推动。广晟控股集团成立集团专业化整合领导小组和企业专班，坚持挂图作战，深入谈心谈话，加强宣传引导，确保组织到位、政策到位、工作到位。

二是充分论证。广晟控股集团分批、分期实施资产或股权划转、管理权调整，避免对企业正常生产经营产生重大不利影响。对最终无法采用划转变更资产权属、变更权属成本过高的资产，优先采用经营管理权委托的方式进行资产移交。

三是压实责任。广晟控股集团锚定专业化整合目标，各整合主体企业强化担当，完善党组织建设、生产经营、人员管理工作方案，切实做好整合重组后半篇文章。

（五）坚持以人为本，激活专业化整合动力

广晟控股集团着力人才的激活、凝聚、调动和发展，加快构建适应新质生产力的生产关系。

一是竞争上岗强班子。广晟控股集团对二级企业领导班子在压减职数的基础上进行公开选拔，实施专职外部董事与企业班子成员双向交流，激活干部干事创业的"一池春水"。

二是结果导向强考核。广晟控股集团将专业化整合纳入相关企业经营业绩考核重点，加大考核权重，切实发挥考核指挥棒作用。

三是"攀高计划"强实效。广晟控股集团结合经营管理"攀高计划"，以班子成员"人人领任务、个个出案例"的机制，激励督促企业以专业化整合创改革发展实效。

三、改革成效

广晟控股集团深入学习领会习近平总书记关于全面深化改革的重要论述精神，勇担"国企改革尖兵"责任，以专业化整合为切入点，实现企业重组历史性突破、企业文化系统性重塑、发展逻辑整体性重构。

一是主业突出，制造业实体经济优势实现新攀升。广晟控股集团经营业绩稳中有进，2023 年实现营业收入 1277.31 亿元，创历史最好成绩；2024 年实现利润总额 40.13 亿元，同比增长 33.11%，经营净现金流扭负为正，创近五年新高，矿业板块和电子板块两大主业板块利润总额占集团合并利润总额的 82.29%，同比增长 28.61%。

二是管理提升，组织机构及人才队伍展现新面貌。广晟控股集团所属二级企业从 18 家压减至 12 家；领导班子职数压减超 20%，研究生学历或硕士学位以上人员占比 48.9%，提高 10.9%；正职平均年龄 47.4 岁，降低 5.7 岁。一大批中青年干部、专业技能人才、教授级高工走上主要领导岗位，头雁队伍素质明显增强，敢干敢拼敢创的企业文化氛围浓厚。

三是配置优化，企业核心竞争力提升打开新格局。广晟控股集团通过推动核心业务整合、资本向重点领域集中，加速"瘦身健体"，提高资产盘活效率，实现质的有效提升、量的合理增长、结构的明显优化，为加快培育发展新质生产力夯实基础。

69

强化竞聘考核　健全流转机制
做好三项制度改革"后半篇"文章

深圳港集团有限公司

一、基本情况

深圳港集团有限公司（以下简称"深圳港集团"）以入围"双百企业"为契机，以国有企业改革深化提升行动为牵引，大力构建新型经营责任制，完善全员绩效考核和契约化管理，做好三项制度改革"后半篇"文章，市场化经营机制更加灵活高效，发展活力动力更加强劲。深圳港集团2024年在深完成集装箱吞吐量1736.5万标箱，承担了深圳50%以上的集装箱吞吐量、广东省1/3的外贸进出口量及全国对美贸易1/4的出口箱量，助力深圳港持续巩固全球第四大集装箱港地位。

二、经验做法

（一）加大全员化竞聘考核力度，畅通"能上能下"通道

一是实施"全员竞聘、人岗适配"。深圳港集团全面评估优化总部机构设置和岗位职责，除特殊岗位，全系统中层副职及以下管理岗位全面实行公开竞聘。大力选拔优秀年轻干部，下属企业盐田港股经营班子换届中3名"80后"干部脱颖而出，班子平均年龄下降到48岁，实现干部队

伍年轻化、专业化。

二是全面推行管理人员末等调整和不胜任退出。深圳港集团对亏损企业严格设定考核期限，对年度内业绩恶化或两年内未能实现扭亏的企业班子成员进行调整。强化中层管理人员业绩考核和年度评定，对绩效考核连续两年排名末位的管理人员进行岗位调整。

（二）健全常态化人才流转机制，拓宽"能进能出"渠道

一是加大人才引进力度。深圳港集团聚焦主业发展所需制定急需紧缺人才清单，围绕培育港口新质生产力拓展战略性新兴产业新领域、新赛道，全球延揽储备海洋、能源、数字化等领域高层次海外博士人才。

二是完善人才培养机制。深圳港集团构建领航计划、巡航计划、启航计划、"海动力"管培生培养等分层分类、全员覆盖的人才培养体系，建立完善优秀干部人才库。完善集团内部"上下贯通"人才流动机制，推动总部和系统企业之间 32 人交流轮岗、8 名集团中层干部双向挂职，强化集团内部人才良性流动和集约使用，提升人才队伍综合能力素质。

三是强化考核结果运用。深圳港集团常态化开展岗位评估、人才盘点，细化岗位责任、绩效指标，严格结果运用、强制分布，近一年市场化退出员工占比 3%；经考核后转岗、待岗、降级、内退的员工占比 5.3%。

（三）完善差异化薪酬激励机制，强化"能高能低"导向

一是突出差异化绩效考核激励。深圳港集团合理拉开系统企业之间、经理层成员、管理人员之间薪酬差距，同级人员年度收入差距最高达 1.8 倍。科学制订管理人员考核责任书，做到"一岗一职责、一岗一考核、一岗一薪酬"，严格业绩考核刚性兑现，考核结果直接挂钩薪酬分配，真正实现绩优者增、绩劣者减。

二是增量利润确定增量价值分配。深圳港集团遵循比历史、比市场、比目标的原则，综合净利润增长率、净资产收益率、人效增长率等多重指标，确定增量利润，以创造利润增量为基础、以增量价值分配为核心、以有效激励政策为驱动，促进业绩稳增长。

三是打造企业员工利益共同体。深圳港集团建立投资项目风险金制度，建立健全投资项目长效激励约束机制，将投资效益与项目团队收入紧密挂钩。下属企业深圳市华舟海洋发展股份有限公司全面推行"揭榜挂帅"专项激励，揭榜人员提级领薪，业务拓展签单即奖，薪酬分配向市场开拓、价值创造关键岗位倾斜。

三、改革成效

一是经营业绩连创新高。深圳港集团通过持续深化三项制度改革，集团调结构、强机制、增效益步伐不断加快，"十四五"期间经营业绩实现突破式增长，近三年资产总额和营业收入平均增长率分别达21%和26%。

二是人才结构不断完善。深圳港集团通过大力实施竞争上岗、轮岗交流，不断强化人才选拔与使用，坚决破除论资排辈。2023年以来，公开竞聘中层管理人员15人，平均年龄40岁；2024年竞聘选拔6人，平均年龄36岁。人才队伍年龄、学历、专业能力得到明显改善，实现管理人员向结构合理、层次协调、专业匹配、业务精通转型。

三是创业氛围有效激活。深圳港集团通过全员考核和刚性兑现，树立"以契约为纽带严管理、以业绩论英雄定去留"的用人体系和激励导向。聚焦效率效益，持续优化分配杠杆，薪酬分配向具有市场竞争优势的高科技、高技能核心关键人才倾斜，引导身份管理向契约管理转变、要我发展向我要发展转变，干部队伍精气神明显提升，干事创业能动性充分激发。

70

深化转制科研院所改革
推动科技创新和经济融合发展

广西壮族自治区人民政府国有资产监督管理委员会

一、基本情况

广西科研院所改革紧跟国家步伐，经历了从 20 世纪 80 年代的拨款制度改革，到 2018 年进一步推进的区直科研院所和事业单位进入各大国有企业集团公司。目前，被划入广西壮族自治区人民政府国有资产监督管理委员会（以下简称"广西国资委"）监管企业集团公司的科研院所有 22 家，涉及咨询、规划设计、交通、化工、机械、建材、轻纺、电子、粮食产品等科技研发和社会服务领域。广西国资委深入贯彻落实广西壮族自治区党委、政府关于科研院所改制发展的部署要求，积极推进划入委管的科研院所转制转型发展，推动科技创新和经济融合发展，助力国有企业创新发展，取得积极成效。

二、经验做法

（一）实施体制改革深化行动

一是深化分类改革发展。广西国资委对已认定为国家高新技术企业的 14 家转制科研院所加大支持力度，将其打造成为转制科研院所的排头兵和标杆企业。对目前发展水平相对一般的企业,将其对标先进和标杆企业,采取措施迅速缩小差距。对改革滞后、发展缓慢的企业,通过资产划转、兼并重组、委托管理等方式加大资源整合力度。

二是完善企业治理机制。广西国资委全面开展经理层成员任期制和契约化管理,搭建适应转制科研院所发展需求的组织架构。引导转制科研院所设立战略与科技委员会,设立首席技术专家、技术总监等职位,鼓励核心科技骨干参与企业重大科技决策,提升科研人员的参与度和话语权。

三是健全科技人才引进、培养、管理机制。广西国资委不断完善企业内部科技人才培养晋升机制,充分激发科技人才内在活力动力。策划实施一批科研项目,以高端平台助力科技创新领军人才培养。建立健全创新尽职免责机制,对科技领军人才鼓励先行先试,赋予科技领军人才更灵活的技术路线决定权和经费使用权。

四是强化考核激励。广西国资委全面落实科技创新激励措施,将转制科研院所研发费用全额视同利润加回,对关键核心技术研发按200%比例利润加回。建立符合转制科研院所特点的业绩考核办法,实施"一企一策"分类考核。完善转制科研院所中长期激励措施,聚焦核心研发人才和科研技术骨干,推动实施超额利润分享、股权分红激励、虚拟股权等激励方式。

(二)实施科技创新提升行动

一是实施关键核心技术攻关。广西国资委深入实施科技"尖锋"行动,发挥转制科研院所优势,支持转制科研院所围绕产业链供应链的关键核心技术环节开展研发,牵头或参与国家和自治区重大科技专项攻关,加快打造原创技术策源地。

二是强化科技成果转化应用。广西国资委推动转制科研院所建立科技成果转化奖励机制,鼓励建立科研立项、成果管理、转化应用全流程成本核算体系。加大转制科研院所实施职务科技成果赋权改革试点力度，增加成果转化可作为科研绩效和职称晋升的依据。

三是促进产学研深度融合。广西国资委支持转制科研院所深入实施企业主导的产学研深度融合专项行动和"科技搭桥"行动，聚焦国家和自治区重大需求，建设一批由科技领军企业牵头的体系化、任务型创新联合体，通过择优定向委托、揭榜挂帅等方式承担国家和自治区重大科技项目，促进产学研用有效贯通。

四是推动科改企业扩围提质。广西国资委创新开展自治区级科改扩围提质行动，推动转制科研院所纳入自治区科改企业，符合条件的申报国家科改企业。2024 年共有 2 家转制科研院所被纳入国家科改企业，22 家被纳入自治区科改企业。

（三）实施产业升级提质行动

一是改造升级传统优势产业。广西国资委推动转制科研院所利用好大规模设备更新和技术改造支持政策，立足自身产业优势，大力推动传统产业高端化智能化绿色化发展。

二是培育发展战略性新兴产业。广西国资委推动转制科研院所立足当前、着眼长远，围绕所属企业集团主责主业，结合自身实际，加大新一代信息技术、新能源、新材料、高端装备制造、新能源汽车、绿色环保等新兴产业投资力度，谋划布局一批未来产业，培育形成战略性新兴产业标杆企业。

（四）实施协同发展推进行动

一是推动企业集团与转制科研院所协同发展。广西国资委支持企业集团对所属转制科研院所实行差异化管理和指导，在制度、管理、业务、资金等方面投入更多的资源，助力转制科研院所在业务资质、设备人员、专业化服务上实现提升。支持转制科研院所发挥科技创新优势，充分利用科技成果基础，培育壮大优势产业，服务企业集团主责主业发展，成为企业集团创新发展的主力军。

二是协同创建一流品牌。广西国资委指导转制科研院所实施增品种、提品质、创品牌"三品"工程。支持转制科研院所挖掘特色业务，主导或参与国际标准、国家标准等普及应用，打造一批"原字号""老字号""新字号""外字号"著名品牌。

（五）实施精益管理强化行动

一是强化经营管理。广西国资委强化转制科研院所战略管控能力建设，推动转制科研院所采购、生产、营销等管理流程改革，以及财务、规划、市场运营等管理链条优化，推进全产业链、全价值链降本节支。支持转制科研院所数字化和智能化转型升级，加强管理标准化和精细化。

二是强化专业化服务。广西国资委鼓励转制科研院所提升专业技术能力，转型升级为专注于细分市场、创新能力强、市场占有率高、质量效益优的专精特新"小巨人"和瞪羚企业，实施产业类科研项目企业牵头制，把转制科研院所打造建设成一批产业创新服务综合体，为科技企业提供全方位创新服务。

三是强化市场开拓。广西国资委紧抓打造"一区两地一园一通道"战略机遇，鼓励转制科研院所参与产业园区规划设计和建设运营，大力开拓东盟市场，推进业务走出区外，向东盟延伸。支持转制科研院所扩大对外交流合作，鼓励设立"科创飞地"，借力国内外先进科技、人才、平台优势。

三、改革成效

近年来，广西国资委推动科研院所转型发展取得积极成效。2021—2024 年，广西国资委监管的转制科研院所研发经费投入强度连续四年超过 3%。

一是经营业绩实现飞速增长。转制科研院所资产总额、利润总额等主要经济指标保持快速增长。2024 年末，资产总额 145.78 亿元，同比增长 8.48%，与 2020 年的 51.76 亿元相比，年均增速达 29.55%；利润总额为 7.58 亿元，同比增长 24.65%，与 2020 年的 2.66 亿元相比，年均增速 29.93%。

二是人才结构不断优化。近四年，转制科研院所通过平台优势、薪酬待遇优势等加强人才引入和人才培养，新增培养或引进国家级高层次人才 2 人、省级高层次人才 526 人。从业人员 4439 人，中级及以上职称人才累计 2617 人，占总人数比为 58.95%。

三是科技创新成果丰硕。转制科研院所累计获得科学技术 308 项，其中 33 项国家级；拥有创新平台数量 87 项，其中国家级 16 项，占广西国资委监管企业总数 1/4 以上；省部级及以上科技成果 2102 项，其中近四年获得 815 项；获得授权发明专利 526 件，有效专利实施 903 件。转制科研院所已成为自治区国有企业科技创新的重要载体和平台。

71

搭建阳光采购平台
赋能国资国企高质量发展

广西壮族自治区人民政府国有资产监督管理委员会

一、基本情况

为推动企业采购阳光化、数字化，促进降本增效，解决监管企业采购制度不全、责任不清、监管缺失等问题，广西壮族自治区人民政府国有资产监督管理委员会（以下简称"广西国资委"）积极推动自治区国有企业阳光采购平台建设，通过数字化、智能化的管理系统，线上线下联动，强化阳光采购平台运营，高效推动企业阳光采购政策实施，帮助企业提升采购数智化水平，释放采购价值，规范采购行为、推进降本增效，打造阳光采购管理新生态。

二、经验做法

（一）健全阳光采购管理体制

一是完善阳光采购制度体系。广西国资委出台《〈监管企业阳光采购监督指导意见（试行）〉及有关事项的通知》，明确监管企业开展阳光采购工作的总体思路、发展目标、主要任务和具体措施，并从制度上规范 10 万元以上非依法必须采购的物资、工程建设和社会服务等项目的采购管理体系、工作流程和服务标准。以工作流程规范化、标准化、模板化为引导，推动阳光采购平台制定 14 项制度文件、7 项操作指引及 32 项规范模板文件，对平台、采购活动、供应商、黑名单等管理均作出明确规定，以保障采购平台公开、规范、高效运行。

二是构建阳光采购责任体系。广西国资委履行监管职责，指导企业建立决策、组织、技术和监督分离制约机制；企业履行采购主体责任，依法依规实行采购；阳光采购平台承接采购活动，为企业采购提供透明化、规范化、市场化的平台服务。采购需求提出、组织实施、事项审批由不同主体承担，各司其职，相互制衡，提升采购效益，防止权力滥用，确保采购市场公平有序运转。

三是实行平台企业化运作模式。广西国资委依托北部湾产权交易所集团，高标准搭建广西阳光采购服务平台，借助专业采购平台规范全流程交易，充分发挥市场配置资源的决定性作用，促进阳光交易。

（二）构建阳光采购全过程监管体系

一是定制化开发阳光采购平台系统。广西国资委围绕阳光透明、科学规范运行目标，结合国有企业采购实际，引入国内主流云计算、大数据、可视化等先进技术，搭建信息发布系统、招标采购系统、企业自采系统三大专业系统，系统实行权限分离、分级管控、双重保密，获得公安部信息安全三级等保认证、国家电子招标投标系统最高等级"三星"认证，数据安全性、集成性高。

二是构建线上线下联动的业务运行体系。北部湾产权交易所集团建设超 5200 平方米的大型标准化、智能化开评标线下场地，能有效配合阳光采购平台线上系统，实行开标区、评标区相互隔离，场内 360° 全方位录音、录像、监控和记录，人员活动轨迹智能化监控，开评标活动全流程一体化、电子化、数据化闭环管理，有效遏制招投标过程中的人为干预，防止评审专家之间相互干扰、诱导评标。

三是接入广西国资国企在线监管系统。广西国资委将阳光采购平台与自治区国资国企在线监管系统紧耦合连接，对企业采购进行穿透式、即时性监管，实现平台采购过程全线上留痕、全过程监管、可实时溯查、横向可对比，形成数据沉淀、动态管理，防范企业采购廉洁风险和投资经营风险，斩断采购领域"黑色利益链条"。

（三）大力推行阳光采购新模式

一是强力推进阳光采购政策落地。广西国资委将国有企业实施阳光采购作为新一轮国有企业改革深化提升行动重点改革任务，并将其纳入日常调度和企业负责人经营业绩考核事项，按照"应进必进、应进尽进"的原则推动区直企业利用平台开展阳光采购。同时，结合自治区开展领导干部利用职权或影响力插手工程项目谋利贪腐专项整治工作和清廉国企建设一并推进，层层压实责任。

二是推动区市两级采购平台一体化。广西国资委积极指导自治区各地市国资委开展企业阳光采购工作，通过共建市级采购平台作为广西阳光采购服务平台的子平台、共同使用阳光采购服务平台三大系统，实现采购信息、专家、供应商、采购代理机构等资源共享共用，形成阳光采购"全区一张网"格局。目前，百色市、玉林市、北海市、河池市已实现地市级阳光采购平台建设，贵港市阳光采购平台接入工作正在积极推进。

三是加强培训指导。广西国资委通过召开全区国资系统企业阳光采购现场会、培训班等方式，发挥北部湾产权交易所集团专业优势，加大政策宣传推广力度，加强业务指导，为企业提供政策解读、业务咨询、系统操作指导、系统对接、制度修订等一系列服务。广西阳光采购服务平台上线以来，组织开展专题培训班86场，培训人员2500人，走访企业139家，提供开、评标标准化场地服务2073场。

三、改革成效

广西国资委通过推动企业利用平台开展阳光采购，有效提高了采购质量和效率。广西阳光采购服务平台入驻企业达 2697 家，累计发布采购项目超 5.38 万宗，采购预算金额超 2897.62 亿元，中标项目超 4.07 万宗，中标金额超 1927.02 亿元，节约金额 135.81 亿元，综合节支率 6.58%。目前，广西阳光采购服务平台已成为全区国有企业开展采购活动的主要平台，取得了较好的社会效益和经济效益，有效防范了廉洁风险和经营风险，促进了清廉国企建设，有力助推国资国企高质量发展，得到各方采购主体的充分肯定，经验做法获自治区党委改革办以简报形式在全区推广。

72

突出"六个引领"
深入推进"一企一策"差异化考核

广西壮族自治区人民政府国有资产监督管理委员会

一、基本情况

广西壮族自治区人民政府国有资产监督管理委员会（以下简称"广西国资委"）成立于 2004 年 7 月，是广西壮族自治区（以下简称"自治区"）人民政府直属特设机构，对 16 家区直国有企业履行出资人职责。监管企业中有"世界 500 强企业" 1 家，即广西投资集团有限公司（以下简称"广投集团"）；中国企业 500 强企业 5 家，分别是广投集团、广西柳州钢铁集团有限公司（以下简称"柳钢"）、广西北部湾国际港务集团有限公司、广西交通投资集团有限公司、广西北部湾投资集团有限公司。国有企业改革深化提升行动实施以来，广西国资委充分发挥考核"指挥棒"作用，深入推进"一企一策"考核，修订印发了企业负责人经营业绩考核"1 + 16"文件，引领国有企业持续深化改革，增强核心功能，提升核心竞争力。"1"，即企业负责人经营业绩考核办法，系统提出考核原则、考核导向、分类考核、指标管理、考核实施、考核结果应用等要求；"16"，即针对 16 家监管企业的不同特点，量身定制每家企业的考核方案，根据企业所处的行业、不同板块、改革发展的短板弱项等设置相应指标，实施穿透式考核，突出考核的科学性、精准性、有效性。

二、经验做法

（一）突出"双核"引领

广西国资委注重增强企业核心功能和提升企业核心竞争力，注重引领企业发挥在建设现代化产业体系、构建新发展格局中的作用。加强对制造业和科技型企业的支持，在计算经济效益指标时将研发费用视同业绩利润，对核心技术攻关的研发投入加倍视同业绩利润，对制造业企业的研发费用按120%的比例视同利润予以加回。2023年，16家监管企业利润总额加回的研发费用为84.55亿元，相比2022年的72.35亿元增加12.2亿元，同比增长16.86%。加强对专精特新等企业的激励，对当年获批新增的企业进行加分奖励。对主业处于重要行业和关键领域、承担政府重大专项任务的企业，以支持企业可持续发展和服务自治区发展战略为导向，适度降低经济效益指标考核权重，加强对服务自治区发展战略及完成重大专项任务情况的考核。

（二）突出"一流"引领

广西国资委强化对标考核，将企业盈利水平等主要指标放在行业大盘中进行衡量，客观反映企业在同行业中的经营管理水平，引领企业主动对标国内一流企业、世界一流企业，促进企业深化改革、提质发展。对标考核时引入符合行业特点、反映企业核心竞争力的技术经济指标，进行个性化考核。例如，针对广西柳工集团有限公司国际化经营程度较高的特点，在考核其海外市场占有率的同时，也考核营业收入利润率和应收账款周转率，引导企业兼顾量的合理增长和质的有效提高，实现有利润的营收和有现金流的利润；对建筑施工企业设置在手订单保障倍数指标，引导企业增强发展后劲。

（三）突出"质效"引领

广西国资委在设置经营业绩指标时，注重利润总额、经济增加值等质量效益指标，同时综合考虑企业经营管理水平及风险控制能力等因素。针对企业管理短板和弱项，按照"一企一策"原则确定管理效能指标。例如，净资产收益率、营业现金比率、全员劳动生产率、资产负债率、不良贷款率、房地产项目去库存回款等，引领企业补短板强弱项。对科技进步要求高的工业企业，着重加强研发经费投入强度等指标考核，不断提升科技创新能力。

（四）突出"含金"引领

广西国资委引导企业"新官理旧账"，采取相应激励措施消化历史欠账，经核准因企业处理历史遗留问题等影响当期经营业绩的金额，按照100%的比例视同考核利润。增加利润考核的含金量，对非经常性损益项目按比例予以剔除，对采用公允价值模式进行后续计量的投资性房地产公允价值变动、处置主业优质资产取得的收益则全额剔除，推动利润指标的考核更加客观合理。

（五）突出"价值"引领

广西国资委考核经济增加值时，差异化确定资本成本率，区分商业一类和商业二类企业股权资本成本率，商业一类企业股权资本成本率原则上定为4%，商业二类企业股权资本成本率原则上定为3%；针对企业类型及资产负债率高低动态调整资本成本率，企业经济增加值考核更加客观公正。

（六）突出"融合"引领

广西国资委健全党建考核结果与企业负责人薪酬挂钩机制，根据党建考核结果给予企业负责人绩效年薪2%～5%比例的奖励或扣减，促进党建与生产经营深度融合。同时，年度考核等级核定与党建考核结果紧密联系，党建考核结果较差的，考核结果不得评为 A 等级。

此外，广西国资委考核注重督促企业防控风险，对违规经营投资造成国有资产损失或其他严重不良后果的，进行扣分或降级处理。健全考核容错机制，注重激发和保护企业家精神，鼓励大胆创新，明确在合规尽责前提下，企业即使未达到预期目标，也给予肯定。企业实施重大科技创新、发展战略性新兴产业等对经营业绩产生重大影响的，按照"三个区分开来"原则和有关规定，在考核上不做负向评价。

三、改革成效

广西国资委通过开展"一企一策"差异化考核，进一步推动监管企业发展质量效益持续向好。2023 年，广西国资委监管企业实现营业收入7603.2 亿元，同比增长 7.1%；利润总额 101.1 亿元，同比增长 147.4%；资产总额 2.64 万亿元，同比增长 9.9%；研发经费投入 135 亿元，同比增长 14.7%；研发经费投入强度达 1.77%；战略性新兴产业投资达 122.4 亿元，同比增长 21.2%。在考核加分、利润加回、激励加码、容错减压等一系列措施的合力推动下，监管企业科技水平进一步提高。广西柳工机械股份有限公司、广西玉柴机器集团有限公司（以下简称"玉柴集团"）、广西华锡集团股份有限公司、广西农垦集团有限责任公司、广西北投交通养护科技集团有限公司 5 家企业获得全国重点实验室，广西路桥工程集团有限公司大跨拱桥建造技术、柳州欧维姆机械股份有限公司预应力技术处于世界领先水平，玉柴集团大马力船电动力、南南铝业股份有限公司加工全国首台（套）气垫炉成功启用等，填补国内相关领域空白，广西柳钢东信科技有限公司的智慧钢铁技术获国家科技进步奖二等奖，一批科技创新项目获自治区科技进步奖。

73

聚焦主责主业　深化央地合作谋发展

海南海控能源股份有限公司

一、基本情况

海南海控能源股份有限公司（以下简称"海控能源"）成立于2010年12月，注册资本为8.27亿元，主营业务为光伏发电、水力发电及电力工程施工服务，是海南省主要的清洁能源开发商、供应商和服务商。海控能源于2015年8月在新三板挂牌，于2023年5月正式进入上市辅导期，是海南省重点上市后备企业一级库企业。截至2024年上半年，海控能源总资产为42.19亿元，净资产为18.02亿元，资产负债率达56.75%，清洁能源发电总装机容量超800兆瓦。

二、经验做法

海控能源入选"双百企业"前股权结构较为单一，海南省国资委间接持股100%。入选"双百企业"名单后，在海南省国资委、控股股东的支持下，海控能源以"双百行动"改革为契机，持续通过增资扩股引入外部央企和地方国企股东，探索出一条由传统企业迈向多元股东治理典范企业的市场化改革路径，全面推进公司高质量发展。

（一）聚焦央地合作，携手央地国企构建多元化股权结构

海控能源广泛征集与优选与公司产业高度契合、行业知名度高的央企和地方国企实现战略绑定。在 2020 年引入中国能源建设集团有限公司系统的 4 家战略股东募资 2 亿元的基础上，2023 年继续通过定增引入工银金融资产投资有限公司及海南穗达股权投资基金合伙企业（有限合伙）两家央企股东，募集资金 5.4 亿元，募集资金规模位居当年新三板前列。2024 年再次通过定增引入广东省国资委下属基金海南发控广新绿色科创产业股权基金合伙企业（有限合伙），募集资金约 2 亿元。新股东的绿色发展理念契合公司的清洁能源发展规划，有利于未来整合绿色能源资源，推动公司高质量发展。

（二）聚焦主责主业，大力发展绿色低碳产业

定增募集的资金使得海控能源具备加大清洁能源主业投资力度的条件。在股权融资的加持下，海控能源通过新建扩建清洁能源项目扩大生产，近三年发电总装机容量实现了翻倍增长。特别是在 2023 年内快速完成莺歌海区域 300 兆瓦光伏项目新建投产，至此公司在莺歌海区域的光伏装机容量已达到 430 兆瓦，成为海南省最大的集中式光伏基地。2023 年清洁能源发电共计 10.45 亿千瓦时，节约标煤 32.24 万吨，减排二氧化碳排放量 85.76 万吨，在海南实现"双碳"目标、建设自由贸易港和国家生态文明试验区的大局中发挥国企担当作用。

（三）聚焦治理机制，构建多元化治理体系

海控能源定增引入 7 名新股东后，海南省国资委持股比例已下降至48.52%，形成互相制衡股东会决策机制；在股东多元化的基础上，不断深化治理体系改革，建立多股东提名的外部董事占多数的董事会结构，制定与健全董事履职评价、外部董事履职保障工作机制，确保董事依法依规行使职权；制定董事会向经理层授权机制和清单，确保董事会和经理层之间

的协调和高效合作；动态调整与优化党委前置研究讨论重大经营事项清单47项，调整治理主体权责界定清单143项，以适应公司不断发展的需要。

（四）聚焦激励机制，激发企业活力

海控能源在多元化治理主体的支持下，为推动各项业务发展，促进企业营收与利润指标增长，加快完善激励机制。

一是制定了超额利润分享方案，构建企业和员工"命运共同体"。海控能源综合考虑业绩考核目标、历史经营数据和对标行业利润水平，合理设定目标值，实现利润超出目标利润进行激励兑现，有效激发员工全力以赴为公司创造更多超额利润。

二是推行全员绩效考核，坚持激励约束并举。海控能源采取考核结果与收入挂钩措施，确保公司业绩压力与激励应用从本部到下级公司、从高管到一线生产岗位员工层层传导，实现"人人都签业绩合同"。

三是推进精细化激励措施。海控能源设置多类型的专项激励奖项，如优秀部门奖、卓越贡献团队奖、恪尽职守团队奖、开拓创新团队奖、攻坚克难党旗班奖、安全生产先进团队奖等多个专项团队奖项，激发团队全力以赴完成公司重大项目任务。下一步公司将不断探索其他中长期激励机制，强化激励的针对性与有效性，奋力营造关键核心员工与企业、股东共享利益和共担风险的干事创业氛围。

三、改革成效

一是现代企业制度体系更加健全，公司治理效能明显提升。海控能源新战略股东的加入，优化了公司股权结构，推动公司明确了党组织把方向、管大局、保落实，董事会定战略、做决策、防风险，经理层谋经营、抓落实、强管理。构建形成了各治理主体之间各司其职而不缺位、各负其责而不互相替代、协调运转而不各自为政、权责透明清晰且有效制衡的现

代企业法人治理体系。

二是资本实力快速壮大，财务结构显著改善。海控能源将定增资金用于偿还高息借款后，充盈了公司的现金流，降低了公司财务杠杆，偿债风险压力得到充分化解。截至 2024 年上半年，公司资产负债率 56.75%，相比 2023 年同期的 70.58% 大幅下降，资产负债率回归合理水平，推动公司持续健康发展。

三是经营效益稳步增长，行业地位不断提升。海控能源通过股权改革获得扩大生产所需资金，确保新建项目快速建成投产，提升公司的盈利能力和核心竞争力。截至 2024 年上半年，公司资产总额为 42.19 亿元，较 2018 年入选"双百企业"时的 25.59 亿元增长 64.87%；净资产为 18.02 亿元，较 2018 年的 6.88 亿元增长 162%；营业收入为 3.45 亿元，同比增长 67.74%；净利润为 7465.9 万元，同比增长 238.84%。

四是改革为公司上市创造了有利条件。海控能源通过引资本改机制、扩生产冲业绩、强管理控风险、重激励促发展等一系列改革措施，提升了企业形象与资本市场的认可度，为实现上市目标筑牢坚实的基础。目前已聘请保荐承销商、会计师事务所、律师事务所进场开展上市辅导服务，公司上市辅导备案申请已获海南证监局受理，并已由新三板基础层升层至创新层，目前正有序开展上市筹备工作。

74

打好国资布局"三张牌"
海南旅投多措并举推动兼并重组工作

海南省旅游投资集团有限公司

一、基本情况

海南省旅游投资集团有限公司（以下简称"海南旅投"）是海南省委、省政府为贯彻落实习近平总书记"4·13"重要讲话精神和《中共中央 国务院关于支持海南全面深化改革开放的指导意见》（中央 12 号文件）精神，批准设立的省属国有独资企业，于 2020 年 4 月 13 日在海口正式开业。海南旅投定位为国际旅游消费中心投资发展商，以"引领国际旅游消费中心建设、创造更加美好幸福生活"为使命，致力于成为具有世界影响力的海南自贸港旅游龙头企业。海南旅投旗下拥有各级成员公司 133 家，涵盖旅游交通、旅游商业、景区度假区、酒店餐饮、海洋旅游、旅行服务、大健康旅游、基金投资等业态。截至 2024 年底，海南旅投总资产规模达到 202 亿元，较成立初增长 106%，营业收入从 8.55 亿元增至 79.28 亿元，年复合增长率 56.11%；五年累计实现盈利 10.87 亿元，上缴国有资本 3.14 亿元。在全国品牌传播力百强榜单上榜上有名，跻身华南地区文旅集团区域第一、全国省市级文旅集团前三。

二、经验做法

国有企业改革深化提升行动实施以来，海南旅投紧紧围绕增强核心功能、提升核心竞争力，以市场化方式推进战略性重组和专业化整合作为布局优化和结构调整的重要举措，统筹整合旅游资源，打造旅游全产业链，不断释放改革红利，打造国资旗舰劲旅，推进现代化建设的海南旅投实践。

（一）打好"战略牌"

海南旅投基于海南"三度一色"（温度、深度、维度和绿色）自然禀赋和海南自贸港政策及开放红利加持优势，紧紧围绕"国际旅游消费中心投资发展商"定位，主动对标对表海南省"五向图强"培育发展新质生产力，不断壮大集团旅游战略版图，通过国资杠杆作用，撬动更多社会资本协同发展，先后重组海南省唯一成功挂牌"新三板"的地接旅行服务企业海南康泰旅游股份有限公司（以下简称"康泰公司"），从亏损6000多万元到收购当年就实现扭亏，重组当年康泰公司就实现营业收入近3.9亿元；收购扼守南渡江出海口（海甸河）标志性人文地理点位的东坡老码头项目，以9000多万元收购价撬动近9亿元的资产，以码头文化、海南在地文化为支撑，打造国内首个东坡沉浸式体验和全维度海南风物荟萃集合地，构建国家级夜间文化和旅游消费集聚区；兼并有"东方小桂林"美誉的海南热带雨林国家公园东方俄贤岭风景区，充分利用集团品牌、运营、资金等综合优势，申报并获批国家4A级旅游景区，不断丰富文旅商消费产品及服务的供给，积极开辟新赛道、抢占新高地、塑造新优势，有效放大国有资本对旅游产业的牵引力、带动力和集聚力。

（二）打好"市场牌"

海南旅投以市场化方式做好"旅游＋""＋旅游"文章，致力打造海南国企高度市场化管理模式标杆，密切关注旅游稀缺资源的获取机会，通过挖掘产业链上下游优质的项目，以收购、重组、合作等方式持有、储备、掌控一批可供长期开发的优质旅游资源，推动一批精品项目落地生根，推出更多精品景区、特色线路、定制产品和文旅综合体，促进吃、住、行、游、购、娱等各消费环节形成闭环，推动重组企业进一步完善内部管理机制，分类授权放权，推行领导班子的专业化、市场化，全面推进经理层任期制和契约化管理。按照市场化运作、多元化参与、专业化管理方式，以集团在儋州、定安的项目为试点，拿出总投资 10%～30% 的份额积极吸引社会资本参与项目运营，输入有影响力的国内知名品牌，实现多方共赢。探索建设海南旅投大会员系统，以市场化运营协同提升集团整体的业务增值能力，形成集团大会员和统一积分，整合集团在海汽、免税、酒店、景区等板块的会员资产，跨业态打通会员-权益-营销三方关系，进一步整合会员资源、产品资源、营销资源，充分发挥集团多业态满足消费者多方位需求的优势，促进集团整体业务版图协同，打造旅游拳头产品，打响海南旅游品牌。

（三）打好"融合牌"

海南旅投率先在全省范围内开通"海旅党建"微信公众号，推动党建和业务深度融合。旗下 18 家企业向社会公开引入投资者，大力实施业务经营、资产运营和资本运作"三轮驱动"，不断推动与民营企业在资本、产业链、供应链、科技创新等领域展开合作。对集团内科技、旅行社、物业等同类型企业实施专业化整合，大力压缩管理层级、压减股权层级，减少法人户数，不断优化资源配置、降本增效、协同共赢。围绕健全现代企业制度、完善市场化经营机制、加强内部管理体系建设、优化权责清单，明确决策事项边界、简化审批程序、调整重组并购后子企业授权放权等，打造运营中心、法务中心、财务中心、人力资源管理中心、审计中心。通过

"融合—对标—提升"三个阶段，在战略目标、公司治理、业务发展、人才队伍等方面充分融合，在管理、市场、运营、设计、采购、财务等方面加强协同，打造"上下一体、资源聚集、共享共赢"业务协同体系。形成内部协同共生、产业间联动发展的良好生态，实现优势互补、融合发展，以机制之变激发活力之源，最大限度放大改革"乘数效应"。

三、改革成效

海南旅投以国有企业改革深化提升行动为契机，以兼并重组为切入点，以打好"战略、市场、融合"三张牌为工作方法，取得了一系列改革成效。

一是整合了一批旅游产业链上下游优质企业和滨海岸线、海域、岛礁、热带雨林、温泉、景区度假项目及土地等核心旅游资源。海南旅投弥补了海南省属国有企业缺乏优质景区度假资源的短板，打造了一批海南旗舰型旅游项目，旅游业态产品不断丰富、产业布局不断完善、市场竞争力不断提高、企业活力和内生动力不断增强、经营效益不断提升，为海南自贸港建设再添靓丽名片。

二是中国特色国有企业现代公司治理不断完善。党的领导不断增强，海南旅投各治理主体议事规则、"三重一大"决策机制、授权管理办法等关键核心制度严密衔接、有机融合，治理机制边界清晰、协同共进、制衡有效。

三是布局结构优化调整深入推进。海南旅投助力旅游产业链供应链的强链补链延链和建链工作不断向外延伸，国有经济战略支撑作用有效发挥，高质量发展步伐不断加快。在推动高质量发展上勇挑大梁、走在前列，为打造新质生产力重要实践地不断贡献海南旅投力量。

75

以"三攻坚一盘活"改革突破为引领
优化布局　重塑功能　推动企业高质量发展

重庆市国有资产监督管理委员会

一、基本情况

中共重庆市委于 2023 年 12 月召开了六届四次全会，深入学习贯彻习近平总书记关于国有企业改革发展和党的建设的重要论述及对重庆工作的重要指示批示精神，发出"三攻坚一盘活"（坚决打赢国有企业改革、园区开发区改革、政企分离改革攻坚战，全力推动国有资产盘活）改革突破动员令，举全市之力推动打赢国企改革攻坚战。截至 2024 年底，重庆市国有企业"三攻坚一盘活"改革突破年度主要目标任务全面超额完成，国有企业改革深化提升行动 138 项重点任务已全面或阶段性完成 116 项，完成率 84%。

二、经验做法

（一）着眼提质增效，深入开展"三清三减三增"专项行动

一是分级分类、"一企一策"制定落实亏损治理措施，对长期亏损、扭亏无望的企业，坚决出清止损；对有市场潜力、扭亏有望的企业，通过内部改革、开拓市场、挖潜增效等方式减亏扭亏；对 7 家亏损严重、存在

较大债务风险 A 类企业集团，由市长逐户研究审定改革攻坚方案、定期研究调度，市级专项指导协调组全程督促指导。

二是实施市属国企"瘦身"改革攻坚专项行动。逐户梳理国企产权层级、管理层级、法人户数，绘制企业产权结构树状图，全覆盖建立"户头"总量管控机制。

三是多措并举盘活资产。建立全市存量资产盘活"一本账"，逐一制订盘活计划、明确盘活方式。建立国资监管机构与规划自然资源、税务部门联动机制，已完成确权登记 2135 项、2349 万平方米、1130 亿元。

四是全面清除风险隐患。对企业进行风险画像，加强风险预警监测、监督检查和分级分类指导，纳入企业考核评价。

（二）着眼提升核心竞争力，提速推进战略性重组专业化整合

围绕全市"33618"现代制造业集群体系和"416"科技创新布局，培育壮大一批专业化优势国有企业集团，做优做强一批专精特新核心企业。服务打造"33618"现代制造业集群体系，深化重庆渝富控股集团有限公司国有资本投资运营公司改革，注入重庆市国资委直接持有的一批优质股权增强企业资本实力。全面提速重大重组整合项目，按照"加快实施一批、准备启动一批、谋划储备一批"原则，分批有序推进重组整合重点改革项目落地。

（三）着眼提升集中统一监管质效，深入彻底完成政企分离

一是明确集中统一监管适用所有市属国有企业，细化集中统一监管事项的具体执行方式，从市委党内法规层面巩固集中统一监管成果。

二是按照"集中划转、重组整合，产权划转、委托监管，保留运营、加强监管，关闭注销、止损退出"的"四个一批"原则，推动市级有关部门、事业单位所属329家全级次企业分类推进政企"脱钩"。

三是与委托监管类企业的受托单位签订委托监管协议，对保留运营类企业细化制定集中统一监管重点工作事项清单，推动市属国有企业统一纳入制度体系、统一执行监管要求。

（四）着眼发展新质生产力，加快国企转型发展

一是加强科技创新。加大资金投入力度，从国有资本预算中每年安排2亿元创新专项资金；加强人才引育，实施"渝跃行动"、新重庆引才计划、国企三支队伍建设"百千万"引领行动；强化技术攻关，联合高校教授、科研院所专家、企业技术领军人才制定国企原创技术和关键技术攻关路线图。

二是加快产业更新。推动传统产业"智改数转"，加快制造业企业数字化改造、建设"产业大脑＋未来工厂"。

三是推动融资平台公司向发展新质生产力转型。推动融资平台公司由基础设施建设向产业投资转型，大力发展现代生产性服务业，深化"亩均论英雄"改革，提高亩均产出效益。

（五）着眼国企做强做优做大，推动深化开放合作

一是深化与央企对接合作。设立中央企业服务处，对央企总部及下属各级分/子公司定期走访、接待，听取意见建议及发展诉求。

二是深化与民企对接合作。深挖拓展国有企业、民营企业合资合作的切入点与契合点，常态化发布国企民企协调发展推介项目，引领带动中小企业共同发展。

三是深化与外企对接合作。依托中新互联互通项目、渝港合作等开放平台，积极利用外资助力国有企业和地方经济社会发展。

（六）着眼"强根固魂"，健全完善国企党建统领机制

一是深入开展忠诚国企建设。持续完善拥护"两个确立"、做到"两个维护"的制度保障体系，落实"第一议题"制度。

二是打造国企新时代"红岩先锋"变革型组织。深入开展"红岩先锋·

四强四好"党支部建设，选树典型标杆，全面提升国企基层党组织标准化、规范化建设水平，打造重庆特色党建品牌。

三是全面开展清廉国企建设。制定清廉国企建设方案，完善联动协同、常态惩治国企腐败问题机制，持续开展重点领域突出问题专项整治行动，打造一批清廉国企示范样本。

三、改革成效

一是发展质效进一步提升。改革有力促进国有经济提质增效，2024 年全市国企实现利润总额 586 亿元，同比增长 7.7%；完成增加值 1926 亿元，同比增长 7.2%。开展央渝同行、国企民企协同发展项目推介、外资参与国企高质量发展项目推介等系列活动，签约项目 795 个，金额超 2464 亿元。

二是改革攻坚成绩显著。截至 2024 年底，639 家市属亏损企业阶段性减扭亏 548 家，整体进展率 85.8%，市属国企整体经营性亏损面下降至 15.2%；7 家 A 类企业的风险隐患基本消除；重点国企管理层级全部控制在 3 级以内（特殊的控制在合理 4 级），已完成压减法人 1191 户，市属国企实际运行的全级次企业法人由 2023 年底的 2260 户压减至 1069 户；市属重点国企盘活资产 1085 亿元，回收资金 447 亿元，分别完成年度目标任务的 109%、128%。

三是功能使命担当有为。全市国企在推动现代化新重庆建设高质量发展中的科技创新、产业控制、安全支撑作用充分发挥。截至 2024 年底，市属国有企业研发投入 62.6 亿元，同口径增长 12%。累计培育"链主"企业 8 家。取得一批重大科技成果，累计新增发明专利 371 件，推动 63 个"硬科技"项目从"实验室"走向"生产线"。

76

推动打造智慧型国资"监管大脑"

重庆市国有资产监督管理委员会

一、基本情况

重庆市国有资产监督管理委员会（以下简称"重庆市国资委"）聚焦关键业务、重点领域、国有资本运营重要环节，构建感知、分析、决策、处置、评价的全链条闭环监管体系，推动国资智能化监管效能和国企数字化管控能力"双提升"，增强国资数字化监管效能。

二、经验做法

（一）完善顶层设计，构建国资国企数智监管总体架构

重庆市国资委以"加强市级经营性国有资产集中统一监管"为目标，聚焦国有企业资本过程运行监管，聚焦核心业务梳理与重点监管场景建设，横向打造围绕国有企业资本的投资布局、产权管理、运行监测、风险管理多跨监管场景，纵向贯通与市区两级国有企业形成多个具有自身监管特色的业务场景。

（二）构建"打赢国企改革攻坚战"场景，赋能国企改革攻坚

重庆市国资委依托"国资智管"应用谋划建设"打赢国企改革攻坚战"场景，形成 7 类 171 项监管数据指标、4 个预警提示模型，实现对国

资国企扭亏减亏、债权回收、资产确权、资产盘活、压减企业法人、出清"三无"企业、战略性重组专业化整合等核心任务进度的"一屏可视"，对进度落后企业进行智能提醒和调度，全面保障"止损治亏、瘦身健体、资产盘活、提质增效"等改革突破任务圆满超额完成，有力支撑国企改革攻坚突破。

（三）构建"资金监管"场景，提升资金风险感知处置能力

重庆市国资委针对国企资金风险监测手段少、资金风险闭环管控能力弱、债务风险暴露不及时等问题，上线"资金运行实时监测"服务。梳理国资国企资金、债务、决策等核心监管指标 66 项，建立"三个月内闲置账户""大额对私支付""疑似重复支付"等 8 项资金风险预警指标，形成对融资、债券、担保等企业债务全生命周期监管。重点关注企业银行账户分布、账户余额、资金支出明细、"631"到期债务等监管重点。推动企业资金、"三重一大"、到期债务等业务数据联通，强化对企业现金流断链风险监测，有效提升企业资金风险感知处置能力，牢牢守住不发生系统性风险底线。

（四）构建"产权管理"场景，有序推进产权变动交易可溯

重庆市国资委基于国有资产多层级产权确权登记不及时、不准确，产权信息、交易不透明，资产分散、盘活变现难等现状，强化国有企业资本产权管理。构建产权登记、产权交易、资产盘活与上市公司股权等监管主体的全闭环管理，实现国资国企法人主体监管全覆盖。主动推动数据共享和业务融跨，同相关行业主管部门建立国资国企产权线上确权机制，动态掌握国有产权挂牌交易实时数据，推动实现市属18家上市公司市值管理信息动态可视。

（五）构建"投资布局"场景，有序推进产权变动交易可溯

重庆市国资委梳理形成国资国企股权投资、固定资产投资全过程、全

周期、全方位监管逻辑，从投资计划、项目实施、投后管理、产业布局、风险预警等方面全面监测企业投资项目，实现对国有企业主业管理和产业发展情况监测分析，对企业投资计划、完成情况和重大项目投资实现动态监管，推动国有资本"三个集中"，支撑国有资本布局优化和结构调整。

三、改革成效

一是移动办公，提升工作便捷性。"国资智管"移动端上架重庆市一体化办公平台"渝快政"，率先实现"打赢国企改革攻坚战""运行监测""产权管理"三大板块常态化应用，为重庆市委、市政府及市国资系统提供随时随地掌握国资国企总体运行情况的"掌上移动工具"。

二是综合展示，实现多维度分析。完成运行监测、资金监管及产权管理驾驶舱建设，打通与重庆市发展改革委、重庆市财政局、重庆市市场监管局、重庆市规资局、重庆市公共资源交易中心的业务协同联动，实现对企业资金、决策、债务数据的综合分析展示。强化监管业务系统，推动投资、财务、产权、资金等各项监管业务数据联通共享。

三是实时预警，完成全闭环处置。强化数据开发利用，基于1000万余条国资监管数据归集，建立投资、资金、债务等综合监测模型，上线调度功能，实现感知问题、及时预警、落实整改监管闭环。"国资智管"从2024年4月上线以来，累计产生相关异常提醒及重点关注信息6000余条、集中预警调度1500次、调度异常信息5000条，极大提升了智能监管效能。

77

深入彻底完成政企分离
提升集中统一监管质效

重庆市国有资产监督管理委员会

一、基本情况

实施政企分离改革，是党中央部署的深化国有企业改革的重要举措。重庆市深入学习贯彻习近平总书记视察重庆提出的"营造市场化法治化国际化一流营商环境"和国有企业改革深化提升行动"巩固深化政企分开、政资分开"等要求，强化经营性国有资产集中统一监管，推动服务回归政府、企业市场化运行，形成责权利明晰的政企关系，提升集中统一监管质效，构建全市国资监管"一盘棋"格局。

二、经验做法

（一）"四个坚持"系统构建工作机制

重庆市成立政企分离改革攻坚战领导小组，建立专班推进、定期调度、调查研究、台账管理、指导督促、挂图作战、绩效评价、统筹衔接八大工作机制，科学构建全市政企分离改革的目标体系、工作体系、政策体系、评价体系。

一是坚持"高位推动、多跨协同"。重庆市委书记亲自谋划、亲自部署、亲自推动，市长多次实地调研指导。市领导小组充分发挥统筹抓总作用，组建市领导小组工作专班集中办公，加强工作指导，压实工作责任；注重与国企改革攻坚、国有资产盘活等工作衔接配合，统筹推进"止损治亏"、"瘦身健体"、优化重组、提质增效，形成上下联动、左右协同的工作合力。

二是坚持"问题导向、重点破题"。重庆市组织开展多层次、多维度、多轮次调查研究，对市机关事务局所属天怡控股集团、市规划自然资源局所属市地矿集团、市教委所属高校房地产企业等 18 家重难点企业"解剖麻雀"，形成调研报告和分析材料 19 份，找准堵点难点，精准科学施策。重庆市对"政企事企"职责不清、人员"混岗"、"出血"亏损、涉税涉诉等改革堵点卡点和历史遗留问题实行清单化管理。例如，差异化分类实施人员安置，市级层面共安置 14857 人，其中"混岗"人员 2280 人；区县层面共安置 4024 人，其中"混岗"人员 155 人。累计办结涉政企分离改革案件 4998 件，执行到位案款 29.05 亿元。

三是坚持"挂图作战、打表推进"。重庆市细化制定"每月进度目标表"和"每周任务分解图"，定期通报晾晒"政企分离改革工作进度图"，共通报晾晒 45 次，传导改革压力、增强改革动力。印发《关于做好涉改企业人员安置工作的通知》《关于市级党政机关和事业单位所属企业"混岗"人员安置工作建议》，确保人员妥善安置。

四是坚持"跟踪督导、闭环落实"。重庆市全周期跟踪督导，组建"常设＋临时"督导组，对市级重难点涉改企业蹲点督导 90 余次，协调解决堵点卡点问题；全流程跟踪督导，先后印发重要工作事项和专项改革任务交办督办函共 170 份，确保改革攻坚按既定的时间表、任务书、路线图扎实推进。

（二）"四个一批"全面推动政企分离

重庆市制定《市级党政机关和事业单位所属企业政企分离改革"四个一批"工作流程》，分类明确改革操作办法，按照"集中划转、重组整合""产权划转、委托监管""保留运营、加强监管""关闭注销、止损退出"的"四个一批"原则，推动市级有关部门、事业单位所属329家全级次企业分类推进政企"脱钩"。截至2024年6月底，累计关闭注销企业116家，剩余的213家100%实现政企"脱钩"，纳入集中统一监管范围。

一是将经营正常、有发展潜力的96家企业按照行业相近、产业相关原则无偿划转或市场化整合至市属重点国企。将相关企业纳入市国资委直接监管体系，通过审核备案、联合检查、专项评价、报表归口、赛马比拼、监测预警、联合考核等方式实现快管严管、应管尽管。重庆市指导督促相关企业执行统一的监管制度和监管标准，优化公司治理结构，强化内部管控，规范决策程序，积极防范和化解经营风险，尽快实现思想融入、制度融入、管理融入、工作融入。

二是将文化、公安、司法、行政服务领域的71家企业产权划转至重庆市国资委，因与相关主管部门业务运转高度关联、承担特殊功能，将相关事项委托原主管部门继续管理。重庆市制定出台《市属国企委托监管企业监管办法（试行）》，明确委托监管事项及监管要求、委托程序、委托方和受托方职责等事项，"一企一协议"签订委托监管协议，指导受托市级部门（事业单位）严格按照国有资产监管相关要求对委托监管企业进行监管，督促委托监管企业建立健全企业法人治理结构及内部管理制度体系。

三是对政策允许继续开办的46家科技成果转化类企业保留运营、加强监管。重庆市细化制定《市级保留运营类企业集中统一监管重点工作事项清单》，明确投资计划备案、财务快报监测、经营业绩考核等12项重点监管事项及各方职责，组织市级"保留运营、加强监管"类企业及市级有关部门（事业单位），召开集中统一监管工作专题会议，解读政策要求、培训操作办法。

（三）"四统一"实现市属国企监管全覆盖

重庆市委、市政府印发《深化市级经营性国有资产集中统一监管方案（试行)》，提出"四统一"原则：集中统一监管的市属重点国有企业，统一由市国资委履行国资监管职责；统一国资监管工作体系，执行国资监管制度和监管标准；统一执行经营业绩考核标准；统一执行工资总额、薪酬、履职待遇和业务支出管理标准，实现市属重点国企集中统一监管。

一是支持政企分离后企业持续健康发展。重庆市出台《市级政企分离改革后支持企业高质量发展若干措施》，确保涉改企业向市场化运营平稳过渡。对市级政企分离改革后的96家企业按照聚焦主责主业要求，持续开展专业化整合。

二是细化集中统一监管办法。重庆市委、市政府印发《市级经营性国有资产集中统一监管办法（试行)》，进一步明确集中统一监管适用于所有市属国有企业，细化明确主业和新业务、规划投资、财务监测、考核分配、党建考核、法定监管、其他事项7个方面集中统一监管事项的具体执行方式，从市委党内法规层面巩固集中统一监管成果。

三是提升集中统一监管质效。重庆市国资委印发《关于健全完善国有资产监管体系提升集中统一监管质效的实施方案》，推动完善全过程、全要素、全周期企业投资监管体系，优化完善财务监管制度，加强国有产权登记、国有资产交易、无偿划转、资产评估等监督管理，完善"一业一策""一企一策"考核指标体系，建立完善重大风险情况报告制度、企业风险预警监测和监督检查机制。

三、改革成效

一是政企分离深入彻底。重庆市国资监管"一盘棋"格局基本形成，在全国率先实现包含金融企业、文化企业、开发区建设运营平台企业在内的51家市属重点国有企业监管全覆盖。市级有关部门、事业单位所属企业全面完成政企"脱钩"，100%纳入集中统一监管范围。

二是监管质效全面提升。重庆市智慧国资国企监管应用上线运行，实现监管数据常态化采集、预警、调度。投资监管、财务监管、考核分配、重大风险情况报告等制度体系不断健全完善，重点风险隐患可控在控，国企债务风险防范能力和涉法涉诉、信访稳定、宣传舆论处置能力进一步增强。

三是内生动力不断激发。重庆市集中统一监管，进一步推动企业深化内部改革、激发内生动力。2024年，全市国有企业实现利润总额586亿元，同比增长7.7%；完成增加值1926亿元，同比增长7.2%。

78

深化人才强企战略　完善人才引育链条
不断夯实发展新质生产力的人才支撑

四川省政府国有资产监督管理委员会

一、基本情况

四川省政府国有资产监督管理委员会（以下简称"四川省国资委"）党委深入学习贯彻习近平总书记关于做好新时代人才工作的重要思想，站在贯彻新时代党的组织路线的政治高度，坚持党对人才工作的全面领导，大力实施人才强企战略，健全人才引育政策体系，建设人才创新发展平台，完善市场化选人用人机制，推动各类人才在国企改革发展主战场各尽其才、大显身手。省属企业现有高级职称专业技术人才 1 万余人、高技能人才 3000 余人，获得省部级以上奖励表彰、入选省部级以上人才计划的高层次人才 420 余人。

二、经验做法

（一）完善人才工作领导体制

四川省国资委党委牢固树立"管行业就要管人才"意识，坚持创新机制，优化服务，健全党管人才领导体制和工作格局。

一是坚持牵头抓总。四川省国资委党委先后制定加强人才工作支撑高质量发展、人才评价机制改革、多序列人才通道建设等制度，健全立体式人才工作制度体系。综合运用官网及微信公众号，加强政策宣贯、典型宣传、工作答疑，及时推广制度实施的先进做法。

二是加强工作督导。四川省国资委召开全省国资国企人才工作会议，每年制定省属企业人才工作要点，建立年度人才工作台账，压茬推进重点任务落实。创新开展省属企业经营综合评价，将人才工作作为企业经营状况"画像"的重要组成部分，细化人才当量密度、关键人才流失率等评价指标，受到省政府肯定。

三是压实主体责任。四川省国资委将人才工作纳入企业党建工作考核内容，作为国资系统巡察、省委巡视"回头看"等工作的检查重点，对推进不力的企业挂牌推动、提示约谈，提升企业抓实人才队伍建设的责任感和紧迫感。

（二）强化人才集聚培养

四川省国资委坚持突出重点、系统谋划，推动国资国企人才队伍稳存量、扩增量、提质量。

一是开放视野引人才。四川省国资委每年组织研究生国企实践活动和校园招聘活动，推动企业提前识才、针对引才，近三年招录应届高校毕业生4.2万余人。开展"百名高层次人才、千名紧缺专业人才"招引活动，采取公招、猎聘等形式，集中引进企业发展急需的1000余个岗位人才。高标准组建四川人才集团，与150余家国内外知名猎头机构、知名高校深度合作，建立覆盖全球引才网络。

二是系统思维育人才。四川省国资委创新发展省国资委党校"1+3+N"模式，探索建设天府高级经理学院，打造国企人才"铸魂""提能"主阵地。开展党务与经营管理人才"双向培养"工程，建立"红色薪火工程"年轻干部后备人才库，分层分类组织面向高层次经营管理人才、科技创新人才、高技能人才的专业培训，近三年示范培训 80 余期 6000 余人次，带动企业开展培训 140 余期。

三是建强平台揽人才。四川省国资委推动企业联合科研院所、知名高校等建设"创新联合体"，建成院士（专家）工作站 7 个、博士后工作站 18 个、各类国家级和省级创新平台 130 多个。打造"蜀创源"科技创新基地和西南科技成果转移转化创新平台，联合清华大学共同组建资金规模为 100 亿元的高校科技成果转化基金，推动高校科技成果优先在四川省落地转化。

（三）优化人才发展环境

四川省国资委坚持党管人才原则与建立现代企业制度、发挥市场机制作用相结合，推进人才发展体制机制改革。

一是强化保障机制。四川省国资委逐级建立高层次人才名单和信息库，为高层次人才协调解决子女就学、医疗保障等生活问题。指导企业加大人才奖励和人才推荐力度，科学评价企业研发投入与产出，探索科技创新容错纠错机制，支持科技人才培养发展。

二是强化激励机制。四川省国资委实行中长期激励，把人才切身利益与企业经营、项目成败深度绑定，激发人才创新创造活力。推动科技型企业开展分红和股权激励，支持科研人员以"技术＋现金"形式入股。省属企业实施中长期激励达 50 余家，控股上市公司实施股权激励比例达 42%。

三是强化竞争机制。四川省国资委聚焦"三能"深化三项制度改革，提升经理层成员任期制和契约化管理质量，强化任期考核、刚性兑现薪酬、严格执行岗位退出机制，注重面向市场选聘企业发展紧缺的专业人才。2023 年以来，各级子企业新聘任管理人员竞争上岗率达到 82.97%，绩效考核达到 100%，883 人因考核不达标被转岗、降级、退出，职业经理人薪酬差异化系数达到 3.37，有效激发人才活力动力。

三、改革成效

近年来，四川省国资国企系统聚力强引领、建机制、搭平台、抓合作、促发展，进一步激发人才动力活力，不断强化国有企业高质量发展的人才支撑。

一是人才制度更加完善。四川省国资委制定人才强企指导意见、人才分类评价、激励约束等一系列政策制度，为企业加强人才队伍建设提供有力保障。

二是人才平台更加赋能。四川省国资委建立高校科技成果转化基金、院士基金，100余个科研创新平台、人才培养平台正加速成为吸引人才集聚、托举人才成长的有力载体。

三是人才活动更加多元。四川省国资委通过省市人才交流、国资大讲堂、人才公益培训、柔性引才等丰富多样的人才活动形式，丰富国有企业人才工作抓手，展现国资国企人才风采。

四是人才保障更加有力。四川省国资委会同省直部门为高层次人才制发"天府英才卡"、发放岗位激励资金，协调地方部门落实人才补贴、住房就医等保障政策，保证人才心无旁骛干事创业。

79

聚焦新质生产力　构建发展新格局
高质量争创一流专业领军企业

四川九洲投资控股集团有限公司

一、基本情况

四川九洲投资控股集团有限公司（以下简称"九洲集团"）位于中国科技城——绵阳，始建于 1958 年，是国家"一五"期间 156 项重点工程之一，是以电子信息产业为主业的高科技企业，是国家唯一保留核心科研生产能力的地方军工骨干企业、专业的军工信息化智能化装备及系统提供商、军民融合的数字智慧软硬件产品及服务提供商，连续二十三年入选中国电子信息竞争力百强企业榜单。

二、经验做法

（一）以持之以恒的决心和锲而不舍的毅力，加快推进科技创新

一是重塑科技创新体系。九洲集团成立产品与技术委员会，定调定向科技创新"做什么、谁来做、怎么做"；集团总部组建融合创新研究院，专司前沿技术和共性技术研究，着力构建集团总部与产业公司各有侧重的矩阵式研发网络。

二是探索科技成果赋权改革。科技成果转化形成的利润，九洲集团按

5%～30% 比例连续给予科研团队 3～5 年奖励；按"风险共担、价值共创、收益共享"原则，探索推行核心科技人员"技术＋现金"入股跟投。

三是夯实研发投入支撑基础。九洲集团建立每年不低于 5000 万元的"科技创新引导资金池"，支持产业公司核心关键技术研究；设立不低于 1 亿元的科创孵化基金，引导和撬动更多社会资本，孵化、培育、壮大集团新兴产业。

（二）以与时俱进的精神和开拓进取的担当，加快提升产业核心竞争力

一是聚焦主业，优化产业布局。九洲集团将市场、技术、产品等高度相似的产业主体纳入集群发展，打造五大百亿级领军型产业集群，形成产业规模集聚效应；推进"两非""两资"处置，逐步退出非主营、非优势业务，累计压减法人主体 29 家。

二是军团作战，推进专业整合。按照"产业前景可期、协同价值高"原则，九洲集团首批组建软智、射频、光电、视听 4 个军团，将 10 个法人主体合并为 4 个统一作战主体，管理人员优化率超 30%，协同作战能力大幅提升。

三是发挥专业优势，培育战新产业。九洲集团当好"长期资本""耐心资本""战略资本"，深耕光电探测领域十余年，成功入围先进战机配套链；紧抓低空经济发展机遇，联合空管委、北京航空航天大学等制定发布 4 项相关标准，组建低空试验测试专业公司，与工业和信息化部电子五所等 5 家头部单位共建西南首家低空试验测试中心，提供"CNAS 测试＋适航验证测试＋定制化飞行场景试验"一体化服务；拓展新能源汽车赛道，布局发展电驱动总成产品，实现"大三电"市场突破。

（三）以刀刃向内的勇气和精益求精的态度，扎实推动管理提质增效

一是优化用人机制固"本"。九洲集团全面推行集团中层管理人员、产业公司领导班子成员市场化选聘，拓宽选才来源；创新实施总部部门间、产业公司间干部交叉任职，打破部门"壁垒"；刚性考核、刚性兑现，2023 年以来 13% 的管理人员因考核不达标被淘汰或降职。

二是强化集团管控赋"能"。九洲集团推动总部从"投资型、管控型"向"管控型、赋能型"转变，完成资金与信贷统筹和 ICT 设备、商旅等集采，降本率分别达 20%、10%；持续推进合同、人事、法务、审计、行政等共享中心的集中和赋能管理；对产业公司旗帜鲜明地提出"四管"，即法律法规及相关制度有要求的必须管、有利于发挥整体协同优势的集中管、产业公司能力不足的赋能管、产业公司管理水平不同的差异管，"一企一策"赋能产业发展。

三是加快数字化转型提"效"。九洲集团深度实施"数字化转型"战略，实施云数据中心扩容，云计算资源池容量提升 25% 以上。围绕降本、增效、提质、扩绿"四大关键点"，通过实施精益化、标准化、自动化、数字化、智能化"五步走"策略，打造行业一流标杆智能工厂和智能产线。统筹推进集团财务、采购、资产、合同、仓储物流、协同办公等职能信息化、数字化，提升集团管控效率，管出协同价值，建设"数智九洲"。

三、改革成效

一是企业实力不断攀升。九洲集团聚焦服务壮大国家战略科技力量，完成 100 多项国家重大工程、重大保障任务，巩固其国家某系统总师单位、首都核心区某中低空目标监视系统总体单位地位；围绕国之重器 C919、ARJ21，推进国产化替代研制，成为 C919 国内一级供应商；光网络终端占头部企业 70% 以上份额，加速融入 ICT 头部企业数通产业链；并购江苏东强，推动线缆产业东西协同战略布局，成为西部线缆龙头企业；持续巩固 PCB 世界百强、光器件 BOSA 封装全球前二、专业音响全国前三地位。

二是科技创新卓有成效。九洲集团依托 6 个国家级创新平台，形成自主知识产权成果 2700 余件，制定国家、行业标准 130 余项，荣获国家科技进步特等奖等重大科技奖项 130 余项。与中国科学院、北京航空航天大学、电子科技大学等知名科研院所和高校院所建有 14 个联合实验室，联合承担国家级、省级重大科技项目 30 余项。

三是经营质效显著提升。2024 年，九洲集团实现营业收入 400 亿元，利润总额 8 亿元，营收、利润实现了双增长；首次进入中国企业 500 强（496 位）；成功在全省首家引入国家制造业转型升级基金，为公司长期、持续及高质量发展提供了强有力的资金支持与战略保障。九洲集团被国务院国资委列为"创建世界一流专业领军示范企业"，旗下九洲导航连续三年被评为"双百企业"标杆、成都微精入选"科改企业"。

探索柔性引才　深化校企合作
加快建设发展新质生产力的高端人才库

四川省港航投资集团有限责任公司

一、基本情况

四川省港航投资集团有限责任公司（以下简称"四川省港投集团"）是四川省着眼推动新一轮高水平对外开放，于2019年9月成立的省管一级企业。四川省港投集团成立五年多来，始终坚持党对人才工作全面领导，坚持把人才强企作为战略性工程来抓，坚持"不求所有、但为所用"的原则，柔性引进产业发展急需专业人才，推动各类人才在企业高质量发展中尽展其才、尽显身手。四川省港投集团连续四年上榜中国物流企业50强，2024年首登中国企业500强榜单，位列第358。

二、经验做法

（一）突出"以业聚才"，广搭合作平台

四川省港投集团立足发展战略性新兴产业、培育新质生产力，围绕服务重大战略、项目，加强与院士专家团队合作，实现"共研、共创、共赢"。

一是服务国家战略"聚智询策"。四川省港投集团围绕国家长江经济

带发展战略，邀请四川大学、南京水利科学研究院、长江设计集团、武汉理工大学等院校、企业的专业领域工程院院士担任项目负责人、首席专家顾问，共同开展长江川境段一级航道建设路径与机制、金沙江800公里黄金水道建设等研究，创新提出以生态方式建设长江川境段5000吨级一级航道的实施路径，助推金沙江直航、长江川境段航道提档升级。

二是服务项目建设"精准引智"。四川省港投集团引入5名院士专家团队参与集团投资项目规划建设，充分运用科研成果提升项目质效。其中，天津大学院士团队深度参与岷江龙溪口航电枢纽规划建设，定制化合力开发"智能建造系统"，实现智能化、集约化、可视化应用，助力项目提前一年完工通航，获评四川省国企数字化转型优秀场景一等奖。

三是服务攻坚攻关"借技提能"。四川省港投集团围绕成渝地区双城经济圈建设，开展川渝港口物流职工职业技能大赛等活动，聘请15名特殊技能人才担任"共享技能大师"，借力借技攻关急难任务、技术卡点。搭建集团智库平台，聘请清华大学等知名院校20余名专家担任战略顾问，通过教育培训、交流锻炼等方式加速人才成长，智库人才中1人获评四川省学术和技术带头人，200余人入选省交通运输专业人才库。

（二）突出"就地取才"，深化校企合作

四川省港投集团突出企业科技创新主体地位，依托行业资源、产业优势，与院校深度合作，开展共性科研及技术转化，"带土"选育创新人才。

一是打造产教融合共同体。四川省港投集团与20余家科研院校建立战略合作关系，共建"全国交通物流行业产教融合共同体"等10余个产学研基地，互聘导师、互派人员，共研项目、共育人才，推荐4名企业高管担任合作高校硕士生导师、客座教授。

二是共建技术创新联合体。四川省港投集团充分发挥四川水运建设主力军作用，深度参与天府永兴实验室零碳交通研究中心、四川省交通运输绿色智慧港口与航道工程技术研究中心等科研中心建设，重点研究生态航道建设新理念、新技术、新材料、低碳运营和智慧管控等关键技术，促进交通运输零碳发展。

三是拓展成果应用新场景。四川省港投集团围绕冷链物流、智慧物流、绿色低碳等领域，与中国水利水电科学研究院、西南交通大学等院校加大联合攻关力度，取得标志性成果 10 余项，获评省部级以上奖励 4 项。拓展 5G 智慧港口应用场景，推动港口作业自动化、生产电子化、管理智能化，建成四川首个 5G 智慧港口，港口作业效率提高 30%。

（三）突出"以才引才"，实现人才裂变

四川省港投集团在优化"软环境"上下足"硬功夫"，以刚性保障助力柔性引才。

一是完善服务机制，优化"软环境"。四川省港投集团兴办"港投学校"加强教育培训，实行导师帮带、订单培养，建立集团领导人员联系优秀人才制度，真心实意解决人才实际困难。用足高层次人才在四川安家落户、子女入学、医疗保障、纳税优惠等各项政策，支持鼓励专业进修或职业提升，探索建立人才补充医疗保险和企业年金等制度，切实提高人才福利待遇。

二是借力集聚人才，打造"强磁场"。四川省港投集团通过"双聘"方式签约重点高校、科研院所的专家教授、知名学者，做优人才"头雁"方阵。借助领军人物对人才的引领吸附作用，用好学术圈、校友圈、朋友圈等，深挖人才资源，拓宽选才视野，畅通举荐渠道，积极探索更加灵活高效的引才新模式，打造引才"升级方案"。集团先后培养引进专业人才近千名，职工平均年龄 37.8 岁，中高级职称人才占比 24.0%，本科及以上学历占比 59.6%，其中硕博士研究生数量超 20%。

三是强化价值导向，比拼"硬功夫"。四川省港投集团实施"港投英

才""港投工匠"等人才培养计划，围绕企业"港园城""港工贸"产业结构确立 10 个项目课题，通过项目攻关把各类人才精准匹配到产业链上。制定与价值贡献相匹配的差异化薪酬与绩效考核制度，对高层次、高技能、特殊贡献人才实行特殊津补贴、协议工资。全面实行经理层任期制和契约化管理，2024 年因经营业绩考核，绩效薪酬增减幅度超 20% 的经理层经营型人才占比 13.6%。

三、改革成效

四川省港投集团通过柔性引才，央地、校企、企地合作进一步加强，在科技攻关、项目合作、成果转化、人才培养等方面交流持续深化，集团人才的集聚力、制度的竞争力、平台的吸附力、生态的涵养力不断增强，人才资源这一"关键变量"有效转化为企业高质量发展的"最大增量"，有力推动形成了以港口建设运营、现代综合物流贸易为核心的新质生产力。集团成立以来，营业收入、利润、研发投入年均增长率分别为 55.5%、54.5%、67.5%，培育高新技术、专精特新企业 14 家，获得知识产权 837 项，获评科技创新奖 57 项。

81

开展专项整治
提升混合所有制企业治理水平

云南省人民政府国有资产监督管理委员会

一、基本情况

云南省省属企业共有 30 家，主要分布在有色、化工、能源、农业、文旅康养、生物医药、金融、信息技术、基建、物流等行业领域，截至 2024 年底，资产总额为 3.37 万亿元。近年来，针对省属混合所有制企业普遍存在的核心功能不强、资产收益率不高、创新能力不足，以及部分企业"国控民营""明控实参""只投不管"等问题，云南省人民政府国有资产监督管理委员会（以下简称"云南省国资委"）组织开展省属混合所有制企业整治专项行动，对制约云南国资国企平稳健康发展的"顽疾问题"实现"清淤见底"。

二、经验做法

省属混合所有制企业整治专项行动（以下简称"整治专项行动"）共分四个阶段开展：第一阶段开展专项调研，进行全面评估；第二阶段督导检查，推动整改；第三阶段分类处置，"一企一策"；第四阶段总结完善，规范提升。

（一）全面摸排底数，科学评估分类

在第一阶段中，云南省国资委联合省纪委监委第二监督检查室、驻省国资委纪检监察组，采取"室组委"联动的方式对省属企业开展专题调研，经全面摸排，纳入本次专项整治的参股或控股混合所有制企业727家。根据摸排情况，云南省国资委印发了《关于开展混改企业评估工作的通知》，指导省属企业参照《混改企业评估表》，从"混"、"改"、国有经济活力3个评估维度，按照9项一级指标、28项二级指标开展评估，根据评估结果将727家混合所有制企业分为106家做强类、321家整治类和300家清退类，并分类制定整改方案。

（二）持续统筹督导，"一企一策"落实

第二、第三阶段为同步开展阶段，云南省国资委指导省属企业围绕党建弱化、政绩观扭曲、盲目混改、以混谋利等九大方面梳理形成《混合所有制改革问题"清淤见底"整改清单》，梳理形成问题130个，对应制定整改措施302项。同时，督促省属企业形成以主要负责人直接部署、直接过问、直接协调，分管领导具体抓、亲自抓，"一企一专班""责任大包干"的"军令状"工作机制，科学制定《混合所有制企业"一企一策"分类处置方案》。其中，做强类企业查摆问题292项，制定整改措施379项；整治类企业查摆问题720项，制定整改措施802项；清退类企业通过破产清算、自主清算、强制解散及清算、股权转让、减资等方式全面启动出清工作。云南省国资委坚持"每月一调度、每季一报告、不定期调研"等方式持续追踪各省属企业推进进度，针对推进进度较缓的企业，通过通报、约谈、督办、提示等方式督促其加大整治力度；针对自主出清难度较大的企业，鼓励省内从事特殊资产管理业务的公司通过市场化方式参与清退，同时积极探索通过同类合并、整合重组发现价值出清，或由具备相关主业经验的省属企业市场化接收盘活出清；针对自主处置经验不足、成本

较高的企业，牵头搭建联合服务机制，联合优质律所、清算服务机构，提供相关配套服务，实现资源、信息共享，集中力量攻坚克难，降低成本、提高效率。

（三）审核验收成果，提升治理效能

第四阶段主要为成果验收阶段，云南省国资委对照清退类、整治类和做强类企业专项整治的目标时间节点，组织各领域相关专业人员成立审核验收小组，对照《省属混合所有制企业整治专项行动审核验收标准》开展成果评估验收工作，审核验收结果与省属企业经营业绩考核、管理者薪酬挂钩。同时，根据验收成果，持续研究强化对混合所有制改革和混合所有制企业的监督和管理，围绕"坚持强化党建引领，坚持审慎决策从严管控，健全完善现代公司治理体系，强化出资及参股股权管理，强化合规、内控和风险管理体系建设"五大方面全面提升监管水平和治理效能，助力云南省属国企在高质量发展道路上走深走实。

三、改革成效

一是党建引领更加凸显，深度融合取得新进展。省属企业坚持党的领导与现代企业制度相结合，通过全面设立党组织、打造党建品牌、推动党建入章、修订"三重一大"事项等重点行动，混改企业党建工作与生产经营、改革发展实现全方位、全过程、全流程深度融合。

二是管理体系日益完善，风险防控能力显著增强。专项行动开展以来，省属企业新建规章制度2854项，修订规章制度3017项。通过搭建风险、合规、内控、法务全面体系，重点加强关键事项、关键人员的监督管理，进一步完善及规范混改企业的制度建设及内控管理，风险防控能力得到显著提升。

三是法人治理结构持续优化，股权管理更加规范。省属企业重点围绕

混合所有制企业失管失控问题进行专项整治，聚焦重点环节，加强监督，落实国有控股混改企业关键岗位委派制度，依法履行控股股东职权，加强参股企业派出股权代表及相关管理人员管理，国有股东意志得到充分体现。

四是追损挽损成效显著，国有资产安全得到保障。省属企业持续加大止损挽损力度，对债务人有偿付能力和偿付意愿的，加强与债务人的对接，锁定还款计划、还款权益；对协商无法达成一致的，应诉尽诉，通过诉讼锁定债权权益，并通过司法执行尽可能回收债权，保障国有资产安全。

82

契约管理全覆盖　考核结果刚应用
持续激发高质量发展新动能

云南省能源投资集团有限公司

一、基本情况

云南省能源投资集团有限公司（以下简称"云南能投集团"）是以能源、现代物流、绿色能源新材料为三大主业的省属国有重要骨干企业，是云南省能源战略实施和能源产业改革创新发展的重要平台。截至 2024 年底，云南能投集团权益装机 2200 万千瓦，占全省电力总装机的 15%；控股火电全省占比 28%；煤炭产能占全省产能近 40%。现代物流规模位居全省第一，工业硅规模位列全省第一，有机硅产业为全省唯一，是云南省首家获得主体信用 AAA 评级、唯一拥有双重国际评级企业，也是国务院国资委"双百行动"标杆企业。

二、经验做法

云南能投集团深入实施国有企业改革深化提升行动，紧紧抓住任期制契约化改革"牛鼻子"，紧盯关键少数，动真碰硬、真刀真枪推动组织、活力、动力"三个变革"走深走实，集团"二次创业"新动能持续激发。

（一）实现契约管理全覆盖，提升公司治理水平

一是实现改革范围全覆盖。云南能投集团构建所属公司领导班子成员间同心协力的协作机制，将任期制契约化管理实施范围由经理层成员拓展覆盖至公司全体班子成员，统一考核标准，分类进行考核，实现党组织、董事会、经理层成员任期和契约考核模式"并轨"，2023 年 325 名、2024 年 341 名各级所属公司领导班子全部成员签订"两书"，实现班子成员 100% 全覆盖。

二是推动党的领导与公司治理深度融合。云南能投集团全面构建中国特色现代企业新型经营责任制，进一步厘清董事会、党委会、经理层权责边界，制定各治理主体权责清单 399 项，实现表内行权、表外无权。

三是全面做实所属公司董事会。云南能投集团建立所属公司专职外部董事制度，逐步建齐配强 20 人专职外部董事队伍，完善履职考核评价体系，全面做实所属公司董事会。通过选优配强所属公司"一把手"，充分落实所属公司董事会对经理层成员聘任、考核、分配等关键事项上的职权，持续提升公司治理和董事会运行水平。

（二）构建"三级拉差"定薪机制，优化资源要素配置

云南能投集团所属公司领导班子成员薪酬按"三级拉差"定薪机制确定。

一是"第一级拉差"定公司年薪标准。云南能投集团从发展独立性（含业务定位、产权属性、行业特性）、管理能力（含规模效益总量、管理能力）两个维度将所属公司分为 4 类，分类结果与公司年薪标准、管理层级、投资授权、融资担保权限等资源配置挂钩，所属二级公司之间年薪标准差距超过 2 倍。企业分类每两年结合实际情况优化调整，实行动态管理，持续推动优势资源向优势产业、优势企业、优秀团队倾斜。

二是"第二级拉差"定岗位价值系数。云南能投集团基于班子成员分工，将主要领导、副职领导岗位价值系数在一定范围内合理拉开差距，合理体现岗位价值差异。其中，公司"一把手"为 1.1，总经理为 1，经理层成员为 0.6~0.9，具体由公司董事会确定，平均不超过 0.85，未实行拉差的，直接确定为 0.8；党委班子副职成员，直接取经理层成员岗位价值系数平均数。

三是"第三级拉差"定个人业绩系数。云南能投集团不同身份的班子成员年薪总额中的绩效年薪（占比 60%）部分与个人年度业绩考核得分挂钩，个人业绩系数最高为 1.5、最低为 0。

（三）实现"一人一表"差异考核，强化结果刚性应用

一是建立"一人一岗一表"的考核体系。云南能投集团将领导班子成员业绩指标与关键岗位职责挂钩，实现"一人一标准"差异化考核，通过设置定量指标超额完成可上浮得分（最高上浮 50%），指标未完成扣分不设下限等考核计分规则，引导领导班子成员聚焦价值创造跳起"摸高"。建立任期考核指标体系，重点关注公司中长期发展和价值创造，引导公司班子成员聚焦公司长远发展利益，实现年度和任期目标的有效衔接。

二是考核结果实现能上能下。云南能投集团"动真碰硬"推动"赛马"机制，对考核绩优者及时提拔重用或优先培养，2023 年以来提拔和进一步使用优秀干部 56 名，动态储备优秀年轻干部 100 名，调整人岗不匹配、不适宜担任现职干部 49 名，占比超 8%。

三是考核结果实现能增能减。2023 年，云南能投集团所属 25 家二级公司领导班子成员实际兑现的年薪极差超过 3.5 倍，其中年薪水平同比上浮的公司 10 家，增幅超 20% 的 5 家，占比 20%；年薪水平同比下降的 15 家，降幅超 20% 的公司 4 家，占比 16%。

三、改革成效

云南能投集团锚定奋力打造全国一流绿色能源企业使命愿景，以国有企业改革深化提升行动为抓手，推动集团核心功能、核心竞争力不断增强。

一是"一利五率"指标持续改善。截至 2024 年底，云南能投集团资产总额达 2632 亿元，营收为 1001 亿元，利润总额为 40.44 亿元，资产负债率控制在 65.5%，营业收入现金比率持续改善，研发投入强度逐年递增。全员劳动生产率 2023 年为 85 万元，2024 年为 86.1 万元，达到同行业先进水平，位居省属企业前列。

二是产业布局持续优化。云南能投集团近两年主业投资占比近 95%。风光水火储等能源项目开发加力提速，境外"精而优、小而美"项目合作开发稳步推进。截至 2024 年底，集团前瞻性战略性新兴产业营业收入占比达 9.16%，投向前瞻性战略性新兴产业的新增投资额占比达 36.5%。投入传统产业数字化智能化绿色化转型升级资金 1.84 亿元，形成成果 9 项。

三是干部职工精神面貌焕然一新。云南能投集团鲜明树立业绩导向、价值创造导向和奋斗者导向，推动收入分配向绩优者及脏苦累等岗位合理倾斜，2024 年度全员绩效考核平均拉差超过 3 倍、最高超过 5 倍，彻底打破"高水平大锅饭"，职工精神面貌焕然一新。

83

以整合重组为契机
推进市属国有企业规范经营高质量发展

昌都市人民政府国有资产监督管理委员会

一、基本情况

昌都市属的 28 家国有企业是昌都全市经济发展的重要组成部分，经营范围涉及投融资、交通运输、城市给排水、农林业、文化旅游、粮食流通、藏医药等多个民生行业，国有企业资产总额为 158.21 亿元，确保其稳健发展对于全市经济的稳定和可持续发展意义重大。

二、经验做法

（一）高站位谋篇布局，深化"改"的认识

昌都市委始终高度重视国资国企改革发展工作，先后 6 次召开市委常委会会议，专题学习《关于全面深化改革促进国有企业做强做优做大的实施意见》《关于推动自治区国有企业规范经营高质量发展的实施方案》等政策文件，将深入实施国有企业改革深化提升行动作为全市深化经济体制改革的头等大事来抓，成立了由市政府主要领导担任组长的市属国有企业整合重组工作领导小组，下设办公室及组织人事组、资产财务组、监督检查组、应急处突组 4 个专项工作组，统筹推进市属国有企业整合重组工作。

同时，市委主要领导先后 9 次深入昌都市国资委、市属国有企业等部门和企业实地调研，听取改革工作进展情况汇报，摸清国有企业发展现状，要求各相关部门在参照西藏自治区规范经营高质量发展方案、借鉴福建省等援藏省市经验做法的基础上，认真起草《昌都市市属国有企业整合重组方案》《关于推动市属国有企业规范经营高质量发展的实施方案》，进一步细化明确了改革工作任务，推进时序和市直各相关单位、市属国有企业的工作职责，推动市属国有企业持续做强做优做大，不断发展壮大国有企业市场主体实力。

（二）观全局抓住关键，明确"改"的方向

昌都市牢牢遵循全面深化国企改革"三个有利于"（有利于国有资产保值增值，有利于提高国有经济竞争力，有利于放大国有资本功能）标准，按照"产业相近、行业相关、主业相同、优势互补"原则，打破现行管理体制和架构，以优势企业为主体，以助推产业为切入点，整合组建五大集团公司统筹产业培育发展，推动优质资源不断向优势企业和主业企业集中。市投资集团由建设建材、社会服务、资产运营、股权投资 4 个板块组成，以市投资公司为主体，整合市交通建设投资有限公司等 13 家企业，聚焦投融资管理、城市产业培育、综合城市运营、资产管理等方面，统筹推进全市高新技术与数字化产业项目。市能源集团由运营服务、能源开发建设、投（融）资 3 个板块组成，以市康电公司为主体，整合市高原生态清洁能源双创中心等 3 家企业，聚焦构建清洁能源"一基地两示范"发展新格局，加快金上、澜上、藏东南清洁能源基地水风光储一体化开发。市矿业集团由矿产资源股权投资、矿产资源开发建设利用 2 个板块组成，整合玉龙铜业公司等 8 家股权企业和 1 家全资企业，立足昌都矿业资源禀赋，聚焦打造藏东有色金属产业基地，重点开发利用绿色矿业资源，积极参与玉龙铜矿、卡玛多菱镁矿、海通新型干法熟料生产线等项目建设及经营。

市农发集团由物资保供、仓储物流、农牧林产业开发、商贸投资 4 个板块组成，以市蓝天圣洁公司为主体，整合昌康粮油商贸有限责任公司等 2 家企业和 3 处资产，聚焦健全"五大养殖""七大种植"体系，建立"订单农业＋中央厨房＋商贸物流"产供销联动的三产融合新模式，推动农牧区一、二、三产业深度融合。市文旅集团由文旅、娱乐休闲、酒店服务 3 个板块组成，整合市康巴传媒有限责任公司等 9 家企业和 1 处资产，立足昌都文旅资源优势，聚焦推进旅游文化产业优质全域全时发展，加快全市景区及旅游产品开发，加快发展红色旅游、民俗旅游、乡村旅游、休闲康养等旅游业态，推进"旅游＋"产业链向上下游延伸。市属国有企业重组整合，有利于加快推进企业转型升级，优化企业结构，加强企业管理，增强市属国有企业的经济活力和经营效能。

（三）瞄靶心集中攻坚，突破"改"的难点

昌都市坚持问题导向、目标导向、结果导向，采取更加精准有力的措施靶向攻关，着力解决推进整合重组过程中企业"小、弱、散、差"，经营管理人才匮乏，财税法律专业力量不足，实际经营情况掌握不清，闲置资产利用率不高等突出问题，压紧压实国资监管单位及市属国有企业问题整改主体责任，激发企业内生发展动力。

一是推动企业及时止损。昌都市研究制定《昌都市属国有企业主业确认工作办法》《关于加强昌都市属国有企业负债约束的实施意见》等，指导市属国有企业进一步聚焦主责主业，优化经营管理，建立健全内控、审计监督、项目管理等各项规章制度，开拓市场、降本增效，实现"两增一稳四提升"（企业营业收入、利润总额增速处于合理区间，资产负债率控制在合理区间，净资产收益率、研发经费投入强度、全员劳动生产率、营业现金比率进一步提升）；针对经营不正常、无实质性业务、资不抵债、长期亏损且不具备持续经营条件的 6 家市属国有企业，以清算注销、关闭破产等方式市场化退出；针对负债率过高的企业进行专项整治，特别是针对西藏昌都市交通有限责任公司连年亏损，存在资金链断裂风险的历史遗留问题，从市委、市政府层面充实专班工作力量，加强统筹调度，合力推进问题解决。

二是打造过硬人才队伍。昌都市大力实施"人才兴企"战略，拓宽人才培养渠道，加大企业管理和专业技术人才引进培养力度，建立健全国有企业领导人员梯度培养机制，大力开展专业化培训和轮岗交流，探索建立党政机关、事业单位与国有企业干部人才能进能出的双向交流机制，"一企一策"建强配优企业领导班子，目前已在全市县处级干部中选拔基层经验丰富、实干实绩突出、懂经济善管理的 19 名领导干部担任五大集团公司董事长、总经理，为市属国有企业改革发展提供坚实的人才支撑。

三是摸清掌握企业底数。昌都市增加国有企业整合重组清产核资与财务专项审计等专项工作经费 607.6 万元，聘请专业的第三方中介机构对 21 家市属国有企业开展整合重组清产核资、财务专项审计、财务尽职调查、法律尽职调查、税务筹划等工作，对 4 家国有企业开展资产评估工作，进一步摸清市属国有企业实际经营情况，为整合重组工作提供专业政策和真实数据支撑。

四是盘活消化闲置资产。昌都市在对全市房地产项目全面梳理、实地调研的基础上，制定了国有企业闲置资产整体盘活方案，通过加强内控管理考核、优化销售管理团队、加大招商引资力度等措施，快速盘活和消化了一批存量资产，为国有企业改革发展注入了新的活力。截至目前，昌都市已通过对外招商盘活存量商业资产 12525.7 平方米，面向市场销售住宅 137 套 19471.05 平方米，政府回购保障性住房 346 套 40446.39 平方米。

三、改革成效

昌都市深入贯彻习近平总书记关于国有企业改革发展和党的建设的重要论述，贯彻落实中央及西藏自治区国资国企改革相关会议精神，严格按照各级领导关于深化国资国企改革的系列指示批示要求，立足昌都国资国企发展现状，聚焦构建"3+4"现代产业体系，坚持稳妥推进改革、集中统一监管、简便高效运作、做强做优做大原则，打破现行管理体制架构，调整优化国有资本布局，着力解决体制不顺、绩效不优、主业不强、人才不足、管理不善等问题，推动全市 28 家市属国有企业整合重组为五大集团公司（1 家藏药公司、1 家文化企业和 3 家地方类金融企业），进一步增强了国有经济的竞争力、创新力、控制力和影响力，为昌都市长治久安和经济高质量发展奠定坚实基础。

84

以大监督体系护航企业高质量发展

甘肃省铁路投资建设集团有限公司

一、基本情况

甘肃省铁路投资建设集团有限公司（以下简称"甘肃铁投集团"）是甘肃省委、省政府批准设立的公益类国有全资企业，代表甘肃省政府履行铁路出资人职责，负责开展省内控股铁路项目的投融资、建设和运营业务，以及开展控股铁路项目的路衍产业开发经营、商贸物流和铁路装备制造等业务。甘肃铁投集团深入实施国有企业改革深化提升行动，持续优化监督体制机制，整合内部监督力量，纵深推动从严治党，持续提升现代企业治理能力和合规管理水平。截至 2024 年底，甘肃铁投集团资产总额达973 亿元，所有者权益为629 亿元，信用评级为 AAA。

二、经验做法

（一）完善体系建设，构建"大监督"工作格局

国有企业改革深化提升行动实施以来，甘肃铁投集团聚焦"各类监督力量贯通协调"，集中力量专门谋划制定《内部监督体系和违规追责工作体系全链条工作贯通和协同联动》，在《关于构建大监督体系的实施意见》

的基础上，进一步整合优化党内监督、纪检监察监督、审计监督、财会监督、法务监督、民主监督"六位一体"的内部监督力量，构建了由党指挥、协同贯通、信息共享、专业高效的大监督体系。甘肃铁投集团适时调整监督委员会、监督委员会办公室成员、子公司监督追责组织体系人员，将监督追责覆盖各级子公司。运用监督委员会、信息共享、动态监督、协同联动、追究问责5项工作机制和甘肃省国资监管信息平台监督稽查及违规追责管理系统，定期开展数据采集统计，精细洞察企业运行情况，为研判分析工作开展情况优化决策提供数据依据，实现了监督任务统筹、监督行动协同、监督信息共享，突出提升责任追究和监督的协同系统性、制度机制完备性、工作手段有效性和严肃追责的震慑性。

（二）深化制度建设，保障过程规范

甘肃铁投集团以提升监督追责制度化、规范化水平为切口，在《违规经营投资责任追究实施办法》统领下，新制定《内部监督工作贯通协同实施办法》《内部监督追责工作任务落实考核管理办法》等5项制度，修订《违规经营投资问题提示函和通报工作规则》《违规投资经营责任约谈工作规则》等4项制度，形成12项专门工作制度、19项监督主体配套制度体系，切实解决监管制度盲区问题。针对近年来全国国有企业出现的多发易发的经营投资违规行为，甘肃铁投集团梳理形成14方面共100种事项，及时向各单位下发提示函，进一步规范企业经营投资行为，落实国有资本保值增值责任。

（三）构筑"三道防线"，形成立体式监督网

甘肃铁投集团坚持点面结合，将加强党的领导与完善公司治理相结合，推动党内监督与管理监督深度融合，把监督工作融入企业经营管理、项目投资决策、深化改革发展、规范公司治理等各环节，构筑起业务监督和职能监督的第一道防线、法务合规内控监督的第二道防线、纪检监察监督和审计监督的第三道防线，形成立体式监督网，实现了监督由面向点、由表到里的聚焦。甘肃铁投集团逐步完善7项监督清单，按照"5＋N"监督模式强化日常监督，开展融资平台高管"乱作为"整治、工程建设领域腐败整治等专项监督，实现5年内对所有子企业至少轮审一次，通过信息化平台不断加强对子公司资金的归集、使用和管理。

（四）强化工作统筹，凝聚监督合力

甘肃铁投集团深刻把握全面从严治党要求，坚持授权与监管相结合、放活与管好相统一，坚持系统抓、抓系统，注重互联互融互通，破除各类监督贯通融合的梗阻，整合内部监督力量。针对聚焦铁路项目建设、资金拨付、轨枕及砂石料等物资贸易、项目前期等过程中涉及资金数额较大的重点工作环节，甘肃铁投集团加强全过程监督检查，开展联合监督，切实推动内部监督由"分兵把守"向"统筹协调"转变。此外，甘肃铁投集团还搭建"天陇铁路"廉洁共建平台，探索开展联合监督的具体路径。

（五）固化合规管理，提升治理水平

甘肃铁投集团坚持以推进实施"合规管理推进年"为抓手，将合规审查嵌入经营管理工作重点环节和流程，健全完善合同、"三重一大"议题、制度修订合规性前置审查机制，保障各项经营决策合法合规；以完善风险管理及内控体系为落脚点，通过编制完善业务风险手册、制定专项应急预案、开展重大风险评估等综合措施，进一步优化了风险应对措施和风险管理流程；以贯彻落实省委"三抓三促"行动部署为契机，创新全员监督管理方式，建立完善"跟踪督促、定期督查"行动推进机制，为集团依法依规经营决策奠定坚实基础。

三、改革成效

甘肃铁投集团通过不断丰富和完善大监督工作机制和工作制度，持续

提升"六位一体"大监督工作格局和违规追责工作的制度化、规范化水平，实现了集团公司监督追责工作标准一致、有章可循、规范有序。甘肃铁投集团加固贯通监督三道防线，提升释放监督效能，以立体式监督网实现监督由面向点、由表到里的聚焦。打造坚强有力的监督合力，监督中通过强化专项治理联动、业务管理联动、监督追责联动"三个联动"，推动大监督体系从监督主体上实现多位主体联合监督的局面，从监督内容上实现多个监督重点的全面覆盖，从监督方式上实现多个监督形式的统一协作，提升联防联治效果。甘肃铁投集团培养适应不同监督工作需要的复合型监督人才，培育廉洁高效的文化氛围，广大职工遵纪守法、廉洁从业、规范办事的意识明显增强，为健康高质量发展保驾护航。

85

深化三项制度改革　完善市场化运营机制 进一步激发经营发展活力

宁夏商务投资开发有限公司

一、基本情况

宁夏商务投资开发有限公司（以下简称"商投公司"）是宁夏旅游投资集团有限公司（以下简称"集团公司"）所属二级企业，现有全资、控股子公司5家，主要承担宁夏回族自治区（以下简称"自治区"）商务领域重点项目建设和集团公司商贸服务等功能。商投公司以国家级陆海新通道平台、宁贸通融资担保服务平台、会展服务平台为依托，形成了融资担保、现代会展、现代物流、资产运营管理四大主营业务，所属企业先后荣获全区金融支持稳经济保民生促发展贡献突出机构、中国会展行业领军企业、国家 AAA 级物流企业等荣誉。

二、经验做法

（一）中层竞聘上岗，让能力决定岗位，实现"岗位能上能下"

商投公司打破人员身份限制和论资排辈观念，中层干部全体"起立"，通过制定科学合理的目标任务，以经营指标为导向招聘管理人员，任期目标突出科学精准、任期激励突出业绩牵引。在竞聘过程中，商投公司本着全流程量化公示、全过程公开透明等原则，实行全员全岗位竞聘，先后对各部门、权属公司共 21 个中层管理岗位公开竞争上岗。严格按照自主报名、资格审查、面试答辩、民主测评、考察、聘前公示、廉洁谈话、公布聘任等程序扎实推进，共有 46 名员工报名参加中层干部竞聘，其中 6 名原中层干部竞聘落岗，实现由"伯乐相马"向"赛场选马"转变。

（二）开展员工双选，让需求决定进出，实现"员工能进能出"

为解决机构臃肿、职能重叠、运行效率低下和人浮于事等问题，商投公司按照"因事设岗，因岗选人"原则，推行"六定"（定责、定岗、定编、定额、定员、定薪），制定公司"双向选择，优化组合"工作方案。双选过程中，由新聘任的本部部门负责人与三级权属企业负责人分别与提交岗位志愿的员工进行谈话，充分了解员工优势特长、综合能力及发展愿景，确定拟聘用人员。商投公司对落选的待岗员工做好思想和心理疏导工作，通过领导班子逐个谈话、自我剖析检查、党员帮扶、待岗培训等办法，找准待岗员工存在的问题，帮助待岗员工有效提升综合素质，进行二次选岗。商投公司已累计依法与 10 名落选员工解除劳动合同，市场化退出率为 8.93%。

（三）落实全员考核，让绩效决定薪酬，实现"薪酬能高能低"

商投公司坚持以目标为导向、以企业利润为中心，修订完善与"责""绩""酬"相匹配的绩效、薪酬管理制度，全员绩效与企业效益挂钩。商投公司加大绩效考核比重，管理人员绩效薪酬占比 68.91%，一般员工绩效薪酬占比 50.17%。建立员工岗位工资定岗定级动态化调整机制，构建了"业绩导向＋精准考核＋刚性兑现"的差异化薪酬分配体系。薪酬管理制度明确三级权属公司负责人的岗位工资与绩效工资标准，比公司本部部门负责人的标准高出 0.1 的比例系数，岗位绩效考核向一线业务部门、高绩效单位倾斜。

三、改革成效

一是经营质效不断提升。实施改革以来，商投公司"一利五率"指标持续向好。利润总额三年平均增长率高达68%，公司经营质效大幅增强；近三年公司人均净利润增长达到254.44%。公司竞争力、创新力、控制力、影响力和抗风险能力不断增强。

二是经营活力不断激发。商投公司通过建立全员绩效考核体系，将员工薪酬与绩效紧密挂钩，绩效工资占工资总额的比例平均为59.54%，进一步推动管理人员"动起来"、牵引员工配置"活起来"、实现薪酬分配"准起来"，推动激发内生动力。

三是发展基础更加坚实。商投公司精简组织机构，压缩管理链条，建立岗位管理体系，制定、修订与补充薪酬管理、绩效考核、人才引进、用工管理等各项制度16项，修改完善条款90余条，全面建成管理集约、业务集约、资源共享、运转高效的管控体系，为高质量发展奠定更坚实的基础。

86

深化"三能"机制改革 构建新型经营责任制
持续激发内生活力动能

宁夏水务投资集团有限公司

一、基本情况

宁夏水务投资集团有限公司(以下简称"宁夏水投集团")于 2008 年 11 月 29 日挂牌成立,是宁夏国资委监管的一级企业,主要承担城乡人饮和工业供水、高标准农业节水灌溉及重大民生水利工程的"投、建、管、服"一体化运营工作,先后投资建设了宁东能源化工基地供水、太阳山工业园区供水等 10 余个自治区重点民生水利项目,在自治区 18 个市、县(区)推进城乡供水一体化管理。现有控(参)股公司28 家,实际管理资产超 400 亿元,主体信用评级为"AA +"。

二、经验做法

(一)精简架构,强化管理

宁夏水投集团持续完善中国特色现代企业制度,动态优化党组织前置研究重大经营管理事项清单,明确"三会一层"权责边界,建立权责法定、权责透明、协调运转、有效制衡的公司治理体系。宁夏水投集团纵向压缩管理层级、横向压减组织架构,明确供水公司职能部门数量和管理职数，按照取水、制水、供水、售水环节合理分设运行单位；竞争类公司实行事业部制、中心制管理，结合行业特性差异化配置机构；管理层级压缩至 3 级，累计压减组织机构 30 个，压减管理岗位 40 个，机关下沉一线 195 人。宁夏水投集团探索实施区域公司整合，采取"一套班子 + 一套管理机构 + 多个运行单位"的管理模式，整合 2 家三级企业、6 家项目公司，优化资源配置，用工总量减少 500 人，压缩比例达 11%。

（二）目标导向，压实责任

宁夏水投集团修订完善《经理层成员任期制和契约化管理指导意见（试行）》《领导人员选拔任用管理实施细则》《子公司负责人薪酬管理办法》等配套制度，统筹考虑非经理层成员目标考核及任期管理，规范经理层成员任期制和契约化管理。分别下达三年任期和年度经营业绩考核目标，指导子公司签订"两书一协议"，明晰目标任务，细化工作责任，强化契约约束，刚性兑现考核，激发各级经营班子弘扬企业家精神、遵守契约执行。

（三）"能上能下"，激发活力

宁夏水投集团巩固深化管理人员竞聘上岗，制定《中层管理人员竞争上岗、末等调整和不胜任退出实施办法（试行）》，102 名优秀人才通过公开竞聘走上管理岗位。同时，落实"能上能下"的改革要求，通过考核累计调整管理岗位人员 21 人，占比 5.36%。

（四）"能进能出"，提升效率

宁夏水投集团建立集团总部与各公司、各公司总部与基层运行单位之间的人员流动机制，有计划、有步骤地安排优秀干部职工到环境艰苦、业务复杂的岗位上锻炼成长，把重点项目建设、重要技术攻关、重大科技创新当作检验"人才成色"的"试金石"。宁夏水投集团累计交流干部 35 人、调整至基层 15 人、内部公开遴选 17 人、各公司间流动 377 人、职级晋升 181 人，促进集团内外人才有序流动，激发人力资源活力。打通管理人员末等调整、不胜任退出通道，实现"能进能出"，2023 年公开招聘率 100%、市场化退出率 3%，2024 年公开招聘率 100%、末等调整和不胜任退出率 3.85%。

（五）"能增能减"，释放动能

宁夏水投集团聚焦经营业绩和 KPI 指标，实行差异化绩效考核。制定《子公司考核管理办法》，分类设置经营难度系数和超额利润贡献激励机制，"一企一策"下达年度目标任务和重点工作。同时，层层分解企业年度目标，穿透至内设机构和基层员工，实现"千斤重担人人挑、人人头上有指标"，绩效考核实现全覆盖。宁夏水投集团坚持工效挂钩、同向联动，易岗易薪、岗变薪变，薪酬分配向一线岗位倾斜，2024 年绩效考核工资占比达 45%，所属企业负责人薪酬差距 44%，员工绩效薪酬差距 40%，基层员工人均收入提高 7%，实现"能增能减、多劳多得"的市场化薪酬分配，切实提高员工的幸福感、获得感、归属感。

三、改革成效

通过深化"三能"机制改革，宁夏水投集团有效构建起符合集团主业定位和发展实际的新型经营责任制体系，实现了效益导向突出、体制机制健全、人才流动顺畅的闭环管理，企业综合实力和运转效率得到显著提升。

一是发展质量更加坚实。宁夏水投集团近十年营业收入年均增幅 5%，利润总额年均增幅 11%，成本占营收比重逐年下降，年营业收入为 35 亿元，年供水量超 5 亿吨，服务人口为 500 万，供水覆盖自治区 75% 面积，供水服务质量和保障能力持续提升。

二是企业活力不断增强。宁夏水投集团 2024 年较 2022 年全员劳动生产率累计提高 6.08 万元/人，人均产值累计提高 1.36 万元，管理成效逐步显现。相继荣获"全国民族团结进步模范集体""全国水利行业优秀企业""公司治理示范企业"等 260 多项荣誉，3 次获得中国水利工程大禹奖，进一步提升品牌形象，充分激发全员干事热情和动力。

聚焦整合优化 大力"压减""瘦身"
推动国资国企高质量发展

银川市政府国有资产监督管理委员会

一、基本情况

银川市属一级企业共 9 家，各级次国有企业共 252 家，其中全资 108 家、控股 85 家、参股 59 家，职工总数为 8115 人。近年来，银川市政府国有资产监督管理委员会（以下简称"银川市国资委"）通过严控新设子/分公司、常态化推进压减工作等措施，有效避免了企业法人户数无序扩张，但无业务、无贡献、无营收、无法实现功能的企业仍然存在，一些项目公司、空壳公司因历史遗留问题未能清理退出，层级过多和组织庞大仍然是影响国企发展提质增效的障碍。国有企业改革深化提升行动实施以来，银川市国资委认真落实关于压缩管理层级、减少法人户数任务要求，多措并举高效"瘦身"。2023 年，综合运用吸收合并、清算注销、股权转让等多种方式已完成压减 25 家，2024 年新确定压减的 100 家已完成 39 家，力争在 2025 年底前完成全部压减任务。

二、经验做法

（一）编制"树网册"图，全面摸清企业家底

银川市国资委通过实地走访、专题调研、座谈交流等方式，摸清企业

底数，编制"企业关系树"；对国企内部债务问题进行系统诊断评估，梳理"债务关系网"；专题调研市属企业同质化经营、主责主业情况，统计分析企业资产负债情况、经营情况、利润情况，根据主营业务和利润贡献点建立"业务关系册"。通过"一树一网一册"对企业"把脉问诊"，明确了对法人层级或管理层级为四级及以上的企业、非主业范围或不具有市场竞争优势并连续亏损企业、"空壳企业"、非生产经营的管理型企业、困难企业等共 73 家企业进行压减，常态化推动压减工作，确保"应压尽压"。

（二）减少企业层级，整合优化业务板块

银川市国资委按照产权层级能短不长、企业户数能少不多、管理型公司能减不留的要求，将压减工作与处僵治困、亏损企业治理、"两非"剥离等改革工作相结合，统筹推进各项改革任务落实。以缩短管理链条、提升组织管理效率为重点，将直管的 23 家公司整合为九大集团，构建"2＋7"运营架构，按照现代企业管理制度压缩管理层级，在二级公司积极推行设立事业部，具体开展各项业务。通过板块整合重塑、资源优化配置、完善经营管理，消除"小微散弱"业务板块，避免二、三级企业内部同质化竞争，逐步构建功能更鲜明、分工更明确、板块更清晰、主业更突出、资源更集中的出资企业格局。将市属国有企业检验、检测类公司进行整合，申报并获得建设工程质量综合检测机构资质，在综检公司内部实现压缩管理层级 60%，强化企业在行业内的竞争能力。将城市运营、垃圾固废处理、路灯亮化等业务进行整合，提升城市综合运营服务能力。

（三）坚持久久为功，积极化解遗留问题

针对市属企业因历史原因注销困难、债务处理、信访涉诉、人员安置等问题，银川市国资委着力解决堵点难点问题，多举措推动压减工作取得实际成效。在减少法人户数过程中，针对部分小股东不配合等问题，按照

"一企一策"原则，严格按照企业章程召集股东会议，形成合法有效决议。积极发挥各治理主体责任，厘清权责边界，依法依规处置企业重大经营决策事项，推进企业法人治理结构不断完善。市属一家参股医药公司，因涉及外资股东，注销难度大，通过协商取得股东一致同意全权委托市国资委对破产清算企业事项进行处理，其间多次协调市卫健委、市信访局、医院等机构化解资产处置及职工欠薪上访问题，历时两年之久终将企业清算注销。

（四）严格依法依规，统筹做好资产处置

银川市国资委严格按照《中华人民共和国公司法》《企业国有资产监督管理暂行条例》《企业注销指引》开展注销工作，对于清算注销清理的企业，依法依规清理公司财产、清缴税款、清理债权债务，做好企业房屋、土地等重资产盘点，防止国有资产流失。市属一家企业在清算中将所属子公司位于上海市宝山区土地资产、地上一幢两层厂房、配电站、围墙等建（构）筑及机器设备以评估价值公开挂牌交易，经过多轮公开竞价，资产交易溢价405万元，确保国有资产保值增值。

三、改革成效

一是经营效益明显提升。银川市国资委实行本轮压减完成后，预计市属各层级国有企业户数压减到179户，压减率达到31.3%，实现降本增效、轻装上阵。2024年1—12月，市属国有企业营业收入51.34亿元，同比增长17.5%，应缴税费、研发投入、总资产报酬率实现正增长，国有企业经济运行稳中向好。

二是布局结构大幅优化。银川市国资委通过压减整合，各企业坚持产业为基、聚焦主业发展，盘活氨纶项目、算力产业园项目，打造花博园项目、览山公园阅海湖片区旅游一体化项目，积极布局新能源项目，通过发

展特色优势产业，真正打造一批在数字信息、能源资源、文化旅游等领域具有控制力的国有企业。

三是债务风险有效防范。银川市国资委推动市属国有企业将各类资源要素集中，有效解决了过去企业层级复杂、股权交叉、单打独斗、未形成合力的问题。市属国企资产负债率同比下降2.5%，带息负债总额同比下降6.9%，债偿能力不断增强。

88

深入推进专业化整合　筑牢高质量发展根基
全力打造节水蓄水调水骨干龙头企业

新疆水利发展投资（集团）有限公司

一、基本情况

新疆水利发展投资（集团）有限公司（以下简称"新疆水发集团"）是新疆维吾尔自治区（以下简称"自治区"）人民政府出资、新疆国资委监管的国有独资公司，于2022年9月由当地4家国有企业整合重组而成。成立以来，新疆水发集团深入推进国有企业改革深化提升行动，大刀阔斧推进专业化整合、战略性重组和集团化管控，不断推动优势资源资本向优势企业集中、向链长企业集中、向企业主业集中。目前，已初步形成"一业一企，一企一业"的新格局，专业化整合成效显著。

二、经验做法

（一）坚持集思广益、高站位谋划，激活企业高质量发展的"动力源泉"

新疆水发集团党委秉持"高屋建瓴、谋而后动"的工作原则，从工作队伍、工作计划、工作执行三个方面发力，推动专业化整合工作总体目标不偏不倚、稳扎稳打落地实现。

一是组织工作队伍。新疆水发集团坚持按照自治区党委提出的工作要求，主动服务自治区重大战略和八大产业集群建设，成立改革发展专班负责企业产权关系管理与重组整合工作，同步细化落实路径，明确具体工作由公司企业管理部牵头督促协调，各权属企业划定责任领导和部门压茬推动。

二是完善工作计划。自成立之日起，新疆水发集团党委班子先后召开10余次专题会议，学习贯彻国务院、新疆国资委关于新一轮国企改革深化提升行动的历次会议精神和决策部署，并研讨近20项与国有资产、税务等相关的主要政策及法律规定；借鉴国内20余家同类企业业务划分模式、各权属企业发展现状和主要资产用途，搭建"工程建设、供水水务、电力能源、设计咨询及涉水经济"五大主业板块架构；结合重组整合前4家企业经营特点，针对性拟订39项重组整合具体工作计划，最终形成《新疆水发集团推进权属子公司专业化整合实施方案》，以闭环管理推动各项工作全面落地见效。

三是发力工作落地。在整合方案形成与实施过程中，由新疆水发集团党委牵头，引领各级党组织主动靠前，针对资产划转、资源整合、岗薪调整等不易推动的工作攻坚克难，通过开展思想动员、答疑释惑，为干部员工吃下"定心丸"，保障公司干部员工队伍思想不乱、劲头不减、人心不散。在公司成立半年内迅速完成干部选拔配备、一般员工岗位竞聘和调配工作，累计调整干部146人、实施岗位竞聘54人、调配一般员工189人，充分体现党员干部先进觉悟和党组织先锋队作用，践行和强化党对国有企业的领导。

（二）坚持统筹推进、高标准实施，争做聚焦主责主业和资源优化配置的"排头尖兵"

新疆水发集团重组整合工作以构建扁平化管理格局为阶段性任务，以打造占据涉水产业价值链高端位置、对业内企业资源配置具有影响力的一流企业为工作总目标，坚持上下游垂直整合、同业务横向整合，力求通过搭建优质的经营资产和产权架构为高质量发展筑牢根基。

一是坚持新设立控制。新疆水发集团结合业务属性与战略定位，严格论证新设子企业必要性，新设 3 家统筹建设、供水、供电业务二级子企业，与设计咨询、涉水经济板块共同构建五大业务板块，明晰业务界限，增强核心功能；与昌吉州、巴州、和田地区等地方合作，成立水利基础设施建设合资企业，凝聚优势资源，支持地方发展，提升主业核心竞争力；围绕水利基础设施关键设备研发攻关领域，与铁建重工、中铁装备成立 1 家合资公司，壮大新质生产力发展力量。

二是强化长层级压缩。新疆水发集团对符合公司主业发展方向的优质子企业通过提级管理加强控制，同步压减冗余的四级、五级子企业，通过精简组织机构增强队伍合力。截至 2024 年底，已完成 4 家三、四级企业向二级产权级次提级，实现 16 家四、五级子企业压减，初步达成"规模效益提升、管理扁平化发展"的阶段性目标。

三是实行同质化合并。新疆水发集团通过实地调研、访谈、调取资料等多种方式，详细了解权属企业业务性质，精准识别同业竞争子企业，以优势子企业为主导进行兼并重组；集团内部交叉持股的同一子企业，由整合后新股东对股权统一持股管理。截至目前，新疆水发集团已完成 9 家低级次权属企业向具有竞争力的二级企业划转与合并，进一步集中零散资源，提升各权属企业细分行业赛道竞争力。

四是推动弱管理清退。新疆水发集团对经营状况差、管理不善、负债率高、偏离公司主业范围的"困难企业""冗余企业"，采取兼并重组、关闭撤销等方式处僵治困，完成 16 家各级控、参股权属企业注销和退出，并于 2023 年度全面完成亏损企业治理专项任务，在进一步完善经营风险防控的同时降低经营成本。

三、改革成效

推动实施专业化整合工作后，新疆水发集团发展格局进一步向主责主业聚焦，管理效能穿透力不断提升，战略支撑作用和生产经营质效均得到有效强化。

一是企业核心功能显著增强。目前，新疆水发集团拥有大型水库 6 座，总库容 53 亿立方米，约占全疆总调蓄能力的 22%；水电站 11 座，总装机容量 120 万千瓦，约占全疆水电总装机量的 12%；供水线路 1260 余公里，设计供水能力 27.3 亿立方米；已建水利工程灌溉面积 1000 余万亩，惠及 7 个地州及兵团相关师市；负责的 3 项在建自治区级重大水利基础设施建设工作按计划稳步推进，已建成投入运营的各项引调水工程实现社会、经济和环境效益的共赢发展，充分发挥了全区九大产业集群建设水安全、水支撑、水保障作用。

二是企业核心竞争力显著提升。2024 年，新疆水发集团实现利润总额 1.90 亿元，同比增长 9.83%（不含奖补资金）；完成企业增加值 25.16 亿元，同比增长 5.58%；上缴税费 4.86 亿元，同比增长 7.28%；全员劳动生产率达 69.39 万元/人，高于对应行业（水生产与供应业）全国国有企业优秀值。自成立以来，坚定不移以科技创新为高质量发展蓄势赋能，通过专业化整合凝聚水利基础设施投资建设主业优势资源，形成了长距离输水渠道降损增效与水安全保障关键技术等 3 项关键核心技术，同步启动渠道渗漏灾害链及诊断处置技术等 6 项重要科研攻关项目，实现 1 项工程设备"揭榜挂帅"项目取得阶段性成果、1 项自研渠道防渗材料列入《2023 年度水利先进实用技术重点推广指导目录》和 4 项地方标准成功立项；荣获国家科学技术进步奖二等奖 1 项，自治区科学技术进步奖一等奖 2 项、二等奖 1 项、三等奖 1 项。

89

答好"三道题" 探索新突破
管理人员任期制和契约化管理落地见效

新疆生产建设兵团建设工程（集团）有限责任公司

一、基本情况

新疆生产建设兵团建设工程（集团）有限责任公司（以下简称"兵团建工集团"）成立于 2000 年 12 月 21 日，是兵团最大的国有控股建筑企业集团。兵团建工集团及其下设的 12 家子公司拥有房屋建筑工程、公路工程总承包双特级资质和房屋建筑工程、市政、水利水电、公路等施工总承包一级资质 10 余项，各类专业一级资质 20 余项，已连续多年位列全球最大 250 家国际承包商、中国企业 500 强，并不断进位。目前，兵团建工集团已形成以建设施工为主业，集投融资、房地产开发、建材工业、商贸物流、科研设计等于一体的多元化、现代化、国际化大型企业集团，正努力打造国内一流千亿级建筑业国有企业集团。

二、经验做法

兵团建工集团全面落实国有企业改革深化提升行动要求，以上率下积极探索推进经理层成员任期制和契约化管理，全面推进管理人员任期制和契约化管理全覆盖，将经营业绩考核结果与"干部能上能下""收入能增能减"相挂钩，充分激发管理人员工作活力和创造力，提升企业现代化经营管理水平。

（一）建制夯基，做好"必答题"

兵团建工集团坚持以制度创新为引领，紧扣改革重点任务，逐步健全完善管理人员差异化考核评价体系。

一是形成了包含考核评价、薪酬兑现、职级调整等内容的"一办法、两本书"制度体系。兵团建工集团制定《兵团建工集团总部部门及员工绩效考核管理办法》、制定《部门职责分工书》、签订《兵团建工集团总部部门领导人员绩效考核目标责任书》，并与《兵团建工集团总部薪酬管理办法》无缝衔接、实现联动，推进三项制度改革向"深水区"和"攻坚区"挺进。

二是立下"军令状"。兵团建工集团管理人员即部门正副职领导人员全部纳入契约化管理，以契约牵动责任落实，以分解指标促主体完成，按照集团主要领导、分管领导、部门领导人员的签约主线条，层层推进契约签订，确保责任明确、目标明确、人员明确，拧紧责任链条。

三是树立考核公开公正原则。兵团建工集团明确规定考核结果经审定之后公布，同时规范申诉机制，明确沟通渠道，健全信息反馈、调查协调、核实处理链条，确保考核实施过程和评价结果的客观公正，有效避免排异反应，以此夯实制度根基。

（二）科学考评，做好"实践题"

兵团建工集团突出"全覆盖"，以岗定标，规范确定管理人员主要绩效指标。

一是科学设置考核序列。兵团建工集团根据部门功能不同，精准划分生产经营类和保障管理类序列，实行同台竞争、按类排位，让工作性质相似的考核对象在同一赛道上"赛跑"。

二是差异化设置考核指标。兵团建工集团职能部门按照季度和年度进行考核，指标制定强调对企业整体目标的有效分解落实，其中生产经营类部门关键业绩指标、关键任务指标得分权重分别为60%、40%，保障管理类部门关键业绩指标、关键任务指标得分权重分别为40%、60%。

三是精准设定部门绩效考核难度系数。兵团建工集团根据部门重点目标和职能目标不同的难易程度和完成情况，确定系数，取值0.9~1.2，由集团高管及部门负责人从关键程度、工作难度、引领创新、承担工作量等维度对被考核部门进行评价打分确定，考核得分与承担工作量、目标完成度成正比。

四是管理人员考核建立"摸高"机制。兵团建工集团结合企业发展实际情况对在任务承揽和"两金"清收工作中表现突出者给予额外加分，秉承"有职务就有职责、有业绩就有奖励"的原则，部门与个人考核实现"双达标"。

（三）及时兑现，做好"应用题"

兵团建工集团在集团内部逐级强化"凭能力用干部，以实绩论英雄"的导向，切实增强管理人员岗位意识、任期意识、权责意识，进一步激发担当作为、干事创业的信念。

一是将部门考核结果作为管理人员绩效工资兑现的依据。兵团建工集团加大绩效工资在整体薪酬中的占比，考核结果实行强制分布排序，排名第一的管理人员本季度绩效工资兑现系数为1.05，排名最末的管理人员本季度绩效工资兑现系数为0.95，每类管理人员绩效系数平均值≤1，且原则上规定每名管理人员绩效考核兑现系数均不同。

二是将部门年度考核结果作为管理人员薪酬职级调整的标准。兵团建工集团真正撤掉"铁交椅"，打破"大锅饭"管理理念，近两年晋升4名管理人员职级并增加薪酬，调整4名不胜任管理人员薪酬职级，真正实现业绩与职级联动，干得好就激励、干不好就调整。

三是坚持"动态排名，每季通报"。兵团建工集团按照"目标导向 +过程督导"的管控方式，设置考核专员、过程督导、资料核验、领导小组审核确认等方式，实行"一季一通报"，在集团大屏公布考核排名，倒逼管理人员横向对比找差距、纵向对比找定位，抓实、抓深管理人员绩效考核。

三、改革成效

兵团建工集团通过推行管理人员任期制和契约化管理，将绩效考核结果与薪酬挂钩，形成"能者上、平者让、庸者下"的用人导向，极大激发管理人员工作积极性和创造性，达到提升部门协作能力和提高个人工作能力的目的。

一是现代企业制度建设进一步完善。兵团建工集团通过建立健全管理人员考核制度，拓宽考核结果应用，依靠制度管人、制度管事，形成"绩效激励为主、荣誉激励为辅，岗位工资为支撑、绩效工资为牵引"的良好局面，实现价值创造与价值分配有机统一。

二是推动工作目标进一步落地落实。兵团建工集团管理人员考核体系紧紧围绕第十一师党委及国企改革深化提升行动方案中的重点任务，紧抓现代企业制度建设、数字化转型、流程再造、党的建设等事关高质量发展的重点工作，重塑个人竞争新优势，增强企业核心竞争力。

三是部门员工凝聚力进一步增强。兵团建工集团考核结果公开透明，扩大了员工参与度，增强了团队意识及企业认同感，提高了全员的凝聚力和战斗力，自上而下形成"比、学、赶、帮、超"良好氛围，助推集团高质量发展，全力以赴打造国内一流千亿级建筑业国有企业集团。

综合篇

90

锚定三个维度 健全制度机制
推动党建与生产经营深度融合

天津市人民政府国有资产监督管理委员会

一、基本情况

习近平总书记强调，要坚持服务生产经营不偏离，把提高企业效益、增强企业竞争实力、实现国有资产保值增值作为国有企业党组织工作的出发点和落脚点，以企业改革发展成果检验党组织的工作和战斗力。天津市人民政府国有资产监督管理委员会党委（以下简称"天津市国资委党委"）深入学习贯彻习近平总书记关于国有企业改革发展和党的建设的重要论述精神，紧盯国有企业改革深化提升行动重点任务落实，从顶层设计、搭建载体、发挥作用三个维度建立健全党建与生产经营深度融合的制度机制，指导监管企业聚焦高质量发展首要任务，围绕全市"十项行动"和"三新""三量"等重点工作，明确党委、党支部、党员发挥作用的用力方向，找准服务生产经营、凝聚职工群众、参与基层治理的着力点，干字当头、激情奋斗、担当作为，以高质量党建引领保障国资国企高质量发展。

二、经验做法

（一）抓统筹强引领，扎实搞好顶层设计

一是精心谋划部署。天津市国资委党委把推动党建与生产经营深度融

合作为国有企业改革深化提升行动的重要内容、作为纵深推进天津市国有企业"强根铸魂"行动的重要抓手，在全系统印发《关于进一步推动国资系统党建与生产经营深度融合的通知》，专题辅导、系统部署，要求各监管企业党委结合实际做好整体性、系统性谋划，形成年初有措施、年中有推动、年终有标志性成果的长效机制。

二是聚焦关键任务。天津市国资委党委坚持把"十项行动"和"三新""三量"工作中的重大项目建设、重点任务落实作为党建工作的立足点，以加强项目党建为抓手，逐一深入城市更新、资产盘活项目现场开展调研，指导推动监管企业党组织和党员干部带头攻坚在项目一线，千方百计破解难点堵点问题，着力在善建善营、提质增效上下功夫，以项目建设成果检验党组织和党员的"战斗力"。

三是层层压实责任。天津市国资委主要领导率先垂范，"一企一策"指导实施国有企业改革深化提升行动，注重"解剖麻雀"，深入基层党支部联系点，就有效实现党建与生产经营深度融合"把脉问诊"，指导天津泰达万嘉建设发展有限公司党支部积极开拓进取，盘活闲置土地，强化保障性租赁住房项目建设，累计建设开发保障房 3000 余套，充分彰显了国资国企政治责任和社会责任。市国资两委领导班子成员以身作则，深入基层调研指导，督促企业把党建与生产经营同研究、同部署、同检查、同考核落到实处，各级党组织压紧压实主体责任，形成上下联动的整体合力。

（二）强基础筑堡垒，有效搭建载体平台

一是严密组织体系。天津市国资委党委坚持大抓基层的鲜明导向，全面开展基层党组织标准化规范化建设，既选树先进又整顿后进，抓两头带中间，着力提高基层党组织覆盖质量。认真落实"四同步、四对接"要求，聚焦城市更新、土地房产盘活等项目，做到重大工程项目开工到哪里、党建指导就跟进到哪里、党支部就建到哪里、党建工作就覆盖到哪

里。在推动落实天津市委、市政府重点项目天开高教科创园建设项目、防汛抗洪救灾等急难险重任务中，天津市国资委党委第一时间成立临时党组织、组建党员突击队，充分发挥"两个作用"，确保党旗在基层一线高高飘扬。

二是创新党建共建。天津市国资委党委充分发挥党组织统揽全局、协调各方的作用，积极推动在产业链、供应链、创新链上开展党建联建共建，在央地国企、国企与社区、国企与院校之间探索实践党建资源共享、党建经验互学、党建活动共办的新模式，推动产学研需求匹配、上下游资源互通、企业间业务联动，把"独角戏"变为"大合唱"，实现党建组织力赋能企业发展生产力。和平南门外项目党支部与中建三局等参建单位签订党建和廉洁联建共建"双协议"，定期研究解决项目建设和党建工作中存在的难点问题，有力推动区域共治、资源共享、互融互促。

三是打造党建品牌。天津市国资委党委准确把握国企改革方向，坚持围绕发展抓党建、抓好党建促发展，积极探索打造各具特色的党建工作品牌，提升党建工作价值创造能力，推进党建工作与生产经营有效融合，充分释放品牌效应，大力营造创先争优、比学赶超、攻坚克难的浓厚氛围，以党建品牌提升党建品质，以高质量党建引领保障高质量发展。城投集团党委推动实施"六共六促"特色项目党建工作法，即协商共治、促全局统筹，责任共建、促合规高效，与民共融、促思想认同，协同共担、促高位推进，为民共创、促融合驱动，美好共享、促和谐同乐，切实把党建工作融入项目建设各环节各方面，为项目高质量建设赋能增效。

（三）争先进创业绩，发挥先锋模范作用

一是筑牢忠诚根基。天津市国资委党委认真落实"四个以学"长效机制，教育引导广大党员时刻绷紧旗帜鲜明讲政治这根弦，坚持把习近平总书记关于国有企业改革发展和党的建设的重要论述付诸实践，始终牢记国有企业广大党员干部职工是关键时刻听指挥、拉得出，危急关头冲得上、打得赢的基本队伍，把党组织的各项决策部署坚决贯彻落实到位。

二是强化教育管理。天津市国资委党委在全系统开展提升党员日常教育管理质效工作，坚持边调研、边整改、边选树，及时总结推广一企一域行之有效的办法，着力选树典型、培育标杆，教育广大党员把新时代新征程国资国企的使命职责担在肩膀上，把在经营发展、技术攻关、安全生产、管理提升等方面的先锋模范作用落在行动上。

三是激励拼搏奋进。天津市国资委党委推动各级党组织围绕生产经营中心任务，聚焦改革发展重点任务，持续开展党员责任区、示范岗、先锋队创建活动，组织党员分层分类亮身份、亮职责、亮承诺，比技能、比作风、比业绩，做到关键岗位有党员领着、关键环节有党员把着、关键时刻有党员顶着，引导广大党员争当生产经营的能手、创新创业的模范、提高效益的标兵、服务群众的先锋，在推动国资国企高质量发展中积极担当作为。轨道交通集团党委组织党员突击队组建"设计策划工作营"，创新提出以"TOD＋城市更新"的思路，"一揽子"解决老旧小区改造、土地污染处理、外围交通疏解等重难点问题，为零星地块"抢救性"开发提供了新路径。

三、改革成效

天津市国资委党委用足用好改革关键一招，锚定"三个维度"持续发力，建立健全党建与生产经营深度融合的制度机制，以高质量党建引领保障企业高质量发展。

一是创建了一批立得住、叫得响的党建品牌。天津市国资委党委指导推动天津港集团、城投集团、轨道交通集团等进一步擦亮了党建品牌，总结形成了一批可复制可推广的经验做法，加大对育精培优、双百、科改等重点子企业党建工作的提级指导，形成了第二批 20 个党建品牌，助推企业改革发展和党的建设各项任务有效落实。

二是凝聚了善建善营、提质增效的强大动力。天津市国资委党委坚持以加强项目党建为抓手，积极搭建党组织和党员发挥作用的载体平台，推动重大项目、重点工程建设，实现 40 个重点盘活项目开工，累计盘活闲置及低效土地房产超 500 万平方米，实现收入 338 亿元。天津市国资委党委加强项目党建的做法和成效两次在全市专题宣传通报。

三是彰显了积极进取、干事创业的组织担当。天津市国资委党委指导各监管企业积极探索党建与生产经营深度融合的招法举措，大力营造创先争优、干事创业的良好氛围，推动基层党组织和广大党员在深化国企改革、提高经营质效、推动发展新质生产力上汇聚奋进力量。2024 年，天津市国资委监管企业资产总额同比增长 4.2%，利润总额同比增长 3.2%，回升向好发展态势持续巩固，为全市大局作出支撑性贡献。

91

坚持改革创新　聚力突围攻坚
国资国企改革发展步入快车道

内蒙古自治区人民政府国有资产监督管理委员会

一、基本情况

内蒙古自治区人民政府国有资产监督管理委员会（以下简称"内蒙古国资委"）全面贯彻落实党中央、国务院关于国有企业改革深化提升行动的决策部署，认真落实内蒙古自治区（以下简称"自治区"）党委、政府的部署要求，以增强企业核心功能、提升核心竞争力为目标，围绕落实自治区"五大任务"，持续深化国企改革，加快突围攻坚，推动企业改革发展取得实质性成效。截至 2024 年底，自治区国有企业改革深化提升行动 142 项改革任务已完成 121 项，超额完成 70% 的年度目标。

二、经验做法

（一）增强核心功能，有效发挥安全支撑作用

一是强化国有经济在能源资源领域的控制地位。内蒙古国资委加大国有资本在能源和战略资源领域的投入力度，保障自治区能源和战略资源基地建设。包头钢铁（集团）有限公司（以下简称"包钢集团"）依托白云鄂博矿区整合相关资源及产业，加强稀土资源保护性开发、高质化利用；支持内蒙

古能源集团有限公司（以下简称"内蒙古能源集团"）发展，为其提供2820万千瓦新能源指标，注入109.6亿元煤炭资源，使其运行新能源装机规模达到655万千瓦，风电装机同比增长236%，光伏装机同比增长260%。

二是积极服务国家和地方发展战略。内蒙古国资委加快推进落实"两个屏障"建设任务，中国内蒙古森林工业集团有限责任公司（以下简称"内蒙古森工集团"）完成100万亩退化林修复工程；内蒙古林草生态建设有限责任公司深度参与"防沙治沙和风电光伏一体化工程"，加快建设保障性苗木供应基地、饲草基地和草产业一体化项目。

三是增强国有企业保障作用。内蒙古能源集团有限公司利用热电联产优势，保障6个盟市40余万户居民用热需求；内蒙古水务投资集团有限公司"引绰济辽"二期工程，内蒙古交通投资（集团）有限责任公司包银高铁、集大原高铁、呼和浩特新机场高速等基础设施项目加快建设。

（二）优化创新生态，逐步强化企业科技创新主体地位

一是树立科技创新主体地位。内蒙古电力（集团）有限责任公司（以下简称"内蒙古电力集团"）跨机构、跨地域联合国内外优势高校和科研院所，加快推进大青山实验室建设，积极承接怀柔基地新能源重点研发项目；内蒙古能源集团以察右前旗50万千瓦风光储基地项目为主体，加快推进自治区首个新能源实验实证实测实训绿色试验科研基地建设。

二是支持政策升级加码。内蒙古国资委出台"一揽子"政策，在业绩考核、科研激励、工资总额、财税奖励等方面"能给尽给、应给尽给"。

三是科技攻关聚力突破。内蒙古国资委制定鼓励国有企业重点领域研发指导目录，包钢集团深入推进白云鄂博多金属资源绿色高效开发利用集成示范等7个国家重大项目实施，完成首个稀土国际标准制定，制定、修订稀土国家和行业标准占稀土行业的56%。内蒙古国资委依托"蒙科聚"平台发布80余宗技术成果市场询价公告，公开挂牌科技成果项目45宗，

加速科技成果转移转化。

四是创新人才加速集聚。内蒙古国资委持续推动国有企业大力引进和培养一流科技领军人才和创新团队、青年科技人才、优秀工程师，交通集团等5家企业213名科技带头人、首席专家、科技项目负责人入选本土重点人才培养项目。

（三）完善国资布局，提速现代化产业体系建设

一是持续优化国有资本布局结构。内蒙古国资委推进战略性重组和专业化整合，将3家地勘单位重组整合为内蒙古地质矿产集团有限公司。围绕战略部署产业、围绕产业布局企业、围绕企业配置资源，成立了内蒙古蒙科聚科技发展有限公司、蒙马智运物流平台、稀土新材料技术创新公司等一批专业化公司，国有企业服务自治区"两个基地"建设的能力大幅提升。

二是加大力度发展战略性新兴产业。内蒙古国资委聚焦九大战略性新兴产业和六大未来产业，结合自治区发展实际，加大在新能源、新材料等方面的投资力度，培育形成新的"增长极"。2024年监管企业完成战略性新兴产业投资513.65亿元，占投资完成总额的41.09%。

三是扎实推动产业链循环畅通。内蒙古国资委围绕稀土、新能源、电网、林业碳汇等优势业务开展保链稳链补链强链工作。中国北方稀土（集团）高科技股份有限公司积极搭建从稀土冶炼分离到终端应用的全产业链体系；内蒙古电力集团通过"三横四纵"网架结构建设，全面提升电力供应产业链各环节支撑能力。2024年，内蒙古国资委监管企业新开工和续建亿元以上强链补链项目106个，其中稀土项目5个、新能源项目34个、电网项目67个，总投资额达1632亿元。

四是着力提升国有资本配置效率。内蒙古国资委以盘活各类资源资产为目标，持续"起底"企业"家底"，闲废物资处置率达100%，获取收益3.7亿元，71处闲置房产已盘活67处，7宗闲置土地已盘活4宗。

三、改革成效

一是国有企业经营效益稳步提升。改革有效激发企业活力、动力，2024 年，自治区各级国有企业完成营业总收入 4668.4 亿元，实现利润 203.5 亿元，首次在三季度前突破百亿元，监管企业主要指标增速均好于全国平均水平。

二是企业亏损治理取得明显成效。内蒙古国资委深入开展亏损子企业专项治理行动，实行"抓两头"措施，以降低亏损面和减少亏损额为目标。一方面，加大对亏损额在 500 万元以下企业的治理力度，对长期亏损、扭亏无望的子企业坚决予以重组或出清；另一方面，对亏损额在 1 亿元以上的巨亏子企业实行"一对一"穿透式包联督导，千方百计降低亏损额。截至 2024 年底，11 家亏损亿元以上子企业，2 家实现盈利，1 家实现退出（被吸收合并），6 家同比减亏，合计减亏 25.3 亿元。独立核算企业亏损面 10.6%，同比下降 5.6%。

三是国有企业科技创新能力大幅提升。内蒙古国资委制定《监管企业加快科技创新工作方案》，深入实施研发投入攻坚行动，建立稳定的研发投入增长机制，在对企业业绩考核中，研发投入视同利润加回，超出部分按 150% 加计。2024 年，监管企业研发投入强度达 3.81%，同比提高 0.04%。

四是国有企业布局结构进一步优化。内蒙古国资委以"五大任务"为方向优化布局，以提升企业经营发展与自治区优势特色产业布局的契合度和对经济发展的贡献度为目标，统筹"四个一批"建设，大幅提升内蒙古电力集团、包钢集团、内蒙古能源集团等重点监管企业服务"两大基地"建设的能力，加快推动文旅、国贸、林草等新建企业发展，推动新重组整合的内蒙古地质矿产集团有限公司加快市场化改革、布局产业建设。结构合理、功能作用明显的蒙字号国企方阵正在加快形成。

92

深化集团总部职能部门改革
锤炼高素质管理团队 打造高效能发展引擎

辽渔集团有限公司

一、基本情况

辽渔集团有限公司（以下简称"辽渔集团"）成立于1945年，是我国东北地区成立最早的国有渔业企业。在八十年的发展历程中，辽渔集团在远洋渔业、中转贸易、叫行拍卖、保税冷库、精深加工等产业领域创造了国内多个行业第一，引领行业创新发展，同时拥有国内领军的客滚运输企业，现已成为我国海洋渔业产业链最为完整、综合实力最具优势的海洋经济企业。辽渔集团企业资产总额100亿元，现有员工近4500人，获得"全国文明单位""全国文明渔港"等诸多荣誉称号。新的发展时期，辽渔集团积极融入辽宁海洋经济强省建设，聚焦海洋捕捞、港口物流、客滚运输、海洋食品四大主业，向海图强，推进海洋渔业经济高质量发展。

二、经验做法

辽渔集团深入贯彻落实习近平总书记在新时代推动东北全面振兴座谈会上重要讲话精神，全面落实国有企业改革深化提升行动工作部署，按照辽宁省委、省政府和辽宁省国资委关于以强有力举措实施"三能"机制建设攻坚计划的工作要求，在近年来推动二级单位实施专业化整合和市场化选人用人机制改革取得成功的经验基础上，推进实施集团总部职能部门改革，跑出辽宁省属企业"三能机制"建设攻坚第一棒。

（一）高位谋划，系统设计，坚持重在改出效能、改出活力的目标定位

一是坚持高位谋划，专班推进。辽渔集团成立以党委书记董事长为组长的改革工作领导小组，党委书记董事长亲自"挂帅"部署推动，其他领导班子成员分工负责组织推进实施，改革领导小组成员单位专业支撑，全体员工坚定不移落实工作部署要求，形成推动改革的强大合力。

二是坚持顶层设计，目标明确。辽渔集团以提升中国特色现代企业治理体系和治理能力、持续增强企业发展活力和动力为核心，坚持问题导向和目标导向相结合，自上而下和自下而上相结合，多维度、系统性摸底调查岗位职能、工作量、岗位匹配工作能力、专业条件等具体情况，统筹开展顶层设计，通过多轮摸底调查、集体商议、反复酝酿，形成"1 + N"配套改革政策体系并严格履行集团决策程序。

（二）统一思想，凝聚共识，形成积极参与改革、全力支持改革浓厚氛围

一是统一思想，提高深化改革认识。辽渔集团党委和改革领导小组多次召开专题研究会、工作推进会、动员部署会，学习贯彻习近平总书记重要讲话精神，以及辽宁省委、省政府聚力攻坚三项制度改革的工作部署，对标学习央企三项制度改革成功实践，深刻认识深化三项制度改革的重要性和紧迫性。

二是凝聚共识，营造支持改革氛围。辽渔集团发挥党建在国企改革发展中的独特优势，把坚持党的领导贯穿改革全过程，党组织发动党员干部带头服从党委决定、服务改革大局；在改革方案和配套制度起草、论证、形成过程中，充分调研听取职工意见建议；在改革工作实施重要节点和关

键环节，开展广泛宣传和政策解读，凝聚从"要我改"转向"我要改"的改革共识。本次改革涉及的竞聘实施方案、薪酬方案和相关管理办法等5份文件，在职能部门全体职工代表大会获得全票通过，形成了阳光改革、平稳改革的良好局面。

（三）全向发力，狠抓落实，取得激发内生动力、发展活力的实际效果

一是优化调整机构和职能设置。辽渔集团精简部门数量，厘清管理职责边界，打造战略引领型、价值创造型、监督服务型总部职能新格局，将集团总部职能部门由2024年初的14个压缩到9个，压减比例35%。

二是全面优化岗位设置和畅通晋升通道。辽渔集团根据机构和职能调整变化，按照"一岗多能"等原则重新配置岗位和编制，管理人员编制压减超过10%。同时从强化干部梯队培养和建设、构建分级负责管理架构等角度，设置职务职级并行的双通道晋升机制。

三是全面推行管理人员竞争择优。辽渔集团实行"全体起立，竞聘上岗"，建立"揭榜挂帅""竞聘选马"机制，通过公开选拔、竞聘选聘的方式，为想干事、能干事、干成事者创造施展平台。

四是全面实施"以岗定薪，岗变薪变"。辽渔集团以岗位价值为依据、以业绩为导向优化分配体系，设置10个职级和对应薪酬分配标准，配套制定规章制度，彻底打破"大锅饭"，树立起"岗位是干出来的，业绩是拼出来的，薪酬是赚出来的"鲜明导向，将"三能"机制建设落到实处并形成常态化机制。

三、改革成效

辽渔集团本次改革从机构职责、资源配置、运行机制上进行全盘统筹顶层设计，推行"先拆庙，后摘帽"，实施"全体起立，竞聘上岗"，为提升企业内在活力、提高效率效能、激发干事创业热情注入强劲动力。

一是辽渔集团通过改革上下人心思进、争先进位，2024年攻坚之年实现营业收入32.5亿元，利润总额2.85亿元、同比增长78.7%，创近五年来最好水平，为打好打赢辽宁振兴新突破三年行动攻坚之年攻坚之战奠定坚实基础。

二是辽渔集团通过改革推进实现总部机构设置更加科学、职能配置更加优化、运转机制更加高效、机构数量和岗位编制总量更加匹配、岗位管理和任职要求更加规范、职业发展通道与考核激励机制更加完善，集团管理质效显著提升，为子企业深化三项制度改革树立了标杆样板。截至2024年底，完成13家二级单位和渤海轮渡上市公司改革，实现三项制度改革全覆盖。

三是辽渔集团通过改革建立"揭榜挂帅""赛场选马"等竞争性机制，形成鲜明、正确的用人导向，干部职工实现了从"要我干"向"我要干"的全面转变，推动企业打造形成适应新时代企业改革发展需要的高素质专业化队伍。

93

突出"四个聚焦" 深化改革攻坚
加快推进省属国有企业高质量发展

吉林省人民政府国有资产监督管理委员会

一、基本情况

国有企业改革深化提升行动实施以来，吉林省人民政府国有资产监督管理委员会（以下简称"吉林省国资委"）牢牢把握高质量发展首要任务，遵循新发展理念的"指挥棒""红绿灯"指引，注重"发展必须是、只能是高质量发展"要求，坚持"小切口、大纵深"，以省属国有企业布局优化和重组整合为突破口，重塑新机制、重建新国企、重构新格局，打造"135N"吉字号国企方阵（1家资本运营公司，交通、水利、资产管理3家功能类企业，农业、林业、旅游、能源、新材料5家产业集团，适时组建N户新企业），加快推进省属国有企业高质量发展。

二、经验做法

（一）聚焦突出问题，实施布局优化和重组整合

针对省属国有企业总量小、质量差、盈利能力弱、功能类资产占比过高、引领产业发展作用偏弱等突出问题，吉林省委、省政府坚持问题导向，决定实施省属国有企业布局优化和重组整合攻坚行动。

一是分类改革实现集中统一监管。吉林省国资委从省情及企情出发，将省属国有企业划分为实业类、金融类、文化类、机关保障类四大类，分类确定监管和改革实施主体，系统彻底推进改革。

二是"三合"并举促进提质增效。吉林省国资委整合做减量，实现"四减"，即减少法人户数、消减亏损企业、压减管理层级、精减资金账户；融合做等量，实现"四统一"，即统一集团管控、统一规划布局、统一制度机制、统一管理模式；化合做增量，实现"四提升"，即提升资源配置效率、提升创新发展能力、提升企业经营效益、提升风险防控水平。

三是把握重点统筹改革攻坚。吉林省国资委树立系统性思维、借势思维、底线思维"三种思维"，关注企业领导人员、债权人、职工"三类人员"，区分新组建企业、接收划转内部整合任务较重企业、已完成重整扭亏脱困企业、涉法涉诉风险化解与改革同步谋划企业"四类企业"，坚持先外后内、先易后难、先接收后划转"三先操作"，做好国有企业改革深化提升行动与经济运行、安全生产和信访维稳"三个统筹"，实施重组一批、新设一批、整合一批、退出一批"四个一批"，串并联推进改革攻坚。

（二）聚焦维护国家"五大安全"，增强企业核心功能

吉林省国资委牢牢把握吉林省在国家大局中的战略定位，不断增强省属国有企业的功能作用。

一是聚焦维护粮食安全。吉林省国资委以现代化大农业为主攻方向，巩固现代农业建设"排头兵"地位。改组组建吉林省农业发展集团有限公司，力争用五年左右时间，围绕农产品精深加工、数字农业、农业资源高效利用等领域，打造 500 亿元规模的现代化大农业产业集团。

二是聚焦维护产业安全。吉林省国资委采取超常规措施，提级管理吉林化纤集团有限责任公司（以下简称"吉林化纤集团"），集中全省资源支持创建世界一流专精特新示范企业。

三是聚焦维护能源安全。吉林省国资委加快推进吉林省能源投资集团有限责任公司从传统煤炭企业向新能源产业转型，聚焦"绿电＋消纳"，致力打造绿电、绿氢、绿氨、绿醇等新能源化工产业基地。

四是聚焦维护生态安全。吉林省国资委推动两大森工集团完成战略性重组，整合后的吉林长白山森工集团有限公司更加聚焦"森林资源经营"主业，管护334万公顷森林，辖区森林覆盖率保持在93％以上。

五是聚焦维护国防安全。吉林省国资委推动吉林省旅游控股集团有限责任公司加快建设沿边境旅游大通道和交旅融合项目，打造"最美边境风景道"和"兴边富民振兴路"。

（三）聚焦培塑新质生产力，提高企业核心竞争力

吉林省国资委突出科技创新"第一动力"，以科技创新引领产业创新，加快"智改数转"，培育新能源、新材料等战略性新兴产业，推动企业"脱胎换骨"。

一是打好产业培育"组合拳"。吉林省国资委在结构、企业、机制、管理等层面全方位推进改革，提高产业资本占比，推进平台公司向实业企业转型，整合省属企业基金公司，实现"直投＋基金"在产业培育上的有效协同。

二是聚力重点企业科技攻关。吉林省国资委建立聚力攻坚机制，企业出题目、科技配资源、财政配资金。建立出资人政策特区，激励政策"应给尽给""能给尽给"。2024年，监管企业研发投入强度1.81％，重点工业企业研发投入强度3.9％。

三是搭建重大成果转化平台。吉林省国资委组建吉林省工业技术研究院集团有限公司，专司重大科技成果转化，首批小分子化学原创药等3个项目进入转化程序。

四是推进"智改数转"试点。吉林省国资委围绕生产运营和管理重点

领域关键环节，先后 2 批遴选 14 家企业开展试点。吉林化纤集团入选国务院国资委国有企业数字化转型试点企业。

（四）聚焦机制改革，提升企业活力效率

吉林省国资委抓住关键处、抓住关键时、抓住关键事、抓住关键人，以机制创新突破体制障碍，打通改革"最后一公里"。

一是强化公司治理。吉林省国资委构建省属国有企业高质量发展指标体系，建立领导班子综合评价机制，探索实行省管企业"升降级"和企业领导人员"红黄牌"制度。

二是创新绩效管理。吉林省国资委创新实施对标考核，以全国同行业平均指标为参照系，建立"倒逼"机制，第一年预警、第二年降薪、第三年调整。

三是深化三项制度改革。吉林省国资委将任期制和契约化管理横向扩展到企业中层管理人员，提高全员绩效考核有效性，管理人员竞争上岗、末等调整、不胜任退出等制度实现全覆盖。

三、改革成效

吉林省国资委多措并举推进改革攻坚成效凸显，国资国企发展态势稳中向好，经济运行量质齐升。截至 2024 年底，监管企业资产总额 5793.0 亿元，同比增长 5.9%；平均资产负债率 63.6%，同比下降 1.4%；2024 年全年累计实现营业收入 749.9 亿元，同比增长 4.9%；实现利润总额 25.8 亿元，同比增长 45.4%；实现增加值 203.6 亿元，同比增长 3.3%；上缴税费 33.1 亿元，同比增长 11.6%。

94

聚焦问题攻坚　整合重组转型
国企改革在深化提升中激流勇进破题突围

吉林市人民政府国有资产监督管理委员会

一、基本情况

吉林市人民政府国有资产监督管理委员会（以下简称"吉林市国资委"）深入学习领会习近平总书记关于全面深化改革的重要论述，扎实推进国有企业改革深化提升行动，坚持以债务化解为主轴，聚焦平台公司历史包袱沉重、市场化程度不够、造血功能不足、体制机制不畅、干部年龄结构老化等问题，从总体思路到具体措施，坚持务实管用、行之有效，有力推动市管企业在债务化解和市场化转型发展上取得明显成效。

二、经验做法

（一）防风险，化债务

吉林市国资委坚决把防范化解债务风险作为国有企业改革深化提升行动的第一要务，按照"减总量、调结构、降成本、促发展"的总体思路，由吉林市国有资本发展控股集团有限公司（以下简称"吉发集团"）统筹负责化债工作，以更大力度推进存量债务结构性置换，分类推动融资平台向着产业化集团改革转型。全面梳理平台公司各类资产的规模、权属及流动性，明确可盘活变现的资产总量，通过经营收益、债权清收、资产处置、债务置换等多种措施，压减存量债务。2024 年，市属国企化解债务180 亿元，坚决守住不发生系统性、区域性风险的底线。

（二）优布局，明主业

吉林市国资委坚持主业突出、有进有退原则，将 19 家市管企业调整为 13 家集团公司，通过实施集团层面重组，推动国资布局优化和结构调整，向全市主导产业集聚，形成"1 + 2 + 2 + 8"企业方阵，即 1 家资本投资运营公司，新材料、化工 2 家工业制造类企业，公共交通、水务 2家公共服务类企业，围绕城市更新、生态环保、文化旅游、现代农业、融资担保、医药健康、财产保险和松花湖开发等领域改组组建 8 家产业集团。按照突出主业、做强主业的思路，吉林市国资委打破原有平台公司边界，推动同类同质资源的优化重组，扩大企业规模、推动产业集聚、增强品牌效应。

（三）压层级，减数量

吉林市国资国企进行了一场刀刃向内的"断腕"变革，坚持改革服务化债、改革兼顾稳定、改革激发活力，针对企业层级多、决策效率低的问题，全面压缩产业集团管理层级，减少法人数量，形成集团公司以下三级管理架构，二、三级公司建立执行董事制度，仅保留经理层，精简决策层级，提高执行效率。通过改革，市属一级平台公司由 16 家减至 9 家；二级平台公司由 167 家减至 40 家以内；三级及以下平台公司由 142 家减至 60家以内。对于非正常经营企业，通过注销、合并、重整、转让等方式加大清理力度。

（四）抓治理，严绩考

吉林市国资委坚持抓改革强监管，聚焦三项制度改革，优化法人治理结构，全面实行经理层成员任期制和契约化管理，对未完成年度经营目标的经理层人员，第一年预警、第二年降薪、第三年调整；企业中层管理人员全体起立，竞争上岗；一般员工全员竞聘，双向选择。严格经营业绩考核，产业集团推行"以收定支"，对经营性现金流收入不能覆盖经营支出（基本运行、工资）的，取消绩效年薪发放。

（五）强党建，整作风

吉林市国资委坚持和加强党对国有企业的全面领导，高效紧密衔接党组织前置研究讨论程序和董事会、经理层决策程序，加大重点任务在企业党建融合考核指标中的权重，扎实推进以党建促发展。大力弘扬企业家精神，彻底整治"庸、懒、散、奢"不良作风，坚决整治权力集中、资金密集、资源富集领域和岗位的腐败现象，树立"快、韧、严、实"的新时代干部队伍新风，形成国企干事创业良好氛围。

三、改革成效

一是完成平台公司市场化分类整合。吉林市国资委坚持以化债为主轴，围绕文化旅游、现代农业、生态环保等重点领域和医疗康养、城市更新等民生工程，锚定市场化新赛道，推进分类整合重组，主动开辟新赛道、谋划新项目、创造新利润，大力清理非正常经营企业，狠抓"两非"业务剥离整合，为市属国企止血减亏，全级次企业由 325 家减至 90 家以内。

二是实现了体制机制的历史性变革。吉林市国资委聚焦三项制度改革，持续激发企业活力，将原市管平台公司统一划入吉发集团，作为二级公司降级管理，新改组组建的产业集团统一提格为市管企业，有力推动了经理层成员能上能下、薪酬能增能减。全面开展中层干部竞聘上岗，打破了固化、僵化的岗位任职观念，为企业年轻干部创造更好的成长平台。

三是肩负起地方经济压舱石的责任。产业集团牢固树立"项目为王"理念，以加快重点项目建设为切入点，加快推进新建、续建项目86个，总投资183.45亿元。坚持改革引领，大力支持吉林化纤集团提级统筹，举全省之力打造世界一流企业，全力打造世界级碳纤维产业基地。

95

高起点谋划布局
推动国有企业改革深化提升行动走深走实

黑龙江省人民政府国有资产监督管理委员会

一、基本情况

在国务院国资委和黑龙江省委、省政府坚强领导下，黑龙江省人民政府国有资产监督管理委员会（以下简称"黑龙江省国资委"）认真学习贯彻习近平总书记关于国有企业改革发展和党的建设的重要论述，贯彻落实习近平总书记视察黑龙江期间的重要讲话重要指示精神，抢前抓早，深入谋划，于 2023 年 11 月 28 日印发《黑龙江省国有企业改革深化提升行动实施方案（2023—2025 年）》，于 2023 年 12 月 12 日召开省国有企业改革深化提升行动动员部署会议。黑龙江省国资委建立了省级、市级、企业集团级 3 个层面的工作台账，台账总任务超过 1700 项，采取了一系列创新工作举措。截至 2024 年底，整体任务完成率超过 80%。

二、经验做法

（一）坚持下好"先手棋"，为国有企业改革深化提升行动夯实基础

从 2023 年 3 月开始，黑龙江省国资委在省属企业和市（地）两个层面，对国企改革三年行动任务进行了全面"回头看"，查缺补漏、巩固提

升，提高国企改革三年行动各项任务完成质效，确立了自查整改、总结评估、实地督查三个阶段"回头看"的目标任务，采取了查对标对表、查改革实效、查问题整改、查经验成果、查任务落实"五查"的方式方法。通过 2 个月的"回头看"发现改得不彻底、制度不健全、巩固提升效果不佳等 100 余项问题，建立了问题、责任、任务 3 张整改清单，实行跟踪问效、销号管理，国有企业改革深化提升行动实施方案出台前，除需要持续深入巩固提升的任务，已全部整改完毕。

（二）坚持高起点谋划，打好国有企业改革深化提升行动"组合拳"

黑龙江省抢前抓早、提前研究，高起点谋划国有企业改革深化提升行动，省委书记、省长先后作出批示，分管副省长高度重视、亲自部署，6 次主持召开专题会议研究部署，为制定符合龙江实际的实施方案把关定向。黑龙江省国资委第一时间成立工作领导小组和起草组，制定起草工作方案，确定框架提纲，明确责任分工。组织召开了多个层面的座谈研讨会，开展了一流企业建设、科技创新等 5 项课题研究，初稿形成后召开了专家论证会、征询意见座谈会，广泛征求了各中省直单位、市（地）政府和各层级国有企业的意见建议。与实施方案同步制定了工作台账，确定了 105 项改革任务，每项任务都明确改革措施、工作目标成效、责任单位、完成时限。为确保国有企业改革深化提升行动任务落实落靠，黑龙江省国资委谋划了地方国企振兴专项行动、亏损企业治理攻坚行动、科技创新行动等 8 个具体的专项行动，13 个市（地）和省属一级企业全部制定了具体实施方案和工作台账，形成"1 + 8 + N"改革任务体系。

（三）坚持高效推进，创新"一揽子"改革推进机制

黑龙江省国资委在不折不扣执行组织领导、跟踪督办、督查检查、考核评估、穿透基层、宣传推广"六个机制"的基础上，结合黑龙江省实际，积极探索并形成了推进国有企业改革深化提升行动的新机制。

一是抓实用好"四个体系"。黑龙江省国资委进一步完善了推进改革的领导责任、工作推进、考核评价、督导问责工作体系，将改革任务纳入出资企业经营业绩及各市（地）经济社会发展主要责任指标考核范畴，作为评价领导班子和领导干部政绩的重要内容，把改革落实情况纳入各级党委巡视巡察范围，形成层层抓落实的局面。

二是建立"三书一函"工作机制。黑龙江省国资委对部署实施的改革工程和改革行动、上级要求的临时性改革任务下达"任务书"，明确任务事项、工作要求、办理时限；对推进改革力度大成效好、获得上级荣誉肯定的单位下发"嘉奖书"予以表彰，发挥引领示范带头作用；对执行上级部署不坚决或改革任务推进缓慢的单位，下发"提醒书"，及时提醒提示；对未按要求完成改革任务或对问题整改不力的单位，下发"整改函"，严厉要求限期整改。已经下发"三书一函"52 余份（次），有力推动了国有企业改革任务的落实。

三是强化序时推进机制。黑龙江省国资委对表改革施工图倒排时间表，严格按照序时进度推进。对出资企业，实行年度考核、季度调度、月度跟进；对各市（地），实行每年督导全覆盖、每季度专题推进全覆盖、每月台账任务在线调度全覆盖。

四是完善典型宣传推广机制。黑龙江省国资委选树 30 家改革有特点的企业予以重点关注、直接调度，作为典型进行培育。创设"黑龙江国有企业改革深化提升行动简报"，及时发现和总结提炼改革亮点，将经验做法通过刊发简报学习推广，共刊发简报 34 期。

三、改革成效

一是在功能使命类改革任务上，省属企业完成专业化整合 72 宗，哈尔滨市将 14 家企业整合为 9 家，黑河市将 15 家市属企业组建成三大集团，全省完成土地盘活超 200 万平方米。2024 年省属企业战新产业项目投资增长 110%，营收增长 31.4%。黑龙江省龙科种业集团有限公司获农业农村部新品种权 2 个，黑龙江龙煤矿业控股集团有限责任公司应用矿用盾构机施工下山巷道填补国内空白，牡丹江恒丰纸业股份有限公司入选工业和信息化部新一代信息技术与制造业融合发展示范企业，荣获国家级制造业"单项冠军"，黑龙江省新产业投资集团有限公司产业技术创新联盟的做法得到国务院国资委充分肯定。北大荒农垦集团有限公司围绕打造"三大一航母"深化农垦体制改革，粮食产量稳定在 460 亿斤以上，成为粮食安全的"压舱石"。黑龙江省国企在维护"五大安全"，建好建强"三基地一屏障一高地"，推进粮食产能提升、林海水库建设、公路铁路施工等战略支撑上发挥了重要作用。

二是在体制机制类改革任务上，431 家企业建立优化党组织会议议事规则和前置研究讨论重大事项清单，1638 名经理层成员签订岗位聘任协议和绩效责任书。董事会建设"1＋N"制度体系基本形成，落实董事会职权企业从 50 家扩大到 204 家，子企业专职外部董事占比由 3.6% 提高到 22.5%。党的领导和党的建设全面加强，党建工作与生产经营深度融合，以高质量党建引领高质量发展更加坚实。

96

大力培育发展新质生产力
加快构建新型生产关系

上海市国有资产监督管理委员会

一、基本情况

2023 年以来，上海市国资国企以习近平新时代中国特色社会主义思想为指导，深入学习贯彻习近平总书记关于国有企业改革发展和党的建设重要论述，全面落实党中央、国务院关于深入实施国有企业改革深化提升行动的部署要求，全力以赴抓好国有企业改革深化提升行动攻坚，大力培育和发展新质生产力，不断增强核心功能，加快构建与之相适应的新型生产关系，持续提高核心竞争力，为高质量发展增动力添活力，加快建设世界一流企业。

二、经验做法

（一）加快发展新质生产力，服务现代化产业体系建设

一是集聚资源发展战略性新兴产业。上海市国有资产监督管理委员会（以下简称"上海市国资委"）出台《本市国资国企加快战略性产业发展行动方案（2023—2025 年）》，研究制定加快战略性新兴产业发展支持政策，对投资管理、考核激励、人才引进等给予顶格支持。

二是发挥基金产业引领作用。上海市国资委牵头组建总规模1000亿元的三大先导产业母基金和未来产业母基金，已完成注册备案程序，母基金指导委员会、专家咨询委员会启动运行。围绕集成电路装备、EDA（电子设计自动化）、光刻胶、生物医药等领域，组建专项并购基金。实施国资存量基金"四个一批"整合，研究修订基金监督管理办法。深化央地产业协同，与华润集团、中国兵器工业、长城资产等央企围绕集成电路、人形机器人、存量运营等领域深化合作。协调中国人寿、中信金融资产等央企出资约132亿元承接上海集成电路基金 S 份额，上海国盛（集团）有限公司（以下简称"上海国盛集团"）出资300亿元参与国家集成电路基金三期组建。

（二）强化创新驱动，推动实现高水平科技自立自强

一是加快推进国企数字化转型。上海市国资委出台《关于推进本市国资国企数字化转型实施意见》。发布308个应用场景清单，构建49家"全球灯塔工厂＋国家级智能工厂＋市级智能工厂"矩阵，打造8个产业互联网平台。强化新技术新场景应用。启动国企"AI＋"行动，推动人工智能大模型深度应用，在保险数字劳动力、财富管理等领域初步形成垂类模型应用核心产品。开展区块链建链用链，确定26家"链主"企业，形成39个应用场景。出台《上海市国有企业数据资产评估管理工作指引（试行）》，完善数据资产的交易流转定价制度。

二是完善创新配套政策。上海市国资委对新能源汽车、创新药领域实施分赛道考核、里程碑考核，试点研发投入视同利润加回。加快关键核心技术攻关，在集成电路、医疗影像设备等关键领域明确40个重点项目，绘制氢能、汽车芯片等重点产业创新图谱。明确国资收益80%用于支持产业发展和科技创新。

（三）优化国企资源配置，着力提升企业核心竞争力

一是深化平台公司和国资基金改革。上海市国资委出台平台公司和国资基金联动改革方案，明确上海国际集团有限公司（以下简称"上海国际集团"）、上海国盛（集团）有限公司（以下简称"上海国盛集团"）、上海国有资本投资有限公司（以下简称"上海国投公司"）功能定位，形成定位清晰、错位发展、高效运转的平台公司架构。强化授权赋能，平台公司已实现对战略性持股企业履行股东资本管理职能全覆盖，明确平台公司享有30%的考核权重，投资运营超额收益与平台公司共享。

二是加快推进重组整合。上海市国资委实施上海国投公司与上海科技创业投资（集团）有限公司（以下简称"上海科创集团"）、上海建科集团股份有限公司与上海投资咨询集团有限公司、上海申通地铁集团有限公司与上海申铁投资有限公司重组，组建上海交易集团有限公司、上海东方菁汇（集团）有限公司。推进光明食品（集团）有限公司、锦江国际（集团）有限公司所属出租车企业加快整合。加大"两非""两资"处置力度，调整退出企业359家。

三是提升上市公司价值。上海市国资委开展国有控股上市公司高质量发展专项行动，将市值管理纳入任期考核。实施IPO、非公开发行、REITs等资本运作项目20个，运作资金700亿元。盘活存量不动产，开展市属国企"四个一批"存量土地盘活三年行动，完成34组区企战略签约。

（四）深化体制机制改革，全面提升国资监管能级

一是优化国资监管体系。上海市国资委深化分类监管，研究调整企业为"四类一层"。统筹共性量化指标与个体企业差异性，实施"一企一策"精准考核。全面推行总审计师和内部审计集中管理。加快建设全面风险预警2.0系统，针对主业、资金、投资等8个重点领域，构建风险监测闭环。明确470家重点子企业目录。

二是完善公司治理。上海市国资委出台完善监管企业公司治理的实施意见，提升公司治理规范性和有效性。制定监事会改革方案，推行专职外部董事制度。

（五）全面加强党的领导，为改革深化提升清障护航

一是深入推进全面从严治党。上海市国资委扎实开展党纪学习教育，一体推进"以案促改"和巡视整改。深化"四责协同"机制，出台系统各级党委落实全面从严治党主体责任实施意见。

二是不断夯实基层党建基础。上海市国资委在全国率先推出独立法人企业党支部（党总支）重大经营管理事项集体研究把关指导意见。修订监管企业党建工作责任制考核评价办法。

三是加强干部人才队伍建设。上海市国资委修订市管国有企业领导班子和领导人员任期综合考核办法，开展上海特色企业家能力模型研究，完善柔性引才用才机制，建立"国资骐骥"精英人才和拔尖人才库，加强各梯次经营管理人才的培训培养。

三、改革成效

一是基础性改革任务取得阶段性进展。上海市国资委通过国有资本投资、运营公司和国资基金联动改革，牵引带动国资监管架构变革；通过千亿母基金和未来产业基金，牵引带动国资基金体系重塑，为本轮改革打开了突破口。截至目前，上海国际集团、上海国盛集团已分别形成了上市公司市值管理、存量资产盘活利用的工作方案，上海国投公司搭建了母基金管理运作的生态体系，一批企业明确了存量基金整合方案，联动改革取得阶段性成果。

二是功能性改革任务取得全面突破。上海市国资委通过设立战新平台、组建创新联合体、推动数字化转型、推进重组整合和助力央地合作，

实现了国资国企改革与落实全市重大战略任务的有机结合。上海市国资委监管企业关键工序数控化率 75.68%，高于全国国有企业平均水平 25.89%。上海华虹（集团）有限公司、上海电气集团股份有限公司、上海华谊集团股份有限公司、上海仪电（集团）有限公司等企业挑大梁、勇担当，主动承担集成电路制造、装备、材料及算力基础设施建设等重大战略任务，在打造改革创新的前沿阵地上发挥了带头作用。

三是体制性改革任务取得强化保障。上海市国资委注重以建章立制破解国企改革深层次问题，制定出台一系列加强党的领导相关文件，使国企党的建设得到全面加强。通过构建关于"四个一批"土地盘活、不动产管理提升的政策框架体系，为全面深化改革打下了坚实基础。同时，通过加快国资监管机制创新，一批基层企业的改革探索走出了新路子、积累了新经验。

97

以"五力"为抓手
纵深推进区域性国资国企综合改革试验

上海市国有资产监督管理委员会

一、基本情况

2023 年以来，上海市深入贯彻落实习近平总书记关于国有企业改革发展和党的建设的重要论述精神，聚焦"提战力、夯能力、挖潜力、聚合力、激活力"，推动区域性国资国企综合改革试验走深走实，切实增强国有企业核心功能、提升核心竞争力，实现高质量发展。

二、经验做法

（一）担当作为提战力，服务国家和区域战略

上海市出台助力临港新片区、长三角一体化示范区、"五个新城"建设、南北转型等行动方案，加快功能性总部落地和重大项目投资。组建上海临港数科基金、氢能基金等，产融结合支持自贸区临港新片区建设。持续助力保障进博会，完成首单进博会进口业务人民币计价和结算。加快推动小洋山北作业区、浦东国际机场四期、东方枢纽上海东站等重大工程建设，打造世界级航运枢纽。

（二）创新驱动夯能力，打造现代化产业体系

上海市出台《本市国资国企加快战略性产业发展行动方案（2023—2025 年)》，为战略性新兴产业发展投资管理、考核激励、人才引进等方面提供顶格支持。通过内部培育、股权直投、产业基金投资等形式，在战略性新兴产业和未来产业年新增投资超过 500 亿元，在 EDA、智能算力、自动驾驶、车规级芯片等关键核心技术领域布局实施一批重大战略性新兴项目。新设智能算力、语料公司、长三角数链等 8 个战新平台。明确国资收益 80% 用于支持产业发展和科技创新。制定国产汽车芯片替代 "一芯一案"，开展汽车芯片 "揭榜挂帅" 专项攻坚行动。出台数字化转型意见，打造一批全球数字化 "灯塔工厂" 和国家级智能工厂。加快工业互联网、城市算力、区块链等重点领域场景开放，加快推动企业发展绿色制造、布局清洁能源、推进绿色建筑运营、推广绿色交通。

（三）盘活存量挖潜力，释放可持续发展空间

上海市出台《上海国资国企支持参与本市城市更新的实施意见》，支持国资国企通过自主、联合、委托更新等多种方式参与城市更新。制定市属国企积极打造 "智造空间" 三年行动方案。上海国盛（集团）有限公司（以下简称 "上海国盛集团"）发起设立规模 100 亿元的上海国有存量资产盘活投资母基金，上海城投（集团）有限公司成功发行规模最大、长三角首单保障性租赁住房 REITs 项目，募集基金总额 30.5 亿元。建立减量一批、收储一批、保留一批、更新一批 "四个一批" 存量土地盘活工作机制。

（四）整合资源聚合力，赋能国企改革发展

上海市组建上海交易集团有限公司、上海东方菁汇（集团）有限公司，实施国泰君安证券股份有限公司和海通证券股份有限公司、上海国有资本投资有限公司（以下简称 "上海国投公司"）和上海科技创业投资

（集团）有限公司、上海建科集团股份有限公司和上海投资咨询集团有限公司、上海申通地铁集团有限公司和上海申铁投资有限公司 4 组企业战略性重组，推动出租车、燃气等领域专业化整合。聚焦"投早、投小、投硬科技"，打造创新策源和产业孵化的投资平台。出台国有资本投资运营公司和国资基金联动改革方案，明确上海国际集团有限公司、上海国盛集团、上海国投公司分别专司"金融控股＋市值管理""存量运营＋产业直投""基金管理＋创新孵化"，搭建定位清晰、错位发展、高效运转的投资运营公司和国资基金体系。组建总规模 1000 亿元的三大先导产业母基金，研究组建专项并购基金。深化央地协同发展，协调央企参与上海集成电路基金一期份额转让和二期出资，推动中国人寿、中信金融资产等央企出资约 132 亿元，承接部分上海集成电路基金 S 份额转让，与中国船舶合作推进在沪船海产业发展，组建央企邮轮平台，与中国石油合作在临港新片区投运加氢站，中国电气装备在沪设立供应链、能源科技等 5 家企业，中国化学工程上海总部、装备科技集团、工程科技集团在沪揭牌，国药集团生物医药产业园项目完成土地摘牌，mRNA 疫苗产业化基地项目完成施工。

（五）优化监管激活力，提升国资监管效能

上海市完善支持战新产业、数字化转型、国资基金管理等一系列政策举措，"一企一策"试点战略性新兴产业长周期里程碑考核、新赛道分类考核等。建立 470 家重点子企业目录清单。构建全面风险预警体系，针对主业、资金、投资等 8 个重点风险领域，设定 120 个预警指标和模型。进一步整合国资监管产权、采购、资产交易等子系统。

三、改革成效

一是服务重大战略的力度持续加强。上海市全力支撑浦东引领区、"三大任务一大平台"等国家战略，国际数据港、滴水湖金融湾等重大项目功能显现。2023 年进博会上，国资分团达成意向采购订单 110 笔、金额 27.06 亿美元，连续六年保持全市首位。

二是改革创新向纵深推进。2023 年，上海市国资委系统企业科技活动经费支出达 879.21 亿元；监管企业关键工序数控化率达 75.68%；获国家级科学技术奖 12 项，形成国家或行业标准 2381 项；拥有 9 家中央研究院，7 家全国重点实验室，48 个国家级和 277 个市级的实验室、工程（技术）研究中心和企业技术中心等科技机构，以及 458 家高新技术企业，并牵头或参与组建了 147 个产业技术创新战略联盟、42 家博士后科研工作站和 28 家市级院士专家工作站。

三是国资监管能级切实提高。上海市产权登记、统计评价、清产核资、资产交易、投资监管、评估管理、合规管理等一系列管理制度进一步完善，国资监管法治化、规范化水平进一步提升。建立了企业价值评估指数系统，首创产权登记人工智能审核、人工智能统计应用。全面风险预警 2.0 系统上线运行，实现智能化分析、前瞻性预警。总审计师和内部审计集中管理全面推行，实现了审计机构、审计事项、审计人员"三个集中"。开展了融资性贸易、境外资产等 15 项专项治理和检查，"控股不控权"专项督查经验在全国推广。

98

改革激发新动能　创新奋进新赛道
加快建设世界一流车企

上海汽车集团股份有限公司

一、基本情况

上海汽车集团股份有限公司（以下简称"上汽集团"）是目前国内产销规模最大的整车集团，连续十八年位居国内行业销量第一。上汽集团主要业务包括整车的研发、生产、销售，零部件的研发、生产、销售；物流、汽车电商、出行服务、节能和充电服务等移动出行服务业务；汽车相关金融、保险和投资业务；海外经营和国际商贸业务；产业大数据和人工智能。

二、经验做法

（一）合力推进赛道切换"整体仗"

一是深化自主品牌建设。上汽集团着眼于品牌卓著的世界一流企业建设要求，持续优化产品型谱，加快推出电动智能网联产品，进一步提升新能源汽车销量。

二是完善全球产业布局。上汽集团在确保安全、防范风险的前提下，积极响应共建"一带一路"倡议，主动适应国际高标准经贸规则。应对欧盟反补贴调查，开展全球产能布局项目研究并适时启动重点市场欧洲项目的建设工作，完善全球营销网络布局。

三是推动传统制造数智化转型。上汽集团实施新技术改造，引入数字化系统。搭建"领飞"等工业互联网平台，提升制造端智能化水平，实现制造与供应链环节智能互联互通。

（二）全力打好技术创新"攻坚仗"

一是打造自主创新体系。上汽集团瞄准"场景创造价值、数据决定体验、软件定义汽车"行业变革大趋势，全面整合集团内优势资源，组建近万人规模的"创新研究开发总院"。

二是攻克关键核心技术。上汽集团自主研发并聚力打造"七大技术底座"，双碳化硅"准900V"、固态电池等电动智能核心技术实现量产。参与组建线控底盘、北斗导航等多个国家重大项目"创新联合体"。充分发挥"链主"企业引领带动作用，与联和投资公司等企业成立汽车芯片工程中心，与地平线等企业共同开发大算力车用芯片。制定国产汽车芯片替代"一芯一案"，实现国产汽车芯片整车验证与应用"应验尽验""应用尽用"。

三是构建开放合作平台。上汽集团围绕车用操作系统、自动驾驶、手机-车机跨域融合等，与阿里、腾讯、OPPO、中兴通讯等企业开展跨界合作。与德国大众、美国通用深化合资合作与技术协同，在提升本土化开发能力的同时，采用上汽自主研发的电动车架构、"三电"核心部件及软件平台，开发面向中国市场的全新产品。与清华大学等高校开展"空气悬架智能控制"等10项技术产业化课题研究，与湖南大学共建"先进设计制造技术"全国重点实验室。

（三）加力深化机制改革"主动仗"

一是重塑组织架构。集团层面，上汽集团围绕新能源汽车发展三年行动计划成立三年行动指挥部和推进办公室，精简管理层级、缩短指挥链条、实现高效运转。企业层面，成立智己汽车、乘用车公司两个攻坚团队，打破企业常规边界，更好集聚资源。

二是强化激励约束。上汽集团与新赛道攻坚团队 6 名负责人及相关核心企业经理层签署军令状。在智己汽车、零束软件等 10 家创新业务企业实施股权、期权激励。对突出贡献团队探索实施净利润增量激励。设立 1 亿元"种子基金"，支持员工开展创新研究。设立专项奖励资金，对取得重大技术创新成果的团队给予奖励。

三是加强人才队伍建设。上汽集团开展技术领军人才全球招聘，加大软件、人工智能等领域技术专家招聘力度，开展面向国内外顶尖高校的"掐尖"计划；实施卓越人才培养计划，与上海交通大学、同济大学等高校联合开展工程硕博士培养。

三、改革成效

一是产业转型升级进一步提速。上汽集团新能源汽车销量近十年复合增长率超过 90%，全球累计用户超过 400 万名。联合阿里巴巴、张江高科，聚合产业链资源，打造了自主高端智能电动车品牌——智己汽车，并先后推出 4 款全新电动智能产品。泰国基地新能源电池和首款纯电汽车实现量产，MG4 EV 揽获"英法德澳年度车型大满贯"等 30 多个海外权威奖项，成为欧洲市场"紧凑型纯电动车销量冠军"。上汽大通等企业入选国家智能制造标杆企业，上汽乘用车成为国内首个获得整车 L4 级标杆性认证的智能工厂。

二是企业核心竞争力进一步提升。上汽集团近两年年均研发经费超 200 亿元，其中新能源汽车占比接近 60%。构建了 1 家研发总院 + 20 个科创企业的自主创新体系。培育打造零束软件、捷氢科技、联创电子等 20 家

"科创小巨人"企业。自主品牌芯片国产化率达到12%，单车芯片国产化率超过30%。

三是企业内生驱动力进一步提升。上汽集团供应链整体优势充分发挥，整车项目开发周期缩短40%。1亿元"种子基金"累计申报项目1100个，其中近百个项目已完成验收，申请知识产权95项，制定标准14项。近三年1300多名员工累计分享3300余万元专项奖励资金。

99

全面深化改革 提升四种能力
更好服务城市发展

上海申通地铁集团有限公司

一、基本情况

上海申通地铁集团有限公司（以下简称"申通集团"）于 2004 年 6 月重组成立，是上海轨道交通投资、建设和运营管理的责任主体。申通集团定位功能保障类企业，主要业务包括轨道交通建设项目管理、运营管理和服务、设施设备维修养护、技术研发、依托轨道交通资产资源优势开展市场化经营等。截至 2024 年底，申通集团负责运营 21 条线路、517 座车站，运营里程 896 公里，线网规模位居世界各大地铁城市前列，集团综合绩效水平在行业内总体领先。

二、经验做法

（一）以改革破解难题，完成好一体化发展"任务书"

面对复杂艰巨的跨单位、跨层级、跨领域改革事项，申通集团主动跨前，将服务城市发展作为推动国有企业改革深化提升行动的出发点和落脚点。

一是坚持主动跨前，实现市域线建设运营一体化。申通集团成立专班，加强对接，全面贯彻落实上海市委、市政府关于市域线建设与运营优化整合这一重要举措，完成制定方案、梳理业务、理清资产等系列工作。2024 年 7 月中旬，正式接管上海申铁和久事城开，全面承担管理责任，确保了首条市域线机场联络线于 2024 年底高质量建成开通。

二是坚持协同联动，发挥建运一体化优势。为将"建设为运营服务"的理念落到实处，申通集团加强统筹，健全建设运营协同工作机制、运营公司提前介入机制、建设和总包单位协同联动机制。以乘客无感换乘、一票通达为目标，制定票务融合具体实施方案，优化站内换乘流线路径。

三是坚持先行谋划，推动长三角轨道交通一体化。为实现长三角区域内轨道交通的互联互通、高效运营和统一管理，申通集团跨前一步，在上级部门指导下，牵头组建环沪公司，并与江浙两省轨道交通企业对接，深度研究统一调度、联合清分、信息共享等运营一体化关键问题，着力共建"轨道上的长三角"。

（二）以改革激发活力，绘制能力提升"路线图"

在千万级大客流成为常态的情况下，申通集团着力深化改革，提升 4 种能力，不断增强保障城市运行的核心功能和超大规模网络建设运营的核心竞争力，努力在践行人民城市理念上迈出新步伐。

一是聚焦提升安全能力，健全安全管理体制机制。申通集团建立健全两级安全生产委员会并实行"双主任"制，将党的领导融入安全管理，强化党政合力、统筹协调的安全督导作用；强化风险隐患处置，开展季度风险提示、年度风险研判、关键作业风险告知，建立风险数据库，加强对安全突出问题督促跟踪。新一轮项目建设功能、标准和质量水平均有大幅提升。

二是聚焦提升运营能力，完善运营维护体制机制。申通集团实施运能动态调整，提高核心线路中心城区高峰时段运能与客流的匹配度，有效缓解极端客流压力；优化运营管理组织架构，完善设施设备维护体制，实施维保公司管理转型和5家专业分公司提级管理；建立基于设备状态的差异化维修机制，完善专业设备评估体系和监测指标，大幅提升设施设备系统可靠度和冗余度。

三是聚焦提升服务能力，优化客运服务体制机制。申通集团健全乘客沟通机制，通过召开乘客恳谈会、开设"流动讲堂"等，及时了解乘客需求；大力推进出入口"应开尽开"，自动扶梯、无障碍设施更新改造，持续开展"厕所革命"，改善车站环境。

四是聚焦提升经营能力。强化经营管理体制机制。建立经营资源上网挂牌机制，通过"数字化底座＋智能化管理平台"，促进资源可视化、流程高效化。建立与所在区政府部门的协商开发机制，新一轮上盖物业项目建设采取"一案一策"差异化开发，有效降低 TOD 投资风险，实施股份公司对地铁物业、地铁电科的重大资产重组，进一步提升上市公司市值管理水平。

（三）以改革聚势赋能，谱写企业治理新篇

面对新形势新挑战，申通集团积极推动"从运营地铁向经营地铁转型"，不断提升企业综合治理能力。

一是加强党的领导，推动治理体系和治理能力现代化。申通集团将党的领导融入业务并转化为集团全面深化改革的战略优势、发展优势和竞争优势，实现党建入账全覆盖，同步完成混合所有制子企业党建入章。优化集团"三重一大"决策制度和党委研究讨论"前置程序"要求的实施办法，完成修订集团党委建制二级子企业"三重一大"议事决策事项清单，动态调整党委研究讨论前置事项清单。

二是健全激励约束机制，为全面深化改革提供坚强保障。申通集团以

"安全、可靠、高效"为核心，优化新任期经营业绩考核指标体系，通过加大激励力度、强化考核联动，放大薪酬改革的激励与导向作用。在竞争类子企业推行市场化工资总额决定机制，将科研成果在降本、提质方面应用实效与员工收入进行挂钩。

三是拓展人才培养渠道和机制，夯实改革发展基础。申通集团修订完善集团"跨专业、跨单位、跨层级"联合人才培养办法，与上海工程技术大学共同建立城市轨道交通现代产业学院互派干部挂职、兼职导师等6项制度；与北京地铁运营有限公司共同搭建人才培养的平台，建立挂职锻炼机制，互派业务骨干人员按照"任实职、分实工、担实责"要求开展挂职。

三、改革成效

推进建设一流企业和国有企业改革深化提升行动以来，申通集团业务板块核心能力显著提升。

一是申通集团推出了一系列运营新服务，完成地铁与铁路免二次安检试点，启用宜山路站地下换乘通道，在人民广场站等33座车站、62个点位试点乘客行李寄存服务，持续提升乘客出行"幸福感"。上海与苏州地铁11号线实现乘客出行"无感换乘"，助力长三角区域同城化发展。

二是申通集团构建了体系化设备维护新模式，通过实施基于设备状态评估的维修策略实现维护资源的精准匹配、提升维护效率，同步丰富数字化在专业维护中的场景应用，实现工单自动生成派单、故障快速定位，应急处置效率得到显著提升。例如，信号系统关键设备感知覆盖率达到100%，实现7×24小时不间断检测，系统诊断和预警准确率超过95%，列车延误率下降1/3。

三是申通集团实施了一批新线建设新举措。创新"侧重前期、借助外力、专业管理"项目运行模式，有效缩短业务管理链条，加快业务流转，加强工程投资控制，加快项目建设进度。推广新技术和新工艺应用，预埋承插式接头管片采用率约占30%，11号线康恒路站提前建成通车，17号线西延伸线顺利开通，为城市的交通发展注入新的动力。

100

坚持多措并举创新实践
打造国有控股上市公司特色市值管理体系

上海农村商业银行股份有限公司

一、基本情况

上海农村商业银行股份有限公司（以下简称"上海农商银行"）成立于 2005 年，是由国资控股、总部设在上海的法人银行，也是全国首家在农信基础上改制成立的省级股份制商业银行，注册资本 96.44 亿元，资产管理规模 1.49 万亿元，在英国《银行家》"2024 年全球银行 1000 强"榜单中位居全球银行业第 128。上海农商银行以"普惠金融助力百姓美好生活"为使命，着力在助力普惠金融、科创金融、乡村振兴、养老金融、绿色金融、长三角一体化发展等领域培育和塑造经营特色。上海农商银行于 2021年 8 月 19 日登陆 A 股，目前为 A 股市值最高的上市农商行。

二、经验做法

上海农商银行以价值传递为导向，建立有效的投资者关系管理和市值管理机制，重点在公司治理顶层设计、贯穿战略 OKR（目标与关键成果）全流程管理、重视投资者回报和体验三方面积极改革创新，打造自身特色，树立资本市场优质品牌形象，推动提升市值管理水平。

（一）提升"高度"，融入公司治理大局

在市值管理创新实践中，上海农商银行发挥公司治理各主体作用，将市值管理积极融入公司治理大局。由股东大会决策股东回报规划、利润分配方案等重大事项；董事会制定市值管理制度，对高管层战略考核单独列示资本市场价值传递考核目标，将市值管理融入职业经理人薪酬激励计划；高管层每年在二级市场增持公司股票，已累计增持 351 万股；主要股东发挥市值稳定作用，3 次累计增持 5600 余万股；董监高等关键少数多次现场参与市场交流，与投资者面对面互动。此外，上海农商银行在战略中明确"ESG 管理示范银行"目标，将提升 ESG（环境、社会、治理）表现与市值管理有机融合，接待 ESG 专场投资者调研，完成 ESG 管理顶层设计，制订 ESG 管理全面提升计划，提升公司长期投资价值的市场认同。

（二）加大"力度"，贯穿战略全流程管理

上海农商银行始终坚持长期主义，创新运用 OKR 管理法开展战略管理，强调战略方向和过程管理，以实际行动深化改革创新，将市值管理贯穿战略谋划、制定、宣导、评估的全流程。战略谋划时，专题党委会多次邀请行业分析师交流宏观和同业情况，倾听市场声音。全行战略制定中，将市值管理目标融入全行战略规划和战略 OKR 任务，董事长在个人战略 OKR 任务中单独设置市值管理任务。战略宣导中，对外建立战略价值"宣讲团"助力"战略出圈"，对内组织员工观看业绩说明会了解资本市场关切。战略跟踪时，全行工作会议将资本市场关注重点作为经营成效的重要分析依据；战略评估时，专门分析资本市场关注重点，将市场反馈作为审视全行各业务线战略打法和成效的重要因素，推动内在价值更有效地转化为市场价值。

（三）凸显"温度"，重视投资者回报体验

上市以来，上海农商银行始终保持稳健的分红政策，每年现金分红比

例始终在当年归母净利润的30%以上，2024年积极响应号召，领先业内首度开展中期分红，中期现金分红率为33.07%，较2023年度分红率提升近3%，以实际行动提升分红力度，真金白银积极回馈投资者。上市至今，公司已累计派发普通股现金股利146.59亿元，为IPO募集资金总额的1.71倍，赢得资本市场的广泛认同。上海农商银行始终保持积极、开放、专业、坦诚的态度对外沟通交流。公司全方位建立投资者沟通渠道，公司董事长连续三年携高管参加公司业绩说明会，业绩说明会以"行稳致远"为主题向资本市场展示公司发展内核，坦然回应信贷增长放缓、资产质量承压等市场关心的问题。股价异动时，当天盘中及时召开电话会议稳定市场预期。积极组织各类投资者参与公司专题活动，2024年已组织开展各类投关活动逾百场、触达专业投资机构逾800家次，高于上市公司平均水平。

三、改革成效

上海农商银行通过积极创新实践，综合运用多种战略管理和价值经营方法，推动公司内在价值和市场价值持续提升。

一是在企业经营方面，市值管理创新实践持续反哺企业经营治理，推动公司持续高质量发展。自上市以来，上海农商银行在万亿元规模银行俱乐部站稳脚跟，归母净利润突破100亿元大关，不良贷款率始终保持在1%以下，资本充足率维持行业领先水平，资产规模保持国内农商系统领头羊地位。

二是在品牌影响力方面，市场关注度和品牌影响力显著提升。上海农商银行紧抓自身资源禀赋优势特点，在资本市场牢固树立"盈利表现稳、规模增长稳、资产质量稳、资本充足稳、行业地位稳和股东回报稳"的"六个稳"品牌标签，成功纳入中证红利等多只红利指数，持续提升自身在资本市场品牌影响力。

三是在市值表现方面，上海农商银行市值持续提升，股权结构不断优化。2024 年公司股价上涨 63%，涨幅排名银行板块第 2 名；股票日均成交额较 2023 年增长近 2 倍，全市场排名前 1/5 分位；股权结构不断优化，专业投资机构持股同比翻倍增长。

101

锤炼"看家本领" 扛起链主企业"头马"担当 多措并举推动企业高质量发展

徐工集团工程机械股份有限公司

一、基本情况

徐工集团工程机械股份有限公司（以下简称"徐工机械"）于 1993 年成立，是中国工程机械行业的奠基者、开创者和引领者，自成立以来始终聚焦工程机械及其核心零部件主业。徐工机械于 1996 年在深交所上市（证券代码 000425），是工程机械行业具有全球竞争力和影响力的千亿级龙头企业，是装备制造业标志性品牌。自 1989 年作为全国集团化改革样板组建以来，徐工机械主要指标连续三十六年居中国工程机械第一位，在国际公认的 KHL 全球工程机械行业排名中连续三年居全球工程机械第三位，品牌价值连续十二年居工程机械行业最具价值品牌榜首。2023 年，徐工机械在国务院国资委"双百企业"专项评估中获评"标杆企业"。

二、经验做法

（一）大力推进"智改数转网联"，抢占未来发展制高点

一是全面策划、系统推进变革。徐工机械携手 IBM 公司共同启动了徐工智改数转项目，围绕"六经六纬"，形成 39 个转型方向、171 个转型举

措、874 项转型任务。在流程变革方面，徐工机械完成集团统一的流程建模管理平台引进，搭建了 L1~L3 流程框架，一级流程域 10 个、二级流程组 66 个、三级流程 352 个。在数据治理方面，搭建了数据中台，初步实现 10 个领域、54 个主题域、186 个主题信息及 39 个核心主数据的资产化。

二是提升战略管理能力。徐工机械导入 BLM、DSTE 等科学适用的方法与工具，工具覆盖率 100%。强化市场洞察和战略解码，经营计划纵向贯通和横向拉通，战略举措与经营计划的耦合度 100%。

三是完善流程组织。徐工机械逐步推进流程显化、固化、量化、优化，开展总部 20 个部门的重组及职能优化，构建形成平台型赋能总部组织架构，支撑从组织驱动到流程驱动的变革。

四是壮大数字生态。徐工机械与华为、IBM、SAP 等公司建立长期战略合作关系，打造产业集群数字生态。同时，公司内部开展近 50 场、覆盖超 5700 人次的数字化领导力培训，持续提升管理团队的素质和能力。

五是提升项目管理能力。徐工机械首次构建项目群管理机制，从创建海外一体化运营、国内新营销体系、采购变革、全球财经能力建设、数字化及数据平台建设等维度，将 66 个项目构建成 7 个项目群，有效解决孤岛式项目建设难题。

（二）坚定不移实施国际化主战略，提升国际竞争力

一是持续优化全球布局，提升全球运营能力。徐工机械全面拓展海外市场，锚定国际化收入占比 50% 的目标，设立徐工国际事业总部和 14 个海外大区，形成"1 + 14 + N"矩阵式运营体系；成立徐工国际投资发展公司，统筹负责产融结合、境外财资管理、汇率管理。

二是把握品牌建设规律，系统布局全球品牌一体化建设。徐工机械试点打造"7 区 7 国"本土化品牌推广策略，推进海外品牌本土化落地，率先建立徐工高端化、国际化的全新品牌形象，重点建设"1 + 5"国际网站

集群，形成一批具有区域差异化的服务型网站。

三是创新国际化人才激励机制，加大国际化人才引进和人才梯队建设力度。徐工机械搭建了国际化人才岗位胜任能力模型，精准开发公司级课程及管理者 SOP 实操课程，建设海外培训中心，开展赋能培训近500 场，国际化人才胜任力不断增强，国际化人才数量占比接近 30%。

（三）持续完善市场化经营机制，充分激发企业活力动力

徐工机械深化收入分配制度改革，完善具有市场竞争优势的核心关键人才薪酬制度，加大收入分配向作出突出贡献的人才和一线苦脏险累岗位倾斜力度，合理拉开档次。强化市场化激励约束机制，落地实施覆盖近2000 名核心骨干特别是科技人才的股权激励计划，进一步完善利益共享、风险共担的中长期激励机制，增强了企业凝聚力和干部职工积极性创造性。

三、改革成效

一是"智改数转网联"行稳致远。2023 年，徐工机械获得数字化荣誉39 项，其中部委级荣誉 19 项，荣获国家级"数字领航"企业、国务院国资委国有企业数字化转型试点企业、国家级智能制造示范工厂 1 座、2 家单位入选《2023 年 5G 工厂名录》、工业和信息化部工业互联网试点示范 3个、工业和信息化部新一代信息技术典型产品应用和服务案例等重磅荣誉；徐工汉云工业互联网平台连续五年上榜国家双跨工业互联网平台，并跃升至第二位。

二是科技创新能力行业领先。徐工机械建设省级以上研发平台 39 个，包括 1 个国家级工业设计中心、1 个高端工程机械智能制造国家重点实验室、1 个国家"CNAS"认可的工程机械整机及其零部件检测中心等，承担省级及国家级科技项目 113 项，累计获得国家科学技术奖 5 项。

三是国际化布局体系完备。徐工机械拥有 40 多家海外子公司、300 多个海外经销商、2000 多个海外服务备件网点，营销网络覆盖全球 190 多个国家和地区。在国际化主战略牵引下，国际化事业高速增长，2024 年国际化收入占比 46%（财报数据），同比提升 5.72 个百分点。

102

实施"全企一体 双融共促"工程
以高质量基层党建引领保障国企高质量发展

浙江省人民政府国有资产监督管理委员会

一、基本情况

浙江省人民政府国有资产监督管理委员会（以下简称"浙江省国资委"）监管 17 家省属企业，所属各级企业 2935 家。目前，浙江省资产总额或营业收入千亿级国企 69 家、上市公司 79 家，拥有国务院国资委世界一流"双示范"企业 6 家。浙江省委授权浙江省国资委党委管理 19 家省属企业、69 家在浙央企的党建工作，所属基层党组织 8999 个、党员 135684 名。

二、经验做法

（一）实施政治铸魂领航行动，聚力擦亮忠诚底色

浙江省国资委充分运用习近平总书记在浙江工作期间两次主持召开国有企业改革座谈会、52 次调研浙江省属企业的宝贵资源和精神富矿，全量收集习近平总书记关于国有企业改革发展和党的建设重要论述、指示批示。深入学习贯彻党的二十大和二十届三中全会精神，全面深化党的创新理论武装，浙江省国资委党委每年下拨党费支持各企业开展新思想培训计

划，组建"浙企青音"青年理论宣讲团，推动党的创新理论在国企基层生根结果。

（二）实施全面领导深化行动，聚力完善制度机制

浙江省国资委推进党建要求进公司章程和"双向进入、交叉任职"领导体制向基层延伸拓展。健全完善"三重一大"决策制度，2020年在全国率先出台《省属企业党委前置研究讨论事项清单示范文本》。推动实现省属企业独立法人企业党支部（党总支）集体研究把关重大事项全覆盖。近年来，浙江省国资委先后制定出台"国企党建三十条"、国企党务工作队伍建设指导意见等制度30余项，健全党建工作季度例会、座谈会和现场推进会等工作机制。

（三）实施争先攀高提质行动，聚力推动强基赋能

浙江省国资委深化党建高质量强基系列行动，建立基层党建不规范情况月度提醒和督促整改机制，推动基层党组织标准化、规范化、科学化建设。推进"浙江国企党建应用"多跨协同，建立省属企业党建"双融指数"，强化穿透式管理，推动基层党建可量化可视化可评价。大力加强重点领域党的建设，2024年召开省属企业党建工作成果交流会，推广混改企业、金融企业、驻外企业党建工作和党建联建"四个样本"建设成果，并形成系列汇编。

（四）实施能力修养提升行动，聚力建强基本队伍

浙江省国资委实施"三个计划"，即基层党组织书记领雁计划、党务工作者队伍双向交流计划、党员党性修养提升计划。开展"三大体检"，即基层党组织书记角色意识大体检、党务工作者思想政治素质和党建业务能力大体检、发展党员质量大体检。全面落实"各级党组织书记每半年至少牵头专题研究一次党建工作、每年至少领办一个党建重要项目、每年主持召开一次基层党建述职会"的"三个一"工作机制，全面强化第一责任

人责任。实施教育培训"三千工程"，浙江省国资委党委每年组织千名党组织书记、千名党务骨干、千名发展对象示范培训班；各企业党委每年分批集中举办党员党性修养提升培训班，确保每三年覆盖一遍。

（五）实施新风尚培育行动，聚力建设勤廉国企

浙江省国资委贯彻落实习近平总书记关于"浙江要在建设中华民族现代文明上积极探索"的指示要求，全面培育践行"忠诚、担当、奋斗、创新、清正"的浙江国资国企新风尚。开展"书记风尚""党员先锋""青年新风"专项行动，举办"新风尚杯"国资国企职工运动会，联动在浙央企、市县国企开展新风尚基层深化典型样本系列宣传，推动新风尚在更广范围更基层一线走深走实。

三、改革成效

一是有力提升忠诚维护力。2023 年，浙江省国资委结合"八八战略"实施二十周年，召开国资国企"循迹溯源学思想 感恩奋进新征程"主题教育座谈会，形成《循迹溯源学思想 砥砺前行谱新篇》实践汇编，获国务院国资委、浙江省委批示肯定。

二是有力提升发展融合力。浙江国资国企加强"体系建设"，《浙江实施"全企一体、双融共促"工程 推动国有企业党建整体建强》经验做法被中组部《组工信息》刊发，以高质量党建引领国资国企改革发展经验做法在全国国企改革三年行动专题推进会上作典型交流。

三是有力提升基层组织力。浙江省国资委持续推进基层党组织全覆盖落实党建责任，推动各企业建立优化"一组织一表单、一企业一谱册"。"浙江国企党建应用"获 2023 年数字中国创新大赛"数字党建赛道"国企领域第二名。

四是有力提升队伍支撑力。浙江省国资委坚持党管干部、党管人才原

则，着力建设高素质专业化党建工作队伍，选优建强基层党组织书记，推动基层组织和广大党员在共同富裕、护航亚运、防汛抗台等急难险重任务中切实发挥国企的"顶梁柱""压舱石"作用。

五是有力提升国企影响力。浙江省国资委坚持党建引领、风尚化人、实践育人，推动新风尚"十条举措"落地，省属企业全部制定新风尚行为规范。通过举办新风尚系列活动，全方位打响浙江国资国企新风尚品牌。

坚持改革创新　强化使命担当
奋力书写国有企业改革深化提升行动新篇章

安徽省人民政府国有资产监督管理委员会

一、基本情况

安徽省人民政府国有资产监督管理委员会（以下简称"安徽省国资委"）以增强核心功能、提升核心竞争力为重点，推动国有企业改革深化提升行动各项重点改革任务落地见效，切实发挥国有企业科技创新、产业控制、安全支撑作用，为现代化美好安徽建设贡献国资国企力量。

二、经验做法

（一）聚焦发挥科技创新作用，打造原创技术策源地

一是健全科技创新政策。安徽省国资委印发实施《安徽省推进国有企业打造原创技术策源地的实施意见》《关于支持省属企业科技创新的若干措施》，实施费用加回、考核加分、人才加薪、股权加持和责任减压、生活减负"四加两减"支持措施。

二是营造科技创新生态。2023 年以来，安徽省属企业牵头建设国家级、省级创新平台合计 61 个。安徽省国资委建立省属企业人才"赛马"机制，开展人才工作专项评价，排名靠前的可给予最高 500 万元奖励和考

核加分。

三是完善科技创新链条。安徽省国资委与省属重点工业企业签订创新使命责任书，明确研发及攻关等任务要求，并按照不低于 15% 权重纳入经营业绩任期考核体系。选择 3 家企业开展职务科技成果赋权改革试点，探索"赋权＋转让＋约定收益"模式。

四是促进科技成果转化。安徽省国资委支持将成果转让或许可净收入的 70% 以上用于奖励作出重要贡献的人员。省属企业投资运营中安创谷科技园，按照"基地＋基金＋科创服务"模式，构建"全要素""全周期"科创孵化平台，已培育雏鹰、瞪羚、独角兽企业 155 家。

（二）聚焦发挥产业控制作用，优化国有经济布局结构

一是强化国有企业在布局战略性新兴产业中的引领作用。安徽省国资委探索形成"国资引领—项目落地—股权退出—循环发展"的投资模式，投资长鑫存储、蔚来汽车、京东方、维信诺等，有力带动集成电路产业、新能源汽车产业、显示产业在皖集聚。组建数字安徽公司、省生态环境产业集团，设立科创投资公司、省人力资源公司等一批专业化公司。

二是强化国有企业在传统优势产业领域的支撑作用。安徽省国资委大力推进转型升级，截至 2024 年底，省属企业建成智能工厂 28 座、数字化车间 38 个，打造数字化融合应用典型案例 39 个，设备和系统上云达到 90 多万台（套）。

三是强化国有企业在产业链循环畅通中的带动作用。安徽省国资委研究出台《关于加快推进省属企业新能源汽车产业发展行动方案》，加大对汽车产业的支持力度。推动省属企业围绕新能源汽车产业积极补链强链，支持安徽江淮汽车集团股份有限公司与德国大众、华为、蔚来汽车、宁德时代等上下游企业融通对接、协同发展，助力大众汽车（安徽）有限公司正式投产，携手华为打造高端智能网联汽车，支持蔚来汽车取得独立整车生产资质。

（三）聚焦发挥安全支撑作用，保障重点领域安全

一是加强重点领域布局。3 家省属能源企业承担安徽省 8 个支撑性电源项目建设，总投资 339 亿元，装机规模 898 万千瓦。组建安徽省粮食产业集团有限公司、安徽省徽商煤炭储备有限公司，承接粮食、煤炭储备任务。完成安徽军工集团控股有限公司与中国兵器装备集团有限公司战略重组。

二是增强重要能源资源托底作用。铜陵有色金属集团股份有限公司加快推进米拉多铜矿扩建工程，保障我国铜资源战略安全。安徽省能源集团有限公司、淮河能源（集团）股份有限公司 2023 年发电量相当于全省全社会用电量的 30%，强化电力保供。淮北矿业（集团）有限责任公司全球规模最大合成气法制乙醇项目建成试产。

三是强化重要基础设施建设保障。安徽省国资委投资建设并投入运营高铁里程突破 2500 公里，稳居全国前列，营运高速公路通车里程突破 5000 公里，高等级航道里程位居全国第三、长三角第二。组建安徽省新型基础设施建设基金，设立中安能源有限公司，开展全省充换电基础设施及运营服务平台建设。

四是着力防范化解重大风险。安徽省国资委印发省属企业四级及以下企业管理层级问题、安徽省国有企业财务债务问题、省属企业"控股不控权"问题等专项整治工作方案和严禁挂靠经营等有关事项通知，开展合规管理提升行动、省属企业内控体系建设和投资业务"全覆盖"监督检查。

（四）聚焦激发活力提升效率，完善市场化经营机制

一是持续提升公司治理水平。安徽省国资委开展省属企业党委前置研究讨论重大经营管理事项清单运行情况"回头看"，监管企业党委全面制定清单并动态优化。省属企业全面实现董事会应建尽建、配齐建强。

二是全面构建新型经营责任制。安徽省国资委监管企业经理层成员任期制和契约化管理户数和人数占比均达到 100%，分层分类落实管理人员经营管理责任在省属企业集团层面实现全覆盖。监管企业经理层成员近500 人因经营业绩考核全年绩效薪酬增、降幅超过 20%。末等调整和不胜任退出合计超 1000 人。

三是收入分配机制更加精准灵活、规范高效。实行工资总额周期制管理的安徽省国资委监管企业由 2 家增加至 4 家。允许纳入试点的国有科技型企业，对科研人员实施的现金激励列入绩效工资总量单独管理，不受绩效工资总量限制。对"科改示范企业"及企业研发机构实行工资单列，惠及员工 5405 人。

三、改革成效

一是发展质量不断提升。2024 年，省属企业实现营业总收入 10860.7亿元，位居全国第 7；利润总额为 802.8 亿元，位居全国第 6；12 月末资产总额为 4.6 万亿元，位居全国第 6。

二是科技创新加力提速。2024 年，省属企业研发经费投入 265.7 亿元，同比增长 19.5%，连续四年保持两位数增长。安徽海螺集团有限公司、中煤矿山建设集团有限公司获 2023 年度国家科学技术进步奖二等奖。

三是新兴产业蓬勃发展。2024 年，省属企业完成投资 2442.3 亿元，同比增长 5.1%。其中，完成新兴产业投资 561.5 亿元，同比增长 4.7%，占比达 23.0%。

104

建立完善"五项工程"体制机制
推动党的领导和生产经营同频共赢

安徽省人民政府国有资产监督管理委员会

一、基本情况

目前，安徽省人民政府国有资产监督管理委员会（以下简称"安徽省国资委"）党委管理 26 家省属企业、徽商职业学院及 13 家央企驻皖单位的党组织关系，共有基层党组织 5770 个（党委 418 个、党总支 285 个、党支部 5067 个），党员 94008 名。

二、经验做法

安徽省国资委持续完善党领导国资国企工作的体制机制，制定《推进省属企业党建工作与生产经营深度融合的实施意见》，实施"领航""引擎""优才""堡垒""清风" 5 项工程，进一步推动党建工作成效转化为引领保障国有企业高质量发展的动能。

（一）聚焦强化党委作用发挥，实施"领航工程"

一是强化党的领导。安徽省国资委指导省属企业将党的二十大对党建工作的新要求写入公司章程，推动"双向进入、交叉任职"领导体制向基层延伸拓展，全面实现党委书记、董事长由一人担任。

二是强化理论武装。安徽省国资委完善党委会议"第一议题"和理论学习中心组学习会议"首要内容"制度，深入实施省属企业党委理论学习中心组学习列席旁听制度并实现全覆盖。

三是强化决策把关。安徽省国资委动态完善企业党委前置研究讨论事项清单和程序，探索建立省国资委党委和驻委纪检监察组列席省属企业党委会议制度。

四是强化考核联动。安徽省国资委推动党建考核与经营业绩考核、绩效薪酬双挂钩，对党建考核排名前5名、后3名企业的负责人分别增加、扣减5%年度绩效薪酬。

（二）聚焦建强领导人员队伍，实施"引擎工程"

一是"一企一策"优化领导班子结构。安徽省国资委出台实施加强省属企业中层管理人员选拔管理工作的指导意见，"一企一策"优化年龄和专业结构，运用好省委综合考核、业绩考核成果，统筹推进企业领导人员交流轮岗。

二是健全年轻干部常态化培养选拔机制。安徽省国资委开展优秀年轻干部调研，及时更新、充实优秀年轻干部库，对各方面条件比较成熟的及时提拔任用。2023年以来，共选拔任用6名"80后"年轻干部进入委管企业领导班子，其中1名干部担任党委书记、董事长。

三是加强企业管理人员能力素质培养。安徽省国资委常态化开展省属企业领导人员和中层管理人员专业化能力培训。每年选派一批40岁以下企业中层管理人员到重大项目、科研攻关等基层一线锻炼，定期选派省属企业领导班子成员、中层管理人员赴知名高校、国内一流企业进行专业培训，促进能力提升。

（三）聚焦提升科技创新能力，实施"优才工程"

一是真心爱才。安徽省国资委出台《关于加强省属企业人才队伍建设的若干措施》，制定人才"引育留用"20 条措施，进一步完善"引育留用"机制。

二是倾心引才。安徽省国资委"一企一计划"制定可量化、清单式引才目录，建立省属企业人才"赛马"机制，开展人才工作专项评价，排名靠前的可给予最高 500 万元奖励和考核加分。

三是悉心育才。安徽省国资委支持有条件的省属企业设立院士工作站、博士后工作站，通过与国内外知名科研院所、高校共建创新联合体、创新中心等方式，厚植人才培育沃土。

四是暖心留才。安徽省国资委推动省属企业重点科研团队和重点科技人才工资总额单列、对科技型企业骨干人才实行股权激励和分红激励等人才政策落地见效，允许科技成果转让或许可净收入 70% 以上用于奖励骨干研发人员。2023 年以来，省属企业 9 人入选"江淮杰出工匠"，占全省 30%；19 人入选"安徽省技能大奖"，占全省 19%。

（四）聚焦提升品牌创建质量，实施"堡垒工程"

一是建强基层党建工作队伍。安徽省国资委实施双向交流计划，推动企业抓基层党建工作机构有 1/3 以上人员从符合条件的经营管理骨干中选拔，优秀党务干部任职时间超过五年一般要交流至经营管理业务部门。

二是提升党建品牌创建质效。安徽省国资委坚持党建品牌与企业重点工作"同频共振"，围绕生产经营、应急保供、技术攻坚、抢险救灾、服务群众等工作设立党员突击队、攻关组，开展"一支部一主题、一支部一特色、一支部一品牌"创建，省属企业各级党组织创建特色党建品牌 640 多个。

三是强化企业职工思想认同。安徽省国资委把思想政治工作与企业文化建设等工作结合起来，健全落实企业领导人员基层联系点、党员与职工结对帮扶等机制，不断增强广大职工团结奋斗的合力。

（五）聚焦完善监督管理，实施"清风工程"

一是构建大监督工作格局。安徽省国资委不断完善纪检监察、巡察、审计、风控、法务等部门协同合作的大监督体系，推动省属企业全面设立合规管理委员会，加强各类监督力量协同，提升监管穿透力和协同性。

二是强化"关键少数"监督。安徽省国资委落实"一把手"不直接分管财务、人事、工程项目、物资采购等要求，及时轮岗交流长期在同一岗位任职的企业领导班子成员，二、三级企业负责人，以及权力集中、资金密集、资源富集的重点部门负责人。

三是压紧压实全面从严治党责任。安徽省国资委制定省属企业全面从严治党重点任务清单，建立省属企业廉政风险定期研判机制，健全完善企业纪委与驻省国资委纪检监察组、审计部门定期会商、线索联合排查、联合监督执纪协调等协作机制。

三、改革成效

一是党的领导更加坚强有力。实现省属企业集团"党建入章程"、党委书记董事长"一肩挑"、党委前置研究重大事项制度和党委第一议题制度"四个全覆盖"。

二是整体实力位居全国第一方阵。截至 2024 年底，省属企业营业总收入、利润总额和资产总额分别位居全国省级国资监管企业第 7、第 6 和第 6。

三是政治生态持续净化优化。驻省国资委纪检监察组受理信访举报数量连续四年呈下降态势，省属企业政治生态总体向好。

105

坚持创新驱动发展　激发创新活力
以培育新质生产力助推高质量发展

厦门钨业股份有限公司

一、基本情况

厦门钨业股份有限公司（以下简称"厦门钨业"）是福建省冶金（控股）有限责任公司旗下专注于钨钼、能源新材料和稀土产业的重要子企业。厦门钨业深入贯彻落实习近平总书记关于发展新质生产力的重要论述，深入实施国有企业改革深化提升行动，坚持创新驱动发展，发展新质生产力。

二、经验做法

（一）坚持技术创新引领新质生产力，塑造发展新动能

一是持续对标世界先进一流，瞄准前沿重研发。厦门钨业围绕三大核心产业发展最紧急、最迫切、最关键的研发课题，强化重大技术创新布局和攻关，提升各战略产品的科技含量和附加值，重点解决国家"卡脖子"技术问题。"电火花加工用高强度钼合金丝的制造关键技术与产业化"项目成功研发，打破了国外技术封锁和产品垄断，填补了国内空白。

二是内生和外延式扩张并举，推动产业结构升级。厦门钨业充分利用

上市公司平台和产业基金平台，围绕关键薄弱环节寻找优势互补的产业标的，做好资源投资布局，加强资源保障。深耕国内产业大循环建设，钨钼产业实施厦门虹鹭 1000 亿米光伏用钨丝和福泉鼎盛氧化钼生产线建设等重点项目；能源新材料产业实施厦钨新能海璟基地和宁德基地的锂离子电池材料新能源等重点项目；稀土产业实施金龙稀土二次资源回收和高性能稀土磁性材料扩产等重点项目。厦门钨业加快海外产业大循环建设，重点推进韩国厦钨钨废料回收生产基地、泰国金鹭硬质合金生产基地二期、厦钨新能法国基地正极材料等项目。

三是积极培育新产品、新应用、新市场，前瞻性地做好投资布局。细钨丝成为切割用高碳钢丝母线的优质替代材料，被行业认为是光伏硅片切割的新技术迭代升级方向。厦门钨业生产的光伏用钨丝产品具有韧性好、线径细、断线率低等特点，可有效提升硅片加工企业生产效率，光伏用钨丝产品具有完全自主知识产权，拥有 10 余件发明专利及实用新型专利。

（二）坚持管理创新，释放企业活力动力

一是建立"战略＋财务"双管控治理模式。厦门钨业在集团层面按产品大类成立数个产品事业部，定位为公司的利润中心，实现短期产品的研产销一体化。分/子公司仅保留一名总经理和一名分管平台部门的副总经理。同一家分/子公司不同的生产部门对接集团不同的产品事业部，不同分/子公司同一产品的生产部门对接集团相同的产品事业部，有效解决了集团总部掌控力较弱，分/子公司各自为政，重复建设且恶性竞争，部门壁垒深重，技术、生产、销售等部门难以协同的弊端。

二是推动"业财融合"，完善全面预算管理体系。厦门钨业以全面预算管理信息系统为平台与抓手，对全面预算管理体系进行重塑。在实施过程中，一方面，持续完善全面预算管理体系，建立规范化、标准化制定经营预算、管理预算"目标、干事、花钱"的方法体系，制定预算管理体系与"IAM、IPD、CRM、SRM"业务管理体系的融合方案，实现管理与流程的规范化和标准化；另一方面，简化管理工作流程，打通业务预算之间、业务预算与财务预算之间的逻辑关系，建立与ERP、投资管理、人力资源等周边系统的数据交互。

三是启动研发管理体系（IPD）2.0阶段新任务。厦门钨业以呈现经营成效为核心，围绕建机制、提能力和出精品三方面主要内容，夯实集团层面和事业部层面的体系运行。在产品事业部试点建立产品线经营机制，提升产品经营效率和新产品竞争力；实施创新激励机制，开展新产品管理稽核、盈利指标考核及矩阵式开发团队考核，有效推进新产品管理落地。优化研发业务系统规划方法，辅导3家公司成为2024—2025年研发规划标杆，选取3个重点新产品项目开展项目级实战辅导，呈现IPD体系实效。

（三）坚持人才创新，打造高素质人才蓄水池

一是构建全球化引才育才模式。厦门钨业每年从校招生中择优组建雏英班，董事长等公司高管以导师身份对其进行定战略、做预算、问绩效、带团队、控风险等方面的实战培训。学员需在五年内完成学业，成绩不佳者随时可能被淘汰，2016年招聘的一名来自宾夕法尼亚大学的"90后"毕业生现已成为厦门钨业与ORANO合资公司的CEO。

二是技术人员创新激励机制建设。厦门钨业为每名技术人员建立档案，按科研成果评级计分，每项成果的积分有效期为两年，动态清零。技术人员按分评级，每级的待遇与相应管理级别持平。设立技术类奖项，对作出突出贡献的技术人员予以奖励，评选标准主要以市场为导向，并对技术骨干实行中长期股权激励。

三是推进科技人员体制机制改革。为强化技术创新，厦门钨业成立了专门的技术中心，下辖国家钨材料工程技术中心、高端储能材料国家地方联合工程研究中心、福建省稀土材料及应用工程技术研究中心。技术开发和中长期产品开发归口技术中心，技术中心分为 3 个层级，即技术中心、三大工程技术中心、10 余个研究所。其中，技术中心是管理单位，具体研发工作由三大工程技术中心及其下属研究所承担，技术开发团队面向公司内部，进行平台技术开发；产品开发团队面向客户，基于平台技术，开发满足多样化需求的产品和解决方案。

三、改革成效

2024 年全年，厦门钨业实现利润总额 32.09 亿元，同比增长 10%。"一种多元复合氧化物材料及其工业制备方法"等重要科技创新成果实现市场化应用，2024 年创新成果新产品收入 110.39 亿元，收入占比 31.22%；新产品毛利 12.14 亿元，毛利占比 20.77%。获得专利授权 6 项，发表论文 13 篇，发布国家标准和行业标准 3 项。

106

为新质生产力蓄力　为高质量发展赋能
奋力打造具有核心竞争力的一流企业

江西铜业集团有限公司

一、基本情况

江西铜业集团有限公司（以下简称"江铜集团"）是中国有色金属行业特大型集团公司，在铜及相关有色金属领域拥有集勘探、采矿、选矿、冶炼、加工于一体的全产业链，旗下拥有江西铜业股份有限公司、山东恒邦冶炼股份有限公司两家上市公司。近年来，江铜集团纵深推进以国有企业改革深化提升行动为统领，创新攻坚行动、价值创造行动、"双百"行动同向发力的"1+3"系统性改革。江铜集团综合改革经验成功被选树为国企改革三年行动地方国企综合典型之一，连续两年被评为"双百企业"标杆企业，为江西省唯一一家公司。

二、经验做法

（一）以高质量为主线，加快建设现代化产业体系

一是培育战略性新兴产业。江铜集团依托全产业链优势，大力培育新材料、装备制造、信息技术三大新兴产业，并将其纳入培育主业发展。与南昌高新区政府达成合作意向，投资建设"江铜集团未来科技产业园"。

该产业园计划投资 100 亿元，规划 1000 亩土地，重点推进铜合金、高精铜板带、高端铜基材料等创新研发和产业化落地，推动南昌高新区向世界级产业集群基地迈进。

二是提升数智赋能水平。江铜集团以数智赋能新质生产力发展，全面推进产业数字化、数字产业化建设，构建形成以江西铜锐信息技术有限公司信息公司为基础，德兴铜矿"智慧矿山"、贵溪冶炼厂"灯塔工厂"为引领，全产业链数字化、智能化转型升级的"数字江铜"新格局；以集团丰富的应用场景和海量数据支撑"江西省铜行业数字化转型促进中心"建设，为加速推进江西省铜产业数字化转型贡献江铜力量。

三是打造铜产业链生态圈。江铜集团充分发挥产业链创新链"链主企业"引领带动作用，以铜产业链党建共建为抓手，大力推进链上企业协同，实现 70 余家链上企业高效的上下游协同、深度的业务协同、精准的技术协同；牵头组建江西省铜产业科技创新联合体，实现了"产学研"深度融合，组织成员单位申报省部级重点项目 21 项，累计投入上亿元研发经费，2024 年又吸引了 8 家科研院所、企业加盟。

（二）以高科技为驱动，全面增强创新发展动能

一是完善科技创新体系。江铜集团出台科技创新专家库管理办法，充分发挥专家在科技创新工作中的决策咨询作用；探索实施中试产品试销奖励机制，按照中试产品直接效益的 30% 提成奖励研发团队，鼓励产品研发更加贴近市场；探索科研经费剔除考核机制，明确所属单位研发费用作为利润总额还原考核；探索成果权益划分机制，科技成果转化收益按比例分配给完成单位和转化单位，完成单位和转化单位再按所分配收益的 5%～60% 奖励在成果转化过程中作出重要贡献的科技人员和管理人员，激发全员创新活力。

二是提升创新平台能级。江铜集团形成由国家铜工程中心等六大国家级平台，江西省院士工作站等十四大省级平台，联合研发中心、所属单位科研站等若干个公司级平台组成的"6＋14＋N"多层次创新平台，持续赋能企业高质量发展。

三是强化关键技术攻关。江铜集团参与承担国家重点研发项目6项；推动铜产业科技创新联合体对"稀土铜材导热管"等19项省级以上科研项目开展攻关；高精密汽车连接器特殊材料、高粗化高频铜箔和RTF高速铜箔等产品打破国外垄断，实现国产化替代；铜冶炼总回收率等6项铜冶炼核心指标位居全球第一。

（三）以高效能为导向，持续激发企业治理活力

一是构建科学管理体系。江铜集团构建形成以大党建为引领，大风控、大科创、大监督、大协同等为支撑的"1＋9"十位一体科学治理体系，实现企业管理"一盘棋"，为深入推进综合性、系统性改革提供了强有力支撑。

二是加大资产优化力度。江铜集团深入推进专业化整合，对子企业进行压减和退出，推动主责主业更加聚焦、资源配置更加优化；有力有序剥离清退了一批低效无效资产，对长期不分红甚至亏损的部分参股股权进行了系统清理，使企业轻装上阵。

三是提升运营管理效能。江铜集团强力实施以压缩管理层级、优化人力资源配置为目标的机构改革与人力资源变革，积极开展扁平化、大工种整合，加速构建现代企业管理体系；重塑公司组织绩效考核机制，在39家子企业实施"区块分布"评价考核，有效提升了经营业绩"含金量"。

三、改革成效

一是稳固了产业控制基础。放眼全球推进资源优先战略，江铜集团推动哈萨克斯坦钨矿建成投产、墨西哥渣选矿项目加速推进，积极推动在沙

特、智利、巴西等地布局冶炼项目，与第一量子矿业实质化合作取得新突破，战略入股索尔黄金厄瓜多尔阿尔帕拉铜矿项目，公司海外资源战略实现新突破，进一步拓展了资源保供渠道，切实提升了产业链供应链韧性和安全水平；与中国科学院宁波所合作研发的金刚石-铜项目，正积极推进落地江铜南昌未来产业园，有效带动高端铜合金和铜基材料等战略性新兴产业集群发展。

二是增强了科技创新能力。江铜集团参与的"有色冶金高效转化精准调控与智能自动化系统""新一代绿色高效提炼稀贵金属技术及应用"两个项目，荣获 2023 年度国家科学技术进步奖二等奖。2024 年共获得专利授权 277 件，其中发明专利 44 件；奖励科技成果转化项目 121 项、创新创效项目 344 项，创效超 17 亿元，切实推动科技创新力转化为企业竞争力。

三是提升了企业经营业绩。2024 年，江铜集团完成营业收入 5600 亿元，其中实业收入同比增长近 19.5%；实现利润 88.5 亿元，同比增长 7.1%。

107

产业链党建引领产业高质量发展

江西省国有资产监督管理委员会

一、基本情况

江西省国有资产监督管理委员会（以下简称"江西省国资委"）党委结合产业链上企业数量多、地域分布散、规模差异大的实际，依托链主企业组建了产业链党委，并以链主企业党组织串联链上企业党组织，形成了产业链党委推进实施、链上各企业党组织整体联动的产业链党建工作格局。2022 年 8 月、2024 年 7 月，江西铜业集团有限公司（以下简称"江铜集团"）、江西钨业控股集团有限公司（以下简称"江钨集团"）作为"链主"企业，分别牵头成立铜产业链党委、钨产业链党委，开展铜、钨产业链党建试点工作。其中，推动 326 个铜产业链上企业党组织结对共建，攻克技术瓶颈和生产难题上百项，结出丰硕成果。

二、经验做法

（一）突出政治领导，把"组织链"稳固嵌入产业链

江西省国资委党委牵头推动成立铜产业链党委和钨产业链党委。以江铜集团为"链主"企业，选择代表性强、关联度高、合作前景广阔的 8 家

铜产业链上下游企业，成立铜产业链党委。探索成立铜产业科技创新联合体党委、银山矿业公司井下采矿工序链党总支两个二级党组织，形成了以铜产业链党委为统筹、8 家成员单位为牵引、326 个链上企业各级党组织结成 176 个共建对子为主体的工作局面。以江钨集团为"链主"企业，确定 10 家单位为钨产业链党建试点工作共建成员，成立钨产业链党委，涵盖党组织 944 个、党员 1.49 万余人、在岗职工 3.3 万余人，推动 20 余家企业达成了党建结对共建意向。各链上企业逐步成立本单位产业链党建工作领导小组，在同步制订工作计划、协作推进任务目标的过程中真正将党的组织体系嵌入产业上下游企业，实现产业链企业的紧密"链"接。

（二）确保协同高效，创新工作机制推进产业链党建

2023 年以来，为进一步推进江西省制造业重点产业链现代化建设"1269"行动计划，江西省国资委党委、江西省委组织部、江西省工业和信息化厅党组联合印发《关于开展产业链党建试点工作方案》，选取了铜产业先行先试，2024 年成功拓展到钨产业。推动指导江西省铜产业链党委完善构建了以一个战略目标、五项工作机制、N 个党组织探索开展党建共建为主要内容的"1 + 5 + N"工作机制（"1"就是一个试点工作的总体实施方案；"5"就是 5 个常态化工作机制，包括党委会议事机制、周期性企业轮值机制、项目推进机制，矩阵式宣传机制，工作简报机制；"N"就是在集团公司的二、三级单位，他们作为各自领域的链主企业，开展了 N 个二级链、三级链的产业链党建共建）。江西省国资委推动制定出台了《铜产业链党建共建规程（试行）》《专项经费预算方案》《江西省钨产业链党建试点工作计划》等一系列制度，为铜、钨产业链党建共建规范化、精深化开展提供了有力的制度保障。

（三）契合实际需要，用多种方法解决产业链发展难题

江西省国资委党委坚持以产业链发展的重大问题为导向，通过采取多种多样的方法手段推动解决铜、钨产业链党建及其现代化发展中的一系列突出矛盾和问题。

一是瞄准科技"卡脖子"难题，通过链上企业党建共建打造高效协同创新体系。例如，江西铜业技术研究院有限公司与北京大学南昌创新研究院联合组建研发团队，在5G基站用超薄均热板研发、适用于超温泡沫的分离及消除设备研发等多个方面取得重大突破。

二是针对生产工序壁垒问题，通过"党建共建"等方式推行柔性管理，盘活内外生产资源。例如，德兴铜矿采矿场党委积极创新党建载体，率先以"内联工序、外联采选"为切入点摸索出一条理顺上下工序衔接关系、切实提升生产经营效能的新路径。

三是着眼产融结合的监管、风控难题，通过"点多面广"的党建共建增强金融服务产业发展能力。

（四）聚焦人才培养，构建产业链"大人才"工作格局

江西省国资委党委始终注重将产业链党建共建与产业链人才培养同谋划、同部署、同落实，积极构建产业链"大人才"工作格局。

一是在培养方面对接链上企业发展需求，与北京大学、中南大学、南昌大学等链上单位合作建设复合人才培育基地，如泗洲选矿厂党委的党员创新中心升级成为德兴铜矿与中南大学的专门人才培养基地。

二是以人才双向或多向挂职机制、高层次人才引进机制等为依托促进链上企业所需人才的选拔和使用，如江西铜业技术研究院有限公司选派1名博士到北京大学南昌创新研究院挂职为科研管理部副部长，实现了人才的交流和共享。

三是注重发挥党员干部的先锋模范作用，在产业链党建共建中推动建立党员责任区、党员示范岗、党员突击队、党员服务队等各类载体600余个，联合举办"开放式主题党日"、"亮身份　亮职责　亮行动"、党务技能大赛等党建共建活动上百场，促进人才"近悦远来"生态加速形成。

三、改革成效

在强有力党建引领下，链上企业党组织政治功能和组织功能持续增强，在增强产业韧性和安全上不断展现新作为。

一是党建质量整体提升步伐愈加坚实。在铜、钨产业链党委的统筹组织和江铜集团、江钨集团党委的示范引领下，链上企业党组织抓基层、打基础的整体氛围更加浓厚，党建"三化"水平稳步提升。例如，江铜集团帮助链上企业耐普矿机建立党支部标准化体系和"四同"企业文化体系，助力耐普矿机党支部在上饶经开区两新党组织年度考评中十六年来首次获得优秀等级。

二是多链融合聚变提效之态愈加显著。链上企业牢牢扭住产业链、供应链、创新链、人才链堵点、卡点、脆弱点精准发力，取得显著成效。其中，铜产业科技创新联合体聚合作用充分释放，成员由 20 家扩充到 39 家；紧紧围绕"1269"行动计划，联合开展关键核心技术攻关，组织成员单位申报国家重点项目 4 项、省部级重点项目 13 项。

三是金融支撑实体经济之力愈加强劲。产业链党建引领链上企业加深多方互信、密切情感认同，促进链上协作在降本增效方面持续发力、久久为功。例如，江西铜业集团产融控股有限公司利用信贷、投资、期货、贸易、租赁、供应链管理等多金融平台，以股权投资为先导融入深圳巴斯巴科技发展有限公司、南亚新材料科技（江西）有限公司，解决对方融资贵融资难问题，整体提高产业资源配置水平和风险防控能力。

108

多维发力　重点突破
围绕三大领域积极探索区域性
国资国企综合改革

青岛市人民政府国有资产监督管理委员会

一、基本情况

青岛市紧抓区域性国资国企综合改革试验有利契机，在促进中央企业和地方融合发展、工业互联网建设、打造高素质专业化企业家队伍三个方面加大创新探索力度，带动国有企业实现高质量发展。目前，青岛市人民政府国有资产监督管理委员会监管企业 21 家，拥有子企业 1500 余家，职工 14.8 万人。2023 年监管企业资产总额、营业收入、利润总额分别同比增长 10.6%、8.4%、44.2%，2024 年资产总额、营业收入、利润总额分别同比增长 5.8%、－12.2%、4.3%。

二、经验做法

（一）积极探索工业互联网平台建设推动企业转型升级

青岛市坚持以行业头部企业为引领，打造政企合作牵引、生态赋能支撑、场景驱动应用的工业互联网发展新模式。

一是政企合作"打头阵"，破解"起步"难题。青岛市推动海尔卡奥斯与山东港口集团、青岛财通集团等国有企业联合打造政企合作、市场化运作的企业综合服务平台，集聚各类生态资源，构建多方联动的工作格局，为企业提供全方位服务，通过"数据跑路"代替"企业跑腿"。

二是生态支撑"强底座"，破解"培育"难题。青岛市支持海尔卡奥斯工业互联网平台强化生态赋能模式，引导产业链龙头企业汇聚上下游产业资源，共同建设垂直行业平台、关键技术平台、产业互联网平台，形成"一超多专"良性竞争的工业互联网发展格局。

三是场景驱动"促推广"，破解"应用"难题。青岛市坚持开辟场景新赛道，探索政府开放资源、企业提供技术、用户参与反馈、平台主导运营的"场景打法"。搭建工业互联网场景赋能公共服务平台，常态化组织线上线下对接，有效推动供需合作落地。建立市属企业应用场景开放专区，发布24个数字化转型和人工智能应用场景，带动产业链上下游中小企业协同创新发展。

（二）加强企业家队伍建设营造企业家培养良好生态

青岛市坚持激励、保护、服务、培植并重，健全企业家培养和服务机制，赋能企业家队伍成长。

一是强化顶格服务，完善系统性激励保障机制。青岛市成立市领导牵头、一部门主管、多部门联动的协同解决企业重大问题机制，完善跨部门"青岛政策通"平台，实行"企业吹哨、部门报到"。构建"绩效考核、管控总额、自主分配、复核备案"薪酬分配体系，建立企业经营投资尽职免责事项清单，健全企业家负面信息澄清机制，对经营业绩突出的企业家经审批可延迟退休。

二是给予政治荣誉，健全企业家参政议政制度。青岛市立法设立"企业家日"，完善参政议政制度，建立政企沟通"绿色通道"，定期听取企业家意见建议；给予优秀企业家政治荣誉，提高企业家社会地位，对获得国家和省市表彰的优秀企业家同等条件下优先推荐为党代会代表、人民代表大会代表、政协委员候选人。

三是搭建平台，实施企业家素质提升工程。青岛市出台《关于弘扬优秀企业家精神支持企业家创新创业创造的若干规定（试行）》，定期选派优秀国企、民企企业家到境外和改革开放前沿城市学习研修。利用青岛企业家学院、职业经理人学院等资源搭建交流平台，为企业家干事创业提供智力支持。累计涌现 32 名全国优秀企业家、115 名山东省优秀企业家。

（三）以国企党建与发展研究会为抓手促进中央企业和地方融合发展

青岛市创建国企党建与发展研究会，以党建为纽带联系服务广大驻青国企，现有会员单位 280 余家。

一是擦亮政治"底色"，党建引领促融合。青岛市创建"青融党建"特色党建品牌，成立驻青国企"联合党校"，定期开展党务培训、课题研究、党建品牌评选、党建与发展论坛等活动，推动企业党建工作与业务工作融通共进。

二是打造服务"本色"，助企纾困破解难题。青岛市积极帮助企业化解难题，在人才招聘、就医就学等方面发挥"服务专员"作用，用"亲情化"服务推动驻青国企高质量发展。常态化开展"党建赋能、助企纾困—我为企业办实事"活动，先后协调相关部门、区市为驻青国企等会员单位协调解决党组织关系、历史遗留问题、项目建设等方面的难题 140 余项，形成服务中央企业、省属企业和外地国企的良好环境。

三是增添合作"亮色"，架桥铺路互利共赢。青岛市建立会长轮值、聘任"央地合作"工作顾问、常态化走访交流工作机制，推动科技成果转化和产品就近替代、链内循环。

三、改革成效

一是市直企业在现代产业体系建设中的引领带动作用明显增强。青岛市强化对企业战新产业投资的政策支持，创新建立"市级协调、国企引导、基金领投、园区配套"模式，2024年市属企业战略性新兴产业新增投资占比20.1%，呈现加快增长态势。传统产业数字化智能化转型升级取得新成效，市直企业拥有数字化研发设计平台32个、工业互联网平台13个、数字化转型示范标杆企业12家、智能工厂52家。青啤集团"灯塔工厂"成功进阶"可持续灯塔工厂"，成为行业唯一。

二是市直企业在科技创新引领方面的能力进一步提升。青岛市建立资金、政策、协同三大保障机制，2024年企业研发经费投入同比增长16.8%，比2023年增速提升5.1个百分点。市直企业与高校、科研院所合作项目197个，拥有国家和省市级研发平台130余个，高新技术、科技型、专精特新等高成长性企业近100家。青啤集团四获国家科技技术进步奖。

三是央地合作打造"青岛模式"。青岛市驻青国企党建与发展研究会与青岛市央企省企招商专班协同联动，2023年央企省企在青岛投资项目302个，总投资超过320亿元；2024年成功举办"企地共建、走进青岛"活动，集中签约22个项目，总投资额达467亿元，打造央地合作青岛模式。

109

以"科改行动"为抓手
持续推进改革　赋能企业高质量发展

洛阳轴承集团股份有限公司

一、基本情况

洛阳轴承集团股份有限公司（原名洛阳 LYC 轴承有限公司，以下简称"洛轴"）2022 年入选国务院国资委"科改企业"，始终认真贯彻落实国家、省市关于深化国有企业改革工作部署，积极推进国有企业改革深化提升行动各项任务落实落地，大力推行以经营业绩为导向的机制改革举措，最大限度激活企业各要素潜能，有效增强企业发展内生动力，效益效率稳步提升，步入良性快速发展快车道。

二、经验做法

（一）以市场化发展为导向，加快推进企业内部改革

一是优化法人治理机制。洛轴按照现代企业治理要求，健全股东会、董事会和经理层决策运行机制，完善议事规则，强化权责对等，推动各治理主体规范运作、相互衔接、有效制衡，提升企业科学决策水平。

二是建立市场化选人用人机制。洛轴推行职业经理人制度，在全国范围内市场化选聘经理层，吸引集聚了一批职业素养高、工作能力强的高级

管理人才。目前，经理层成员平均年龄已由 55 岁降至 46 岁；深化中层管理人员"四制"（任期制、竞聘制、岗薪制、淘汰制）改革，推动人员能上能下、能进能出，提高管理团队年轻化、专业化程度。中层管理人员由 2016 年的 128 人压缩至现在的 72 人，平均年龄降至 42 周岁，本科及以上学历人员占比达到 96.15%；建立健全以合同管理为核心、以岗位管理为基础的市场化用工制度，畅通冗员退出渠道，优化人力资源结构。

三是深化薪酬分配制度改革。洛轴推行与选任方式相匹配、与经营业绩相挂钩的差异化薪酬分配制度，根据实际贡献开展分类激励，积极推动薪酬分配向技术、营销、生产一线倾斜，充分激发员工干事创业热情。探索实施超额利润分享等中长期激励措施，密切员工和企业的利益联结，增强员工归属感获得感。2023 年以来，全员平均收入同比增长 22%。

（二）以强化科技创新为引领，促进产业集群发展壮大

一是强化科技创新，加快科技成果转化。洛轴坚持"生产一代、储备一代、研制一代"，主动前瞻谋划布局，以国产化替代、重大装备、新兴产业等为突破口，持续加大研发投入力度，优化产业结构布局，推动传统行业与"风口"关联、向"风口"转型。2023 年，洛轴研发新产品 1400 余种，6 项科技成果通过专家鉴定，其中 1 项达到国际领先水平、4 项达到国际先进水平、1 项达到国内领先水平；2024 年，洛轴研发新产品 886 个型号，5 项科技成果通过鉴定，其中 2 项达到国际先进水平、3 项达到国内领先水平。洛轴持续加快科技成果转化，抢占市场先机，风电、新能源汽车和轨道交通板块发展迅速：海上大兆瓦风机轴承实现批量供货，风电主轴轴承和增速箱轴承分别占国内市场份额 50%（含进口）和 40%（国产化替代）以上；新能源汽车轴承实现倍速增长；高铁轴承成功实现装车路试，打破高端轴承长期依赖进口的局面，促进了国产高端轴承迈入国际先进行列，推动了轴承行业科技进步。

二是推进重大项目建设，在优质存量上做大增量。洛轴坚持"项目为王"，高标准规划实施了洛轴新能源装备轴承智能化生产基地、新能源汽车轮毂轴承单元智能生产线等一批重点项目，达产后预计年新增销售收入24亿元、利税5.5亿元，为洛轴加快实现百亿目标提供有力支撑。

三是发挥龙头带动作用，引领轴承产业集群发展。洛轴牵头成立河南省轴承创新中心等4个省级创新平台，组建洛阳市高端轴承中试基地等3个市级创新平台，推动资源共享、协同创新。充分利用洛轴品牌、技术和市场优势，采取OEM业务模式整合产业资源，通过构建社会化分工和专业化协作发展体系，帮助产业链上的中小企业提升技术管理水平，初步形成以洛轴为龙头的产业链协同生产组织体系。

（三）以股权结构优化为核心，持续推进体制创新

一是引入战略投资者，转换企业经营机制。洛轴以股权转让的方式引入郑州煤矿机械集团有限公司、中航航空产业投资有限公司等8家优质战略投资者，实现股权多元化，企业内部经营机制更加灵活高效。

二是借力资本市场，加快推进公司整体上市。洛轴先后完成洛轴职工大学、洛轴俱乐部、洛轴宾馆等辅业资产剥离工作；根据IPO规范要求，修改完善了相关管理制度，使企业各项管理工作更加符合上市要求。2024年1月27日，洛轴召开洛阳轴承集团股份有限公司创立大会。2024年6月完成上市辅导备案。

三、改革成效

洛轴以"科改行动"为抓手，持续推进各项改革，实现了体制机制创新的突破，极大地增强了企业竞争力、创新力和要素活力，实现快速健康发展。洛轴作为引领行业高质量发展的突出代表，2022年再次入选国务院国资委"科改示范企业"；2022年、2023年连续被国务院国资委评定为

"科改示范企业标杆企业";改革经验入选国务院国资委"国资国企改革经验案例丛书";2023年入选国务院国资委"创建世界一流专精特新示范企业",是河南省仅有的两家地方企业之一;入选"国家技术创新示范企业";"持续推进干部四制改革,全面落实市场化职业经理人制度"被国务院国资委列入"创建世界一流专业领军示范企业经验做法"。

聚焦重点　突破创新
扎实推进国有企业改革深化提升行动走深走实

湖北省人民政府国有资产监督管理委员会

一、基本情况

2023 年以来，湖北省人民政府国有资产监督管理委员会（以下简称"湖北省国资委"）深入贯彻党中央、国务院关于国有企业改革深化提升行动的决策部署，在国务院国资委的有力指导和湖北省委、省政府的坚强领导下，以钉钉子的精神抓好各项改革任务，全省国资国企整体呈现发展速度加快、发展后劲增强的良好态势。湖北省先后在国有企业改革深化提升行动第一次全国推进会、地方国资委负责人会议作经验交流，9 次参加片区会经验交流会议，存量土地盘活利用取得积极进展被典型推广，湖北省交通投资集团有限公司司库体系建设入选国有企业经济运行动态总会计师交流专刊，成功举办全国区域性国资国企综合改革实验现场交流会。

二、经验做法

（一）聚焦实体产业着力打造新引擎

2024 年，湖北省属企业投资布局战略性新兴产业项目 194 个、新增投资 227.51 亿元、实现营业收入 498.21 亿元，呈现布局加速、收入攀升的良好态势。湖北省实施省属企业高质量发展十大专项行动，制定强功能优布局工作方案，推动省属企业围绕"主业＋"补链强链延链，加大布局重大产业项目力度，加快向实体企业转型。新组建湖北水利发展集团有限公司、健康养老集团有限公司等6家功能性企业；新设湖北长江汽车产业投资有限公司、湖北省长江光电产业投资有限公司等产业主体20余家；研究制定湖北省农村信用社联合社向农商联合银行转型发展改革工作方案。围绕主业和产业链上下游强化投资并购，新增7家上市公司；聚焦汽车、医药、船舶等领域，牵头搭建7家国资主导的市场化、功能化供应链平台。围绕湖北省五大优势产业，各设立100亿元的产业基金，形成湖北省委、省政府主要领导牵头，省委常委领衔推动，国资母基金、政府引导基金、省市县三级协同联动、共同发力的工作机制。

（二）聚焦科技创新着力增强新动能

2024年，湖北省国资监管企业研发投入同比增长25.6%，其中省属企业同比增长40.73%。新增国家高新技术企业74家，"科改企业"总数达26家，位居全国第二。出台鼓励和支持省属企业加快推进科技创新工作的若干举措、科技攻关和成果转化的若干激励保障措施等政策文件，在业绩考核、中长期激励、工资总额、财税奖励等方面"能给尽给、应给尽给"。设立100亿元湖北省楚天凤鸣科创天使基金、30亿元省级科技人才股权激励基金，支持国企做强做优60个科技创新平台。长江存储科技有限责任公司、华工科技产业股份有限公司、湖北兴发化工集团股份有限公司攻克闪存芯片、压力传感器、高速率光芯片、硅光芯片、电子级磷酸等一批"卡脖子"技术；湖北安琪生物集团有限公司主导和参与制定酵母行业所有国家和行业标准，酵母系列产品规模居全球第二。

（三）聚焦盘活存量资产着力挖掘新潜力

湖北省稳步推进盘活利用存量土地，出台盘活利用存量土地"黄金八条"，建立分管省领导为召集人的联席会商工作机制，惠及全省央地国企 8000 多家，通过作价出资、确权办证、改造升级、合作开发、公募 REITs 等方式，已盘活土地资产价值 600 亿元。服务中国宝武武钢集团有限公司对 23 宗更名困难的存量土地完成现场测绘，取得不动产权证 11 宗，将 606 亩闲置工业地块改造升级成 14 万平方米高新产业园区。深入开展"省属企业清理盘活存量资产攻坚行动"，全面清理核查省属企业闲置、低效无效资产，推动省直行政事业单位一批非经营性资产转经营性资产划入省属企业，多措并举盘活资产近 700 亿元。

（四）聚焦服务重大战略着力推动区域性综改试验取得新成效

湖北省成立由省长任组长的综改领导小组，在推进央地协同盘活利用国有存量土地、打造科技创新联合体、战略性新兴产业布局、人才共享共育、集中统一监管、区域内国资"一本底账"等方面形成 10 项标志性成果。成体系推动出资人监督与其他各类监督统筹衔接、有机贯通，联合省纪委监委、省委巡视办、审计等部门出台监督贯通协作工作办法。出台市州国资监管工作评估评价办法，首次对 17 个市州国资监管、国企改革开展评估。央地合作持续深化，与宝武集团、中国三峡集团共同成立省领导领衔的工作服务专班，推动无取向硅钢、长江生态大保护等一批重大项目实施；举办中央企业项目对接洽谈会，达成合作项目 97 个，投资额 3215 亿元，50% 以上投向战略性新兴产业；60 余名中央企业优秀管理人员入选省属企业外部董事人才库。

三、改革成效

截至 2024 年底，湖北省国资委监管企业规模总量首次突破 10 万亿元大关，资产总额达 10.9 万亿元，同比增长 13.4%。"千亿骨干国企"新增 3 家，总数达 20 家。营业收入实现 1.23 万亿元，同比增长 18.7%。

其中，省属企业资产总额为 2.8 万亿元，全年实现营业收入 5237.5 亿元，同比分别增长 14.7%、29.1%，增幅居全国前列、中部第一。省属企业中国 500 强企业增至 3 家，湖北文旅集团 2024 年首次入围中国企业500 强。

坚持问题导向　聚焦重点发力
全面攻坚国有企业改革深化提升行动

湖南省人民政府国有资产监督管理委员会

一、基本情况

湖南省人民政府国有资产监督管理委员会（以下简称"湖南省国资委"）坚持以习近平新时代中国特色社会主义思想为指导，深入学习贯彻党的二十届三中全会精神，坚决贯彻落实党中央、国务院决策部署和湖南省委、省政府工作要求，锚定"三个高地"主攻方向，在进一步巩固三年行动全部获评 A 级、高质量收官的成果基础上，坚持问题导向，以省委提出的"六个当好"为目标，紧盯重点工作任务，高站位、高起点、高标准实施国有企业改革深化提升行动，赋能企业高质量发展。

二、经验做法

（一）坚持思想引领，牢牢把准正确方向

湖南省国资系统把全面落实习近平总书记关于国有企业改革发展和党的建设的重要论述、关于湖南工作的重要讲话和指示批示精神，作为推进全省国有企业改革深化提升行动的首要任务，持续在学懂弄通做实上下功夫，确保统一思想、学以致用、上下贯通、全面覆盖。

（二）坚持高位推动，持续强化组织保障

湖南省委、省政府历来高度重视和关心国资国企改革发展工作。省委书记密集调研省属监管企业，召集多个部门和省属国有企业负责人多次主持召开座谈会，举全省之力共同推进国企深化改革、高质量发展；亲自推动湖南省港航水利集团有限公司、湘能集团、湖南省矿产资源集团有限公司（以下简称"矿产资源集团"）、湖南省人才发展集团有限公司（以下简称"人才集团"）等企业组建工作。省长会见出席国有企业改革深化提升行动现场推进会嘉宾代表，进一步推动加强央地合作，多次召开省政府常务会议，研究部署国资国企工作。副省长率队前往国务院国资委就深化国有企业改革、发展战略性新兴产业等事宜进行会商，召开专题会议研究推进，并多次就国资国企改革工作提出具体工作要求。湖南省国资委组建了由委主要领导牵头、分管领导具体负责、相关处室共同参与的工作专班，统筹推进国有企业改革深化提升行动，协调解决有关重大问题。

（三）坚持问题导向，不断完善制度体系

湖南省国资委推动出台本省国有企业改革深化提升行动实施方案，明确了湖南推进国有企业改革深化提升行动工作的任务书、路线图和时间表。先后配套出台《省属国有资本战略性新兴产业发展规划及重点行业布局指引》《加快构建湖南国资特色和优势的现代化产业体系行动计划》《关于支持省属监管企业科技创新和发展战略性新兴产业激励保障机制建设的实施意见》等政策文件，优化顶层设计，推动产业、科创等具体工作补短板、强弱项，"1+N"政策体系更加完善。

（四）坚持靶向攻关，全力攻坚重点难点

一是聚焦优化布局，打造特色标志性工程。湖南省国资委积极参与8条全省重点产业倍增计划产业链，着力打造省国资"3974"标志性工程。指导监管企业制定"两方案一计划"（现代化产业体系、战略性新兴产业

发展规划两个实施方案，2024 年产业发展计划），形成"三张清单"（综合指标、标志性成果、固定资产和股权投资项目清单）。大力争取"两重"建设投入，目前共有 3 家企业 8 个项目被列入湖南首批支持清单。

二是聚焦创新驱动，推进科技创新自立自强。围绕"大校、大院、大企"协同创新，湖南省国资委建立政校对接、校企沟通、项目合作工作服务机制，加强与重点高校对接，成功举办第二届全省国资国企"科技周"活动，推动高校科技成果转化，与 7 所高校商定了 195 个合作项目。加快推进"十大技术攻关项目"，截至 2024 年底已突破 17 项技术，申请专利 79 项，获得专利授权 26 项，发布技术标准 5 项。湖南有色金属研究院承担的项目荣获 2023 年度国家科学技术进步二等奖。

三是聚焦整合重组，提升国有资本配置效率。湖南省国资委成功组建能源集团、人才集团、湖南铁路有限公司，矿产资源集团即将挂牌，低空经济产业集团、省国际贸易集团等组建进展顺利，旅游、数据等领域资源持续优化整合，进一步实现主业归核、资产归集、产业归位。累计压减法人单位 502 家，压减比例 33%。

四是聚焦"两个一以贯之"，完善现代公司治理。湖南省国资委始终坚持"两个一以贯之"，党委前置研究讨论重大经营管理事项清单更加精准。加快建设专业尽责、规范高效的董事会，坚持外部董事占多数，深化公司治理示范创建活动。推动集团公司授权放权与分批分类落实子企业董事会职权经理层行权履职机制更加完善，股东治理管控更加有力。

三、改革成效

国有企业改革深化提升行动为企业高质量发展提供了"金钥匙"，监管企业发展质效持续提升，有力助推了全省经济社会高质量发展。

一是企业经营业绩显著提升。2024 年，监管企业实现营业收入 7180.8

亿元，实现利润总额 376.7 亿元。

二是现代化产业体系建设显著提速。2024 年，战略性新兴产业实现营收 1926.6 亿元，同比增长 5.2%。被列入"省十大产业项目"的 2 个项目进展顺利。加速打造"5 + N"国资基金体系，有力服务现代化产业体系建设。

三是国企科技创新能力显著提高。2024 年，监管企业研发投入强度达2.8%，新增国家级创新平台 3 个、省级创新平台 36 个，目前拥有国家级创新平台 54 个、省级创新平台 254 个。

四是承担社会责任能力显著增强。监管企业 2024 年招聘应届高校毕业生 4921 人，超额完成年度计划；迅速投入资兴抢险，畅通"生命通道"，保障生活所需；组织企业参与绥宁就业帮扶工作，提供劳动力就业岗位462 个、高校毕业生就业岗位 387 个；帮助 38 名绥宁籍员工就业，顺利入职 10 名高校毕业生。截至目前，已累计帮助 300 余名绥宁籍员工实现就业。

112

做精做深"科改行动" 推动企业高质量发展

湖南湘投金天科技集团有限责任公司

一、基本情况

湖南湘投金天科技集团有限责任公司（以下简称"金天科技集团"）是湖南省能源投资集团全资子公司，致力于钛合金及特种金属材料行业的投资、研发、建设与经营。国有企业改革深化提升行动以来，金天科技集团坚持以习近平新时代中国特色社会主义思想为指导，深耕"科改行动"示范田，对制约公司高质量发展的深层次问题，进一步明确改革目标、优化改革路径、细化改革举措，努力将公司打造成为核心资产更优、创新能力更强、带动作用更大的新材料研发制造平台，改革成果日益彰显。金天科技集团在国务院国资委组织的"科改企业"2022年度、2023年度专项评估中均获评为"标杆"。

二、经验做法

（一）履行战略使命，强化科技创新技术攻关

金天科技集团秉持"服务国家战略，践行国企担当，打造国际一流"的使命，牢记"国之大者"，紧贴国家战略需求，明确以深耕军用航空市场、优先为国防高端装备制造及战略性新兴产业提供关键钛材料作为科技

创新主攻方向，不断加大工作力度。由党组织书记担任项目牵头人，挂图挂表作战，先后解决"高强韧航空钛合金显微组织与性能均匀性调控关键技术与应用""航空结构用钛合金的高质量高效率制备技术及应用"等钛产业关键技术难题，填补多项国内空白。2020—2024 年平均研发投入强度达到 7.74%，钛合金研发产品实现了飞机和发动机型号多点开花，在国产大飞机、水陆两栖飞机、某大型运输机、某潜艇等"国之重器"关键部件上得到应用。

（二）借力产投融合，助推战新产业"强链"工程

金天科技集团坚持"价值认同、治理规范、利益共赢"原则，将引入战略性资源、优化治理结构、提高产业协同发展能力等设为入围门槛，精挑细选战略投资者。下属湖南相投金天钛业科技股份有限公司通过引入头部战略投资者，优化股权结构，获得了战略投资者在资金和业务层面合资合作、协助对接资本市场等方面提供的有效资源支持，公司效益大幅改善，资产证券化进程顺利推进，2024 年 11 月首次公开发行股票并在科创板成功挂牌上市，成为湖南省 2024 年度首家科创板上市、首只登陆 A 股的公司，投资约 7.45 亿元的一期募投项目已开工建设，将进一步加强公司"钛产业链"，扩大核心业务规模，巩固提升市场地位。2023 年，金天科技集团进一步推进产投融合工作，以持有的湖南相投金天新材料有限公司全部股权评估作价，向湖南相投金天钛金属股份有限公司（以下简称"金天钛金公司"）增资，完成下属"两钛"重组，为金天钛金公司引进战略投资者铺平道路。2024 年，金天科技集团多方取经，精心谋划，以完善的方案、精彩的推介、强大的执行力，凝聚各方力量，经过艰难而卓有成效的谈判，超计划完成金天钛金公司引战工作。先后对接投资机构 65 家，举行项目推介会议 100 余场，成功引进以国开制造领衔的 4 家外部投资机构合计 5.75 亿元投资。

（三）构建校企合作，深化产学研用融通创新

金天科技集团坚定"优势互补、资源整合、联合培养"的理念，整合校企科研资源，创建国家级企业技术中心及9个省级创新平台，与中南大学、中国科学院沈阳金属所共同组建人才联合培养机制，选送优秀科研人员攻读工学博士，选派技术骨干担任高校校外导师。建立国家级博士后科研工作站，主攻高侵彻钛合金工程化关键技术、钛合金大口径无缝管制备、钛合金VAR凝固过程微观模拟等研究方向。首创"轮值总工制"，根据产品特点和技术难点与中国科学院、哈尔滨工业大学等开展合作，由院校轮流安排导师担任子公司轮值总工，解决生产技术难题。聘请材料领域知名专家、院士担任首席顾问和外部董事，吸纳专家加入董事会技术委员会，参与公司科技战略制定，并为技术研发立项评估、研发管理体系建设等科技创新重大事项建言献策，进一步增强董事会在科技创新战略中的决策导向作用。

（四）完善激励政策，点燃科研人员创新热情

金天科技集团坚守"鼓励创新、激励支撑、优化制度"的思路，深化市场化经营机制改革，重塑薪酬体系，注重向骨干技术人员倾斜，同职级技术序列人员平均年收入高于管理人员10%。对引进同行业技术专家采用"一人一策"定薪，对标行业平均薪酬水平，突破企业内部薪酬标准实行协议工资制，新引进国家级高层次人才1人、省级高层次人才2人，新培育国家级高层次人才1人。探索科研经费"包干制"，对国家级、省市级等项目主管单位明确要求实行经费"包干制"管理的各类科研项目实行项目负责人承诺制，赋予项目负责人经费支配权。根据需要，金天科技集团在关键核心技术、短板瓶颈技术及新领域技术等攻关方面实施"揭榜挂帅制"，允许单个法人单位、多个法人单位联合体或团队参与揭榜，进一步丰富科研项目实施形式。

三、改革成效

金天科技集团经营效益稳步增长，2024 年 1—7 月利润总额同比增长 13.68%。目前，金天科技集团已构建完整的自主知识产权体系，截至 2024 年底，获得国家发明专利 117 件，参与起草国家标准 35 项，荣获 "国家知识产权优势企业" 及 "湖南省制造业知识产权运用标杆企业"。获评国家技术创新示范企业；认定 2 家国家专精特新小巨人企业、1 家省级专精特新小巨人企业；获评 3 个省级创新创业团队；获湖南省科学技术进步奖一等奖 1 项、中国有色金属工业科技进步一等奖 2 项。一批创新成果接续涌现，TC18、Ti55531 等高强韧大规格钛合金工程化制备技术进一步提升；发动机用钛合金通过客户评审验证，实现批量稳定供货；板式换热器用高强高塑性钛板带通过中国有色金属工业协会组织的专家成果鉴定，整体技术达到国际先进水平；湖南省技术攻关 "揭榜挂帅" 项目《海洋工程用高性能超宽幅钛合金厚板制备技术研究》成功试产。

113

完善制度机制　提升作用效能
以高质量党建引领保障国有企业高质量发展

广东省人民政府国有资产监督管理委员会

一、基本情况

广东省人民政府国有资产监督管理委员会（以下简称"广东省国资委"）于 2004 年 6 月 26 日正式挂牌成立，设 13 个内设机构和机关党委（党建工作处）。截至 2024 年底，党组织关系隶属广东省国资委党委的省属企业有 20 家（含监管企业 17 家、委托管理企业 1 家、非监管企业 2 家），中央驻穗企业有 61 家，共计党组织 9148 个、党员 111417 人。国有企业改革深化提升行动开展以来，广东省国资委树立以业绩论英雄的导向，锐意改革创新，奋力担当作为，2024 年监管企业利润同比增长 10%，创历史新高。

二、经验做法

广东省国资委锚定"党建统领治理、党建统领发展、党建统领协同"三个定位，完善省国资系统党的建设制度"一体系两机制"，以高质量党建奋力推动省属国资国企的高质量发展。

（一）注重顶层设计，织密党建工作制度体系

实施国有企业改革深化提升行动以来，广东省国资委紧扣党建重点任务要求，印发《关于省属企业党委深化落实"第一议题"制度的通知》《关于做好省属企业公司章程党建内容更新工作的通知》《关于省属企业完善中国特色国有企业现代公司治理的通知》《省国资系统基层党组织建设强基工程行动计划（2024—2026年）实施方案》，起草《关于健全和完善省属企业党委议事决策制度的意见》《关于加强省属混合所有制企业党建工作若干措施（试行）》等文件，持续完善省国资国企党建工作制度体系。从完善公司章程党建内容到在完善公司治理中加强党的领导，从发挥国有企业党委领导作用到筹谋基层党建高质量发展，在这套制度体系的指引和保障下，广东国资国企党的领导不断加强、党建工作基础不断夯实。

（二）注重系统谋划，深化党建业务融合机制

一是带头扛起管党治党责任。广东省国资委党委结合国有企业改革发展重点工作，定期召开党建工作会议，印发党建工作要点，研判部署系统年度党建工作。

二是建立齐抓共管长效机制。广东省国资委党委班子成员每年挂点1~2家省属企业、联系1个基层党组织，定期赴基层企业开展调研，摸清找准制约和影响国资国企改革发展的问题，研究制定切实有效推动发展的思路举措。

三是充分发挥先锋引领作用。广东省国资委安排党建部门牵头制定《锚定走在前列总目标　在奋力推进中国式现代化广东实践中展现国资担当行动方案》，统筹推进省属企业参与粤港澳大湾区建设、"百县千镇万村高质量发展工程"、"绿美广东生态建设"等省重点任务，推动各级基层党组织抓好改革发展重大任务落实。

四是完善典型培育推广机制。广东省国资委深化拓展"五强五化"示范党组织创建活动，培育党建品牌，挖掘提炼省属企业和中央驻穗企业党建的好经验、新做法，汇编成案例集加强推广，综合运用内外媒体进行宣传报道，持续推动基层党建向中心任务聚焦、为全局工作聚力。

五是树立导向提升考核质效。广东省国资委突出考核省属企业党组织在贯彻落实重大部署和推动生产发展中的领导作用，注重结合巡视巡察、审计发现问题，定期修订省属企业党建考核指标，推动企业落实党建工作责任与落实生产经营责任有效联动。

（三）注重加强协同，构建全省国企联动机制

一是加强精细化指导。广东省国资委编印《国有企业党的建设常用文件汇编》《国有企业党的建设常见问题解答》《广东省国有企业党组织规范化建设指导手册》《广东省国有企业党员教育培训工作指引（试行）》等党建工作指南，并定期组织召开省属企业、中央驻穗企业、地市国资委党建工作座谈会，为全省国资国企提供参考、解疑释惑。

二是坚持一体化推进。广东省国资委召开央地企业党建协同联建培训班，组织央地企业交流党建经验，促进央地企业相互借鉴提高。同时，先后在全省高质量发展大会、珠三角与粤东西北经贸合作招商会等重大任务上，与中央驻穗企业积极联动、密切合作，促成广东省与中央企业的系列合作，推动形成党建搭台、业务唱戏的央地合作新机制。

三是构建"一盘棋"格局。广东省国资委开展全省国资"一盘棋"课题研究，制定《广东省关于推动形成全省国资"一盘棋"的工作方案》，聚焦落实广东省委"1310"具体部署，以党建为纽带、国企改革为抓手、产业发展为驱动、国资监管为保障，推动全省国资国企构建高质量发展"一盘棋"格局。

三、改革成效

一是中国特色现代企业制度更加成熟定型，党对国有企业的领导掷地有声、落到实处。20 家省属集团全面建立政治要件闭环办理机制，全面修订公司章程党建内容，逐步完善分层分类动态优化党委前置研究事项清单机制，确保习近平总书记重要讲话和重要指示精神在省国资系统一贯到底、落地落细。

二是基层党组织的作用发挥更加坚强有力，党的建设与国企发展同频共振、互融互进。各级基层党组织探索创新推动党建和生产经营深度融合的具体机制，把党建优势更好转化为企业发展优势，为广东现代化建设、高质量发展作出了积极贡献。广东省交通集团有限公司以党建引领保障深中通道高质量建成开通，得到习近平总书记致信祝贺，有关经验做法在《广东组工信息》上刊登。

三是国资监管体系化优势更加有效发挥，国资监管机构职责全面履行、全面优化。广东省国资委以党建为纽带，推动全省国资国企逐步树立"一盘棋"理念，汇聚改革发展强大合力，实现企业出资人、国资监管人和党建负责人三项职责的有机统一，有力推动形成与党集中统一领导优势相适应、与社会主义市场经济体制相协调的国有资产监管新模式。

114

构建"1+3+N"党建工作体系
以高质量党建引领保障高质量发展

东莞港务集团有限公司

一、基本情况

东莞港务集团有限公司（以下简称"东莞港务集团"）是东莞市属重点国有企业，负责统筹开发东莞港核心资源，主营港口、产业投资和外经贸三大业务板块。当前，东莞港务集团正围绕构建"海港＋空港＋商贸港"三港合一产业布局、坚定向"以港口供应链为核心的商贸综合服务企业"转型的发展战略，不断提升东莞港开放平台能级，全力服务东莞及大湾区制造业高质量发展。在新时代、新形势下，如何更有成效地通过构建系统的党建工作体系，进一步发挥党组织战斗堡垒和党员先锋模范作用，推动党建与企业发展深度融合，是东莞港务集团探索新时期国有企业党的建设工作面临的重要课题。东莞港务集团立足企业实际，深入落实国有企业改革深化提升行动，聚焦全面加强国有企业党的领导和党的建设，以体系化思维构建实施"1＋3＋N"党建工作体系，促进党建工作体制、机制全面融合，充分发挥党建引领改革发展效能，探索出以高质量党建引领企业高质量发展的新路子。

二、经验做法

（一）打造"一个"总品牌，全方位锻造红色引擎

东莞港务集团坚持以"品牌化"思维抓党建，创建"启航"党建总品牌，重点围绕"三个深度融合"探索基层党建品牌管理理念和方法手段，以一个总品牌带动各基层党组织党建子品牌的发展，全方位激活党建"红色引擎"，为企业发展注入强劲动能。

一是党建与生产经营深度融合。东莞港务集团找准党组织服务生产经营的着力点，将党的建设全面融入企业发展实际，谋划部署创建目标和创建举措，实施"扬帆行动""破浪行动""乘风计划""远航计划"，形成了企业支持党建、党建推动工作的良性互动局面，以高质量的党建工作推动企业各项生产经营任务高效落实。

二是党建与公司治理深度融合。东莞港务集团以"两个一以贯之"为统领，坚持党对国有企业的领导，围绕国企改革抓重点、补短板、强弱项，完善党委会、总经理办公会、董事会决策机制，落实党建进章程和制定"两个清单"，实现党组织把关定向"掷地有声"。

三是党建与企业文化深度融合。东莞港务集团找准党组织凝聚职工群众的着力点，坚持以人为本的发展理念，打造了以"启航"品牌文化为统领，以涵盖党建、经营、群团的品牌企业文化为基础，搭建全媒体宣传矩阵，相关报道被中央电视台、《人民日报》、新华社等35家权威媒体广泛关注和宣传。

（二）找准"三个手"切入点，立体式构建党建矩阵

东莞港务集团全面构筑"党委先手、支部推手、党员能手"的"三级联动"党建矩阵，党委把方向、管大局、保落实，支部发挥战斗堡垒作用，党员发挥模范带头作用，协调统一、稳定发力，推动形成齐心合力促

发展的发展格局，进一步提高党建工作水平，保障党建工作落地落实。

一是党委守住"先手"。东莞港务集团始终坚持把党的政治建设摆在首位，全面、系统、整体落实党的领导，把坚持"两个确立"、做到"两个维护"贯穿集团发展全过程各方面。扎实推进党纪学习教育走深走实、见行见效，为推动集团高质量发展提供坚强纪律保障。坚持党管干部、党管人才，出台"365"人才培养计划，建设新时代高素质干部队伍。

二是支部当好"推手"。东莞港务集团全面夯实港务集团基层党组织建设，认真落实"三会一课"、固定主题党日等制度，打造坚强有力的红色堡垒。近年来，码头公司支部成功开拓了新能源大巴、储能设备、光伏玻璃等新能源成品和原材料进出口业务，成功落地进口水果业务，推出并持续丰富"东盟快航"直航航线网络；产业投资公司支部成功争取香港海关首家电子烟转运营运人资格，顺利开展电子烟出口业务，正式运作东莞港跨境电商中心，实现进出口通道双向畅通；湾区快线集团支部推动实现海陆空铁全链路综合物流服务，搭建了东莞市唯一的中欧班列运营平台，打造了印度、欧洲、匈牙利、阿根廷等精品包机空运专线。

三是党员争做"能手"。东莞港务集团强化党员不忘初心的理想信念，激发基层党员的内在活力，进一步发挥党员先锋表率的作用。实行"红色梯队"计划，发挥党员传帮带作用，充分发挥"师带徒"和"党员带团青"优势。持续推进全员练兵常态化、制度化，举办商务营销、码头操作、安全生产等技能比武，营造比学赶超的良好工作氛围。下属码头公司连续多年入围中国港口协会桥吊作业、装卸效率单项奖，荣获广东省门座式起重机司机职业技能竞赛优秀组织奖。

（三）创推"党建＋N"工作法，多举措释放党建活力

东莞港务集团始终围绕"实"字做文章，坚持出实招、下实功、求实效，切实选准党建工作融入业务、推动业务、服务业务的抓手，确保业务

发展到哪里、党的建设就跟进到哪里、党支部的战斗堡垒作用和党员的先锋模范作用就体现到哪里。

一是深化"党建＋业务"品牌创建模式。东莞港务集团深入推进"一支部一特色一品牌"建设，找准党业融合方向和着力点，求精求实，突出企业特色、党建特色，并细化具体工作举措路径，推动下属党支部将党建品牌创建作为开拓创新、探索转型发展路径的载体和抓手，实现党建品牌由"有形"到"有效"的突破，更好发挥党建引领作用，扎实推动企业发展迈上新台阶。

二是深化"党员＋骨干"难题破解模式。东莞港务集团开展"先锋党员＋业务骨干＋创新创效＋攻坚克难"等系列活动，做到关键岗位有党员、项目攻关有党员、危急时刻有党员，让党旗在一线高高飘扬。在该模式的带动下，较好解决了东莞港四期工程的用地、融资问题，加快了东莞港 10 万吨级深水港的建设步伐；全面提升了东莞清溪保税物流中心（B型）项目运营水平，将出租率由 69％ 提升至 100％，2024 年排名全国第一；成功落地华南最大塑料贸易集散中心项目，总投资超 30 亿元，助力华南塑料产业转型升级；成功推动香港国际机场东莞空港中心实现收货、安检、监管等重大突破创新，建成全球首个跨关境海空联运直达项目，累计服务了超 1000 家大湾区外贸企业，累计进出口货值近 200 亿元。

三是深化"党组织＋经营团队"责任共担模式。东莞港务集团完善考核体系，进一步压实党建工作责任，推动党建工作与生产经营工作同步发展。近年来，在全球航运市场持续低迷、异常艰难的情况下，集团党委召开"发展总攻"誓师大会，为各党支部、经营团队集中授旗，压实责任、细化举措、吹响冲锋号，带领党员员工全力冲刺，推动各项营业指标、集装箱吞吐量再创历史新高。

三、改革成效

东莞港务集团切实把党的政治优势、组织优势转化为竞争优势、创新优势和发展优势，为推进港务集团改革创新、实现高质量发展提供坚强有力的政治保障和动力支持。

一是转型升级成效更"优"。在高质量党建的引领保障下，东莞港务集团朝着以港口供应链为核心的商贸综合服务企业转型目标阔步前行，企业实现扭亏为盈并连续盈利，营业收入实现翻番，国有资产保值增值和国有资本结构布局不断优化。累计开通 138 条内外贸航线，货物吞吐量超 2 亿吨，获评广东省海洋强省建设表现突出单位。

二是创新发展步伐更"快"。东莞港务集团创新发展实现大突破，"东莞港产业服务创新体系"荣获"省长杯"钻石奖，"创新发展实践体系"荣获"2022 东莞杯国际工业设计大赛"十大创新奖。积极响应"一带一路"倡议，创新联动海铁联运对接中欧、中亚班列，实现"一带一路"海陆两条通道在东莞港交汇。深度参与粤港澳大湾区建设，香港国际机场东莞空港中心项目创新海空联运模式，有力推动了粤港澳大湾区物流一体化水平的不断提升。项目入选首批粤港澳大湾区规则衔接机制对接典型案例、"2023 港航物流业 TOP30 创新案例"和"广东港航十件大事"，被中央、省、市各级主流媒体报道 300 余篇次。

三是党建引领作用更"强"。东莞港务集团"启航"党建品牌通过东莞市国资委验收，成为市国资系统重点推荐的党建品牌之一，下属码头公司支部获得市国资系统"五强五化"示范党组织创建金奖。东莞港务集团团结齐心、干事创业的氛围不断增强，获得了省、市五一劳动奖，以及省乡村振兴优秀巾帼队员等多项荣誉。集团团委连续荣获年度先进工作单位、五四红旗团委、青年文明号、三强三优模范团组织等称号，各岗位员工在各自领域发光发热、倾力奉献，汇聚起奋勇前行的磅礴力量。

115

红擎领航　组织赋能
以"13461"海外党建工程引领国际化
高质量发展

广西柳工集团有限公司

一、基本情况

广西柳工集团有限公司(以下简称"柳工")创建于1958年,是以国有资产授权经营方式组建的大型装备制造业国有企业。2002年,柳工提出"建设开放的、国际化的柳工"战略目标。经过二十三年的海外布局,柳工走出了一条从海外贸易、海外营销到海外制造、海外并购的国际化路径,拥有30多家海外子公司和机构、四大海外制造基地、五大全球研发基地、400多家经销商、1000余名海外员工,构建了研发、制造、供应链、营销、后市场完整的全球产业价值链,为180多个国家和地区提供产品和服务。

二、经验做法

柳工党委以习近平新时代中国特色社会主义思想为指导,深入贯彻党的二十大和二十届三中全会精神,认真落实习近平总书记关于广西工作论述的重要要求及视察柳工重要讲话精神,实施领航党建、价值链党建、海外党建、聚力党建和责任党建"五大党建"工程，把海外党建作为"五大党建"的重要一环，以"13461"海外党建工程为抓手，即柳工"全面国际化"战略1条主线，海外业务管理层、党员、员工3支队伍，"铁一般信仰"等4个要素，制度保障、人才培养、文化融合等6个抓手，柳工国际业务高质量发展1个目标，促进海外党建与海外业务深度融合，推动共建"一带一路"高质量发展。

（一）同步延伸，迈出"走出去"坚实步伐

一是建设海外战斗堡垒。柳工党委坚持"企业发展到哪里、党的建设就跟进到哪里、党支部的战斗堡垒作用就体现在哪里"，2013年以来，先后成立南亚区、亚太区、海外联合3个党支部，非洲区、中东中亚区等7个党小组，推动海外制造型子公司党组织覆盖率100%、海外营销型子公司党的工作覆盖率100%。

二是选优配强"头雁"队伍。柳工海外八大区域负责人均由党员担任，并全面推行"一肩挑"，由负责人担任党支部书记，纳入中层干部管理，挑选7名优秀部门负责人作为党小组组长。目前，柳工驻外党员占比达47.6%，海外42名作战团长由"80后""90后"党员担任，党员团长占比达85%以上。

（二）同向发力，建强国际业务"红色堡垒"

一是因地制宜开展组织生活。柳工依托"柳工智慧党建系统""柳工国际大讲堂""海外党建大课堂"等载体，用好柳工"每月一课""每月聚焦"等学习资料，积极与驻地中国大使馆、中资机构等开展党建联建，把中外文化交流融入"主题党日"，开展中国书法学习等文化交流活动，确保组织生活"形散而神不散"。

二是锻造"一带一路"出海先锋。柳工创新"党建＋人才＋项目"模式，实施海外销售精英、作战团长培养项目，柳工—广西科大校企合作暨柳工全球售后人员学历提升项目，通过建设"何海峰大师"工作室、开展全球技能大比武，建设国际技能合作学院，定制本地化工程机械技术技能人才培养计划，培育柳工国际化复合人才。泰国校企合作项目成功入选中国教育国际交流协会第五批"中国-东盟高职院校特色合作项目"，印尼校企合作项目入选第一批"中国-东盟职业教育卓越合作伙伴"。

三是打造暖心"家"文化。柳工建立驻外员工保险、远程医疗会诊、物资等保障体系，发放爱心卡，帮助驻外员工接送小孩、看护家中病人、疏导安抚家属情绪，为驻外员工解除后顾之忧。2023年，共慰问驻外员工54多人次，发放生日贺卡506多人次，为260名驻外员工家庭成员建立台账，解决驻外员工实际困难6人次。

（三）同频共振，打造"中国制造"国际化品牌

一是实施"书记领办重点项目"。柳工由海外党组织书记负责海外重点项目统筹推进，书记领办"国际运输保障""核心市场渠道变革"等重点项目，重点破解海外市场持续拓展难题。通过项目实施，打通中欧班列、中越班列、海运专线，全年国际业务发运各类设备60000多台，节省运费5000多万元。

二是开展"党员攻关"活动。柳工围绕市场营销、产品制造等，成立"印尼关键客户业务突破""意大利渠道开发及销售突破"等党员攻关项目30余个，充分发挥党员先锋模范作用，凝聚海外员工为印尼雅万铁路、中缅石油管道等"一带一路"重点项目贡献力量。

三是践行社会责任。柳工通过"启航助学""播撒阳光"助学行动、"以爱之名"支教活动，组织党员志愿者开展英语支教30余次，帮助15名留守儿童完成学业。建立党员"连心桥"服务站，设立党员24小时服务热线，组织海外党员参与印度暴雨洪涝、土耳其地震等救援活动。

三、改革成效

一是政治效应：党建红色引擎作用充分发挥。柳工党委立足"柳工全面国际化"战略，结合海外合作国家和地区的政治、经济、文化、宗教、法律等实际，因地制宜开展海外党建工作，激活党建引领"红色引擎"，党组织战斗堡垒和党员先锋模范作用充分发挥，海外党组织成为推动柳工海外业务高质量发展的坚强战斗堡垒，驻外党员员工队伍使命必达、能征善战，带动900余名外籍员工共建柳工国际化事业。

二是经济效应：积极融入和服务新发展格局。柳工党委完整准确全面贯彻新发展理念，积极融入和服务新发展格局，积极克服困难，成为实施"走出去"战略、"一带一路"倡议的重要力量。2023年，柳工海外收入同比增长41%，收入占整体营收超过40%；2024年，柳工国际市场收入和盈利持续保持增长，销量增速跑赢行业，所有大区均实现盈利，收获柳工有史以来最大海外订单。

三是社会效应：树立中国企业良好品牌形象。柳工党委将"产业报国、回馈社会"的社会责任理念融入柳工文化，在海外合作国家和地区出现重大自然灾害时，全力调配人员和设备参与救援工作。柳工印度公司为印度医院捐助医疗救护车，被当地政府授予"国外最佳投资者""中印榜样企业"，树立起中国企业的国际化良好形象。

116

强基筑堡垒　融合促发展
以"党建＋善建"助推国企改革提质增效

四川华西集团有限公司

一、基本情况

四川华西集团有限公司（以下简称"四川华西集团"）始建于 1950 年，现有管理人员约 2 万人、产业工人 18 万余人，累计荣获中国建筑领域最高奖——"鲁班奖"及"创鲁班奖工程特别荣誉"45 项、中国土木工程詹天佑奖 9 项、国家优质工程奖 46 项。四川华西集团党委始终坚持党建引领，立足深圳京基布心村城市更新项目（以下简称"项目"），创新实践"党建＋善建"模式，积极发挥基层党组织战斗堡垒作用，实现经济效益、市场效益和社会效益"三丰收"。

二、经验做法

（一）强化政治引领，以组织优势凝聚工作合力

四川华西集团坚持将党支部建在项目上，为项目建设注入红色力量。

一是抓实政治建设确保方向正确。四川华西集团坚持把政治建设摆在首位，逢会必讲政治纪律和规矩；设立党建展厅、党员活动室，打造"工地党课""项目小报"，及时跟进学习习近平总书记重要讲话和重要指示批

示精神，推动党的理论进项目、入人心。全年开展主题党日等活动 30 余场次、覆盖 800 余人次。

二是鲜明基层导向建强战斗堡垒。四川华西集团建立基层党建工作联系制度，集团党委书记、深圳公司班子成员定点联系项目党支部，项目党支部党员对口联系务工人员，每季度开展问卷调查、谈心谈话，解决员工急难愁盼问题近 40 项，构建党员牵引、业务串联、团队一心的稳固堡垒。

三是严明纪律规矩锻造善建铁军。四川华西集团严格落实"一岗双责"，建立一个工作平台、一个监督信箱、一份履职清单、一套工作制度"四个一"机制，项目负责人签订党风廉政建设责任状、管理人员签订廉洁承诺书，将廉洁从业纳入考核，每年开展典型案例宣讲、廉洁漫画展示等警示教育活动 10 余次，筑牢"三不腐"坚强防线。

（二）强化体系建设，以组织带动提升管理水平

四川华西集团建立健全指挥体系、培养体系、管理体系，跑出建设"加速度"。

一是理顺指挥体系，提升运转效率。四川华西集团充分借鉴红军"三湾改编"历史经验，创新实施"司令 + 政委"管理模式，实行双人负责制，"司令"抓生产经营、项目管理，"政委"抓思想政治、后勤保障。在项目上，生产经理任"司令"、技术（安全）负责人任"政委"，在班组内，业务强、威信高的正副班组长分别任"司令"和"政委"，自上而下形成权责分明、协同高效的组织体系。

二是健全培养体系，强化人才支撑。四川华西集团鲜明在一线磨砺党员导向，选拔政治强、业务精的党员骨干任负责人，选用想干事、能干事的青年党员任支委，把党员分布在施工、技术等重要岗位，畅通"从一线摸爬滚打"到"关键管理岗位"渠道；创新结对帮扶、导师带徒锻炼方式，从党性锻炼、能力提升、职业发展等方面"一人一策"订计划、建档

案，累计结对帮扶 40 余人、导师带徒 20 余对、发展党员 9 名。

三是完善管理体系，带好工人队伍。四川华西集团主动构建和谐劳动关系，成立工联会并实现首批 300 名员工入会，直接与务工人员签订合同，专户每月按时付薪；打造"一站式"生活家园，配套夫妻房、篮球场等场所；建立"九宫格"等指标评价体系，每年 2 次评选表彰"工匠先锋""工地最美夫妻"等奖项 20 余项、覆盖 300 余人次，为工友筑起"暖心港湾"。

（三）强化贯通融合，以组织力量保障生产经营

四川华西集团在项目管理、生产建设、联建共建上找准结合点，推进党建工作与生产经营深度融合。

一是以"党建+管理"融合提效能。四川华西集团围绕强抓工期、降本增效等工作，建立项目会议、班组评比等 10 项制度，总结提炼防渗漏等十大措施，创新"12345"管理理念，以打造 1 个"不可替代的项目团队"为目标，运用"实测实量和市场认可"2 把尺子，提升"总承包管理、技术转化、商务对接"3 种能力，增强"项目精神、高大难新大型综合体工程管控能力、务工人员管理、为主业提供增值服务"4 方面核心竞争力，凝聚"以人为本、管理制衡、创新管理、市场营销、共赢共荣"5 个共识，实现目标一致、行动统一。

二是以"党建+生产"融合促发展。四川华西集团开展"一线党旗飘"等活动，组建"党员先锋队""青年突击队"等 10 余支"攻坚队伍"，提前 251 天完成建设任务，2023 年完成施工产值 11 亿元；依托劳模创新工作室和质控创新小组，推动工艺工法等创新创效，攻克"标准层铝膜在避难层运用技术"等难题 10 余项。

三是以"党建+共治"融合优环境。四川华西集团搭建党建"连心桥"，围绕环保、交通、噪声等治理重点，与属地党组织开展"组织联建

一体化、活动联办常态化、阵地联用共享化、问题联解高效化"的"四联四化"共建共治活动；健全社会服务机制，落实"双报到"，积极参与防汛救灾、城市排涝等工作，累计服务群众1500余人次，赢得好口碑。

三、改革成效

项目党支部建成科学有效、坚强有力的基层组织体系，以"党建"引领激发"善建"力量，切实提升项目管理水平和生产经营效益，项目累计荣获国优工程奖1项、省级优质工程奖7项、省级优质结构奖1项，项目党支部获得"全国总工会工人先锋号""四川省模范职工小家""深圳市十佳党支部"等荣誉，2名员工获"深圳市五一劳动奖章""深圳市五一巾帼标兵"。四川华西集团总结提炼项目实践经验，强化示范引领、典型引路，在所属639个基层党组织推广应用"党建+善建"模式，为高质量发展注入强劲"红色动能"。2022年提前一年实现"千亿华西"奋斗目标，2023年实现营业收入1084.17亿元，同比增长7.98%，累计新签合同额2270.93亿元，同比增长25.49%。

国有企业改革深化提升行动实施以来，四川华西集团营业收入、数字经济年交易额实现"双千亿"，新签合同额突破2000亿元大关，2024年达到2384亿元，较2023年初增长32%。

117

打好"组合拳" 推动国有企业改革深化提升行动开好局、见实效

西藏自治区人民政府国有资产监督管理委员会

一、基本情况

西藏自治区党委、政府高度重视国有企业改革，结合自治区实际，制定印发了《西藏自治区国有企业改革深化提升行动实施方案》（以下简称《实施方案》），指导推动全区国资国企改革。西藏自治区人民政府国有资产监督管理委员会（以下简称"西藏自治区国资委"）深入学习领会习近平总书记关于国资国企改革发展和党的建设重要论述和指示批示精神，贯彻党的二十届三中全会精神，认真落实西藏自治区党委、政府部署要求，打出"组合拳"狠抓落实，推动自治区国有企业改革深化提升行动开好局、见实效。

二、经验做法

（一）顶层谋划建机制

国有企业改革深化提升行动是一项系统工程，需要各有关部门协调联

动、同向发力。西藏自治区国资委制定了《西藏自治区国有企业深化提升行动实施方案落实工作机制》，以确保国有企业改革深化提升行动的顺利推进与高效实施。

一是建立联络人机制。西藏自治区对全区国有企业改革深化提升行动各项工作实施统筹调度。区（中）直各部门、各地（市）国资委、委各监管企业分别明确一名分管领导和责任处室牵头负责国有企业改革深化提升行动，并指定一名联络人专门负责各项工作的对接联络，保证遇事找得到人。

二是建立信息报送机制。西藏自治区国资委注重充分发挥典型引路作用，定期梳理总结各地（市）国资委、委各监管企业工作有关重大进展、特色亮点、典型经验等重要信息，每月收集 1 期简报、每半年收集综合性简报，将改革好经验、好做法进行定期汇编后印发各单位以供学习借鉴。

三是建立协调督办机制。西藏自治区国资委实行委领导联系制度，每名委领导在联系监管企业的基础上联系 1 个地（市），负责对地市国有企业改革深化提升行动的跟踪督办，每年至少赴联系地（市）和企业开展 1 次协调督导，跟踪国企改革进展。对进度较慢的工作，发督办函了解开展情况，并及时开展专题调研，及时协调解决推进过程中存在的问题。

四是建立评估机制。西藏自治区国资委积极落实《实施方案》有关要求，结合各地（市）国资委、委各监管企业的报表填报、工作进度、信息报送等日常推进情况开展改革考核评估，将考核结果纳入委监管企业负责人年度绩效考核，同时抄报区党委组织部等单位。将各地（市）评估结果在系统内公布并抄报区党委改革办、督查室，对质量不高、填报不实、把关不严、落实不力甚至存在明显弄虚作假问题的进行通报。

（二）压实责任做分工

为进一步增强各有关管理部门的战略协同，为国有企业改革深化提升行动集聚各方力量，西藏自治区明确了区（中）直各部门、各地（市）和西藏自治区国资委在此次国有企业改革深化提升行动中各自承担的职责，将责任层层压实，实现上下同频共振、协同推进。

一是做好区（中）直各部门任务分工。西藏自治区将《实施方案》细分为 126 项具体任务，在广泛征求意见的基础上，由区（中）直各部门结合自身工作实际认领分工任务并细化具体措施。《分工方案》经自治区分管副主席审阅后印发执行。

二是做好各地（市）国资委任务分工。为加快工作进度、实现基层减负，西藏自治区国有企业改革深化提升行动不要求各地（市）国资委、委各监管企业单独制定深化提升实施方案，而是结合《实施方案》和自身实际，研究制定本地区（单位）工作台账，明确改革举措、责任人、时间节点和路线图。

三是做好委内处室分工。为确保《实施方案》中的 126 项任务落实落地，西藏自治区国资委组织各业务处室进行了逐项分工，各处室按可操作、可考核、可检验的原则提出了具体改革举措。经过 4 轮征求意见并反复协调后，送请各分管委领导会签达成一致意见，形成委内工作台账。

（三）把准方向定台账

积极做好政策宣贯工作，解决各地（市）国资委、委各监管企业不会改的问题，同时严格审定台账，确保各层级改革举措不漏项、可落地。

一是加强政策宣贯。为有效确保各地（市）国资委和委各监管企业进一步学深悟透新时代中央关于国资国企改革的部署要求，贯彻落实好新一轮自治区国有企业改革深化提升行动实施方案，西藏自治区国资委积极面向地（市）、监管企业开展授课培训，实现 7 地（市）现场政策辅导全覆盖，以问题为导向重点解答自治区国有企业改革深化提升行动"为什么干，干什么，怎么干"三个问题。

二是严审台账。对各地（市）国资委、委各监管企业报送的工作台账，重点把握三大原则，即：改革举措要充分贯彻自治区改革重点任务，对不具备条件落实的要给出理由说明；可量化的改革举措要确保有具体量化指标，做到可量化、可考核；对不能量化的改革举措要有具体的动作和措施（如发文件、建机制等）。经对 7 地（市）国资委、11 家监管企业报送的工作台账进行 3 轮审核并及时反馈意见，正式台账报经自治区分管副主席同意后，将其作为近两年推动国企改革的有力抓手。

（四）狠抓落实重调度

按照西藏自治区领导"狠抓落实"的工作要求，西藏自治区国资委对国有企业改革深化提升行动推进情况实行"月调度、季专报、年总结"工作机制，确保进度有跟踪、有落实，有保障。

一是开展月调度。西藏自治区国资委参考国务院国资委印发的《地方国有企业改革深化提升行动重点量化指标采集表》，结合自治区实际情况调整简化了填报内容，制定了地（市）国资委、委各监管企业两套《量化采集表》。为实现按月调度，及时掌握推进情况，请各地（市）国资委、委各监管企业按照每个月的频次报送月度国有企业改革深化提升行动工作台账和《量化采集表》至西藏自治区国资委汇总。

二是开展季专报。为全面、及时地向自治区分管副主席展示各单位工作进展、亮点成就及存在问题，确保改革任务的顺利推进与透明化管理，请区（中）直各部门、各地（市）国资委、委各监管企业每季度最后一个月月底前形成能展示任务进度和推进情况的工作专报报送西藏自治区国资委，由西藏自治区国资委汇总后形成专报呈递自治区分管副主席。

三是开展年总结。为综合研判改革成效，全面梳理工作进展与难点堵点，西藏自治区国资委每年年底汇总各单位改革推进情况，分析工作推进中的亮点与难点，形成专报报送西藏自治区人民政府、国务院国资委，并根据实际情况适时采取召开专题会、推进会等方式研究解决重大问题，确保《实施方案》落实落地。

三、改革成效

一是改革任务持续推进。截至 2024 年底，西藏自治区国有企业改革深化提升行动整体进度为 80.9%，其中 11 家委监管企业整体进度为 86.47%，7 地（市）整体进度为 83.6%，均超额完成年初 70% 既定目标。

二是经营发展稳中向好。截至 2024 年底，西藏自治区国资委监管企业资产总额 1386.34 亿元，同比增长 4.11%；净资产 633.03 亿元，同比增长 8.23%；实现利润总额 9.4 亿元，剔除重大非经营性损益同比增长 85.41%；上缴税金 17.63 亿元，同比增长 34.47%；平均资产负债率 54.34%，同期下降 1.73%，关键指标增速位于全国省级监管企业前列。

三是科技创新能力加快提升。西藏自治区积极谋划因地制宜发展新质生产力的实施方案及配套支持政策，梳理了一批新质生产力项目，首期预计投资 5.9 亿元。近年来，西藏自治区国资委监管企业在清洁能源、高原建工建材、藏医药等领域设立了 1 个院士工作站、1 个博士后工作站、7 个自治区级创新平台，每年研发投入总量均保持 10% 左右增长。

四是重组整合和瘦身健体工作持续推进。围绕西藏自治区重点产业，西藏自治区国资委制定了国有经济布局结构优化调整的工作思路，为下一步整合重组工作奠定坚实基础。2023 年以来累计推动全区完成企业压减 222 家，将监管企业产权层级控制在 4 级以内。

五是监管效能不断增强。目前，西藏自治区 86 家企业无偿划转工作已基本完成 78 家，占总任务的 90.6%，区属国有企业监管率提升至 99.86%。制定、修订监管企业内部审计管理规定、合规管理办法等监管制度 22 项，在全国率先完成监管企业司库体系建设并实现全覆盖。西藏自治区国资委制定出台投资管理办法，将融资性贸易、非主业投资等 13 类投资纳入负面清单，明确监管企业投资的红线底线。2024 年，剔除低效无效、过高风险投资约 17 亿元。

健全机制 上下贯通
推动国有企业改革深化提升行动穿透基层

陕西省人民政府国有资产监督管理委员会

一、基本情况

陕西省人民政府国有资产监督管理委员会（以下简称"陕西省国资委"）坚持以习近平新时代中国特色社会主义思想为指导，深入学习领会习近平总书记关于国有企业改革发展和党的建设的重要论述精神，牢牢把握改革的正确方向，精心谋划、周密部署，扎实推进国有企业改革深化提升行动，全力落实好各项改革任务，不断增强企业核心功能、提升核心竞争力。2024 年，省属企业全年实现营业收入 1.68 万亿元，利润总额 861.2亿元、同比增长 9.9%，工业总产值 8380.7 亿元、同比增长 5.4%。

二、经验做法

（一）健全工作机制，压实改革任务

一是建立高位推动机制。陕西省委、省政府高度重视国有企业改革深化提升行动，将该行动列入政府工作报告并作为重点任务部署推动。陕西省委书记、省长多次赴企业现场调研指导，就企业重组、国资监管等重点改革事项召开专题会议研究讨论。省长出席国资国企负责人交流会，对党

的二十届三中全会精神进行全面宣讲，对深化国资国企改革作进一步强调部署。陕西省国资委作为牵头单位建立会议机制和联络机制，协调相关部门、省属企业、市（区）国资委压实改革任务，形成工作合力。

二是健全改革推进机制。陕西省国资委将改革实施方案细化分解为94项改革任务、187项具体措施，明确责任部门、具体措施及完成期限，以"月统计、季通报、半年总结、年度评估"工作机制定期研判、压茬推进。不定期召开专题会议，研究解决共性问题和滞后任务。建立推行"专项行动＋专项工程"模式，系统推动党建、创新、战略性新兴产业培育等12项具体重点改革事项。

三是实行闭环考核机制。陕西省国资委修订了《省属企业负责人经营业绩考核办法》，将国有企业改革深化提升行动任务完成情况纳入考核，设置奖惩条件、强调刚性约束，对在加强党的全面领导、改革上市、科技创新等方面取得突出成绩的企业给予奖励加分，对未完成改革重大专项任务的企业给予考核扣分或降级。完善"一企一策"考核机制，下调竞争类企业经营指标权重，对公共服务类、功能类企业突出专项任务，"深化改革"指标权重在省属企业考核中最高占比达到20%。

（二）强化基层指导，提升改革质效

一是建立基层企业联系点制度。陕西省国资委确定10家企业作为基层联系点，由委领导班子牵头开展走访调研，听取改革进展和意见建议，协调解决改革过程中存在的困难，推动改革政策向下贯通。

二是实施"分层分类"业务培训。陕西省国资委采取"分层分类"培训方式，进一步加强对基层工作指导的针对性，逐级压实改革任务。召开动员部署会进行专题宣贯和动员部署，压实"一把手"责任；召开全省改革方案培训会，面向企业改革分管领导、牵头部门对全省方案进行深入解读；举办3期专题培训班，由业务处室负责同志授课，面向企业改革相关

部门和基层企业做专项业务培训和辅导；强化靠前服务，多次赴省属企业、市（区）国资委开展国企改革专题培训，加大业务指导和政策宣贯力度。

三是开展基层调查研究。陕西省国资委先后深入 18 家省属企业集团和 28 家子企业调研督导国企改革进展，逐项检查改革任务完成情况和相关资料，现场反馈存在问题及整改建议，并就改革要点再次进行培训指导，进一步推动基层企业改革走深走实，避免改革工作"上热中温下冷"。

（三）加强跟踪督办，确保落地见效

一是抓好重点环节督办。陕西省国资委灵活应用约谈、督办函等方式，有力有序推进改革任务。采用集中约谈方式督促进展较慢的 13 家省属企业加快改革进度；采用督促函方式动态推进 7 个市（区）加快工作部署；采用"集中约谈＋督办函"方式对方案出台较慢的 3 个市（区）进行集中约谈，省政府办公厅向市（区）政府发函督办，确保总体目标任务有效推进。

二是抓好专项改革示范。陕西省国资委对陕西西安区域综改试验、双百行动、科改行动、一流企业建设等专项改革任务召开专题会议"点对点"研究推动，对难点、堵点任务提前部署。建立省市协同机制，在"产业链、创新链"等 8 个方面的央省市融合发展上统筹推动综改试验；加强综合评估，全面启动一流企业建设工作。

三是抓好经验总结推广。陕西省国资委突出抓好典型经验的总结与挖掘，运用《陕西国企改革简报》、经验交流会、官方网站、微信公众号等平台，对企业和市（区）的优秀经验做法进行交流推广，营造和深化改革良好氛围。

三、改革成效

一是改革进度明显加快。截至 2024 年 12 月底，陕西省国资委 187 项改革举措已完成 148 项，完成率 79.14%，省属企业改革任务平均完成率 83.82%，市（区）改革任务平均完成率 83.74%。

二是改革举措走深走实。企业党委前置研究事项清单的动态优化率达到 88.1%；各级企业董事会全部实现应建尽建，实现外部董事占多数，专职外部董事总人数达到 128 人；5281 名经理层成员实行任期制和契约化管理，86.84% 的新任管理人员实行竞争上岗，管理人员末等调整或不胜任退出制度覆盖面达到 95.4%。

三是改革经验不断涌现。陕西省国资委、陕西交通控股集团有限公司改革经验先后在全国国有企业改革深化提升行动专题推进会上作书面交流；陕西西安综改试验"秦创原建设、综改基金赋能改革发展"经验作为标志性成果获全国范围推广。在 2023 年度"双百企业""科改企业"专项评估中，4 家企业获评"标杆"企业，6 家企业获评"优秀"企业。

119

聚焦国资国企　坚持改革赋能
全力推动综改试验西安基金取得实效

陕西西安国资国企综合改革试验基金管理有限公司

一、基本情况

陕西西安国资国企综合改革试验基金管理有限公司（以下简称"西安综改公司"）是国务院国资委为推动中央和地方企业资本协同、"一盘棋"改革，授权中国国新控股有限责任公司（以下简称"中国国新"）联合省市国有企业共同出资设立的股权多元化国有企业，是服务区域国资国企改革的专设资本管理公司。成立以来，西安综改公司在省市综改专班的指导下，认真落实《陕西西安区域性国资国企综合改革试验实施方案》（以下简称《综改方案》），积极探索以资本手段促进央地企业合作联动、"一盘棋"服务区域经济社会发展的改革路径。

二、经验做法

（一）聚焦区域资源禀赋，助力产业转型升级

一是以《综改方案》为纲，围绕重点产业找项目。西安综改公司紧扣《综改方案》中发展先进装备制造业、文化旅游业两个万亿级产业集群要求，重点围绕新能源、新材料、航空航天等产业方向，挖掘影响面大、带

动性强、处于产业链关键环节的合作项目，扎实推进项目库建设，重点走访考察入库项目 83 个，推动投资项目 17 个，金额达 14.9 亿元。

二是以产业链为媒，围绕链主企业找项目。西安综改公司聚焦陕西产业发展方向和重点国有企业，紧盯西安市"6 + 5 + 6 + 1"现代产业体系，紧密对接光电子、新能源汽车、军工等产业链"链主"，聚焦优化区域产业布局、突破关键技术"卡脖子"等方面，加快布局战略性新兴产业和未来产业，助力打造原创技术策源地和产业链链主单位，支持区域国资国企走向资本市场，开发投资一批具有"改革属性"优质项目，培育国家专精特新"小巨人"企业和细分领域"隐形冠军"。

三是以赋能区域为本，围绕城市发展找项目。西安综改公司按照西安"双中心""国家中心城市"建设和西部大开发战略目标，依托秦创原创新驱动平台，用好西安"一院一所一校"资源优势，重点对中国科学院光机所、西北有色金属研究院、西北工业大学、中国航发动力股份有限公司、陕汽集团有限责任公司、陕西电子信息集团有限公司等持续跟进深挖，通过资金支持、资源导入、项目投资等方式，加快投资落地一批重点项目，积极融入大西安发展的城市格局，更好地服务区域发展战略、科技创新和产业转型升级。

（二）聚焦深化国企改革，精准投出优质项目

一是发挥国家级基金作用，扛起旗帜投项目。作为区域内首只具有战略配售资格的国家级基金，西安综改公司高举国家级基金旗帜，参与陕西华达科技股份有限公司战略配售，领投西安西航集团莱特航空制造技术有限公司（以下简称"西航莱特"）、陕西交控科技发展集团股份有限公司（以下简称"交控科技"）等项目，走实基金特色发展路径。

二是绘制产业图谱，精准定位投项目。西安综改公司梳理形成西安市产业图谱，分析央企、省企产业方向，围绕综改试验实施方案对区域产业

禀赋进行深入画像，滚动建立综改基金拟投项目库，重点投资一批含金量、含新量、含绿量高的项目，立足长远、着眼未来，按照产业链图谱精准接续开展投资工作。

三是掌握改革工具箱，深度赋能投项目。西安综改公司着眼体制机制改革，运用中国国新改革系基金工具箱，以任期制契约化、超额利润分享为切入点，为综改区域企业提供改革咨询和解决方案，深度赋能企业，投出高质量项目。

（三）聚焦发挥功能作用，彰显国有资本价值

一是主动参与公司治理，全面赋能企业发展。作为国资国企改革资本工具，西安综改公司积极参加西航莱特、陕西有色天宏瑞科硅材料有限责任公司（以下简称"天宏瑞科"）董事会治理，用驱动改革的政策"工具箱"，健全市场化激励约束机制，在资本协同、资源整合、政策配套上，全面为被投企业赋能，为区域国有企业更好发挥科技创新、产业控制和安全支撑作用贡献综改基金力量。

二是构建基金生态圈，协同产业链合作。作为国资基金的汇聚点，西安综改公司主动为被投企业对接产业上下游，特别是为交控科技对接数字化合作项目，助力企业智慧化、数字化转型，以类产业投资人的角色服务被投企业。

三是注重投后管理，释放资本价值。西安综改公司助力被投企业深化改革，为有关科研院所事业部改制、西航莱特建立董事会、天宏瑞科强化中长期激励约束等提供改革解决方案，以投促改、以改增效，协助被投企业进一步完善市场化经营机制，促进企业实现高质量发展。

三、改革成效

西安综改公司积极探索可复制、可推广的模式经验，全力打造综改试验基金"西安样板"。

一是切实发挥"国家级"基金示范引领作用。西安综改公司在 5 只综改试验子基金中首先取得战略配售资格，作为西航莱特、交控科技领投方，有效协同省市资本实现项目落地达效。

二是助力企业改革取得实质性突破。西安综改公司推动西安智德汽车电子控制系统有限公司、天宏瑞科等实施员工持股计划，向西航莱特派出一名董事，参与企业运营治理，坚持市场化改革方向，加快国有企业经营机制转换，实现资源的最优配置和充分利用，推动企业改革取得成果、走深走实。

三是助力"央企进陕"实现股权合作。西安综改公司积极落实"创新引领　深化合作"央企助力陕西高质量发展推进会会议成果，参与某航空航天产业央企增资项目，以股权为纽带、以项目为牵引，率先助力"央企进陕"项目落地达效。

四是联合秦创原延展综改投资空间。西安综改公司联合秦创原创新驱动平台积极向外拓展，开展基金赋能科技创新项目路演活动，将秦创原企业、科研、人才等优势向上海、深圳、青岛、杭州等综改试验区优秀投资机构延展，引导综改试验基金群资本参与项目孵化、科技成果转化，为综改各子基金做好资本协同奠定基础。

五是资本赋能实体经济开辟新路径。西安综改公司协同各级资本撬动30 多亿元，引入央省外部资源，与中国国新协同推动战略性新兴产业发展、科技成果转化，谋划设立中央企业战略性新兴产业发展基金陕西主题子基金，用于投资实体产业、项目链式发展，助推西安产业强链延链补链。

120

国有企业改革深化提升行动
积厚成势　质效齐升

甘肃省人民政府国有资产监督管理委员会

一、基本情况

国有企业改革深化提升行动实施以来，甘肃省深入学习贯彻习近平总书记关于国有企业改革发展和党的建设的重要论述精神，全面落实习近平总书记对甘肃重要讲话重要指示批示精神，紧紧围绕增强国有企业核心功能、提升核心竞争力，聚焦重点难点持续攻坚，取得显著成效，为中国式现代化甘肃建设注入了新动能、增添了新活力。

二、经验做法

（一）坚持统筹谋划、上下联动，协同高效推动国企改革成势见效

一是高站位谋划部署。甘肃省对标对表中央改革方向和要求，结合甘肃实际制定国有企业改革深化提升行动实施方案，"跳起摸高"确定改革目标，细化9个方面46项重点任务，谋划了"创建一流企业""企业数字化转型"等10个专项行动，增强改革的系统性、针对性、操作性。

二是高层次一体推动。甘肃省委、省政府先后两次召开全省范围会议，省委、省政府主要领导共同出席，部署推动国有企业改革深化提升行

动重点任务。甘肃省委主要领导对省属企业全覆盖调研，逐户把脉问诊，与企业一道研究谋划改革思路和发展战略；省政府主要领导经常深入企业现场办公，协调解决实际困难和突出问题。

三是高标准贯通落实。甘肃省将国企改革作为全省改革工作重点纳入省委深改委年度工作统筹推进，每年制定成员单位、市州、省属企业"三个台账"，每月跟踪调度、每季专题推进、全年考核评估。强化督察检查，建立纪委监委、巡视、审计、国资监管部门对省属企业巡视和审计反馈问题联合督改长效机制。

（二）坚持国家所需、甘肃所能，因地制宜培育和发展新质生产力

一是以科技创新赋能产业创新发展。甘肃省实施强科技行动，突出强化企业创新主体地位，出台国有资本经营预算专项支持、省级科技计划靶向扶持"链主"企业等政策措施，健全定期会商、供需对接、联合攻关等政产学研用协同创新机制，推动组建由企业牵头、科研机构和产业链上下游企业参与的创新联合体，促进创新链、产业链、资金链、人才链、政策链深度融合。

二是以改旧育新推动产业转型发展。甘肃省实施国有资本布局结构调整"6＋1"行动，加快发展新材料等特色优势产业，培育壮大高端装备等战略性新兴产业，前瞻布局氢能等未来产业。落实大规模设备更新和消费品以旧换新重大部署，形成包括1个总方案、12个专项方案、若干配套制度的"1＋12＋N"政策体系，建立了国有企业设备更新和技术改造项目库、设备更新清单、产品和服务供给机会清单"一库两清单"。

三是以龙头企业引领产业集群发展。2家省属企业担任国家工业母机产业链链主，14家省属企业担任省内26条细分产业链链主，探索形成1条产业链制定1套实施方案，绘制1张产业链图谱，建立配套企业、技术攻关、短板弱项、对标企业、重点项目5张清单的"1115"产业链发展模式。

（三）坚持有序进退、拓存创增，多措并举优化国有资本布局结构

一是聚焦实业主业着力管好资本投向。甘肃省坚持把发展的着力点放在实体经济上，强化主业管理和投资监督管理，明确规定每家企业原则上主业不超过 3 个、培育业务不超过 2 个，"一企一策"设置非主业投资比例，动态优化投资项目负面清单，对发展战略性新兴产业和未来产业实施更加灵活的投资管理模式。

二是聚焦做专做强推进整合重组。甘肃省围绕加快发展特色优势产业，推动药业、文旅、电气装备、能源化工等领域专业化整合重组；围绕培育壮大战略性新兴产业，组建科技、数据信息、工程咨询、生态环保、知识产权等产业集团；围绕支撑保障交通、水利、物流重大基础设施建设，推动交通、铁路、水利、现代物流领域整合重组；围绕服务国家战略，并购重组工业母机、种业领域市属国有企业，协同推进国家重大技术攻关项目。

三是聚焦协同发展不断扩大开放合作。甘肃省开展"引大引强引头部"行动，依托全省重点产业链和国有骨干企业，由省领导带队赴 20 余个省区市和港澳地区登门开展产业链招商。全面深化中央企业与地方国有企业合作，连续四年举办项目对接活动，累计签约 396 个总投资 9738 亿元合作项目。

（四）坚持守正创新、有破有立，着力打造富有活力的现代新国企

一是突出抓好董事会建设。甘肃省构建覆盖机构设置、职责权限和运行机制、履职管理等各方面全过程的董事会建设"1 + 19"制度体系，开展现代公司治理示范创建行动，建立了外部董事选拔入库、统一管理、能力提升、服务保障、动态调整等机制。

二是突出抓好三项制度改革。甘肃省开展经理层成员任期制和契约化管理质量提升行动，并在管理人员中推行。完善按业绩贡献决定薪酬机制、工资总额决定机制，对全国重点实验室所在企业给予工资总额上浮

5%的支持，对"一流专精特新示范企业""科改企业"实施工资总额预算内单列管理。

三是突出抓好对标一流提升。甘肃省以对标一流管理提升、质量提升、价值创造、品牌引领和企业家培育5个专项行动为载体，"一企一策"确定标杆企业，明确创建目标、路径措施，分层分类创建一流企业和专精特新企业。

三、改革成效

一是企业发展质量效益显著提升。近三年省属企业资产总额、利润总额、工业总产值、产业项目投资年均分别增长6.74%、2.93%、14.36%、11.7%，2024年营业收入利润率、净资产收益率、全员劳动生产率、国有资本回报率比2022年分别增长27.78%、8.33%、10.19%、14.71%。

二是企业科技创新能力不断增强。近三年省属企业研发投入年均增速超过10%，工业企业研发投入强度达到2.9%。累计建成国家级创新平台29个、创新联合体8个，攻克医用4N无氧铜制备、高温镍基合金制造等30余项关键核心和"卡脖子"技术，填补国内空白、实现国产化替代。

三是国有资本布局结构加快优化。省属企业95%以上的投资集中在传统产业、新兴产业和重大基础设施领域。2024年全省战略性新兴产业增加值增长7%，新能源装机突破6400万千瓦，占比居全国第2位；冶金有色、新材料、装备制造等产业链产值均增长20%以上。

四是公司治理能力水平明显提高。党的领导深度融入公司治理，实现董事会应建尽建，基本实现外部董事占多数。全面实施经理层成员任期制契约化管理，省属企业各层级负责人绩效薪酬占比平均达到50%以上，"按业绩论英雄"的鲜明导向逐步形成。

121

全面实施"3×3"党建工作法
为混合所有制企业改革发展赋能增效

甘肃电投武威热电有限责任公司

一、基本情况

甘肃电投武威热电有限责任公司(以下简称"武威热电公司")成立于 2014 年,是甘肃省电力投资集团有限责任公司控股(股权占比 51%),韩国株式会社 LX 商事(股权占比 30%)、甘肃省投混改基金(股权占比 19%)参股,专业从事电力、热力生产及销售电力、热力相关产品和业务的中外合资企业。作为甘肃省首批国有企业综合改革示范企业之一,武威热电公司坚决贯彻落实党中央、国务院和甘肃省委、省政府部署要求,深入实施国有企业改革深化提升行动,不断加强和改进党的建设,深入探索党建工作与生产经营深度融合,从设计构想、搭建框架到培育实践,形成了以"三一三融三保"为主要内容、以"3×3"党建工作法为主要脉络的党建品牌,通过"红色引擎"赋能公司高质量发展。

二、经验做法

(一)以"三一"领航定向,做习近平新时代中国特色社会主义思想的忠诚践行者

一是始终把对党忠诚作为"第一任务"。武威热电公司党委坚定引导

党员干部和职工群众始终把对党忠诚、尽职履责作为"第一任务"，以模范课堂、廉政课堂、道德课堂、实地课堂、情景课堂、智慧课堂"六大课堂"为载体，深入学习贯彻习近平总书记关于国有企业改革发展和党的建设的重要论述精神。充分利用当地红色资源，运用"课堂＋实地"学习方式不断夯实思想根基，筑牢政治忠诚。

二是始终坚持"第一议题"。武威热电公司把学习贯彻落实习近平新时代中国特色社会主义思想作为各级党组织的"第一议题"。2023 年以来开展党委理论学习中心组集中扩大学习研讨会 29 次，累计交流发言 117人、撰写研讨材料 243 篇。利用早会、党委会累计开展"第一议题"学习387 次。

三是始终确保党的组织领导走在"第一方阵"。武威热电公司党委全面落实"三重一大"事项党组织前置研究程序，2023 年以来召开党委会121 次、前置研究重大事项 84 项、研究决策重大事项 189 项，确保党的主张和重大决策切实转化为企业的战略举措、改革发展的实际成效。

（二）以"三融"引领发展，做新时代谋事创业的不懈奋斗者

一是融入改革增活力。武威热电公司坚决把党的领导融入公司治理环节，把党组织内嵌到公司治理结构之中，系统修订权责清单，厘清权责之界，明确党委"前置研究""审议决策"事项，公司党组织在法人治理结构中的法定地位更加牢固、作用发挥更加凸显。制定《落实董事会职权实施方案》，推动中长期发展决策权等 6 项重点职权有效落实；制定《董事会议事规则》等 19 项基本规章，以公司章程为核心的"1＋N"制度体系全面完成。制定《董事会授权管理办法》《董事会授权总经理决策事项清单》等，建立了权责利相统一的契约化管理机制，做到了有效放权赋能，经理层自主经营活力充分激发。

二是融入管理添动能。深耕电力、热力、煤炭、副产品及碳资产"五个市场",武威热电公司党委班子带领党员干部深研市场规则,以"日调度、周分析、月检查"方式强化业务统筹,持续开拓挖掘市场潜能。以合规试点单位创建为契机,全面搭建合规管理体系,规范制度"立改废"流程,形成法人治理、党群管理、安全生产、人力资源等 9 类315 项规章制度,公司规范化、标准化管理能力持续提升。做精做细关心关爱,升级更新集控楼值班休息室,完善相关配套设施,2023 年以来落实事关职工切身利益的好事实事 10 项,让广大职工归属感更强、幸福感更满。

三是融入生产解难题。武威热电公司聚焦生产现场安全风险,设备技术党支部以"岗区队"为单位深入推进安全生产 3 个专题和 6 个专项整治,2023 年至今实现"零非停、零事故、零伤害";面对电煤供应紧张、价格高企等困难,广大党员亮身份、强担当,全力以赴保供电保供暖保民生。大力组织开展创新工作室、创新模型大赛、争创青年岗位能手等创新创效创优实践活动,6 项成果获得国家专利,公司设备技术部炉检班被甘肃省职工技术协会授予"优秀车间班组"荣誉称号。

(三)以"三保"正风提效,做加强和改进思想政治工作的坚定拥护者

一是监督保质效。武威热电公司成立"大监督"体系领导小组,制订发布公司"大监督"体系工作计划,发布《"大监督"体系构建实施意见》等 10 余项规章制度,注重顶层设计,持续完善"1 + X"监督联动工作机制,"大监督"工作的协同性和体系效应充分发挥。

二是考评保成效。武威热电公司深化支部党建工作与部门月度绩效联动机制,形成"党委领导、支部负责、部门配合"的协同党建工作模式。推行党员积分制管理考评机制,定期考评、"晒分",将党员积分广泛应用于创先争优、民主评议和岗位选任等方面,激励鞭策广大党员在工作中担当作为、表率引领。

三是作风保能效。武威热电公司持续开展以案促改促建促治修复净化党内政治生态工作，2023 年以来共开展作风问题排查纠治 8 次，每逢重大节日和重要节点进行廉政约谈并强化纪律监督，不断巩固深化作风建设成果。

三、改革成效

一是党建引领成果丰硕。武威热电公司在深入开展学习贯彻习近平新时代中国特色社会主义思想主题教育和"三抓三促"行动过程中，一批学习调研成果融入公司规划、纳入制度文件、成为工作举措。"1＋X"监督工作机制更趋完善，"3×3"党建工作法有效推动党建工作与公司中心工作互融共促。

二是生产效益量质齐升。武威热电公司班组安全标准化建设合格率达到 100％，优秀率达到 84％，顺利完成 2 台机组液氨改尿素项目，氨逃逸降至 3ppm 以下，每年节约 SCR 运行成本约 13.8 万元。2024 年，营业利润同比增长 15.1％，有效实现了"党旗红"带动"业绩红"。

三是人才势能积蓄充分。武威热电公司"引、用、育、留"的人才工作体制机制进一步健全完善，2023 年以来，92 人实现职称晋升，4 人荣获"甘肃省技术能手"称号、1 人荣获甘肃省"青年岗位能手"称号、2 人荣获甘肃省"技术标兵"称号。

122

突出价值创造　用好改革工具
争当盐湖产业国企改革尖兵

青海盐湖蓝科锂业股份有限公司

一、基本情况

青海盐湖蓝科锂业股份有限公司（以下简称"蓝科锂业"）是青海盐湖工业股份有限公司控股的国有混合所有制企业，集锂系列产品研究、开发、生产于一体，是青海省盐湖资源开发利用重点企业和全国盐湖提锂行业领军企业，碳酸锂年产能达4万吨，入选国家级第四批"绿色制造名单"，国务院国资委"双百企业""国有企业公司治理示范企业"，以及青海省第五批专精特新中小企业。

二、经验做法

（一）强化市场化经营，释放发展活力

一是优化组织机构和岗位设置，搭建与公司战略、经营目标相统一的员工发展通道。蓝科锂业将组织机构优化为7个职能部室、3个专业中心、6个生产车间，并通过岗位价值评估，将原有的105个岗位优化至82个，分序列搭建了管理、职能、技术、技能、辅助5类发展通道，构建各序列不同的职级任职资格标准，明确晋升路径，满足员工对于职业发展的个性

化需求。

二是突出价值创造，重塑薪酬分配体系。蓝科锂业参考行业薪酬市场水平重新制定薪酬制度，加大薪酬分配向研发、技能、一线人才和苦脏险累岗位倾斜力度，将绩效工资固浮比由原来的 5：5 优化至 4：6，明确不同序列岗位薪酬分配原则，并严格落实一岗一薪、易岗易薪制度。明确考核等级划分及结果应用。建立积分制模型作为薪酬调整依据，提取 5% 工资总额设立部门二次分配奖金池及项目专项奖励，强化绩效管理与薪酬联动应用。

三是建立"考核层层落实、责任层层传递、激励层层衔接"的工作机制。蓝科锂业提取年度产量、质量管理、成本控制、技术研发、企业改革 5 项关键业绩指标，分层分类分解至二级组织，形成考核指标、签订年度目标责任书。部门指标二次分解制定岗位绩效指标库，将绩效结果与薪酬兑现、岗位调整、职级晋升等环节联动，形成闭环管理，提升薪酬的激励性和公平性。

（二）坚持创新引领发展，提升核心竞争力

一是持续强化原创性技术攻关。蓝科锂业依托察尔汗盐湖资源禀赋，针对卤水高氯环境特性和自主研发达到国际领先水平的"超高镁锂比盐湖卤水吸附—膜分离耦合提锂技术"，谋划实施了提质稳产和装备升级、沉锂母液高效分离工业化试验、连续移动吸附装备在察尔汗盐湖中的应用与研究、首创氯化镁溶解搅拌船作为盐湖提锂盐田清盐装备等一系列重点科技研发项目，迭代生产工艺、优化技术参数指标、升级核心关键设备，不断提升资源利用率。

二是发挥地区比较优势推动新能源替代推动产业升级。蓝科锂业运用国产自有技术体系和全部国产化设备，分两期建成国内最大规模的聚光太阳能清洁能源工业供热项目，使用 MVR 设备替代四效蒸发装置，日供热

量突破 2700GJ，预计每年可提供 1500 万吨热水供应量、节约天然气近 4000 万立方米、减少约 8 万吨二氧化碳排放量，在大规模利用清洁能源助推新材料产业全产业链低碳生产方面进行了先行先试。

三是不断健全科技研发管理体系。蓝科锂业编制修订了《新产品开发管理办法》《产品质量控制方案》《科研项目管理办法》《专利工作管理办法》《技术规范管理办法》《技术改造项目管理办法》等规章制度，加强对科技成果质量、项目全过程的规范化管理。

四是利用互联网新技术进行全方位、全链条数字化升级。蓝科锂业在母公司"智能盐湖"工业互联网平台、"盐湖云"生态系统等信息化平台框架内，建设办公区域展示页面、控制室大屏展示页面、生产看板及分析平台、大数据平台、IOT 平台，完成 DCS 新增点位数据采集，XHQ 平台安装调试，形成手机 App 企业公众号集成，初步搭建了盐湖提锂数字化工厂，通过生产系统现场数据采集，健全线上数据库并纳入基础算法应用，持续加快数字化智能化升级改造。

（三）用好用足"双百企业"政策工具，激活内生动力

一是对标行业标杆和头部企业。蓝科锂业以法人治理优化和人力资源体系重构为切入点，推动健全公司治理体系提升治理能力，推动"双百企业"改革举措落实落地，与盐湖提锂上下游建立良好的互访互促工作机制，严控费用支出合理使用资金，在持续强化盐湖提锂技术的成本优势、产业优势方面进行了有益探索。

二是提升经理层任期制契约化管理质量。蓝科锂业引入岗位价值系数模型设计经理层薪酬，构建共性指标与个性指标相结合的年度及任期考核体系。结合岗位职责，按照短期及长期结合的原则制定经理层年度及任期考核指标及目标值，组织签订目标责任书。完善考核结果应用，明确经理层成员退出通道，实现干部能上能下。

三是开展管理人员竞聘上岗和员工双向选择。蓝科锂业完善初级管理岗位（部门正副职）任职与资格条件，编制形成岗位竞聘管理办法，针对初级管理岗位特点开发笔试题本，组织开展岗位竞聘工作。完善员工双选机制，员工双选报名58人，参加面试56人，最终聘任46人，2名员工通过竞聘上岗晋升为初级管理人员。

三、改革成效

国有企业改革深化提升行动实施以来，蓝科锂业充分发挥改革尖兵示范作用，在国务院国资委2023年度地方"双百企业"专项评估中获评"优秀"等级。

一是应对行业剧烈波动能力显著增强。在2024年碳酸锂产品价格同比降幅近七成、行业一流企业均出现亏损的背景下，蓝科锂业营业收入优于预期并保持较高盈利水平，原辅材料消耗量均优于标杆值、综合能耗低于基准值、完全成本同比降幅超两成。

二是科技创新成果丰硕。蓝科锂业实现了现有盐湖提锂吸附法、膜法、萃取法主流工艺的集成创新，沉锂母液段回收率由75%提高至95%以上，锂资源整体回收率提高约5%，在不增加资源消耗量的基础上，2024年碳酸锂增产约6000吨。2024年取得"中国好技术"科技成果1项；近三年提交专利申请文本20余件；获授权专利18项，其中发明专利2项、实用新型专利16项；申报省级QC成果多项，其中获二等成果1项、三等成果1项。

三是市场化运营机制日臻完善。蓝科锂业向技术研发人员、管理人员及一线关键岗位、核心人才倾斜的差异化薪酬得以顺利实施，三项制度改革的深层次破冰打破了论资排辈旧观念，建立了能上能下、优胜劣汰的市场化竞争机制。

123

改革引路 对标提升
实现质效双突破

西宁国家低碳产业基金投资管理有限公司

一、基本情况

西宁国家低碳产业基金投资管理有限公司（以下简称"低碳基金公司"）成立于 2010 年 10 月，是青海省国有资产投资管理有限公司控股的国有全资企业。低碳基金公司通过设立合伙企业对国内低碳科技产业进行股权投资，受托管理和经营股权资产，并提供投资咨询服务。低碳基金公司作为青海省属国有规模最大的私募股权投资平台，自 2018 年入选国务院国资委"双百企业"以来，以深化改革为主线，聚焦对标一流企业，不断提升管理水平。

二、经验做法

（一）完善公司治理机制，构建符合国企改革发展要求的法人治理结构

一是党建入章程，确保党组织发挥把方向、管大局、保落实作用。低碳基金公司制定党组织审议决策议事规则并列入公司章程，明确党组织前置审议的法定程序后，重大事项决策流程不顺畅、党组织与经理层权责不明晰问题得到解决。2024 年，公司党组织共前置审议事项 69 项，在重大

经营事项决策、干部人事任免等方面充分发挥了政治核心作用。

二是推动各层级治理主体实现阶梯式授放权。低碳基金公司依法依规由股东会向董事会、由董事会向经理层逐级授权放权，董事会六项职权落实到位，董事会进一步发挥在公司治理中的核心功能作用，董事会对经理层的授放权激活了经理层干事创业积极性。2024 年公司决策流程较改革前缩短 3～5 个工作日，有效提升了公司治理效能。

三是充分发挥董事会下设专委会功能作用。低碳基金公司设立薪酬与绩效考核委员会，以核心经营指标为考核依据，推动薪酬和考核体系改革，完全打破改革前经理层无收入差距、"吃大锅饭"的问题。

（二）用人机制变革，形成多种用人管理模式

低碳基金公司对标世界一流企业用人机制，围绕干部"能上能下"、收入"能增能减"、人员"能进能出"三方面"真碰硬、狠发力"，压实责任目标，实现优胜劣汰。

一是经理层实行职业经理人用人模式。低碳基金公司通过用人机制改革，以内外部招聘竞聘相结合的方式，打开内外部人才选拔和晋升通道，打破改革前论资排辈、干部能力得不到有效发挥的问题，通过几年的改革发展，在存量资产盘活、新增项目拓展等方面取得显著成效。

二是中层管理人员实现全面竞聘上岗。低碳基金公司中层管理人员全体起立竞聘再上岗，经竞聘上岗 2 人次，不胜任调岗 2 人次。中层管理人员与经理层任期一致，任务目标逐层捆绑，经目标责任绩效考核，未完成年度目标的个别中层管理人员次年降薪。通过全体起立竞聘上岗，打破了改革前论资排辈、干部能力不能充分发挥的问题。

三是员工通过绩效考核退出岗位再培训。低碳基金公司员工绩效考核与部门考核全面挂钩，实现全体员工绩效考核评价。对完成考核任务目标的员工按相应系数兑现考核激励，对未完成考核任务目标的员工扣发绩

效，并退出岗位再培训上岗。通过一系列用人机制改革，低碳基金公司"鲶鱼效应"逐渐显现。

三、改革成效

随着国有企业改革深化提升行动各项改革举措的落实落地，低碳基金公司在党组织引领、主营业务发展、存量资金回流、防控风险等工作中取得显著成效，营业收入、利润总额等经营指标逐年稳步提升，各项管理机制创新变革，公司竞争力、创新力和影响力有效提升，以改革促发展的战略目标基本达成，连续三年在国务院国资委地方"双百企业"专项评估中获评"优秀"等级。截至2024年底，低碳基金公司实现利润总额3070.89万元，国有资产保值增值率达105.08%。

聚焦对标对表　创新"354"工作法
加快建设一流建筑产业集团

宁夏建设投资集团有限公司

一、基本情况

宁夏建设投资集团有限公司（以下简称"宁夏建投"）是宁夏回族自治区人民政府国有资产监督管理委员会（以下简称"宁夏国资委"）监管的一级企业，是宁夏回族自治区（以下简称"自治区"）建设及相关领域国有资本投融资运营主体，业务范围涵盖工程建设、房地产与投融资、环保、科技与咨询服务四大板块，也是自治区内唯一一家具有施工总承包特级资质的大型国有建筑施工企业。国有企业改革深化提升行动实施以来，宁夏建投聚焦加快建设一流企业，坚持目标引领、问题导向，创新"354"工作法，全面找短板、补弱项、求突破、促提升，有力促进企业价值创造力、品牌影响力、核心竞争力全面提升。

二、经验做法

（一）强化"三个坚持"，确保对标一流任务全面落实

一是坚持高位领导。宁夏建投成立以主要领导任组长的对标提升行动领导小组，研究制定对标方案及工作清单，重点抓好总部层面管理项目68

个，推进全级次企业提升措施 804 项，形成上下贯通、纵深推进的良好局面。

二是坚持高度协同。宁夏建投明确责任人和时间节点，健全专题研究、专班推动、专门督办、专项考核的工作体系，确保措施可落实、指标可量化、过程可追溯、节点可控制。

三是坚持实地对标。宁夏建投深入剖析经营差距和管理痛点，持续开展一系列调研考察工作，实地"走出去"精准对标 28 次，坚持在对标中找答案、从案例中寻方法，切实把管理痛点转化为攻坚要点。

（二）锚定"五个坐标"，实现价值创造行动全面覆盖

一是立体建标。宁夏建投围绕对什么，搭建可量化、可检查、可动态优化的价值诊断体系框架，构建"品质建投、品牌建投、活力建投、数字建投、奋斗建投"五大维度 30 余项细化指标的对标体系，让"一流建设"基础更实。

二是靶向立标。宁夏建投明确选谁对，甄选形成 27 家标杆企业库，开展整体对标与专项对标，让"一流建设"方向更准。

三是精准对标。宁夏建投向内找差距，明晰制约企业发展的瓶颈，形成问题清单；向外求破题，明确改进提升目标，让"一流建设"标准更清。

四是分类达标。宁夏建投突出怎么对，因企制宜制定对标工作任务分解清单，总结归纳标杆企业亮点做法与实操举措，让"一流建设"路径更明。

五是争优创标。宁夏建投强调标准化，对于业务经营与企业管理取得重要成效的，积极融入公司制度建设，让"一流建设"结果更优。

（三）立足"四个聚力"，推动改革目标全面落地

一是聚力提质增效。宁夏建投聚焦"一利五率"，构建体现企业盈利

能力、效益效率、发展质量的三大类 12 项差异化考核指标，实现利润总额和归母净利润同比增长 20% 以上，企业价值创造能力取得新突破。推动供应链管理转型，搭建数字化招采、电商平台，累计采购金额 17.24 亿元，降低材料成本超 6000 万元。实施财务集团化管控、集约化运作，资金结算中心资金结算量达到 90 亿元，日均存款为 5 亿元以上，节约成本达 500 余万元。

二是聚力创新赋能。宁夏建投致力打造区内一流的创新载体和产业平台，科技研发投入年均增长达到 20% 以上，成立创新工作室 29 个，通过自治区建设科技计划项目 22 项、自治区重点研发项目 2 项，主/参编行业标准与地方标准 19 项。紧紧抓住新质生产力这个"牛鼻子"，出台《全面推行 BIM 技术应用五年规划》，运用 BIM 技术为设计、施工、运维等各阶段提供全新解决方案。在银川市妇幼保健院项目利用 BIM 技术模拟钢连廊安装过程，用最短的时间、最小的偏差高效将构件安装到位，获评宁夏建设科技一类成果。

三是聚力优化布局。宁夏建投深入推进企业整合重组，将宁房集团下属嘉隆建筑公司划转至对外建公司，鼓励其做优做强做大。按"1 + 4"（集团总部 + 4 个子公司）模式开展地质集团内部整合，先后拓展地基基础施工、矿产开发、工程勘察测绘等产业板块。制定《亏损企业治理及压减计划方案》，深化改革以来累计压减分/子公司 41 家，清理参股股权 7 项，6 家亏损企业实现扭亏增盈。

四是聚力深耕主业。宁夏建投引导内外资源向主业、优势企业集中，2024 年区外承揽项目达 23.43 亿元，同比增长 12.8%。银昆高速（宁夏段）项目累计完成施工产值 43.09 亿元，现已竣工通车。房地产板块投资 27.42 亿元，销售房屋 1700 余套，为集团内部各单位带来施工任务超 14 亿元，有力推动集团全产业链协同发展。

三、改革成效

一是企业经营质效稳步提升。宁夏建投连续五年获得国务院国资委经营业绩考核 A 级，在国务院国资委地方"双百企业"2023 年度专项评估中获评"优秀"。组建以来，企业资产总额、营业收入、归母净利润分别增长 34.64%、46.26%、751.42%，经营效益创历史最好水平。

二是服务大局能力全面彰显。宁夏建投高质量建设了重点工程项目，银昆高速建成通车，进一步畅通国家南北交通"大动脉"；宁夏美术馆、河东机场枢纽工程、"东热西送"工程等重大项目建成落地，品牌影响力和精益建造能力持续展现。

三是科研创新成果不断涌现。宁夏建投获得全国绿色建造一等成果 1 项、BIM 技术成果奖 28 项、全国装饰设计一等奖 1 项；拥有 5 项国家级工法，162 项自治区级工法，以及 248 项实用新型专利，每年工法、科技创新成果占自治区 60% 以上，多项技术为自治区最高等次或首次获得，填补相关领域技术成果空白，全力"领跑"宁夏建筑科技创新。

125

重激励、强保障
以"五个深化"全面激发国有企业
高质量发展活力

克孜勒苏柯尔克孜自治州人民政府国有资产监督管理委员会

一、基本情况

克孜勒苏柯尔克孜自治州人民政府国有资产监督管理委员会（以下简称"克州国资委"）目前监管国有企业 159 家（含自治州一级企业 10 家），在岗职工 4820 人，党支部 55 个、党员 450 名，2023 年末资产总额 326.81 亿元，负债 159.13 亿元、负债率 48.69%，实现营业收入 19.6 亿元、占自治州 GDP 比重 8.4%，上缴税费 7959.15 万元。

二、经验做法

克州国资委聚焦整合重组、资产出清装入、投资监管、薪酬制度改革、考核评价等关键环节，探索实施"五个深化"工作举措，全面推动新一轮国有企业改革深化提升行动走深走实，切实激发企业经营活力。

（一）深化企业整合重组打基础

克州国资委精准摸清国有资本"家底"，聘请第三方审计机构逐户实地走访核查，形成清产核资台账，进行逐资产研判，提出出清资产清单、盘活资产清单和整合资产清单。采取注销、新设、兼并等多种形式，组建涵盖交通设施、水利水务、粮食储备、商贸物流等领域一级国有企业 10家。对整合后企业逐户明确主责主业，避免企业同质化竞争，核定核心业务 23 项、培育业务 9 项，对战略性新兴产业实施灵活管理，使自治州国有企业整体面貌焕然一新。

（二）深化资产清理盘活强保障

克州国资委坚持为企业"瘦身健体"工作导向，抓住"两非""两资"清理专项工作契机，通过组建业务工作专班，采取"一企一策""一案一策"整体推进"两非""两资"出清盘活，同步加大经营性资产装入力度。出清农村公路等低效无效资产 98 处原值 11.73 亿元，按照职能相似、用途相近的原则，协调土地、办公用房等政府部门闲置经营性资产一批价值 25.74 亿元，依法移交国有企业经营，有效扭转国有企业"小散弱"局面。

（三）深化投资授权管理激活力

克州国资委着眼解决国有企业投资程序烦琐、决策效率低下的问题，着力为企业投资行为担当授权，充分尊重企业市场主体地位，采取"投资负面清单＋投资金额分类管控"模式，划清红线底线、简化办事流程。出台了《克孜勒苏柯尔克孜自治州国资委监管企业投资监督管理办法（试行）》，对企业 2000 万元以下固定资产投资、1000 万元以下股权和金融投资实行企业决策、国资委备案，有力提升企业投资灵活度，有效激发企业经营发展活力。

（四）深化薪酬制度改革增动力

克州国资委完善工资总额调控机制，合理划分商业类、公益类等不同企业类型，按照"一适应两挂钩"原则，对符合条件的企业实施工资总额备案制管理，并逐步扩大竞争性领域企业工资总额备案管理面，提高企业薪酬自主权，使工资更加市场化、更具竞争力。

（五）深化分类考核评价促公平

克州国资委坚持对不同功能类别、不同特点、不同层级企业实施"分类考核"。针对充分竞争行业和领域的企业、承担政府战略任务、重大民生项目或重大专项任务的企业、公益类企业设置不同考核指标及权重，突出资本回报水平、重大专项任务完成情况、服务保障能力等不同导向作用。紧盯企业年度财务报表，精准分析企业盈利能力、偿债能力、营运能力方面的短板弱项，定制个性化指标、开展针对性管控，较好发挥考核指挥棒作用，实现衡量企业绩效和贡献的合理公平。

三、改革成效

一是企业盈利能力明显提升。克州国资委始终扛牢国有资产保值增值责任，通过"月监测、季调度、半年度研判"机制，全面引导国有企业抓项目、比效益、促发展。2023 年度全州国有企业减亏治亏 8200 万元，2024 年实现州属国有企业全面扭亏为盈及各县市国有企业整体扭亏为盈，全年利润总额达 4787 万元。

二是国有资本布局明显优化。克州国资委积极引导州属国有企业加大与央企、自治区国有企业在能源矿产、商贸物流等领域深度合作力度，加强与县市国有企业在水利水务、文化旅游等领域优势互补，加深与民营企业在信息服务、数字经济等方面协同发展，持续增强国有企业科技创新、产业控制和安全支撑作用，2024 年上半年自治州国有企业研发经费投入强度达到 1.36%，实现创新投入新突破。

三是产业发展后劲明显增强。克州国资委深刻对标国有资本"三个集中"要求，引导全州国有企业聚焦主责、做精主业，全面巩固传统优势产业，大力拓展前瞻性战略性新兴产业。2024 年以来自治州国有企业在新能源、智慧文旅等领域新增固定资产投资 10.29 亿元、新兴产业投资金额占比 27.21%，国有企业产业结构明显改善、发展后劲明显增强。

126

抓牢技术攻关 走实科改企业改革之路

新疆至臻化工工程研究中心有限公司

一、基本情况

新疆至臻化工工程研究中心有限公司（以下简称"至臻化工"）是新疆生产建设兵团（以下简称"兵团"）大型国有企业新疆天业（集团）有限公司（以下简称"天业集团"）的全资子公司，承担着战略发展研究、核心技术掌控、创新平台搭建的重要使命，是天业集团的重要研发单位。一直以来，至臻化工以科技创新为引领，坚持市场导向，聚焦绿色氯碱化工产品、催化技术、新材料和绿色化工技术，有力推动行业优化升级，加速产业转型升级。至臻化工先后荣膺国家高新技术企业、国家专精特新"小巨人"企业、国务院国资委"科改企业"、中国石油和化工行业技术创新示范企业、自治区企业技术中心、兵团创新型试点企业等一系列殊荣。

二、经验做法

（一）打破国外垄断，十年深耕走出国产之路

至臻化工向科技广度和深度进军，努力实现从"0"到"1"的突破。

一是广泛开展校企合作，打破技术垄断。至臻化工与清华大学开展技术合作，瞄准气固相法氯化聚氯乙烯工艺，将原始创新与集成创新相结

合，从克级实验、小试、中试、工业化示范装置到工业化大规模生产，成功研发出应用于氯化聚氯乙烯生产的分置式气固相法生产技术，一步步解决了该工艺中存在的换热难、氯化不均匀、易返混等诸多行业难题，打破了国外技术垄断，实现了气固相绿色工艺核心技术及设备的国产化。

二是聚焦优势资源转化，勇于挑战世界难题。至臻化工立足我国丰富的煤炭资源，联合清华大学、浙江大学等高校开展等离子体裂解煤制乙炔技术研究，先后搭建 2 个试验平台，突破系统关键技术和装备，形成具有自主知识产权的核心成套技术，整体技术水平处于国际领先地位。

三是秉持科技创新理念，引领企业高质量发展。至臻化工立足于天业集团乙二醇战略发展需要，成立项目研发团队，紧盯乙二醇行业加氢催化剂使用效率低制约发展的问题，科学合理制订研发计划，以实现核心技术掌控、降低催化剂应用成本为目的，共同开发乙二醇核心催化剂。至臻化工申报的发明专利"一种草酸酯加氢合成乙二醇的方法"获得国家知识产权局授权。

（二）立足绿色低碳，绿色技术点亮减碳之路

至臻化工在生产源头、过程及终端产品上中下游积极探索"绿色、环保、减排、减碳"。

一是加强技术创新，破解技术同质化竞争难题。至臻化工与中国科学院大连化物所、沈阳化工大学等科研院所及高校联合攻关，自主搭建并完成实验室小试装置、工业化中试试验装置及先进的实验检测平台，利用煤制乙二醇中间产品草酸二甲酯为原料，开发出生产草酸二乙酯的绿色合成新工艺路线。

二是"变废为宝"，发展循环经济产业链。至臻化工针对电石法聚氯乙烯行业工业尾气二氧化碳排放和钙基废渣固废处置难的突出问题，采用工业固体废弃物及二氧化碳为原料，将原有废料和废气转化为有价值的矿化固碳产品碳酸钙，产品得到了国内市场的高度认可，项目被中国循环经济协会授予中国循环经济年度最佳实践奖。

三是坚持创新驱动，解决制约行业发展的瓶颈。至臻化工先后联合清华大学、中国科学院大连化物所、南开大学、石河子大学等国内著名高校及科研院所，共建无汞催化研发及测试平台，构建无汞催化技术体系。

（三）注重共同发展，技术创新驱动发展之路

一是加强科技创新，打造一流创新团队。至臻化工坚持"走出去"和"请进来"相结合，以院士工作站、博士工作站建设为契机，积极与国内一流院校、科研机构合作，搭建研发平台，培养科研人才。下辖的兵团催化技术工程中心、等离子体国家地方联合实验室等创新平台，将产学研用联合创新作为驱动力，与国内外一流大学和科研院所建立了稳固的合作关系，成功研发了多项国内领先技术，取得了国际领先地位的技术成果。

二是用好"科改企业"支持政策，激发创新积极性。至臻化工加大人才引进力度，建立以岗位工资和绩效工资为主的工资结构体系，全面落实全员绩效考核制度，根据科研情况、成果转化情况、生产经营业绩等因素科学确定员工薪资；探索推行股权分红激励、超额利润分享等中长期激励方式，进一步激发创新积极性。

三是持续深化三项制度改革，建立市场化经营机制。至臻化工面向社会公开化选聘经理层成员和管理人员，管理人员全部实施竞争上岗。成立"劳模创新工作室"，通过"传、帮、带"、交流学习等机制，培养各类专业技术人员60余人。2024年引进硕士4人，实现了"搭巢引凤"的效果。

三、改革成效

通过关键技术攻关、平台搭建、人才队伍建设等方面的改革创新，至臻化工自主研发的创新成果大部分已实现工业化生产，产品销往全国各地，取得了一系列改革成效。

一是创新成果有效转化实施。至臻化工创造性地研发出煤基草酸酯绿色合成技术，使创新成果有效转化。建成2万吨/年气固相法氯化高聚物工业化装置，通过替代水相法生产氯化高聚物技术，年节约水、电、蒸汽各40万吨、206万度、4万吨，减少1.38万吨二氧化碳排放，推动氯碱行业绿色可持续发展。

二是创新平台搭建成果显著。至臻化工累计申请国家专利181项，其中获得授权117项，荣获专利优秀奖2项；参与制定国家标准6项，行业标准2项。尤其是成功开发的气固相法氯化高聚物技术、生物可降解塑料PBS关键技术、等离子体氯化氢氧化制氯工艺技术等部分科技成果，打破国际垄断。

三是人才队伍素质有效提升。随着一系列重大、重点项目的落地实施，至臻化工培养了一批具有创新意识和创新能力的各类人才。截至目前，至臻化工拥有的专业技术人员中近90%为本科及以上学历，其中硕士研究生及以上学历14人、本科学历110人，高级工程师22人，专业技术人员近130人，科研团队开发能力突出，人才梯队结构合理，为企业、地区、行业高质量发展奠定了坚实的人才基础。

致　谢

　　《奋楫笃行：地方国有企业改革深化提升行动案例集（上、下）》是国有企业改革深化提升行动实施以来第一套系统收录各地国资国企改革创新经验成果的书籍。国务院国资委高度重视本书的编写工作，主要负责同志亲自审定样书，王宏志同志在国务院国资委工作期间审定了编印方案，并对整体框架和案例内容给予了指导。各省、自治区、直辖市和新疆生产建设兵团国资委积极推动本地区案例的梳理汇总和修改完善工作。有关地方国有企业踊跃响应，提供了丰富的改革实践素材和经验范例。得益于各方的支持帮助，本书能够顺利付梓。在此，谨向所有关心、支持本书编写出版工作的领导、同志们致以诚挚谢意！

本书编写组

2025 年 1 月